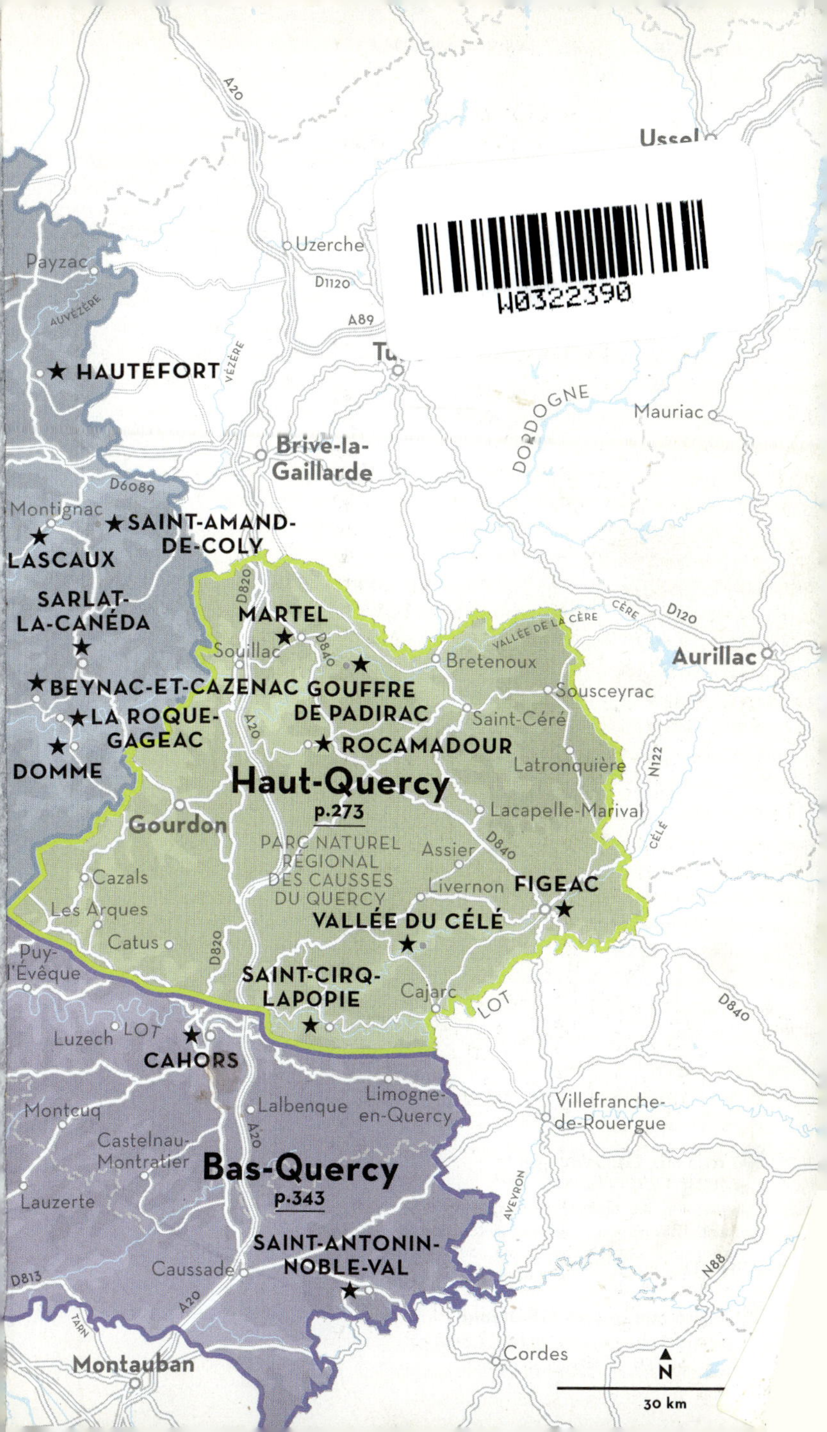

Ussel
Uzerche
Payzac
D1120
A20
A89
Tulle
AUVÉZÈRE
VÉZÈRE
HAUTEFORT
DORDOGNE
Mauriac
Brive-la-Gaillarde
D6089
Montignac
SAINT-AMAND-DE-COLY
LASCAUX
SARLAT-LA-CANÉDA
D820
MARTEL
D840
CÈRE
D120
VALLÉE DE LA CÈRE
Souillac
Bretenoux
Aurillac
BEYNAC-ET-CAZENAC
GOUFFRE DE PADIRAC
Sousceyrac
LA ROQUE-GAGEAC
Saint-Céré
ROCAMADOUR
DOMME
Latronquière
N122
Haut-Quercy
p.273
Lacapelle-Marival
Gourdon
CÉLÉ
PARC NATUREL RÉGIONAL DES CAUSSES DU QUERCY
Assier
Cazals
Livernon
FIGEAC
Les Arques
VALLÉE DU CÉLÉ
Catus
Puy-l'Évêque
SAINT-CIRQ-LAPOPIE
Cajarc
LOT
Luzech
CAHORS
Limogne-en-Quercy
Villefranche-de-Rouergue
Montcuq
Lalbenque
Castelnau-Montratier
Bas-Quercy
p.343
AVEYRON
Lauzerte
SAINT-ANTONIN-NOBLE-VAL
N88
Caussade
D813
TARN
Montauban
Cordes
N
30 km

Avis aux GEOVoyageurs

Entre l'enquête faite sur le terrain
et la parution du guide, les établissements proposés
peuvent avoir disparu et certaines informations peuvent
avoir été modifiées : n'hésitez pas à nous faire part
de vos commentaires et de vos corrections !

Boîte aux lettres GEOGuide

5, rue Gaston-Gallimard 75328 Paris Cedex 07
www.geo-guide.fr contact@geo-guide.fr

GEOGUIDE

Dordogne Périgord,
Lot Quercy, Agenais

Aurélia Bollé
Frédéric Denhez
Béatrice Peyret-Vignals

Ont également collaboré à cet ouvrage
Pierre Guitton, Hélène Le Tac,
Gilles Séraphin, Alain Turq

DORDOGNE PÉRIGORD, LOT QUERCY, AGENAIS

GEOPANORAMA

9 **Comprendre le Périgord, le Quercy et l'Agenais**
10 Géographie et paysages
11 Climat
12 Milieux naturels
14 Grottes et gouffres
14 Une civilisation des cours d'eau
16 Environnement
17 Histoire
20 GEOPLUS L'habitat préhistorique, un patrimoine exceptionnel
28 GEOPLUS La naissance des bastides, les villes nouvelles du Moyen Âge
35 Économie
37 Langue
37 Architecture
40 Gastronomie

GEOPRATIQUE

45 **Informations utiles de A à Z**
46 Aller dans la région
50 Argent
51 Assurance
51 Astronomie
51 Budget et saisons touristiques
52 Cartes routières
52 Fêtes et festivals
54 Hébergement
55 Horaires
55 Internet
55 Journaux
55 Météo
55 Offices de tourisme
56 Quand partir ?
56 Restauration
56 Sports et loisirs
60 Transports

Le village de Cardaillac, près de Figeac (p.276).

GEOREGION

61 Dordogne Périgord
65 Périgueux
79 Saint-Astier
85 Ribérac
90 Brantôme
99 Nontron
105 Saint-Jean-de-Côle
112 Jumilhac-le-Grand
119 Bergerac
132 Saint-Michel-de-Montaigne
136 Issigeac
140 Beaumont-du-Périgord
147 Monpazier
156 Sarlat-la-Canéda
172 La Roque-Gageac
180 Beynac-et-Cazenac
187 Domme
192 GEOPLUS Le Périgord noir en trois jours
199 Villefranche-du-Périgord
204 Saint-Cyprien
210 Le Bugue
219 Les Eyzies-de-Tayac-Sireuil
252 Montignac
262 Salignac-Eyvigues
267 Hautefort

273 Haut-Quercy
276 Figeac
290 Cajarc
295 Saint-Cirq-Lapopie
301 Marcilhac-sur-Célé
306 Gourdon
311 Cazals
315 Gramat
320 Rocamadour
327 Souillac
330 Martel
336 Saint-Céré

343 Bas-Quercy
346 Cahors
362 GEOPLUS Escapade gourmande en quatre jours
366 Puy-l'Évêque
370 GEOPLUS Au fil du vignoble
375 Montcuq
379 Castelnau-Montratier
382 Lalbenque
389 Limogne-en-Quercy
395 Saint-Antonin-Noble-Val
404 Caussade
412 Lauzerte
419 Moissac

433 Agenais
436 Agen
445 Layrac
449 Nérac et l'Albret
457 Mézin
460 Laroque-Timbaut
466 Prayssas
468 Penne-d'Agenais
473 Villeneuve-sur-Lot
481 Clairac
484 Aiguillon
486 Monflanquin
492 Castillonnès
496 Marmande
502 Duras

GEODOCS

507 En savoir plus
508 Bibliographie
509 Filmographie
511 GEOPLUS Glossaire
513 Index
519 Légende des cartes et des plans

DORDOGNE PÉRIGORD, LOT QUERCY, AGENAIS

Voyagez à la carte

GEOGuide a sélectionné pour vous des lieux de séjour, des sites à visiter, des adresses-plaisir et des activités multiples. Choisissez ce qui vous ressemble et goûtez pleinement votre voyage...

... au gré de vos envies

Culture

Trois départements au passé prestigieux, qui a laissé des traces remarquables, de Lascaux aux châteaux médiévaux, des bastides aux cathédrales. Pour un large éventail de lieux de visites.

Le Périgord des châteaux ____ 268
Le Périgord roman ____ 207
Le Périgord de la préhistoire ____ 224

Le Pont-Vieux et les maisons de Villeneuve-sur-Lot (p.473), dans l'Agenais.

Le Quercy médiéval ____ 282
Le Quercy roman ____ 323
Le Quercy de la préhistoire ____ 400
L'Agenais roman ____ 447
L'Agenais médiéval ____ 458

En famille

Les enfants adorent arpenter les chemins de ronde des châteaux, chercher - vainement ! - des dinosaures peints dans les grottes, pagayer sur les rivières ou encore pédaler sur les petites routes de campagne.

Le Périgord ____ 160
Le Quercy ____ 317
L'Agenais ____ 488

À deux

De préférence hors saison, au printemps ou en octobre surtout, quand la région s'est vidée de ses visiteurs estivaux, laissez-vous aller aux balades romantiques de jardins en châteaux et de villages médiévaux en vallées pittoresques.

Le Périgord ____ 109
Le Quercy ____ 428
L'Agenais ____ 475

Gourmand

Qui dit Périgord dit truffe, qui dit Quercy dit foie gras, qui dit Agenais dit pruneau. Et la noix, le cabécou, le cèpe, le vin... Harmonisez le tout et vous obtenez l'une des meilleures gastronomie de France, voire de la planète. On se régale !

Le Périgord ____ 133
Le Quercy ____ 409
L'Agenais ____ 451

Sports et loisirs

Très bucolique, la région se prête à merveille aux randonnées pédestres et équestres, aux sorties en canoë-kayak sur ses rivières, au golf au pied des châteaux, sans oublier les balades à vélo, le parapente, la spéléologie...

Le Périgord des randonnées pédestres ____ 114
Le Périgord des rivières ____ 264
Le Quercy des randonnées pédestres ____ 291
Le Quercy des rivières ____ 298
L'Agenais des randonnées pédestres ____ 462
L'Agenais des rivières ____ 478

... au fil de nos itinéraires

GEOPLUS Le Périgord noir

En trois jours ____ 192

GEOPLUS Le Quercy

Escapade gourmande en quatre jours ____ 362

GEOPLUS Au fil du vignoble

Le meilleur des producteurs de cahors ____ 370

DORDOGNE PÉRIGORD, LOT QUERCY, AGENAIS

Le château de Bonaguil (p.369), aux confins du Quercy et de l'Agenais.

GEOPANORAMA

COMPRENDRE LE PÉRIGORD, LE QUERCY ET L'AGENAIS

Géographie et paysages

Il est difficile d'établir les limites exactes du Périgord et du Quercy. Le plus souvent, on désignera par "Périgord Quercy" les terres situées autour des basses vallées des rivières Lot et Dordogne et occupées par l'homme depuis 450 000 ans. Administrativement, cette région recoupe les deux départements éponymes des deux cours d'eau, ainsi que la frange nord du Tarn-et-Garonne pour le Quercy, formant ainsi un rectangle penché vers l'est de 120km sur 170km – un peu plus de 15 000km^2 (point culminant : Labastide-du-Haut-Mont, 778m) découpé en une multitude de "pays". Quant à l'Agenais, ses limites correspondent à peu près à l'actuel département du Lot-et-Garonne. Sous l'Ancien Régime, il englobait les cantons de Montaigu, Auvillar et Valence-d'Agen qui ont basculé depuis dans le Tarn-et-Garonne créé en 1808. L'Agenais se situe dans le prolongement du Périgord, au sud de ce dernier et sa frontière orientale est limitrophe du Quercy. Il emprunte à ses voisins de nombreuses caractéristiques géographiques.

Géologie

PÉRIGORD Le Périgord est formé aux deux tiers de calcaires (ses parties sud et sud-ouest sont constituées de roches sédimentaires), alors que sa zone nord est une bande étroite de roches cristallines. À l'extrême nord, ces dernières, riches en silice, se sont dégradées en un sol acide favorable aux forêts de chênes pédonculés et sessiles, de hêtres, d'épicéas, de pins Douglas et de châtaigniers. C'est le plateau du **Périgord vert**, strié de ruisseaux, centré sur la ville de Nontron. Plus au sud, les collines calcaires de Ribérac sont coiffées de grandes cultures céréalières : nous sommes en **Périgord blanc**. Lui succède, toujours plus au sud, une série de dépôts sédimentaires – des grès et des sables arrachés au Massif central. Très riches en argile, creusés de multiples étangs et cours d'eau, les sols portent des forêts de chênes pédonculés, de châtaigniers et de pins maritimes. Cette sorte de "Sologne" méridionale est encadrée par les rivières Dronne au nord et Isle au sud. Ce pays s'appelle la **Double**. Le **Landais** lui fait suite jusqu'à la Dordogne ; il présente le même paysage, en moins touffu. La grande rivière marque une transition assez brutale avec le Périgord pourpre qui occupe tout le sud de la région. Le sol argileux est riche en quartz, jusque sur les plaines et les coteaux très découpés de Bergerac. À l'est du Périgord, enfin, voici le **Périgord noir**, centré sur Sarlat. Un sol calcaire, des collines, deux grandes rivières (la Dordogne et la Vézère). Ici poussent des forêts très denses de chênes verts, au feuillage épais, d'où cette qualification de "Périgord noir".

QUERCY Le Quercy est plus divers. C'est du calcaire, pour l'essentiel, bordé au nord-est par la frange cristalline du Massif central (gneiss et granit), au sud par des plateaux argilo-calcaires (Quercy blanc) et à l'ouest par des sables et des argiles. D'est en ouest, voici d'abord le **Ségala**, une région semi-montagnarde découpée par de nombreux ravins, peuplée de chênes pédonculés et sessiles, de châtaigniers (au sud) et de pins. Prolongement de l'Auvergne toute proche, son sol acide, peu fertile, n'a jamais pu faire pousser que le seigle (céréale pauvre), d'où son nom. C'est ensuite le **Limargue**, une bande argilo-calcaire très étroite qui s'étire de Saint-Céré à Figeac, entre les vallées de la Dordogne au nord et du Lot au sud : la terre fertile, posée sur un relief ondoyant, est organisée en bocages. L'impression est tout autre lorsqu'on pénètre l'immense région des **causses** (du nord au sud se succèdent les causses de Martel, de Gramat et de Limogne, différents les uns des autres). Pas d'argile fertile (sauf en abondance au creux des dolines), essentiellement du calcaire perméable à l'eau. La roche affleure, la végétation est constituée de boisements de chênes pubescents et de pelouses sèches, agrémentées de genévriers et de buissons épineux. La Dordogne, le Lot et leurs affluents (Célé et Vézère sont les principaux) y ont creusé des vallées profondes tapissées d'alluvions. Au sud, le **Quercy blanc** est caractérisé par des plateaux de calcaire lacustres, crayeux. Enfin, à l'ouest, la **Bouriane** est une zone de transition entre les causses et le Périgord noir. Le calcaire perméable laisse la place à un calcaire gréseux relativement imperméable qui se couvre à l'ouest de sables riches en fer : la végétation signale cette évolution en passant de la pelouse caussenarde aux forêts de châtaigniers et de chênes pédonculés.

AGENAIS Dans une comparaison flatteuse, Stendhal, fin connaisseur de l'Italie, associait les paysages du Lot-et-Garonne à ceux de Toscane. Un territoire vallonné et agricole où se déploie une campagne riante. Dans le prolongement des causses, le plateau calcaire de **Serres** entre le Lot et la Garonne est entaillé par des vallées obliques et parallèles creusées par des cours d'eau. Entre les vallons encaissés, des collines arasées accueillent des bourgs médiévaux fortifiés. Au nord du Lot, le relief s'adoucit, les collines sculptées dans du grès tendre s'espacent comme dans le **pays d'Albret** au sud de la Garonne qui annonce le Gers. Au sud-ouest, débutent les terres sableuses de la forêt landaise autour de Casteljaloux. Dans la plaine inondable de la Garonne, croissent les peupleraies. Mais dès les premières terrasses, l'agriculture profite de la fertilité du sol, notamment dans le **Val-de-Garonne**. Le Lot-et-Garonne, à la différence du Quercy et du Périgord, manque singulièrement d'unité naturelle d'autant que la Garonne, plus qu'un trait d'union, a longtemps agi comme barrière.

Climat

Périgord, Quercy et Agenais composent une région de transition : le climat y est tempéré, subissant à la fois les influences du climat océanique (celui de l'Aquitaine) et

Carte d'identité

Régions et départements Périgord : région Aquitaine, dpt Dordogne (24) ; Quercy : région Midi-Pyrénées, dpt Lot (46) et nord du Tarn-et-Garonne (82) ; Agenais : région Aquitaine, dpt Lot-et-Garonne (47)
Villes principales Périgueux (31 000 hab.), Bergerac (28 700 hab.), Sarlat (10 500 hab.), Figeac (10 600 hab.), Cahors (21 300 hab.), Agen (35 300 hab.), Marmande (18 000 hab.)
Superficie Périgord : 9 060km² (Dordogne) ; Quercy : 7 230km² (Lot et nord du Tarn-et-Garonne) ; Agenais : 5 385km² (Lot-et-Garonne)
Population Dordogne (426 607 hab.), Lot (181 232 hab.), Lot-et-Garonne (342 500 hab.)
Point culminant Labastide-du-Haut-Mont (Quercy, 778m)

celles du climat semi-montagnard (des marches du Massif central). Dans le Quercy, le vent d'autan, qui retarde l'arrivée des précipitations, est fréquent de l'automne au printemps.

Milieux naturels

En Périgord, Quercy et Agenais, la nature n'est pas "sauvage" : bien que les forêts de la région aient été plus longues à être défrichées, que l'industrialisation de l'agriculture l'ait peu concernée, que l'on rencontre souvent chevreuils et hiboux au bord des routes, les paysages sont, ici, l'œuvre de l'homme.

Forêt

D'aspect virginal, les forêts du **Périgord** et du **Quercy**, coupées pour faire place à la vigne, au châtaignier et au noyer dès l'âge des Celtes, ont presque toutes été plantées aux XIXe et XXe siècles. Privées à 99%, elles occupent 400 000ha et 45% du Périgord. La tempête de décembre 1999 en a touché 20%. Si les dégâts ne sont encore qu'en partie réparés, du moins les zones les plus sinistrées ont été reboisées et les chablis diffus, enlevés. Entretenues, gérées, rationnelles, ces forêts n'ont que peu à voir avec celle qui les a précédées, dense et impénétrable, qui a persisté par endroits jusqu'au Second Empire, et notamment dans la Double et le Landais, où elle ne fut réellement mise en valeur (marais drainés, routes tracées) que sous le règne de Napoléon III (1852-1870). Dans le Périgord noir, les chênes sont nombreux mais jeunes. On y trouve du chêne pubescent et, sur les coteaux exposés au sud, du chêne vert (également appelé "yeuse"). Cet arbre occupait la quasi-totalité des terrains calcaires avant la colonisation romaine. Au Moyen Âge il constituait encore des boisements très denses, privant de lumière la végétation du sous-bois. Dans le reste de la région, elle se partage entre la chênaie-charmaie, sur terrain calcaire, et la chênaie-hêtraie des sols acides. L'**Agenais** a été largement déboisé pour laisser place aux cultures diverses. Toutefois, dans un petit quart nord-est, les vallées de la Lède et de la Lémance sont des îlots forestiers denses, constitués de châtaigniers et de chênes, qui prolongent la forêt périgourdine. Les terrains calcaires du pays des serres accueillent des bosquets de chênes pubescents entrecoupés par des pâturages. Le chêne-liège était très présent dans la partie landaise du Lot-et-Garonne, dans le pays d'Albret, où il était exploité pour la fabrication des bouchons jusqu'au milieu du XXe siècle. L'espèce a progressivement cédé la place au pin, désormais associé aux Landes. Les conifères ont été massivement plantés dans la seconde moitié du XIXe siècle à des fins d'exploitation industrielle (fabrication de résine, de pâte à papier et de parquets) et d'assainissement des sols. Les chênes pédonculés se retrouvent au bord des rivières où ils constituent des peuplements importants comme sur les coteaux du Mas-d'Agenais qui surplombent la Garonne.

Cours d'eau

Falaises, dépôts d'alluvions, bras morts, fonds de galets, de sables ou de vase n'accueillent pas la même faune ni la même flore. Une seule rivière, la Dordogne, rassemble une extraordinaire diversité de biotopes.

DORDOGNE C'est l'un des rares cours d'eau français dont le trajet est resté en grande partie naturel, celui aussi dont l'eau est la moins polluée. Il est issu de l'union de deux petits torrents, la Dore et la Dogne, qui prennent leur source dans le Massif central, au puy de Sancy. Longue de 472km, la Dordogne est interrompue par dix usines hydro-électriques, qui en évitent les crues dévastatrices ; celle de mars 1783, à Bergerac, vit le débit de la rivière subitement multiplié par... 1 500 ! Ses deux affluents principaux sont l'Isle et la Vézère. La Dordogne se jette dans l'estuaire de la Gironde, comme la Garonne, ce qui pourrait en faire un fleuve, au même titre que cette dernière. Curieusement, elle ne bénéficie pas de ce statut.

LOT Il prend sa source, comme le Tarn, sur le mont Lozère. Le Lot mesure 481km de longueur et est beaucoup plus violent que la Dordogne : en mars 1783 toujours, il affichait à Cahors un débit 4 000 fois supérieur à la normale ! Ses deux affluents sont la Truyère et le Célé. Aussi peu aménagé que la Dordogne, le Lot est un peu moins riche en faune et en flore car son lit est plus rectiligne et beaucoup plus profond. Son principal affluent, le Célé (de *celer*, “rapide” en latin), plus sauvage, est aussi plus pollué. Le Lot entre dans le Lot-et-Garonne à Fumel et se fond dans les eaux de la Garonne à Aiguillon, 80km en aval.

GARONNE Le plus court des grands fleuves français prend sa source dans les Pyrénées espagnoles et, plus précisément, dans le Val d'Aran. Au terme d'une course de 525km, il se jette dans l'estuaire de la Gironde après avoir traversé Toulouse, Agen, Marmande et Bordeaux. Sujet à des crues spectaculaires, le cours d'eau envahit régulièrement les plaines. Le Lot est son principal affluent, vient ensuite la Baïse, une jolie rivière de 190km qui prend naissance dans les Hautes-Pyrénées, arrose le Gers avant de pénétrer dans le Lot-et-Garonne à Moncrabeau. Elle serpente ensuite entre les collines du pays d'Albret jusqu'à sa confluence avec la Garonne à Buzet-sur-Baïse, après s'être chargée des eaux de la Gélise.

Causses

Déboisée, la chênaie pubescente laisse la place à une pelouse sèche qui couvre le causse calcaire. Entretenu par les moutons, le causse est un paysage agricole presque nu, entrecoupé de murets construits à l'aide des pierres arrachées au sol pour le rendre moins inculte. Très froid ou très chaud, érodé par le vent, perméable à l'eau, le sol du causse constitue un milieu très difficile. Les plantes sont de petite taille (pour limiter l'effet desséchant du vent) ; elles ont de longues racines afin de puiser l'eau très profondément et des feuilles de faible surface, pour restreindre l'évaporation. Le genévrier domine largement. Entre ses buissons, fleurissent d'avril à septembre les orchidées, qui supportent chaleur et sol pauvre. Plus on se dirige vers le sud, plus on note la présence d'espèces méditerranéennes. Dans le Quercy blanc, on repère le genêt cendré. Au nord, sur le causse de Martel, et au sud, sur le causse de Limogne, on remarque facilement les boisements de chênes pubescents, au pied desquels l'absence de végétation frappe : signe que *Tuber melanosporum*, la truffe noire, travaille peut-être en sous-sol...

Grottes et gouffres

Reliefs karstiques

Le calcaire se dissout ; une corrosion lente se produit qui, pendant des milliers d'années, modèle un relief caractéristique, que l'on qualifie de "karstique", en référence à la région de Slovénie (Karst) où il fut décrit la première fois. Le causse est un karst typique. À sa surface, la dégradation du calcaire a dégagé des dépressions, les combes (vallées sèches) et les dolines, qui donnent au causse de Martel l'image d'une houle de pierre. En s'agrandissant, ces cloups (le nom local des dolines) peuvent s'effondrer en puits (les igues du Quercy ; les edzes ou eidges dans le Périgord). Souvent, cette corrosion acide se contente de raboter la roche mère, que l'érosion sculpte ensuite en lapiaz (le relief est ciselé). Entre les dolines l'eau grave enfin des rigoles, qui pourront devenir canyons ou cirques.

Manifestations souterraines

En souterrain, le travail est aussi impressionnant. S'infiltrant dans les fissures et les puits, l'eau acidifiée excave des grottes (crozes) en élargissant son lit. Elle transporte elle-même les déblais de carbonate de calcium. Avec le temps, la voûte de ces cavernes prend de la hauteur jusqu'à parfois toucher la surface, comme à Padirac (p.340). On ne parle plus alors de grotte, mais de gouffre. Le causse de Gramat (p.317) en présente une belle collection. Profitant de la pente des couches calcaires et de la moindre fissure, l'eau s'écoule en rivières souterraines. Sa circulation est facilitée lorsqu'elle atteint le soubassement imperméable, essentiellement constitué de marnes. Elle finit presque toujours par déboucher à l'air libre, en formant une résurgence. Celle de la rivière que l'on visite en canot à Padirac se trouve à 11km de là, dans le cirque de Montvalent (p.333). Le cours d'eau a parcouru en tout plus de 37km sous terre... Le long de sa route, l'eau, là où elle stagne, laisse le temps au calcaire de se reconstituer. Des barrages (gours) se forment par endroits, souvent en succession (les microgours). Mais surtout, en s'égouttant des voûtes, elle y dépose ce nouveau calcaire. Une stalactite ("t" pour tomber, pointue et souvent creuse) grandit alors et, juste en dessous, une stalagmite ("m" pour monter, arrondie et pleine) fait de même. Puis les deux concrétions se rejoignent en un pilier. L'eau peut aussi suivre une pente ou une fissure : cela forme des draperies. Elle peut également évoluer en un ruisseau si lent qu'il finit par se calcifier : on parle d'une rivière pétrifiée. Enfin, en fonction, entre autres, de la nature intime de la roche, de la régularité et de la violence des précipitations, le processus peut se compliquer, et donner naissance, par exemple, à des concrétions "excentriques" comme à Grand Roc (p.224), Bellevue et Proumeyssac (p.213) : parce qu'elles ont poussé à un train de sénateur, les stalactites n'ont pu être guidées par la pesanteur qui les a laissées évoluer dans tous les sens.

Une civilisation des cours d'eau

C'est le long du Lot et de la Dordogne que les *Homo erectus* puis leurs successeurs se sont installés en Périgord et en Quercy. Sédentarisées, les populations du Néolithique communiquaient et échangeaient par la voie des eaux : très vite, les deux rivières formèrent des artères vitales pour le commerce et la circulation tant des hommes que des informations. Pendant des siècles, le bois de chêne destiné à la fabrication des tonneaux descendait vers Cahors et Bergerac, d'où le vin partait ensuite pour Bordeaux. Châtaignes et fromages étaient également du voyage. Dès le Ier siècle après J.-C., la Garonne devient une voie de communication et d'échanges. À partir du XVIIe siècle, le trafic sur le fleuve s'intensifie. Une importante flotte de bateaux à fond plat (les gabarres) transporte de la farine, du vin, du tabac et des pruneaux vers Bordeaux. En retour, la capitale de la Guyenne faisait remonter du poisson séché et du sel avec, dès la fin du XVIIe siècle, les marchandises importées des colonies antillaises (épices et sucre principalement). Cajarc, sur le Lot, Souillac au bord de la Dordogne, Agen sur la Garonne furent parmi les grands ports d'échange au cours du XVIIIe siècle, l'âge d'or de la batellerie. Pour permettre la circulation en toutes saisons (les rivières n'étaient navigables qu'en hautes eaux, l'hiver), le Lot, la Dordogne et la Garonne furent partiellement aménagés dès le XIIe siècle. Digues, chemins de halage, berges rectifiées eurent pour objectif de réduire la vitesse du courant et de limiter les crues. Les ponts étaient rares car très coûteux. Objectifs stratégiques lors des guerres opposant Français et Anglais, beaucoup de ces ouvrages ont été détruits. Celui de Valentré, à Cahors, a survécu (p.354). Il est typique de l'architecture défensive du Moyen Âge : les ponts servaient autant de lien entre les deux rives que de postes de douane et de bastions. Au milieu du XIXe siècle, le débit du Lot et de la Dordogne était en grande partie maîtrisé, mais la navigation sur la Garonne restait toujours problématique. On décida de construire un canal latéral au fleuve qui prolongeait le canal du Midi et créait ainsi une voie de navigation reliant la Méditerranée à l'Atlantique. Les travaux débutèrent en 1839 et s'achevèrent en 1856. Ce canal de 193km, entre Toulouse et Bordeaux, comprend un tronçon de 87km dans le Lot-et-Garonne.

Le tourisme fluvial

Avec près de 200km de voies navigables, le Lot-et-Garonne s'avère particulièrement bien adapté au tourisme fluvial. Le programme de réhabilitation des rivières entrepris par le Conseil général ces dernières années permet de naviguer sur la Baïse jusqu'à Valence-sur-Baïse dans le Gers, sur le Lot – de son embouchure à Lustrac – et sur toute la longueur du canal latéral à la Garonne. Le port de Buzet-sur-Baïse occupe une position centrale sur le réseau fluvial. Grâce à un système d'écluses et de chenal sur la Garonne, on peut passer en bateau de la Baïse au Lot et au canal latéral, sous réserve de conditions climatiques – donc d'un niveau d'eau – favorables. Autre segment de choix, la navigation sur le Lot dans le Quercy de Cajarc à Luzech dans des paysages sauvages de toute beauté, que le tourisme tente aujourd'hui de faire renaître. Quant au canal latéral, il entame une seconde vie avec les bateaux de tourisme. Grâce à la réfection des écluses, la Baïse est désormais complètement navigable.

Il est ponctué de 16 écluses et de ponts-canaux. Le plus spectaculaire d'entre tous, long de 589m, et fort de 23 arches, enjambe la Garonne à Agen (p.442). Mais le trafic commercial, jusqu'alors supporté principalement par les cours d'eau, fut peu à peu pris en charge par un nouvel arrivant : le chemin de fer. Même domestiquées, les rivières restaient moins fiables que le train et, après un sursaut durant la Première Guerre mondiale, le trafic fluvial s'arrêta totalement. En 1926, comme tous les grands cours d'eau nationaux, Lot et Dordogne disparurent de la "nomenclature des voies navigables" afin de laisser place au transport ferroviaire en plein essor. Restées dans le domaine public fluvial, elles ont été rouvertes par la suite à la navigation touristique. La Dordogne en particulier, compte aujourd'hui la plus importante fréquentation de canoës-kayaks.

Environnement

Parc naturel régional Périgord-Limousin

Inauguré en 1998, il comprend 78 communes réparties sur 180 000ha (p.115). Ce parc regroupe les franges des deux domaines géologiques séparés par une faille reliant Saint-Pardoux à Nontron, et se situe au point de transition entre les influences océanique et semi-continentale. Bois, herbages et cultures caractérisent les paysages de ce parc naturel. Étangs et cours d'eau, l'Isle, la Dronne, la Côle..., découpent des vallées étroites et boisées sur un socle cristallin. Les terres agricoles accordent une place prépondérante aux herbages et prairies permanentes, occupant les plateaux et les fonds de vallée. Les plus humides sont réservées à l'élevage et les sols pauvres à l'exploitation forestière, comme l'attestent les massifs de feuillardiers (le châtaignier est omniprésent), les plateaux jumilhacois et les vallées périgourdines. Les grands mammifères sont bien représentés et le promeneur croisera fréquemment sangliers, chevreuils et cerfs. On note également la présence d'espèces remarquables telles que les genettes et les loutres. Situé sur un axe migratoire majeur, on recense de nombreux oiseaux nicheurs, dont certains sont menacés (busard des roseaux, cingle plongeur, héron pourpré). Enfin, le parc recèle un patrimoine géologique exceptionnel et les gisements d'or, de quartz et de serpentine abondent. L'homme a façonné ce territoire depuis la préhistoire qui compte plusieurs grottes ornées (Teyjat), des mottes féodales, quelques belles maisons fortes. Particulièrement riche, le patrimoine vernaculaire recense de multiples moulins et d'anciennes forges, dont les plus remarquables sont situées à Javerlhac et à Étouars.

PURETÉ DU CIEL
L'un des atouts du parc des Causses du Quercy, et non des moindres : on y trouve, la nuit, le ciel le plus pur de France métropolitaine, et peut-être d'Europe, sur une trentaine de kilomètres carrés, car il est très peu affecté par la pollution lumineuse.

Parc naturel régional des Causses du Quercy

Créé en 1999, dans le département du Lot, constitué d'un socle calcaire formé à l'ère secondaire, il s'étend sur 97 communes pour une superficie de 175 000ha (p.318). Entaillé de larges vallées aux reliefs abrupts délimitées par de vastes plateaux, le parc compte plusieurs entités bien distinctes s'étageant du nord au sud : les causses de Martel et de Gramat, de Limogne et de Saint-Antonin-Noble-Val. Entre ces failles, coulent l'Ouysse, l'Alzou, le Célé et le Lot. Au fil du temps, ces causses ont vu leur surface érodée par l'action incessante de l'eau, donnant naissance à des falaises, des dolines, des combes sèches ainsi qu'à une multitude de grottes et de gouffres. D'innombrables traces de la présence humaine témoignent d'une occupation ancienne et continue : grottes ornées (Pech-Merle), dolmens (près de Limogne), *oppida* et voies romaines, mines de phosphate (cloups d'Aural). Le causse fournit à profusion les blocs de calcaire, de cette abondance est née une tradition architecturale singulière et partout s'alignent murets de pierre sèche, cazelles, gariottes... Issues d'un déboisement très ancien et lentement façonnées par le pâturage ovin, les fameuses brebis "à lunettes noires", les pelouses sèches symbolisent sans conteste ce parc naturel. Les randonneurs identifieront diverses espèces protégées d'orchidées mais aussi des fleurs méditerranéennes comme le stipe penné, le narcisse à feuilles de jonc ou l'abondante sabline des chaumes. La richesse faunistique n'est pas moins grande, et l'on peut apercevoir le lézard ocellé, l'oedicnème criard ou la fauvette orphée, ainsi que de nombreux insectes, criquet bourdonneur, azuré du serpolet... Enfin, chênes pubescents et érables de Montpellier occupent une part importante de l'espace, formant des massifs boisés aérés, propices au pastoralisme. Petit aigle prédateur de serpents et de lézards, le circaète Jean-le-Blanc aime à nicher dans ces grands massifs boisés qui recouvrent les versants et les combes. De multiples bassins taillés jadis à même le calcaire, afin de constituer des réserves pour abreuver les troupeaux, parsèment ces causses, en particulier du côté de Limogne qui compte de nombreuses résurgences, où beaucoup d'oiseaux viennent encore boire ou se baigner.

Histoire

Aux premiers jours de l'homme

DE LA PRÉHISTOIRE À L'HISTOIRE C'est bien en Périgord et en Quercy qu'***Homo erectus***, fuyant peut-être l'Europe du Nord et de l'Est alors sous les glaces, s'installa il y a plus de 450 000 ans, autour des Eyzies (à La Micoque), dans des grottes à l'abri des intempéries et du froid. L'homme n'habitait pas à l'intérieur des cavernes, beaucoup trop humides et sombres, mais toujours à l'entrée, et de façon temporaire : il n'était ni cavernicole ni sédentaire. L'**homme de Néandertal** qui lui succède, plus solide, mieux adapté à des conditions climatiques plus sévères, vivait en tribu, enterrait ses morts, fabriquait outils ingénieux et bijoux comme en témoigne le site du Moustier, entre Montignac et Les Eyzies. Il apparaît dans la région il y a 120 000 ans (un squelette complet a été découvert en 1908 à La Chapelle-aux-Saints, en Corrèze). **Cro-Magnon**, trouvé en 1868 aux Eyzies (derrière l'hôtel éponyme), cohabita pendant près de 50 000 ans avec son cousin. Migrant du Moyen-Orient, notre ancêtre direct s'établit dans la région il y a 40 000 ans. Il se nourrissait de viande de renne, dont les troupeaux étaient considérables en ces périodes froides. Il les suivait dans leurs migrations, six mois à l'entrée d'une grotte, six mois ailleurs. Jusqu'à sa sédentarisation définitive, l'homme préhistorique ne cessa d'améliorer sa technique de fabrication des outils en silex : ces derniers allèrent en s'affinant avec une économie de matière première grandissante. Moins importantes que dans le Quercy et le Périgord, des traces d'occupation de l'Agenais dès la préhistoire ont cependant été découvertes dans les vallées de la Lémance et de la Lède en Haut-Agenais où les fouilles ont dévoilé des gisements datant du Mésolithique (8 000 ans environ av. J.-C.). Il y a près de 6 000 ans, l'homme découvre l'agriculture et l'élevage. C'est alors que la préhistoire prend fin, et que débute l'histoire. C'est la révolution néolithique, aussi considérable que la découverte du feu, accélérée par celle de la fusion des métaux : le cuivre d'abord, le bronze ensuite, le fer, enfin.

LA SCIENCE PRÉHISTORIQUE Elle est née dans le Périgord, aux Eyzies-de-Tayac (p.220), considéré depuis comme la "capitale mondiale de la préhis-

Chronologie de la préhistoire

	Périodes	Caractéristiques	Sites
1,5 MA à 100 000 ans (*H. erectus* et *H. neanderthalensis*)	Acheuléen (subdivisions locales : tayacien, micoquien)	Premiers bifaces	La Micoque
200 000 à 37 000 ans (*H. neanderthalensis*)	Moustérien	Bifaces complexes, outils de pierre taillés à partir d'éclats	Le Moustier
40 000 à 38 000 ans (*H. neanderthalensis*)	Châtelperronien	Lames, couteaux, pointes, outils en os, premiers bijoux	Le Moustier
40 000/37 000 à 30 000 ans (*H. sapiens*)	Aurignacien	Finesse des outils : lamelles effilées ou étranglées, pointes de sagaies en os ; premières manifestations artistiques : statuettes, dessins et gravures, parures	Abri Pataud, Le Moustier, La Ferrassie
31 000 à 24 000 ans	Gravettien	Pointes, burins ; grottes peintes ; ou gravées ; statuettes stéatopyges (Vénus gravettiennes), symboles de fécondité	La Ferrassie, Abri Pataud, Castel-Merle, Cougnac, Pech-Merle
24 000 à 20 000 ans	Solutréen	Niveau exceptionnel de la technique de taille du silex : aiguille à chas, pointes à cran, feuilles de laurier ; représentations de l'homme blessé ; sculpture en bas-relief	Abri Pataud, Pech-Merle, Laugerie-Haute, Cougnac
20 000 à 12 000 ans	Magdalénien	Explosion de l'art pariétal, thème du chasseur en difficulté, premiers harpons	Lascaux, Bernifal, Font-de-Gaume, La Madeleine, Rouffignac, Castel-Merle, Saint-Cirq, Combarelles

toire”. De la fin du XIXe siècle au premier tiers du XXe siècle, une succession d’hommes d’Église a libéré de l’oubli les innombrables outils et grottes ornées du Périgord. L’abbé Breuil (1877-1961) fut le plus perspicace : la science lui doit l’invention de la classification du paléolithique. Édouard Lartet, Henry Christy, Michel Hardy, Denis Peyrony, Louis Capitan et la famille Castanet sont d’autres grands découvreurs des sites du sud-ouest de la France. La classification présentée ci-contre, héritée de celle de l’abbé Breuil, intègre les découvertes effectuées depuis un siècle.

L’ART PRÉHISTORIQUE Le Périgord présente le plus grand nombre de grottes ornées en Europe, et on se perd toujours en conjectures sur les motivations des peintres du paléolithique. À cette question, préhistoriens et archéologues ont chacun leurs réponses, parfois contradictoires. Vous pourrez vous faire vous-même une opinion en multipliant les visites et en lisant par exemple *Préhistoire de l’art occidental* d’André Leroi-Gourhan, *Les Chamanes de la préhistoire* de Jean Clottes ou, dans le domaine du roman, l’œuvre de l’écrivaine américaine Jean M. Auel (le cinquième tome de sa saga *Les Enfants de la Terre* a pour cadre Laugerie-Haute, près des Eyzies, et pour acteurs principaux des artistes). La civilisation de l’homme de Cro-Magnon (car, jusqu’à présent, on n’a pas découvert de peintures élaborées par l’homme de Neanderthal) était projetée sur les murs des abris de calcaire où il peignait, dessinait, gravait et sculptait les animaux qui en étaient l’essence. Aucune scène naturaliste, aucune histoire racontée : l’iconographie préhistorique est purement symbolique. Les deux couleurs principales de la palette paléolithique sont l’oxyde de magnésium (pour le noir) et l’oxyde de fer (l’ocre). L’homme de Cro-Magnon les étalait avec ses doigts ou en les crachant, ses mains lui servant alors de caches et de pochoirs. Il les soufflait également, à l’aide de sarbacanes. Pour s’éclairer, il brûlait le volume d’une boîte d’allumettes de graisse animale dans une pierre légèrement convexe (on en a retrouvé des dizaines à Lascaux). Des préhistoriens ont tenté l’expérience : cela éclairait à peu près pendant une heure, comme une bougie de taille moyenne.

De l’âge du fer aux féodalités

PÉTROCORES, CADOURQUES, NITIOBROGES Après de nombreuses invasions et migrations, le Périgord et le Quercy furent finalement occupés durablement par deux tribus celtes il y a cinq siècles : respectivement, les Pétrocores et les Cadourques. Déformés, leurs noms baptiseront leur pays. Le Périgord et le Quercy datent donc de l’âge du fer et des dolmens ! Ces deux peuples ont fondé Vesona (Périgueux) et Divona (Cahors). Quant aux Nitiobroges, ils fondèrent Aginnum (Agen) vers 400 av. J.-C. Leur royaume fut prospère jusqu’à la conquête de la Gaule par les Romains. À partir de 56 av. J.-C., ils subirent à leur tour la colonisation. Sous le commandement du général Crassus et de César lui-même, quelques irréductibles Cadourques, rescapés d’Alésia, furent vaincus cinq ans plus tard à Uxellodunum (le site a été identifié au Puy-d’Issolud, près de Saint-Martin-les-Martel, dans le nord du Lot). Désormais sous la domination des Romains, les Celtes tentèrent de profiter au mieux du dynamisme de la civilisation latine. Les Romains introduisirent la vigne, Périgord, Quercy et Agenais se développèrent. La région

GEOPLUS

L'habitat préhistorique, un patrimoine exceptionnel

Par **Alain Turq**, préhistorien, archéologue

Au Périgord sont immanquablement associés les noms de Lascaux, Rouffignac, Les Eyzies... Mais le Quercy compte un patrimoine préhistorique tout aussi riche : il n'est qu'à évoquer les sites de Pech-Merle, Cougnac ou Cabrerets.

Périgord et Quercy, par leur position géographique entre plaine littorale atlantique et Massif central, par les deux grands axes de circulation est-ouest qui les traversent (la Dordogne et le Lot), ont en commun une large partie de leur histoire. Durant les maximums glaciaires, elles ont servi de refuge aux hommes et aux animaux chassés des contrées septentrionales. La mosaïque de paysages qu'elles forment, les ressources variées qu'elles proposent (sources, silex pour la fabrication des outils, gués pour la pêche ou la chasse) ont été particulièrement appréciées par les chasseurs-cueilleurs, puis par les premiers agriculteurs.

LEXIQUE

- **Abri sous roche :** *cavité naturelle ouverte et souvent peu profonde.*
- **Biface :** *outil ou arme typique du Paléolithique inférieur, obtenu par percussion ou façonnage des deux faces opposées d'une pierre.*
- **Éclat :** *fragment de roche débité par percussion dans un bloc de matière première.*

Une occupation précoce Les plus anciennes traces de présence humaine remontent ici à environ 400 000 ans. Elles correspondent à la véritable colonisation de l'Europe (auparavant, seules quelques incursions sans lendemain, dues à de petits groupes ayant quitté le berceau africain, sont attestées). Il s'agit d'outillage lourd en pierre (bifaces, galets aménagés) ou plus léger (éclats bruts ou transformés par retouche) provenant d'occupations proches d'une rivière ou d'un point d'eau (Bordas, La Micoque, Vaufrey, La Plane, Les Bosses...), dont les auteurs nous sont inconnus. Avec l'apparition de l'homme de Neandertal voici quelque 250 000 ans, le nombre de sites augmente, mais il ne devient vraiment abondant qu'à partir de 70 000 ans. Ces hommes maîtrisent le feu et ont une vie sociale structurée ; des découvertes ont notamment révélé une prise en charge par le groupe des personnes diminuées et âgées. Souplesse et adaptabilité caractérisent leur comportement : une partie des objets en pierre fabriqués est conçue pour être transportée et transformée autant que de besoin. Cette mobilité permet une exploitation rationnelle des ressources du territoire parcouru. Le Périgord et le Quercy semblent former les éléments complémentaires d'une même unité : au premier, les occupations de longue durée et plus permanentes (sites présentant plusieurs couches dans lesquelles sont pratiquées les premières sépultures, Regourdou, Le Roc de Marsal, Le Moustier, La Ferrassie...) ; au second, des sites à activités plus intermittentes et souvent liées à la chasse (Les Fieux, La Borde, Coudoulous, Le Mas-Viel...).

Les premiers hommes modernes Entre 40 000 et 35 000 BP (pour Before Present, avant le présent), les Néandertaliens cèdent la place aux premiers hommes modernes, dits aussi de Cro-Magnon. Plusieurs sites témoignent de cette transition : en Périgord, La Ferrassie, Caminade, Le Moustier ; en Gourdonnais, Le Piage et Roc de Combe. Leurs fouilles ont mis en évidence des occupations alternatives par les derniers Néandertaliens (les Castelperroniens) et les premiers hommes modernes (les Aurignaciens). Aujourd'hui, cette version est contestée. Vers 36 000 apparaissent les premières industries du Paléolithique supérieur. L'outillage en pierre change. Aux supports principalement courts (éclats) se substituent des objets plus allongés, tels que lames et lamelles, tandis qu'à l'utilisation de l'ensemble des roches locales succède l'emploi exclusif du silex, avec des objets transportés sur plus de 100 kilomètres. La panoplie de ces chasseurs s'enrichit de pièces en os ou en bois de renne : pointes de projectiles (sagaies), poinçons... L'art et la parure font également leur apparition. Des contacts se nouent avec des territoires lointains (silex des Pyrénées, coquillages de l'Atlantique et de la Méditerranée) et se développeront durant près de 25 000 ans. Au cours de cette longue période, qui correspond au maximum de la dernière glaciation, la complémentarité des écosystèmes s'affirme. Les grands sites à occupations multiples (habitats plus ou moins permanents) sont localisés dans les grottes et abris des calcaires crétacés du Périgord. Nombre d'entre eux donneront leur nom à des cultures préhistoriques : La Gravette (Gravettien), La Madeleine (Magdalénien), Badegoule (Badegoulien)... À l'ouest et à l'est de cette bande, les sites semblent correspondre à des occupations moins permanentes, notamment dans la vallée de l'Isle, en Bergeracois et sur les causses quercynois.

- **Lithique :** *relatif à la pierre.*
- **Pariétal (art) :** *du latin paries, paroi. Dessins, gravures ou peintures laissés sur les parois des grottes.*
- **Propulseur :** *baguette ou planchette pourvue d'un crochet, destinée à augmenter la vitesse de frappe et la précision d'une arme de jet.*
- **Grattoir :** *outil de pierre taillé (lame ou éclat lithique) retouché à l'une de ses extrémités et présentant un front plus ou moins arrondi.*

GEOPLUS

Expressions artistiques À l'Aurignacien (entre 36 000 et 28 000 BP), les grands sites sont principalement implantés dans la vallée de la Dronne (Brouillaud, Rebières, Bernous…) et le bassin de la Dordogne, avec les séquences de référence (Pataud, La Ferrassie, vallon de Castelmerle…). Dès cette époque, des expressions artistiques spécifiques (figurations sexuelles sur bloc de la vallée de la Vézère) ou la présence d'outils particuliers (grattoirs Caminade le long de la vallée de la Dordogne) permettent d'individualiser des groupes régionaux. Le Bergeracois est particulièrement fréquenté, tant pour ses ressources en gibier que pour la qualité de son silex : les lames qu'il permet de fabriquer se retrouvent dans toute la région et des premiers contacts avec les Pyrénées peuvent être mis en évidence. En Quercy, les traces d'occupation sont rares (régions de Rocamadour, de Marcilhac et de Bagnac-sur-Célé). Vers 27 000 BP, au Périgordien, ou Gravettien, les lames, plus rectilignes, servent souvent à façonner des pointes de projectiles. Les variations bien visibles dans les séquences de La Gravette, Pataud, La Ferrassie, Laugerie-Haute sont davantage chronologiques que régionales. Les premières "Vénus" (figurations ou statuettes féminines), comme celles de Laussel, Monpazier, Sireuil et Tursac, datent de cette époque. Les grottes ornées se multiplient : La Grèze, Oreille d'Enfer, Le Poisson, Pech-Merle, Roucadour, Les Merveilles… Si les découvertes de restes humains sont rares, ceux exhumés dans l'abri de Cro-Magnon et la grotte ornée de Cussac présentent le plus haut intérêt. Le Bergeracois possède toujours des gisements producteurs de lames : Rabier, Corbiac. Les causses quercynois font l'objet d'occupations saisonnières (Les Fieux, La Bergerie), tout comme les vallées du Lot (La Bergerie à Saint-Géry) et du Célé, où l'on a mis au jour aux Peyrugues un habitat structuré.

"Des expressions artistiques spécifiques ou la présence d'outils particuliers permettent d'individualiser des groupes régionaux."

Des progrès technologiques Vers 21 500 BP, dans le quart sud-ouest de la France, se développe le Solutréen. Cette culture, dont les divers stades ont été identifiés dans l'abri de Laugerie-Haute, aux Eyzies, se caractérise par le soin particulier apporté au choix des matériaux (diversité des silex, coloration, origine variée) et la production de l'outillage lithique (retouche par pression, chauffe de silex). Une série de découvertes techniques marque cette époque : invention de l'aiguille à chas, du propulseur (instrument qui prolonge le bras et permet d'augmenter la force de pénétration des projectiles), peut-être de l'arc. Dans les nombreux sites de la fin de cette période ont été retrouvées des pointes en silex présentant un cran pour leur fixation sur la hampe (gisements du Pech de la Boissière, du Fourneau du Diable, de Combe Saunière en Périgord, de La Cave, de Reilhac, de Cabrerets, de Cuzoul-de-Vers et des Peyrugues en

Quercy). Des parures spécifiques et autres signes de l'art pariétal sont attestés en Quercy, Périgord ou Charentes, et le bas-relief joue un rôle important, comme en témoigne le bloc aux Bovidés du Fourneau du Diable.

L'"âge du renne" Au court épisode (de 18 500 à 16 500 BP) d'une industrie à éclats qualifiée de badegoulienne, succède le bel "âge du renne", le Magdalénien. C'est l'apogée de l'industrie osseuse (harpons, foènes, poinçons…) et de l'art animalier, mobilier et pariétal. Les grottes ornées sont abondantes (Lascaux, Pech-Merle, Cougnac, Combarelles, Font-de-Gaume) et appartiennent à l'entité dite "art franco-cantabrique". Idées et matériaux circulent au-delà de cet espace géographique. Certains sites très étendus sont parfois considérés comme des lieux de regroupement : La Madeleine, Laugerie-Basse. On y dénombre de multiples sépultures : Chancelade, Laugerie, La Madeleine, Rochereil, Roc de Cave. En Bergeracois, les ateliers de taille perdurent. En Quercy, comme lors de la période précédente, les sites correspondent le plus souvent à des occupations saisonnières liées à la pêche et à la chasse : Bergerie, Peyrugues, Cuzoul-de-Vers, Gare de Conduché.

> *"Une série de découvertes techniques marque cette époque [le solutréen] : invention de l'aiguille à chas, du propulseur (instrument qui prolonge le bras et permet d'augmenter la force de pénétration des projectiles), peut-être de l'arc."*

La fin de la glaciation Fondé sur l'exploitation d'un milieu ouvert et centré sur un animal, le renne, ce bel agencement va, vers 12 500 BP, être bouleversé par un facteur climatique majeur : la fin de la glaciation. Progressivement, la steppe remplace la forêt, tandis que les rennes cèdent la place aux espèces actuelles. Les groupes humains s'adaptent, les sites se resserrent, les Magdaléniens évoluent en Aziliens. Les harpons deviennent plats et sont désormais en bois de cerf. La chasse s'intéresse à des animaux solitaires ou vivant en petits groupes (cerfs, chevreuils, sangliers), la pêche recourt à l'hameçon et aux nasses. L'art figuratif disparaît au profit d'un art schématique. Tous ces changements sont visibles dans plusieurs sites : Le Pont d'Ambon, Rochereil, Moulin du Roc, Gare de Couze, mais aussi l'abri de Murat en Quercy.

La miniaturisation de l'outillage À partir de 7 500 ans avant notre ère, le Mésolithique se caractérise par une miniaturisation de l'outillage. De petits silex retouchés de quelques millimètres, montés en série sur des hampes, composent désormais les armes de trait. Dans la région, ce faciès, qualifié de sauveterrien (de Sauveterre-la-Lémance, Lot-et-Garonne), est connu à travers quelques sites aux couches souvent très riches en cendres et en matière organique : Roc du Barbeau en Périgord, Les Fieux, Les Escabasses, Cuzoul-de-Gramat et Fontfaurès sur le causse de Gramat. La collecte des végétaux s'intensifie, certains sont cuits pour être conservés. Les sépultures, en revanche, sont rares, essentiellement localisées au Roc du Barbeau et à Cuzoul-de-Gramat.

La néolithisation La complémentarité observée auparavant entre Périgord et Quercy disparaît. Vers 5 800 à 6 000 av. J.-C. se font jour les premières influences d'une évolution survenue quelques millénaires plus tôt au Moyen-Orient : la néolithisation. Les deux régions s'inscrivent dans la zone de contact de grandes aires culturelles, l'Atlantique et la Méditerranée. Les hommes adoptent l'agriculture et l'élevage, fabriquent leurs premiers récipients en céramique et des instruments lourds pour défricher. Ces nouveaux besoins renforcent les relations économiques. Les échanges de matières premières lithiques prennent de l'ampleur. En Bergeracois, on observe les premières véritables carrières et ateliers de production spécialisés : haches, grandes lames, pièces foliacées traitées thermiquement. Certains objets parcourent des centaines, voire un millier de kilomètres : dans toute la région se retrouvent des poignards en silex du Grand-Pressigny, des roches dures du Massif central ou de Bretagne ; en Quercy, du silex blond de Provence et de l'obsidienne du sud de l'Italie. Ces mouvements d'objets suggèrent des déplacements de population et, par là même, une circulation des idées. L'organisation sociale révèle une hiérarchisation progressive, que l'on perçoit notamment dans les sépultures. Les changements sont graduels. Les habitats, le plus souvent en plein air, montrent une colonisation de tous les types de milieu. L'homme marque le paysage de son empreinte : clairières pour les premiers champs de blé ou d'orge, établissement de villages ou érection de dolmens, ces tombes collectives édifiées entre 3 200 à 2 000 ans av. J.-C. Servant pour les défunts d'une ou plusieurs communautés, ils peuvent regrouper jusqu'à une centaine d'individus. Leur construction fait appel aux matériaux locaux : blocs de grès, dalles de calcaire ou de silex. Avec plus de 500 dolmens, les causses du Quercy présentent l'une des concentrations de monuments mégalithiques les plus importantes de France.

"Avec plus de 500 dolmens, les causses du Quercy présentent l'une des concentrations de monuments mégalithiques les plus importantes de France."

L'apparition de la métallurgie Vers 2 900, un phénomène majeur fait son apparition : la métallurgie. La première, celle du cuivre, va provoquer de profonds changements dans le fonctionnement des communautés. Les échanges se font désormais sur de plus longues distances. En Périgord, l'influence atlantique est nettement attestée avec la civilisation d'Artenac. Vers 2 000 av. J.-C., un nouveau métal, alliage de cuivre et d'étain, voit le jour : le bronze, engendrant une nouvelle dynamique commerciale. En Quercy, une civilisation originaire de l'Est, dite des "champs d'urnes", marque le paysage par des tumulus dans lesquels sont enterrées les urnes renfermant les cendres des défunts. Par la suite, la région se tournera davantage vers le bassin de la Garonne et le Languedoc occidental. Sur le causse de Gramat se développe le groupe du Noyer, au mode de vie agro-pastoral très équilibré, tandis qu'en Périgord l'influence des ateliers atlantiques est forte. Les populations agricoles occupent des lieux perchés, qui leur servent de refuges ou de places fortes. C'est également à cette époque que le cheval est domestiqué.

L'âge du fer Vers 950 av. J.-C. débute l'âge du fer. L'écriture pictographique apparaît dans le sud de la France. La société se spécialise et se hiérarchise de plus en plus, aboutissant aux habitats fortifiés appelés oppida, comme l'Impernal à Luzech, Murcens dans la vallée du Vers et Le Puy-d'Issolud à Vayrac, qui correspond vraisemblablement au célèbre Uxellodunum décrit par César comme le dernier point de résistance gauloise s'urbanisa et s'enrichit. Dans la *pax romana*, l'Agenais vécut une période prospère marquée par le développement d'Agen, du Mas-d'Agenais, étape fluviale importante sur la Garonne, et des cités d'Eysses près de Villeneuve-sur-Lot et d'Aiguillon qui servaient de postes militaires.

LE ROYAUME D'AQUITAINE En l'an 28 av. J.-C., l'empereur Auguste partage la Gaule en trois. L'Aquitaine, qui en constitue sa partie sud, englobe nos trois régions. Lors des grandes invasions barbares, les Alamans et les Francs ravagent ce qui sera le Sud-Ouest, les habitants s'enferment à Vesona et dans quelques villes. Du IVe au Ve siècle, le Périgord, le Quercy et l'Agenais se christianisent lentement. En l'an 813, les trois provinces sont érigées en comtés rattachés au royaume d'Aquitaine, dont le souverain est vassal du roi des Francs. Puis le Quercy est réuni au comté de Toulouse en 849. À la même époque, Périgueux, les vallées de la Dordogne, de la Vézère et de l'Isle sont dévastées par les Normands. L'anarchie règne jusqu'à l'orée du Xe siècle, alors que le premier pèlerinage vers Saint-Jacques-de-Compostelle traverse la région en 950. Durant les siècles suivants, le Quercy est gangrené par d'interminables conflits entre potentats locaux. L'évêque de Cahors est la seule autorité incontestable : ayant statut de comte, il est le plus prestigieux d'entre les nobles. Dans le Périgord, les comtes installés à Périgueux à la fin du IXe siècle ne régentent que quelques localités. Dans l'Agenais, le duc de Gascogne règne en maître à partir du Xe siècle après que la province a été ballottée entre Mérovingiens et Carolingiens. En 1032, elle passe sous la domination des comtes de Poitiers et intègre le puissant duché d'Aquitaine dont fait partie le Périgord. À la tête de ce vaste territoire, Guillaume VIII, l'arrière-grand-père d'Aliénor d'Aquitaine. Partout les hauteurs se hérissent de forts ou de "mottes", marquant la position hiérarchique et la puissance supposée de leurs seigneurs.

LA GUERRE CONTRE LES ALBIGEOIS Alors que le conflit entre la France et l'Angleterre couve autour du duché d'Aquitaine, éclate la croisade des Albigeois en 1209. Elle touche l'Agenais et le Périgord méridional, possession du comte de Toulouse favorable aux "hérétiques" cathares. Le pape Innocent III lance une croisade contre les révoltés en 1208 avec à sa tête Simon de Montfort. En 1212, l'armée des croisés réduit Penne-d'Agenais, Marmande, Tonneins… Après la victoire des troupes de Simon de Montfort, l'Agenais lui revient mais il faudra attendre le règne d'Alphonse de Poitiers au XIIIe siècle pour que le calme revienne. Déjà, il entreprend de couvrir son fief de bastides en prévision d'une invasion anglaise.

Aliénor, la France et l'Angleterre

LA DOMINATION ANGLAISE En 1152, l'énergique duchesse Aliénor d'Aquitaine obtient le divorce de son époux le roi de France Louis VII, et se remarie avec Henri Plantagenêt. Deux ans plus tard, Henri devient roi d'Angleterre sous le nom d'Henri II : l'Anjou, la Normandie, l'Auvergne, le Limousin, le Poitou, l'Angoumois, la Saintonge, la Gascogne, toute la Guyenne (l'Aquitaine) dont le Périgord, sont désormais possessions anglaises. Plus de la moitié du royaume ! Une catastrophe politique, qui aura des répercussions jusqu'en... 1802. Le souverain anglais n'en reste pas moins vassal du roi de France. Jusqu'à la guerre de Cent Ans, le territoire du duché de Guyenne évoluera donc en fonction des hommages prêtés ou non au roi de France, des traités signés entre les souverains et des coups de force. En 1190, pour apaiser les tensions Philippe II Auguste l'augmente du Quercy (pays de frontière entre les deux royaumes). Le traité de Paris, signé par Saint Louis (Louis IX) en 1259, l'agrandit encore avec le Périgord. Le cadeau n'est pas définitif : de 1294 à 1296 Philippe IV le Bel conquiert l'ensemble du duché de Guyenne. Afin d'éviter la rupture, le roi de France donne néanmoins sa sœur Marguerite au roi Édouard Ier, et plus tard sa fille Isabelle à l'héritier de son vassal ennemi, Édouard II. La Guyenne anglaise s'est réduite comme peau de chagrin et sa capitale, Bordeaux, est coupée de sa terre.

LE DÉCLENCHEMENT DE LA GUERRE DE CENT ANS Philippe le Bel meurt en 1314, ainsi que ses fils, tous les trois rois sans héritiers mâles, dans les années qui suivent. À la mort de celui qui sera le dernier des Capétiens directs en 1328, le trône de France est donc vacant. La couronne ne pouvant, selon les Grands, "aller de lance en quenouille" (échoir à une femme), elle est donnée au cousin des trois précédents monarques : Philippe VI de Valois est donc élu roi de France. Or, par l'une de ses filles, Philippe le Bel a laissé un petit-fils anglais, qui règne outre-Manche sous le nom d'Édouard III. Si nulle femme ne peut prétendre à la royauté, elle peut au moins la transmettre. Édouard III se présente donc comme le prétendant le plus légitime à la couronne de France. La guerre de Cent Ans commence en 1337, lorsqu'il refuse l'autorité de Philippe VI de Valois.

LA GUERRE DE SAINT-SARDOS Un premier incident grave s'était produit en 1323 à Saint-Sardos, dans le pays des serres. Le prieuré lié aux évêques de Sarlat exigeait de dépendre de la couronne de France alors que ce village de l'Agenais était déjà passé sous tutelle anglaise depuis 1279. Le roi de France Philippe V le Long (1316-1322) mit de l'huile sur le feu en proposant de construire dans ce lieu une bastide. Edouard II d'Angleterre protesta et refusa de jurer fidélité pour ses terres de Guyenne au nouveau roi de France Charles IV le Bel (1322-1328). Le seigneur local mit à sac le chantier de la future bastide et pendit le représentant du capétien. Le roi, furieux, rétorqua en confisquant le fief et dépêchant des troupes sur place. On s'accorde à considérer cet affrontement comme la répétition générale avant la déclaration de guerre officielle.

Enjeux de la guerre de Cent Ans

Avec le traité de Brétigny signé en 1360, la France abandonne pratiquement la moitié de son territoire à l'Angleterre, qui récupère l'ensemble de la Guyenne. Dès 1364, l'Agenais tombe entre les mains du Prince Noir, héritier du trône d'Angleterre. Très vite, il se met à dos la population qu'il écrase sous les impôts. Profitant de son impopularité, en 1369, le roi de France Charles V confisque l'Aquitaine. La reconquête s'opère avec Du Guesclin (1370) mais le territoire reste soumis à des troubles jusqu'à sa reconquête définitive en 1444. La Dordogne et le Lot, rivières frontalières,

La naissance des bastides, les villes nouvelles du Moyen Âge

Par **Gilles Séraphin**, architecte du patrimoine

Au milieu du XIIIe siècle, un événement bouleverse l'histoire de la région : la succession du comte de Toulouse fait tomber ce territoire dans l'escarcelle d'Alphonse de Poitiers. Celui-ci va initier une politique urbaine qui donnera naissance aux bastides, si nombreuses dans ces contrées.

Alphonse de Poitiers (1220-1271), frère du roi de France Saint Louis, a succédé au comte Raymond VII dont la mort, survenue en 1249, offrit au pouvoir capétien la maîtrise de l'ensemble du Toulousain, du Quercy, de l'Agenais et du Périgord méridional.

Une gestion centralisée du territoire Contrairement à Saint Louis, qui dans le Languedoc a dû implanter un réseau de forteresses militaires, Alphonse de Poitiers, époux de Jeanne de Toulouse, a hérité de ses nouvelles terres en toute légitimité et n'a pas à craindre la résistance d'une féodalité locale dont il est devenu le suzerain naturel. Une difficulté surgit cependant : les anciens comtes de Toulouse, au fil des générations, avaient fini par aliéner l'essentiel de leur territoire au bénéfice de vassaux dont ils s'étaient ainsi acquis les services en même temps qu'une fidélité précaire par le fait du lien féodal. Le nouveau comte ne disposait donc pas dans son propre comté des réserves foncières, villes et châteaux, nécessaires pour implanter les nouveaux rouages administratifs qu'exigeait une gestion désormais centralisée et rationalisée du territoire. Les terres toulousaines, par ailleurs, étaient restées fondamentalement rurales, et le mouvement d'urbanisation, qui avait déjà touché d'autres provinces, comme le Languedoc, était ici encore en devenir.

Un réseau de "villes nouvelles" Le grand projet d'aménagement du territoire résidait donc dans l'implantation d'un programme d'urbanisation d'envergure et dans la mise en chantier d'un réseau de nouvelles agglomérations, dissociées et soustraites du réseau féodal préexistant. À partir de ces villes nouvelles, il restait à mettre en poste des sénéchaux, équivalents de nos préfets actuels, et, au niveau inférieur, des bayles, ou baillis, à la tête de circonscriptions subalternes, des trésoriers, des notaires. Désormais, ces nouveaux agents du pouvoir comtal seraient des fonctionnaires territoriaux, en principe sous contrôle, et non plus les féodaux à qui le comte avait antérieurement confié des pouvoirs discrétionnaires.

Un contrat de "paréage" Les premières bastides naquirent de l'association de l'administration d'Alphonse de Poitiers et de propriétaires fonciers favorables à la cause capétienne. D'une certaine façon, elles furent donc fondées en copropriété et, par définition, l'existence d'une bastide reposait nécessairement sur la rédaction d'un contrat de "paréage" fixant les prérogatives respectives des deux associés. Tant en Périgord méridional qu'en Agenais, le mouvement de fondation fut particulièrement prolifique. Entre 1250 et 1270, l'administration d'Alphonse de Poitiers mit en chantier plus de vingt villes neuves : Sainte-Foy-la-Grande, Villefranche-du-Périgord, Eymet, Castillonnès, Monflanquin, Villeneuve-sur-Lot, Villeréal, Damazan, Lavardac, Castelsagrat, Molières, Dunes, Caylus, Villefranche-de-Rouergue…

"Le grand projet d'aménagement du territoire résidait donc dans l'implantation d'un programme d'urbanisation d'envergure et dans la mise en chantier d'un réseau de nouvelles agglomérations, dissociées et soustraites du réseau féodal préexistant."

Les chartes de franchises, ancêtres du code civil Dans la plupart des cas, ces fondations associèrent au comte des abbayes cisterciennes dont les réserves foncières étaient considérables. Des enquêtes poussées veillaient dans chaque cas à ce qu'aucun intérêt particulier ne soit lésé dans le projet. Ancêtres de notre code civil, des chartes de franchises complétèrent systématiquement les fondations juridiques des bastides. Elles définissaient les règles de vie commune et les devoirs des futurs habitants tout en garantissant leurs droits et le nom de Villefranche ou Castelfranc que l'on donna à certaines des nouvelles villes en rappellent l'importance.
Un point important des chartes de franchises ou de coutumes concernait l'organisation d'une administration municipale. Le maintien de l'ordre public dans la bastide nécessitait pour les fondateurs de se faire représenter par un officier : le bayle. Celui-ci assurait la distribution des lots, l'installation des habitants, l'édification des bâtiments publics. Il était chargé de la perception fiscale. Les habitants, pour leur part, avaient obtenu grâce aux coutumes de se faire représenter par des magistrats, quatre ou six selon les cas, qu'ils désignaient annuellement parmi leurs notables. Chargés initialement de la simple assistance au bayle, ils prirent rapidement de l'importance. Le contrôle de la qualité des marchandises, des abattoirs, la justice courante, la vérification des poids et mesures, la perception des amendes revenantà la collectivité tombèrent rapidement sous leur responsabilité directe. Bientôt, ils portèrent la robe rouge et le chaperon et, derrière le bayle, défilèrent en tête des cérémonies.

Bastides et castelnaux Antérieurement à Alphonse de Poitiers, sous la domination de la dynastie raimondine (de Raymond V à Raymond VII), les agglomérations nouvelles fondées par le comte l'avaient été en toute propriété, à la suite d'acquisitions autoritaires, dans certains cas par achat, dans d'autres par simple confiscation. C'est ainsi qu'avaient vu le jour Cordes, Lauzerte, Puymirol, Montclar, Puylaroque, Tournon-d'Agenais. Pour les distinguer des bastides, les historiens donneront le nom de "bourgs castraux" ou de "castelnaux" à ces châteaux urbanisés, souvent implantés sur des hauteurs stratégiques et sous la domination d'une tour féodale. Ils remplacèrent en effet, dans bien des cas, un ancien "castelvieil" rural constitué autour d'une motte féodale des siècles précédents.

Une politique urbaine suivie Le succès de la politique urbaine d'Alphonse de Poitiers incita ses successeurs à en poursuivre les principes. À peine les Anglais eurent-ils récupéré l'Agenais et le Périgord, en application des promesses de Saint Louis, que les administrations capétienne et Plantagenêt, face à face, déployèrent leurs propres réseaux de bastides tout au long des dernières décennies du XIIIe siècle et des premières du siècle suivant… Du côté français on jeta les fondations de Montcabrier, Domme, Lafrançaise, Realville, Nègrepelisse, Lamontjoie. Du côté anglais apparurent Lalinde, Beaumont, Monpazier, Miramont-de-Guyenne, Valence-d'Agen, Molières (Dordogne), Vianne, Cazals…

> "Hormis l'époque de tension militaire qui marqua les années 1280, les bastides, contrairement aux castelnaux, furent généralement conçues comme des villes ouvertes et souvent implantées en terrain plat."

Des villes ouvertes Hormis l'époque de tension militaire qui marqua les années 1280, les bastides, contrairement aux castelnaux, furent généralement conçues comme des villes ouvertes et souvent implantées en terrain plat. La constitution trop précoce d'une enceinte urbaine aurait immanquablement compromis les chances de la nouvelle agglomération de s'étendre librement et de supplanter ses concurrentes. Entre 1284 et 1287, Monpazier et Vianne du côté anglais, Domme et Montcabrier du côté français firent exception et s'enfermèrent dès leur fondation dans des enceintes puissantes. Pour les deux dernières, il est vraisemblable qu'on fit appel aux ingénieurs qui avaient réalisé quelques années auparavant celle du port royal d'Aiguesmortes. Le plus souvent, les bastides restées ouvertes ne se résolurent à s'enfermer qu'au lendemain de destructions occasionnées par la guerre de Cent Ans, tout particulièrement par les chevauchées dévastatrices du Prince Noir.

Des îlots quadrangulaires Pour établir au sol le tracé de la future ville et de ses parcelles à bâtir, il fallait les compétences d'un urbaniste et d'un géomètre. Il semble qu'on ait d'abord fait appel à celles du notaire, autrement dit à un expert en droit foncier et fiscal. L'un de ces notaires comtaux établis à Agen, Pons Maynard, fut directement impliqué dans la fondation de plusieurs bastides. La documentation a retenu les noms de Villefranche-du-Périgord, Villeneuve-sur-Lot, Castillonès, Monflanquin… Sous ses directives, les arpenteurs ont vraisemblablement piqueté le terrain, "engendré" les rues et la place publique et dessiné les lots. La plantation solennelle du "pal" (un pieu) au centre géométrique de la ville sanctionnait l'acte de naissance de la bastide et donnait lieu à des proclamations officielles, voire des cérémonies festives. À partir du pal, établi sur le carrefour principal plutôt qu'au centre de la place, les rues majeures pouvaient être tracées, puis les îlots quadrangulaires, désignés sous le nom de "moulons" en Aquitaine et de "carrons" en Languedoc. Pour assurer une parfaite orthogonalité des tracés au sol on utilisait le triangle de Pythagore. Grâce à une corde à 12 nœuds, il permettait de tracer un parfait triangle rectangle de rapport 3 x 4. Le fait que ce rapport simple se retrouve par exemple dans les proportions des îlots, des parcelles, jusque dans les implantations des portes majeures à Villeneuve-sur-Lot, en atteste l'usage systématique.

L'organisation de la cité La place, en principe, n'occupe pas le centre de la bastide mais le côtoie à l'un de ses angles. De plan carré, elle donnera la mesure des îlots bâtis. Avec 40 à 50m de côté, ses dimensions – suffisantes pour accueillir le marché hebdomadaire – n'atteignent jamais en Aquitaine les proportions considérables que l'on rencontre dans les bastides des régions d'élevage, mais un vaste foirail établi hors les murs l'a probablement complétée dans la plupart des cas. La halle publique occupait le centre de la place avec, à l'étage, les locaux affectés aux réunions consulaires, autrement dit la "maison de ville". Celle de Villeréal est l'une des mieux conservées et des plus anciennes mais on en trouve des versions modernisées à Villefranche-du-Périgord, Montcabrier, Beauregard. Au départ de la place, les rues charretières de la bastide, les "carreiras", sont hiérarchisées. À Monpazier, les rues longitudinales qui reçoivent les pignons des maisons, donc l'essentiel des façades commerciales, et qui aboutissent aux portes principales, ont reçu une largeur de 8m tandis que les transversales n'ont que 6m de largeur. Au centre des îlots, des dessertes secondaires de 2m de largeur, les "carrerots", ont été ménagées. En Périgord et en Quercy, les maisons sont elles-mêmes séparées par des "entremis" d'une trentaine de centimètres de largeur, destinés à récupérer les eaux usées en même temps que les eaux pluviales, excluant ainsi les murs mitoyens.

> *"La place, en principe, n'occupe pas le centre de la bastide mais le côtoie à l'un de ses angles. De plan carré, elle donnera la mesure des îlots bâtis."*

Des jardins hors les murs En Aquitaine, contrairement à la Gascogne, l'usage fut d'affecter aux constructions la totalité des parcelles à bâtir, en ne laissant aucune place aux jardins : des parcelles agricoles, des "hortes" ou "caselages", aussi régulièrement loties que celles de la ville elle-même, étaient réservées à cet usage hors les murs. La densité de l'occupation du sol s'apparente donc ici à celle d'une véritable ville même dans les agglomérations les plus modestes. Sur la place, les maisons les plus notables eurent généralement la possibilité de s'étendre au-dessus des rues principales pour constituer des couverts. Ouverts par de grandes arcades en arc brisé, ces couverts ont été prévus dès l'origine de la ville (Monpazier) mais ont résulté d'aménagements plus tardifs ailleurs en s'adossant à des façades initialement alignées sur la rue (Castelsagrat). En se rejoignant aux angles de la place, sur les "cornières", ils ont parfois donné lieu à des encorbellements subtils, destinés à ménager des accès par l'angle.

La maison à pans de bois Selon les disponibilités et la qualité des matériaux offerts par les environs immédiats, et selon les moyens des constructeurs, les premières maisons des bastides se sont édifiées tantôt en dur, tantôt en pans de bois. En dépit des nombreuses reconstructions dont elles ont fait l'objet, les maisons médiévales contemporaines de la fondation des bastides ne sont pas aussi rares qu'on pourrait le penser. Édifiées en pierre, elles sont encore nombreuses à Montcabrier, Monpazier, Monflanquin, Beaumont-du-Périgord. Il en subsiste également à Eymet, Molières, Domme, Villefranche-du-Périgord, Castelfranc, Castelsagrat, ainsi que dans les grands castelnaux des comtes raimondins ou de leurs barons (Lauzerte, Montcuq, Tournon, Penne, Puylaroque, Luzech). À Villeneuve-sur-Lot, ces maisons étaient en briques. À Villeréal, il n'est pas impossible que certaines maisons en pans de bois du XIIIe ou du XIVe siècle aient subsisté. Ailleurs, ces maisons de charpente et de pisé datent le plus souvent du XVe ou du XVIe siècle. Il est important de noter qu'elles adoptèrent d'emblée le style gothique. Les futurs habitants, en recevant leurs lots, s'engageaient à édifier ces maisons dans un intervalle de temps assez court, deux ou trois ans au maximum, faute de quoi les autorités fondatrices se réservaient la possibilité d'annuler leur projet. Certaines bastides ne parvinrent d'ailleurs pas à prendre forme réellement et restèrent à l'état embryonnaire. Ce fut le cas, entre autres, de la bastide "avortée" de Libos dont aucune organisation planifiée n'est plus perceptible aujourd'hui, ou de celle, royale, de Rayet, trop proche de Villeréal pour avoir quelque chance de réussir.

> *"Les futurs habitants, en recevant leurs lots, s'engageaient à édifier ces maisons dans un intervalle de temps assez court, faute de quoi les autorités fondatrices se réservaient la possibilité d'annuler leur projet."*

Un style gothique rayonnant

La construction d'une église ne figurait pas, semble-t-il, dans les priorités des fondateurs. Les bastides s'implantaient d'ailleurs dans des territoires paroissiaux préexistants qui s'étaient organisés depuis longtemps autour d'anciennes églises romanes encore en activité. Leur construction, en marge de la place publique afin de limiter les nuisances et l'impact foncier des cimetières qui les accompagnaient, fut cependant l'occasion de faire pénétrer en Aquitaine les premières manifestations d'une architecture gothique rayonnante que les provinces rurales méridionales avaient jusqu'alors ignorée. Avec les bastides, une culture nouvelle s'installait en Aquitaine constituent des enjeux stratégiques majeurs. Sur chaque rive on renforce les châteaux, on fortifie ponts et moulins. Dans les campagnes, les mauvaises conditions climatiques du XIVe siècle sont à l'origine de plusieurs famines, sans cesse aggravées par les razzias sanglantes des mercenaires dès le début du XVe siècle. Quand la peste arrive, elle trouve dans le Périgord et le Quercy une population déjà affaiblie : les années 1348, 1361, 1384 et 1400-1401 sont des tragédies. Le Quercy, en particulier, se dépeuple tellement qu'il lui faudra compter sur l'immigration, de 1440 à 1500, de milliers d'Auvergnats et d'habitants du Rouergue (l'Aveyron) pour redresser sa courbe démographique. En 1399, le Périgord est annexé par Charles VI, et le roi bannit le dernier de ses comtes, Archambaud VI. Revendue, échangée, transmise, la province tombera un siècle plus tard aux mains de la famille d'Albret. Le Quercy se comportera différemment. Ses villes resteront fidèles au roi de France durant tout le conflit, elles seront même à l'origine de nombreux soucis pour l'occupant d'outre-Manche : en 1369, Cahors parvient à chasser les Anglais et à se retrancher à l'intérieur de ses murailles. À la fin de la guerre, obtenue sur le champ de bataille de Castillon en 1453, la Guyenne, le Périgord et le Quercy reviennent à la France. Mais jusqu'au traité d'Amiens de 1802, le souverain anglais sera également couronné en tant que roi de France...

Les guerres de Religion

La Réforme atteint lentement le Quercy en 1540, Bergerac en 1544. Venue du sud, véhiculée par les gabarriers convaincus dans leur majorité, elle séduit les esprits éveillés des grands seigneurs, en particulier celui de Jeanne d'Albret (la mère du futur Henri IV), suzeraine du Périgord. Au temps de Marguerite d'Angoulême, Nérac (p.451), dans l'Agenais, accueille une cour brillante. La reine de Navarre ouvre son château aux humanistes de son temps acquis à la Réforme et reçoit Jean Calvin. En 1538, les premières condamnations au bûcher contre les réformés sont prononcées à Agen. Mais elles n'entravent pas la progression du protestantisme. À la cour des Albret, à Nérac, bientôt Jeanne d'Albret, la fille de Marguerite, se convertit en 1560, son fils Henri de Navarre, le futur Henri IV, naît protestant. Le protestantisme n'en est pas moins considéré par les évêques comme une hérésie. Périgueux et Cahors prennent le parti de l'Église catholique. Les protestants y seront persécutés, voire massacrés, en particulier à Cahors en 1562. Les représailles huguenotes seront sanglantes : à La Chapelle-Faucher, en 1569, trois cents paysans sont brûlés vifs par l'armée de l'amiral de Coligny, chef des protestants. Avec le mariage entre Henri de Navarre et Marguerite de Valois, la reine-mère du royaume de France, Catherine de Médicis, espère mettre un terme à la guerre. Mais le massacre de la Saint-Barthélemy en 1572 des chefs protestants venus assister à la noce provoque la rupture et Henri s'enfuit sur ses terres agenaises. C'est dans son fief de Nérac qu'il reçoit en 1579 Catherine de Médicis pour entamer des pourparlers, "les conférences de Nérac", qui se soldent par une courte trêve. Geoffroy de Vivans, capitaine des armées protestantes, natif de Castelnaud, donne la chasse à tout catholique présumé du Périgord et du Quercy. Des villes brûlent, d'autres, telle Sarlat en 1575, sont investies. Deux ans plus tard, enfin, une paix est signée à Bergerac. Elle n'empêche pas le protestant Henri de Navarre de conquérir Cahors en 1580 et, huit ans plus tard, Geoffroy de Vivans la bastide réputée inviolable de Domme. En 1594 finalement, Henri abjure sa foi pour être couronné roi de France. Il réconcilie son peuple grâce à l'édit de Nantes, signé en 1598. La paix revient mais divise le Quercy : le Haut-Quercy (le Lot) est catholique tandis que, conformément aux accords conclus par l'édit de Nantes, le Bas-Quercy (le Tarn-et-Garonne) se met sous la protection des "places de sûreté" protestantes. Sur leurs terres, les nobles soutiennent la fronde du duc de Rohan, en 1622, déclenchant la colère de Louis XIII, qui se déplace en personne et les châtie. Les villes de Figeac, de Cardaillac et de Cajarc sont assiégées et tombent. Après avoir vaincu la rébellion, le roi confirme en 1629 l'édit de Nantes par la paix d'Alès.

La révolte des croquants

Le passage des troupes huguenotes et catholiques a anéanti le Périgord et le Quercy. Ruinés, lourdement imposés dans le cadre de la lutte contre l'hérésie protestante, les paysans, les "pataûts", s'élèvent en 1548 contre l'augmentation de la gabelle (taxe sur le sel). En 1594, d'autres se mettent en marche contre leurs seigneurs et les receveurs d'impôts et remplissent des cahiers de doléances à destination du roi. Ces "croquants", ou "tard-avisés", envoient l'année suivante des représentants aux "États" (la juridiction de l'impôt sous l'Ancien Régime) du Périgord, afin de réclamer un droit de regard sur le montant et la collecte des taxes. La noblesse refuse : c'est l'insurrection. Les croquants lèvent une armée, remportent quelques succès mais sont anéantis par les troupes du sénéchal de Bourdeilles. Lorsqu'ils retournent sur leurs terres vers 1596, ils n'ont rien obtenu à part un allégement de la taille royale (exceptionnelle, cette taxe était devenue permanente après la guerre de Cent Ans). En 1637, les croquants se dressent derechef contre les impôts considérablement augmentés pour l'entretien des troupes recrutées par Louis XIII dans sa guerre contre l'Espagne (la guerre de Trente Ans). Soutenus par une petite partie de la noblesse et de la bourgeoisie, les insurgés du Périgord prennent pour chef le gentilhomme La Mothe La Forêt. Leur armée envahit Bergerac puis échoue devant Périgueux. Elle est définitivement stoppée par les troupes du gouverneur de Guyenne à La Sauvetat. Mais la guérilla continue jusqu'en 1643. En 1707, puis en 1789, les croquants prennent à nouveau les armes.

Déclin et Résistance

DU PÉRIGORD À LA DORDOGNE En 1790, la province du Périgord devient le département de la Dordogne. Le Quercy se transforme en Lot et dans le même temps, sa capitale d'alors, Montauban, est oubliée au profit de Cahors. Elle retrouvera cependant dès 1808 un rôle de premier ordre avec la création par Napoléon Ier du département du Tarn-et-Garonne. L'Agenais devient le Lot-et-Garonne en 1790. Au XIXe siècle, la situation des paysans est toujours très précaire. *Jacquou le Croquant*, roman publié en 1899 par Eugène Le Roy, est un témoignage terrifiant sur la vie dans les campagnes du Sud-Ouest à cette époque. L'exode rural est accéléré par l'épidémie de phylloxéra qui détruit la totalité des vignobles de Cahors et de Bergerac de 1868 à 1880. Les villes de Périgueux et de Sarlat sont réurbanisées, des musées sont créés, les monuments historiques sont rénovés. On y installe aussi le chemin de fer. Le Lot et la Dordogne, en partie canalisés, s'assagissent et permettent de diminuer le temps de transport jusqu'au port de Bordeaux. Les marchandises circulant mieux, les foires se multiplient.

LE TEMPS DU MAQUIS À l'orée du XXe siècle, les conditions de vie se sont grandement améliorées. Arrivent la guerre, ses morts, et un nouvel exode rural. Enclavés, essentiellement agricoles, Périgord, Quercy et Agenais subissent peu les conséquences de la Seconde Guerre mondiale, d'autant moins qu'ils se trouvent (à part quelques villes situées à l'extrême ouest de la Dordogne) au sud de la ligne de démarcation. La Résistance prend de l'ampleur dès la disparition de cette frontière en 1942. Les forêts de la Double, du Landais et du Ségala, mais aussi les causses deviennent des maquis. En 1943, quarante-deux unités armées sont enregistrées en Dordogne, quarante-trois dans le Lot. Nombre de paysans participent silencieusement aux combats en nourrissant et en cachant les francs-tireurs. Les populations des villes, en particulier à Figeac, sont malmenées. Après la Libération, le Périgord, le Quercy et l'Agenais végètent et passent à côté de l'industrialisation de l'agriculture qui bouleverse le paysage français dans les années 1950 et 1960. Un handicap dont les trois régions sont désormais fières : peu défigurées, elles offrent aux touristes un visage charmant qui leur assure des revenus touristiques non négligeables.

Économie

Des forges à l'aéronautique

L'industrie s'est installée très tôt dans la région. Le Périgord vert fut ainsi défriché dès le Moyen Âge pour alimenter des fabriques de charbon de bois et de papier puis, dès le XVe siècle, des forges, particulièrement sollicitées aux XVIIIe et XIXe siècles. Dans le Quercy, ces établissements utilisaient les argiles riches en fer du sud de la Bouriane, autour de la rivière Masse. Le développement de la sidérurgie lourde dans les bassins miniers condamna à la ruine ces petites industries forestières. La dernière, située à Savignac-Ladrier, a éteint ses fourneaux en 1930, après plus de... cinq siècles d'activité. Aucune entreprise industrielle ne s'installa ensuite dans la région, faute de liaisons ferroviaires et routières commodes. Le paysage industriel a changé à la fin des années 1970 avec l'arrivée dans le Lot de fabricants de matériels électriques (Maec à Cahors), d'aéronautique (Ratier à Figeac, leader mondial de l'hélice : l'entreprise a été choisie par Airbus pour fabriquer les pales de l'avion de transport militaire A400M), de conditionnement en parfumerie (à Souillac) et de confitures (Andros et Boin, à Bretenoux, fournissent plus de 70% des compotes consommées dans l'Union européenne). En Dordogne, le tissu industriel est constitué d'un maillage étroit de PME et de PMI ; on citera le secteur de la chaussure à Périgueux et à Excideuil, celui de la porcelaine, cravates de soie et maroquinerie à Nontron (Hermès), ou encore celui de l'ébénisterie.

Tabac et safran

Les trois départements gagnent beaucoup d'argent en récoltant deux produits : le tabac et le safran. Le tabac croît en Périgord, Agenais (vallées de la Dordogne et du Lot) et Quercy depuis le XVIIe siècle. Une manufacture royale des tabacs est installée dès 1726 à Tonneins, en bordure de Garonne. Aujourd'hui, si le secteur économique reste important, la fabrication de tabac est aujourd'hui en voie d'extinction dans le Lot-et-Garonne. Ce déclin est notamment dû à une baisse constante de la consommation depuis le début des campagnes antitabac. Le Lot récolte du safran depuis le Moyen Âge. C'est du XVe au XVIIIe siècle que la production fut la plus importante. De nos jours, si le département n'en produit guère que quelques kilos par an, l'"or rouge" connaît un net regain d'intérêt.

UN PRODUIT TRÈS PRÉCIEUX

L'extraction du safran est longue, car il faut séparer le pistil des trois étamines rouges, puis le sécher jusqu'à ce qu'il perde 80% de son poids. C'est long et exigeant en main-d'œuvre qualifiée. Résultat : le kilogramme revient à environ 15 000-20 000€ et assure une belle image de marque au département du Lot.

Cultures fruitières

Le melon du Quercy (protégé par une IGP) s'épanouit sur des sols argilo-calcaires du Bas-Quercy asséchés par un ensoleillement intense. Premier fruit frais à bénéficier d'une appellation d'origine contrôlée, le raisin chasselas de Moissac se reconnaît à sa grappe dorée aux grains fins. Dès l'hiver, le chasselatier sélectionne les meilleurs sarments, conserve les bourgeons les mieux exposés et oriente la sève vers les jeunes grappes pour les enrichir en sucre et en arôme. La vallée de la Garonne est un verger à ciel ouvert : pêches, brugnons, pommes, noisettes, kiwis… alimentent au fil de la saison les étals des marchés. Et surtout, le Lot-et-Garonne est le royaume de la prune d'ente, avec plus de 8 000ha de pruniers. Rapportée de Syrie par les Croisés, elle s'est parfaitement adaptée au climat et au sol de la vallée du Lot autour de Villeneuve. Fin août, l'air qui s'échappe des séchoirs des exploitations embaume le pruneau. Le raisin de Prayssas est tout aussi réputé, les melons, les fraises garriguettes et les poires complètent l'éventail des productions et hissent le Lot-et-Garonne parmi les premiers départements fruitiers de France. La richesse du sol est aussi propice à la culture maraîchère qui s'étend sur plus de 10 000ha.

Langue

La langue d'oc, ou occitan, est en plein renouveau, mais peu de Périgourdins et de Quercynois la connaissent suffisamment pour l'écrire fidèlement. Avec 160 000 mots, cette langue romane est cinq fois plus riche en vocabulaire que la langue d'oïl (mi-germanique mi-romane) qui a évolué en notre français. L'occitan fut la langue des troubadours, très présents en Périgord et en Quercy : on citera par exemple Arnaud de Mareuil, Bertran de Born, Huc de Saint-Cirq ou Giraut de Barneuil. Mais parlé essentiellement par les gens du peuple, supplanté par la langue d'oïl (imposée par le pouvoir monarchique), l'occitan disparut progressivement. Des festivals, des lectures publiques et des spectacles font néanmoins renaître un peu partout la langue d'oc, principalement en saison. La Félibrée par exemple, extraordinaire retour aux sources, célébration charnelle du bonheur occitan : c'est chaque année depuis 1903, le premier dimanche de juillet, dans une ville différente du Périgord. Un monument de la culture régionale à ne pas manquer.

Architecture

Habitat et matériaux

Récemment encore, l'habitat du Périgord et du Quercy utilisait des matériaux locaux. Dans le Périgord blanc, les toits sont constitués de tuiles rondes "à la romaine". La Double et le Landais ayant été très longtemps couverts de forêts, les maisons sont construites en torchis maintenu par des colombages. Le calcaire, omniprésent dans le Périgord noir, se retrouve dans les murs et, dans quelques communes, sur les toits (lauzes). En Bouriane, les murs sont en pierres de calcaire ocre ou en calcaire gréseux plus clair. Dans le nord du Ségala, la couverture est en lauzes de schiste, en forme d'écailles, et les murs aux matériaux mêlés (schiste, granit, gneiss, marbre) témoignent de la complexité géologique de la région. Le Limargue se caractérise par ses façades de calcaire et de grès blonds ou rouges. Les toitures du Quercy blanc sont plutôt en tuiles canal. Là où la pierre était loin mais le sol riche, notamment dans les fonds de vallée ou près des rivières, on construisait parfois en briques (Cahors), qui remplacent souvent le torchis dans les colombages en Quercy. L'habitat en Lot-et-Garonne a été pendant longtemps conditionné par les sols qui déterminaient les matériaux de construction : la pierre calcaire des causses et du pays des serres, la pierre tendre du pays de Duras, les galets charriés par la Garonne et le Lot, l'argile pour la réalisation du torchis et le parement en brique et bois.

Architecture usuelle

HABITAT Dans le **Périgord**, les maisons paysannes sont rectangulaires et plutôt basses. Fenêtres et portes sont encadrées de pierres taillées ; les toits, à deux ou quatre pans, sont percés d'ouvertures (les outeaux) qui aèrent le grenier où grains et noix étaient stockés. Des pigeonniers à pans de bois encadrent les demeures du Périgord noir. Les lucarnes de ce pays, surtout dans les villes, sont ornées de coquilles. Ce sont des œils-de-bœuf qui surmontent les fenêtres dans le Périgord blanc. Les maisons sont plus massives dans le **Quercy**. À un étage, elles multiplient décrochements, tours et ouvertures. L'escalier qui mène au niveau d'habitation (le rez-de-chaussée sert le plus souvent de cave à vin) s'arrête sur une terrasse (appelée "bolet" quand le perron est couvert). Au-dessus, le toit est en tuiles, plates dans le nord, rondes (romaines) dans le sud. Lorsqu'il est en lauzes, il est extrêmement pentu pour supporter la pression considérable exercée par ces pierres (de 500 à 1 000kg par mètre carré...). Les fermes du nord du **Ségala** rappellent celles de l'Auvergne. Leur aspect massif et la présence d'un sas derrière la porte d'entrée signalent que le climat est ici plus froid qu'ailleurs. Plus on va vers le sud, plus les maisons sont légères, grâce à l'utilisation de charpentes extérieures, de balustrades et de colonnes en bois. Le **Quercy blanc** se singularise par ses toits en tuiles rondes. Dans le **Limargue**, "pays" le plus riche du Quercy, on note l'accumulation des ornements de façade jusque sur les granges, agrémentées de pigeonniers. Le toit des fermes est très souvent dit "à la Mansart". Sur les marches orientales de l'**Agenais**, à proximité des causses quercynois, on retrouve la traditionnelle maison en hauteur en pierre calcaire avec l'habitation à l'étage et le chai et la bergerie au rez-de-chaussée. Dans ce territoire et celui du pays des serres, on repère aussi des exemples de la maison limousine, une construction tout en longueur d'un seul niveau dans laquelle la grange est accolée à l'habitation. Structure plus complexe, la métairie du **Marmandais** est coiffée d'un pignon à l'est, la grange au centre est précédée d'un auvent, le logement est situé au sud du bâtiment, l'étable au nord. Les murs sont en maçonnerie de brique ou de moellons. La **maison landaise**, avec sa structure en bois caractéristique et le remplissage en torchis et en brique, apparaît à proximité des Landes de Gascogne tandis que l'échoppe bordelaise constitue une lourde bâtisse d'un seul volume, de composition symétrique. La pierre calcaire est le plus souvent revêtue d'un enduit.

LES CAZELLES

Sur les causses, les bergers se sont façonné des abris avec les pierres qu'ils trouvaient sur place. Les couvertures, également en roches, épousent les ondulations du terrain. Construites sans aucun ciment, ces cabanes en pierres sèches, appelées cazelles dans le Quercy, ont mal résisté au temps car le poids de la couverture finit par affaiblir les murs. La plupart de celles que l'on voit actuellement ont été élevées au cours du XIXe siècle. De plan circulaire ou carré, parfois hautes au point d'être étagées, ces cabanes minérales font corps avec le causse.

PATRIMOINE RURAL Dans le Quercy et l'Agenais, on trouve de très nombreux **pigeonniers**. La colombine fournit en effet pendant des siècles un indispensable engrais, utilisé pour la vigne. Les pigeonniers les plus anciens reposent sur des piliers afin d'en préserver le contenu de l'humidité et des rongeurs. Les **granges** les plus impressionnantes se trouvent sur les causses et dans le Ségala. On y accède par l'un des deux pignons ou par le centre, dans les grands édifices, au moyen d'un plan incliné. Celui-ci était construit au-dessus de la citerne alimentée par l'eau de pluie dégringolant du toit en pan coupé. Les abris de bergers (cazelles) forment une composante essentielle des causses, comme les lavoirs, les abreuvoirs (qui ont parfois les mensurations d'un étang), les canaux et les puits chargés de récupérer et de garder l'eau de pluie, et constituent un patrimoine tout à fait exceptionnel ; le parc naturel régional des causses du Quercy a été créé notamment pour tenter de le réhabiliter. Aussi "naturelles" que les arbustes qui les entourent, ces constructions sont difficiles à voir. Elles sont pourtant innombrables. Pour les découvrir, empruntez les petites routes à faible allure ou, mieux, randonnez à pied ou à cheval. Le séchoir à tabac émaille les campagnes périgourdine et agenaise. Situé généralement à proximité des exploitations agricoles, il se reconnaît à son barge foncé et à ses volets à claies réglables pour la ventilation.

Bastides

Au XIIIe siècle, la croissance démographique et l'insécurité grandissante poussent de nombreuses familles à déserter les campagnes pour se regrouper au pied des châteaux et des églises. C'est dans ce contexte que sont créées ces "villes nouvelles" que sont les bastides, à l'initiative des rois d'Angleterre et de France. Gérées par un représentant du roi (bailli, sénéchal), elles étaient construites par les futurs habitants qui bénéficiaient chacun d'une parcelle à bâtir et d'un petit terrain à cultiver. Le plan était globalement identique pour toutes : un damier de rues, quadrillé autour d'une place et d'une église-donjon. Les candidats étaient nombreux, car en échange de la propriété de leur logis et de la sécurité de la bastide, le seigneur ne leur demandait que l'entretien de l'enceinte. Une tâche certes exigeante, mais sans commune mesure avec le servage auquel ils étaient soumis dans leur ferme. Chaque bastide possédait sa cour de justice et sa milice armée, établissait une charte réglementant les droits et devoirs de chacun et le montant des taxes et impôts. On en trouve en grand nombre dans l'Agenais et dans le Bas-Quercy, ainsi que quelques-unes dans le Périgord, celles de Domme, d'Eymet, de Beaumont-du-Périgord, de Monpazier et de Monflanquin étant les plus impressionnantes. Puymirol en Agenais est la plus ancienne bastide d'Aquitaine (en fait, le plus ancien castelnau) fondée en 1246 par Raymond VII, comte de Toulouse – cf. La naissance des bastides, les villes nouvelles du Moyen Âge (p.28).

Châteaux et forts

Du XIIe au XIIIe siècle, les demeures nobles s'agrandirent et se renforcèrent, toujours pour répondre à l'insécurité chronique de la région. En avant-poste, sur les falaises des rivières, des seigneurs parvinrent à bâtir des murailles entre deux décrochements et sous les surplombs préhistoriques qui leur servaient de toit. Ces "rocas", "châteaux des Anglais", ou encore "roques", ont, pendant trois siècles, contrôlé le Lot, le Célé, la Vézère et la Dordogne. Il n'en reste que des vestiges, notamment à Autoire. Les demeures seigneuriales de cette époque n'ont pas résisté au temps. Celles que l'on visite aujourd'hui dans la vallée de la Dordogne doivent leur survie à leur transformation, aux XVe et XVIe siècles, en forteresses, chargées à la fois de faire face à l'ennemi durant la guerre de Cent Ans et de rappeler l'autorité détenue par leurs propriétaires. Massives, énormes, organisées en plusieurs lignes de défense fortement armées, pleines de pièges pour les assaillants, ces forteresses étaient capables, en principe, de supporter les boulets de canon. Le donjon, véritable château à l'intérieur du château, fut transformé en lieu d'habitation pour la famille du suzerain. Les plus intéressants sont sans doute Beynac, face à lui Castelnaud et, dans le Quercy, Castelnau-Bretenoux. À la Renaissance, on tente de faire entrer un peu de lumière dans des édifices qui perdent peu à peu leur caractère défensif pour devenir résidentiels. Ceux de Lanquais, Larroque-Toirac, Cénevières et Mercuès sont caractéristiques de cette évolution.

Architecture religieuse

ART ROMAN Pour répondre au développement de la foi chrétienne, au tournant de l'an mille, on agrandit les lieux de culte datant de la fin de l'Empire romain ou de l'ère carolingienne. Les premières églises romanes possèdent une simple nef terminée par une abside carrée ou semi-circulaire. Le toit est en bois. Pour accueillir les fidèles de plus en plus nombreux, et notamment une foule considérable de pèlerins (surtout en direction de Saint-Jacques-de-Compostelle), des déambulatoires (ou bas-côtés) sont ajoutés de part et d'autre de la nef. Les édifices prennent de la hauteur. Les charpentes en bois sont remplacées par des voûtes de pierre, en berceau ou en berceau brisé. Mais les pressions exercées par ce type de voûte sont telles que seuls des murs épais peuvent les soutenir. Pour la même raison, on privilégiera un nombre limité d'ouvertures. Au XIIe siècle, des architectes s'inspirent de ce qu'ils ont vu à Byzance lors des croisades. Ils troquent la voûte en berceau contre la coupole ronde, qui allège considérablement la charge imposée aux colonnes. Les églises deviennent majestueuses comme à Cahors et à Périgueux (Saint-Étienne-de-la-Cité et Saint-Front), sobres et assez orientales. Elles définissent le style "**roman périgourdin**". Dans le Quercy, l'influence de l'architecture languedocienne se fait sentir dans la décoration, nettement plus travaillée.

ART GOTHIQUE L'explosion démographique et la croissance économique des XIIe et XIIIe siècles accompagnent l'apparition d'un art nouveau, le gothique. L'arc brisé et la voûte en croisées d'ogives permettent de réduire grandement la pression appliquée sur les murs. Les édifices gothiques, tout en finesse et en hauteur, laissent enfin passer la lumière, colorée par les vitraux. Né au XIIe siècle en Île-de-France, le gothique français va mettre un siècle pour gagner le Périgord et le Quercy. Les arcs-boutants seront remplacés ici par d'épais contreforts en soutien des églises gothiques périgourdines et quercynoises. Entre eux, des chapelles sont aménagées. Le plan général s'articule autour d'une large nef dépourvue de collatéraux, se terminant par une abside polygonale. Certaines églises attestent d'une double influence, à la fois méridionale et septentrionale. Gothiques ou romanes, nombre d'entre elles ont été fortifiées à partir du XIIIe siècle. Le clocher est devenu donjon, les fenêtres ont été aménagées en meurtrières. Derrière ces murs épais, des "salles de défense" accueillent la population en cas de danger. Le plus bel exemple de cette évolution architecturale est sans aucun doute celui de l'église de Saint-Amand-de-Coly (Périgord noir).

Gastronomie

Comme les Crétois, les Agenais, les Périgourdins et les Quercynois bénéficient d'une alimentation qui favorise longévité et bonne santé. Leur menu est constitué de graisses insaturées, de viandes de volaille et d'agneau accompagnées de vin, qui offriraient des protections efficaces contre les molécules cancérigènes, l'infarctus et le mauvais cholestérol. Voilà ce qui explique ce *French paradox* cher aux Américains. Ici, l'espérance de vie se gagne à coups de fourchette !

Canard et oie

Tout est bon dans le canard et l'oie. Cous farcis, saucisses sèches, fritons, pâtés, magrets et confits. Mais ces deux volatiles doivent leur célébrité à leur foie, engraissé depuis l'Antiquité égyptienne. Lorsqu'ils ont un mois, les petits sont lâchés à l'air libre. Au menu, en plus de l'ordinaire, un mélange de luzerne et de céréales qui va dilater leur système digestif. À l'âge de trois mois, le gavage commence et s'étendra sur une dizaine de jours (rarement plus de trois semaines). Le but est de faire tripler ou quadrupler le foie avec beaucoup de grains de maïs (10-15kg par jour pour le canard, en trois ou quatre prises, un peu plus pour l'oie !). Un beau foie de canard pèse dans les 500-600g, un organe d'oie 300g de plus. Moins cher parce que l'oiseau est plus facile à élever et moins coûteux à gaver, le premier est aussi un peu moins fort en bouche. Quoi qu'il en soit, un bon foie gras est un foie gras entier, c'est-à-dire un foie complet, dénervé et stérilisé. Le meilleur, le plus proche de la saveur du produit à peine extrait de l'animal, est le "frais" : cru, il se conserve quelques jours sous vide, mais pas davantage. Le "mi-cuit" se vend confit dans sa graisse, sous vide ou stérilisé dans un bocal en verre. Il se conserve plusieurs mois au réfrigérateur. Le cuit se garde quelques années (c'est le moins savoureux). À ne pas confondre avec le "bloc", un assemblage de morceaux malaxés et additionnés d'eau. Attention à l'étiquette : pour répondre à la demande croissante, la grande majorité des foies vendus dans la région n'y sont pas produits, mais sont importés d'Alsace ou de l'étranger, où la préparation du foie est différente. En principe, vous pouvez faire confiance à l'étiquette "Foie gras du Sud-Ouest", IGP (Indication géographique protégée), label européen garantissant la qualité et l'origine du Périgord. Notez qu'à ce jour, l'IGP ne concerne encore que le canard. Un dernier conseil, et non des moindres : le foie gras ne se déguste pas seulement froid, sur une tartine, il se révèle aussi, et surtout, chaud, poêlé ou en pot-au-feu, servi dans le premier cas avec un chutney de fruits ou une tatin, dans le dernier cas dans un bouillon...

Truffe et cèpe

LA TRUFFE Elle naît en mai, inodore et sans saveur, rouge à l'extérieur et blanche à l'intérieur. En automne, son développement est terminé, mais c'est en décembre qu'elle acquiert tous ses arômes. Excessivement parfumée, la truffe est à utiliser avec circonspection. Quelques copeaux suffisent à aromatiser des légumes neutres... Le "diamant noir" est l'organe sexuel d'un champignon (*Tuber melanosporum*, la meilleure) qui étend son corps, le mycélium, sur les racines des chênes pubescents. En vérité, sans lui, le chêne ne pourrait croître : la truffe lui apporte les sels minéraux (par digestion de matières organiques) qu'il ne trouverait pas en quantité suffisante dans le sol calcaire pauvre sur lequel il pousse. En échange, l'arbre lui fournit les sucres qu'il fabrique grâce à la photosynthèse. La mode de la truffe noire ne date pas d'hier. Pendant des siècles, on ne s'y intéressait pas, la considérant comme banale, voire envahissante pour les vignerons, et ce n'est que dans les années 1950 que les grands chefs s'intéressèrent à elle. Depuis, la quête du précieux champignon s'est transformée en "ruée vers l'or", alors que la truffe a naturellement de plus en plus de mal à pousser. Quantitativement, le Périgord et le Quercy ont été largement supplantés par le Sud-Est (Var, Vaucluse, Drôme...). Mais la production, qui avait chuté dans la première moitié du XXe siècle, y connaît un regain depuis au moins une vingtaine d'années, sinon plus. Ainsi en Dordogne sont plantés chaque année 130 à 140ha d'arbres truffiers, grâce à la forte demande. Il faut huit à dix ans pour que les racines d'une plantation de chênes truffiers se couvrent, éventuellement, du diamant noir…

DES TRANSACTIONS TRÈS CODIFIÉES

À ne pas manquer, en hiver, les marchés aux truffes de Lalbenque, de Caussade et de Saint-Alvère : entre acheteurs et vendeurs, tout passe par des signes discrets, très codifiés, et les négociations se font à toute vitesse, au coup de sifflet ou au son de cloche...

LE CÈPE Le *Boletus edulis* est l'autre grand champignon du Quercy et du Périgord. Il vit en symbiose avec les racines des châtaigniers. Les paysans se disputent jalousement leurs "coins". En août-septembre on le ramasse plutôt jeune – mais pas trop, il ne doit plus avoir la forme d'un bouchon de champagne –, en prenant bien soin de le couper à la base du pied. Ce dernier, véritable éponge, ne doit pas être lavé. On le brosse pour le débarrasser de sa terre avant de le jeter à la poêle dans un bain de beurre, avec de l'échalote et du persil haché grossièrement. À se damner....

PANORAMA

Noix

Cultivé intensivement depuis l'époque romaine dans le nord du Périgord et tout le Quercy (mais présent dans la région depuis des millénaires), le noyer produit un fruit dont la pressure à chaud (60°C, pas un demi-degré de plus) donne une huile exceptionnelle (bien que les puristes affirment, quant à eux, que seule la pression à froid – très difficile et peu rentable – fournit l'huile la plus riche en goût). Pourtant, pendant longtemps, sa saveur, que les paysans trouvaient rance, la destina uniquement à l'éclairage ! On peut consommer sans risque des litres de ce liquide riche en vitamines et acides gras insaturés. Son goût puissant ne permet pas de l'accommoder avec tout. Et son prix avait monté à cause des dégâts de la tempête de décembre 1999, amplement atténués quinze ans après. La noix se mange également en cerneaux (de la variété Grandjean principalement) et s'absorbe sous forme d'une eau-de-vie que l'on se surprend à ingurgiter facilement. Méfiez-vous : il s'agit d'un alcool à effets multiples. Depuis les années 1980, la noix fraîche ou "primeur" s'affiche également sur les marchés locaux.

Chèvres et cabécous (rocamadours)

L'agneau fermier du Quercy, estampillé Label rouge en 1982, donne la viande la plus goûteuse parce que le lait de sa mère est un concentré des saveurs des plantes du causse. De race caussenarde, il a comme caractéristique des taches noires autour des yeux, d'où son surnom de "mouton à lunettes". Les chèvres de race saanen et alpine paissent aussi sur les causses. Leur viande présente moins d'intérêt, mais en revanche leur lait vaut de l'or. C'est avec ce dernier que l'on confectionne les cabécous, rebaptisés rocamadour et regroupés en AOC en 1996, et depuis 1999, sous la dénomination européenne AOP (appellation d'origine protégée). Ces petits fromages tout ronds servirent de monnaie à la fin du xve siècle. Une institution dans le Quercy : quelque 16 000 chèvres, triées sur le volet, fournissent le lait exploité par 92 producteurs, pour fabriquer 30 millions de rocamadours chaque année !

Vins

LE VIGNOBLE DE CAHORS Le tsar Pierre le Grand de Russie ne voulait boire qu'un seul vin : le cahors. Il en imposa la consommation aux popes, dont c'est toujours le vin de messe. Jusqu'à la destruction presque totale du vignoble par le phylloxéra à la fin du XIXe siècle, la vigne cadurcienne était estimée dans le monde entier, et ce depuis le début de l'ère chrétienne. Très apprécié des Anglais nostalgiques de la Guyenne (le contrôle du très rentable commerce du vin fut l'un des enjeux de la guerre de Cent Ans), le cahors a supplanté un moment, en termes de ventes, les vins du Bordelais. Avant sa quasi-disparition, le vignoble occupait d'ailleurs une surface beaucoup plus grande. Au lendemain de la Seconde Guerre mondiale, un groupe de vignerons parvint à acclimater des plants de cot noir (ou malbec) coupés dans la région d'Auxerre (ce cépage doit atteindre 70% de la composition d'un vin de Cahors AOC, avec 20% de merlot et 10% de tannat). Depuis, et malgré le désastreux hiver 1956 qui gela sur pieds 95% des vignes, le vignoble circonscrit sur les coteaux sud et les causses dominant le Lot n'a cessé de croître. Il occupe aujourd'hui environ 4 000ha, protégé depuis 1971 par une AOC, aujourd'hui AOP – cf. Au fil du vignoble (p.370). De façon générale, le cahors est un vin épais et corsé. Jeune, il est le compagnon obligé de la charcuterie et du foie gras local. Vieux, il est le seul à ne pas souffrir de la puissance de la truffe ou de la densité d'une pièce de boucher préparée aux cèpes.

DEUX CAHORS
Il existe deux grands types de cahors. Les cahors véritables, crus issus des plateaux calcaires des causses, sont nettement plus riches en tanins que les coteaux-du-quercy, nés sur les terrasses caillouteuses et dans les plaines du Lot. Les premiers doivent donc vieillir plus longtemps (de cinq à quinze ans) avant de donner leur pleine mesure. En revanche, les vins de coteaux peuvent être servis plus jeunes, mais pas avant deux ou trois ans.

LE VIGNOBLE DE BERGERAC Dans le Bergeracois, on récolte le raisin le plus tard possible, afin de donner des vins très sucrés. Sur les terrasses de la basse vallée de la Dordogne, le vignoble couvre environ 13 000ha pour treize AOC-AOP. Les rouges du Bergeracois sont de deux types : les bergerac et les côtes-de-bergerac, très fruités, parfois très longs en bouche, peuvent être proposés jeunes ; les pécharmants sont des vins peu connus et pourtant admirables avec le foie gras si on leur a laissé le temps de vieillir. Les blancs sont secs (montravel, avec les poissons et fruits de mer) ou moelleux (rosette, saussignac, côtes-de-bergerac et côtes-de-montravel, avec les viandes blanches et le roquefort). Un liquoreux, exceptionnel : le monbazillac ! Il est élaboré à partir de raisins récoltés si tard que des champignons commencent à les envelopper. Cette “pourriture noble” est à l’origine du goût unique de ce nectar et de son titrage parfois vertigineux (jusqu’à 18°). Il accompagne habituellement le foie gras et l’apéritif.

LES VIGNOBLES DE DURAS ET DE BUZET Le premier entoure le château de Duras, à la limite de la Dordogne et de la Gironde sur 2 200ha dans le département du Lot-et-Garonne. Comme son homologue bergeracois, il décline les vins rouges, blancs, rosés, moelleux. La diversité des terroirs, avec des sols marneux et molassiques et des coteaux calcaires et argilo-calcaires, et l’assemblage de différents cépages produisent des vins subtils. Le sémillon et la muscadelle pour les liquoreux, le sauvignon pour des blancs secs et fruités réputés, le merlot, cabernet franc et cabernet sauvignon pour les rouges. Entre Agen et Marmande, sur la rive gauche de la Garonne, quelque 2 000ha de vignes courent sur les coteaux jusqu’à la forêt des Landes. Ce vignoble donne ces fameux vins de Buzet, protégés par une AOP, très tanniques, qui font d’excellents vins de garde. Les rouges constituent 85% de la production et sont issus des cépages merlot, cabernet franc et cabernet sauvignon.

L’ARMAGNAC “L’Aygue Ardente” n’est pas l’apanage du seul Gers. L’armagnac est aussi fabriqué dans quelques communes du Lot-et-Garonne et plus précisément dans le Mézinois. La vigne plantée sur des sols argilo-calcaires donne un armagnac corsé qui se bonifie avec l’âge et porte l’appellation Armagnac-Ténarèze. Sa capitale Condom se situe en terre gersoise. L’eau-de-vie est élaborée avec 10 cépages de vins blancs. Sa distillation se pratique en hiver quand la vinification est achevée. Ensuite l’alcool vieillit des années dans des fûts de chêne.

GEOPRATIQUE

INFORMATIONS UTILES DE A À Z

PRATIQUE

ALLER DANS LA RÉGION EN AVION

L'aéroport d'Agen est desservi par Hop (www.airlinair.com) ; celui de Bergerac par les compagnies Flybe (www.flybe.com) et Jet2 (www.jet2.com) pour l'Angleterre, Ryanair (www.ryanair. com/site/fr) pour l'Angleterre et la Belgique et Transavia (fr.transavia.com) pour les Pays-Bas. L'aéroport de Périgueux est desservi par la compagnie Twin Jet (www.twinjet.fr). L'aéroport Brive-Vallée de la Dordogne, inauguré en 2010, est commode pour la desserte de l'est du Périgord et du nord du Quercy, avec les compagnies Hop, Ryannair et Cityjet (www.cityjet.com) pour des vols vers la France et l'Europe. De Suisse et du Canada, il faudra transiter par Paris.

de France

Twin Jet Liaisons Paris-Périgueux (2 vols par jour du lundi au vendredi au départ de Paris) et Paris-Bergerac. *www.twinjet.fr*

Hop Vers Agen, 3 vols par jour du lundi au vendredi au départ de Paris et un le dimanche soir par la compagnie. Même liaison Paris-Brive, en semaine et le dimanche soir. *www.hop.fr*

de Belgique

Ryanair Liaison Bruxelles (Charleroi)-Bergerac en saison. *www.ryanair.com*

SN Brussel Airlines La compagnie nationale belge n'effectue pas de liaison directe entre la Belgique et la région. Se renseigner pour un vol vers Paris (2 AR/j., 1h de vol, AS à partir de 110€) et une correspondance vers le Sud-Ouest, cf. de France. *www.flysn.com* ***France*** *Aéroport Charles-de-Gaulle 95700 Roissy-en-France Tél. 0 892 64 00 30* ***Belgique*** *Aéroport Bruxelles National 1930 Zaventem Tél. 09 025 16 00* ***Suisse*** *Aéroport Bâle-Mulhouse Terminal principal 68304 Saint-Louis Tél. 0900 220 030 Pour les trois pays Brussels Airlines B.house Brussels airport bd 26 Ringbaan Zaventem* ***Belgique***

de Suisse

Swiss International Air Lines Aucun trajet direct vers la région. Se renseigner pour un vol vers Paris (plusieurs AR/j. de Genève, de Zurich et de Bâle, 1h15 de vol, AS à partir de 160€) et une correspondance, cf. de France. *www.swiss.com* ***France*** *Aéroport Roissy-Charles-de-Gaulle, terminal 1 95715 Roissy-en-France Tél. 0 892 23 25 01* ***Suisse*** *Aéroport Genève-Cointrin Cedex 1215 Genève ; aéroport Bâle-Mulhouse, 68304 Saint-Louis ; Bahnhofstrasse 25, 8001 Zürich Tél. 0848 700 700* ***Belgique*** *Aéroport Bruxelles National c/o Brussels Airlines Hall de départ Tél. 07 815 53 19* ***Suisse*** *Aéroport Genève-Cointrin Cedex 1215 Genève Tél. 0848 700 700*

du Canada

Air Canada Il n'existe pas de liaison directe entre le Canada et la région. Se renseigner pour un vol vers Paris et une correspondance, cf. de France. *www.aircanada.com* ***France*** *5, Aéroport Roissy-Charles-de-Gaulle 95716 Roissy-en-France Tél. 0 825 880 881* ***Suisse*** *Tél. 0848 247 226 (lun.-ven. 9h-18h)* ***Canada*** *Tél. 1 888 247 2262*

mesures de sécurité pour le bagage de cabine

Rappelons que, lorsqu'ils passent aux points de contrôle de sécurité des aéroports européens et canadiens, les voyageurs peuvent avoir en leur possession des produits liquides

(gels, substances pâteuses, lotions, contenu des récipients à pression, dentifrice, gel capillaire, boissons, potages, sirops, parfums, mousse à raser, aérosols...) à condition que les contenants ne dépassent pas, chacun, 100ml ou 100g et qu'ils soient regroupés dans un sac en plastique transparent à fermeture par pression et glissière, bien scellé, d'une capacité maximale de 1l (environ 20cmx20cm). Les articles ne doivent pas remplir le sac à pleine capacité ni en étirer les parois. Un seul sac est permis par personne. Les aliments pour bébé et le lait, quand les passagers voyagent avec un enfant de deux ans ou moins, de même que les médicaments vendus sur ordonnance et les médicaments essentiels en vente libre ne sont pas soumis à ces restrictions. Placez dans vos bagages de soute, avant l'enregistrement, tous les produits liquides dont vous n'aurez pas besoin en cabine.

ALLER DANS LA RÉGION EN TRAIN

de France

Plusieurs trains partent quotidiennement de Paris-Austerlitz à destination de Cahors (env. 5h de trajet) via Brive, Souillac et Gourdon. Billet AS Paris-Brive et Paris-Cahors à partir de 15€ au tarif Prem's (disponible uniquement en ligne). Une autre ligne relie Paris-Austerlitz à Périgueux (env. 4h30 de trajet). Billet plein tarif AS en 2e classe à partir d'environ 30€. Au départ de Bordeaux, des trains desservent les gares de Périgueux (arrivée entre 7h30 et 22, billet AS pour env. 21€), Bergerac (entre 7h et 23h30, AS env. 17€) et Sarlat (9h-21h, AS env. 30€). Au départ de Paris, env. 8 trains par jour desservent les gares d'Agen entre 12h et 23h (TGV via Bordeaux, env. 4h10 pour les plus rapides). ***France*** *Tél. 36 35 www.voyages-sncf.fr*

de Belgique

Prenez l'une des nombreuses liaisons Thalys de Bruxelles jusqu'à Paris (env. 28 AR/jour), et continuez par une correspondance vers le Sud-Ouest – cf. de France (p.48). En été, vous pouvez aussi joindre Bordeaux au départ de Bruxelles (départ chaque samedi vers 6h ; arrivée vers 11h10) et prendre une correspondance à destination de Périgueux (env. 1h30 de trajet), de Bergerac ou de Sarlat. Comptez à partir de 75€ avec Prem's pour un billet AR Bruxelles-Bordeaux (tarif Smilys, 2e classe) et à partir de 15€ plein tarif pour un AS Bordeaux-Périgueux (env. 1h30 de trajet). ***Belgique*** *Tél. 02 528 28 28 ou 070 79 79 79 www.b-rail.be www.thalys.com*

de Suisse

De Genève, vous pouvez vous rendre à Bordeaux (env. 8h de trajet ; billet plein tarif AS à partir de 70€) et prendre une correspondance pour Périgueux (env. 1h30 de trajet ; billet plein tarif AS env. 15€), Bergerac, Sarlat et Agen. Vous pouvez également joindre Toulouse (env. 7h40 de trajet ; billet plein tarif AS env. 75€) et prendre une correspondance pour Cahors (env. 1h15 de trajet). ***Suisse*** *Tél. 0900 300 300 www.cff.ch*

réductions SNCF

SNCF Des cartes de réduction et des avantages sont proposés aux professionnels, aux grands voyageurs, aux familles nombreuses, aux groupes, etc. Prix très attractifs en réservant son billet longtemps d'avance (tarif Prem's) et réductions

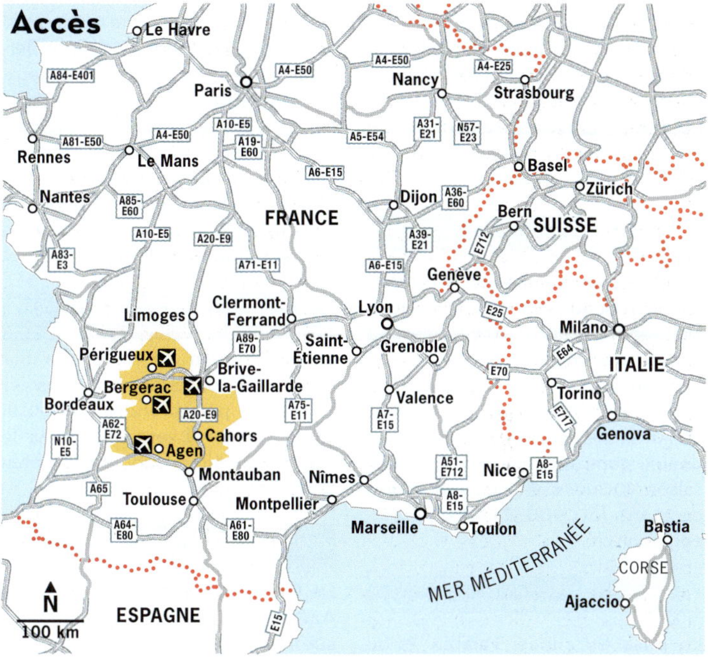

spécifiques sur Internet (iDTGV, etc.). *Tél. 36 35 www.voyages-sncf.com*

pass InterRail

Les compagnies de chemin de fer de 30 pays d'Europe se sont unies pour proposer deux pass, permettant de voyager en 1re ou en 2e classe. *www.interrailnet.com*

Global Pass Il est valable dans l'ensemble des pays, pour une durée de 5 jours à un mois, sans limite de trajets. Pour un pass de 5 jours (utilisable sur une période de 10 jours) en 2e classe, comptez 276€ en plein tarif, 181€ pour les moins de 26 ans. Pour 1 mois, comptez 658€ en plein tarif, 435€ pour les moins de 26 ans.

One Country Pass On l'utilise dans un seul pays européen, parmi 26, pour une durée de 3, 4, 6 ou 8 jours consécutifs ou non, sur une période d'un mois. En France, le prix du pass pour un adulte va de 212€ (3 jours d'utilisation) à 329€ (pour 8 jours). Pour les moins de 26 ans, comptez de 144 à 218€.

ALLER DANS LA RÉGION EN CAR

La compagnie de cars **Eurolines** relie les principales villes de France à 1 500 villes d'Europe et d'Afrique du Nord. *Tél. 0892 89 90 91 www.eurolines.fr*

de Belgique

Coach Station CCN Gare routière Rue du Progrès, 80 1030 ***Bruxelles Belgique*** *Tél. 02 274 13 50*

Un car à destination de l'Acquitaine quitte régulièrement (2 départs/semaine, 3 en juillet-août) la gare de Bruxelles-Coach Station CCN à 22h45. Il dessert les villes de Bordeaux (arrivée le lendemain à 10h45) et Agen (arrivée à 13h). Plein tarif AR env. 146€ ; moins de 26 ans env. 131€, majoration de 10€ en haute saison (été et vac. de Noël). ***Bruxelles*** *Tél. 02 538 20 49 www.eurolines.be*

de Suisse

ALSA-Eggmann Place Dorcière (arrêt) 1211 ***Genève Suisse*** *Tél. (22) 716 91 10*
De Genève, trois départs/semaine à 14h30 vers Brive (arrivée à 23h30), Périgueux (arrivée à 0h30) et Bordeaux (arrivée à 2h du matin). Pour un AR Genève-Brive-Périgueux-Bordeaux, comptez 109-117€ en haute saison, 100-107€ si vous avez moins de 26 ans. *Tél. 0900 573 747 www.alsa-eggmann.ch*

pass

Le pass Eurolines, valable 15 ou 30 jours, permet de voyager entre les 44 villes européennes sélectionnées par le réseau (dont Toulouse). Pass à 300-355€ (15 jours), 385-465€ (30 jours) en haute saison, pour les moins et plus de 26 ans. Les prix varient selon les périodes.

ALLER DANS LA RÉGION EN VOITURE

de France

De **Paris**, prendre l'A10 vers Orléans puis l'A71 vers Vierzon. De là, emprunter l'A20 ("Occitane") qui mène à Toulouse *via* Brive, Souillac et Cahors. Pour Périgueux et Bergerac, quitter l'A20 à Limoges pour rejoindre la N21. Pour la liaison Paris-Cahors, comptez 5h20 de trajet (575km). De **Lyon**, prendre les autoroutes A47 et A72 jusqu'à Clermont-Ferrand, prendre ensuite l'autoroute A89 jusqu'à Périgueux. Pour Cahors, quitter l'autoroute A89 au nord de Brive et rejoindre l'A20. Pour Bergerac, emprunter la N21 à Périgueux. De **Marseille**, prendre l'A7 jusqu'à Salon-de-Provence, puis l'A54 jusqu'à Nîmes pour empruner ensuite l'A9 vers Narbonne et obliquer sur l'A61 en direction de Toulouse qu'il faut dépasser pour prendre l'A20 vers Montauban et Cahors (4h45 et 515km).

de Belgique

Le plus simple est de passer par Paris. De Bruxelles, descendre jusqu'à Lille (A8), puis prendre l'A1 (autoroute du Nord) vers Paris. Pour le trajet Bruxelles-Cahors, comptez 8h45 (885km).

de Suisse

De Genève, prendre les autoroutes A40 et A42 jusqu'à Lyon, puis les autoroutes A47 et A72 jusqu'à Clermont-Ferrand, prendre ensuite l'autoroute A89 jusqu'à Périgueux. Pour Cahors, quitter l'autoroute A89 au nord de Brive et rejoindre l'A20. Pour Bergerac, emprunter la N21 à Périgueux. Pour le trajet Genève-Cahors, comptez 6h30 (600km). Pour Agen, emprunter la D656 à Cahors.

ARGENT

La Dordogne, le Lot et le Lot-et-Garonne étant des départements peu peuplés, les agences bancaires et les distributeurs de billets ne sont pas fréquents partout. Nombreux près des sites touristiques (en particulier dans le Périgord noir, entre les vallées de la Vézère et de la Dordogne), ils disparaissent à mesure que les villages rapetissent et s'éloignent les uns des autres. Le Lot est globalement plus pauvre en distributeurs que la Dordogne ou le Lot-et-Garonne. Alors, un conseil :

PRATIQUE

faites des provisions, et pas en fin de semaine, en plein été, car beaucoup de monde aura eu la même idée avant vous ! De plus, si vous séjournez dans des chambres d'hôtes, sachez que la plupart ne disposent pas d'appareil à carte bancaire.

ASSURANCE

Le Périgord, le Quercy et l'Agenais ne sont pas des régions à risque. Vérifiez tout de même que vous êtes couvert pour un éventuel transport d'urgence : l'heure d'hélicoptère est assez onéreuse. Si vous comptez pratiquer un sport que les assureurs qualifient généralement de "risqué" (escalade, spéléologie, parfois aussi équitation et randonnée !), faites-vous bien préciser ce qu'ils garantissent en cas d'accident. De façon générale, les cartes bancaires (en particulier American Express, Gold et Carte Visa Premier) offrent par contrat une couverture large.

ASTRONOMIE

Le ciel le plus pur de France, l'un des plus clairs d'Europe, se trouve sur le causse de Gramat, ce qui signifie que l'air est très sec et l'occupation humaine presque inexistante. Entre Carlucet, Reilhac, Livernon, Saint-Sulpice, Sauliac-sur-Célé, Cabrerets, Saint-Cernin et Labastide-Murat, les étoiles semblent plus nombreuses qu'ailleurs. Au travers d'un petit télescope, on observe les calottes glaciaires de Mars, on dénombre les plus gros satellites de Jupiter, on détaille les bras de la galaxie d'Andromède... Merveilleux. Le parc naturel régional développe un accueil (matériel, hébergement, pâtures réservées à l'observation) pour les astronomes amateurs et les touristes curieux.
Parc naturel régional des causses du Quercy *Labastide-Murat Tél. 05 65 24 20 50 www.parc-causses-du-quercy.fr*

BUDGET ET SAISONS TOURISTIQUES

Le Périgord, le Quercy et l'Agenais sont plus chers en saison estivale. À d'autres moments de l'année, les tarifs demeurent relativement raisonnables, mais se rapprochent de plus en plus du coût de la vie... à Paris. Les restaurants où l'on savoure autre chose que le traditionnel confit de canard-pommes-de-terre sarladaises sont abordables en Dordogne et chers dans le Quercy et l'Agenais. Les visites de musées, de châteaux et de grottes grèvent lourdement le budget (trop peu de sites ont développé, à l'instar de Castelnaud, en Dordogne, et des jardins de Marqueyssac, une politique tarifaire à destination des familles). Si l'on rajoute quelques extras comme

budget moyen à prévoir

Camping	15-35€/jour pour un emplacementde 2 personnes
Hôtel	65-80€/nuit (2 personnes, quelle que soit la saison)
Chambre d'hôtes, ferme-auberge	55-80€/nuit avec petit déjeuner pour 2 personnes, en toute saison
Gîte pour 4 pers., à la semaine	350-600€, le double en saison
Repas (restaurant "ouvrier")	15-20€ (repas complet, vin et café compris)
Repas (restaurant "classique")	20-25€ (menu, sans boisson), 20-30€ à la carte
Repas (restaurant de qualité)	30-40€ (menu, sans boisson), 30-50€ à la carte
Visite pour un adulte	7-8€ (5-6€ pour un enfant de moins de 12 ans)
Activité	à partir de 45€/pers.

les promenades à cheval, le kayak ou le parapente, on vide très vite son porte-monnaie. Heureusement, les offices de tourisme proposent des activités estivales gratuites (balades à la ferme, nocturnes...). En Dordogne, le conseil général du département a mis en place toutes sortes de programmes sportifs en plein air à prix modiques, l'Été Actif. Quant au logement, les hôtels familiaux offrent la plupart du temps de bons rapports qualité-prix, tandis que l'on trouve assez facilement des chambres d'hôtes à prix raisonnables. En ce qui concerne les gîtes, intéressants pour séjourner à plusieurs, attention en été, où leurs tarifs grimpent, en particulier dans le Lot. À quinze jours près, il est possible de les louer pour moins de la moitié de leur prix estival. Bien entendu en saison (juillet-août), les sites touristiques et le réseau routier saturent, en particulier le long de la Dordogne et de la Vézère, autour de Sarlat, Beynac, La Roque-Gageac, Montignac et Les Eyzies. Cependant, c'est en été que le Périgord, le Quercy et l'Agenais deviennent vivants : fêtes, marchés et spectacles animent en permanence les nuits du moindre village. À la mi-septembre, toute cette activité s'arrête brusquement. Elle ne reprend que très progressivement à partir de la mi-avril.

les prix du guide

La gamme de prix correspond à une chambre double en haute saison (petit déjeuner non compris), un gîte pour 2 personnes, un repas à la carte (entrée + plat) hors boisson, ou au premier menu. Attention, dans de nombreux restaurants, celui-ci n'est disponible qu'à midi en semaine.

CARTES ROUTIÈRES

Trois cartes indispensables, au 1/100 000e, éditées par l'IGN : les numéros 47 (Bordeaux-Périgueux), 48 (Périgueux-Tulle) et 57 (Cahors-Montauban) de la série "Top 100". Typographie très lisible, routes clairement tracées, et indication des principaux sites touristiques. Également chez le même éditeur, les cartes "Dordogne" (au 1/140 000e), "Lot" (au 1/125 000e), "Lot-et-Garonne" (au 1/125 000e) et "Tarn-et-Garonne" (au 1/125 000e) de la série "Départementale", parfaites pour circuler en voiture, mais nettement moins complètes pour le touriste. Dans le Lot, une excellente carte est diffusée gratuitement par les offices de tourisme et leurs prestataires (lieux de visites, propriétaires de gîtes, etc). Les randonneurs achèteront les cartes IGN "Top 25" (1/25 000e) de la région.

FÊTES ET FESTIVALS

Les fêtes sont innombrables dans la région. La plupart des villages ont leur spectacle, leur saison, leur semaine ou leur mois culturel. En été, cela devient fantastique : le long de la Vézère, de la Dordogne, du Lot ou de la Garonne, chaque nuit est illuminée et sonorisée par une manifestation

GAMME DE PRIX	RESTAURATION	HÉBERGEMENT
Très petits prix	moins de 15€	moins de 30€
Petits prix	de 15 à 25€	de 30 à 50€
Prix moyens	de 25 à 35€	de 50 à 80€
Prix élevés	de 35 à 50€	de 80 à 125€
Prix très élevés	plus de 50€	plus de 125€

culturelle différente. Les marchés animent aussi les centres des villages, un matin par semaine dans les bourgs les plus importants. En saison, ils sont plus nombreux. Le tableau ci-joint recense les principales manifestations. Les multiples foires (au gras, aux veaux, aux livres...) sont indiquées dans le Mode d'emploi de chaque ville.

calendrier des fêtes et festivals

DORDOGNE PÉRIGORD

Avril-juin	**Pays de Bergerac** Printemps des Bastides (Tél. 05 53 57 03 11)
Début avril	**Nontron** La Mascarade des soufflaculs (Tél. 05 53 56 25 50)
30 avril et 1er dim. septembre	**Forêt de la Double** La Latière (foire et fête agricoles entre Saint-Aulaye et Échourgnac, très fréquentée par les autochtones) (Tél. 05 53 90 03 10)
Pentecôte	**Sarlat** Fête de la Ringuetta, les années paires (Tél. 05 53 31 45 45)
Juillet	**Terrasson-la-Villedieu** Spectacles de rue et de marionnettes (Tél. 05 53 50 13 80)
1er dimanche juillet	La Félibrée - cf. Langue (p.37) -, incontournable
2e quinzaine juillet	**Belvès** Festival Bach (Tél. 05 53 29 10 20)
Mi-juillet/mi-août	**Bergerac** Mercredis du jazz (Tél. 05 53 57 03 11)
Mi-juillet/mi-août	Musique en Périgord vert (Tél. 05 53 60 74 75)
Début Août	**Nontron** Fête du Couteau (Tél. 05 53 56 25 50)
Début Août	**Périgueux** Mimos, festival international du mime (Tél. 05 53 53 18 71)
Fin Août	**Périgueux** Sinfonia, festival de musique baroque (Tél. 05 53 53 10 63)
Août-octobre	Festival du Périgord noir, très renommé ! Quatre mois de concerts classiques à Montignac, Sarlat puis Bergerac, où s'achève la saison (Tél. 05 53 51 95 17)
Sept.-oct.	**Pays de Bergerac** Festival Grain d'Automne (Tél. 05 53 57 03 11)
2e semaine novembre	**Sarlat** Festival du film (Tél. 05 53 29 18 13)
Mi-novembre	**Varaignes** Foire aux dindons, pittoresque (Tél. 05 53 56 25 50)

LOT QUERCY

2e week-end juillet	**Souillac** Festival de jazz (Tél. 05 65 37 04 93)
2e quinzaine juillet	**Cahors** Festival du blues (Tél. port. 06 45 71 75 50)
Fin juillet-début août	**Assier** Assier dans tous ses états (jazz et musique en jardins - Tél. 05 65 40 50 60)
25 juillet-15 août	**Saint-Céré** Festival lyrique, très réputé (opéras et concerts - Tél. 05 65 38 28 08)
Juillet/août	**Gourdon** Grande fête médiévale (Tél. 05 65 27 52 50)

AGENAIS

Avril	**Marmande** Garorock (Tél. 05 53 64 44 44)
Début juillet	**Villeneuve-sur-Lot** Festival du rire (Tél. 05 53 40 04 53)
Juillet	**Penne-d'Agenais** Foire à la tourtière (Tél. 05 53 41 37 80)
Août	**Moncrabeau** Fête des menteurs (Tél. 05 53 65 27 75)
Mi-août	**Monflanquin** Journées médiévales (Tél. 05 53 96 40 19)
2e quinz. août	**Marmande** Festival lyrique (Tél. 05 53 64 44 44)
Fin août-début sept.	**Agen** Le Grand Pruneau Show (Tél. 05 53 47 36 09)

HÉBERGEMENT

De façon générale, la Dordogne est mieux pourvue que le Lot, grâce à une offre abondante. Le tourisme est absorbé par quantité de meublés, gîtes, chambres d'hôtes et de nombreux campings. Les hôtels, familiaux, sont dans l'ensemble remarquables et affichent des prix raisonnables. Pour les meublés de tourisme, les chambres d'hôtes et campings, demandez la liste aux offices de tourisme qui les visitent régulièrement.

Gîte de France Lot *Cedex 9 46000* ***Cahors*** *Tél. 05 65 53 20 75 accueil@gites-de-france-lot.fr*

Loisirs Accueil Dordogne *25, rue Wilson BP 2063 24002* ***Périgueux*** *Tél. 05 53 35 50 00 www.perigord-reservation.com*

Loisirs Accueil Lot-et-Garonne *Actour 271, rue Péchabout BP 80304 47008* ***Agen*** *Tél. 05 53 66 14 14 www.reservation-lotetgaronne.com*

Loisirs Accueil Tarn-et-Garonne *Hôtel du département 100, boulevard Hubert-Gouze BP 534 82000* ***Montauban*** *Tél. 05 63 21 79 61 www.tourisme82.com*

Office de tourisme de Sarlat Il propose une centrale de réservation pour le Périgord noir. *BP 114 24203* ***Sarlat-la-Canéda*** *Tél. 05 53 31 45 45 ou 05 53 31 45 40 (centrale de réservation pour les meublés) locations@sarlat-tourisme.com*

Rando Accueil (siège) *7C, rue Pierre-Texier 35760* ***Montgermont*** *Tél. 02 99 26 13 50 www.rando-accueil.com*

Gîtes de France (siège) *56, rue Saint-Lazare Cedex 09 75439* ***Paris*** *Tél. 01 49 70 75 75 www.gites-de-france.com*

Fédération nationale des locations de France (label Clé vacances) *54, bd de l'Embouchure Cedex 2 31022* ***Toulouse*** *Tél. 05 32 10 82 30 ou 05 61 13 55 66 www.clevacances.com*

campings

Innombrables ! Il y en a partout : un coin de pâture, les berges d'une rivière, un point de vue, et un camping s'installe. Du confort basique à la ferme au grand luxe des immenses terrains pour caravanes classés quatre étoiles. Il y a toujours de la place, y compris en saison (en particulier dans les campings à la ferme). La Dordogne est mieux équipée. C'est la solution idéale pour les familles, les voyageurs peu fortunés et les randonneurs.

www.campidor.com Site du syndicat de l'hôtellerie de plein air de Dordogne.

www.campingslot.com Association lotoise des gérants de campings.

hôtels

La plupart sont des maisons de famille chaleureuses et sympathiques dans lesquelles l'accueil, le confort et la décoration révèlent toujours des surprises : chacune possède sa personnalité, et c'est bien pour cela que l'on vous invite à y dormir. D'autant plus qu'elles sont peu chères et s'avèrent être des mines de renseignements sur la région.

chambres d'hôtes

Elles sont souvent charmantes et toujours chaleureuses, dans des maisons très bien situées, mais, parfois aussi, très éloignées des bourgs. Nombre de propriétaires proposent à leurs locataires de rester dîner (de 20 à 30€). Sauf indications contraires, le petit déjeuner est compris dans le prix. Une très bonne idée pour partager une vie de famille et apprendre beaucoup sur la région. Variante de la chambre d'hôtes, l'hébergement en ferme-auberge. Peu onéreux, simple, sans façon, et on mange, on mange... À essayer au moins une fois.

gîtes

Côté gîtes ruraux, de nombreuses possibilités, que signalent les offices de tourisme. Les gîtes d'étape sont la plupart du temps installés sur les sentiers de grande randonnée ; ils proposent des dortoirs et parfois des chambres pour couple, et offrent un coin cuisine. Ce sont, en quelque sorte, des auberges de jeunesse, pour qui accepte la promiscuité et aime la convivialité. Idéal pour les randonneurs qui ne veulent pas s'encombrer d'une tente (et qui ont pris soin de réserver très longtemps à l'avance...). Les gîtes situés sur le GR®65 (le sentier de Saint-Jacques-de-Compostelle) sont noirs de monde presque toute l'année.

HORAIRES

Hors saison, les commerces sont ouverts généralement de 9h30 à 12h30 et de 14h à 19h. En saison, c'est plutôt 9h-19h dans les zones les plus fréquentées. Les restaurants ne servent que très rarement après 13h30 et 21h30. Beaucoup sont fermés en hiver (de novembre à février). Les sites de visite appartenant à l'État sont, sauf exception, clos le mardi.

INTERNET

Le réseau Wifi s'est répandu jusque dans les lieux-dits les plus reculés (à l'exception des demeures aux murs trop épais), les cybercafés sont présents dans les plus grosses localités, et la Poste se trouve presque partout (villes et gros bourgs). Beaucoup d'agences (et quelques offices de tourisme) disposent d'un ordinateur en libre-service. De nombreux sites vous aideront à préparer votre voyage, principalement votre hébergement. Parmi ceux-ci :

www.cg24.fr Site du conseil général de la Dordogne.
www.perigorddecouverte.com L'information touristique en Dordogne.
www.quercy-tourisme.com Le tourisme en Quercy et dans le Lot. Remarquable.
www.quercyenfrance.com Le portail régional du Quercy.
www.tourisme-lot.com Le site officiel du tourisme dans le Lot.
www.tourisme82.com Le site officiel du tourisme dans le Tarn-et-Garonne.

JOURNAUX

Outre les incontournables *Sud-Ouest* et *La Dépêche du Midi*, portez votre attention sur quelques magazines régionaux particulièrement riches en informations : *Le Journal du Périgord* (mensuel), *Dire Lot* (mensuel), *Quercy Net* (hebdomadaire électronique, www.quercy.net). Pour aller au plus près de la vie locale, *La Dordogne libre* (quotidien), *L'Essor sarladais* (hebdomadaire), *La Semaine du Lot* (hebdomadaire), *La Roulotte* (mensuel), *La Vie quercynoise* (hebdomadaire), *Le Petit Journal* (hebdomadaire).

MÉTÉO

Prévisions Météo-France *www.meteofrance.com* **Dordogne** *Tél. 0899 71 02 24 ou 3250 puis 24* **Lot** *Tél. 0899 71 02 46 ou 3250 puis 46* **Lot-et-Garonne** *Tél. 0899 71 02 47 ou 3250 puis 47*

OFFICES DE TOURISME

comités régionaux du tourisme

Comité régional de tourisme d'Aquitaine *Cité mondiale 4/5, place Jean-Jaurès 33074* **Bordeaux** *Tél. 05 56 01 70 00 www.tourisme-aquitaine.fr*

PRATIQUE

Comité régional du tourisme Midi-Pyrénées *15, rue Rivals Cedex 2 31000* ***Toulouse*** *www.tourisme-midi-pyrenees.com*

comités départementaux du tourisme

Comité départemental du tourisme de la Dordogne *25, rue Wilson 24002* ***Périgueux*** *Tél. 05 53 35 50 24 www.dordogne-perigord-tourisme.fr*

Lot tourisme *107, quai Cavaignac BP7 Cedex 9 46001* ***Cahors*** *Tél. 05 65 35 07 09 www.tourisme-lot.com*

Comité départemental du tourisme du Lot-et-Garonne *271, rue de Péchabout BP 30158 47005* ***Agen*** *Tél. 05 53 66 14 14 www.tourisme-lotetgaronne.com*

Comité départemental du tourisme du Tarn-et-Garonne *100, bd Hubert-Gouze 82005* ***Montauban*** *Tél. 05 63 21 79 65 www.tourisme82.com*

QUAND PARTIR ?

C'est en avril que beaucoup d'établissements et de sites ouvrent au public, jusqu'à mi-septembre. En juillet-août, la fréquentation des monuments, musées, hôtels et restaurants est très importante, les tarifs peuvent doubler, et les réservations doivent être effectuées très à l'avance, en particulier pour certains gisements préhistoriques du Périgord. Hors saison, en hiver, les visiteurs désertent la région qui se dévoile autrement, au gré de ses rivières et de ses magnifiques paysages. Les gourmets apprécieront alors de savourer la gastronomie qui a fait la renommée de ce pays : confit, foie gras et truffe sont des mets que l'on consomme traditionnellement en hiver – cf. Escapade gourmande en quatre jours (p.362).

RESTAURATION

Méfiez-vous des établissements qui n'ouvrent qu'en saison, vous y mangerez parfois plus de produits d'importation que de productions locales. Préférez les maisons fréquentées par les habitants de la région toute l'année, où vous dégusterez une cuisine authentique, à partir de produits régionaux. Attention, ces bonnes tables présentent l'inconvénient de clore leur service relativement tôt. Trouver un restaurant ouvert après 22h est problématique en basse saison, à l'exception de quelques snacks, pizzérias et fast-foods dans les communes les plus importantes.

SPORTS ET LOISIRS

canoë-kayak

Le canoë se pratique avec des pagaies simples, le kayak avec des doubles. Le premier n'est vraiment possible que sur les eaux calmes, ce qui le rend idéal pour les familles, en particulier sur la Dordogne et le Lot. La Vézère (assez sale en aval de la papeterie de Condat) et le Célé (peut-être la plus belle rivière de la région) sont des cours d'eau beaucoup plus sauvages et exigent du pagayeur une bonne tonicité musculaire. Les plus sportifs trouveront leur bonheur dans les passages difficiles, réputés mondialement, de l'Auvézère, du Céou, de la Dronne et de l'Isle. Les structures, très nombreuses, font le plein en été. Toutefois, même en saison, la découverte des grottes, des falaises et des châteaux depuis la surface de l'eau est une expérience à tenter absolument. Quelques sociétés de location proposent un encadrement par des guides spécialisés qui commentent le paysage et ses richesses.

Fédération française de canoë-kayak *87, quai de la Marne 58 94344* ***Joinville-le-Pont*** *Tél. 01 45 11 08 50 www.ffck.org*

Comité départemental de canoë-kayak de Dordogne *46, rue Kleber 24000* ***Périgueux*** *Tél. 06 08 51 59 87 canoedordogne.sportsregions.fr*

vélo

Très agréable sur les petites pistes et chemins de randonnée. Le VTT est encore plus adapté, à condition d'avoir de bons mollets (Périgord, Quercy et Agenais ne sont pas des plats pays). Prévoir une sacoche de dépannage, car les réparateurs sont loin ! Les sentiers de randonnée indiqués par les offices de tourisme sont pour beaucoup accessibles aux VTT – cf. randonnée (p.57). Lot Tourisme, notamment, publie un guide du cyclotourisme dans le Lot (37 circuits) et un guide des randonnées VTT (39 circuits).

Fédération française de cyclotourisme *12, rue Louis-Bertrand 94207* ***Ivry-sur-Seine*** *Tél. 01 56 20 88 88 www.ffct.org*

Comité départemental de cyclotourisme de la Dordogne *Annie Jouault Tél. 05 53 53 50 72 anniejouault@wanadoo.fr*

Comité départemental de cyclotourisme du Lot-et-Garonne *Alain Picaut Chemin Fonbarade 47240* ***Castelculier*** *Tél. 05 53 68 20 76 lot-garonne-president@ffct.org*

Comité départemental de cyclotourisme du Lot *33, rue de la Combe-Dorée 46100* ***Figeac*** *Tél. 09 64 19 54 39 codepffct46@orange.fr lot.ffct.org*

équitation

Un très grand nombre de centres équestres vous permettent, en Dordogne et dans le Lot, de vous initier à la promenade à cheval ou vous emmènent en randonnée pendant plusieurs jours, avec bivouac en gîte. Beaucoup de fermes équestres proposent des forfaits randonnée de quelques heures avec dîner, voire couchage.

Fédération française d'équitation *81, av. Edouard-Vaillant 92517* ***Boulogne*** *Tél. 01 58 17 58 17 ou 02 54 94 46 00 www.ffe.com*

Comité départemental de tourisme équestre de la Dordogne *25, rue Wilson BP 2063 24002* ***Périgueux*** *Tél. 05 53 35 50 24 cdte24@ffe.com*

Comité départemental de tourisme équestre du Lot *BP7 Cedex 9 46001* ***Cahors*** *Tél. 05 65 35 80 82 atelot@cheval-lot.com*

Comité départemental de tourisme équestre du Lot-et-Garonne *Maison des Sports 997 A, avenue du Docteur Jean-Bru 47000* ***Agen*** *Tél. 05 53 48 02 28 cdte47@yahoo.fr cdte47.ffe.com*

golf

Huit parcours en Dordogne, 7 dans le Lot-et-Garonne, 2 dans le Lot et 1 dans la partie quercynoise du Tarn-et-Garonne : l'offre dans la région permet au golfeur de pratiquer son sport sur des 9 et 18-trous aux configurations variées. *www.ffgolf.org*

randonnée

S'il y a bien une chose à faire en Périgord, en Quercy et en Agenais, c'est marcher. La randonnée vous offrira une vision différente, et finalement très personnelle, de la région.

Fédération française de randonnée pédestre Édite les indispensables topoguides (un par GR®, quelques guides de PR®). *64, rue du Dessous-des-Berges 75013* ***Paris*** *Tél. 01 44 89 93 90 www.ffrandonnee.fr*

Comité départemental de randonnée pédestre de Dordogne *364, avenue Winston-Churchill 24660* **Coulounieix-**

PRATIQUE

Chamiers Tél. 05 53 53 71 46 rando24@orange.fr

Comité départemental de randonnée pédestre du Lot *Espace Clément-Marot 46000* ***Cahors*** *Tél. 05 65 23 06 28 cdrp-46.net*

Comité départemental de randonnée pédestre du Lot-et-Garonne *271, rue Péchabout BP 30158 47005* ***Agen*** *Tél. 05 53 48 03 41 www.randolotetgaronne.net*

SENTIERS PRINCIPAUX Chaque office de tourisme, presque chaque mairie, édite et vend des cartes de randonnée bien réalisées qui permettent de rayonner à pied au départ d'un bourg (par exemple : *Promenades et randonnées en Périgord noir*, 26 fiches pour une soixantaine de boucles de 2,5 à 24km permettant de découvrir une grande partie du Périgord noir ; en vente dans les librairies). Les **GR®** (sentiers de grande randonnée) sont balisés en rouge et blanc. Ce sont des routes de longue haleine, bien indiquées et ponctuées de gîtes d'étapes (dortoirs), de chambres d'hôtes et de terrains de camping. Un GR® ne s'entame pas sans une bonne forme physique et une solide préparation : les sacs à dos pèsent lourd, surtout si l'on a décidé de dormir sous la tente. Les **PR®** (sentiers de petite randonnée) sont des chemins souvent en boucle, plus accessibles que les GR®, et qui se négocient en quelques heures. Prévus pour des marches de 1h à la demi-journée, ils sont balisés en jaune en Dordogne, dans le Lot et le Lot-et-Garonne. À échelle plus communale, on peut trouver des sentiers balisés en bleu ou en vert, moins garantis quant à leur entretien que les sentiers départementaux ou nationaux.

CHEMINS QUI PARLENT Une initiative originale, assez exceptionnelle, de la communauté de communes Lot-Célé, dans la vallée du Lot – cf. Saint-Cirq-Lapopie (p.295). Vingt parcours en boucle, ponctués de bornes numérotées qui vous parlent, par l'intermédiaire d'un casque. Surprenant, mais le contenu, très riche, s'avère idéal pour découvrir patrimoine, coutumes et paysages.

Office de tourisme Saint-Cirq-Lapopie-Pech-Merle *Pl. du Sombral 46330* ***Saint-Cirq-Lapopie*** *Tél. 05 65 31 31 31 saint-cirq.lapopie@wanadoo.fr*

ESPACES NATURELS SENSIBLES DU LOT L'ADT du Lot (Lot Tourisme) a mis en place, avec le conseil général du département, des sentiers parcourant des zones protégées pour la richesse de leur patrimoine naturel ou humain. Ces sentiers sont au nombre de 8 (vallées de l'Ouysse et de l'Alzou

principaux GR®

GR®6	Le Périgord et le Quercy, de Monbazillac à Figeac, via Les Eyzies. Le sentier idéal pour découvrir en une dizaine de jours les principaux paysages de la région. Dans sa partie ouest il emprunte le chemin de Saint-Jacques-de-Compostelle.
GR®36	La "traversée du Périgord" : de Mareuil à Monbazillac (Dordogne), puis de Castillonnes à Cahors (Lot).
GR®46	Le "tour des gorges de l'Aveyron" : il emprunte les routes du Lot, de Cahors à Beauregard, puis celles du Tarn-et-Garonne et du Tarn, de Loze à Penne.
GR®65	Le "sentier de Saint-Jacques" traverse la partie sud-est du Quercy, de Montredon à Cahors (départ de Conques) ; puis la partie sud-ouest, de Cahors à Moissac (vers Roncevaux). Très fréquenté et chaleureux.

PRATIQUE

– 2 circuits –, igue de Planagrèze dans le causse de Gramat ; Couasne de Floirac dans la vallée de la Dordogne ; landes du Frau et vallée de la Masse en Bouriane) ; forêt de la Braunhie dans le causse de Gramat, le Degagnazès en Bouriane. Une plaquette, proposée gratuitement dans le relais découverte de chaque sentier, permet de lire véritablement l'espace sensible concerné. Elle contient 6 à 9 fiches. Insérée dans une borne d'interprétation, chacune d'entre elles explique un biotope, une espèce, un vestige architectural, une culture, une coutume...

spéléologie

Pays de grottes et de gouffres, de parois et cavernes, la région est un rêve de spéléologues. Quelques associations réussissent le pari d'initier tout un chacun aux joies difficiles de la découverte souterraine. Une manière de voir les rivières de haut et les falaises de calcaire de l'intérieur. À déconseiller aux claustrophobes et aux personnes sujettes au vertige. Pour les autres, c'est impressionnant. Pour les plongeurs très aguerris, les clubs de plongée proposent la découverte de résurgences, en particulier dans la région de Rocamadour. Gramat est l'une des deux capitales mondiales de cette activité.

Fédération française de spéléologie *28, rue Delandine 69002* ***Lyon*** *Tél. 04 72 56 09 63 www.ffspeleo.fr*

Comité départemental de spéléologie de la Dordogne *Maison des Comités 24000* ***Périgueux*** *Tél. 06 43 38 82 40 http://club.quomodo.com/cds24/accueil_cds24*

Comité départemental de spéléologie du Lot *www.cds46.fr*

Comité spéléologique régional d'Aquitaine *Centre Nelson-Paillou 12, rue du Professeur-Garrigou-Lagrange 64000* ***Pau*** *Tél. 05 59 14 18 63*

escalade

Le Lot et la Dordogne possèdent de nombreuses falaises, qui en font des départements d'escalade. Les clubs de ces départements se partagent une clientèle qu'ils forment ou font progresser sur un bon millier de "verticales" équipées. Bien sûr, il est nécessaire d'avoir un certain courage avant de se lancer, et il est impératif de ne pas être sujet au vertige. Moyennant quoi, vous pourrez profiter de panoramas sur le Célé, le Lot et la Dordogne dont peu de voyageurs auront bénéficié avant vous.

Fédération française de la montagne et de l'escalade *8-10, quai de la Marne 75019* ***Paris*** *Tél. 01 40 18 75 50 www.ffme.fr/escalade*

structures multiactivités

Ces organismes professionnels et associatifs sont rares, mais très efficaces et réputés. Ils vous font découvrir la région par le biais du canoë, du canyoning, de l'escalade, de la spéléologie, du VTT, de la randonnée pédestre et du parcours aventure. Vous pouvez choisir plusieurs activités, pendant un ou plusieurs jours.

Conseil général de Dordogne Son programme Été Actif met en place diverses activités accessibles à tous, sur de beaux sites dordognais : étangs de la Jemaye et de Saint-Estèphe, lac de Gurson, forêt de Campagne, base de loisirs de Rouffiac et base nautique de Trémolat. *2, rue Paul-Louis-Courier 24019* ***Périgueux*** *Tél. 05 53 02 20 20 www.cg24.fr*

Kalapca Loisirs *46330* ***Bouziès*** *Tél. 05 65 24 21 01 www.kalapca.com*

Couleurs Périgord *Plage de Vézac 24220* ***Vézac*** *(2km au sud de Beynac) Sous le pont de Fayrac Tél. 05 53 30 37 61 ladordogneencanoe.com*

Frédérick Viales *Puymartin 24220* **Castels** *Tél. 05 53 29 41 56 fred-viales@wanadoo.fr*

TRANSPORTS

voiture

Il est vivement recommandé – pour ne pas dire indispensable – en Dordogne et dans le Lot plus particulièrement d'avoir une voiture, à cause du développement limité du réseau de cars. Notez dans le Lot, pour faciliter les déplacements, le conseil général du Lot a mis en place une plateforme de covoiturage accessible sur son site Internet – cf. Conseil général du Lot (p.60). Les loueurs de véhicules ne manquent pas, mais les tarifs sont très variables et grimpent considérablement durant les périodes d'affluence, surtout en été (comptez en moyenne 450-650€/sem. pour une catégorie A, en saison). Méfiez-vous des prix les plus bas : souvent à la journée, kilométrage non compris, avec assurance minimale et frais annexes. En saison, les voies principales sont encombrées de véhicules lents, et les embouteillages sont donc fréquents, en particulier dans les vallées de la Dordogne (Beynac est un goulet d'étranglement) et de la Vézère. Concernant le Lot-et-Garonne, la vallée de la Garonne est bien desservie par les trains et les cars, ainsi que les agglomérations d'Agen et de Villeneuve-sur-Lot.

Europcar *Tél. 0825 358 358 www.europcar.fr*

Hertz *Tél. 01 41 919 525 www.hertz.fr*

Avis *Tél. 0820 05 05 05 www.avis.fr*

Ada *Dordogne, Lot, Lot-et-Garonne Tél. 01 41 27 49 57 Réservations : serviceclient@reseauada.fr www.ada.fr*

Rent a Car *Dordogne, Lot-et-Garonne Tél. 0891 700 200 www.rentacar.fr*

Citer *Tél. 05 53 47 09 40 www.citer.fr Dans la région, une agence à Agen*

transports en commun

Si le réseau des cars était traditionnellement mieux organisé en Dordogne que dans le Lot ou dans le Lot-et-Garonne, un effort a été fourni en 2011 par ce dernier département pour améliorer la desserte de son territoire. Les trains sont de plus en plus rares entre les petites gares, souvent desservies deux fois par jour tout au plus. Des services de cars couvrent les liaisons autrefois assurées par le train. Les lignes qui longent les cours d'eau sont superbes.

Réseau Tidéo En place depuis 2011 dans le Lot-et-Garonne, ce réseau départemental vient compléter les lignes régionales régulières. Les trois lignes desservent les villes principales du département et rallient 25 communes. *2, boulevard Lacour 47000* **Agen** *(autres points d'informations à Villeneuve-sur-Lot, Marmande, Nérac et Fumel) Tél. 0800 944 047 www.cg47.fr*

Conseil général du Lot Il gère les lignes de cars du département. Lignes et horaires sur internet, carte interactive en préparation. *Hôtel du département Pl. Chapou BP 291 46005* **Cahors** *Tél. 05 65 53 43 91 www.lot.fr*

Voyages Belmon Le Buisson-Sarlat, Sarlat-Souillac, Souillac-Brive. *46200* **Souillac** *Tél. 05 65 37 81 15*

Périgord Voyages *Lafeuillade 24200* **Carsac-Aillac** *Tél. 05 53 59 01 48 http://perigord-voyagessarl.com*

PRATIQUE

GEOREGION

65 Périgueux
79 Saint-Astier
85 Ribérac
90 Brantôme
99 Nontron
105 Saint-Jean-de-Côle
112 Jumilhac-le-Grand
119 Bergerac
132 Saint-Michel-de-Montaigne
136 Issigeac
140 Beaumont-du-Périgord
147 Monpazier
156 Sarlat-la-Canéda
172 La Roque-Gageac
180 Beynac-et-Cazenac
187 Domme
192 GEOPlus Le Périgord noir en trois jours
199 Villefranche-du-Périgord
204 Saint-Cyprien
210 Le Bugue
219 Les Eyzies-de-Tayac-Sireuil
252 Montignac
262 Salignac-Eyvigues
267 Hautefort

PÉRIGORD

V

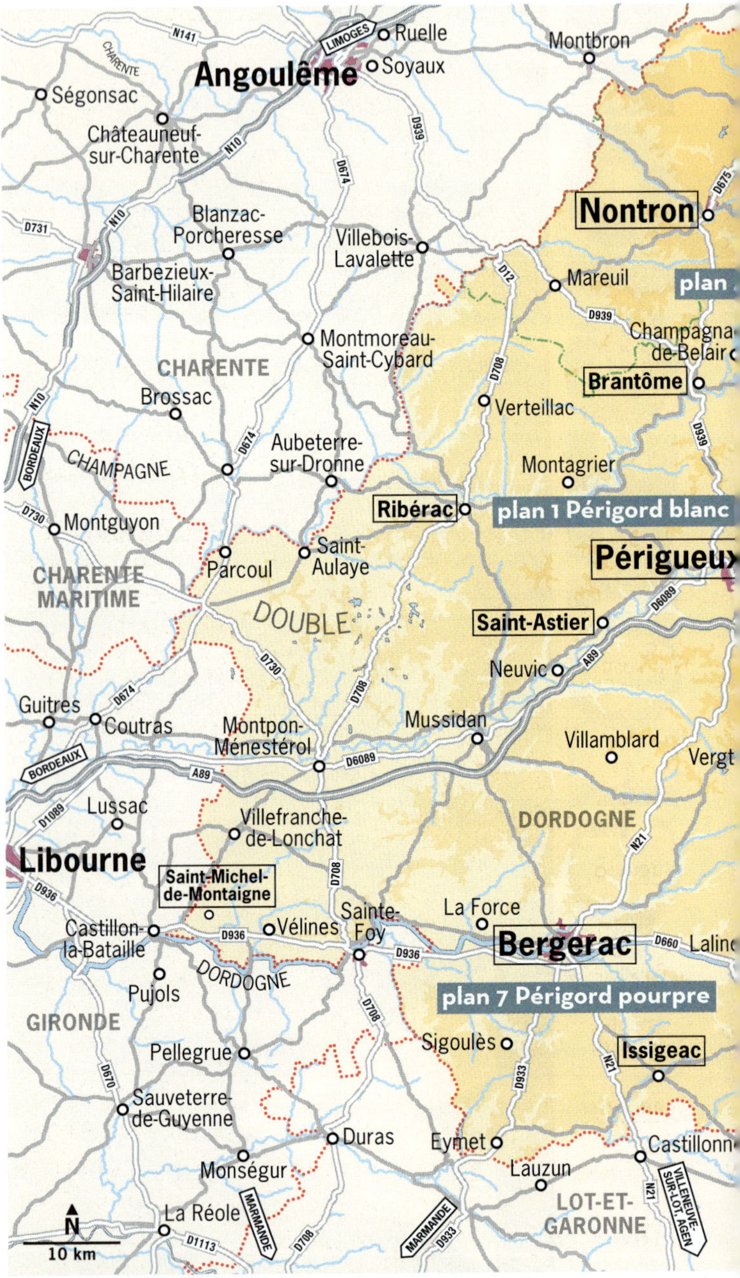

Angoulême
Ruelle
Soyaux
LIMOGES
Montbron
N141
CHARENTE
Ségonsac
Châteauneuf-sur-Charente
N10
D939
D674
D675
Nontron
plan
Blanzac-Porcheresse
Villebois-Lavalette
D731
Barbezieux-Saint-Hilaire
D12
Mareuil
D939
Champagnac-de-Belair
Montmoreau-Saint-Cybard
CHARENTE
D708
Brantôme
Brossac
Verteillac
N10
BORDEAUX
D674
Aubeterre-sur-Dronne
D939
CHAMPAGNE
Montagrier
Ribérac
plan 1 Périgord blanc
D730
Montguyon
Parcoul
Saint-Aulaye
Périgueux
CHARENTE-MARITIME
DOUBLE
Saint-Astier
D6089
Neuvic
A89
D730
D708
Guitres
D674
Coutras
Montpon-Ménestérol
Mussidan
Villamblard
Vergt
BORDEAUX
D6089
A89
Lussac
D1089
Villefranche-de-Lonchat
DORDOGNE
N21
Libourne
Saint-Michel-de-Montaigne
D708
D936
Castillon-la-Bataille
Vélines
Sainte-Foy
La Force
Bergerac
D660
Lalinde
D936
D936
Pujols
DORDOGNE
plan 7 Périgord pourpre
GIRONDE
D708
Pellegrue
Sigoulès
Issigeac
N21
D670
D933
Sauveterre-de-Guyenne
Duras
Eymet
Castillonnès
Monségur
Lauzun
N21
VILLENEUVE-SUR-LOT, AGEN
LOT-ET-GARONNE
La Réole
MARMANDE
MARMANDE
D708
D933
D1113
N
10 km

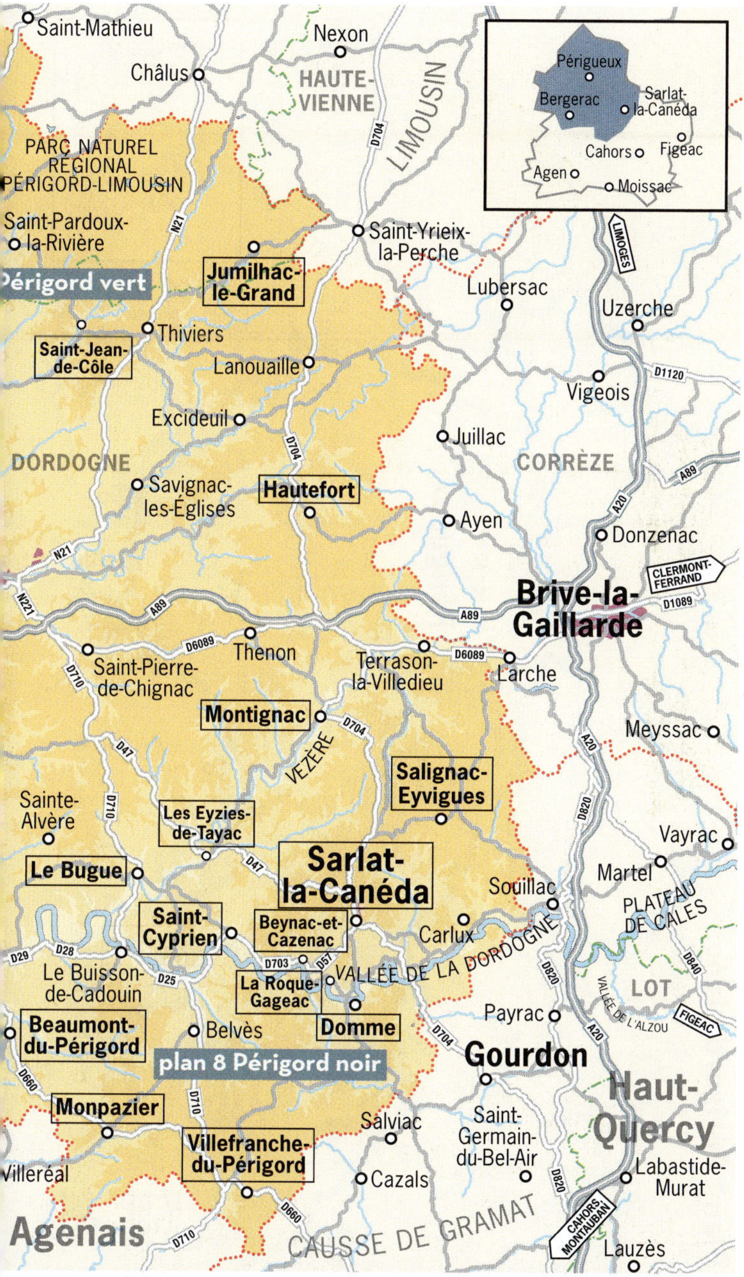
Saint-Mathieu
Nexon
Châlus
HAUTE-VIENNE
LIMOUSIN
D704
Périgueux
Bergerac
Sarlat-la-Canéda
Cahors
Figeac
Agen
Moissac
PARC NATUREL RÉGIONAL PÉRIGORD-LIMOUSIN
Saint-Pardoux-la-Rivière
N21
Saint-Yrieix-la-Perche
LIMOGES
Périgord vert
Jumilhac-le-Grand
Lubersac
Uzerche
Saint-Jean-de-Côle
Thiviers
Lanouaille
D1120
Vigeois
Excideuil
Juillac
DORDOGNE
CORRÈZE
A89
Savignac-les-Églises
Hautefort
Ayen
A20
Donzenac
CLERMONT-FERRAND
N21
N221
A89
Brive-la-Gaillarde
D1089
D6089
Thenon
Saint-Pierre-de-Chignac
D710
Terrason-la-Villedieu
Larche
Montignac
D704
VÉZÈRE
D47
Meyssac
Salignac-Eyvigues
Sainte-Alvère
Les Eyzies-de-Tayac
D820
Vayrac
Le Bugue
D47
Sarlat-la-Canéda
Martel
Souillac
PLATEAU DE GRAMAT
Saint-Cyprien
Beynac-et-Cazenac
Carlux
D29
D28
D703
D57
D840
Le Buisson-de-Cadouin
D25
La Roque-Gageac
VALLÉE DE LA DORDOGNE
LOT
VALLÉE DE L'ALZOU
FIGEAC
Domme
Payrac
Beaumont-du-Périgord
Belvès
plan 8 Périgord noir
Gourdon
D660
Haut-Quercy
Monpazier
Salviac
Saint-Germain-du-Bel-Air
Villefranche-du-Périgord
Villeréal
Cazals
Labastide-Murat
Agenais
D660
CAUSSE DE GRAMAT
CAHORS MONTAUBAN
Lauzès

PÉRIGORD

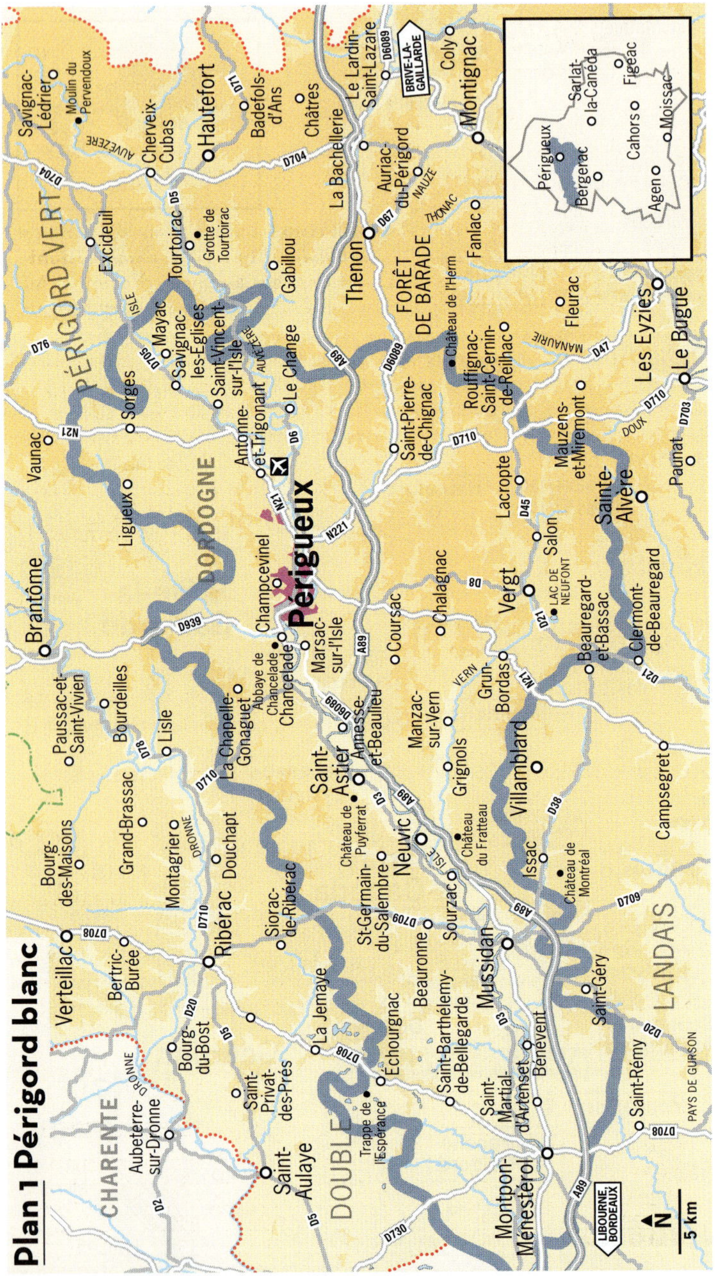
Plan 1 Périgord blanc
CHARENTE
DOUBLE
LANDAIS
DORDOGNE
PÉRIGORD VERT
FORÊT DE BARADE
PAYS DE GURSON
Périgueux
Brantôme
Hautefort
Verteillac
Ribérac
Saint-Aulaye
Aubeterre-sur-Dronne
Bourg-du-Bost
Saint-Privat-des-Prés
La Jemaye
Échourgnac
Trappe de l'Espérance
Montpon-Ménestérol
Saint-Martial-d'Artenset
Bénévent
Saint-Barthélemy-de-Bellegarde
Beauronne
Mussidan
Saint-Géry
Saint-Rémy
Sourzac
Neuvic
Château du Fratteau
St-Germain-du-Salembre
Château de Puyferrat
Saint-Astier
Annesse-et-Beaulieu
Siorac-de-Ribérac
Douchapt
Montagrier
Grand-Brassac
Bertric-Burée
Bourg-des-Maisons
Paussac-et-Saint-Vivien
Bourdeilles
Lisle
La Chapelle-Gonaguet
Abbaye de Chancelade
Chancelade
Marsac-sur-l'Isle
Champcevinel
Coursac
Manzac-sur-Vern
Grignols
Issac
Château de Montréal
Villamblard
Campsegret
Grun-Bordas
Beauregard-et-Bassac
Clermont-de-Beauregard
Chalagnac
Vergt
Lac de Neufont
Salon
Lacropte
Sainte-Alvère
Paunat
Mauzens-et-Miremont
Le Bugue
Les Eyzies
Fleurac
Rouffignac-Saint-Cernin-de-Reilhac
Château de l'Herm
Saint-Pierre-de-Chignac
Fanlac
Thenon
Auriac-du-Périgord
Montignac
Coly
Le Lardin-Saint-Lazare
La Bachellerie
Châtres
Badefols-d'Ans
Gabillou
Tourtoirac
Grotte de Tourtoirac
Excideuil
Cherveix-Cubas
Savignac-Lédrier
Moulin du Pervendoux
Vaunac
Sorges
Ligueux
Mayac
Savignac-les-Églises
Saint-Vincent-sur-l'Isle
Antonne-et-Trigonant
Le Change
Brive-la-Gaillarde
Libourne, Bordeaux
Isle
Dronne
Auvézère
Vern
Nauze
Thonac
Manaurie
Doux
A89
N21
N221
D939
D710
D708
D709
D704
D76
D5
D6
D3
D8
D20
D21
D38
D45
D47
D67
D71
D78
D730
D2
D703
D6089
5 km
N
Périgueux
Bergerac
Sarlat-la-Canéda
Cahors
Figeac
Agen
Moissac

★ PÉRIGUEUX

24000

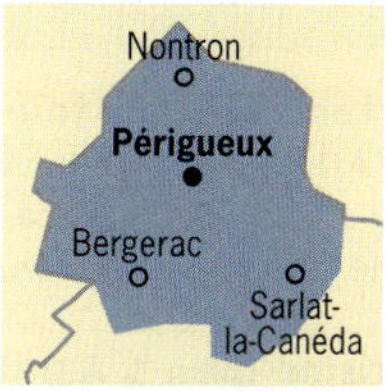

De la rencontre entre la tribu gauloise des Pétrocores et les conquérants romains est née dans un méandre de l'Isle l'une des plus prospères cités gallo-romaines d'Aquitaine, Vésone, l'actuelle Périgueux, classée Ville d'art et d'histoire, capitale du Périgord blanc. Témoin de cet âge d'or, une magnifique villa romaine, dont les vestiges sont exposés au musée Vesunna. Au legs de l'Antiquité, dans le quartier de la Cité, s'est ajouté, au Moyen Âge et à la Renaissance, un important patrimoine sur la butte du Puy-Saint-Front. Hôtels particuliers aux façades sculptées, demeures à mâchicoulis, tours octogonales, maisons à pans de bois ont fleuri çà et là. Mais rien de comparable à la cathédrale Saint-Front dont les coupoles byzantines semblent s'inspirer de la basilique Saint-Marc de Venise. Loin de rester figée dans son riche passé séculaire, la préfecture de la Dordogne vit au rythme des nombreux marchés qui envahissent ses places chaque semaine dans une débauche de couleurs et d'étals où les spécialités du terroir tiennent le haut du pavé.

MODE D'EMPLOI

accès

EN VOITURE
Périgueux est située à 48km de Bergerac, 80km d'Angoulême, 100km de Limoges, 120km de Bordeaux, 135km d'Agen, 140km de Cahors et 500km de Paris.

EN AVION
Twin Jet La compagnie propose 2 allers-retours Périgueux-Paris par jour, du mardi au vendredi. *www.twinjet.fr*

Aéroport Périgueux-Bassillac *Bassillac (à 9km de Périgueux sur la N21 dir. Thiviers-Limoges) www.aeroport-perigueux.com*

EN TRAIN
Liaisons régionales pour Bordeaux, Brive et Limoges. Une ligne Périgueux-Agen dessert notamment Les Eyzies, Le Bugue, Le Buisson, Belvès. Liaisons avec Paris via Limoges (4h environ).
Gare SNCF (plan 2, A1) *Rue Denis-Papin Tél. 36 35 www.sncf.com*

Tableau kilométrique

	Périgueux	Brantôme	Ribérac	Nontron	Bergerac
Brantôme	26				
Ribérac	38	38			
Nontron	49	22	49		
Bergerac	50	77	51	97	
Sarlat-la-Canéda	66	93	109	115	74

EN CAR

Liaisons surtout en période scolaire avec Brantôme (plusieurs lignes, 1 à 3 AR/j.), Bergerac (4 AR/j.) et Ribérac (4 AR/j.). Premiers départs tôt le matin (entre 6h et 8h).

CFTA *Rue Denis Papin Tél. 05 53 08 43 13 www.cftaco.fr*

adresses utiles

Hôpital *80, rue Georges-Pompidou Tél. 05 53 45 25 25*

Commissariat de police (plan 2, A1) *Rue du 4-Septembre Tél. 05 53 06 44 44*

Gendarmerie (plan 2, B2) *58, bd Bertran-de-Born Tél. 05 53 02 71 17*

informations touristiques

Comité départemental du tourisme (plan 2, A1) *25, rue Wilson Tél. 05 53 35 50 24 www.dordogne-perigord-tourisme.fr Ouvert lun.-ven. 9h-12h et 14h-17h*

Office de tourisme (plan 3, A3) Il organise de passionnantes visites-découvertes de la vieille ville (tarif 6€, réduit 4,50€). Des lieux inaccessibles au public sont ouverts à cette occasion. Accueil efficace et docu-

Plan 2 Périgueux

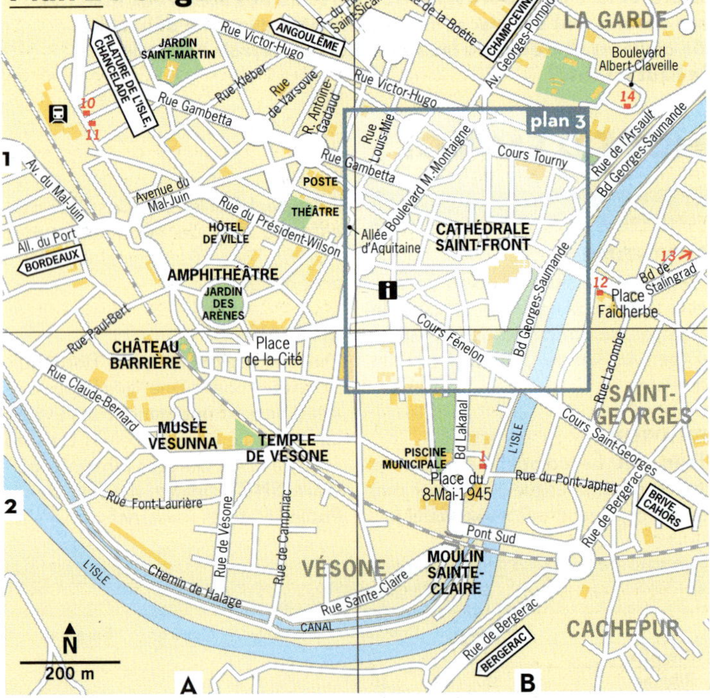

Restauration (n°1)
Nicolas L ____ **1** B2

Hébergement (n°10 à 14)
Comfort hôtel Régina ____ **11** A1
Couleur du Temps ____ **14** B1
Hôtel des Barris ____ **12** B1
Hôtel du Midi ____ **10** A1
Lit pour toi ____ **13** B1

mentation de qualité. *26, pl. Francheville Tél. 05 53 53 10 63 www.tourisme-perigueux.fr Ouvert mi-juin-mi-sept. : lun.-sam. 9h-19h, dim. et j. fér. 10h-18h ; mi-sept.-mi-juin : lun.-sam. 9h-12h30 et 14h-18h, dim. et j. fér. 10h-18h*

circulation

BUS

Un important réseau d'autobus dessert la ville, qui se parcourt sans difficulté à pied. La gare, un peu excentrée, est reliée par les lignes Grande Boucle Extérieure (GBE), Nord-Sud-Express (NSE), 4 et 5. Le ticket de bus, valable 1h, coûte 1,25€.

Régie Péribus (plan 3, A1) Renseignements pour tous les bus de l'agglomération. *Bd Montaigne (à côté du palais de justice) Ouvert lun.-ven. 9h45-12h30 et 13h30-17h30*

TAXIS

Station de taxis place Bugeaud, desservie par plusieurs compagnies, et taxis à l'aéroport.

Taxi-service Périgord Service de l'aéroport de Bassillac. *Tél. 05 53 04 27 10*

marchés, fêtes et manifestations

Halles du Coderc (plan 3, A2) Un marché couvert permanent sous des halles du XIXe s. Viandes, fromages, fruits et légumes du terroir. *Place du Coderc Ouvert tlj. 7h-12h30 (jusqu'à 14h, selon les commerçants)*

Grands marchés (plan 3, A2) *Sur les places du Coderc, de la Clautre et de l'Ancien Hôtel-de-Ville Mer. et sam. mat.*

Marché au gras (plan 3, A1) *Pl. Saint-Louis Mi-nov. fin mars Mer. et sam. matin*

Mimos Festival international du mime. C'est un grand rendez-vous annuel de spectacles de rue, qui rassemble artistes et troupes du monde entier. Parades et performances dans toute la ville. Certains de ces spectacles ont lieu au théâtre l'Odyssée. *www.mimos.fr* **L'Odyssée (plan 2, A1)** *Esplanade Robert-Badinter Tél. 05 53 53 18 71 Une semaine début août*

Fête médiévale au château Barrière (plan 2, A2) Visite guidée et animations dans les ruines : reconstitution d'échoppes d'artisans, jeux, magicien, musique et banquet médiéval. *Rue de Turenne Un lun. début août*

MNOP Festival des musiques de La Nouvelle-Orléans. *www.mnop-festival.com Mi-août*

Sinfonia Festival de musique baroque, 3 concerts chaque jour. Artistes et ensembles confirmés sont programmés dans des lieux prestigieux : abbayes de Chancelade, de Brantôme, église Saint-Étienne-de-la-Cité. Également des concerts de musique de chambre de novembre à mars. *Billetterie à l'office de tourisme Fin août* **Association Clap** *Filature de l'Isle 15, Chemin-des-Feutres-du-Toulon Tél. 05 53 08 69 81 www.sinfonia-en-perigord.com*

Concours du pâté de Périgueux *Un w.-e. mi-nov.*

Salon international du livre gourmand *Pendant une semaine du lun. au dim., mi-nov., les années paires*

DÉCOUVRIR

☆**Les essentiels** Le quartier de la Cité, la cathédrale Saint-Front, l'abbaye de Chancelade **Découvrir autrement** Posez-vous dans un décor Belle Époque au café de la Place, révisez vos connaissances sur le "diamant noir" à l'écomusée de la Truffe, à Sorges

Périgueux

La ville gallo-romaine

☆**Quartier de la Cité (plan 2, A2)** Le vestige le plus remarquable de l'héritage antique se dresse à côté du musée gallo-romain Vesunna, près de la cité administrative : le **temple de Vésone**, en forme de tour, édifié au IIe siècle, approchait une hauteur de 27m, aujourd'hui amputée de 2,5m. Élevé en hommage à la déesse gauloise de l'eau, il est conçu sur un plan inhabituel pour un sanctuaire. Selon la légende, l'ermite et évangélisateur saint Front aurait brisé un pan de la tour en extirpant les derniers esprits du paganisme qui la hantaient. Sa silhouette se réfléchit sur les baies vitrées du très contemporain **musée Vesunna** imaginé par l'architecte Jean Nouvel. Le bâtiment aux lignes aériennes coiffe les vestiges d'une villa romaine construite au Ier siècle ap. J.-C. Les visiteurs empruntent une passerelle sur pilotis et passent devant des mosaïques et des peintures murales, dont la fresque aux poissons superbement conservée, qui décorait le bassin du jardin. L'entrée se fait par l'étage pour embrasser d'un coup d'œil les fondations de la ***domus***. Des vestiges romains découverts près de l'amphithéâtre et sur les remparts sont progressivement rassemblés en ce lieu. À côté du bâtiment en verre, la **maison Taillefer** a été restaurée en hommage au comte de Taillefer, premier archéologue périgourdin qui, au XIXe siècle, consacra une grande partie de sa vie à l'étude de la villa. L'**amphithéâtre** du Ier siècle ap. J.-C., situé dans le square des Arènes, pouvait accueillir jusqu'à vingt mille personnes. Aujourd'hui, il est très dégradé car ses pierres furent récupérées pour ériger les remparts et plus tard le château Barrière. Des pans entiers de la muraille sont visibles près de la voie ferrée au sud du square, notamment la porte Normande édifiée après les premières invasions barbares. En poursuivant le long des fortifications, surgissent les ruines du **château Barrière** (XIIe-XVIe s.), bâti sur cette ceinture défensive, et qui fut incendié par les protestants au XVIe siècle. **Musée gallo-romain Vesunna** *Rue Claude-Bernard (entrée par le jardin de Vésone) Tél. 05 53 53 00 92 www.perigueux-vesunna.fr Ouvert juil.-août : tlj. 10h-19h ; avr.-juin, sept. : mar.-ven. 9h30-17h30, w.-e. et j. fér. 10h-12h30 et 14h30-18h ; oct.-mars : mar.-ven. 9h30-12h30 et 13h30-17h, sam.-dim. 10h-12h30 et 14h30-18h Fermé j. fér. en hiver et 3 sem. en jan. Tarif 6€, réduit 4€*

La ville médiévale et Renaissance

☆**Cathédrale Saint-Front (plan 3, B2)** S'il n'y avait qu'une chose à voir à Périgueux, ce serait bien évidemment cet édifice (qui n'est cathédrale que depuis le XVIIe siècle, remplaçant Saint-Étienne-de-la-Cité dans cette fonc-

Plan 3 Périgueux, centre-ville

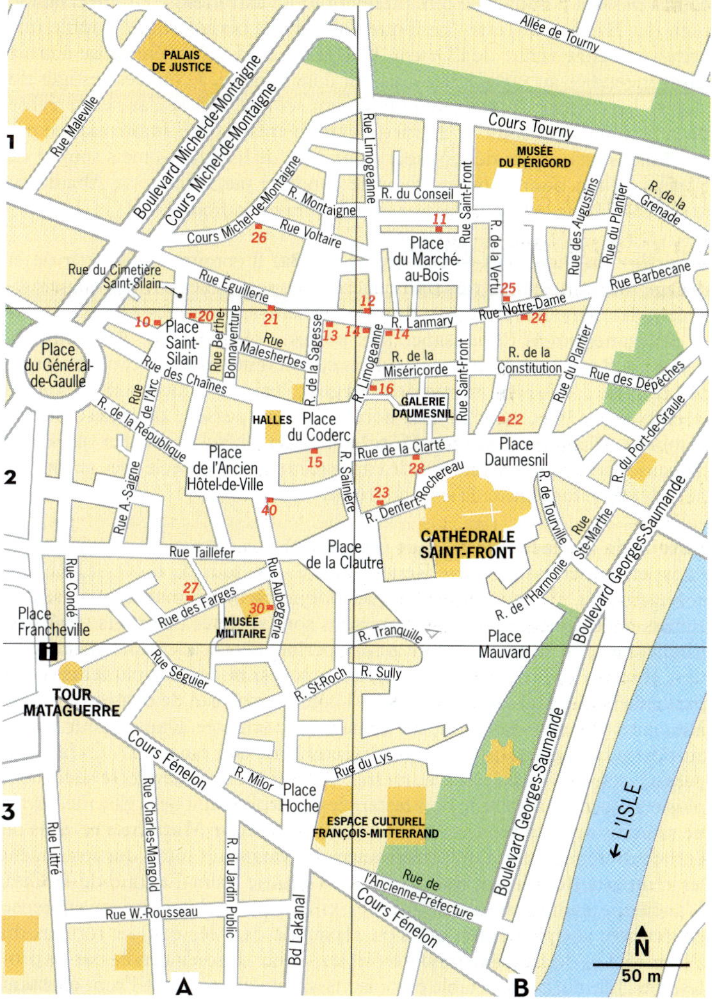

Cafés, bars et lieux de sortie (n°10 à 16)

- O2 Ziem* ______ **14** B2
- Bar Saint-Silain* ______ **10** A2
- Café de la Place* ______ **11** B1
- Café de La Truffe* ______ **15** A2
- Le Dit Vin* ______ **13** A2
- Le Kaféier* ______ **12** B1-B2
- Sucre Glace* ______ **16** B2

Restauration (n°20 à 28)

- Chez Nico ______ **25** B1
- Hercule Poireau ______ **22** B2
- L'Atelier ______ **26** A1
- L'Essentiel ______ **28** B2
- La Taula ______ **23** B2
- Le Grain de Sel ______ **27** A2
- Le Troquet ______ **24** B2
- Les Cigales ______ **20** A2
- Lou Chabrol ______ **21** A1

Hébergement (n°30)

- Les Suites de la tour ______ **30** A2

Shopping (n°40)

- Pierrot Gourmet* ______ **40** A2

*À RETROUVER DANS LA PARTIE DÉCOUVRIR

tion en 1669), dont les cinq coupoles surmontées de clochetons, eux-mêmes coiffés par des pommes de pin, prennent toute leur mesure en traversant le pont des Barris. Sur cette "basilique Saint-Marc périgourdine" souffle une brise vénitienne venue de l'Orient. Les traces d'une première église à croix latine incendiée au XIIe siècle subsistent dans l'entrée, à côté des vestiges du cloître. Le clocher du XIIe siècle, finement sculpté, sépare l'ancienne église de la basilique byzantine. L'intérieur, extrêmement sobre, impressionne par ses dimensions – 57m de longueur pour 27m de hauteur –, mais souffre de la restauration pour le moins radicale conduite par l'architecte Abadie au XIXe siècle. *Pl. de la Clautre www.amiscathedralesaintfront.fr*

Quartier du Puy-Saint-Front (plan 2, A2-B2) Il entoure la **cathédrale** et dégage une atmosphère très particulière, avec ses ruelles étroites où se succèdent des demeures flanquées de tours de défense pourvues de mâchicoulis et d'élégants hôtels Renaissance aux portes gothiques. Rue **Aubergerie**, aux n°s 4, 8 et 16, les hôtels particuliers conservent des tours couronnées de mâchicoulis. Dans l'étroite **rue des Farges**, plusieurs édifices sont en torchis et en pans de bois, au n°11 une noble demeure possède de belles fenêtres géminées. **Place de l'Ancien Hôtel-de-Ville**, l'hôtel particulier qui abrite la mairie est un exemple achevé de l'architecture du XVe siècle avec sa tour de noblesse et la tourelle de la salle au trésor.

Autour de la place Saint-Louis (plan 3, A2) Sur cette place, la maison du Pâtissier conserve une porte Renaissance et une tour de noblesse. Rue de la Sagesse, au n°1, un immeuble quelconque cache un magnifique escalier Renaissance dont les plafonds à caissons sont sculptés de motifs végétaux. Malheureusement, seule la visite guidée permet d'y accéder (lun.-mer., ven.-dim. 15h, jeu. 11h ; rens. à l'OT). La rue Limogeanne possède plusieurs hôtels particuliers qui rivalisent d'élégance ; à côté du magasin de couteaux, l'hôtel Estignard arbore une belle façade Renaissance sculptée. Dans la cour figure, au-dessus de la porte, une salamandre, emblème de François Ier. En face, un passage conduit à la galerie Daumesnil. Dans la cour médiévale, se succèdent plusieurs façades à pans de bois restaurées. L'exploration de la ville médiévale ne saurait s'achever sans jeter un coup d'œil à la **tour Mataguerre**, près de l'office de tourisme, unique survivance des vingt-huit tours qui fortifiaient les remparts détruits au XIXe siècle, et à l'église Saint-Étienne-de-la-Cité. L'ancienne cathédrale a inauguré au XIe siècle l'architecture mystérieuse de coupole sur pendentifs qui s'est répandue dans les édifices romans du Périgord. Les destructions, encore visibles, datent de son incendie par les protestants. Elle abrite un retable en bois massif qui illustre saint Front chassant le paganisme du temple de Vésone.

Musée d'Art et Archéologie du Périgord (plan 3, B1) Il occupe le site d'un ancien couvent du XVIIe siècle. Ses collections préhistoriques sont extrêmement riches et, depuis quelques années, le musée bénéficie d'un réel effort pour mettre en valeur ses pièces, notamment pour l'époque paléolithique. Une salle abrite les collections d'art premier, avec de très beaux objets provenant d'Afrique et d'Océanie plus particulièrement. Parmi les pièces les plus précieuses, le squelette du Régourdon, un homme de Neandertal, vieux de

JEU DE PISTE
Le musée d'Art et Archéologie propose des ateliers et un jeu de pistes (également en anglais et en allemand) aux enfants (inclus dans le ticket), avec beaucoup de succès.

70 000 ans, des os gravés, des parures vieilles de 17 000 ans, des peintures du paléolithique supérieur (env. 37 000 ans) ainsi que le squelette de l'homme de Chancelade (17 000 ans). L'époque médiévale est représentée par des vestiges exposés dans le cloître. Le musée s'achève par une section beaux-arts. *22, cours Tourny Tél. 05 53 06 40 70 www.perigueux.fr Ouvert avr.-sept. : lun. et mer.-ven. 10h30-17h, sam.-dim. 13h-18h ; oct.-mars : lun. et mer.-ven. 10h-17h, sam.-dim. 13h-18h Tarif 4,50€, réduit 2,50€, gratuit pour les 6-25 ans de Périgueux*

● Où acheter des produits du terroir ?

Pierrot Gourmet (plan 3, A2 n°40) Membre de l'honorable confrérie du Pâté en croûte de Périgueux, Pierrot Gourmet, charcutier-traiteur, propose... un délicieux pâté en croûte truffé, spécialité de la maison, mais aussi des pieds de cochon farcis aux cèpes, du gigot d'agneau accompagné d'un flan de cèpes. Pierrot Gourmet fait également table d'hôtes (25 couverts), et vous pourrez déguster sur place toutes ces merveilles en plats du jour, dans un très bel environnement favorisant les matières naturelles : bois, pierre et ardoise. Excellent accueil. *6, rue de l'Hôtel-de-Ville Tél. 05 53 53 35 32 www.pierrotgourmet.com Ouvert mar.-sam. 8h30 et 19h30*

● Où savourer un café, manger sur le pouce ?

Le Kaféier (plan 3, B1-B2 n°12) Minuscule boutique nichée dans le vieux Périgueux, le Kaféier propose une douzaine de variétés de cafés et pas moins de 140 sortes de thés, dont les effluves parfument délicieusement le magasin. Attablez-vous et laissez-vous servir par le patron, aussi chaleureux que son établissement, et ne manquez pas de jeter un coup d'œil à la superbe machine à torréfier. Café autour de 1€. *17, rue Limogeanne Tél. 05 53 53 97 07 Ouvert juil.-août : lun.-sam. 9h-12h30 et 14h-19h ; sept.-juin : mar.-sam. 9h-12h30 et 14h-19h*

☺ **Les Cigales (plan 3, A2 n°20)** Ce restaurant s'apprécie aux beaux jours, quand les tables sont installées sur la jolie place Saint-Silain, au cœur de la vieille ville. Carte simple, avec toute une déclinaison de pizzas et de salades (à l'enchaud, au foie gras, au bleu, aux amandes tièdes...), de 9 à 14€. Ambiance et clientèle décontractées. Belle terrasse, très calme. *13, pl. Saint-Silain Tél. 05 53 09 74 88 Ouvert haute saison : tlj. midi et soir ; basse saison : mar.-sam. midi et soir, lun. uniquement midi*

Café de La Truffe (plan 3, A2 n°15) À l'ombre des halles de Coderc, voici le café salutaire pour un petit déjeuner ou une pause après le marché, dehors sous l'auvent ou dans la salle au plafond bas. Le café, servi dans de jolies tasses, peut être accompagné d'un canelé bordelais avec sa chantilly. Croque-monsieur, grosses salades, émincés de magret de canard et autres plats simples et bons (9-14€) y attirent le monde, sur le coup de 13h. *4, pl. du Coderc Tél. 05 53 04 39 41 Ouvert tlj. 6h-20h*

● Où déguster une glace artisanale ?

☺ **Sucre Glace (plan 3, B2 n°16)** Derrière la vitrine rouge pimpant, c'est dans les coulisses du comptoir que tout se prépare : sorbets à base de vrais fruits, et crèmes glacées au lait entier et beurre, aux compositions plus ou moins inventives, à choisir les yeux fermés. Tentez par exemple celle au chocolat blanc-noisette, le yaourt grec au miel, ou le goût tarte au citron meringuée, la plus farfelue étant la glace au bonbon bleu marbrée d'un coulis de fruits rouges, qui amuse les enfants. 2,50€ la boule, 5€ les trois, en cornet ou en pot, à emporter ou sur place, dans un café à l'ancienne, aux tables rondes. *4 bis, rue Limogeanne Tél. 05 53 53 74 29 Ouvert tlj. 11h-20h (22h ou plus tard en été)*

● Où prendre un verre ?

Bar Saint-Silain (plan 3, A2 n°10) L'intérieur n'a rien d'exceptionnel. En revanche, quand tables et chaises sont sorties sur la place, le lieu devient séduisant. Les fauteuils confortables incitent à prolonger la pause en regardant les passants se faufiler dans les ruelles du vieux Périgueux. *7, pl. Saint-Silain Tél. 05 53 05 02 23 Ouvert lun.-sam. 8h-21h*

Café de la Place (plan 3, B1 n°11) En fin de semaine, des groupes musicaux viennent se produire dans ce bistrot élégant qui donne sur une place typique de la vieille ville. La clientèle apprécie le décor Belle Époque, les banquettes rouge vif l'hiver et la terrasse l'été. Côté brasserie, des salades, des tartares et autres plats simples (13-16€) sont proposés à la carte. Un endroit où il faut être vu ! *7, pl. du Marché-au-Bois Tél. 05 53 08 21 11 Ouvert lun.-sam. 8h-2h, dim. et j. fér. 9h-2h*

Le Dit Vin (plan 3, A2 n°13) À l'heure de l'apéritif, une clientèle d'habitués aime à se retrouver dans cette cave-boutique minuscule, moderne et décontractée. Quant au choix du vin (env. 4€ le verre), fiez-vous à la patronne, qui se fera un plaisir de puiser dans sa sélection aussi large que méticuleuse, de la production locale au cru étranger. On peut également déguster sur place un petit plat en harmonie, comme le coq au vin ou le canard aux olives (9€). Jus de fruits pressés pour les personnes qui ne boivent pas d'alcool. *28, rue Eguillerie Tél. 05 53 53 93 48 Ouvert mar.-dim. 10h30-15h et 18h30-23h30*

● Où déguster des tapas ?

02 Ziem (plan 3, B2 n°14) Le restaurant 02, situé dans la rue Lanmary juste en face, a eu l'excellente idée d'ouvrir ce bar à tapas branché, encore une singularité pour cette ville plutôt traditionnelle. Dehors, la terrasse sur rue étale canapés en cuir, fauteuils et chaises hautes sous les arbres. L'ardoise, qui propose mojitos et autres cocktails alcoolisés, vous encourage vivement à accompagner votre verre d'alléchantes miniatures : œuf cocotte aux fèves, crumble à la tomate, risotto aux cèpes... 5€ la tapa, 22€ les 6. *11, rue Limogeanne Tél. 05 53 53 50 92 Ouvert mar.-sam. 10h-2h*

● Flâner au fil de l'Isle

☺ **Voie Bleue et voie Verte** Deux parcours parallèles, l'un sur l'eau (voie Bleue), l'autre sur ses berges (voie Verte), suivent le cours de l'Isle qui traverse le centre-ville d'est en ouest. La **voie Bleue** (21km), aménagée pour le canoë, court entre les communes de La Roche et de Charriéras. À partir de Trélissac, elle croise la **voie Verte** (15km) qui s'étend jusqu'à Marsac-sur-l'Isle et offre une promenade ombragée, ponctuée de bancs, et une délicieuse piste cyclable. Cette dernière est en voie d'agrandissement, pour être reliée à un réseau de randonnées. *Plan à l'office de tourisme*

Association Loisirs Périgueux (plan 2, B2) La base nautique de la ville. *Moulin de Sainte-Claire Tél. 05 53 04 24 08 www.perigueuxcanoe.org Tarif 5€ l'heure, moins de 12 ans 2,50€*
Cycles Cums Le loueur de vélo le plus proche. Tarif VTT 16€/la journée. *3, bd de l'Horizon* ***Marsac-sur-l'Isle*** *(4km à l'ouest de Périgueux) Tél. 05 53 53 31 56 Ouvert mar.-sam. 9h-12h30 et 14h-19h, lun. 14h-19h*

Les environs de Périgueux

☆ **Abbaye de Chancelade** Elle se compose de deux églises, paroissiale et abbatiale, ainsi que de divers bâtiments conventuels et du logis de Bourdeilles (actuel presbytère et centre spirituel, ne se visite pas). Dédiée à saint Jean, l'église paroissiale, l'une des plus petites du Périgord, a été consacrée en 1147. Caractéristique du style roman, sa nef est voûtée d'un berceau brisé et son abside, arrondie, est éclairée par trois baies et voûtée d'un cul-de-four. Le portail, à quatre voussures brisées, est surmonté de la *pax* bénédictine. L'église abbatiale, très vaste, a été achevée vers le milieu du XIIe siècle. Détruite en partie au cours des guerres de Religion, elle fut rebâtie au XVIIe siècle par Alain de Solminihac qui conserva les bases romanes de la nef et la voûta de croisées d'ogives. Le cloître a disparu (seules subsistent quelques traces), mais le cuvier, le cellier, le moulin et les écuries ont résisté aux outrages du temps. Depuis 1998, une communauté de chanoines réguliers de Saint-Augustin a fait son retour à Chancelade et fondé un centre spirituel dans le logis abbatial. ***Chancelade*** *(5 km au nord-ouest de Périgueux) Tél. 06 46 78 94 37 www.abbaye-de-chancelade.com* **Églises** *Ouvert toute l'année Accès libre*

PÉRIGORD

Prieuré de Merlande Abandonnée au fond des bois, la modeste chapelle gagnée par l'humidité offre son humble refuge décoré de chapiteaux sculptés. Fortifiée au temps des guerres de Religion, elle conserve une simplicité émouvante qui se manifeste dans le portail en arc brisé. L'église faisait partie d'un prieuré aujourd'hui disparu, fondé par l'abbé de Chancelade. ***La Chapelle-Gonaguet*** *(10km au nord-ouest de Périgueux après Chancelade)*

Château des Bories Proche de Périgueux, un élégant château Renaissance se dissimule derrière un rideau de verdure. Son allure générale rappelle celle des châteaux de la Loire, mais c'est au bord de l'Isle qu'il élève ses tours imposantes. L'escalier intérieur monumental tourne autour d'un noyau central qui abrite une petite pièce à chaque étage. Les cuisines voûtées frappent par leurs ornements sculptés. ***Antonne-et-Trigonant*** *(à 10km de Périgueux, dir. Limoges) Tél. 05 53 06 00 01 Ouvert juil.-août : lun.-sam. 13h-19h (visite guidée) Tarif 5,50€, réduit 4€*

● Où acheter du foie gras ?

Ferme Andrévias Cette ferme, plusieurs fois primée, propose uniquement des foies gras d'oie aux saveurs gustatives plus raffinées que celles du canard. Les conserves sont artisanales et ne contiennent aucun additif. Au pays de la truffe, vous pourrez aussi acheter un pâté de foie d'oie truffé. Le couple d'agriculteurs vend également de l'huile de noix et des noix bio produites au domaine familial.

M. et Mme Meynard Au sud du village, en bordure de la N21 **Sorges** *(à 20km de Périgueux, sur la N21) Tél. 05 53 05 02 42 www.fermeandrevias.com Ouvert été : mar. et jeu. 18h Visite gratuite de l'élevage, du verger et des truffières*

● En savoir plus sur la truffe

☺ **Écomusée de la Truffe** En 2010, cet écomusée s'est offert un coup de jeune dans de nouveaux murs, avec une scénographie modernisée. Il fusionne aujourd'hui avec l'office de tourisme de Sorges, qui vend au rez-de-chaussée des produits gourmands où la truffe occupe une large place. À l'étage, le musée se consacre en détail à ce fameux "diamant noir" qui pousse sur les terres calcaires à l'ombre des arbres. Pour mieux se rendre compte, on y verra la reconstitution d'un "brûlé", espace sans herbe annonciateur qui rayonne autour d'un arbre truffier. Les expositions faites de panneaux, documents, ustensiles et photos présentent la place de la truffe parmi les champignons, la trufficulture, les recherches scientifiques récentes avec la découverte de son ADN, ainsi qu'une suite de vidéos où de célèbres gastronomes disparus, réssuscités par des acteurs, expliquent leurs recettes. **Office de Tourisme du Périgord Gourmand** *2, route des Truffiers* **Sorges** *Tél. 05 53 05 90 11 www.ecomusee-truffe-sorges.com Ouvert mi-juin-août : lun.-ven. 9h30-18h30, sam.-dim. 9h30-12h30 et 14h30-18h30 ; reste de l'année : mar.-dim. 10h-12h et 14h-17h Tarif 5€, moins de 10 ans gratuit*

PÉRIGORD

● Où voir un spectacle ?

Le Palio Inauguré en 2008, ce palais des sports et de la culture offre aujourd'hui au département une salle de conception ultramoderne et modulable. Les grands évenements y défilent, entre le patinage artistique l'hiver, le cirque de Pékin, les ballets, humoristes et têtes d'affiches de la variété française, de la pop rock ou du rap. Comptez environ 40-50€ pour un ticket spectacle. L'endroit comprend aussi un complexe sportif en plein air, un gymnase, une salle d'escrime et cinq terrains de tennis. *Espace Agora Rue de Soci* **Boulazac** *(env. 6km à l'est du centre-ville de Périgueux) Tél. 05 53 02 40 80* **Billetterie** *Ouvert lun.-ven. 9h-12h et 13h30-17h30*

CARNET D'ADRESSES

Restauration

petits prix

Lou Chabrol (plan 3, A1 n°21) Situé à l'angle de la place Saint-Louis, cet établissement sans prétention vous réservera le meilleur accueil. La cuisine est simple mais savoureuse, et le rapport qualité-prix intéressant. Bref, une adresse tout à fait recommandable. Comptez environ 13-15€ pour un plat à la carte, et de 12,50€ (midi) à 23,50€ pour un menu. *22, rue Erguillerie* **Périgueux** *Tél. 05 53 53 10 84 Ouvert oct.-avr. : mar.-sam. midi et soir ; mai-sept. : lun.-sam. midi et soir Fermé 2-3 sem. en jan.*

Le Troquet (plan 3, B2 n°24) Ouverte fin 2010, à l'angle de la rue Notre-Dame et de la rue Judaïque, en retrait de l'agitation touristique, cette "maison de confiance depuis sa création" se distingue à plus d'un titre. La cuisine, si elle ne renie rien de son terroir (burger au hachis de canard et foie gras, 16€), n'hésite pas à s'écarter de la gastronomie périgourdine avec une andouillette de Troyes à la crème de morilles (15€) ou un tartare de bœuf Salers à l'estragon (16€). Pas de carte d'ailleurs, rien que des suggestions du moment. Vous pouvez également opter pour une tartine gourmande accompagnée d'un verre de bergerac. Le tout dans une ambiance de troquet des années cinquante qui doit beaucoup à la personnalité du patron. *4, rue Notre-Dame* ***Périgueux*** *Tél. 05 53 35 81 41 Ouvert mar.-ven. midi et soir, sam. soir Service jusqu'à 23h, ouvert jusqu'à 1h*

Chez Nico (plan 3, B1 n°25) Le bistrot ouvert par Nicolas Verchère fait décidément des ravages, ne serait-ce que pour son ambiance un peu bohème et pour le cadre : deux petites salles pimpantes aux airs de cantine et la vieille place de la Vertu où la terrasse (chauffée) prend ses aises. La cuisine du marché, très fraîche, propose à l'ardoise poisson du jour, volaille farcie au foie gras, magret avec une purée de céleri ou blanc-manger au coco (15-20€). Un succès, que vient parfaire, à l'occasion, un groupe de jazz ou de musique latino les soirs de fête. *Place de la Vertu* ***Périgueux*** *Tél. 05 53 54 93 21 Ouvert mar.-sam. 12h-22h30*

prix moyens

Nicolas L (plan 2, B2 n°1) Périgourdin forgé aux côtés des plus grands chefs, Nicolas Lamstaes invente selon ce que lui apporte le terroir de sa région, au fil des saisons. Aussi ne trouverez-vous pas de carte fixe dans son restaurant dallé de tomettes rouges, au décor discret. On choisit sur l'ardoise un gaspacho à la menthe, melon et concombre, un cabillaud au caviar d'aubergines dans son jus de poisson, une soupe au chocolat équatorial, un millefeuille aux fraises du Périgord. Des surprises sans cesse renouvelées aux prix abordables de 15-19€ pour les formules déjeuner (en sem.), et 10,50€ pour un plat du jour. Autres menus 24-38€. *7, place du 8-Mai-1945* ***Périgueux*** *Tél. 05 53 13 45 02 www.restaurantnicolasl.com Ouvert mar.-sam. midi et soir*

Et aussi...

Sur le pouce

Le Kaféier ______ 71
Les Cigales ______ 71
Café de La Truffe ______ 71
Café de la Place ______ 72
O2 Ziem ______ 72

L'Atelier (plan 3, A1 n°26) À l'écart de l'agitation du vieux centre, ce restaurant ouvert par les anciens propriétaires du Grain de Sel, sert une cuisine gastronomique traditionnelle revisitée et délicate. Aussi soignés que le cadre, la terrine de lentilles au foie gras, les ris de veau dorés au sautoir dans un beurre mousseux, le steak de thon légèrement rosé s'harmonisent avec un décor contemporain aux tons

GAMME DE PRIX	RESTAURATION	HÉBERGEMENT
Très petits prix	moins de 15€	moins de 30€
Petits prix	de 15 à 25€	de 30 à 50€
Prix moyens	de 25 à 35€	de 50 à 80€
Prix élevés	de 35 à 50€	de 80 à 125€
Prix très élevés	plus de 50€	plus de 125€

avec douche ou baignoire 48-62€. Petit déj. 7€. *18-20, rue Denis-Papin* ***Périgueux*** *Tél. 05 53 53 41 06*

prix moyens

Couleur du Temps (plan 2, B1 n°14) Situées sous les combles, les 2 chambres de cette maison des années 1930 donnent tantôt sur un jardinet, tantôt sur une rue paisible d'un quartier bourgeois. Parquets cirés, lucarnes s'ouvrant selon un système électronique, mobilier ancien choisi avec goût et équipement ultramoderne pour les salles de bains. Au confort et au charme se joint aussi la tranquillité absolue, à quelques pas du centre. Chambre 75€ pour deux, 80€ côté jardin haute saison. *20, bd Albert-Claveille* ***Périgueux*** *Tél. 06 79 81 83 71 http://couleursdutempsdordogne.blogspot.fr*

☺ **Lit pour toi (plan 2, B1 n°13)** Au sommet de cette maison haute, semblable à un castelet, les 2 chambres offrent espace et grands lits, avec une salle de bains mansardée commune. Les hôtes, un adorable couple de Hollandais, vous inviteront à profiter de leur jardin, planté d'essences aromatiques, de fleurs et de beaux arbres. Connexion wifi. Excellents conseils sur la région et table d'hôtes à partir de 2 pers. (24-30€). Chambre 65-80€. *14, rue du Gué-de-Barnabé* ***Périgueux*** *Tél. 09 72 32 91 19 www.litpourtoi.com*

Comfort hôtel Régina (plan 2, A1 n°11) Situé en face de la gare, cet établissement correspond aux normes d'un hôtel de chaîne. Il a néanmoins conservé une belle façade rétro jaune vif. Les chambres sont équipées de tout le confort nécessaire mais n'échappent pas à une certaine standardisation. Du moins, aucune surprise n'est à craindre côté bruit ou literie. Chambre 68€, petit déj. 9€. *14, rue Denis-Papin* ***Périgueux*** *Tél. 05 53 08 40 44 www.comfort-perigueux.fr*

Hôtel des Barris (plan 2, B1 n°12) Les 14 chambres (dont 2 familiales), très agréables, possèdent beaucoup de charme. Les n°101 et 201, en particulier, offrent une vue imprenable sur les coupoles de la cathédrale Saint-Front. Le petit déjeuner est servi sur une terrasse au bord de la rivière. Accueil chaleureux. Seul inconvénient : l'hôtel donne sur une route très passante... Chambre 55€, petit déj. 7€. *2, rue Pierre-Magne* ***Périgueux*** *Tél. 05 53 53 04 05 www.hoteldesbarris.com Ouvert toute l'année*

prix élevés

☺ **Les Suites de la tour (plan 3, A2 n°30)** Pourquoi de la tour ? Parce que cet immeuble en calcaire se dresse sur le site d'un ancien rempart, à deux pas de la tour Mataguerre. À l'intérieur, pierres apparentes et tapis d'escalier précèdent des appartements ultramodernes et raffinés, avec des rideaux en lin, des salles de bains en béton peint, des literies haut de gamme. Le concept surtout : se sentir chez soi, libre de se faire livrer des plateaux-repas, de profiter à sa guise de la belle cuisine équipée, ou de louer un vélo (à la demande). Autre appartement-hôtel en voie d'ouverture au 14, allée d'Aquitaine (plan 2, A2), dans un immeuble Art déco. Appartement 89-129€ pour deux. *13, rue de Condé* ***Périgueux*** *Tél. 05 53 53 38 68 www.suitesdelatour.fr*

Dans les environs

camping

Au fil de l'eau Ce lieu familial de 50 emplacements, avec snack-bar,

PÉRIGORD

accueille les campeurs au bord de l'Isle. Le terrain est ombragé et une petite plage a été aménagée sur les berges de la rivière, parfaite pour les amoureux de la nature et de calme. À moins que l'on préfère la grande piscine, agrémentée de transats. Emplacement 19,50€/2 pers., électricité comprise. Également 9 mobil-homes pour 4-5 pers., 210-560€/sem. *6, allée des Platanes* ***Antonne-et-Trigonant*** *(à 10km de Périgueux, dir. Limoges) Tél. 05 53 06 17 88 Ouvert avr.-oct.*

prix moyens

Hôtel de la Beauronne Pour se loger confortablement sans trop s'éloigner du centre de Périgueux, cet hôtel propose des chambres bon marché toutes neuves et très confortables, y compris les salles de bains tapissées de gros carrelages. Bistrot contemporain au rez-de-chaussée et salle de petit déjeuner agréable, dans les tons blanc et beige. Ne vous attendez toutefois pas à une terrasse : le lieu, en bordure d'un rond-point, ne s'y prête pas. Double 51€, petit déj. 5€. *4, Route de Ribérac* ***Chancelade*** *(4km à l'ouest de Périgueux) Tél. 05 53 08 42 91*

prix élevés

Mas des Bories L'ancienne ferme (XVIe s.) du château des Bories, reprise et rénovée, s'est métamorphosée en véritable hôtel de charme. À l'intérieur, les poutres en bois noir surgissent dans un décor cosy et d'un chic sans excès, avec parquets ou fines moquettes pour les sols, tissus en piqué pour les lits. Trois sortes de chambres : les moins chères côté route (80-90€ selon la période), parfaitement paisible ; les autres donnant sur la campagne, en chambre (100-120€) ou en suite luxueuse (140-160€). Au rez-de-chaussée, le restaurant sert une cuisine de produits frais, avec une carte de ce fait limitée et des prix très sages (plat 16-20€). Petit déj. 12€. *14, route de Limoges* ***Antonne-et-Trigonant*** *(à 10km de Périgueux, dir. Limoges) Tél. 05 53 02 23 52 www.masdesbories-dordogne.fr Restaurant ouvert tlj. midi et soir*

SAINT-ASTIER

24110

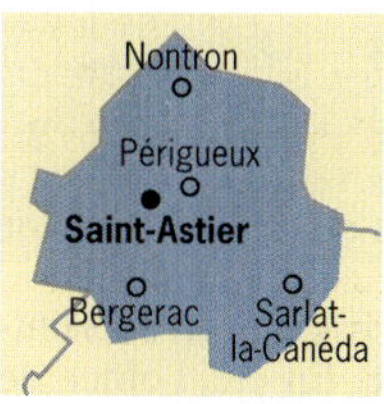

Après avoir traversé avec nonchalance la capitale du Périgord, l'Isle s'écoule vers l'ouest et arrose le village paisible de Saint-Astier, coiffé de son clocher élancé. Sur ses berges se succèdent de belles forteresses, avant que la rivière traverse l'immense forêt de la Double, en passant par les bourgs de Mussidan et Montpon-Ménestérol. Une région périgourdine à redécouvrir.

LA DOUBLE La vaste étendue boisée située entre la Dronne et la basse vallée de l'Isle n'a pas toujours été un cadre naturel envié. L'existence de marais et d'étangs a favorisé la persistance du paludisme jusqu'au milieu du XIXe siècle, quand des travaux de drainage ont assaini les terres. Victime d'une déforestation anarchique pendant des siècles, cet espace a été reconquis par les pins maritimes, les chênes et les châtaigniers. Les étangs insalubres ont été transformés en lieux de baignade et d'activités nautiques très appréciés. La transformation en écomusée de la ferme du Parcot a permis de sauvegarder un modèle caractéristique d'habitat de la Double, en bois et en torchis, et redonne vie aux activités économiques disparues, centrées sur l'exploitation des ressources de la forêt.

MODE D'EMPLOI

accès

EN VOITURE
Saint-Astier est situé 17km à l'ouest de Périgueux, et 45km au nord de Bergerac.

EN TRAIN
La ville est desservie par la ligne Bordeaux-Périgueux, qui passe également par Neuvic, Mussidan et Montpon-Ménestérol.
Gare SNCF *Rue Jean-Jaurès Tél. 36 35 www.sncf.com*

marchés

Marché de Saint-Astier *Jeu. mat.*
Marché de Mussidan *(20km à l'ouest de Saint-Astier) Sam. mat.*

informations touristiques

Office de tourisme Il propose des sorties-découvertes pendant l'été, ainsi que des circuits de randonnée sur le canton. *Pl. de la République Tél. 05 53 54 13 85 www.ccaiv.fr Ouvert juil.-août : mar.-sam. 9h30-12h et 14h-18h, dim. et j. fér. 10h-12h15 ; oct.-mars : lun.-mar. et jeu.-ven. 9h30-12h15 ; mai-juin, sept. : lun.-mar. et jeu.-ven. 9h30-12h15 et 14h-17h, sam. 9h30-12h15*

DÉCOUVRIR

Saint-Astier et ses environs

☆**Les essentiels** Le château de Neuvic **Découvrir autrement** Approvisionnez-vous en caviar périgourdin à Montpon, empruntez le sentier d'interprétation de la ferme du Parcot pour découvrir les métiers forestiers oubliés, descendez l'Isle en gabarre

Église fortifiée Le haut clocher carré domine toutes les habitations de Saint-Astier, les écrasant même sous sa superbe tour carrée. En été, l'office de tourisme propose de grimper en haut de la flèche de l'église fortifiée (réserver, places limitées), fondée probablement au XIe siècle. Les ruelles pittoresques descendent vers l'Isle dont les berges bordées de saules forment un tableau romantique. *Pl. de l'Église* ***Saint-Astier***

Château de Puyferrat Situé dans les bois, il dévoile une architecture du XVIe siècle avec quelques éléments défensifs. Fait assez rare, la visite vous entraîne sur le chemin de ronde au-dessus des mâchicoulis et dans les combles, où une magnifique charpente en bois est classée monument historique. Chambres d'hôtes sur place (p.85). ***Puyferrat*** *À 1km à l'ouest du centre de Saint-Astier Tél. 05 53 07 86 26 Visite guidée en été 5€, réduit 3€, gratuit moins de 12 ans*

☆ **Château de Neuvic** Bâti en équerre, le château de Neuvic déploie une beauté simple et attachante, avec sa toiture égayée de lucarnes et ses tours à encorbellement qui adoucissent les arêtes angulaires. Élevé au XVIe siècle, il s'ouvre largement sur l'extérieur, sa frise de mâchicoulis étant surtout décorative. La visite de l'intérieur n'a qu'un intérêt limité. En revanche, il serait dommage de ne pas déambuler dans le jardin botanique de 6ha pour humer quelques fleurs et se promener le long de l'Isle, tout en admirant les différentes façades du château. **Neuvic** *(7km au sud-ouest de Saint-Astier) Tél. 05 53 80 86 65 Visite du château en juil.-août : mar.-dim. à 15h30 et 17h30 ; le reste de l'année : groupes sur rdv Parc : 10h-12h et 14h-18h Tarif 5,50€, réduit 3€ (avec parc) Entrée parc : tarif (juin-août) 3,80€, réduit 2€*

☺ **Château de Fratteau et Atelier du potier** Un céramiste passionné, qui a acquis ce château d'origine médiévale, alors en ruine, et l'a lui-même restauré, a eu le bonheur d'y faire une découverte : au XIXe siècle, on y travaillait l'argile du pays, comme au Moyen Âge. Outre son propre atelier où il supervise des stagiaires, le maître des lieux a reconstitué une véritable structure artisanale d'autrefois, typique de la région. Au terme d'un parcours commenté, elle permet de suivre le métier du potier, de l'extraction de la terre à la carrière jusqu'à la cuisson dans un four en plein air et au vernissage, en passant par le tour d'où surgissent les produits bruts. On admire des merveilles finies (écuelles, tourtières, chaudrons, lèchefrites, diables…) dans une authentique cuisine médiévale reconstituée, abritant un évier d'époque. La visite comprenant celle du château (1h) inclut quelques pièces à l'étage et l'unique occasion dans le Périgord d'explorer un souterrain. Avant de repartir, vous pouvez faire un crochet dans la petite boutique qui vend les poteries traditionnelles fabriquées sur place. **Neuvic** *(env. 13km au sud-ouest de Saint-Astier) Dir. Bordeaux par la RN89 jusqu'au rond-point du pigeonnier, puis tourner à gauche Tél. 05 53 82 56 80 www.poteriefratteau.fr Ouvert avr.-oct. : tlj. 14h-18h30 ; nov.-mars : mer. et sam.-dim. 14h-18h30 et sur rdv Tarif 3€ Visite du château sur rdv, pour groupes d'au moins 5 pers.*

DU CAVIAR *MADE IN* PÉRIGORD

À des milliers de kilomètres de l'Asie centrale prospèrent des élevages d'esturgeons qui produisent 5 à 6t de caviar par an. Vente de conserves de caviar *made in* Périgord (mais pas de visite individuelle). **Caviar Huso** *La Veyssière* **Neuvic** *(9km au sud-ouest de Saint Astier) Tél. 06 03 19 05 79 Vente à la demande et visites dégustation sur rdv à partir de 25 pers., durée 1h30 Tarif 15€* **Prunier manufacture** *Montpon-Ménesterol (37km au sud-ouest de Saint-Astier Tél. 05 53 80 61 10 Ouvert lun.-jeu. 9h30-12h et 14h30-17h, ven. 9h30-12h et 14h30-16h*

Musée André-Voulgre Machines agricoles, ateliers de métiers disparus, objets du quotidien sont exposés dans cette maison du XVIIIe siècle comme autant de témoignages de la vie d'autrefois en Périgord. Il manque toutefois un fil conducteur à cette collection qui ressemble à un joyeux bric-à-brac. *2, rue Raoul-Grassin* ***Mussidan*** *(20km au sud-ouest de Saint-Astier) Tél. 05 53 81 23 55 Ouvert juin-sept. : tlj. 9h30-12h et 14h-18h ; avr.-mai : w.-e. et j. fér. 14h-18h ; reste de l'année sur rdv pour les groupes Tarif 3,50€, moins de 13 ans gratuit*

Château de Montréal Les remparts surplombent encore la vallée de la Crempse et ses forêts profondes. Mais côté cour les façades en crépi ont perdu leur cachet Renaissance. La visite vous conduit dans la cave voûtée du XIIe siècle qui cache un passage secret, puis dans les salons d'époque, et se clôt par la chapelle. Rien de bien extraordinaire, mais le nom du château a traversé l'Atlantique : Jacques Cartier, "inventeur" du Canada, aurait baptisé du nom de son compagnon de bord, Claude de Pontbriand, seigneur de Montréal, la bourgade qu'ils découvrirent sur les bords du Saint-Laurent. L'Histoire emprunte parfois des voies inattendues ! ***Issac*** *(25km au sud-ouest de Saint-Astier) Tél. 05 53 81 11 03 Ouvert juil.-mi-sept. : tlj. 10h-12h et 14h30-18h30 Tarif 5,50€, réduit 3,50-4,50€*

● Où acheter des produits du terroir ?

Trappe d'Échourgnac À l'écart du village d'Échourgnac, les sœurs de l'abbaye cistercienne Notre-Dame-de-Bonne-Espérance produisent un fromage délicieux, le trappe d'Échourgnac, nature ou affiné à la liqueur de noix. On se damnerait pour y goûter ! *Abbaye Notre-Dame-de-Bonne-Espérance* ***Echourgnac*** *(30km à l'est de Saint-Astier) Tél. 05 53 80 82 50* ***Magasin*** *Ouvert lun. 14h30-17h30, mar.-sam. 10h-12h et 14h-17h30 (19h en juil.-août)*

Moulin La Gaumerie Au pays de la noix, quelques moulins fabriquant de l'huile de manière traditionnelle résistent encore. À flanc de coteaux, dans la plantation familiale pousse la franquette, une variété de noix vendues au kilo ou sous forme de dérivés (huile et confiseries). *M. Monsallier* ***Grun*** *(15km au sud-est de Saint-Astier, après Manzac) Tél. 05 53 04 47 28 ou 06 70 32 56 80 Visite sur rdv toute l'année*

Distillerie Clovis Reymond La spécialité de la maison ? une eau-de-vie de prune distillée à l'ancienne. Mais les alcools de poire, de framboise et de mirabelle arrivent aussi en bonne place. Les palais délicats se tourneront vers les liqueurs de mandarine, châtaigne, mûre, ou vers des apéritifs d'antan, guignolet, gentiane, etc. Cette famille de bouilleurs de cru sévit dans le canton depuis 1834 ! *Rue Gabriel-Reymond* ***Villamblard*** *(18km au sud de Saint-Astier) Tél. 05 53 81 90 01 www.clovisreymond.com Ouvert juil.-août, déc. : lun.-sam. 8h30-12h et 14h-18h (et visites de la distillerie à 10h30 et 16h30) ; sept.-nov., jan.-juin : mar.-sam. 8h30-12h et 14h-18h*

☺ **Biscotterie La Chanteracoise** Une délicieuse odeur flotte au dehors. C'est celle du pain de mie frais fabriqué sur place, séché ensuite entre 24 et 48h pour donner les biscottes artisanales, de vraies gourmandises vendues dans la boutique de l'usine. Une multitude de choix, à la farine complète, bio, au raisin, au chocolat, des croûtons, et des mini-toasts pour l'apéritif, avec tout ce qu'il faut pour tartiner (tapenades, confitures, terrines...). Hors visite guidée, l'atelier visible à travers une vitre, de la boutique, offre un aperçu du travail en coulisse. Pour plus de spectacle, venez de préférence le matin. *Le pont* ***Saint-Germain-du-Salembre*** *(7km à l'ouest de Saint-Astier) Tél./fax 05 53 80 51 17 www.la-chanteracoise.fr Ouvert lun.-ven. 8h-12h et 13h30-17h30 Visite-dégustation gratuite (1h)*

Piquer une tête dans un lac

Lac de Neufont Vergt, la capitale de la fraise, mise aussi sur sa base de loisirs où pêcheurs et baigneurs se partagent sans trop de difficultés les 4ha du plan d'eau. La baignade est surveillée sur la portion de plage prise d'assaut par les familles. Les adeptes du silence s'en éloigneront pour trouver un endroit moins fréquenté. *3km au sud de* ***Vergt*** *(22km au sud de Saint-Astier) Tél. 05 53 54 93 90 www.neufont.com*

Explorer des carrières souterraines

Usine à chaux CESA L'idée est originale et la visite s'avère passionnante. Un gisement de 10km, exploité depuis le XIXe siècle, traverse la commune de Saint-Astier. C'est en voiture que l'on pénètre dans des galeries souterraines, hautes de 20m et soutenues par des piliers d'une largeur de 12m. Dans cette cathédrale de pierre, un ingénieur vous explique les techniques d'extraction de la pierre. Revenu à l'air libre, vous visitez les fourneaux où est fabriquée la chaux vive dans un nuage de poussière. *Route de Montanceix* ***Saint-Astier*** *Tél. 05 53 54 13 85 Visite été : mer. à 9h30 uniquement (réservation auprès de l'OT) Tarif 4€, réduit 3€*

PÉRIGORD

En savoir plus sur la forêt de la Double

☺ **Ferme du Parcot** Au cœur de la forêt de la Double, près d'Échourgnac, une maison caractéristique de l'architecture rurale locale a été restaurée. La ferme, avec son ossature de bois et sa galerie, est inscrite à l'inventaire des monuments historiques. Un sentier d'interprétation de la forêt traverse différents paysages jusqu'à l'étang et évoque au passage la faune, la flore et les métiers traditionnels de la Double : feuillardiers, verriers, charbonniers, scieurs. Le site comprend aussi un petit jardin pédagogique de légumes anciens et de plantes aromatiques, condimentaires et médicinales. *Sur la D41, près d'****Échourgnac*** *(25km à l'ouest de Saint-Astier) Tél. 05 53 81 99 28 www.parcot.net Ouvert juil.-août : mar.-dim. 10h-12h30 et 14h-19h30 ; mai-juin, sept. : w.-e. et j. fér. 14h-19h30 Visites guidées à 10h30 (en juil.-août), 14h30, 16h et 17h30 Reste de l'année sur rdv pour les groupes Entrée libre*

Descendre l'Isle en canoë-kayak

☺ **Toofyk Canoë** Loin de la monotonie des rivières trop calmes, l'Isle enchante par les nombreux barrages qui accélèrent son cours et par ses berges jalonnées de moulins en amont et de châteaux en aval. La descente en canoë-kayak promet quelques acrobaties et des points de vue superbes. Parcours de 2h à 6h : 10 à 17€/pers., dégressif de 1€ à partir de 8 pers. et toutes les 8 pers. supplémentaires. Également des descentes (accompagnées) nocturnes d'une durée de 2h, à 10€/pers. Une seconde base à Lisle, plus importante, organise des locations sur la Dronne. Possibilités de parcours pendant 2 ou 3 j. ***Mussidan*** *Tél. 05 53 35 24 32 ou 06 30 53 38 27 www.toofyk.fr Ouvert juil.-août : tlj. 10h-18h* **Base de Lisle** *Camping du Pont, sur la D78 (24km au nord de Saint-Astier) Ouvert avr.-oct. : tlj. 9h-18h*

USNCK Canoë-Kayak Descente de la vallée de l'Isle en une journée et autres trajets de 2h à 4h entre Neuvic et Marsac, desservant moulins, château de Saint-Léon et lavoir de Saint-Astier. Aller en navette et retour en canoë. À partir de 5€/pers. pour 2h, 15€/pers. pour 6-8h. *29, route du Grand Mur Planèze* ***Neuvic*** *Tél. 06 74 36 28 77 ou 06 30 80 95 19 Ouvert juil.-août : tlj. 10h-20h ; sept.-juin : mer. 14h-17h (19h à partir de fin mars), sam. 10h-18h et sur rdv le reste du temps*

Moulin du Duellas Au bord de l'Isle, une gabarre à quai attend les promeneurs du dimanche et les vacanciers pour une balade au fil de l'eau, avec passage d'une écluse manuelle et commentaire sur l'histoire de la navigation fluviale. Balades mai-juin et sept.-oct. : dim. et jours fériés. Départ à 16h ; juil.-août : 2 départs mar.-dim. à 15h et 16h30. Tarif 6€, réduit 4€. Deux jeu. (en juil.-août) : croisière fluviale du moulin du Duellas à Saint-Martin-l'Astier de 9h à 18h. Tarif 17€, réduit 11€. Visite libre du moulin en juil.-août : mar.-dim. 14h-18h. ***Saint-Martial-d'Artenset*** *(20km au sud-ouest de Saint-Astier) sur la D6089 Tél. 05 53 82 39 54 ou 06 84 17 64 63*

CARNET D'ADRESSES

Restauration, hébergement

petits prix

La Palombière Faites comme les gens d'ici : attablez-vous sans crainte dans ce petit restaurant, une vieille institution du village, qui étale sa terrasse sur un joli dallage devant l'église fortifiée. On y sert de savoureuses salades de gambas aux fèves ou de gésiers, ris de veau aux morilles, trio de Cabécou, flognarde aux pommes, avec une présentation soignée. Un excellent rapport qualité-prix pour une cuisine attachée au terroir, l'amabilité en plus. Plat 13-22€, menus 14€ (midi) et 27-44€. *7, place de l'Église* ***Saint-Astier*** *Tél. 05 53 04 40 61 Ouvert lun. et jeu.-sam. midi et soir, mar. midi, dim. soir (fermé dim. soir hors saison)*

prix moyens

Le Relais du château Dans le bourg de Grignols, niché dans une verte campagne, calme et tranquillité vous attendent avec cet hôtel-restaurant de 7 chambres, aménagé dans une maison récente. L'intérieur, lumineux, jaune et bleu, est impeccable. Chambre 55€, petit déj. 7€. ***Grignols*** *(10km au sud de Saint-Astier) Tél. 05 53 54 14 37*

Hôtel-restaurant Le Lion d'or Le nom rappelle ces enseignes de restaurants de province où sont concoctées des cuisines de terroir de qualité. C'est le cas ici, avec une assiette de trois foies gras accompagnés d'une gelée de coings, un éventail de magret poêlé aux fruits ou des poissons délicatement préparés. Ces plats sont servis dans un décor rustique et soigné ou sur une agréable terrasse ombragée. Menus de 15 à 34€. Huit chambres doubles 60-67€. Piscine. *Le Bourg* ***Manzac-sur-Vern*** *(15km au sud de Saint-Astier) Tél. 05 53 54 28 09 Ouvert haute saison : mar.-dim. ; basse saison : mar.-sam., dim. uniquement midi Fermé 3 sem. fév. et 2e quinz. nov.*

☺ **Moulin de Leymonie du Maupas** Accueil charmant dans cette demeure sans artifices, soigneusement entretenue par des propriétaires amoureux de la nature et des animaux. L'ancien moulin aux murs épais conserve ses pierres calcaires apparentes, véritable climatisation naturelle en été. À l'étage, les 2 chambres sobres et paisibles s'ornent de draperies chinées dans les brocantes et de linge de maison entièrement bio. Idem pour la table d'hôtes (20€, à la demande), dont les herbes, les fleurs et les légumes d'un potager fumé grâce aux chevaux de la maison inspirent les menus. Une piscine naturelle, alimentée par des plantes aquatiques, devrait bientôt voir le jour : en attendant, installez votre transat près du cours d'eau qui coule devant la maison. Gîte également en projet. Chambre 85€, 70€ à partir de deux nuit. *Leymonie du Maupas* ***Issac*** *(17km au sud de Saint-Astier ; de Mussidan, prendre la D38, puis la C39E sur 4km) Tél. 05 53 81 24 02*

Chambres d'hôtes Château de Puyferrat À l'écart du village de Saint-Astier, ce château Renaissance a gardé fière allure avec ses tourelles et ses mâchicoulis. Cette propriété privée propose 5 chambres d'hôtes (80€, petit déj. inclus) qui ne correspondent pas vraiment aux critères de confort moderne, mais quel cadre ! La nuit tombée, vous serez les seuls résidents de cette auguste demeure. Vous pourrez explorer pièces et recoins, découvrir la charpente monumentale ou déambuler sur le chemin de ronde. Le matin, les régisseurs du château qui habitent une maison voisine viennent servir le petit déjeuner. Possibilité de chambres pour 4 personnes (140€). Table d'hôtes sur demande (40€) avec un menu périgourdin. *M. Marzat Château de Puyferrat* ***Saint-Astier*** *(1km à l'ouest de Saint-Astier) Tél. 05 53 07 86 26 http://www.aquitaine.visite.org*

RIBÉRAC

24600

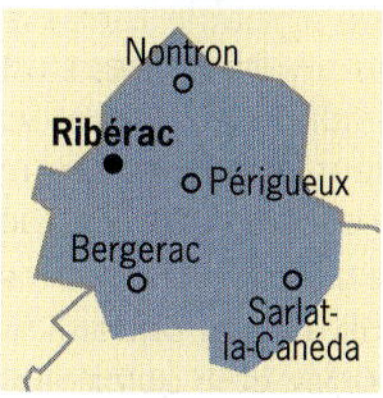

Aux confins de la Dordogne et de la Charente, Ribérac s'affirme comme l'une des places de négoce agricole les plus actives de la région. Le vendredi matin se tient un marché coloré, avec ses étals de produits du terroir. L'hiver, lors des foires au gras et du marché aux truffes, il attire connaisseurs et fins gastronomes. En automne, le cycle des saisons se clôt avec le marché aux noix. Mais la campagne ribéracoise est également parsemée d'églises romanes dotées de coupoles surprenantes. Art oriental véhiculé par les croisades ? Héritage lointain des huttes des bergers ? Les murs gardent leur secret...

MODE D'EMPLOI

accès

EN VOITURE

Ribérac se trouve 36km à l'ouest de Périgueux par la D710, 38km à l'ouest de Brantôme et 49km au sud de Nontron.

EN CAR

Liaison avec Périgueux (lun.-ven., 4 AR/j.) en période scolaire.
CFTA *Tél. 05 53 08 43 13 www.cftaco.fr*

informations touristiques

Office de tourisme Dépliant sur le circuit des églises à coupoles, visite de fermes en été le mardi après-midi avec l'association d'agriculteurs "Accueil à la ferme en Ribéracois". *Pl. Charles-de-Gaulle Tél. 05 53 90 03 10 Ouvert haute saison : lun.-ven. 9h30-12h30 et 14h-18h30, sam. 9h30-12h30 et 15h-18h, dim. et j. fér. 9h30-12h30 ; basse saison : lun.-ven. 10h-12h et 14h-17h, sam. 10h-12h*

marchés

Marché L'un des plus grands marchés du Périgord, avec marché au gras (nov.-mars), ou marché aux noix (oct.-nov.). *Ven. mat.*

Marché fermier *Mar. mat. (mai-sept.)*

fêtes et manifestations

Printemps de la Gastronomie Confréries et stands de dégustation autour de la noix, la fraise ou le foie gras, et démonstration de grands chefs d'autres départements du Sud-Ouest. *Centre de Ribérac 1er w.-e. de juin*

Le Grand Souk Des groupes de tous les horizons viennent se produire dans des concerts de musiques actuelles amplifiées. *legrandsouk.com 3e w.-e. de juil.*

Foire régionale de la Latière Elle accueille au cœur de la forêt de la Double les agriculteurs qui viennent acheter et vendre du bétail. *Fin avril et début sept.*

DÉCOUVRIR

Les environs de Ribérac

☆ **Les essentiels** Le village d'Aubeterre, l'église de Grand-Brassac **Découvrir autrement** Promenez-vous dans les tourbières de Vendoire, parcourez le val de Dronne en VTT

☆ **Aubeterre** Déjà en terre de Charente mais aux confins historiques du Périgord, le bourg, perché sur un rocher, contemple la vallée de la Dronne. Ses maisons serrées les unes contre les autres portent haut la pierre calcaire et le village a conservé une remarquable unité architecturale. Il possède une extraordinaire **église souterraine** (dite monolithe) creusée d'un seul bloc dans la roche aux premiers temps du christianisme, entre le Ve et le VIIIe siècle. La piscine baptismale, qui trône au centre, souligne l'importance de la mission évangélisatrice des moines. Plus tard, vers le XIe siècle, les bénédictins agrandirent l'édifice et ajoutèrent une galerie suspendue, prolongeant sa hauteur jusqu'à 20m. Sur le côté, des sarcophages creusés à même la pierre forment une surprenante nécropole. À l'extérieur, une crypte encore plus ancienne serait dédiée selon certaines hypothèses au culte païen de Mithra. Ce prodigieux sanctuaire ne doit pas éclipser la belle **église Saint-Jacques** de facture romane située plus haut dans le village. L'exubérance de sa façade occidentale merveilleusement sculptée contraste avec les austères églises fortifiées du Périgord. *16,5km à l'ouest de Ribérac par la D20 dir. Chalais* **Église souterraine** *Rue Saint-Jean Tél. 05 45 98 65 06 Ouvert haute saison : tlj. 9h30-12h30 et 14h-19h ; basse saison : tlj. 9h30-12h30 et 14h-18h Dernière admission 30min avant la fermeture Audioguide Tarif 5€, réduit 2-3€*

● Où acheter du foie gras ?

Ferme de Lafayas De nombreuses médailles récompensent les produits de la ferme de Lafayas. Les propriétaires élèvent, gavent et transforment eux-mêmes canards et oies. Ces dernières fabriquent un foie gras particulièrement fin mais leur gavage est plus long et plus délicat ; c'est pourquoi le produit fini est plus cher. Gavage à 18h : âmes sensibles s'abstenir ! Dégustation des produits de la ferme en été tous les jeudis à 17h30 (assiette à 4€) avec la visite commentée. *M. et Mme Deschamps* **Celles** *(10km au nord-est de Ribérac) Tél./fax 05 53 91 98 56 fermelafayas.com Ouvert lun.-sam.*

● En savoir plus sur les tourbières

Tourbières de Vendoire À Vendoire, la route se fraie un passage entre des champs de maïs qui ne laissent rien deviner des tourbières. Une zone protégée de 30ha témoigne de ce milieu naturel en voie de disparition. Un écomusée, un peu scolaire, explique les caractéristiques de la tourbe et le type de faune et de flore qu'elle abrite. Vous aurez tout loisir de mettre en pratique vos connaissances fraîchement acquises en empruntant le sentier qui longe les marais. *(30km au nord de Ribérac) Dir. Verteillac puis Cherval* **Écomusée** *Tél. 05 53 90 79 56 Ouvert juil.-août : mar.-dim. 10h-18h ; sept.-juin sur rdv Accès libre pour les individuels*

● Parcourir le val de Dronne en VTT

Centre VTT Montagrier Avec 500km de sentiers balisés, vous aurez matière à explorer les endroits les plus secrets du val de Dronne ! Le centre de VTT de Montagrier, très actif, propose une carte des itinéraires balisés ouverts le long de la Dronne : une vingtaine de boucles avec des niveaux de difficulté et des distances variables (de 7 à 38km). Les départs se font de Montagrier, Ribérac ou Paussac. Le centre organise également des sorties en groupes. Un hébergement en gîte est à la disposition des vététistes (13€/pers.). Location de VTT 17€/j. (enfants 10€/j.). ***Montagrier*** *(17km à l'est de Ribérac dir. Brantôme) près de l'église Tél. 05 53 90 28 83 ou 06 72 07 86 07 www.vttmontagrier.e-monsite.com Ouvert lun.-ven. 9h-17h*

PÉRIGORD

● S'amuser dans une rivière ou un étang

Plage et base de loisirs de Saint-Aulaye Une petite base de loisirs ainsi qu'une plage de sable fin ont été aménagées à Saint-Aulaye sur les berges de la Dronne. Vous y trouverez des loueurs de bateaux à moteur, de canoës-kayaks ainsi que des snack-bars. L'ambiance est familiale. Une glace à la main et les pieds dans le sable, on se croirait au bord de la mer. *19km à l'ouest de Ribérac Tél. 05 53 90 63 74*

☺ **Grand étang de la Jemaye** Les pins ombragent les berges du vaste étang poissonneux, situé en pleine nature à la lisière de la Double. Très fréquenté en saison, avec ses petites guinguettes qui bordent une plage de sable blanc, l'endroit reste bon enfant et offre suffisamment d'espace pour que chacun puisse trouver un petit coin tranquille. Aires de jeux tout autour et circuits ponctués d'observatoires, pour se pencher sur les diverses espèces protégées qu'abrite la forêt. *Sur la D708 au sud de Ribérac (25km au nord-ouest de Saint-Astier)*

Été actif Ce programme départemental organise ici des activités pour petits et grands : baby ski-nautique, grimpe d'arbres, pêche, course d'orientation et tir à l'arc dans la forêt environnant le point d'eau. *Tél. 05 53 90 03 10 www.sports.cg24.fr En juil.-août du lun. au ven. Tarif 8-15€ selon l'activité Rens. à l'office de tourisme de Ribérac ou au point d'accueil de l'étang*

● Pagayer en canoë-kayak, pédaler sur la Dronne

Canoës Ribérac Ce club de qualité organise des descentes libres de 4 à 17km entre Ribérac et le moulin du Pont de Tocane, dont une au départ de la base.

Pour les autres parcours, un minibus vous conduit à la destination voulue... et vous regagnez Ribérac avec votre canoë ou kayak. Très belles balades ombragées parmi une faune de rivière, desservant des moulins et un château. Il est conseillé de réserver la veille en haute saison. Location aussi de pédalos de 2 à 4 places, à la demi-heure. *Route d'Angoulême Pont du Chalard (à l'entrée du camping de la Dronne)* ***Ribérac*** *Tél. 05 53 90 54 42 ou 06 77 30 89 63 www.canoriberac.free.fr Ouvert mi-juin-mi-sept. : tlj. 9h-19h*

● **Goûter à la ferme** Circuit dans des fermes à foie gras, fruitières ou laitières, dont une fabriquant des crèmes glacées, chaque mardi en juil.-août. Ces visites gratuites se clôturent par un goûter ou casse-croûte (5 à 8€). *Départ à 15h-15h30 de l'office de tourisme de Ribérac Tél. 05 53 90 03 10*

Le circuit des églises à coupoles

Ce parcours relie des églises romanes typiques de la région, la plupart étant équipées d'un son et lumière qui se déclenche dès l'entrée. L'itinéraire débute par la collégiale **Notre-Dame de Ribérac** et sa coupole sur pendentifs. Sa restauration a mis en valeur les lignes épurées de son architecture romane. Ce décor de pierre sert de cadre à des expositions et à des concerts. L'église romane de ☆ **Grand-Brassac** (à l'est de Ribérac) est peut-être la plus riche de la région : trois coupoles coiffent l'édifice et s'admirent du haut d'une balustrade. Une chambre de défense a été construite au-dessus des voûtes. Fait rarissime, la porte nord de l'église forteresse est ornée de sculptures sur lesquelles subsistent encore quelques traces de polychromie. Le village de **Siorac-de-Ribérac** (au sud de Ribérac), perché sur un promontoire entouré de champs de tournesols, baigne dans une tranquillité assourdissante. Difficile dans ce paysage bucolique de se replonger dans les temps troublés où l'église se dota d'éléments défensifs, dont une haute tour. À l'ouest de Ribérac, l'église de **Saint-Privat-des-Prés** est le seul vestige du prieuré conventuel bénédictin. L'édifice constitue un chef-d'œuvre de l'art roman du Périgord. Au-dessus d'un portail à voussures typiquement saintongeais, s'élèvent des arcades aveugles, seuls éléments décoratifs d'un bâtiment fortifié de créneaux et de meurtrières. À l'intérieur, trois coupoles soutiennent la voûte. En remontant vers le nord, ce sont surtout les fresques du chœur et les voûtes peintes qui font l'intérêt de l'église du **Bourg-du-Bost**. Elle est lumineuse et élancée, tout le contraire de celle de **Saint-Martial-Viveyrols**, massive et austère, qui se confondrait presque avec une forteresse tant son clocher s'apparente à un donjon. Toujours plus au nord, le bourg endormi de **Cherval** possède l'un des plus beaux exemples d'églises de ce type, avec ses quatre coupoles aux lignes parfaites qui se succèdent au-dessus de la nef et du chœur. *Circuit fléché et dépliant disponible à l'office de tourisme*

● Se poser dans un café historique

Café des Colonnes C'est ici, dans cet immense café daté de 1832 (en réalité sans âge), que l'on se croise 365 jours par an, dès le petit noir du matin. Deux belles terrasses, l'une sur la place, l'autre dans une courette arrière, et spacieuse salle intérieure aux tons cerise, décorée de photos souvenirs. La carte de brasserie, copieuse (plat env. 12€), propose notamment saucisses de canard, magret et araignée de porc (fournis par le beau-frère du patron), ainsi que des coupes de glaces débordantes de chantilly (5,50€). Les mardis soir d'été, concerts de variété, de pop rock et de jazz en association avec le restaurant Le Chabrot. *17, pl. du Général-de-Gaulle* ***Ribérac*** *Tél. 05 53 90 01 39 Ouvert tlj. 8h-23h (9h dim.)*

CARNET D'ADRESSES

Restauration, hébergement

camping

Camping municipal À la plage À Saint-Aulaye, le camping est installé sur les pelouses qui bordent la Dronne. Pour davantage de confort, location de chalets et d'amusantes huttes sur pilotis. Si l'envie vous en prend, vous pouvez vous procurer des canoës et pagayer sur la rivière. Emplacement 8-11€/2 pers. ***Saint-Aulaye*** *Tél. 05 53 90 62 20 Ouvert 15 juin-15 sept.*

Camping du Lac Ce joli camping en pleine forêt offre 3ha pour planter sa tente sous les arbres ou en vis-à-vis de la plage d'en face, pour bénéficier d'une vue reposante sur l'étang. Location de confortables mobil-homes (env. 450-645€) ou, plus modestement, de caravanes tout équipées (env. 300-460€). Sanitaires impeccables, ping-pong et trampoline. Ici, loin des routes, le tapage nocturne n'est pas le bienvenu, les nuits étant calmes. Emplacement tente avec électricité 23,40€. *Grand Étang* ***La Jemaye*** *Tél. 05 53 91 51 78 www.campingdulac-dordogne.com Ouvert avr.-début nov.*

très petits prix

Crêperie Sel et Sucre La place centrale d'Aubeterre peine à contenir les différentes terrasses des restaurants qui la bordent. Cette crêperie en fait partie. Pensez à arriver tôt pour avoir le plaisir de déjeuner à l'extérieur. Crêpes de bonne facture, choix de salades composées. Galette 4,50-9,50€, crêpe 2,50-7€. *Pl. Ludovic-Trarieux* ***Aubeterre-sur-Dronne*** *(17km à l'ouest de Ribérac) Tél. 05 45 98 60 91 Ouvert haute saison : mar.-dim. 10h-0h ; basse saison : tlj. 10h-19h*

petits prix

Le Chabrot Tenu par de jeunes propriétaires, ce petit restaurant, qui ne paie pourtant pas de mine, régale le village. Au menu, des mets simples mais savoureux, comme le magret-purée, le saumon gravlax, ou les grandes salades à composer soi-même avec croûtons, cabécou, légumes, noix, etc. Ne manquez pas les mardis soir en été : ardoise de tapas gastronomiques (6€ les 7), qui coïncide avec un concert en plein air, dont le restaurant profite avec le café des Colonnes juste à côté. Menu midi 14€, et 19-22€. *8, rue Gambetta* ***Ribérac*** *Tél. 05 53 91 28 59 Ouvert jeu.-lun. midi et soir, mer. soir*

prix moyens

☺ **Chambres d'hôtes La Côte** L'entrée singulière éveille d'emblée la curiosité. Il faut traverser une vieille écurie dans laquelle sont suspendus d'anciens instruments agraires avant de pénétrer dans une cour fermée. Là, une maison entièrement restaurée propose 5 chambres décorées avec beaucoup de goût. L'étage comprend une vaste chambre et un salon pouvant accueillir quatre personnes. La pièce commune où sont servis la table d'hôtes et le petit déjeuner, chaleureuse, dispose d'une grande cheminée. Dans le vaste jardin se cache une belle piscine qui ajoute encore au plaisir du lieu. Les propriétaires vous accueillent avec simplicité et chaleur. Gageons que vous tomberez immédiatement sous le charme de cette demeure. Double 60€, suite familiale (4 pers. chambre et salon) 105€. Table d'hôtes avec un menu terroir à 32€, gastronomique à 45€. Une excellente adresse. Réservation vivement conseillée. *M. et Mme David La Côte Route de Saint-Aulaye* **Ribérac** *(à 3km du bourg, par la D5) Tél. 05 53 90 68 63 ou 06 74 84 89 74 www.perigordlacote.com*

★ BRANTÔME

24310

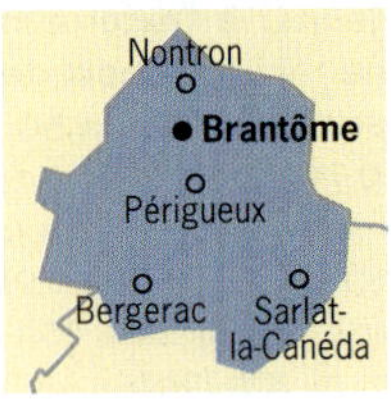

Une île au cœur du Périgord vert ! Dans un ample méandre, la Dronne capricieuse se sépare en deux bras, isolant un morceau de terre. Très vite, les hommes ont compris tout l'intérêt de cet îlot protégé des assaillants par la rivière. Mais le lieu aurait tout aussi bien pu rester sauvage si un monastère ne s'était établi sur la rive droite, dont Charlemagne en personne aurait décidé la fondation. Une abbaye ancienne, une île où se pressent d'altières demeures, des ponts aux douces arcades, des jardins baignés par la Dronne, voilà pour la partie visible et riante de Brantôme. Une autre, plus mystérieuse, réside dans les habitations troglodytiques qui n'ont pas encore livré tous leurs secrets.

MODE D'EMPLOI

accès

EN VOITURE

Brantôme est située 24km au nord de Périgueux par la D939 (dir. Angoulême), et 22km au sud de Nontron par la D675 (dir. Périgueux).

EN CAR

Liaison avec Périgueux (lun.-ven., 1 AR/j.) en période scolaire.

CFTA *Tél. 05 53 08 43 13 www.cftaco.fr*

orientation

Rien de plus simple que de s'orienter dans la ville, qui se concentre sur une île reliée par plusieurs ponts à la terre ferme. Sur la rive droite, l'abbaye s'appuie contre une falaise. De là, un pont enjambe la rivière et conduit au jardin municipal, au cœur de la cité.

informations touristiques

Office de tourisme Billetterie pour l'abbaye. Vente de brochures sur les randonnées pédestres et cyclistes. *Abbaye de Brantôme Bd Charlemagne Tél. 05 53 05 80 63 www.perigord-dronne-belle.fr Ouvert juil.-août : tlj. 10h-19h ; avr.-juin, sept. : mer.-lun. 10h-12h30 et 14h-18h ; oct.-mars : mer.-lun. 10h-12h et 14h-17h Fermé vac. de Noël-vac. de fév.*

fêtes et manifestations

Joutes nautiques Affrontement de bateaux en soirée sur la Dronne, devant l'abbaye de Brantôme. Le spectacle attire les foules. *Abbaye de Brantôme Ven. 21h en juil.-août*

Vide-greniers Brocantes organisées plusieurs fois par an par des associations, en général sur le parvis et dans les jardins de l'abbaye. Renseignements sur les dates à l'office de tourisme. *Parvis et jardins de l'abbaye*

marchés

Grand marché Très coloré. *Près de l'abbaye Ven. mat.*

Marché fermier Un petit marché de producteurs. *En été le mar. mat.*

DÉCOUVRIR

☆ **Les essentiels** L'abbaye de Brantôme **Découvrir autrement** Faites une halte au jardin des Moines, dans la vieille ville, admirez la vue du haut du donjon du château de Bourdeilles, descendez la Dronne en canoë-kayak jusqu'à Bourdeilles

Brantôme

☆ **Abbaye** L'abbaye bénédictine est adossée à la falaise, dans un site qui témoigne de l'histoire passionnante du monachisme local, de ses débuts dans la pénombre des cavités humides à son rayonnement spirituel vers l'extérieur. La visite débute par le **cloître** dont ne subsiste que l'aile ouest, ornée de voûtes en croisées d'ogive, qui conduit à l'église. Remanié au XIXe siècle par Paul Abadie, élève de Viollet-le-Duc, l'édifice religieux conserve quelques traces de son passé, dont un panneau en bois dans le chœur, daté du XVIIe siècle, qui célèbre Charlemagne remettant les reliques de saint Sicaire à l'abbaye. La visite du **clocher à gâbles** (clocher percé par des baies surmontées de pointes triangulaires) révèle le talent des architectes du XIe siècle. Les bases de la flèche reposent sur un rocher de la falaise à 12m du sol (la flèche atteint la hauteur de 60m). Un escalier étroit conduit de la salle de soutènement, coiffée d'une coupole rudimentaire, à la cloche silencieuse qui offre un bon poste d'observation de la ville. Après avoir côtoyé les cimes, un autre parcours vous attend, cette fois-ci troglodytique. Les premiers moines s'établirent dans les habitations creusées dans la falaise dont il subsiste de nombreux témoignages. À proximité, les eaux de la **fontaine Saint-Sicaire**, réputées pour leurs vertus thérapeutiques, ont longtemps fait l'objet d'un pèlerinage. Abrité dans les bâtiments conventuels, le **musée Desmoulin** évoque les créations du peintre périgourdin (1853-1914) connu pour ses "talents" d'artiste médium. La reconstitution de l'artiste en proie à une crise médiumnique est assez amusante. *Tél. 05 53 05 80 63* en une journée pour le trajet complet. Au pied de corniches calcaires, la rivière serpente doucement parmi une végétation dense. En arrivant à Bourdeilles, les rochers se font plus présents et les canoës passent sous une voûte rocheuse. Canoë à partir de 10€/2h, 11€/3h, 17€/j. pour trois parcours de 10, 11 et 18km. *Bd Coligny (à 50m de l'abbaye) Tél. 05 53 06 31 85 www.allocanoes.com*

● **Se promener sur des plateaux calcaires** Deux parcours ponctués de panneaux explicatifs serpentent dans ces importants sites calcaires. Chaussures de marche fortement conseillées.

Sentier des meulières Il retrace l'histoire et la géologie de carrières d'un calcaire chargé en silice, exploité depuis la nuit des temps pour extraire des meules à grain. Promenade dans un paysage de roches taillées, dont on peut mesurer le potentiel industriel passé. ***Saint-Crépin-de-Richemont*** *(10km au nord-ouest de Brantôme)* ***Départ*** *Lieu-dit Les Brageaux* ***Longueur*** *2,8km* ***Durée*** *1h30-2h*

Sentier du plateau d'Argentine Cette balade très nature permet de découvrir un plateau de pelouses sèches, développées sur un sol calcaire, et son écosystème étonnamment riche : 340 sortes de végétaux à fleurs recensées (dont pas moins de 25 variétés d'orchidées) et une faune de lézards, d'oiseaux (pie-grièche, alouette des champs, fauvette, passereaux...) et de papillons rares, attirés par ces landes d'une chaleur méditerranéenne. ***La Rochebeaucourt-et-Argentine*** *(env. 30km au nord-ouest de Brantôme)* ***Départ*** *Village d'Argentine* ***Longueur*** *5km* ***Durée*** *2h30*

CARNET D'ADRESSES

Restauration

petits prix

Le Vieux Four Cette pizzeria troglodytique offre une atmosphère tempérée très agréable quand le soleil se fait trop présent. L'ambiance est intime, loin de l'agitation survoltée de nombre d'établissements de plein air. Les pizzas cuites au feu de bois, qui se déclinent en *calzone*, ne manquent pas de saveur, et des mélanges inventifs sont proposés sur la carte (viande séchée et Saint-Nectaire, poulet sauté et coco...). Pizza 11€. *7, rue Pierre-de-Mareuil* ***Brantôme*** *Tél. 05 53 05 74 16 Ouvert mar.-dim. midi et soir*

La Récré gourmande Se distinguant de ses confrères voisins, ce petit restaurant jeune et moderne troque les menus du terroir contre de savoureux en-cas. Quelques petits plats, de grosses salades, et surtout des tartines inventives, simples ou doubles, agrémentées de confit d'oignon, d'herbes ou de tomates séchées, nappées de béchamel ou de fromage fondu. Attablez-vous dans le dépaysant

GAMME DE PRIX	RESTAURATION	HÉBERGEMENT
Très petits prix	moins de 15€	moins de 30€
Petits prix	de 15 à 25€	de 30 à 50€
Prix moyens	de 25 à 35€	de 50 à 80€
Prix élevés	de 35 à 50€	de 80 à 125€
Prix très élevés	plus de 50€	plus de 125€

jardin arrière, à l'abri d'une muraille de bambou. Tartine 8-14€, plat 14-17€. *40, rue Gambetta* ***Brantôme*** *Tél. 05 53 45 77 04 Ouvert mar.-dim. midi et soir*

prix moyens

Les Jardins de Brantôme Un petit escalier se faufile parmi une végétation touffue et conduit à une tonnelle environnée de plantes grimpantes, d'arbustes et de fleurs, dans un désordre étudié et romantique. La cuisine, toujours raffinée, propose des plats à base de produits purs, parfumés aux herbes aromatiques du jardin. En vedette, la salade de lapin confit à l'huile d'olive et pignons grillés, les cagouilles en coque de pommes de terre arrosées d'un beurre persillé, le croustillant d'agneau à la crème d'ail et au thym. N'oubliez pas non plus que le chef est aussi pâtissier : il faut absolument goûter les sorbets maison aux fruits rouges, toujours fournis par le jardin. Menus 28-38€. Avec un hôtel ouvert en 2013 (p.96). *33-37, rue Pierre-de-Mareuil* ***Brantôme*** *Tél. 05 53 05 88 16 Ouvert lun.-mar. et jeu. soir, ven.-dim. midi et soir Réservation très conseillée l'été*

prix élevés

Hôtel-restaurant Charbonnel Si l'un des restaurants situés au bord de l'eau, nombreux et touristiques, vous tente, celui-ci, vieille institution du bourg, reste une valeur sûre. Le cadre, bourgeois, va de pair avec la cuisine, une gastronomie traditionnelle qui fait la part belle aux produits d'eau douce, turbot, sole, truites et crevettes, mais aussi aux viandes fermières. À l'extérieur, la terrasse bordée de massifs fleuris domine directement la Dronne avec vue sur l'abbaye. Vaste salle intérieure, à l'abri de rideaux épais. Plat 25-30€, menus 32-68€. *À l'angle de la rue Gambetta* ***Brantôme*** *Tél. 05 53 05 70 15 www.lesfrerescharbonnel.com Ouvert haute saison : tlj. midi et soir ; reste de l'année : mar.-sam. midi et soir, dim. midi*

Dans les environs

petits prix

Bar-Restaurant Les Tilleuls Au pied du château de Bourdeilles, le restaurant déploie une charmante terrasse abritée sous les tilleuls, et présente des menus simples où chacun peut trouver son bonheur : salade au cabécou, enchaud périgourdin, gâteau à la châtaigne. Menus 12-15€, plat autour de 12€. ***Bourdeilles*** *(9km au sud-ouest de Brantôme) Tél. 05 53 03 76 40*

Les Promenades À midi, ce petit restaurant qui étale sa terrasse sous les tilleuls, régale une clientèle locale d'une cuisine du terroir très fraîche. Mais si le déjeuner reste attaché à la région, l'ardoise du soir s'amuse, et la chef, une méridionale pleine d'idées, promène les villageois vers d'autres saveurs. Ainsi, le filet mignon à basse température, accompagné d'une purée de pommes de terre bleues et d'une espuma aux épices indiennes, ou la tarte croustillante aux myrtilles noires. Des plats savoureux et sans prétention, à succès. Plat 17€, menus 18,50-25€. *11, pl. de la Victoire* ***Mareuil*** *(20km au nord-ouest de Brantôme) Tél. 05 53 56 31 44 Ouvert lun.-jeu. midi, ven.-sam. midi et soir*

prix moyens

Le Moulin du Roc Croûlant sous la verdure, cet ancien moulin de 1670 prête son charme et ses vieilles pierres à la plus périgourdine des tables étoilées. Enfant de la région, le chef Alain Gardillou s'attache rigoureusement aux saveurs locales de la

Plan 4 Périgord vert

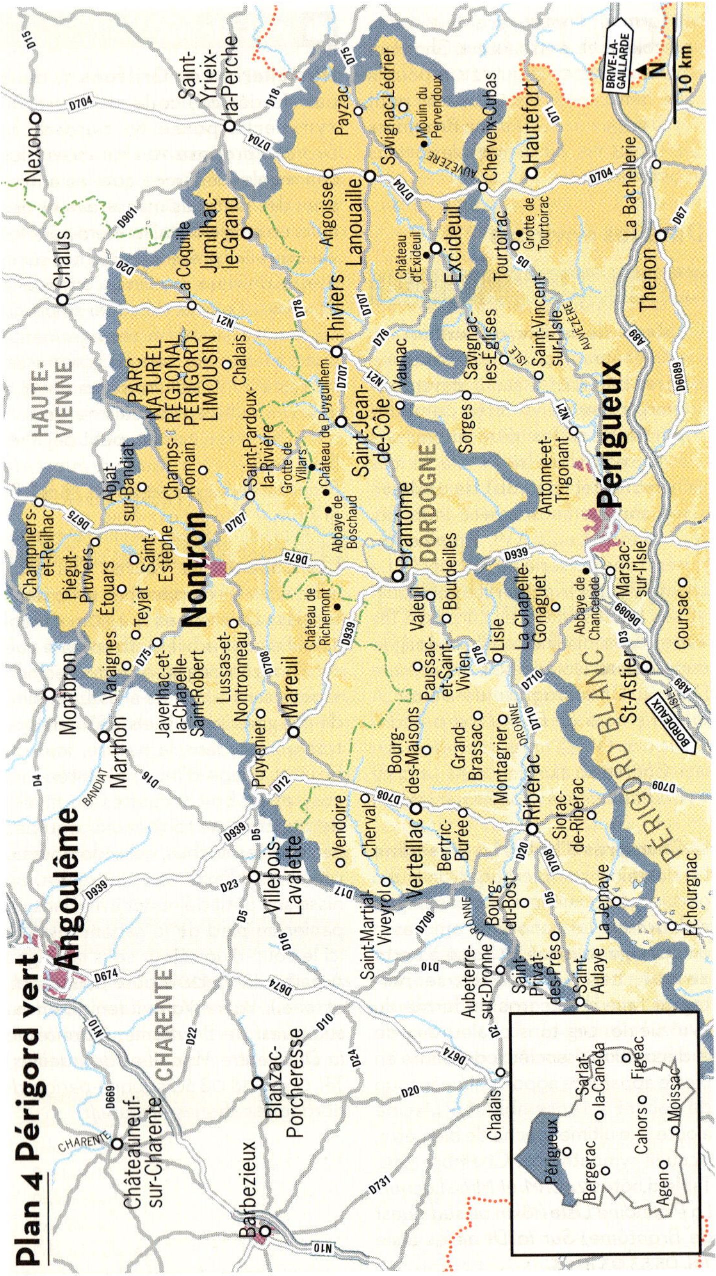

NONTRON

24300

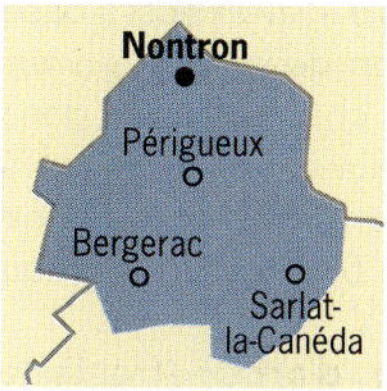

Située aux confins septentrionaux du département, Nontron, capitale du Nontronnais et du Périgord vert, regarde vers le Limousin avec lequel elle a tissé de puissants liens historiques, économiques et géographiques. Cette cohérence territoriale est réaffirmée grâce au parc naturel régional Périgord-Limousin (p.115). La ville, forte de sa tradition coutelière séculaire, espère puiser un nouveau souffle dans la mise en valeur de cette terre rurale émaillée de hameaux discrets qui émergent entre bois et prairies.

LA CAPITALE DU COUTEAU La richesse du sous-sol en minerai de fer et la présence d'une rivière, le Bandiat, favorisèrent le développement des forges et la fabrication de métal, dont la coutellerie nontronnaise demeure l'ultime survivance. Il semble que celle-ci émerge au Moyen Âge, attirant des compagnons de la France entière. Le "plus vieux couteau de France" se reconnaît à son manche en buis marqué par un signe cabalistique d'origine inconnue, un "V" inversé. La lame s'achève par une virole en laiton. Avec la patine du temps, le manche en forme de sabot, queue de carpe ou boule, prend une belle couleur ambrée.

MODE D'EMPLOI

accès

EN VOITURE
Nontron est située 49km au nord de Périgueux par la D939, 44km au sud-est d'Angoulême et 70km au sud-ouest de Limoges.

EN TRAIN
Pas de gare à Nontron (la plus proche se situe à 30km, à Thiviers), mais un bureau SNCF pour réserver et acheter des billets.
Bureau SNCF de Nontron *Pl. Paul-Bert www.sncf.com*

orientation

L'extension de la ville s'est faite sur la rive droite du Bandiat. La ville haute réunit les administrations et les commerces. La ville basse est constituée de ruelles étroites qui datent du Moyen Âge.

informations touristiques

Office de tourisme Il diffuse notamment une intéressante documentation sur les activités du parc naturel régional Périgord-Limousin. *Av. du Général-Leclerc Tél. 05 53 56 25 50 Ouvert juil.-août : tlj. 9h-18h ; sept.-juin : lun.-ven. 9h-12h30 et 13h30-17h, sam. 9h-12h*

marchés

Marché *Sam. à Nontron*
Marché de producteurs *Mi-juil.-fin-août : jeu. à partir de 20h à Nontron*
Marché hebdomadaire des producteurs de pays Produits du terroir, salaisons et conserves de foie gras.

À Varaignes, pl. des Marronniers Mar. soir en juil.-août
Marché de Piégut Une institution : cf. Où faire son marché ? (p.102). *Mer. mat.*

fêtes et manifestations

Journée des moulins Elle est marquée par l'ouverture au public de plusieurs moulins installés sur le Bandiat. *Dernier dim. de fév.*
Mascarade des soufflaculs Lors de cette fête étrange, héritée du Moyen Âge, des hommes en chemise de nuit défilent en procession, un soufflet à la main. *www.soufflaculs.net Début avril*
Marché des tisserands et des liciers *Varaignes Pentecôte*
Fête du couteau Nontron invite les grands couteliers, et en particulier ses proches voisins de Laguiole. *Un w.-e. début août*
Fête des canons À Étouars, sur le site de l'ancienne forge. *En août*
Les Portes du cuir Tous les corps de métiers liés au cuir se rassemblent : expositions, démonstrations, conférences, concerts d'instruments à base de cuir. Ce salon de grande envergure se produit chaque année dans une ville différente et revient tous les quatre ans à Nontron (la prochaine fois en 2017). *Le bourg et le château Un w.-e. fin sept.*
Fête des métiers d'art Une trentaine d'artisans exposent leurs œuvres dans le centre et au château de Nontron : vannerie, bijoux, cuir, céramiques... *Château de Nontron Un w.-e. fin oct.-déb. nov.*
Foire aux dindons Loin d'être anecdotique, elle réunit dix mille personnes autour de ces volatiles au physique peu attrayant. ***Varaignes** Mi-nov.*

PÉRIGORD

DÉCOUVRIR

☆ **Les essentiels** Le pôle expérimental des métiers d'art **Découvrir autrement** Observez le travail des ouvriers de l'atelier de coutellerie, faites votre marché le mercredi matin à Piégut, rafraîchissez-vous au saut du Chalard

Nontron

Coutellerie nontronnaise Cette visite permet de découvrir différents modèles du couteau de Nontron, dont le traditionnel couteau de poche au manche en buis, ainsi qu'une série d'objets décoratifs, tous réalisés à la main par des artisans-couteliers. Avant de repartir, vous pourrez observer les ouvriers en plein travail de fabrication (sauf le w.-e.). Vous pouvez aussi vous rendre dans la boutique située dans la ville haute, près de la mairie. *Pl. Paul-Bert Tél. 05 53 56 01 55 Ouvert sept.-juin : lun.-ven. 9h-12h et 13h30-17h30 ; juil.-août : sam.-dim. 9h30-19h* **Boutique** *33, rue Carnot Ouvert mar.-sam. 9h30-12h30 et 14h-19h*

☆ **Pôle expérimental des métiers d'art** Forte de sa tradition coutelière, la municipalité de Nontron mène un programme visant à favoriser l'implantation d'artisans-créateurs sur son territoire. Première réalisation concrète : cet espace consacré aux métiers d'art qui expose les créations de céramistes, ébénistes, tisserands, ferronniers, etc. Le lieu accueille également au cours de l'année des expositions temporaires. *Château, av. du Général-Leclerc Tél. 05 53 60 74 17 www.metiersdartperigord.fr Ouvert juil.-août : tlj. ; sept.-déc., fév.-juin : lun.-sam. 10h-13h et 14h-18h Fermé dim., j. fér. et jan.*

● Où s'offrir un beau couteau ?

Coutellerie d'art Le Périgord Cet atelier-boutique ne se contente pas de l'incontournable de Nontron au manche de buis. Il travaille au moins neuf essences différentes (ébène, noyer, palissandre, bois de rose...) et sculpte en exclusivité le ballon XV de France, décliné également en étui ! Autre spécialité singulière, les lames détachables de leur manche, que l'on peut facilement resserrer ou remplacer. Comptez 59€ pour un modèle classique, 84€ pour un couteau-rugby trois essences. *23, place Alfred-Agard Tél. 05 53 59 65 24 www.couteau-leperigord.com Ouvert lun. 14h30-19h, mar.-sam. 9h30-12h30 et 14h30-19h, dim. (en juil.-août) 9h30-12h30*

● Profiter d'un superbe panorama

Jardins des Arts Du haut des anciens remparts, la vue plonge sur la vallée du Bandiat, paysage de verdure au relief tourmenté. Un parcours d'art contemporain ponctue les jardins en terrasses qui descendent en pente douce jusqu'aux berges du ruisseau. Des fontaines au design étudié y sont installées. *Av. du Gal-Leclerc*

Les environs de Nontron

Javerlhac-et-La-Chapelle-Saint-Robert Le **château** de Javerlhac ne se visite pas, mais vous pouvez admirer les façades extérieures avec leurs ouvertures Renaissance et la tour à mâchicoulis. À côté, ouvert sur rendez-vous (renseignements au syndicat d'initiative), un moulin à huile de noix conserve sa roue à aubes. Un peu à l'écart du bourg, la Forge-Neuve, élevée au rang de manufacture royale, fabriquait des canons pour l'artillerie. À 3km du bourg, à La Chapelle-Saint-Robert, se cache une émouvante **église** romane aux lignes très pures. Deux absidioles sur les côtés de l'abside arrondie lui donnent une base trapue contrebalancée par le clocher de 27m orné d'arcades sur 3 étages. En été, elle prête son cadre et son acoustique à des concerts de musique classique. *12km au nord-ouest de Nontron* **Syndicat d'initiative** *Mairie Tél. 05 53 56 99 32*

Château de Varaignes Édifié au Moyen Âge par les puissants seigneurs de Varaignes, il est embelli à la Renaissance d'une tour gothique et d'une élégante cour intérieure. Quelques bénévoles ont pris en charge sa restauration et ont aménagé superbement dans ses murs un atelier-musée des Tisserands et de la Charentaise. Son parcours retrace l'activité textile de la région qui fut aussi le berceau de la célèbre pantoufle. Des outils manuels aux métiers industriels, c'est tout un chapitre de l'histoire économique qui défile. ***Varaignes** (17km env. au nord-ouest de Nontron) Tél. 05 53 56 35 76 www.officedetourismedevaraignes.com Ouvert été : tlj. sauf dim. mat. Visite guidée par l'office de tourisme en été à 10h, 11h, 14h30, 15h30, 16h30 et 17h30 Tarif 3,80€ Visite animée les jeu. et lun. à 14h30 Tarif 4,50€, réduit 3,50€*

Espace Fer et Forges Les nombreuses forges du Bandiat fabriquaient jadis des canons pour la marine de Rochefort, activité qui s'éteignit avec l'apogée de l'ère industrielle. Difficile d'imaginer que, en 1811, cent ouvriers étaient employés à Étouars. Un petit musée retrace l'histoire et le savoir-faire de cette production métallurgique aux XVIIe et XVIIIe siècles, dans cette région riche en bois, en eau et en minerai de fer : panneaux, vidéos montrant la réalisation d'un canon ou le fonctionnement des hauts et bas fourneaux d'antan, exposition d'objets en fonte. *Le bourg* ***Etouars*** *(12km au nord de Nontron) D675 puis D3 Tél. 05 53 56 35 76 Ouvert mi-juil.-août : mer.-lun. 14h30-18h30*

Où faire son marché ?

☺ **Marché de Piégut** Chaque mercredi, une animation inhabituelle s'empare du paisible village de Piégut. C'est jour de marché, grand rassemblement commerçant hebdomadaire qui se perpétue depuis 1642. Les agriculteurs de la région viennent vendre fromages de chèvre frais, foies gras entiers, salaisons, légumes et fruits de saison. Si le cœur vous en dit, vous pourrez déguster un étonnant apéritif à base de pissenlit, humer un melon, ou goûter un peu de foie gras sur une bouchée de pain. ***Piégut-Pluviers*** *(14km au nord de Nontron)*

PÉRIGORD

Où trouver des produits fermiers ?

Le "Panier paysan" Si vous souhaitez rapporter de votre séjour périgourdin quelques spécialités gastronomiques, cette petite coopérative est tout indiquée. Vous y trouverez apéritifs, digestifs, vinaigres issus de l'agriculture biologique, conserves de canard, d'oie, confitures, etc. Visites organisées d'un jardin remarquable, abritant potager et verger bio, et une faune d'oiseaux d'une impressionnante variété : hérons, coucous, busards, fauvettes... ***Abjat-sur-Bandiat*** *(11km au nord-est de Nontron) Tél. 05 53 56 85 59 Ouvert mai-juin, sept.-oct. : sam.-dim. 14h-18h et sur rdv Vac. scolaires : tlj. 10h-12h, 15h-19h* **Visites du jardin** *Ouvert mai-juin, sept. : sam.-dim. 15h ; juil.-août : ven.-dim. 10h Durée 2h Tarif 5€*

La Ferme de Villejalet Que du canard, rien que du canard ! Magrets, confits, manchons, gésiers, rillettes, civet et bien sûr foie gras entier ou en bloc. Dans cette ferme, les palmipèdes sont élevés, gavés et transformés sur place. *M. et Mme Géreaud Villejalet Route de Javerlhac (fléchage à g.)* ***Lussas-et-Nontronneau*** *(5km à l'ouest de Nontron) Tél. 05 53 60 58 06 Absents à partir de 16h les lun., mar., jeu. et ven. en été*

Se baigner dans un étang

L'eau est omniprésente en Périgord vert. Encore faut-il trouver les étangs publics. Celui de Saint-Estèphe est le plus couru. Il s'étend sur plusieurs hectares dans un nid de verdure fréquenté par les canards, les hérons et autres poules d'eau. Mais en été la qualité de l'eau laisse à désirer, et nous lui préférons l'étang de Saint-Saud-Lacoussière, plus petit mais davantage préservé et moins fréquenté.

Étang de Saint-Estèphe *8km au nord de Nontron*
Étang de Saint-Saud-Lacoussière *15km à l'est de Nontron*

Partir en randonnée

Saut du Chalard Le sentier traverse des pâturages avant de s'enfoncer sous les frondaisons. Le murmure de la cascade grossit au fur et à mesure qu'on se rapproche du lit de la Dronne. L'eau jaillit d'un amas de rochers entre les fougères (attention à la glissade sur les pierres humides !). Une eau rafraîchissante vous tend les bras. ***Départ*** *Champs-Romain* ***Longueur*** *2km* ***Durée*** *1h*

Voie verte Le Conseil général a aménagé une portion de 17km de voie verte au sud-est de Nontron, entre Saint-Pardoux-la-Rivière et Thiviers. Les randonneurs côtoient des vététistes et, quelquefois, des cavaliers, et découvrent les paysages sauvages des vallées de la Dronne et de la Côle, ainsi que des bourgs de caractère comme Saint-Jean-de-Côle. Brochure de l'itinéraire disponible à l'office de tourisme de Thiviers (p.108). ***Départ*** *Viaduc de Saint-Pardoux* ***Longueur*** *17km* ***Durée*** *5h30*

● Faire une balade en famille

Centre permanent d'initiatives pour l'environnement (CPIE) Il organise en été quatre sorties amusantes à thème, chaque jour de la semaine : découverte d'un atelier de tisserand et de la charentaise avec participation à la fabrication de pantoufles ; visite animée d'une grotte préhistorique ; balade dans le parc de Lud'Eau vive à Varaignes, parmi des mécaniques hydrauliques à activer ; et un parcours intitulé "Fer et Forges" sur 15-20km, qui démarre à la forge de Montalembert de Javerlhac et s'achève devant les fourneaux d'Étouars, avec démonstration d'une coulée de métal. ***Varaignes*** *(15km au nord-ouest de Nontron) À côté de l'office de tourisme, dans le château Tél. 05 53 56 23 66 www.cpie-perigordlimousin.org Sorties en juil.-août, du lun. au ven. à 14h30 Tarif 4,50€, réduit 3,50€*

PÉRIGORD

CARNET D'ADRESSES

Restauration, hébergement

camping

Camping Le Verdoyer Ce vaste domaine propose plus de 150 emplacements et locations diverses, à l'ombre ou au soleil. Le châtelet tout en tourelles abrite en outre quelques chambres (65-70€). Deux étangs et une piscine, pour la pêche et la baignade. Snack-bar, restaurants et salle de jeux. Empl. 29€/2 pers., 41,50-52,50€/2 pour un Super confort et un VIP avec sanitaires individuels. Aussi, tentes équipées, chalets, roulottes et mobil-homes de 2 à 6 pers. louables à la nuitée, à partir de 200€ env. en haute saison. ***Champs-Romain*** *(13km à l'est de Nontron) Tél. 05 53 56 94 64 www.verdoyer.fr Ouvert mi-avr.-mi-oct.*

petits prix

☺ **Auberge de Mérigaud** À deux pas de l'étang de Saint-Estèphe, l'auberge surgit brusquement au détour d'un champ. La terrasse aménagée sous quelques arbres sert de cadre à un dîner gourmand en pleine nature. Excellente cuisine de terroir où foie gras, magret et ris de veau se partagent la place d'honneur, mais aussi une sélection de pizzas et une kyrielle de pâtisseries (île flottante, fraisier ou framboisier en saison...), tout fait maison. L'intérieur étonne par l'élégance de sa décoration bicolore, qui privilégie les teintes vives et chaleureuses. Menus 12-39,50€. ***Saint-Estèphe*** *(12km env. au nord-ouest de Nontron) Dir. Piégut puis sur la gauche D91E Tél. 05 53 56 88 99 Ouvert haute saison : tlj. ; basse saison : mar.-dim. Fermeture annuelle 2e quinzaine d'oct.*

Hôtel de France N'hésitez pas à pousser la porte de cet hôtel-restaurant de village pour découvrir le jardin et la terrasse qui se cachent derrière sa façade sans attrait. Un lieu paisible, où vous seront servies avec diligence tranche de foie gras mi-cuit aux figues, salade d'écrevisses et autres spécialités périgourdines, dont deux belles assiettes du pays à 18 et 20€. À l'étage, quelques chambres simples avec douche. Menus 13,50-40€. Double 48-70€, petit déj. 7,50€. *20, Grand-Rue-de-la-Barre* ***Saint-Pardoux-la-Rivière*** *(10km au sud-est de Nontron) Tél. 05 53 56 70 15 www.hotel-de-france-cibot.com Ouvert haute saison : tlj. ; basse saison : dim.-ven. Fermé vac. Noël*

Auberge du Presbytère Dans un village perdu au milieu de la campagne, juste derrière l'église, cette auberge rustique fait partie des bonnes surprises provoquées par le hasard. Depuis des années, la cuisine répète les magrets, foies gras et gésiers avec bonheur. Un décor simple et une terrasse bien agréable le soir face à des bois touffus et des champs vallonnés. Excellent rapport qualité-prix pour les menus de 15 à 24€. Quelques chambres à 33€, dont une spécialement adaptée aux handicapés (petit déj. 5€). ***Saint-Barthélemy-de-Bussière*** *(18km au nord-est de Nontron) Tél. 05 53 56 42 44*

prix moyens

Grand hôtel Pélisson Donnant sur une place animée, ce vaste établissement n'a pas volé son nom de grand et abrite le principal restaurant de Nontron. Les menus et la carte, larges, proposent une déclinaison de viandes et poissons pour tous les goûts, de la salade de lapereau aux copeaux de parmesan à la cassolette de sole aux cèpes. Les 23 chambres, au cachet familial, s'ornent tour à tour de coquettes toiles de Jouy ou de chauds tissus sombres, avec des sdb de couleurs différentes. Mais la surprise réside surtout dans le jardin, qu'occupe en grande partie une piscine dominant toits et paysage. Le soir, le dîner est servi sur une terrasse agréable. Chambre avec douche ou baignoire 69€, menus de 20€ (en semaine à midi) à 45€. *3, pl. Alfred-Agard* ***Nontron*** *Tél. 05 53 56 11 22 Ouvert juil.-août : tlj. ; sept.-juin : lun.-sam., dim. midi Fermé dim. soir*

prix élevés

Hostellerie Saint-Jacques Les choses sérieuses commencent dès l'entrée avec un foie gras de canard aux figues, puis une côte de porc braisée deux heures agrémentée d'un pied de cochon et d'une quenelle parmentière, et s'achèvent par un croustillant de tuiles aux amandes. Dans ce florilège gourmand, 8 entrées (autour du boudin, coquilles Saint-Jacques, veau sous la mère, etc.) : tout simplement divin ! L'été, les tables sont disposées dans le jardin. Comptez 45-50€ à la carte, menus 48€ (18 à 39€ à midi). Grandes chambres très confortables, un peu étouffées par les drapés et les lourds rideaux. Petit déjeuner très copieux le matin, à base de bons produits. Chambres 80-210€, petit déj. 13€, 1 appartement 130-160€ la nuit pour 2 adultes et 2 enfants. ***Saint-Saud-Lacoussière*** *(17km à l'est de Nontron) Tél. 05 53 56 97 21 www.hostellerie-saint-jacques.com Ouvert haute saison : tlj. midi et soir ; basse saison : mer.-sam. midi et soir, dim. uniquement midi Fermeture annuelle jan.-fév.*

Manoir de Maison Blanche Suivez cette route, et vous voilà au bout du monde dans ce manoir du XVIIe siècle fermant une cour. Ce beau cadre s'offre parfois à des buffets de mariages et, en été, à des stages d'aquarelle. Les vastes chambres, ornées de cheminées d'époque, se répartissent entre métairie et bâtiment principal, dont on profite des coins salons, et dans le manoir, des livres, jeux, billard, et des petits déjeuners servis devant un feu de cheminée en hiver. Magnifique parc de 7ha environné de bois, et piscine en projet. Chambres 90-110€ pour deux, 135€ pour trois, table d'hôtes (à réserver 48h à l'avance) 35€. *Maison Blanche* ***Piégut-Pluviers*** *(15km au nord de Nontron) Du centre de Piégut, suivre les flèches vers la petite route qui mène au lieu-dit Maison Blanche, tourner à droite, puis tout de suite sur le chemin à gauche avant le hameau Tél. 05 53 56 90 55 www.manoirdemaisonblanche.com*

☺ **Château de La Combe** Un jeune couple avait fait le rêve de restaurer cet énorme château des XVI-XVIIe siècles perdu au milieu des arbres, aux pièces immenses, aux couloirs interminables... Pari tenu et l'aventure continue. Le parc, un peu sauvage avec sa piscine sur un pré fauché, évolue en beauté. Et la demeure propose 3 chambres et 2 suites (dont une de 100m^{2} pour 5 pers.) sobres et raffinées, dans le respect du décor d'origine des fenêtres et des hauts plafonds. Salles de bains confortables et colorées, superbe terrasse devant la campagne pour des petits déjeuners bio avec du pain maison. Chambres et suites 90-150€ en haute saison et table d'hôtes à la demande 25€. *La Combe* ***Puyrenier*** *(21km à l'ouest de Nontron par la D708) Tél. 05 53 60 91 43 www.chateaudelacombe.fr*

SAINT-JEAN-DE-CÔLE

24800

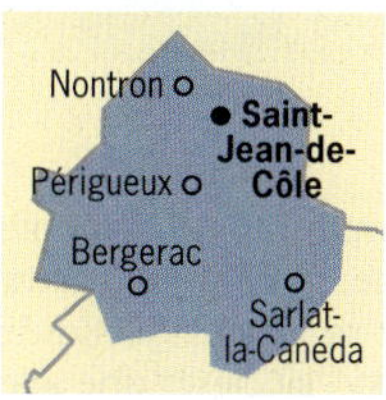

À peine arrivé, le visiteur est embarqué pour un voyage dans le temps jusqu'au Moyen Âge. Baigné par la Côle qui s'écoule sous un pont gothique, ce village se blottit autour de sa place centrale, occupée par une curieuse église romane et un superbe château Renaissance, qui a beaucoup contribué à accueillir la petite cité dans le cercle fermé des "Plus beaux villages de France".

MODE D'EMPLOI

accès

EN VOITURE

Saint-Jean-de-Côle se trouve 20km au nord-est de Brantôme par la D78, 45km au nord-est de Périgueux par la N21 et la D707, et 27km au sud-est de Nontron.

EN TRAIN

SNCF À Thiviers, à 8km. *Tél. 36 35 www.voyages-sncf.com*

informations touristiques

L'office de tourisme du Périgord Gourmand comprend trois bureaux, dont un à Sorges où se visite l'écomusée de la Truffe (p.74), tandis que l'office de Thiviers abrite la Maison du foie gras (p.108). Les trois disposent d'un point de vente de produits du terroir (huile de noix, confitures, cassoulet de canard, pâtes crues à la crème de truffes, etc.) et d'une bonne documentation.

Office de Tourisme du Périgord Gourmand *19, rue du Château* ***Saint-Jean-de-Côle*** *Tél. 05 53 62 14 15 www.ville-saint-jean-de-cole.fr et www.perigordgourmand.com Ouvert été : tlj. 10h-13h et 14h-19h ; hiver : lun.-ven. 10h-12h30 et 14h-17h30 ; reste de l'année : tlj. 10h-13h et 14h-18h30*

8, place du Maréchal-Foch ***Thiviers*** *Tél. 05 53 55 12 50 www.perigordgourmand.com Ouvert jan.-mars, oct.-déc. : lun.-ven. 10h-12h30 et 14h-17h30, sam. 9h-13h et 15h-17h30 ; avr.-juin, sept. : lun.-ven. 9h30-13h et 14h-18h, sam. 9h-13h et 15h-18h, dim. 10h-13h et 14h-18h (fermé dim. en avr., dim. matin à partir de mai, toute la journée à partir de juin) ; juil.-août : lun.-ven. 9h-13h et 14h30-18h30, w.-e. 9h-13h et 15h-18h30 (dim. 9h30)*

marchés

Marchés de Thiviers Toute l'année, le sam. matin, foies gras, fromages, vins et autres délices un peu partout dans la ville, notamment place de la Poste et sur le Champ-de-Foire ; en été, place du Maréchal-Foch, un marché de producteurs les mar. matin (de mi-juin à mi-sept.) ; et le sam. en hiver (de mi-nov. à mi-mars), sur la même place, un fameux marché au gras (p.108). *Place de la Poste, Champ-de-Foire et place du Maréchal-Foch*

PÉRIGORD

DÉCOUVRIR

☆**Les essentiels** La vieille ville **Découvrir autrement** Admirez les peintures rupestres de la grotte de Villars, reposez-vous à l'ombre des pierres de l'abbaye de Boschaud, profitez (en hiver) du marché au gras de Thiviers le samedi matin

Saint-Jean-de-Côle

☆**Vieille ville** La **place principale** a conservé une remarquable harmonie architecturale, à peine troublée par l'unique terrasse de café. Le **château de la Marthonie**, qui ne se visite pas, laisse apercevoir sa façade splendide où s'enchevêtrent tours et tourelles à mâchicoulis du XVe siècle et une aile ajoutée au XVIIe siècle ornée d'une galerie d'arcades du plus bel effet. L'**église** du XIe siècle, contre laquelle s'appuie une ancienne halle, offre au regard son étrange silhouette robuste et trapue. La nef carrée s'ouvre sur l'abside en arc de cercle. Elle présente des chapiteaux merveilleusement ouvragés. La coupole qui coiffait l'édifice, s'étant effondrée à plusieurs reprises, a été remplacée par un plafond en bois. La petite taille de l'église, son architecture insolite et la simplicité de son intérieur dégagent une atmosphère intimiste. La promenade se poursuit jusqu'à un **pont à avant-becs** qui enjambe la Côle, réduite à un filet d'eau en été. Sur la droite, la **maison à colonnes** était l'ancienne résidence du meunier ; elle est accolée à un **moulin** en belle pierre. De l'autre côté de la route principale, des **maisons à colombages** parfaitement restaurées jalonnent les ruelles.

Les environs de Saint-Jean-de-Côle

Villars et ses environs

Grotte de Villars Découverte en 1953, elle forme le plus grand réseau souterrain du Périgord avec 13km de galeries explorées. Une forêt de stalagmites et stalactites crée un décor féerique avec des draperies translucides, des colonnes et des aiguilles qui tombent de la roche. Outre cette beauté minérale, la grotte présente aussi des peintures préhistoriques vieilles de 17 000 ans, qui se distinguent sous une fine couche de calcite, donnant aux dessins une couleur bleutée. Des témoignages d'autant plus précieux qu'ils s'effacent inexorablement sous les concrétions. Prenez une petite laine car la température dans la grotte n'excède pas 13°C. ***Villars** (6,5km au nord-ouest de Saint-Jean) Tél. 05 53 54 82 36 www.grotte-villars.com Ouvert juil.-août : tlj. 10h-19h30 ; avr.-juin, sept. : tlj. 10h-12h et 14h-19h ; oct.-11 nov. : tlj. 14h-18h Visite guidée tarif 8€, moins de 12 ans 5€*

Jardins Nature et Préhistoire À droite de l'entrée de la grotte, un sentier sablonneux de 700m, se faufilant dans un jardin paysager, présente la vie de l'homme de Cro-Magnon et son milieu de survie. Le parcours, ludique, ponctué de panneaux et de jeux, débute bien avant l'apparition de l'hominidé, succèdant à celle des reptiles, des dinosaures et des mammifères. D'esthétiques massifs exposent les arbres fruitiers, graminées et autres plantes dont se nourrissait le chasseur-cueilleur Cro-magnon. Une atmosphère paisible et dépouillée, où résonnent de discrets bruits de silex que l'on taille, de bois que l'on frotte, parfois le grognement d'une bête sauvage. *Tarif jardin seul 3€, moins de 12 ans 1,50€*

Château de Puyguilhem Sa silhouette blanche surgit au détour d'un sous-bois. Édifié au début du XVIe siècle, il s'inspire de l'architecture des plus beaux châteaux de la Loire. Le corps de logis et les tours sont surmontés de lucarnes sculptées, et une balustrade court sous les fenêtres à meneaux du 2e étage. Cette élégance se prolonge avec l'asymétrie des tours qui multiplie les volumes et les reliefs. Admirez également la corniche de l'aile gauche, qui présente une charpente en forme de carène renversée, puis les détails de la sculpture des façades. À l'intérieur, tapisseries, plafond à caissons et cheminée dite des "travaux d'Hercule". ***Villars** (8km à l'ouest de Saint-Jean-de-Côle) Tél. 05 53 54 82 18 http://puyguilhem.monuments-nationaux.fr Ouvert mai-août : tlj. 10h-12h30 et 14h-18h30 ; sept.-oct., avr. : tlj. 10h-12h30 et 14h-17h30 ; oct.-mars : mer.-dim. 10h-12h30 et 14h-17h30 Tarif 5,50€, moins de 25 ans gratuit*

☺ **Abbaye de Boschaud** Mutilée lors des guerres de Religion, cette abbaye cistercienne conserve des vestiges imposants : cœur et transept, coupole et voûtes en berceau, gagnés par les herbes folles. Ces ruines romantiques se prêtent à une sieste à l'ombre des vieilles pierres après un pique-nique champêtre. ***Boschaud** (à 9km de Saint-Jean-de-Côle, après Villars)*

Thiviers et ses environs

Thiviers Des fouilles, réalisées depuis 2007, ont mis au jour le vieux Thiviers, aujourd'hui peu visible à l'œil nu. Des visites guidées, organisées par l'office de tourisme, dévoilent ce patrimoine oublié, l'histoire des maisons, les person-

nages marquants, les anciens fossés, le souvenir des portes de remparts dans les rues de la Tour et du Thou, ou l'impasse de Pèze. Possiblement d'origine romaine, l'ancienne *Tiverius*, plaque tournante entre Périgueux et Limoges, faisait partie au Moyen Âge de l'une des trente-deux villes closes du Périgord, bâtie autour de trois châteaux. Elle constituait aussi une étape importante de la route de Saint-Jacques-de-Compostelle. Place du Maréchal-Foch, l'église reconstruite, mais d'origine médiévale, conserve des chapiteaux du XIIe siècle, ornementés de scènes et de bestiaires. Deux d'entre eux, représentant des monstres engoulant des hommes, rappellent de façon troublante ceux de la basilique San Isidoro de León en Espagne. *7km à l'est de Saint-Jean* **Office de tourisme du Périgord gourmand de Thiviers** *Tél. 05 53 55 12 50 Visites guidées d'1h en juil.-août : mer. et jeu. 10h Tarif 11€, moins de 11 ans gratuit*
Musée des Faïences L'abondance d'argile, d'eau et de bois dans la région favorisa le développement de deux grandes faïenceries à Thiviers dès le XVIIIe siècle, la première fondée vers 1755 par Nicolas Dubourdieu, et la seconde en 1853 par Sicaire Desmarthon. La production atteignit ainsi son apogée au XIXe siècle, avec notamment le célèbre rouge Thiviers, baptisé du nom de la ville. En 1907, la fabrique Dubourdieu ferma et, en 1929, le dernier four Desmarthon, à son tour, s'éteignit. En souvenir, une exposition dans les locaux de la mairie, gérée par des bénévoles, présente une centaine de pots, assiettes ou vases de cet âge d'or, créés entre 1755 et 1929. *La Mairie 44, rue Lamy* ***Thiviers*** *Tél. 05 53 62 28 00 Ouvert fév.-oct. : sam. 10h-12h et 15h-17h30 ; nov.-fév. : sam. 15h-17h30*

● En savoir plus sur le foie gras

☺ **Maison du foie gras** Installé sur une double mezzanine au-dessus de l'office de tourisme, ce petit musée moderne, bien conçu, se consacre en détail au foie gras à travers des tablettes-surprises, maquettes, vidéos ou devinettes. Le premier niveau présente des panneaux explicatifs sur sa fabrication et l'on apprendra à reconnaître un bon foie, et la différence (bien utile) entre le frais, le cru ou le mi-cuit. Le second niveau retrace l'histoire de l'élevage, du gavage pratiqué dans l'Égypte ancienne aux technologies modernes. Maïs nutritif, plumes, espèces… l'oie et le canard sont ici deux sujets approfondis jusqu'aux intrigantes expressions qu'ils ont inspirées : froid de canard, oie blanche, patte-d'oie… L'exposition s'achève par une reconstitution d'une basse-cour du début du XXe siècle. L'été, la maison organise des ateliers-cuisine pour enfants et des visites-dégustations où, une fois par semaine, on assiste à la préparation d'un foie gras au sel. *8, place du Maréchal-Foch* ***Thiviers*** *Tél. 05 53 55 12 50 www.perigordgourmand.com Mêmes horaires que l'office de tourisme Visites guidées-dégustations en juil.-août : lun.-ven. 11h et 16h30, les mar. à 10h avec démonstration, et sur rdv hors saison Tarif 5€, réduit 2,50€ ; visite-dégustation 7,50€, avec démonstration 10€*

● Où faire son marché ?

Marché au gras de Thiviers "Capitale du foie gras", Thiviers tient son appellation de l'important marché au gras qui s'y déroule le samedi matin de mi-novembre à mi-mars. La clientèle se déplace de loin et se lève tôt pour venir acheter des foies gras frais qui, ensuite, seront cuits et mis en conserves en prévision des fêtes. Durant toute la saison, des producteurs sont primés par un jury pendant les foires. La plus importante, la Foire des rois, a lieu en janvier. Si vous êtes dans la région à cette période, n'hésitez pas à venir découvrir l'atmosphère particulière qui règne sur ce marché. Attention, mieux vaut arriver de bonne heure ! ***Thiviers*** *(sur la N21 à 6,5km de Saint-Jean-de-Côle) Mi-nov. mi-mars : sam. matin à partir de 8h*

● Louer des vélos, partir en excursion

Dordogne Cycle Hire Situé à Nantheuil, 2km à l'est de Thiviers, ce loueur livre à domicile, même sur une longue distance, VTT, VTC, vélos de montagne, vélos pour enfants ou tandems, ainsi que tous les accessoires assortis (casques, sièges, etc.). Balades libres d'une journée programmées le long de la voie verte (17km), qui s'étend à l'ouest de Thiviers jusqu'à Saint-Pardoux-la-Rivière. Pour un vélo classique, comptez 15€/j., 25€/w.-e. et 60€/sem. pour une location de plu-

Le Périgord en amoureux

Restaurants

L'Essentiel (Périgueux) 76
L'Oison (Chancelade) 77
La Table du Pouyaud (Champcevinel) 77
Les Jardins de Brantôme (Brantôme) 95
Lou Boueïradour (Jumilhac-le-Grand) 117
Chez Alain (Issigeac) 139
Le Pech de Malet (Vitrac) 177
Cabanoix et châtaignes (Domme) 196
Le Vieux Moulin (Les Eyzies-de-Tayac-Sireuil) 227

Chambres d'hôtes et hôtels

Les Suites de la tour (Périgueux) 78
Mas des Bories (Antonne-et-Trigonant) 79
Chambres d'hôtes La Côte (Ribérac) 90
Les Jardins de Brantôme (Brantôme) 96
Chambres d'hôtes La Picandine (Lisle) 97
Château de La Combe (Puyrenier) 105
Châteaux dans les arbres (Nojals-et-Clotte) 146
La Bigotie (Marsalès) 153
Les Cabanes perchées (Capdrot) 153
Chambres d'hôtes Le Clos Vallis (Sarlat-la-Canéda) 170
La Maison des Peyrat (Sarlat-la-Canéda) 170
Un balcon en forêt (Beynac-et-Cazenac) 185
Montgrieux (Domme) 199
La Tour de Cause (Castelnaud-la-Chapelle) 199
Manoir de Bellerive (Le Buisson-de-Cadouin) 210
Le Moulin neuf (Sainte-Alvère) 217
Hostellerie La Roseraie (Montignac) 260

Sites de balades

Château de Puyguilhem 107
Abbaye de Boschaud 107
Château de Lanquais 138
Bastide de Monpazier 148
Jardins de Marqueyssac 176
Font-de-Gaume 222
Château de Commarque 225
Église de Saint-Amand-de-Coly 256
Château de l'Herm 258
Jardins d'Eyrignac 263

sieurs jours ; 30€/j., 50€/w.-e. et 120€/sem. en tarif familial (deux vélos adultes et un vélo enfant). ***Nantheuil*** *(2km à l'est de Thiviers) Tél. 06 06 47 29 94 www.dordognecyclehire.com*

Vaunac et ses environs

Où acheter des produits du terroir ?

L'Escargot du Périgord Élevés au radis et au colza, les petits gris et gros gris coulent une vie tranquille jusqu'à l'heure fatidique où ils rejoignent leurs congénères sur l'étagère. Escargots à la bourguignonne, mini-feuilletés à la sauce roquefort... l'inventivité de la cuisinière ne connaît aucune limite ! *M. et Mme Fouquet Ferme des Guézoux* ***Vaunac*** *(15km env. au sud de Saint-Jean-de-Côle) Tél. 05 53 62 06 39 L'été, visites et dégustations du lun. au mer. à 11h et 18h, les jeu. et ven. à 11h et nocturnes le jeu. à 19h30 avec repas (sur rés.), hors saison sur rdv Dégustation 3€, repas 20€*

Ferme de Rougerie Outre des conserves de foie gras de canard et d'oie, la ferme vous propose des petits plats cuisinés du pays : civet de canard, filet de canard aux cèpes, canard à la moutarde violette... Côté charcuterie, des rillettes, des terrines, des pâtés pour tous les goûts. *M. et Mme Deschamps* ***Vaunac*** *(15km env. au sud de Saint-Jean-de-Côle) Tél. 05 53 55 13 33 Sur rdv*

PÉRIGORD

CARNET D'ADRESSES

Restauration, hébergement

très petits prix

À Table Ce petit restaurant discret se spécialise dans les assiettes-repas plutôt originales : cochon cul-noir du Périgord et coppa italienne, filet d'agneau et oignons rouges à la menthe avec des légumes grillés, tarte aux poissons avec un confit d'algues, ou tout simplement une omelette aux truffes bien baveuse. Les tables s'éparpillent sous les arbres, à deux pas de la rivière de la Côle, dont on perçoit le murmure. Assiette 11€ et formules 13-14€. *1, place Vieux-Pont* ***Saint-Jean-de-Côle*** *Tél. 05 53 62 18 90 Ouvert mai-juin, sept. : jeu.-mar. midi et soir ; juil.-août : tlj. midi et soir Réservation conseillée le soir*

petits prix

La Perla Café En plein cœur du vieux centre médiéval, un café-restaurant où se croisent les habitués et les touristes de passage. Si, par beau temps, l'agréable petite salle intérieure demeure totalement vide, c'est que tout le monde est dehors sous les parasols géants, pour profiter du décor

GAMME DE PRIX	RESTAURATION	HÉBERGEMENT
Très petits prix	moins de 15€	moins de 30€
Petits prix	de 15 à 25€	de 30 à 50€
Prix moyens	de 25 à 35€	de 50 à 80€
Prix élevés	de 35 à 50€	de 80 à 125€
Prix très élevés	plus de 50€	plus de 125€

de théâtre de la place centrale. Côté cuisine, des plats classiques et très honorables, comme les gambas flambées au cognac, les grandes salades assaisonnées de safran, les boules de glace artisanales. Nous regrettons juste le service un peu lent. Plat 16€, menus 15-19€. *Place de l'Église* ***Saint-Jean-de-Côle*** *Tél. 05 53 52 38 11 Ouvert mai-juin, sept. : mer.-dim. midi et soir ; juil.-août : tlj. midi et soir (café en continu)*

prix moyens

Hôtel-restaurant Le Saint Jean Très traditionnelle, cette petite institution du village ne s'écarte pas de la cuisine du terroir. On y goûtera par exemple un savoureux foie gras poêlé au porto, une truite meunière, un croustillant de fruits rouges. Jolie terrasse en bordure de la rue principale. Menus 27-38€ et formule 17€. *Route de Nontron* ***Saint-Jean-de-Côle*** *Tél. 05 53 52 23 20*

Dans les environs

petits prix

La Cuisine Dans ce cadre contemporain, à la déco un brin recherchée (et sans terrasse !), les mêmes propriétaires novateurs qu'À Table ont créé ici un esprit différent. La gastronomie, inventive, puise dans le terroir tout en revisitant les recettes habituelles : millefeuille de foie gras à la pomme, nems croustillants au fromage d'Échournac, tartare de canard gratiné aux noix. Les portions étant raisonnables, n'hésitez pas à prendre un menu trois plats et tentez le vin parfumé au basilic, la fierté de la maison ! L'ambiance conviviale compense un peu d'attente, et les saveurs ne déçoivent pas. Menus 19-25€. *25, rue Jean-Jaurès* ***Thiviers*** *(7km à l'est de Saint-Jean) Tél. 05 53 62 82 88 la-cuisine-thiviers.blogspot.com Ouvert mar.-sam. midi et soir, dim. midi (sur rés.)*

prix moyens

Chambres d'hôtes Doumarias Au bout d'un chemin, une bâtisse imposante recouverte de vigne vierge donne sur une cour où trône un tilleul centenaire. Les 4 chambres (72€) et la suite (4 pers./135€), vastes et coquettes, ont vue sur la campagne. Au fond du jardin, une piscine permet de se délasser après une journée ensoleillée. Les connaisseurs y ont déjà leurs habitudes, pensez à réserver. De mars à août, la maison loue aussi deux beaux gîtes dans d'anciens bâtiments de moulin, l'un pour 6 pers. (700-1210€/sem.) et l'autre pour 8 pers. (800-1370€/sem.), chacun bien équipé et disposant d'une piscine. *M. et Mme Fargeot* ***Saint-Pierre-de-Côle*** *(à 7km de Saint-Jean-de-Côle) Sur la D78, avant Saint-Pierre-de-Côle Tél. 05 53 62 34 37*

prix élevés

☺ **La Sablière** Agrandie et embellie, une ancienne métairie donne aujourd'hui cette grosse maison bourgeoise, environnée d'un ravissant jardin. Cyril, le maître des lieux, s'investit ici à plein temps et organise même des stages de foie gras. Quant aux 4 chambres et suites (80-100€), de style épuré et toutes différentes, elles offrent un confort ultramoderne où rien ne manque : TV à écran plat, douches du dernier cri... Trois d'entre elles perchent sous les toits et sont mansardées. Au rez-de-chaussée, laissez-vous couler dans le confortable spa massant. Table d'hôtes à la demande (18€), dressée en été dans le jardin, où les enfants trouveront des balançoires. *25, promenade de la Sablière* ***Thiviers*** *(7km à l'est de Saint-Jean) Du centre-ville, dir. Limoges, tourner sur une petite route à gauche et passer sous le pont, et encore à droite Tél. 06 61 63 73 19 www.la-sabliere-perigord.com*

JUMILHAC-LE-GRAND

24630

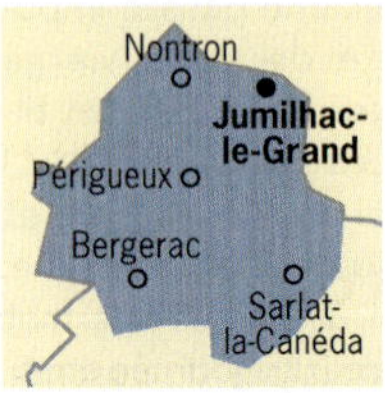

Le village s'enorgueillit d'un château à la toiture prodigieuse qui domine la vallée encaissée de l'Isle. Il ouvre aussi les portes du pays Isle-Auvézère : cette pointe orientale du Périgord vert offre un relief tourmenté et une nature sauvage. Au fond des gorges, grondent les tumultueuses rivières Auvézère et Isle, appréciées par les professionnels du kayak et les chercheurs d'or. Accidentés dans la partie la plus septentrionale, les paysages s'adoucissent en descendant vers le sud, près d'Excideuil. La terre se couvre alors de toiles blanches qui protègent des intempéries les immenses vergers de pommiers.

MODE D'EMPLOI

accès

EN VOITURE

Jumilhac se trouve 46km au nord-est de Périgueux, et 50km à l'est de Nontron.

informations touristiques

Office de tourisme Vous y trouverez d'excellents conseils sur la région et la Galerie de l'Or (p.114). *Pl. du Château* ***Jumilhac-le-Grand*** *Tél. 05 53 52 55 43 www.pays-jumilhac.fr Ouvert avr.-mai, oct. : lun.-mar. et jeu.-ven. 10h-12h30 et 14h-18h ; nov.-mars : lun.-mar. et jeu.-ven. 14h-17h ; juin, sept. : dim.-ven. 10h-12h30 et 14h-18h, sam. 14h-18h ; juil.-août : tlj. 10h-13h et 14h30-18h30*

Office de tourisme du pays de Lanouaille *Pl. du Maréchal-Bugeaud* ***Lanouaille*** *Tél. 05 53 62 17 82 www.tourisme-perigord-lanouaille.com Ouvert été : lun.-sam. 10h-12h30 et 14h30-18h30, dim. 10h-12h30 ; basse saison : lun.-mar. et jeu.-ven. 14h-16h30, horaires variables*

Association Pays d'Auvézère Organise de nombreuses randonnées pendant l'année (arrêt de mi-juil. à fin août). *La Panardie* ***Génis*** *(1km au sud de Génis) Tél. 05 53 52 49 39*

marchés

Marché fermier ***Jumilhac-le-Grand*** *Dim. matin en été*

Marché au gras primé-marché aux truffes ***Excideuil*** *Jeu. de mi-nov. à mi-mars*

fêtes et manifestations

Rand'Auvézère Fin octobre, cette randonnée rassemble randonneurs, vététistes, cavaliers, sur les chemins de traverse du pays de l'Auvézère (6€/pers. la journée, comprenant un petit déj. et une soupe).

Les Guitares vertes Ce grand festival autour de la guitare, itinérant dans le pays de Jumilhac (Thiviers, Nontron, Lanouaille, Chalais...), explore chaque année une nouvelle culture du monde : flamenco, rythmes latinos, musique irlandaise, d'Europe de l'est... Chaque jour, la scène change de localité. Projections en plein air, théâtre, chansons, et marchés de producteurs. *Pays de Jumilhac www.guitaresvertes.fr 2 sem. en juillet*

DÉCOUVRIR

☆**Les essentiels** Le château de Jumilhac **Découvrir autrement** Visitez la papeterie de Vaux, qui fonctionnait à l'énergie hydraulique, initiez-vous à l'orpaillage à la Galerie de l'Or, admirez un panorama fabuleux au Puy des Âges

Jumilhac-le-Grand et ses environs

☆ **Château de Jumilhac** La toiture du château n'en finit pas de susciter l'étonnement et l'émerveillement tant cet enchevêtrement de toits aux arêtes multiples et saillantes, surmontés de faîtières sculptées, atteint un degré de sophistication élevé. La multitude de pignons et poivrières s'élève sur une façade percée d'ouvertures asymétriques qui témoignent des évolutions successives de l'architecture. Édifié au Moyen Âge, le château féodal en schiste cristallin s'est vu adjoindre au XVIIe siècle deux ailes reliées par une courtine délimitant une vaste cour intérieure. L'escalier à vis conduit à la "chambre de la fileuse" : la légende veut qu'une comtesse de Jumilhac, infidèle, fût punie par son mari qui l'enferma dans cette tour. La malheureuse recluse passait ses journées à filer et cachait dans ses fuseaux des messages d'amour destinés à son amant. Un portrait de la fileuse trône au centre de la pièce. La visite se poursuit dans les différentes salles du château jusqu'au grand salon lambrissé et parqueté. Le parc offre une vue imprenable sur la vallée encaissée de l'Isle. Visites nocturnes en été à la lueur de la bougie, animée par un guide en costume du XVIIe siècle. *Tél. 05 53 52 42 97 Ouvert Pâques-juin, oct.-Toussaint : tlj. 14h-18h ; juin-sept. : tlj. 10h-19h ; Toussaint-Pâques : dim. 14h-17h sur rdv Visite guidée château et jardins Visites nocturnes juil.-août : mar. et jeu. à 21h30 ; sept. : mar. à 21h30 Tarif unique pour la journée et en nocturne 8,50€, jardin seul 4€*

Forge de Savignac-Lédrier L'ère industrielle a sonné le glas de la sidérurgie du Périgord quand les hauts fourneaux ont remplacé ces petites entités artisanales. Dans un vallon encaissé, au bord de l'Auvézère, la forge de Savignac-Lédrier a fait preuve malgré tout d'une grande longévité. En combinant énergie hydraulique et charbon de bois, elle a poursuivi son activité jusqu'en 1930. Des panneaux retracent l'histoire de la forge rurale sur laquelle veille un château perché sur les hauteurs. Le cadre se prête à un pique-nique ou à une promenade le long de l'Auvézère. ***Savignac-Lédrier*** *(25km au sud-est de Jumilhac) Tél. 05 53 62 50 06 Ouvert juin-sept. : mar.-dim. 14h-18h (visite guidée à 14h45 et 16h) ; reste de l'année sur rdv Tarif 4€, réduit 2€*

☺ **Papeterie de Vaux** Tout d'abord forge, puis papeterie à partir de 1860, cette usine de campagne fonctionnait à l'énergie hydraulique puisée dans le ruisseau des Belles Dames. On utilisait de la paille de seigle pour fabriquer le papier qui servait comme emballage. Un film tourné en 1967, un an avant la fermeture, montre les étapes de fabrication commentées par les ouvriers. ***Payzac*** *(20km au sud-est de Jumilhac) Tél. 05 53 62 50 06 Ouvert mai-oct. : mar.-sam. 10h-12h30 et 14h30-18h30, dim. 14h30-18h30 Tarif 5€, réduit 3€*

Où acheter des produits du terroir ?

Boutique Saveur Nature Cette épicerie, qui réunit une vingtaine de producteurs, vend tout ce que le Périgord vert offre de produits de maraîchers, de fermiers, ou de fabrication artisanale : légumes cultivés à Saint-Pardoux, veau, bœuf, canards gras, biscuits aux noix, jus 100% fruits, vins du Bergeracois, et même des bières locales. Quelques exceptions viennent de grossistes d'Aquitaine, mais strictement bio. *Le bourg* ***Saint-Pierre-de-Frugie*** *Tél. 06 13 48 33 39 Ouvert mar. et jeu. 10h-12h30, mer. et sam. 10h-12h30 et 15h-19h*

Se promener sur les bords de l'Isle

À Jumilhac, franchissez le pont puis longez le barrage sur la gauche. Le chemin est raide avant d'atteindre le haut de la falaise. Vous traverserez les hameaux de Bretenoux et de La Grange avant de gagner Villesanges, et de profiter de la belle vue sur le château. Redescendez dans les sous-bois. Traversez la route à la hauteur du pont romain pour récupérer le chemin. Passez devant les falaises abruptes, utilisées comme murs d'escalade, avant de franchir à nouveau la passerelle du barrage. ***Départ*** *À Jumilhac, emprunter la rue principale qui mène au bourg sur 200m puis bifurquer sur la gauche dans la rue en pente pour atteindre les berges de la rivière* ***Longueur*** *7km* ***Durée*** *2h30*

S'initier à l'orpaillage

Chercheur d'or Paillettes et pépites brillent dans le lit de l'Isle. Mais il faut beaucoup de patience et une bonne technique pour récupérer dans son tamis quelques onces de métal précieux. Vous ne deviendrez pas milliardaire mais un bon souvenir vaut bien tout l'or du monde ! Des initiations sont organisées trois après-midi par semaine en été par Philippe Roubinet, ancien mineur et expert, à quelques kilomètres de Jumilhac-le-Grand, à l'entrée de la Haute-Vienne. Après ses explications sur la formation des gisements et les propriétés du métal, vous pratiquerez vous-même dans la rivière avec les outils qu'il vous donne et repartirez fièrement avec vos propres paillettes, que vous aurez trouvées ! ***Le Chalard*** *Haute-Vienne Tél. 05 55 09 99 99 ou 05 53 52 55 43* ***Stages*** *Ouvert mai-sept. : lun. 9h-12h30, mar. 14h-17h30, ven. 14h-17h30 Tarif 18€*

Galerie de l'Or Situé dans un ancien chai, le musée Galerie de l'Or retrace l'histoire aurifère de la haute vallée de l'Isle, aborde les mythes qui entourent ce métal précieux et l'épopée de la ruée vers l'or, à l'aide de panneaux, maquettes et expositions de produits finis, bijoux et monnaies. Pour l'été 2014, cette muséographie sera entièrement refondue et modernisée avec des écrans tactiles, et enrichie de témoignages d'anciens mineurs. *Pl. du Château* ***Jumilhac-le-Grand*** *Tél. 05 53 52 55 43 Mêmes horaires que l'office de tourisme*

Le Périgord des randonnées pédestres

Sentier des meulières (Saint-Crépin-de-Richemont) — 94
Sentier du plateau d'Argentine (La Rochebeaucourt-et-Argentine) — 94
Bords de l'Isle (Jumilhac) — 114
Explorer les gorges de l'Auvézère — 115
Falaise de La Roque-Gageac (n°10) — 176
Forêt de Campagne — 215
Château de Commarque — 225
Coteaux calcaires d'Orliaguet — 265

Admirer un superbe panorama

☺ **Puy des Âges** Au Puy des Âges, site vibrant de couleurs, se mêlent bruyères, fougères, châtaigniers et pins. Sur ce plateau à 413m d'altitude, le panorama embrasse un vaste paysage, du Périgord à la Corrèze. Une table d'orientation est installée à côté de la chapelle Notre-Dame-de-Partout. *Près de* ***Savignac-Lédrier*** *(25km au sud-est de Jumilhac)*

Explorer les gorges de l'Auvézère

La rivière se rétrécit en gorges accidentées entre Savignac-Lédrier et Saint-Mesmin dans des paysages sauvages et magnifiques. Plusieurs sentiers de randonnée rayonnent autour de Saint-Mesmin. Les plus courageux prendront le GR®646 qui longe la vallée de l'Auvézère sur toute sa longueur. Le plan de ces itinéraires est disponible à la mairie de Saint-Mesmin, ou dans le topoguide *La Dordogne à pied*.

Saut du Ruban C'est le sentier le plus court, qui conduit à une cascade bouillonnante séparée en deux torrents par un bloc rocheux. ***Départ*** *Derrière l'église de Saint-Mesmin* ***Longueur*** *1,5km* ***Durée*** *30min*

Plateau de Saint-Mesmin Il longe le plateau sur lequel est situé le village, avant de descendre vers les étangs du Moulin-Haut et de la Forge où une faune variée a élu domicile. ***Départ*** *Saint-Mesmin (église)* ***Longueur*** *13km* ***Durée*** *3h*

Le Pervendoux Un autre itinéraire, plus exigeant. Il faut traverser le pont, monter sur la droite et grimper une côte raide. Plus loin, vous traversez l'Auvézère à la passerelle du Gabourat. En revenant, arrêtez-vous un moment sur les berges de la rivière près du moulin du Pervendoux pour admirer une dernière fois ses méandres. ***Départ*** *Le Pervendoux (au sud de Saint-Mesmin sur la D72E5)* ***Longueur*** *11km* ***Durée*** *3h*

Pratiquer des sports nautiques

Base de loisirs de Rouffiac On se donne rendez-vous sur le plan d'eau de Rouffiac, l'un des plus grands du Périgord, pour faire du téléski nautique, de la

Le parc naturel régional Périgord-Limousin

Traversé par d'innombrables rivières, Dronne, Bandiat, Tardoire et Isle pour les plus importantes, ce territoire de 180 000ha constitue un formidable château d'eau. L'homme a profité de cette ressource pour créer des étangs et des plans d'eau qui attirent les promeneurs mais aussi plus de cent espèces d'oiseaux nicheurs. Ce parc, dans sa partie périgourdine, couvre d'est en ouest les plateaux jumilhacois, frôle le massif des Feuillardiers, pays du châtaignier, et s'achève à la lisière de Brantôme et de Mareuil. Le relief ondulé est le plus souvent recouvert d'un manteau forestier où les châtaigniers, les chênes pédonculés et les résineux sont particulièrement présents. Ce pays du bois et de l'eau a tout à gagner à un développement concerté (p.16). **Maison du Parc** *La Barde* ***La Coquille*** *(12km au nord-ouest de Jumilhac) Tél. 05 53 55 36 00 www.parc-naturel-perigord-limousin.fr Ouvert lun.-ven. 8h30-12h30 et 13h30-17h30* planche à voile... Plus simplement, on peut louer des canoës, s'initier à l'Optimist ou juste rester les pieds dans l'eau à observer les sportifs pleins d'énergie. Également de nombreuses activités terrestres. *Près d'***Angoisse** *(15km au sud-est de Jumilhac) Tél. 05 53 52 68 79*

● Où boire un verre, écouter un concert ?

☺ **La Ruhe** Non loin du bourg, une ferme ouverte en gîte et camping abrite ce bucolique caf'conc', devenu une scène de poche à succès ! Selon l'agenda, défilent des groupes de jazz, folk, blues ou fanfare, où de jeunes talents s'expriment dans une ancienne grange aux pierres apparentes, plongée dans la pénombre. Belle cave à vins et dîner sur réservation. Sur place, trois gîtes de 4-6 pers. aux amusants noms d'animaux (710-825€), et pelouses pour planter sa tente (13,50-16,50€ avec électricité). ***Jumilhac-le-Grand*** *Env. 1,5km au sud-est du village (dir. Thiviers, puis D80 sur la gauche) Tél. 05 53 52 43 02 www.la-rhue.com Concerts en saison, principalement le sam. soir Concert 7,50€ (avec repas 21,50€)*

CARNET D'ADRESSES

Restauration, hébergement

petits prix

L'Art 7 Nichée au creux d'un village agricole, cette auberge décorée sur le thème du 7e art fait preuve d'originalité. Un fauteuil de réalisateur trône dans la spacieuse salle où sont alignés les portraits de stars, aménagée avec une touche de modernité. Si la cuisine reste classique, le tartare de bœuf, la poêlée de gambas, ou l'assiette du pays avec ses magrets séchés n'en sont pas moins apprêtés et bien servis. Agréable terrasse, un peu trop proche de la grand-route, mais donnant sur la campagne. Accueil très sympathique. Menus 13€ (midi), 22-45€. *Le bourg* ***Sarlande*** *(9,5km au sud de Jumilhac) Tél. 05 53 62 93 82 Ouvert tlj. midi et soir*

Restaurant du Lac L'été, le plan d'eau de Rouffiac s'offre le luxe d'un petit restaurant de qualité. Ce couple d'éleveurs-producteurs régale les baigneurs, planchistes et pagayeurs de ses poulets fermiers, foies gras, viandes limousines (uniquement), frites fraîches, le tout entièrement maison. Pour les déguster et profiter de l'ambiance joviale, installez-vous sur la terrasse ombragée "qui donne sur la mer", comme aime à plaisanter le patron. Menus 16-27€. *Base de loisirs de Rouffiac* ***Angoisse*** *(15km au sud-est de Jumilhac) Tél. 05 53 52 60 32 Ouvert juin-mi-sept. : tlj. 12h-23h*

Hôtel des Voyageurs Ce modeste hôtel-restaurant compte 6 chambres simples et bon marché (40-45€, petit déj. 6€). Côté restaurant, vous trouverez les spécialités du terroir comme les œufs cocotte au foie gras ou le confit de canard. En saison, l'omelette aux cèpes est incontournable (menus 12-32€). ***Payzac*** *(20km au sud-est de Jumilhac) Tél. 05 53 52 70 10 Restaurant fermé dim. soir et ven. soir hors saison*

Les Forges Un bar-restaurant de village, qui propose un menu unique à midi en semaine pour 12,50€ et deux formules à 19 et 25€ le soir. La cuisine est très simple mais concoctée avec des produits frais de qualité. Aux murs, des témoignages de l'histoire industrielle de la vallée et de son passé sidérurgique. Accueil familial et souriant. ***Savignac-Lédrier*** *(25km au sud-est de Jumilhac) Tél. 05 53 62 15 12 Ouvert Pâques-sept. : jeu.-mar. midi et soir ; oct.-Pâques : lun.-mar. et jeu.-sam. midi et soir, dim. midi*

prix moyens

Lou Boueïradour Quand les portes du château se ferment, la place se vide et la terrasse du restaurant se remplit. Des menus sans prétention présentent des plats régionaux où, bien évidemment, le canard domine (magret sauce orange, médaillons, gésiers...). La place, face aux toitures romantiques du château, est très agréable au coucher du soleil. Menus 12-35€. *Pl. du Château* ***Jumilhac-le-Grand*** *Tél. 05 53 52 50 47 Ouvert toute l'année*

☺ **Chambres d'hôtes Lieu d'Or** La route qui serpente derrière le château s'arrête à l'entrée de cette maison de poupée noyée dans la végétation, tenue par un couple de Néerlandais chaleureux et serviable. En contrebas du bourg, elle surmonte une plage ombragée de l'Isle, idéale pour se rafraîchir en été ou flâner au bord de l'eau. Les chambres (67€ pour deux, supplément de 2,50€ pour une seule nuit), toutes blanches, sont joliment garnies de vieux meubles en bois sombre. Jardinet à disposition avec balancelle, table d'hôtes le soir sur demande (20€), et lavage de linge et pique-nique en extra. *12, rue des Croix-Bancaud* ***Jumilhac-le-Grand*** *Tél. 05 53 62 06 36 www.lieudor.com*

Les Voyageurs Les lustres en bois procurent un éclairage intime dans la salle à manger, une terrasse ouvre sur un vaste jardin fermé par une piscine : si le cadre est chaleureux, le bonheur réside avant tout dans l'assiette, qui fait ici l'unanimité. Ceux qui seraient lassés des magrets et autres confits apprécieront le millefeuille de poisson et ses légumes croquants, la tête de veau sauce gribiche, ou les ris poêlés aux cèpes. Gardez aussi un peu d'appétit pour les fromages. Plat 19€, menus 20-25€. L'hôtel propose des chambres (60-100€, petit déj. 8€) très confortables, avec une décoration à l'image de la cuisine : classique. *12, rue de la République* ***La Coquille*** *(11km au nord-ouest de Jumilhac) Tél. 05 53 52 80 13*

prix élevés

Château de Mavaleix À première vue, ce château classé (XIIIe-XVIe s.) saisit par son immensité et ses toitures énormes ! Les chambres, situées dans l'ancienne bergerie, sont douillettes et de style bourgeois. Véritables havres de paix, elles offrent des vues sur le parc où paissent quelques chèvres. Belle piscine, à deux pas de champs cultivés, trampoline et terrain de tennis. Le restaurant, de bonne réputation, sert une cuisine fine teintée d'exotisme (menus 20-50€) sur une superbe terrasse. Double 80-110€, petit déj. 10€. Gîtes à louer dans trois maisons annexes (850-1250€/sem. selon la saison). ***Mavaleix*** *(21km à l'ouest de Jumilhac) Sur la D98, env. 500m avant le bourg Tél. 05 53 52 82 01 www.chateau-mavaleix.com*

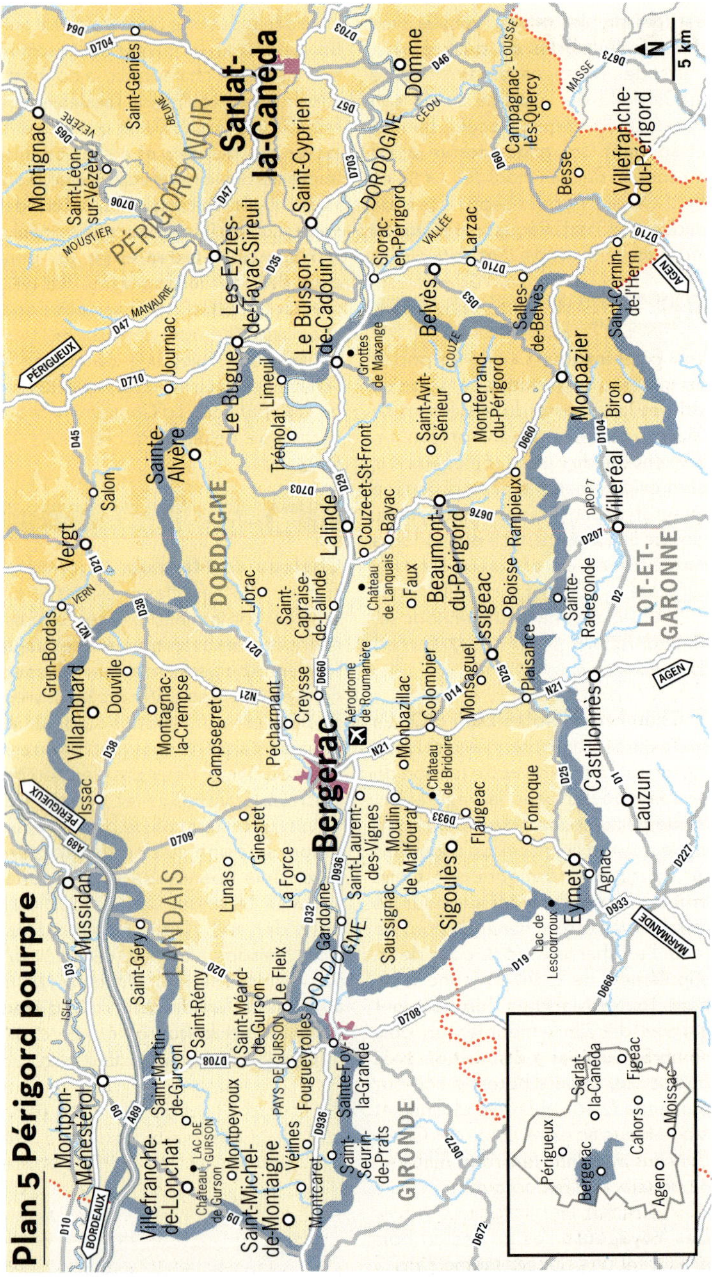

Plan 5 Périgord pourpre
Bergerac
Sarlat-la-Canéda
PÉRIGORD NOIR
LANDAIS
DORDOGNE
GIRONDE
LOT-ET-GARONNE
Montignac
Saint-Léon-sur-Vézère
Saint-Geniès
Les Eyzies-de-Tayac-Sireuil
Saint-Cyprien
Domme
Le Buisson-de-Cadouin
Le Bugue
Journiac
Limeuil
Trémolat
Sainte-Alvère
Salon
Vergt
Lalinde
Couze-et-St-Front
Bayac
Belvès
Siorac-en-Périgord
Larzac
Campagnac-lès-Quercy
Besse
Villefranche-du-Périgord
Saint-Cernin-de-l'Herm
Salles-de-Belvès
Monpazier
Biron
Villeréal
Montferrand-du-Périgord
Saint-Avit-Sénieur
Beaumont-du-Périgord
Rampieux
Boisse
Issigeac
Plaisance
Sainte-Radegonde
Castillonnès
Lauzun
Eymet
Agnac
Lac de Lescourroux
Sigoulès
Flaugeac
Fonroque
Monsaguel
Colombier
Monbazillac
Château de Bridoire
Faux
Château de Lanquais
Grottes de Maxange
Aérodrome de Roumanière
Saint-Capraise-de-Lalinde
Creysse
Pécharmant
LibRAC
Campsegret
Montagnac-la-Crempse
Douville
Villamblard
Grun-Bordas
Issac
Mussidan
Saint-Géry
Saint-Rémy
Saint-Martin-de-Gurson
Saint-Méard-de-Gurson
Ginestet
Lunas
La Force
Le Fleix
Gardonne
Saint-Laurent-des-Vignes
Moulin de Malfourat
Saussignac
Fougueyrolles
Sainte-Foy-la-Grande
Saint-Seurin-de-Prats
Montcaret
Vélines
Saint-Michel-de-Montaigne
Montpeyroux
Lac de Gurson
Château de Gurson
Villefranche-de-Lonchat
Montpon-Ménestérol
PAYS DE GURSON
PÉRIGUEUX
BORDEAUX
AGEN
MARMANDE
5 km
N
Périgueux
Bergerac
Sarlat-la-Canéda
Figeac
Cahors
Agen
Moissac

BERGERAC

24100

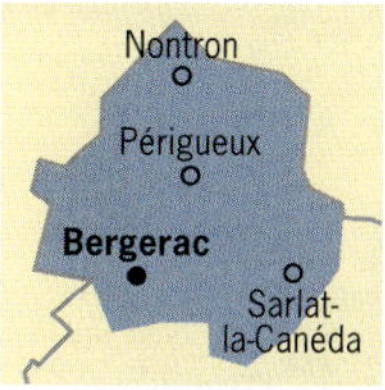

De tous les côtés, la capitale du Bergeracois et du Périgord pourpre est cernée par la vigne et, dans une moindre mesure, par la culture du tabac. Bergerac, le nom claque comme la langue contre le palais après une gorgée de vin, comme le verbe haut d'un Cyrano – qui n'a de Bergerac que le nom. Mais la cité a si bien adopté le personnage d'Edmond Rostand qu'elle lui consacre une statue sur l'une des plus belles places de la ville. Ce clin d'œil n'efface pas les heures sombres traversées par cette terre protestante dans un Périgord majoritairement catholique. Avant ces temps tragiques, Bergerac, nichée sur les bords de la Dordogne, a vu, dans son entrelacs de ruelles, se construire des demeures à pans de bois, des maisons à encorbellement et des hôtels Renaissance, qui aujourd'hui encore forment un harmonieux assemblage de pierre et de bois.

MODE D'EMPLOI

accès

EN VOITURE
Bergerac est située à 550km de Paris, à 108km de Cahors et de Bordeaux, à 90km d'Agen et à 50km de Périgueux.

EN AVION
L'aéroport de Bergerac est desservi par plusieurs compagnies à bas coût. **Aéroport de Bergerac-Roumanière** *Route d'Agen (5km au sud de Bergerac) Tél. 05 53 22 25 25*

EN TRAIN
Ligne Bordeaux-Sarlat, liaison avec Paris via Libourne.
Gare SNCF (plan 6, B1) *Av. du 108e R.I. Tél. 36 35 www.sncf.com*

EN CAR
Liaisons avec Lalinde (cars Boullet) et Périgueux (CFTA).
Cars Boullet *Tél. 05 53 61 00 46 www.cars-boullet.com*
CFTA *Tél. 05 53 08 43 13 www.cftaco.fr*

orientation, circulation

La vieille ville se love sur la rive droite de la Dordogne entre la rivière au sud et les rues Neuve-d'Argenson, de la Résistance et de Saint-Esprit au nord. Le stationnement est possible tout autour du cœur historique (interdit à la circulation), ainsi que sur les berges. Place de la République (plan 6, B1), grand parking de plus de 300 places (1,20€/h) et parking gratuit rue Junien-Rabier (plan 6, B2).

informations touristiques

Office de tourisme de Bergerac et du Périgord pourpre (plan 6, B1)
Visites guidées du vieux Bergerac à 15h en été avec un guide professionnel, d'une durée de 1h30 (tarif 4,70€). La même aux lampions existe le soir, à 22h30 (dates à l'OT). *97, rue Neuve-d'Argenson Tél. 05 53 57 03 11 www.bergerac-tourisme.com Ouvert juil.-août : lun.-sam. 9h30-19h30 ; sept.-juin : lun.-sam. 9h30-13h et 14h-19h*

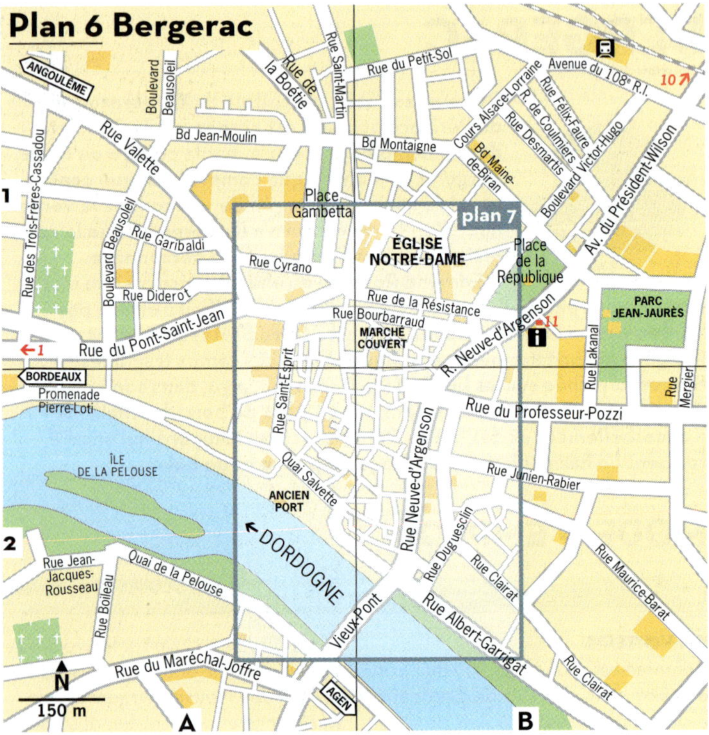

Restauration (n°1)
Villa Saint-Laurent ______ **1** A1

Hébergement (n°10 et 11)
La Flambée ______ **10** B1
Le Clos d'Argenson ______ **11** B1

(18h déc.-mars) **Cloître des Récollets (plan 7, A3)** *Antenne estivale Ouvert tlj. 10h30-13h et 14h-18h30*
Maison du tourisme et du vin de Monbazillac Plus de permanence mais une bonne documentation sur le Bergeracois : vignoble, gîtes, camping à la ferme... *Mairie Monbazillac Tél. 05 53 58 63 13 Ouvert juil.-août : tlj. 10h-19h ; sept.-juin : tlj. 13h30-19h*
Passeport trois musées Ce pass donne accès aux trois musées municipaux : le musée du Tabac ; le musée de la Ville, du Vin et de la Batellerie ; et le musée Costi. *Tarif 5€, en vente dans chaque musée Bergerac*

fêtes et manifestations

Festival Printemps des Bastides Grand festival culturel dans les communes de l'est bergeracois : concerts, théâtre, lectures... *2 mois, entre avr. et juin*
Reconstitution historique "Catherine de Médicis" Défilé en costumes du XVIe s., en souvenir du séjour de Catherine de Médicis à Bergerac. *Centre-ville Le 20 juil.*
Table de Cyrano Un rendez-vous gastronomique. Concours de la meilleure assiette gourmande et stands de producteurs. *En juil.*

Marché aux puces *Tous les 1ers dim. du mois*

Les Jeudis ça danse Bal et cours de danse gratuits en plein air. *Place du Marché-Couvert En juil.-août*

Mercredis du jazz Concerts les mer. à 21h. *Cloître des Récollets et pl. de la Myrpe En juil.-août*

Été musical en Bergerac Festival de musiques traditionnelles et classique. *Sur les berges, et dans les châteaux et églises alentour www.festivalbergerac.com Fin juil.-mi-août*

Flamenco pourpre Scènes et spectacles de rue. *Pl. Gambetta Début août*

Festival Grain d'automne Le pendant du Printemps des Bastides à l'ouest de Bergerac, dans la région des vignobles. *Dans l'ouest du Bergeracois Sept.-oct.*

marchés

Marchés principaux Produits du terroir, vins et vêtements. *Pl. Gambetta et autour de l'église Notre-Dame Mer. et sam. matin*

Marché bio *Mar. matin*

Marché couvert Une halle à victuailles au cœur de la vieille ville. *Pl. du Marché-Couvert Ouvert mar.-sam. 7h-13h et 15h-19h*

adresses utiles

Taxis *Tél. 05 53 23 32 32 (numéro unique)*

LOCATION DE VOITURES

Agences internationales à l'aéroport. Dans le centre-ville :

Avis (plan 6, B1) *26, cours Alsace-Lorraine Tél. 05 53 57 69 83*

Europcar (plan 6, B1) *1, av. du 108e R.I. Tél. 05 53 58 97 97*

LOCATION DE DEUX-ROUES

Apolo Cycles (plan 6, B1) Motos, scooters et vélos de toutes catégories à la demande. Livraison possible. Tarif vélo 15-30€/pour 24h (enfant 10€) ; scooter 30-100€/pour 24h ; moto 54-150€/pour 24h. *31, bd Victor-Hugo Tél. 05 53 57 72 08 ou 06 20 64 59 25 www.apolo-cycles.com*

DÉCOUVRIR

☆ **Les essentiels** Le cœur historique de Bergerac, le château de Bridoire
Découvrir autrement Empruntez la route des vins et explorez les terroirs du pécharmant, du monbazillac ou du montravel, regardez fonctionner l'ascenseur à poissons du barrage de Tuilières

Bergerac

☆ **Cœur historique (plan 7, A2-B3)** Le vieux Bergerac forme un quartier de ruelles étroites qui descendent jusqu'aux quais baignés par la Dordogne. Sur le **vieux port**, les gabarres qui embarquaient les barriques de vin à destination de Bordeaux, avant qu'elles soient expédiées vers les Pays-Bas et la Grande-Bretagne, ont laissé la place à des embarcations touristiques. En empruntant la rue des Récollets, vous débouchez devant le **cloître des Récollets** fondé au XIIe siècle, et qui, à partir du XVIIe siècle, fut utilisé pour raviver la foi catholique dans ce fief protestant. On y pénètre par une belle cour arborée entourée d'une galerie. Ironie de l'histoire, après la Révolution, ce bastion catholique est récupéré par les protestants qui bâtissent un temple dans une ancienne chapelle. Le cloître est devenu un lieu de concorde universelle depuis que la Maison des vins de Bergerac – cf. Où déguster des vins du Bergeracois ? (p.124) – en a pris possession. Sur la gauche, place de la Myrpe, trône la **statue de Cyrano**, l'enfant adoptif du pays. La place est bordée d'habitations en pierre ou à colombages qui appartenaient aux maîtres bateliers. Plus haut, la place Pélissière, toujours très animée, tient son nom des marchands de peau (de pelisses) qui venaient probablement vendre leurs articles ici. La fontaine servait de lavoir municipal. Elle donne sur l'**église Saint-Jacques** qui offre un curieux mélange de styles roman et gothique. En remontant la Grand-Rue, sur la droite une place abrite le **marché couvert** et ses étals colorés et odorants, à l'emplacement d'un ancien temple protestant. Du côté opposé, les rues des Fontaines et Saint-James possèdent un bel échantillon de demeures à colombages. À l'angle de la rue Gaudra, un hôtel particulier du XIVe siècle conserve une fenêtre typique de style gothique flamboyant qui s'élève au-dessus d'une suite d'ouvertures ogivales. Plus bas, rue Saint-Clar, les maisons à encorbellement alternent murs en torchis et briques fines. À gauche, rue de l'Ancien-Pont, la façade de la **maison Peyrarède**, un hôtel particulier du XVIIe siècle orné d'une tourelle à encorbellement, qui abrite le musée du Tabac (cf. ci-dessous). En descendant, sur la droite dans la rue du Château, une façade envahie par le lierre est surmontée d'un pignon, probablement un grenier à grains.

Musée du Tabac (plan 7, B3) L'importance de la culture du tabac dans la région n'est pas étrangère à la présence de ce musée au cœur de la vieille ville. La collection de pipes illustre toute l'imagination et la créativité des artisans-pipiers, une débauche de fantaisie qui culmine avec un fume-cigare viennois en écume de mer et en ambre sculpté au XIXe siècle. Un calumet indien côtoie une pipe à opium en os de buffle, une pipe en terre et une tabatière en porcelaine. Un film dans l'auditorium présente enfin l'histoire du tabac à travers les âges. Ce voyage se déroule dans un fleuron du patrimoine architectural de la ville, la maison Peyrarède (cf. ci-dessus). *Pl. du Feu Tél. 05 53 63 04 13 Ouvert avr.-sept. : mar.-ven. 10h-12h et 14h-18h, sam. 10h-12h et 14h-17h, dim. 14h30-18h30 ; oct.-mars : mar.-ven. 10h-12h et 14h-18h, sam. 10h-12h Tarif 4€, réduit 2€, passeport trois musées 5€, moins de 18 ans gratuit*

Musée de la Ville, du Vin et de la Batellerie (plan 7, A2) Cette maison ancienne héberge aujourd'hui trois musées sur trois niveaux. Au rez-de-chaussée un musée de la Ville tout neuf raconte l'histoire de Bergerac, de la création du bourg castral médiéval jusqu'au siècle des Lumières. Au premier étage, le musée du Vin expose panneaux explicatifs sur la vigne depuis les Romains et outils de fabrication vinicole. On termine par le deuxième étage, où le musée de la Batellerie évoque le temps où la Dordogne était une importante voie de communication entre le Massif central et Bordeaux. Le vin produit dans la région était alors acheminé vers Bordeaux en gabarre. Mais la scénographie, insuffisante, ne parvient pas à mettre en valeur cette économie fluviale qui fut essentielle pour Bergerac. *5, rue des Conférences Tél. 05 53 57 80 92 Ouvert avr.-sept. : mar.-ven. 10h-12h et 14h-18h, sam. 10h-12h et 14h-17h, dim. 14h30-18h30 ; oct.-mars : mar.-ven. 10h-12h et 14h-18h, sam. 10h-12h Tarif 3€, réduit 1,50€, passeport trois musées 5€, moins de 18 ans gratuit*

Plan 7 Bergerac, centre-ville

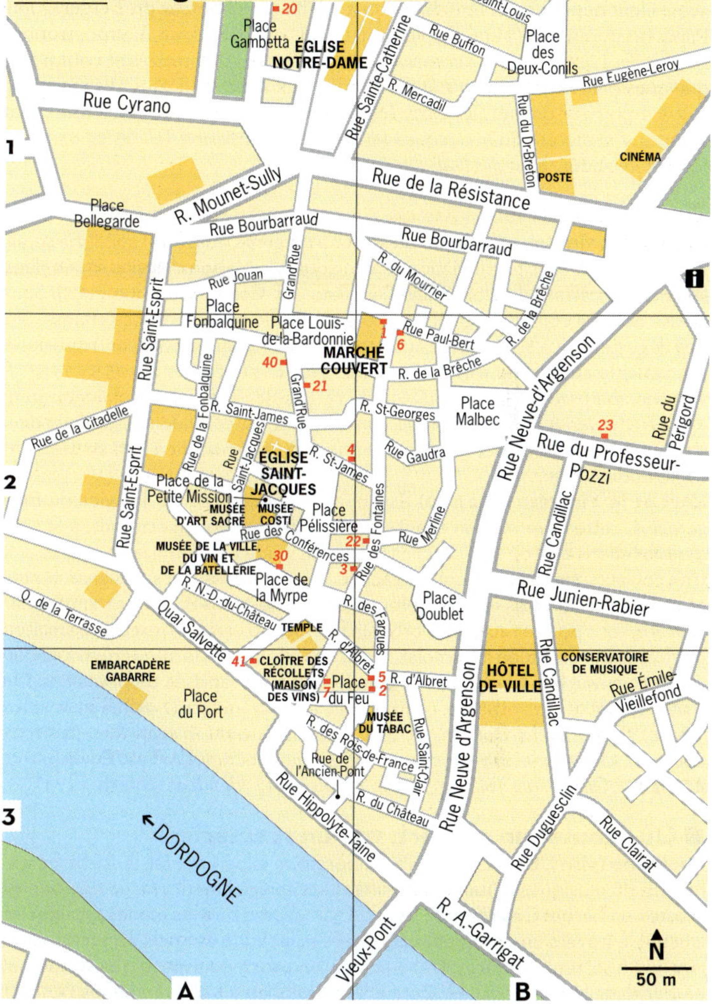

Restauration (n°1 à 7)

- L'Imparfait — **3** A2
- La Cocotte des halles — **1** B2
- La Table du marché — **6** B2
- Le Saint-Jacques — **4** A2
- Le Sud — **2** B3
- Une cuillère pour maman — **7** A3
- Villa Laetitia — **5** B3

Cafés, bars et lieux de sortie (n°20 à 23)

- Centre culturel Michel Manet* — **20** A1
- L'Art et l'Envie* — **21** A2
- Le Plus-Que-Parfait* — **22** B2
- Rocksane* — **23** B2

Hébergement (n°30)

- Relais de la Myrpe — **30** A2

Shopping (n°40 et 41)

- L'Art et le Vin* — **40** A2
- Maison des vins* — **41** A3

*À RETROUVER DANS LA PARTIE DÉCOUVRIR

Musée Costi (plan 7, A2) Les caves voûtées du presbytère Saint-Jacques accueillent depuis 2003 une donation à la Ville du sculpteur grec Constantin Papachristopoulos (1906-2004), dit Costi, qui eut pour maître Antoine Bourdelle. L'exposition se compose essentiellement de bronzes et comprend quelques plâtres, bustes ou statues en pied aux lignes délicates, disposées de façon à pouvoir déambuler entre les œuvres et les découvrir sous toutes les facettes. *Presbytère Saint-Jacques Pl. de la Petite-Mission Tél. 05 53 63 04 13 Ouvert juil.-août : mar.-dim. 14h-19h Accès libre*

● Où déguster des vins du Bergeracois ?

Maison des vins (plan 7, A3 n°41) Un séjour à Bergerac, aussi bref soit-il, ne serait pas satisfaisant sans une initiation œnologique à la Maison des vins située dans les anciens celliers du cloître des Récollets – cf. Cœur historique (p.121). Soucieuse de faire connaître ses différentes appellations, elle propose chaque été des dégustations. Vous pourrez aussi approfondir le sujet en visitant l'exposition permanente autour des vins de Bergerac. *1, rue des Récollets Tél. 05 53 63 57 55 www.vins-bergerac.fr Ouvert juil.-août : tlj. 10h-19h ; mai-juin, sept. : mar.-sam. 10h-12h30 et 14h-19h ; oct.-avr. : mar.-sam. 10h30-12h30 et 14h-18h ; le premier dim. de chaque mois : 10h-13h Fermé jan. Initiation à la dégustation (5€) en été : 16h-17h30 Entrée libre*

PÉRIGORD

L'Art et le Vin (plan 7, A2 n°40) Essentiellement centrée sur les vins du Bergeracois, cette cave met en avant de petits producteurs méconnus, à la tête d'exploitations de 2 ou 3ha, certains passés en mode bio. Parmi les bergerac aux trois couleurs, montravel, montbazillac, rosette, pécharmant et saussignac, tentez quelques découvertes en vous référant aux conseils avisés. Pour accompagner vos crus, vous pourrez aussi emporter un foie gras artisanal de l'excellente maison des frères Danos, située à Trémolat. À deux pas de la cave, le magasin se duplique en un convivial **bar à vin, L'Art et l'Envie**, aux murs tapissés de bouteilles. On y sert de petites assiettes de charcuteries et de fromages (7-9€) avec le verre (2,50€). *Pl. du Marché-Couvert Tél. 05 53 57 07 42 Ouvert juin-sept. : lun. 15h-18h30, mer.-sam. 10h-12h30 et 14h-19h, dim. 10h-12h30 ; juil.-août : tlj.* **L'Art et l'Envie (plan 7, A2 n°21)** *12, Grand-Rue Tél. 05 53 63 94 47 Ouvert tlj. 11h-14h et 18h-23h*

● Où écouter un concert, voir un spectacle ?

Rocksane (plan 7, B2 n°23) Véritable laboratoire expérimental, la scène bergeracoise de musiques actuelles amplifiées abrite également une école pour les artistes en herbe. C'est dans la salle de 500 places que les jeunes groupes se lancent, à travers une programmation très éclectique de rock, pop rock, rock-jazz, hip-hop, funk et autres. Le lieu comprend aussi un espace d'exposition et un bar dans le hall d'accueil. Concerts gratuits ou à tarifs modiques (10-15€). *14 bis, rue Pozzi Tél. 05 53 63 03 70 www.rocksane.com Ouvert mar. 15h30-20h, mer. et sam. 14h-20h, jeu.-ven. 16h-20h*

Centre culturel Michel Manet (plan 7, A1 n°20) Une salle d'envergure pour le spectacle vivant, doté d'une salle de 740 places. Concerts, danse, théâtre, shows d'humoristes, musiciens jazzistes... Billet 15-38€. *Pl. Gambetta Tél. 05 53 57 71 51 ccmm.bergerac.fr Ouvert sept.-juin : mar. et jeu.-ven. 13h30-17h30, mer. et sam. 9h30-12h et 13h30-17h30*

☺ **Le Plus-Que-Parfait (plan 7, A2 n°22)** À la fois cave à bières et café-concerts, le bar très décontracté du restaurant l'Imparfait (p.128) est un point de rendez-vous incontournable et accueille des groupes en tout genre de temps en temps. Un vendredi sur deux, vous pourrez aussi y profiter d'un cours de salsa, et régulièrement, de soirées jeux et de retransmission de matchs, en sirotant l'une des nombreuses mousses belges de la carte (4,50€ la pinte). *12, rue des Fontaines Tél. 05 53 61 95 11 Ouvert mar.-mer. 9h-1h, jeu.-sam. 9h-2h, dim.-lun. 11h-22h (ouvert jusqu'à 2h tlj. en été)*

● Descendre la Dordogne en gabarre

Périgord Gabarres (plan 7, A3) Deux répliques des gabarres d'autrefois vous attendent pour un voyage au fil de la Dordogne. Départ toutes les heures, de 10h à 18h en été ; hors saison, départs à 11h, 14h, 15h et 16h. *Quai Salvette Tél. 05 53 24 58 80 ou 06 11 07 58 30 www.gabarres.fr Ouvert Pâques-Toussaint*

● Se promener à pied L'office de tourisme diffuse une carte (2,50€) de sept randonnées courtes, de 6 à 9km, au départ de Bergerac. Six boucles, et un chemin sur le thème de la navigation longeant la Dordogne. Les itinéraires peuvent également être téléchargés à partir d'Internet. **Office de tourisme** *97, rue Neuve-d'Argenson Tél. 05 53 57 03 11 www.bergerac-tourisme.com*

● Grimper aux arbres

AccroZarbres Sept parcours équipés de tyroliennes, lianes et ponts suspendus, dans un parc forestier. Pour petits et grands. *Les Mazières Nord* ***Laveyssière*** *(13km au nord de Bergerac par la D709) Tél. 06 37 89 54 72 www.accrozarbres.com Ouvert juil.-août : tlj. 9h-19h ; reste de l'année : horaires variables et sur réservation Tarif 19€, de 4 à 14 ans 11-15€*

Les environs de Bergerac

Château de Monbazillac Ce nom prestigieux attire les foules de vacanciers. En empruntant l'allée d'honneur bordée de pieds de vigne, se dévoile la force tranquille de ce château élevé au XVIe siècle. Ce fief protestant a échappé miraculeusement aux affres des guerres de Religion et n'a pas subi de transformations au cours des siècles. Campé fièrement sur une hauteur, il offre une vue sans partage sur les coteaux et la plaine de Bergerac. Le musée du Vin et des Traditions populaires qu'il abrite dans ses murs est surtout intéressant pour la section consacrée à la vinification particulière du monbazillac qui repose sur des vendanges tardives. Propriété de la cave coopérative de Monbazillac, il propose un espace de dégustation-vente à l'entrée. ***Monbazillac*** *(6km au sud de Bergerac) Tél. 05 53 63 65 00 (rés. en été)* ***Château*** *Ouvert juil.-août : tlj. 10h-19h30 ; juin, sept. : tlj. 10h-19h ; mai, oct. : tlj. 10h-12h30 et 14h-18h ; avr. : tlj. 10h-12h et 14h-18h ; nov.-15 déc., fév.-mars : mar.-dim. 10h-12h et 14h-17h Fermé jan.* ***Cave coopérative*** *Ouvert juil.-août : lun.-sam. 9h-19h ; sept.-juin : lun.-sam. 10h-12h30 et 13h30-19h*

☆☺ **Château de Bridoire** Sauvé de la ruine après vingt-deux ans d'une bataille entamée en 1989, ce bijou enchanteur, un paradis pour les enfants, dissimule une histoire mouvementée. Il se dresse sur une ancienne place forte des seigneurs de Bergerac remontant au XIIe siècle. Au fil des siècles,

LE PARADIS DES ENFANTS
Quel enfant n'a jamais rêvé de disposer d'un tel décor de théâtre ? Partout, et surtout dans la cour du château de Bridoire, ont été aménagées toutes sortes de jeux, tir à l'arbalète, théâtre d'ombres, croquet, échiquier géant ou accessoires de chevalier pour se déguiser. La boutique propose des paniers-repas à base de produits artisanaux (10€) pour pique-niquer sous les arbres ou sur l'une des tables dressées autour des bâtiments.

il connut les dommages de la guerre de Cent Ans puis des guerres de Religion, et passa entre les mains d'une dizaine de familles. En 1576, le jeune Henri de Navarre, futur roi Henri IV, y dîna. Le château, remanié plusieurs fois, s'agrandit aux XVe et XVIe siècles de trois tours à poivrières et mâchicoulis, et au XVIIe siècle, de son pavillon abritant le bel escalier d'honneur à l'italienne. Au XIXe siècle enfin, le marquis de Foucauld l'embellit de lucarnes ouvragées, de salles de réception, d'une chapelle, de nouvelles écuries, d'une barbacane crénelée, d'une terrasse et d'un jardin d'hiver. Mais au cours du siècle dernier, le château fut laissé à l'abandon et au pillage. Grâce aux efforts d'une association, la demeure a été classée aux monuments historiques, puis rachetée, restaurée, et ouverte au public en 2012. ***Ribagnac*** *(12km au sud de Bergerac, dir. Marmande) Tél. 06 85 29 48 93 ou 06 06 42 58 59 www.chateaudebridoire.com Ouvert juin, sept. : tlj. 10h-18h ; juil.-août : tlj. 10h-19h ; mai : w.-e. et j. fér. et vac. 14h-18h Tarif 8€, réduit 5€*

Visite Dans le parc, la cour et les communs, ainsi qu'à l'intérieur du château, le visiteur se sent comme chez lui, libre de déambuler à sa guise et à son rythme. Les pièces à vivre reconstituées comprennent, au rez-de-chaussée,

Les vignobles du Bergeracois

Treize appellations (la dernière en date est le montravel rouge) se partagent 12 500ha de vigne autour de Bergerac (p.43). Avec en poche la carte de la route des vins distribuée à l'office de tourisme de Bergerac, il ne vous reste plus qu'à rendre visite aux différents producteurs de votre choix pour une dégustation, et plus si affinités ! En partant de Bergerac, prenez la direction de Creysse, à l'est : sur les coteaux qui surplombent l'ancien port batelier croît le **pécharmant**, le plus ancien des vignobles du Bergeracois. Revenez ensuite vers Bergerac et suivez la direction "Agen". La route effleure le terroir du **monbazillac**, un domaine de 600ha dominé par son château emblématique (p.125). C'est sous l'action conjuguée de la brume et de la chaleur automnale que se développe un champignon qui donne au vin son caractère liquoreux si particulier. Récupérez la D14 sur la droite qui longe plusieurs domaines. En poursuivant vers l'ouest en direction de Sainte-Foy, le monbazillac cède la place au **saussignac**, un vin moelleux plus léger, produit dans les communes de Razac, Gageac et Saussignac. Enfin traversez la Dordogne à Sainte-Foy pour gagner le territoire du **montravel** (rouge et blanc), aux marches de la Gironde.

une cuisine du XVIIe siècle avec sa collection de cuivres, ainsi qu'une salle à manger décorée de gravures de Nicolas Poussin (1594-1665), une salle de billard et un grand salon, ornés tous les trois de boiseries en noyer et agréablement garnis d'un mobilier précieux. À l'étage, dont la rénovation se poursuit encore, on admire un dallage à cabochons du XVIIIe siècle et on apprécie l'intimité d'une chambre dominant les arbres. La tour restée la plus authentique abrite la chapelle où le père Charles de Foucauld (1858-1916) célébra des messes, et un escalier à vis de la fin du XVe siècle.

Bastide d'Eymet 28 juin 1270 : c'est la date figurant sur l'acte de fondation de la bastide par le comte de Toulouse. Construite par les Français dans une boucle du Dropt, aux portes de l'Agenais, la ville nouvelle ne tarde pas à tomber aux mains des Anglais. Fidèle aux principes urbanistiques des bastides, Eymet étire son plan rectangulaire autour de la place principale entourée de maisons à colombages bien conservées. Sous les arcades, se nichent commerces et restaurants discrets. À l'emplacement de la halle trône une fontaine où murmure un filet d'eau. Le temple protestant à un angle rappelle que la bastide fut un centre actif de la religion réformée. À proximité, le château (fortement dégradé) dresse son donjon du XIIIe siècle à l'entrée de la cité. Sur les berges du Dropt se dessinent les anciens quais tombés en désuétude qui font face au moulin désaffecté. Il faut y passer un jeudi matin, jour du marché, ou un dimanche matin en été pour voir la ville sortir de sa torpeur. ***Eymet*** *(23km au sud de Bergerac dir. Marmande)*

PÉRIGORD

● Voir fonctionner un ascenseur à poissons

Barrage de Tuilières Comme preuve de son engagement écologique, EDF a équipé le barrage de Tuilières, sur la Dordogne, d'un **ascenseur à poissons** qui permet notamment aux saumons et autres truites ou anguilles de surmonter l'obstacle infranchissable de la retenue d'eau. À travers une vitre, on peut voir les différentes espèces aspirées dans un bassin, puis relâchées toutes les heures dans la rivière. Promenade agréable le long d'une série d'écluses jusqu'à la maison de l'éclusier. ***Saint-Capraise-de-Lalinde*** *(à 15km dir. Sarlat) Entrée libre*

CARNET D'ADRESSES

Restauration

très petits prix

Une cuillère pour maman (plan 7, A3 n°7) Sur cette place envahie par les restaurants, en voici un qui se démarque de ses confrères, où la patronne est en salle et sa fille en cuisine. La carte fonctionne à l'assiette-repas, chacune accompagnée d'un potage, dont on choisit le contenu selon les choix de l'ardoise : salade de noix, tarte tomate-brebis, verrine de saumon et ricotta-citron... Simple et plaisant. Assiette 9,50-15,50€. *10, place du Feu* ***Bergerac*** *Tél. 05 53 27 29 83 Ouvert mar.-sam. midi et soir*

petits prix

Villa Laetitia (plan 7, B3 n°5) Dans la salle fraîche aux pierres apparentes, une boutique d'objets pour la maison fusionne joyeusement avec un restaurant aux airs de brocante. On y sert une cuisine savoureuse, résolument française et périgourdine, avec une formule déjeuner plutôt familiale (16-19€). Par exemple, un croustillant d'agneau du pays, un tartare de bœuf et ses frites fraîches, un nougat glacé à la lavande. Si l'on opte pour la carte et les menus plus gastronomiques (29-37€), les plats se compliquent un peu : marbré de foie gras aux pistaches, ris de veau aux langoustines, confit de canette en croustillant de peau. *21, rue de l'Ancien-Pont* ***Bergerac*** *Tél. 05 53 61 00 12 www.villalaetitia.net Ouvert mar.-sam. midi et soir*

La Cocotte des halles (plan 7, B2 n°1) Sous le marché couvert, ce petit restaurant dispose quelques tables entre les étals des commerçants et propose une cuisine de marché fraîche et simple dans des formules sages allant de 12,80 à 15,80€. Au menu, des salades, des magrets et les spécialités de la maison : cocotte de joue de bœuf (en saison seulement) et andouillette de canard avec moutarde à l'ancienne. Et chaque jour, un plat de poisson différent. Dans ce décor animé, l'ambiance est chaleureuse et le service efficace. Pour profiter pleinement du cadre, venez à l'heure du déjeuner. *Pl. du Marché-Couvert* ***Bergerac*** *Tél. 05 53 24 10 00 Ouvert haute saison : tlj. ; basse saison : lun.-sam.*

Le Sud (plan 7, B3 n°2) Couscous, tagines et brochettes sont à l'honneur dans cet établissement sympathique, tenu par une famille originaire du Maroc. Si le décor et les plats orientaux vous propulsent au cœur de la médina, la carte des vins permet un retour dans le Bergeracois. Un sans-faute pour la cuisine : couscous royal 17€, tagine poulet citrons olives ou agneau abricots amandes 15€. *19, rue de l'Ancien-Pont* ***Bergerac*** *Tél. 05 53 27 26 81 Ouvert mar.-sam. midi et soir et 1er dim. du mois*

La Table du marché (plan 7, B2 n°6) Stéphane Cuzin, chef parisien qui a exercé dans de grands établissements, met aujourd'hui son savoir-faire au service de sa propre table, et avec succès. Juste en face du marché couvert justement, où il recrée une cuisine classique, sobre et délicate, uniquement à partir de produits frais : foie gras de la maison cuit cinq heures, fin velouté de courgettes et île flottante, pavé de merlu rôti sur peau, selon une carte qui change tous les mois. Beau cadre contemporain noir et blanc. Formule déj. 19€, menus 29-32€. *21, place de la Bardonnie* ***Bergerac*** *Tél. 05 53 22 49 46 www.table-du-marche.com Ouvert mar.-sam. midi et soir plus le lun. en saison*

prix moyens

L'Imparfait (plan 7, A2 n°3) Embusquée dans une ruelle du vieux Bergerac, cette maison du XIIe siècle recèle l'une des meilleures tables de la ville. Olivier Gineste réinterprète les recettes du terroir et ne craint pas le diktat du tout-diététique : son filet de bœuf, escalope de foie gras poêlée accompagnés de grosses frites à la

GAMME DE PRIX	RESTAURATION	HÉBERGEMENT
Très petits prix	moins de 15€	moins de 30€
Petits prix	de 15 à 25€	de 30 à 50€
Prix moyens	de 25 à 35€	de 50 à 80€
Prix élevés	de 35 à 50€	de 80 à 125€
Prix très élevés	plus de 50€	plus de 125€

graisse d'oie ne sont pas pour déplaire aux amateurs de bonne chère. Les convives soucieux de leur ligne pourront toujours opter pour le pavé de lieu jaune poché à l'huile aromatisée et son émulsion de langoustines... Superbe plateau de fromages et très belle carte des vins. Jolie terrasse ombragée aux beaux jours. Menus 28-33€, plat 25-35€. Réservation vivement conseillée. Également un bar à cocktails, le Plus-Que-Parfait (p.124). *8-10, rue des Fontaines* ***Bergerac*** *Tél. 05 53 57 47 92 www.imparfait.com*

Le Saint-Jacques (plan 7, B2 n°4) Plongé dans une délicieuse pénombre médiévale, vous savourerez une cuisine inventive et goûteuse, composée chaque jour en fonction des produits du marché. Le cannelloni de tourteau, l'enchaud périgourdin, la pintade fermière rôtie au monbazillac et foie gras (sur commande, pour quatre) sont un vrai régal. L'atmosphère est chaleureuse et intimiste, la décoration vraiment réussie. Un sans-faute. Cour ombragée, jardin d'été, belle cheminée en pierre. Menus 21-45€. Réservation vivement conseillée. *30, rue Saint-James* ***Bergerac*** *Tél. 05 53 23 38 08 www.restaurant-saintjacques-bergerac.com Ouvert mer. et ven.-dim. midi et soir, mar. soir, jeu. midi*

prix élevés

Villa Saint-Laurent (plan 6, A1 n°1) Purement gastronomique, ce restaurant du soir, rattaché à un hôtel de charme et installé dans une demeure du XVIIIe siècle, ne mise pas sur l'originalité des recettes. Les deux menus (33-43€) et la carte select invitent surtout à se délecter de la saveur première des ingrédients et de la cuisson parfaite des magrets, du thon ou des ris de veau, avec leurs garnitures. Desserts créatifs, comme la mousse de chocolat au lait et sa glace à la truffe, ou la crème mousseline et fraises sur un sablé breton. À midi, le bistrot du restaurant, qui vend des bergerac, prend le relais avec une ardoise déjeuner du marché (formules 16,50-21€) et des vins au verre. L'hôtel, quant à lui, abrite 9 belles chambres, à prix intéressants (63-69€ pour deux). *71, route de Bordeaux* ***Saint-Laurent-des-Vignes*** *(env. 6km à l'ouest de Bergerac, dir. Bordeaux) Tél. 05 53 24 16 16 www.lavillastlaurent.com*

Dans les environs

prix moyens

☺ **À la grappe d'or** Rarement le canard n'avait été autant célébré dans un menu, à 22€ (midi) et 26-29€. Cous farcis, foie gras mariné au monbazillac ou mi-cuit aux figues et miel pour les entrées. Brochettes de cœur, escalopes de foie gras, civet, duo d'aiguillettes et magret grillé pour les plats principaux. Dessert au vin liquoreux rafraîchissant pour terminer. Le service est généreux et l'accueil cordial. Le restaurant est situé au milieu des coteaux. De la terrasse, la plaine de Bergerac, dont les lumières scintillent au loin, offre un décor de fond. *Le Peyrat* ***Monbazillac*** *Sur la D933 Tél. 05 53 61 17 58 www.lagrappedor.fr Ouvert haute saison : tlj. midi et soir ; basse saison : mer.-sam. midi et soir, dim. midi*

La Ferme de Biorne Au cœur d'un paysage boisé, cette ferme qui loue aussi trois gîtes (4 à 10 pers.) tient plus du restaurant de campagne que de l'exploitation agricole. Cela n'enlève rien à la belle cuisine du terroir : le menu découverte (20€) annonce une cuisine 100% périgourdine avec son assiette de gésiers, magrets, et une

PÉRIGORD

belle tranche de foie gras maison. Le menu à 22€ propose les spécialités de la maison : canard à l'orange, civet de canard et pommes de terre sarladaises, et sur commande, le cassoulet et la poule au pot avec sa mique. Vente directe des conserves de la ferme. Autres menus de 24,50 à 27,50€, menu enfant 10€. ***Lunas*** *(à 12km de Bergerac) Dir. Mussidan Tél. 05 53 57 67 26 www.ferme-biorne.com Ouvert juil.-mi-sept. : mar.-mer. et ven.-sam. midi et soir, jeu. et dim. midi ; mi-sept.-juin : sur commande Réservation toujours obligatoire*

prix élevés

☺ **La Tour des vents** C'est dans cet ancien moulin dominant les vignes que l'ancienne comptable Marie Rougier a découvert la cuisine dans les années 1980, une révélation ! À la tête désormais d'un restaurant étoilé, ce chef autodidacte y exprime son goût pour le produit et l'innovation. Depuis les années 2000, un second chef, le jeune Damien Fagette, lui apporte ses techniques et sa sensibilité. Si vous le pouvez, installez-vous devant la vue, pour que le plaisir des yeux accompagne celui des papilles : foie gras de canard marbré au poivre noir, ris de veau en cocotte au pain aillé et févettes ou quasi de veau cuit lentement et pommes de terre primeur. Une ode aux bienfaits de la région, aux herbes et aux épices, sans compter la cave de plus de 400 références. Formules déj. 24-29€, menus 33-69€, dont un végétarien. *Le Moulin de Malfourat* ***Monbazillac*** *Tél. 05 53 58 30 10 www.tourdesvents.com Ouvert mar.-sam. midi et soir, dim. midi Fermé en jan.*

Hébergement

prix moyens

☺ **Relais de la Myrpe (plan 7, A2 n°30)** Sur une place ravissante bordée par les plus vieilles maisons de Bergerac, Mme Simand met à la disposition de ses hôtes un appartement-duplex dans son authentique maison du XVIe siècle. Les murs, les parquets et l'escalier de bois penchent un peu, mais quel charme ! Le coin-cuisine orné de céramiques, la douche dans les colombages, une collection de poules sur une vieille cheminée et les tissus de toutes les couleurs personnalisent les lieux. Chambre double à l'étage avec la salle de bains, salle de séjour au rez-de-chaussée avec banquette-lit, et TV à chaque étage. Le matin, une corbeille de pain frais et de croissants est gracieusement livrée. La propriétaire tient aussi d'avril à septembre une petite brocante au bas de l'immeuble, qui vaut le détour. Appartement 65€ la nuit pour deux, 300-400€ la sem. selon la saison. *18, place de la Myrpe Tél. 06 29 18 03 84 www.relaisdelamyrpe.com*

La Flambée (plan 6, B1 n°10) Le mur de verdure qui entoure la demeure du XIXe siècle devenue hôtel, située à la sortie de Bergerac, parvient

GAMME DE PRIX	RESTAURATION	HÉBERGEMENT
Très petits prix	moins de 15€	moins de 30€
Petits prix	de 15 à 25€	de 30 à 50€
Prix moyens	de 25 à 35€	de 50 à 80€
Prix élevés	de 35 à 50€	de 80 à 125€
Prix très élevés	plus de 50€	plus de 125€

à faire oublier la route qui passe en contrebas. La grande piscine, la terrasse fleurie et la façade en pierre dégagent une ambiance sereine. Repris en 2005, l'hôtel offre 20 chambres confortables avec des salles de bains rénovées (78-88€, petit déj. 9€ en haute saison), dont une pour handicapés. Les 13 du pavillon principal notamment, qui donnent sur le jardin, présentent des variétés de décors (boutis à fleurs ou uni, lit à baldaquin...). Le restaurant, qui s'étend entre le jardin et une salle ornée d'une cheminée en pierre, sert une cuisine régionale soignée (menus 18-37€). Accueil sympathique. *153, av. Pasteur* ***Bergerac*** *(sur la N21 dir. Périgueux) Tél. 05 53 57 52 33 www.laflambee.com*

prix très élevés

☺ **Le Clos d'Argenson (plan 6, B1 n°11)** En plein centre-ville, nul ne soupçonnerait un si imposant manoir, abrité par un portail et ombragé par un figuier. À l'intérieur, la demeure du XIXe siècle a conservé ses rosaces moulées, ses cheminées en marbre et d'élégants radiateurs en fonte. Quatre suites spacieuses et pimpantes sous leurs hauts plafonds, équipées de salles de bains modernes, offrent des vues sur une ruelle arrière, le jardin ou la place animée. La dénommée “Fleur” surtout, nous a beaucoup plu. Belle piscine aux rebords de pierres, billard, salon, et petit déj. avec des gâteaux de la maîtresse de maison, servi à la belle saison sur une terrasse en hauteur. Accueil charmant et possibilité de demander le transfert (payant) pour la gare ou l'aéroport. Suite 120-130€ pour deux, 160-200€ pour quatre (suite “Jeanne”). *99, rue Neuve-d'Argenson* ***Bergerac*** *Tél. 06 12 90 59 58 ou 06 09 69 24 10 www.leclosdargenson.com*

Dans les environs

prix moyens

Chambres d'hôtes Saint-Hubert Cette maison se dresse dans une clairière au cœur des bois. Chacune des 4 chambres (60€) possède sa personnalité et respire le confort douillet (la plus grande dispose d'un salon ouvrant sur la terrasse). Le parc est suffisamment vaste pour choisir l'endroit où installer sa chaise longue et alterner lecture et baignade dans la piscine. Également, un mur de tennis et un practice de golf. Table d'hôtes sur demande, 20€. *Mme Hennion Saint-Hubert* ***Liorac-sur-Louyre*** *(15km à l'est de Bergerac par la D32) Tél. 05 53 63 07 92 http://saint-hubert.voila.net*

Les Vieilles Pierres Tout ici respire une ambiance familiale. Les 11 chambres (51-66€, petit déj. 8€), simples et tranquilles, sont disposées autour de deux petits patios fleuris. Piscine et calme absolu. ***Eymet*** *(23km au sud de Bergerac) À la sortie du village dir. Marmande Tél. 05 53 23 75 99 www.lesvieillespierres.fr*

SAINT-MICHEL-DE-MONTAIGNE

24230

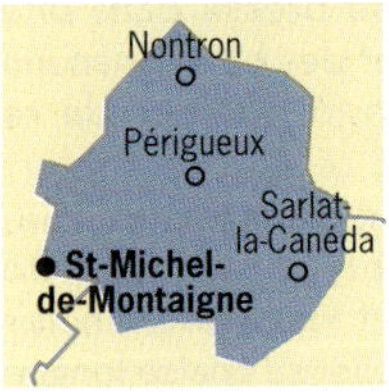

Ce minuscule village sans commerce est situé dans le pays de Montaigne et de Gurson, aux confins du Bergeracois et de la Gironde, sur des coteaux vallonnés où se disputent le vignoble et la forêt, qui ont vu naître le grand humaniste Michel de Montaigne. Son château, et surtout la tour où il rédigea les *Essais*, offre une plongée jubilatoire dans la vie de ce philosophe. Le voyage dans le temps s'accélère à Montcaret où les vestiges d'une villa gallo-romaine attestent d'un peuplement ancien de la région. Au rang des nourritures moins spirituelles, il serait dommage de repartir de ce pays viticole sans déguster un montravel, rouge ou blanc.

MODE D'EMPLOI

accès

Le village est situé 44km à l'ouest de Bergerac.

informations touristiques

Syndicat d'initiative du pays de Montaigne et Gurson-Laforce Il s'occupe de toute la région et fournit une liste des nombreux gîtes des environs. *Ancienne Auberge* ***Saint-Vivien*** *(8km à l'ouest de Saint-Michel) Tél. 05 53 22 86 76 www.tourisme-montaigne.jimdo.com Ouvert lun.-ven. 9h-13h et 14h-17h*

DÉCOUVRIR

Saint-Michel-de-Montaigne et ses environs

☆**Les essentiels** Le château de Montaigne **Découvrir autrement** Offrez-vous un foie gras de l'élevage Provin, à Saint-Martin-de-Gurson, rafraîchissez-vous dans le lac de Gurson en été

☆ **Château de Montaigne** Avant la visite, promenez-vous dans le parc du château jusqu'à la terrasse qui offre une vue panoramique sur les coteaux couverts de vigne et la vallée de la Lidoire. Seule la tour de la librairie où Montaigne (1533-1592) se retira pour écrire les *Essais* est accessible au public. Le guide narre la vie tumultueuse de cet écrivain, philosophe, magistrat, homme politique au service des rois de France et de Navarre, et conseiller au parlement de Bordeaux. L'évocation du penseur s'achève par la visite de la pièce tant attendue, la fameuse librairie, où il fit graver sur les poutres des maximes de penseurs de l'Antiquité et des phrases de l'Ecclésiaste. Dégustation et vente du vin du château. ***Saint-Michel-de-Montaigne*** *Tél. 05 53 58 63 93 www.chateau-montaigne.com Ouvert fév.-avr., nov.-déc. : mer.-dim. 10h-12h et 14h-17h30 (w.-e. uniquement de mi-nov. aux vac. de Noël) ; mai-juin, sept.-oct. : mer.-dim. 10h-12h et 14h-18h30 ; juil.-août : tlj. 10h-18h30 Ouvert tlj. durant les vac. scol. de Pâques à la Toussaint Fermé 1er jan., 3 sem. en jan. et 25 déc. Visite guidée tarif 7€, réduit 5€ Accès parc 3€*

Site archéologique de Montcaret Des fouilles entreprises en 1921 dans le cimetière communal désaffecté ont permis de mettre au jour une villa gallo-romaine datant probablement du Ier siècle ap. J.-C, aux remarquables pavements. Les 4 000m² exhumés donnent une idée assez précise de la propriété foncière. On parcourt les vestiges des différentes pièces, guidé par un

Le Périgord gourmand

Restaurants ouvriers, fermes auberges

La Ferme de Layotte (Les Eyzies-de-Tayac-Sireuil) ____ 227
Le GR6 (Carlux) ____ 266

Bonnes tables

L'Essentiel (Périgueux) ____ 76
Auberge de la Truffe (Sorges) ____ 76
L'Oison (Chancelade) ____ 77
La Table du Pouyaud (Champcevinel) ____ 77
Le Moulin du Roc (Champagnac-de-Belair) ____ 95
Villa Saint-Laurent (Saint-Laurent-des-Vignes) ____ 129
La Tour des vents (Monbazillac) ____ 130
Étincelles (Sainte-Sabine-Born) ____ 144
Les Jardins d'Harmonie (Sarlat-la-Canéda) ____ 167
Auberge la Plume d'oie (La Roque-Gageac) ____ 177
L'Assiette gourmande (Alles-sur-Dordogne) ____ 215
Le Vieux Logis (Trémolat) ____ 216
L'Imaginaire (Terrasson-Lavilledieu) ____ 260

Produits du terroir

Biscotterie La Chanteracoise (Saint-Germain-du-Salembre) ____ 82
Maison du foie gras (Thiviers) ____ 108
Boutique Saveur Nature (Saint-Pierre-de-Frugie) ____ 114
Élevage Provin (Saint-Martin-de-Gurson) ____ 134
Cave de Saint-Vivien (Saint-Vivien) ____ 134
Ferme de Veyrines (Issigeac) ____ 137
Ferme de la Mondine (Biron) ____ 151
Moulin de la Tour (Sainte-Nathalène) ____ 165
Cave du vin de Domme ____ 191
Cuisine, cave et compagnie (Villefranche-du-Périgord) ____ 202
Domaine et moulin de Rapatel (Villefranche-du-Périgord) ____ 203
Maison Arvouet (Le Buisson-de-Cadouin) ____ 207
Cave Julien-de-Savignac (Le Bugue) ____ 212
Le Déjeuner sur l'herbe (Saint-Léon-sur-Vézère) ____ 258
Foie gras Crouzel (Salignac-Eyvigues) ____ 265

dépliant riche en explications. La visite comprend notamment deux célèbres salles, le *frigidarium* (salle des bains froids), décoré de mosaïques représentant poissons, dauphins et coquillages, et le *tridinium*, alors équipé d'un système de chauffage par hypocauste. L'église du village trône au centre de ces ruines. ***Montcaret** (4km au sud-est de Saint-Michel) Tél. 05 53 58 50 18 Ouvert juin-sept. : tlj. 9h45-12h30 et 14h-18h30 ; oct.-mai : dim.-ven. 10h-12h30 et 14h-17h30 Visites guidées pour individuels, régulières en été, sur rdv hors saison Tarif 3€, moins de 25 ans gratuit La billetterie ferme 45min avant le site*

● Où acheter du foie gras ?

Élevage Provin Canards et oies s'ébattent tranquillement dans la ferme familiale, où l'on vous fera volontiers visiter l'élevage et l'atelier de fabrication : la qualité du foie gras en bénéficie et plusieurs prix la récompensent. *M. Provin Les Gatinaux **Saint-Martin-de-Gurson** (15km au nord-est de Saint-Michel) Tél. 05 53 80 70 56*

● Où déguster du vin ?

Carte touristique du vignoble Disponible au syndicat d'initiative, elle répertorie avec leurs coordonnées tous les vignerons vendant du vin à la propriété dans le vignoble de Montravel, qui englobe quinze communes entre Saint-Michel-de-Montaigne et Montfaucon. Sur ce terroir, on produit le rouge pécharmant, le blanc moelleux rosette et les bergerac. **Syndicat d'initiative du pays de Montaigne et Gurson-Laforce** *Saint-Vivien*

Cave de Saint-Vivien De loin, vous repérerez sans mal cette coopérative grâce à sa tour néomédiévale du siècle dernier. Elle représente le plus important point vinicole de l'ouest bergeracois où, depuis 1935, les viticulteurs de Montravel apportent chaque année le fruit de leur travail. Achat sur place à la boutique ou sur commande. ***Saint-Vivien** (500m au sud du village) Tél. 05 53 27 50 24 Ouvert mar.-ven. 9h-12h et 14h-18h, sam. 9h-12h et 14h-19h (ouvert aussi le lun. en juil.-août)*

● Faire trempette dans un lac

Lac de Gurson Au pied du château de Gurson, ce vaste plan d'eau de 11ha expose ses eaux vertes au soleil. Les berges sont saupoudrées de sable fin et équipées de toboggans, portiques et manèges pour les enfants. Les pins maritimes ajoutent à ce cadre un petit air de littoral, où l'on pratique beaucoup la pêche à la carpe et au brochet (permis requis). Le site, auparavant un peu négligé, a été repris avec poigne par le conseil régional et aujourd'hui resplendit. Gîtes à louer dans des maisonnettes sous les arbres (381-582€/sem. pour 2 à 6 pers.) et réouverture d'un camping tout neuf en 2014. Canoës gratuits à disposition. *13km au nord-est de Saint-Michel*

Été actif Cette base de loisirs se prête à merveille aux activités sportives à petits prix, organisées par le département. Sur l'eau, de l'aviron et du baby ski nautique. Dans les bois environnants, des initiations au tir à l'arc, des balades à cheval et des courses d'orientation. ***Carsac-de-Gurson** Tél. 05 53 22 86 76 http://sports.cg24.fr Rens. au syndicat d'initiative du pays de Montaigne Tarif 8€/pers., 20€ pour 1h de cheval*

● Où prendre un thé dans un jardin paysager ?

Les jardins de Sardy Aménagée sur un site médiéval, cette propriété du XVIIIe siècle avec son bassin d'époque offrait un cadre parfait aux paysagistes. C'est ainsi qu'à la fin des années 1950 fut dessiné un jardin aux influences italiennes et anglaises autour de la pièce d'eau à nénuphars, où les cyprès se mêlent aux massifs de fleurs et aux rocailles. Vous l'atteignez en contrebas de la demeure, en descendant un couloir végétal dont une statuette de Saint-Fiacre marque le bout. Sur ce bassin romantique, où nagent des poissons de toutes les couleurs, des jets d'eau formant des haies aquatiques se déclenchent de temps à autre. Outre la découverte de variétés de végétaux et d'arbustes, l'intérêt de la visite passe aussi par une petite exposition de photos sur la restauration des bâtiments, à l'entrée. Un salon de thé, installé dans une dépendance, offre un précieux moment de détente, avec une carte de thés de qualité et des glaces. ***Vélines*** *(10km à l'est de Saint-Michel) Tél. 05 53 27 51 45 jardinsdesardy.com Ouvert Pâques-Toussaint : tlj. 10h-18h Tarif 6€, réduit 3€*

● **Randonner à pied, jouer au géocaching** 380km de chemins de randonnée sillonnent les cantons de Vélines, Villefranche-de-Lonchat et Laforce. C'est l'occasion aussi d'y chercher les "trésors" cachés, tout en laissant un objet en échange. Le syndicat d'initiative du pays de Montaigne diffuse une carte des sentiers pédestres et un dépliant avec les indices et coordonnées GPS. **Syndicat d'initiative du pays de Montaigne et Gurson-Laforce** *Saint-Vivien (8km à l'ouest de Saint-Michel) Tél. 05 53 22 86 76 www.tourisme-montaigne.jimdo.com Ouvert lun.-ven. 9h-13h et 14h-17h Informations et cartes*

PÉRIGORD

CARNET D'ADRESSES

Restauration, hébergement

petits prix

L'Ardoise En lieu et place d'un ancien pub, s'est installé un petit restaurant d'une simplicité raffinée, en communion totale avec la cuisine. Le chef, un breton expérimenté, entend revisiter des recettes classiques à son idée, directement à partir des produits du marché. Les légumes, livrés par un producteur, sont servis croquants avec une papillotte de poisson à l'estragon, une palette de porc marbré au magret fumé, ou un magret rôti aux framboises. Des plats soignés et sans prétention, auxquels s'ajoute une cave choisie de la région. Un excellent rapport qualité-prix, de l'entrée au dessert. Ardoise déj. 15€, et menus 20-26€. ***Saint-Seurin-de-Prats*** *(10km au sud-est de Saint-Michel-de-Montaigne) Tél. 05 53 58 80 16 Ouvert mar. et jeu.-dim. midi et soir*

prix moyens

☺ **Hôtel-restaurant du Commerce** Cette maison de village, face à la mairie, avec ses murs en pierre ocre, dégage une élégance certaine. À l'intérieur, un décor "rustique chic", dont la longue salle à manger débouche sur une vue de la campagne. La cuisine, traditionnelle, se permet des échappées comme la fricassée de cuisses de grenouilles au curry (16€). Menus 19,50-32€, avec une formule déjeuner à 12€. Il est possible de déjeuner légèrement en choisissant une salade ou un plat unique. L'établissement propose quelques chambres, étroites mais toutes très confortables. Chambre 47€, petit déj. 6€. Réservation conseillée. *Rue Montaigne* ***Ville-***

franche-de-Lonchat (10km au nord de Saint-Michel) Tél. 05 53 82 35 86 http://hotel-st-emilion.com **Restaurant** *Ouvert haute saison : mar.-sam. midi et soir, dim. midi ; basse saison : mar. et jeu.-sam. midi et soir, mer. et dim. midi*

Chambres d'hôtes La Mouthe En lisière des forêts de la Double et du Landais, dans un cadre enchanteur, cette belle maison à colombages offre 5 chambres spacieuses donnant sur la campagne environnante. À proximité, 2 gîtes aménagés dans des maisonnettes indépendantes avec beaucoup de goût accueillent chacun jusqu'à 6 personnes. Aux beaux jours, la piscine est ouverte à tous ! Chambres 62-75€, petit déj. inclus. Gîtes de 280 à 900€/sem. selon la saison, pour 4 à 6 pers. *Mme Guérault La Mouthe* ***Saint-Rémy*** *(15km au nord-est de Saint-Michel) Tél. 06 71 52 73 42 Tél./fax 05 53 82 15 40*

ISSIGEAC

24560

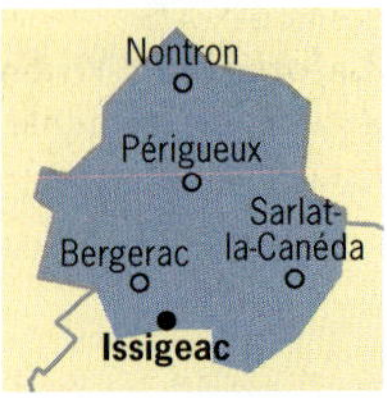

Situé au cœur du Périgord pourpre, ce bourg, animé aujourd'hui par quelques cafés-restaurants bon enfant, constitue une étape de choix sur la route des bastides et un magnifique voyage dans le temps. Le village médiéval s'inscrit dans un cercle parfait traversé par quelques rues étroites bordées de maisons à encorbellement. Autant de merveilles qui n'auraient sans doute pas vu le jour sans les évêques de Sarlat, qui en firent leur lieu de résidence.

MODE D'EMPLOI

accès

Issigeac est situé 20km au sud-est de Bergerac.

fêtes et manifestations

Foire aux paniers et à la vannerie Les vanniers des quatre coins de la France exposent leurs productions. *Pl. du Château Fin juillet*

Marché gourmand Sur la place, où sont installés tables et bancs, on goûte une assiette de charcuterie, une salade au chèvre frais ou l'on décortique une douzaine d'escargots farcis. La soirée s'achève par un bal populaire. *Devant l'église Jeu. soir en été*

Marché hebdomadaire Légumes, foie gras, poulets, vins... Très animé. *Devant le château, l'église et dans les ruelles Dim. matin*

informations touristiques

Office de tourisme En été, visite guidée (recommandée) du village une fois par semaine, le jeudi matin, de 11h à 12h, tarif 3,50€. *Pl. du Château Tél. 05 53 58 79 62 http://web.lerelais internet.com/issigeac/ Ouvert haute saison : tlj. 10h-12h30 et 14h-18h ; basse saison : lun.-ven. 10h-12h30 et 14h-17h, dim. 10h30-12h30*

DÉCOUVRIR

☆**Les essentiels** Le centre médiéval d'Issigeac **Découvrir autrement** Prenez un verre au Café de France, charmant établissement "à l'ancienne", assistez au travail d'un souffleur de verre à Issigeac, attardez-vous dans les jardins du château de Lanquais

Issigeac

☆**Centre médiéval** Les évêques de Sarlat sont pour beaucoup dans le charme de ce village à l'arrondi parfait dont ils firent leur résidence au XIVe siècle. Rue Cardenal, la **maison des Têtes** (XVIe s.) dresse sa façade étrange où sont sculptées des têtes telles des cariatides en bois soutenant les fenêtres du 3e étage. À l'entrée ouest du village, un vaste corps de bâtiments en pierre blanche, la **prévôté**, épouse la courbe des remparts. En passant la tête au-dessus du portail, on aperçoit le perron coiffé d'un toit en ardoise et un peu plus loin un pigeonnier. L'importance de la prévôté s'explique par le rôle du prévôt qui cumulait les fonctions d'abbé et de seigneur d'Issigeac. La **maison des Dîmes**, avec ses ouvertures en arc brisé, fait face au **château des Évêques** (XVIIe s.), de facture classique. Au centre du village, l'**église** donne sur une placette pleine de charme.

PÉRIGORD

● Où boire un verre ?

Café de France Un café "à l'ancienne", tout indiqué pour lier connaissance avec les habitués et connaître les dernières nouvelles du bourg. Le matin, il est agréable d'y prendre un petit noir en lisant *Sud-Ouest*. Très dynamique, le café organise aussi des concerts en tout genre le vendredi soir (jazz, rock, classique...), une soirée fish & chips par mois, et des barbecues sur sa terrasse arrière, à l'ombre d'une paillote. Avec 3 chambres (p.139). *44, Grand-Rue* ***Issigeac*** *Tél. 05 53 73 16 25 Ouvert tlj. 8h (7h30 en été) - tard dans la nuit*

● Rencontrer un souffleur de verre

☺ **L'Atelier des verriers** Même par grande chaleur, Frédéric Guillot travaille la pâte incandescente chauffée dans un fourneau. De ses mains agiles, naissent des créations translucides aux reflets colorés. La série de verres de table est particulièrement réussie. *Route d'Eymet* ***Issigeac*** *Tél. 05 53 73 22 56 http://www.ateliersdart.com Ouvert juil.-août : tlj. 10h-12h et 14h-18h ; sept.-juin : mar.-sam. 10h-12h et 14h-18h*

● Où acheter des produits bio, du foie gras ?

Bio et Terroir Né d'une coopérative d'agriculteurs, un magasin tout-bio, concentré sur les produits locaux : fruits, légumes, fromages, pains au levain cuits au feu de bois... On peut également déguster sur place boissons et petits plats sur l'une des tables installées devant l'église : thés bio (2,80€), smoothies (4€), assiette de crudités, pâté végétal ou gâteau aux noix (5-10€). *Place de l'Église* ***Issigeac*** *Tél. 05 53 57 28 11 Ouvert mar.-sam. 9h-12h30 et 15h-19h, dim. 9h-13h*
Ferme de Veyrines La boutique de ce producteur se consacre aux canards gras de son élevage, gavés au maïs de façon traditionnelle, et vivant en plein air

dans une exploitation de Ribagnac. Blocs de foies gras entiers, rillettes, pâtés, cous farcis, confits, gésiers... *34, rue Cardenal* ***Issigeac*** *Tél. 06 61 37 37 53 Ouvert juil.-août : mar.-ven. 10h-12h30 et 15h30-18h30, dim. 9h30-12h30 ; juin, sept. : mer. 10h-12h30, jeu.-ven. 10h-12h30 et 16h-18h30, dim. 9h30-12h30 ; reste de l'année : jeu. 10h-12h30 et 16h-18h30, dim. 9h-12h30*

Les environs d'Issigeac

☺ **Château de Lanquais** "Un Louvre inachevé en Périgord", la formule est grandiloquente mais presque vraie. La façade principale s'inspire directement de l'architecture du palais parisien dans la symétrie des motifs et sa simplicité. Cette similitude s'achève avec le donjon médiéval, doté d'une superbe porte gothique flamboyant. Le chemin de ronde, les mâchicoulis, les archères témoignent d'une architecture fortifiée. Outre la richesse architecturale qu'on ne se lasse pas d'admirer, le lieu séduit par la liberté accordée aux visiteurs. Chacun peut déambuler à sa guise dans le château, sans être tenu de rejoindre la visite guidée, et s'attarder sur une chaise de jardin pour profiter du paysage. Les intérieurs ont conservé un ameublement d'origine, embrassant plus de trois siècles de décoration, de la Renaissance au XVIIIe siècle, qui donne au château un aspect vivant. Il est même possible de loger sur place, grâce à deux appartements (500 et 700€ la sem.), une chambre et une suite de charme (90-125€ la nuit, avec petit-déj. et visite inclus). ***Lanquais*** *(12km au nord-est d'Issigeac) Tél. 05 53 61 24 24 Ouvert avr.-juin, sept. : mar.-dim. 14h30-17h30 ; juil.-août : tlj. 10h-19h ; oct. : mar.-dim. 14h30-18h Tarif 8€, réduit 6€ (visite des souterrains comprise)*

CARNET D'ADRESSES

Restauration

petits prix

La P'tite Treille La maisonnette à colombages, avec sa terrasse, fait face au château. Salon de thé l'après-midi, l'établissement sert foie gras, omelettes, parts de quiches et tartes salées à l'heure des repas (9-15€), ainsi que de délicieuses pâtisseries fraîches. Cadre charmant. *Pl. du 8-Mai-1945* ***Issigeac*** *Tél. 05 53 24 24 09 Ouvert Pâques-mi-oct. : mar.-dim. 10h-18h*

prix moyens

Relais de l'Ancienne Gare Ce petit restaurant, délicieusement rustique, vaut le détour, ne serait-ce que pour l'ambiance conviviale qui règne dans la salle, garnie d'objets pêle-mêle, dont une collection de trains élec-

GAMME DE PRIX	RESTAURATION	HÉBERGEMENT
Très petits prix	moins de 15€	moins de 30€
Petits prix	de 15 à 25€	de 30 à 50€
Prix moyens	de 25 à 35€	de 50 à 80€
Prix élevés	de 35 à 50€	de 80 à 125€
Prix très élevés	plus de 50€	plus de 125€

triques. Au menu, des plats grand-mère apprêtés (assiette de foie gras en trois façons), où le terroir n'évince pas le poisson (saumon fumé de la maison, bar et Saint-Jacques aux petits légumes), sans négliger les desserts (gâteau aux deux chocolats, tarte fine aux pommes). Menus 13-16€ (midi) et 25-29€. *Route d'Eymet* ***Issigeac*** *Tél. 05 53 58 70 29 www.pays-de-bergerac.com Ouvert fév.-déc. : ven.-mer. midi et soir Fermé en jan.*

Auberge des Marronniers Un conseil : réservez ! car la terrasse en plein air est prise d'assaut lors des longues soirées d'été. Dans cette auberge de campagne, à deux pas du château de Lanquais, les accents du terroir sont prononcés. Aiguillettes, magrets, carré et souris d'agneau sont à l'honneur dans des menus à 13€ à midi, de 17 à 34€ le soir. Le plateau de fromages est un régal. ***Lanquais*** *(13km au nord-est d'Issigeac) À la sortie de Lanquais dir. Couze Tél. 05 53 24 93 78 Ouvert jeu.-lun. midi et soir, mar. midi*

Chez Alain Au pied du château, voici le restaurant bienvenu pour une dînette en amoureux ou se faire simplement plaisir, dans une atmosphère chaleureuse. Fraîche en été, la salle dallée de tomettes rouges, aux pierres ravalées, offre en hiver une cheminée à bois. Dehors, une terrasse arborée s'étend sous les parasols. La carte, elle, propose des recettes traditionnelles revisitées telles que le magret de canard en croûte d'épices, un filet mignon et ses poires pochées, des gambas géantes à la purée de patates douces. Service attentif, assiettes soignées, et le dim., un buffet unique à 30€, avec hors-d'œuvre et fromage à volonté. Réservez ! Sinon, menu déjeuner à 15€, dîner 28 et 36€. *Tour de Ville* ***Issigeac*** *Tél. 05 53 58 06 03 Ouvert mai-oct. : mar.-sam. midi et soir, dim. midi ; nov.-avr. : jeu.-sam. midi et soir, dim. midi (ouvert le mer. en avr.)*

La Brucelière Cette grosse maison aux volets verts, un relais de poste du XIXe siècle, détient une petite institution du bourg. Aux fourneaux, David Douet y crée une cuisine raffinée sur des bases classiques en suivant les saisons, avec un penchant pour les produits de la mer. Dans un cadre sobre aux murs en moellons ou sur la terrasse, on se délecte de son oreiller d'écrevisses à l'émulsion de crustacés, mais aussi d'un cœur de bœuf glacé, d'un jarret de veau et sa compotée d'aubergine, ou pour finir, d'un baba à la chantilly citronnée. Également, 5 chambres d'hôtes simples et cosy (62-75€). Menus 17,80€ (midi) et 25,50-29,50€. *Place de la Capelle* ***Issigeac*** *Tél. 05 53 73 89 61 www.labruceliere.com Ouvert fév.-déc. : mer.-lun. midi et soir, mar. midi Fermé en jan. et sam. midi de mi-oct. à avr.*

Hébergement

prix moyens

Auberge du café de France Une jolie surprise que les coulisses de ce café (p.137), qui abritent à l'étage 3 chambres flambant neuves, vastes et impeccables. Elles ouvrent sur un palier cosy, aux poutres apparentes, et chacune possède une couleur différente (bleue, beige et parme), avec une salle de bains assortie. Un bon rapport qualité-prix à 50-55€ pour deux, petit-déj. 6€. *44, Grand-Rue* ***Issigeac*** *Tél. 05 53 73 16 25*

BEAUMONT-DU-PÉRIGORD

24440

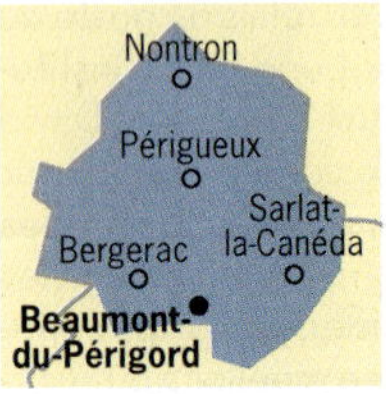

Depuis 1272, cette bastide campe sur une colline et surveille la Couze, modeste affluent de la Dordogne qui dissimule sur ses berges d'authentiques villages médiévaux. Aux heures troubles, elle s'est hérissée de fortifications et d'un donjon massif, ultime rempart contre les envahisseurs. Les maisons médiévales qui bordent la place centrale et les ruelles étroites invitent à une promenade dans le passé, au temps où Anglais et Français guerroyaient pour la conquête de l'Aquitaine.

MODE D'EMPLOI

accès

La bastide est située 30km au sud-est de Bergerac par la D660, et 15km au nord-ouest de Monpazier par la D660.

informations touristiques

Office de tourisme Il fournit une brochure des sentiers de randonnée du canton. *Visite guidée tarif 4€, réduit 3€ ; juil.-août : nocturne jeu. tarif 3€ Pl. Centrale Tél. 05 53 22 39 12 www.pays-des-bastides.com Ouvert juil.-août : lun.-sam. 10h-12h30 et 14h-18h, dim. 10h-12h30 ; sept.-juin : lun.-ven. 10h-12h et 14h-17h, sam. 10h-12h Visite guidée sur rés. tarif 4,80€, réduit 3,80€ ; juil.-août : nocturne jeu. tarif 4€*

marchés

Marché traditionnel *Pl. Centrale Ouvert mar. et sam. matin*
Marché gourmand Producteurs du cru et commerçants de bouche se rassemblent et cuisinent… en musique. Très convivial ! *Pl. Centrale Ouvert fin juin-début sept. : lun. soir*

DÉCOUVRIR

Beaumont-du-Périgord et ses environs

☆ **Les essentiels** Le cœur historique de Beaumont **Découvrir autrement** Explorez le village médiéval de Saint-Avit-Sénieur, révisez vos connaissances sur la fabrication du papier au moulin de la Rouzique, dénichez les plus beaux pigeonniers du canton

☆**Vieux Beaumont** Impossible de se promener dans Beaumont sans remarquer l'**église fortifiée** Saint-Laurent-et-Saint-Front, exemple saisissant de l'architecture défensive caractéristique de la région. Élevée entre la fin du XIIIe siècle et le début du XIVe siècle, elle est marquée par le style gothique de l'époque. Son "donjon" se dresse à 30m de hauteur et réunit tout l'arsenal défensif habituel : mâchicoulis, meurtrières, bretèches. Une frise sculptée couronne le portail. Des seize portes qui gardaient les accès de la ville nouvelle, une seule nous est parvenue, la **porte de Luzier**, située dans l'axe de l'église en traversant la place. Un pan des anciens remparts est encore visible. Ils sont bordés de demeures du XIIIe siècle. La **place centrale** a conservé sept des seize arcades qui l'entouraient, mais la halle a été entièrement détruite.

☺ **Saint-Avit-Sénieur** Rien ne semble avoir changé depuis le Moyen Âge dans ce village campé en haut d'un promontoire rocheux. Les maisons construites en terrasses se blottissent autour d'une **église abbatiale** dont les proportions semblent démesurées au regard du bourg. Ce contraste s'explique par la présence d'une abbaye fondée dès le IXe siècle en hommage à Avitus, un évangélisateur qui, selon la légende, serait venu porter la bonne parole dans la région. L'édifice conserve une zone d'ombre que les historiens n'ont toujours pas levée. Les voûtes gothiques s'appuient sur un soubassement roman, sans qu'on puisse expliquer cet anachronisme. La première voûte se serait-elle effondrée sous son poids, ou à cause d'un incendie ? Les pierres rougies donnent quelques gages à la dernière hypothèse. D'emblée, l'allure générale massive et puissante de l'édifice frappe l'esprit. Le **donjon fortifié**, en partie détruit par les protestants, est doublé de dispositifs défensifs dont la rudesse tranche avec l'intérieur décoré de poignantes peintures murales gothiques du XIVe siècle. Sa longue restauration a redonné tout son éclat aux trois travées qui s'étirent sur 55m de longueur. Profondément éprouvée pendant le conflit franco-anglais puis lors des guerres de Religion, l'**abbaye** a perdu son cloître, et les bâtiments conventuels sont très dégradés. Après la visite, admirez le panorama, de l'esplanade près de la mairie, qui domine un paysage vallonné. *5km à l'est de Beaumont*

Montferrand-du-Périgord Le temps s'est arrêté dans ce village à l'écart des routes touristiques. L'unique rue, bordée de nobles demeures périgourdines aux façades Renaissance, passe devant la halle du XVIe siècle qui abritait foires et marchés, et conduit au château dont le donjon austère surveille la vallée de la Couze. De la terrasse du château, admirez la nature luxuriante. Situé sur une butte, le cimetière abrite une chapelle romane émouvante, ornée de peintures murales réalisées entre le XIIe et le XVIe siècle figurant le Christ entouré des quatre évangélistes. *10km à l'est de Beaumont (dir. Belvès)*

Moulin de la Rouzique Dès la fin du XVe siècle et au début du XVIe siècle, les moulins fleurissent au bord de la Couze, rivière dont l'eau présente toutes les propriétés pour la fabrication d'un papier de qualité supérieure. Ce papier était ensuite exporté par bateau jusqu'à Bordeaux, avant de partir pour les imprimeries des Pays-Bas. Pendant plus de quatre siècles, jusqu'en 1982, le moulin de la Rouzique a fait tourner sa roue à aubes. Un écomusée a pris la relève et propose aux visiteurs une découverte des lieux qui s'accompagne d'une démonstration de fabrication du papier. Le moulin a gardé fière allure. À l'étage, le séchoir et une exposition de papiers filigranés, en bas l'atelier avec les cuves, les machines et la presse. Sur l'autre rive, la maison du maître papetier est accolée à la falaise. *Chemin des Guillandoux* ***Couze-et-Saint-Front*** *(10km au nord de Beaumont) Tél. 05 53 24 36 16 www.moulin-de-la-rouzique.com Ouvert avr.-juin, sept. : dim.-ven. 14h-18h ; juil.-août : tlj. 10h-19h Tarif 7€, réduit 5€ Billetterie fermée 1h avant*

Maison à empilage Non loin du village de Sainte-Sabine-Born, se dévoile cette maison classée, exemple le mieux conservé de ces rares habitats en madriers de chêne, édifiés entre 1505 et 1507, et d'origine obscure. Ce style éphémère devrait son existence à un besoin de logements, à l'époque, pour des cultivateurs. Du bois, recueilli par un fort défrichement d'arbres, fournit le premier matériel aux bâtisseurs. Soutenues par un soubassement de pierres et de silex, les poutres s'empilent à l'horizontale, rassemblées et encastrées au tiers aux quatre angles, donnant à la demeure l'aspect d'une cabane canadienne ou d'une isba ! La façade semi-aveugle, ne libère que de minces ouvertures, dont celle de la porte principale, qui conserve son arrondi d'origine. Deux pignons à colombages coiffent cet intrigant ensemble. *Saint-Germain* ***Sainte-Sabine-Born*** *(10km au sud de Beaumont, lieu-dit à l'ouest du bourg)*

● Où acheter du papier artisanal ?

Moulin de Larroque Dernier moulin à conserver une activité commerciale sur la dizaine qui peuplait les berges de la Couze, le moulin de Larroque doit sa réussite à la qualité de son papier utilisé par des grands noms du dessin et de la peinture. Vous pouvez visiter l'atelier de fabrication ou acheter directement la production papetière. ***Couze-et-Saint-Front*** *(10km au nord de Beaumont) Tél. 05 53 61 01 75 www.moulindelarroque.com* ***Boutique*** *Ouvert lun.-ven. 9h-12h et 14h-17h30 Visite guidée de l'atelier en semaine 5€ sur rdv*

La route des pigeonniers et colombiers

Réglementés par une ordonnance royale de 1368, les pigeonniers représentaient un privilège, un signe extérieur de richesse et un bien. Ils abondaient jadis dans le Périgord, région fertile. Outre l'élevage des pigeons comme ressource alimentaire, les fientes (dite "colombines") offraient un excellent engrais à la vigne et aux cultures maraîchères. Ces élégants nichoirs étaient reliés à la maison principale, parfois perchés sur le toit, ou indépendants, dressés sur pieds. Aujourd'hui avant tout décoratifs, le plus souvent construits entre les XVIIe et XIXe siècles, ils restent des trésors d'architectures variées, tour à tour de plan carré ou circulaire, à colombages, en pierre de taille apparente ou enduit de mortier, surmontés d'un pic de guidage (en céramique pour les plus cossus). L'office de tourisme de Beaumont diffuse un livret (3,50€) qui les répertorie dans et à la sortie du village, et sur onze communes alentour : Labouquerie, Montferrand, Nojals-et-Clotte, Saint-Avit-Sénieur, Sainte-Sabine-Born...

● Faire la tournée des fermes

Circuits portes ouvertes à la ferme Chaque mardi d'été, un circuit autour d'un thème différent (noix, canard, culture du safran, traite des vaches...), dans les fermes des environs. *Départ en voiture de l'office de tourisme, pl. Centrale* ***Beaumont*** *Tél. 05 53 22 39 12 En juil.-août : mar. 14h-18h*

● Explorer le canton à pied Le canton de Beaumont regroupe treize communes, ponctuées de petits villages, de bois et de forêts... Soit 18 boucles balisées sur 200km. *Plan disponible à l'office de tourisme de Beaumont*

● Monter à cheval

Centre équestre du Pays beaumontois Animé par des experts, ce centre équestre enrôle petits et grands, de l'âge le plus tendre au plus avancé, y compris les personnes handicapées. Cours d'équitation (15-70€, de l'heure de baby-poney à la journée à cheval), promenades accompagnées (25-40€ pour 1h30 et 2h30), stages personnalisés, sauts d'obstacles, attelage, dressage, conduite de calèche... Pour tous niveaux, de l'initiation à la formation de moniteur. *Penlaud* ***Labouquerie*** *(env. 1,5km au sud-est de Beaumont, dir. Montpazier) Tél. 05 53 22 50 99 ou 06 78 65 44 67 http://cepb.free.fr Ouvert lun.-sam. 8h-20h*

● Profiter d'un panorama sur la Dordogne

Chapelle de Saint-Front-de-Colubri La légende veut que le saint évangélisateur terrassât à cet endroit, sur le site de la chapelle de Saint-Front-de-Colubri, la coloubre, mi-monstre, mi-dragon, qui engloutissait les bateliers et leurs embarcations près de Lalinde. Les naufrages étaient plus certainement provoqués par les rapides, mais légende ou pas, le point de vue sur la Dordogne mérite qu'on se rende à la chapelle postée sur un promontoire, d'où sont bien visibles les rochers aiguisés qui affleurent. *11km au nord de Beaumont (traverser Couze, puis fléchage sur la droite)*

CARNET D'ADRESSES

Restauration

très petits prix

Restaurant Chez Claudette L'un des rares restaurants de Beaumont-du-Périgord (hors les quelques snacks-bars qui se partagent la place principale) à proposer un menu du jour très simple à 13€, servi sur une petite terrasse. Le soir, les formules offrent un peu plus de choix dans le strict respect des spécialités périgourdines, telles que la côte de veau aux morilles, l'enchaud aux légumes, les poissons d'eau douce... Plat 15€. *39, rue Foussal* ***Beaumont-du-Périgord*** *Tél. 05 53 23 95 23 Ouvert sept.-mai : lun.-sam. midi et soir ; juil.-août : lun.-sam. midi et soir, dim. soir Fermé mi-oct.-déb. nov. et vac. de Noël*

petits prix

☺ **Auberge-restaurant Lou Peyrol** D'origine corse, le chef de cette véritable auberge de campagne ajoute une touche du Sud à sa cuisine traditionnelle, préparée avec de bons produits du pays (menus 21-39€). La salle du restaurant, chaleureuse, affiche un rustique soigné. Réservation vivement conseillée. Quelques chambres à louer (p.145). *La Barrière **Montferrand-du-Périgord** (10km à l'est de Beaumont) Tél./fax 05 53 63 24 45 www.hotel-loupeyrol-dordogne.com Ouvert Pâques-fin sept. : jeu.-mar. midi et soir, mer. soir*

prix élevés

Au Marchay Le Marchay, petit manoir restauré, c'est tout d'abord le Saint-Cochon, son restaurant acclamé, installé dans l'ancienne grange. La cuisine, du terroir, varie au gré d'un chef inspiré, avec un menu unique le soir à 35€. Rudi Van Tichelt Rudi, qui fait tout lui-même, concocte ris de veau, magret de canard au foie gras, ou s'amuse à sortir de la région et s'empare d'un homard, le tout à arroser d'un beau choix de vins bergerac. Avec des chambres d'hôtes (p.146). ***Nojals-et-Clotte** (6km au sud de Beaumont) Tél. 05 53 22 05 45 ou 06 84 91 10 42 www.aumarchay.com Restaurant ouvert uniquement le soir, sur rés.*

prix très élevés

☺ **Étincelles** Chez Vincent Lucas, ni vitrine ni carte affichée dans son restaurant atypique, installé dans une maison de pierres au cœur de ce village. Ce chef étoilé, toujours en quête de créativité, propose un menu unique, intitulé le soir "Risques et aventures", où l'on se laissera surprendre par un rouget sur un sablé au chanvre avec une confiture de framboise des marais, un maigre en cuisson vapeur et sa fondue de rhubarbe, quelques abats avec du foie gras. Vincent Lucas affectionne les mélanges sucré-salé, les épices, et ce fameux foie gras qu'il n'hésite pas à marier à un dessert ou à un poisson. Gastronomie un peu plus simple à midi (petits farcis de brochets à la sauce verte, feuilleté de poule au pot au citron confit...). Menus dîner de cinq plats 49€, déjeuner de quatre plats 44€ et de six plats dim. midi 69€. Avec quatre chambres d'hôtes (p.146). *Le bourg **Sainte-Sabine-Born** (10km au sud de Beaumont) Tél. 05 53 74 08 79 www.gentilhommiere-etincelles.com Ouvert juin-sept. : lun. et jeu.-sam. soir, dim. midi ; juil.-août : lun.-mar., jeu. et sam. soir, mer. et ven. midi et soir, dim. midi Sur rés.*

Hébergement

camping

Le Moulin de la Guillou Situé sur les berges de la Dordogne, ce terrain vaste et ombragé est doté de 82 emplacements. Accès libre à la piscine de la base de loisirs à côté (sauf le lun.) et au tennis pour un séjour d'au moins cinq nuits. Emplacement 12,70/13,60€ pour deux avec l'électricité selon la période. ***Lalinde** (11km au nord de Beaumont) Tél. 09 61 46 06 96 ou 05 53 61 08 55 (office de tourisme) Ouvert mai-mi-sept.*

petits prix

Auberge Lou Peyrol Une aile du restaurant (p.143) est occupée par 5 chambres simples mais décorées

GAMME DE PRIX	RESTAURATION	HÉBERGEMENT
Très petits prix	moins de 15€	moins de 30€
Petits prix	de 15 à 25€	de 30 à 50€
Prix moyens	de 25 à 35€	de 50 à 80€
Prix élevés	de 35 à 50€	de 80 à 125€
Prix très élevés	plus de 50€	plus de 125€

avec élégance de tons crème, de sols en sisal et de tissus frais. Elles donnent sur la campagne et le village de Montferrand. Une halte privilégiée pour les randonneurs (le GR®36 traverse le hameau), mais aussi pour les amateurs de nature et de cuisine du terroir. Double 41 (sans sdb)-54€, petit déj. 8€. *La Barrière* ***Montferrand-du-Périgord*** *(10km à l'est de Beaumont) Tél. 05 53 63 24 45 www.hotel-loupeyrol-dordogne.com Ouvert Pâques-fin sept.*

prix moyens

Chambres d'hôtes de Boulègue Dans une belle ferme périgourdine, plantée au cœur d'un modeste hameau sur les hauteurs de Montferrand, 5 chambres accueillent les amoureux de nature en quête de tranquillité. Le paysage harmonieusement vallonné renforce cette douceur de vivre tant vantée dans le Périgord. Double 58€, demi-pension 98€/2 pers. et table d'hôtes 20€ (sauf les mer., sam. et dim. en saison). *M. et Mme Belgarric Boulègue* ***Montferrand-du-Périgord*** *(10km à l'est de Beaumont) De Montferrand, prendre D26 dir. Belvès, sur la gauche Tél. 05 53 63 26 42 ou 06 37 20 16 77*

Chambres d'hôtes Ferme du Peytavit La ferme est perchée dans un hameau qui domine la vallée de la Dordogne. Ses 4 chambres ont été aménagées dans une ancienne étable dont l'architecture originelle a été conservée. Celles à l'étage sont les plus charmantes avec leurs poutres apparentes. Les randonneurs pourront emprunter le GR®6 qui passe au pied de la ferme. Chambre 50€. Table d'hôtes 18€. *M. et Mme Gaillard* ***Couze-et-Saint-Front*** *(10km au nord de Beaumont) À Couze, prendre à gauche dir. cimetière, puis fléchage Tél. 05 53 61 08 21 http://lafermedupeytavit.com/*

Hôtel Le Forêt À l'entrée du bourg de Lalinde, ce petit hôtel coquet, avec sa déco un brin chargée, génère une atmosphère douillette. Les 15 chambres tout confort sont ornées de coussins et de tissus épais, de vieux meubles et, pour certaines, de lits tendus de rideaux. Des huiles pour le corps et des produits parfumés garnissent les salles de bains. Au rez-de-chaussée, un salon de thé, que prolonge une terrasse fleurie, tient lieu de salle de petit déjeuner et sert boissons et pâtisseries durant la journée. Double 53€, petit déj. 10€. *2, place Victor Hugo* ***Lalinde*** *(11km au nord de Beaumont) Tél. 05 53 27 98 30 www.leforet-hotel-dordogne.com*

Chambres d'hôtes Les Magnolias Un ancien chai, reconverti avec bonheur en gîte et chambres d'hôtes dans un cadre magique. Le jardin donne sur la Dordogne où une petite plage de sable a été aménagée. Si la rivière ne vous tente pas, la piscine avec sa fontaine présente une alternative précieuse. Les chambres possèdent tout le confort nécessaire jusque dans les moindres détails comme cette moustiquaire qui couvre les fenêtres. Les puristes remarqueront qu'il manque toutefois la petite touche qui procure un supplément d'âme. Chambres 70-75€. Gîtes, côté parc ou côté Dordogne, 700-750€/sem. (été). *M. et Mme Coutault Route de Mauzac* ***Lalinde*** *(11km au nord de Beaumont) À la sortie de Lalinde dir. Trémolat Tél. 05 53 24 84 31 ou 06 83 59 20 31 www.lesmagnolias-perigord.com*

prix élevés

Au Marchay Couplée avec le restaurant (p.144), le domaine de ce manoir accueille une maison d'hôtes, avec 5 chambres d'esprit champêtre (80-89€), garnies de tissus frais et une piscine plein soleil. Copieux petit déjeuner le matin. Restaurant ouvert uniquement le soir, sur rés. *Nojals-et-Clottes* ***Nojals-et-Clotte*** *(6km au sud de Beaumont) Tél. 05 53 22 05 45 ou 06 84 91 10 42 www.aumarchay.com*

☺ **La Gentilhommière** Juste au-dessus de leur restaurant Étincelles (p.144), la maison d'Anne et Vincent Lucas abrite 4 chambres d'hôte très reposantes (101, 111 et 115€), aménagées avec personnalité, d'un confort sans artifices : voilages raffinés, couvre-lits en piqué, salles de bains à l'ancienne, tons crème... Une sobriété qui fait ressortir la lumière du jour, les parquets qui craquent et les poutres au plafond. On profite ici de l'atmosphère du jardin, au charme un peu sauvage, de la spacieuse piscine en forme de L au milieu de la végétation, et de la gentillesse des hôtes, qui vous accueillent avec douceur. *Le bourg* ***Sainte-Sabine-Born*** *(10km au sud de Beaumont) Tél. 05 53 74 08 79 www.gentilhommiere-etincelles.com*

prix très élevés

Châteaux dans les arbres Ces trois "cabanes" (2 à 4 pers.), véritablement perchées dans les arbres sur une ancienne place forte, reproduisent les châteaux périgourdins de Hautefort, Milandes et Monbazillac ! Conçues par un maître-compagnon, ces étonnantes miniatures obéissent à des normes écologiques de pointe, avec une isolation en laine de mouton, tout en jouissant d'un magnifique confort : belle terrasse, grand lit, spa et équipements modernes, entre des murs de châtaignier, mélèze, cèdre ou acacia. L'insolite de luxe a un prix : 240-265€ la nuit pour deux (selon la saison) pour Milandes et Monbazillac qui se louent en chambres d'hôtes, avec un panier petit déjeuner livré le matin ; 235€ pour Hautefort qui se loue en gîte avec une cuisine équipée (deux nuits minimum, et en juil.-août, location à la sem. uniquement à 2 350€). Tarifs dégressifs à partir de deux nuits. *Domaine de Puybeton* ***Nojals-et-Clotte*** *(6km au sud de Beaumont, lieu-dit Puybeton) Tél. 06 30 64 26 00 chateaudanslesarbres.fr*

GAMME DE PRIX	RESTAURATION	HÉBERGEMENT
Très petits prix	moins de 15€	moins de 30€
Petits prix	de 15 à 25€	de 30 à 50€
Prix moyens	de 25 à 35€	de 50 à 80€
Prix élevés	de 35 à 50€	de 80 à 125€
Prix très élevés	plus de 50€	plus de 125€

★ MONPAZIER

24540

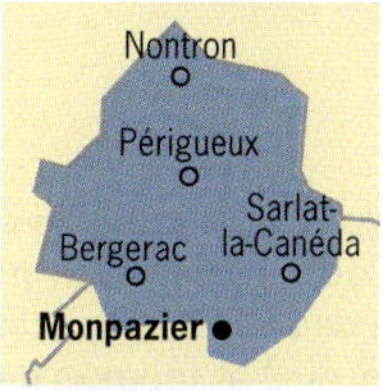

Une bastide modèle, qu'ont reconnue comme telle des architectes majeurs, parmi lesquels Viollet-le-Duc et Le Corbusier. Construite au XIIIe siècle sur un promontoire surplombant le Dropt, elle s'organise autour d'un plan rectangulaire tracé au cordeau dans lequel les rues dessinent des damiers parfaits. Enjeu des rivalités franco-anglaises pendant la guerre de Cent Ans, plusieurs fois assiégée et pillée, la cité a subi maintes vicissitudes et c'est un miracle qu'elle nous soit parvenue si bien conservée, comme un témoin de la conception avant-gardiste des urbanistes médiévaux. Affiliée à l'association nationale des Villes d'art et d'histoire, classée parmi les Plus beaux villages de France, Monpazier porte un soin attentif à la valorisation de son patrimoine.

LES VILLES NOUVELLES DU MOYEN ÂGE L'accroissement de la population, la nécessité de développer le commerce, les rivalités entre les rois de France et d'Angleterre, l'autonomie croissante des seigneurs féodaux, voici quelques-unes des raisons qui présidèrent à la création de ces villes dans le Périgord et l'Agenais. La bastide s'inscrit le plus souvent dans un plan rectangulaire traversé par des rues à angle droit de largeur différente. Les charretières, ou rues principales, sont larges pour permettre la circulation des charrettes, les traversières, ou rues secondaires, sont plus étroites. Le pouvoir est exercé par le bayle, serviteur du roi, et une assemblée de consuls élue par les villageois. Dans cet embryon de démocratie locale, la place centrale, sorte d'agora, est le lieu de tous les rassemblements et des échanges économiques. Autour, les maisons à couverts forment une galerie pour s'abriter de la pluie et du soleil. Pour peupler la bastide, les futurs habitants sont libérés des servitudes féodales et se voient attribuer une parcelle, en échange de quoi ils s'engagent à bâtir une maison dans un délai de deux ans. Ces villes ouvertes s'entoureront de remparts quand se précisera la guerre de Cent Ans – cf. La naissance des bastides, les villes nouvelles du Moyen Âge (p.28).

MONPAZIER, LA PAIX RETROUVÉE Le nom originel du village, *Montis Pazerii*, signifie littéralement “mont de la paix”. La paix y fut pourtant rarement au rendez-vous. Au cours de la guerre de Cent Ans, la bastide change six fois de main, tantôt possession des Plantagenêt, tantôt celle des Valois. Pendant les guerres de Religion, Monpazier est livrée par trahison aux protestants. Jeanne d'Albret, mère du futur Henri IV, honore le village d'une visite et apaise les esprits. Puis vint le temps des jacqueries. Menée par le tisserand Buffarot, natif de la paroisse voisine de Capdrot, une armée de quatre mille croquants choisit Monpazier comme base logistique des révoltes paysannes de 1637, parmi les plus significatives de la région. Arrêté par les troupes du duc d'Epernon, Buffarot subira le supplice de la roue sur la place de Monpazier. Aujourd'hui décor idéal pour films de cape et d'épée, la cité ne se livre plus qu'à des simulacres de combats, filmés par André Hunebelle

(*Le Capitan*, 1960, avec Bourvil et Jean Marais), par Peter Hyams (*The Musketee*, 2001, une version américaine des *Trois mousquetaires*), par Gérard Krawczyk (*Fanfan la tulipe*, 2003, avec Vincent Pérez et Penélope Cruz), etc.

MODE D'EMPLOI

accès

Monpazier est située 43km au sud-est de Bergerac par la D660, et 50km au sud-ouest de Sarlat.

informations touristiques

Office de tourisme Brochure disponible sur les sentiers de randonnée et les balades accompagnées. Visites guidées de la bastide, en juil.-août, les mer. et ven. à 11h. Visite libre avec un livret gratuit à retirer à l'OT, renvoyant aux panneaux explicatifs jalonnant le sentier de découverte urbain. Visites soutenues par des applications mobiles à télécharger au Bastideum. *Pl. des Cornières Tél. 05 53 22 68 59 www.pays-des-bastides.com www.monpazier.fr Ouvert juil.-août : tlj. 10h-12h30 et 14h30-19h ; juin, sept. : tlj. 10h-12h30 et 14h-18h ; oct.-mai : mar.-sam. 10h-12h30 et 14h30-18h , dim. et j. fér. 10h-12h30*

fêtes et manifestations

Fête médiévale Dans leurs campements, des bénévoles et des artisans costumés reproduisent les savoir-faire d'antan. Ateliers de démonstration ou d'initiation (taille de pierre, frappe de monnaie, poterie, etc.) et tournois de jeux moyenâgeux. *2 jours fin juil.*

Festival Été musical en Bergerac Théâtre, cinéma, musique classique ou du monde, chanteurs de variété sont au programme de ce festival réputé né à Monpazier. La bastide partage désormais concerts et spectacles avec les sites emblématiques du Périgord pourpre (l'abbaye de Cadouin, celle de Saint-Avit-Sénieur, le château de Biron ou encore le port fluvial de Bergerac). *42, rue Saint-Jacques Tél. 05 53 74 30 94 http://festivalbergerac.blogspot.fr Fin juil.-mi-août*

marchés

Marché traditionnel *Jeu. matin*

Marchés aux cèpes En saison, de juin à oct., et en période de pousse (rens. OT). Moins important que celui de Villefranche-du-Périgord. Sous la halle.

Marché aux truffes Petit marché, encore confidentiel, mais qui a ses adeptes. *En déc. et jan., un dim. sur deux*

DÉCOUVRIR

☆**Les essentiels** La bastide de Monpazier, Bastideum, le château de Biron **Découvrir autrement** Partagez un moment avec les artisans d'art de Monpazier, partez à la rencontre des oies de la ferme de la Mondine

Monpazier

★**Bastide de Monpazier** Le roi d'Angleterre décide en 1284 de fonder Monpazier pour asseoir son autorité sur cette région aux frontières mouvantes avec le royaume de France. C'est sans doute sa plus belle réussite. Le plan fourni par l'office de tourisme montre toute la rigueur de ce découpage de lotissements dans un quadrilatère. La place principale a conservé toutes ses maisons à cornières, ainsi que la halle. L'ensemble, débarrassé de ses terrasses de café, offre un authentique décor ancien. À l'un des angles s'élève l'église qui garde quelques traces de fortifications dans la forme du clocher. Un peu plus loin dans la rue, sur la gauche, la grange aux dîmes (ou maison du Chapitre) forme une imposante bâtisse dotée de trois arcades gothiques surmontées à l'étage de fenêtres géminées. De chaque côté de la rue, partent des ruelles, les carreyrous, qui desservent les maisons et leur jardinet.

LA PORTE DU PARADIS

La bastide de Monpazier est protégée par une muraille, élevée plus tardivement, percée de portes massives et de tours qui marquaient un péage. Empruntez la carreyrou du Pontet pour passer sous l'arche reliant deux maisons et poursuivez jusqu'à la porte du Paradis qui ouvre sur la campagne où les habitants cultivaient leur potager.

☆ **Bastideum** Parmi les 360 000 touristes qui arpentent chaque année Monpazier, beaucoup s'interrogent légitimement sur cet urbanisme remarquable qui distingue les bastides et qui s'inscrivit en rupture totale avec une longue tradition de bourgades tortueuses et enchevêtrées : comment et pourquoi cette bastide est-elle née ? De quels privilèges et franchises jouissait-elle ? Comment y vivait-on (cf. GEOPlus p.30) ? Ouvert en 2013 dans l'ancien couvent des Récollets (XVIIe s.), le Bastideum répond à toutes vos questions grâce à une muséographie innovante qui mobilise le meilleur des technologies nouvelles. En point d'orgue, des modélisations en 3D et des vues aériennes de la bastide permettent d'appréhender le plan et les singularités de la cité médiévale sous un angle inédit. On peut charger des applications mobiles, complément direct de l'exposition, pour prolonger la visite in situ dans les rues de Monpazier. *8, rue Jean-Galmot Tél. 05 53 22 60 38 www.bastideum.fr Ouvert mi-mars-juin, oct.-mi-nov. : tlj. 10h-12h et 14h-18h ; juil.-sept. : tlj. 10h-19h30 Tarif 5€, réduit 3-4€*

● Où admirer de l'artisanat original ? La bastide a séduit et sédentarisé près de 25 artisans d'art qui ont ouvert boutiques et ateliers. Au-delà du nombre, la variété et la qualité de la proposition retient l'attention : céramistes, doreur sur bois, stylistes, peintres, souffleur de verre, maroquinier, facteur de tapisseries d'inspiration médiévale, mosaïstes, entre autres, se livrent avec passion à leur art et au jeu de la rencontre. Un dépliant, à retirer à l'OT, dresse l'inventaire des talents monpaziérois.

Œufs de lumière L'enchantement est immédiat : dans la pénombre recueillie de la boutique-atelier, des œuvres finement ciselées irradient une lumière mouvante. Il faut quelques secondes à l'œil pour s'acclimater et percevoir ces sculptures pour ce qu'elles sont : des œufs d'autruche et d'émeu incisés en de délicates dentelles ou calligraphies qui laissent filtrer un éclairage astucieusement logé à l'intérieur de la coquille. Patrick Allaert est l'inventeur de ces petites féeries gravées avec une fraise diamantée. *38, rue Notre-Dame Tél. 05 53 23 35 76 Ouvert avr.-sept. : tlj. (en principe)*

Où remonter le temps ?

Horlogerie ancienne Cette échoppe ouvre les portes du temps : des centaines d'horloges de grand-mère, de pendules, de réveils et de montres vintage nous y bercent de leurs tic-tac et de leurs carillons nostalgiques. Dans ce décor de conte de fées, le maître de cérémonie ressuscite les mécanismes enrayés par le temps. Gestes minutieux, lents, les secondes passent au ralenti dans cet univers empreint de poésie. *6, place centrale Tél. 05 53 23 98 56 Ouvert mar.-dim.*

Où faire une pause-thé artistique ?

Galerie M Voilà une superbe opportunité de se poser sur la place de Monpazier et de laisser courir le regard. Sa terrasse est la seule à profiter du soleil jusqu'au soir. L'établissement expose des œuvres d'art contemporain, sert des thés de choix, des pâtisseries et quelques bonnes références de vins au verre. Dans cet univers raffiné et cosmopolite, on sait aussi cuisiner pour qui désire prolonger le plaisir d'être là (salades fraîcheur, risottos, plats terroir et de cuisine moderne). *28, place des Cornières Tél. 09 61 67 97 14 Ouvert haute saison : tlj. ; reste de l'année : jeu.-lun.*

Les environs de Monpazier

★ **Château de Biron** La fièvre bâtisseuse de la famille Gontaut-Biron n'a jamais cessé au cours des siècles, si bien qu'on parle aujourd'hui des "châteaux de Biron" tant les bâtiments d'époques différentes se succèdent. La première des quatre baronnies du Périgord offre ainsi un condensé saisissant de l'histoire tumultueuse de la région. Le donjon médiéval surveille la frontière avec l'Agenais alors sous domination anglaise. Cette architecture austère s'adoucit à la Renaissance, quand les façades s'ouvrent sur l'extérieur et s'ornent de fenêtres à meneaux et de tourelles élancées. Près de l'entrée, la chapelle du XVIe siècle abrite des tombeaux aux bas-reliefs sculptés entourés d'une étrange frise de crânes sous une élégante voûte d'ogives. Plus loin, la cour d'honneur mélange les styles. Au XVIIIe siècle, une galerie voûtée a été percée qui laisse découvrir les paysages verdoyants des alentours. Les pièces dépouillées de meubles évoquent la décoration caractéristique de la Renaissance et de l'époque classique. Mais c'est surtout la cuisine du

Des dieux et des chapelles

À deux pas de Monpazier, deux chapelles ravissantes, fleurons d'un art roman campagnard. À **Marsalès** (1,5km), l'église Saint-Loup (XIIe s.) couronne un tertre où les Romains adoraient Mars, dieu de la guerre et de l'agriculture. Elle arbore un vitrail représentant un loup stylisé, le loup étant l'un des attributs de Mars. À **Saint-Marcory** (6km), on célébrait Mercure. En contrebas du bourg, l'église (XIIe-XIIIe s.), solidement bâtie, est flanquée d'une table de pique-nique, sous un tilleul géant ; à proximité, départ d'une boucle de randonnée en forêt, via Saint-Avit-Rivière (13km, sans difficulté).

XVIIIe siècle qui impressionne par ses 22m de longueur. Passionnant, avec ou sans visite guidée. ***Biron*** *(9km au sud de Monpazier) Tél. 05 53 63 13 39 Ouvert juil.-août : tlj. 10h-19h ; mi-fév.-juin : tlj. 10h-12h30 et 14h-17h , 18h mi-avr.-juin ; sept.-oct. : mar.-dim. 10h-13h et 14h-18h ; nov.-déc. : mar.-dim. 10h-12h30 et 14h-17h Tarif 7€, réduit 4,50€*

Où remplir son panier gourmand ?

Ferme de la Mondine Cette ferme périgourdine affiche plus de quarante ans d'expérience au service du foie gras et des spécialités locales (pâtés, galantines, cassoulets, cous farcis, etc.). Ici, l'oie domine en basse-cour, "animal sacré" dont Mme Veyssières et sa fille parlent avec dévotion. Elles reçoivent, avec l'accent, pour des visites gratuites, assorties de dégustations, et organisent, en été, d'incontournables marchés paysans qui réunissent une quinzaine de producteurs amis (vins, fromages, produits dérivés de la noix, légumes, etc.). Une fois son panier garni, on peut s'attarder : de grandes tables dressées sous les arbres, entre les stands, accueillent pour un déjeuner convivial où le magret grille et la frite rissole. ***Biron*** *(9km au sud de Monpazier) Tél. 05 53 63 13 62 www.fermelamondine.fr Boutique : ouverte tlj. ; visites : mer. et ven. ap.-m. ; marchés-déjeuners : de fin juin-déb. sept. le mer. mat.*

CARNET D'ADRESSES

Restauration

petits prix

Chez Minou Plébiscitée par les gens du cru, toutes générations confondues, cette institution locale propose une carte facile à vivre : pizzas, salades, spécialités locales. Formule env. 14€. On ne promet pas une grande gastronomie, mais l'assiette est pleine, consciencieuse, et le service est rondement mené par une équipe jeune et chaleureuse. Minou mérite son succès. Concerts live le week-end. *55, rue Notre-Dame* ***Monpazier*** *Tél. 05 53 22 46 59 Ouvert été : tlj. ; reste de l'année : ven.-dim. Fermé jan.*

Chez Borie Tout le canton connaît Renée Borie, affectueusement baptisée la "Petite Renée". Elle tient sans faillir depuis des décennies, avec entrain, cette adresse qui jadis fit danser les Périgourdins du sud, et continue à les régaler d'une saine "cuisine de femme". Dans son bistrot impeccable, où planent des nostalgies sépia, elle reçoit au déjeuner avec un menu à 13€, et le jeudi pour une mique (spécialité locale) mémorable, avec légumes et petit salé, servie en un menu à 15€. Le terroir éternel, comme dans une chanson de Trénet. ***Capdrot*** *(4km à l'est de Monpazier) Tél. 05 53 22 62 69 Ouvert tlj. à midi*

prix moyens

Bistrot 2 La glycine de la terrasse déploie ses ombrages face aux portes fortifiées de Monpazier. Jeune chef bourlingueur ayant affûté son talent en un tour du monde des fourneaux gastronomiques, Gwenaël Gauthier livre ici une cuisine imaginative et rigoureuse, garantie maison. La carte s'appuie sur les viandes labellisées, les légumes oubliés et les saveurs rares (jus à la sauge ou aux trompettes de la mort, vinaigrette à la coriandre). Des assiettes composées, florilège des spécialités maison, complètent à la carte des menus et formules allant de 16€ (à midi) à 24€. *Place du Foirail nord* ***Monpazier*** *Tél. 05 53 22 60 64 www.bistrot2.fr Ouvert été : tlj. ; reste de l'année : mar.-jeu. et sam. soir, dim. et lun. midi*

Le Privilège du Périgord "Pour connaître une région, il faut la manger et la boire" : ce restaurant propose toujours une formule qui défend un Périgord bien campé sur ses repères. Mais Loïc Sécher, qui fit ses armes chez un grand traiteur parisien, se plaît à nous entraîner vers d'autres horizons. On peut le suivre sans crainte dans ses escapades gourmandes et on applaudit des deux mains son magret à l'ananas rôti et au gingembre confit, son pot-au-feu de cabillaud ou sa bruschetta aux truffes. Une cuisine moderne, mais pas révolutionnaire, servie dans un charmant patio. Formules et menus de 20 à 27€ environ. *60, rue Notre-Dame* ***Monpazier*** *Tél. 05 53 22 43 98 Ouvert avr.-nov. : mar.-dim.*

La Table du moulin Ouvert à tous et réputé, le restaurant du camping Le Moulin de David (cf. ci-dessous) sert une cuisine maison déclinée sur un mode contemporain et raffiné. Au menu, les classiques de la cuisine française et périgourdine : ris de veau, mignon de porc sauce foie gras, tournedos d'aiguillettes de canard. Carte, et menus de 19 à 33€. ***Gaugeac*** *(à 3,5km de Monpazier) Tél. 05 53 22 65 25 www.lemoulindedavid.com Ouvert jeu.-lun. et mer. soir*

Auberge du Château Ce restaurant ne se laisse pas aller à la facilité bien que sa situation au pied du château de Biron lui assure une clientèle touristique. Les gésiers sont tendres, le foie gras est fait maison et le filet de bœuf rossini, délicieux, est proposé épisodiquement en suggestion de la semaine, comme le risotto de Saint-Jacques, rouget et gambas. Avec sa cheminée, la salle rustique ne manque pas de charme et la terrasse agréable s'ouvre aux beaux jours. Vous serez servi en temps et en heure, car le personnel ne se laisse pas submerger par l'affluence. Menus découverte 19€, dominical 26€, carte et ardoise. ***Biron*** *(8km au sud-ouest de Monpazier) Tél. 05 53 63 13 33 Ouvert juin-août : tlj. ; sept.-mai : mar.-dim.*

Hébergement

camping

☺ **Le Moulin de David** Le site est enchanteur, retiré au calme dans un vallon arboré. Le ruisseau du Soularet baigne de part en part ce camping aux emplacements vastes, étirés sur près d'1km, qui propose aussi des mobil-homes et de beaux lodges toilés (emplacement, de 18 à 24€, intéressantes formules w.-e. gourmand). La famille Proton a fait le pari de la qualité et soigne ses hôtes : une multitude de services et d'activités bien pensées, pour petits et grands, animent le séjour. Autres agréments : la piscine se double d'une

GAMME DE PRIX	RESTAURATION	HÉBERGEMENT
Très petits prix	moins de 15€	moins de 30€
Petits prix	de 15 à 25€	de 30 à 50€
Prix moyens	de 25 à 35€	de 50 à 80€
Prix élevés	de 35 à 50€	de 80 à 125€
Prix très élevés	plus de 50€	plus de 125€

baignade naturelle et des vélos sont à louer pour explorer la campagne environnante. Un petit paradis, serein et convivial, doté d'un bon restaurant (cf. ci-dessus). ***Gaugeac*** *(à 3,5km de Monpazier) Tél. 05 53 22 65 25 www.lemoulindedavid.com Ouvert avr.-fin sept.*

prix moyens

Les Hortensias Cette demeure de caractère (XVIIe s.), établie dans une rue calme du vieux Monpazier, ouvre, attrait supplémentaire, sur un jardin romantique. L'accueil, à la fois chaleureux et discret, est assuré par un amoureux des fleurs. Les 4 chambres composent, chacune à sa manière, un univers paisible et cosy. Vaste salon de repos avec une bibliothèque fournie. Trois chambres à 75€, petit déjeuner gourmand compris. La quatrième, baptisée "Lilas", plus vaste et particulièrement agréable, vaut 95€. *8, rue Saint-Joseph* ***Monpazier*** *Tél. 05 53 58 18 04 ou 06 14 79 27 11 www.chambres-hotes-monpazier.fr Ouvert toute l'année*

☺ **La Bigotie** Botaniste, la propriétaire de la Bigotie soigne son cadre : un verger collectionnant les fruitiers oubliés, cantonné de haies bocagères, un chêne d'anthologie, classé arbre remarquable, une mare écologique. Adhérente aux réseaux Voyage pour la planète et Jardins de la LPO, l'adresse parie sur le respect de l'environnement. Les atouts de la Bigotie ne se résument pas à ces vertueuses ambitions : la demeure, une tour de guet du XIIIe siècle, a du caractère et offre une vue idéale sur la bastide de Monpazier. Trois chambres de charme pour un bon rapport qualité-prix : 70€ petit déj. compris. *Lieu-dit la Bigotie* ***Marsalès*** *(à 1,5km de Monpazier) Tél. 06 30 99 63 16 www.labigotie.fr Ouvert Pâques-Toussaint*

prix très élevés

☺ **Les Cabanes perchées** Ces cabanes, Rémi les rêvait déjà petit quand il grimpait à la cime des arbres, dans la palombière de son père. Les 4 cabanes sur pilotis d'aujourd'hui sont à la hauteur de son espoir. À la fois solides et aériennes, posées sur une colline aux horizons ouverts, elles nichent au cœur de bosquets de chênes et de pins. Deux d'entre elles sont pourvues d'un spa extérieur. Divin, quand le soleil se couche au loin, sur Monpazier, et que les grenouilles entament le concert près de l'étang. Un espace forme complète cette prestation de standing. De 140 à 195€ la nuit, selon taille, confort et saison. Tarifs dégressifs (-15% sur un séjour d'une sem.). *Lieu-dit Rousille* ***Capdrot*** *(à 3km de Monpazier) Tél. 06 87 05 48 75 www.cabanes-perchees-dans-les-arbres.com Ouvert toute l'année*

Le Prieuré Placée sous la surveillance du château de Biron, cette adresse de caractère loge dans un prieuré multiséculaire admirablement restauré. Des volumes aristocratiques, un mobilier bourgeois, des cheminées et des poutres vénérables, des ambiances nostalgiques y sont sublimés par une décoration au goût du jour d'une élégance rare. Cinq chambres pour se rêver châtelain, de 125 à 165€, selon confort et saison, et un appartement indépendant (4 pers.) avec cuisinette de 165 à 185€, selon saison. ***Biron*** *(à 8km de Monpazier) Tél. 05 53 61 93 03 ou 06 84 31 38 38 www.leprieurebiron.com Ouvert Pâques-mi-nov.*

Plan 8 Périgord noir

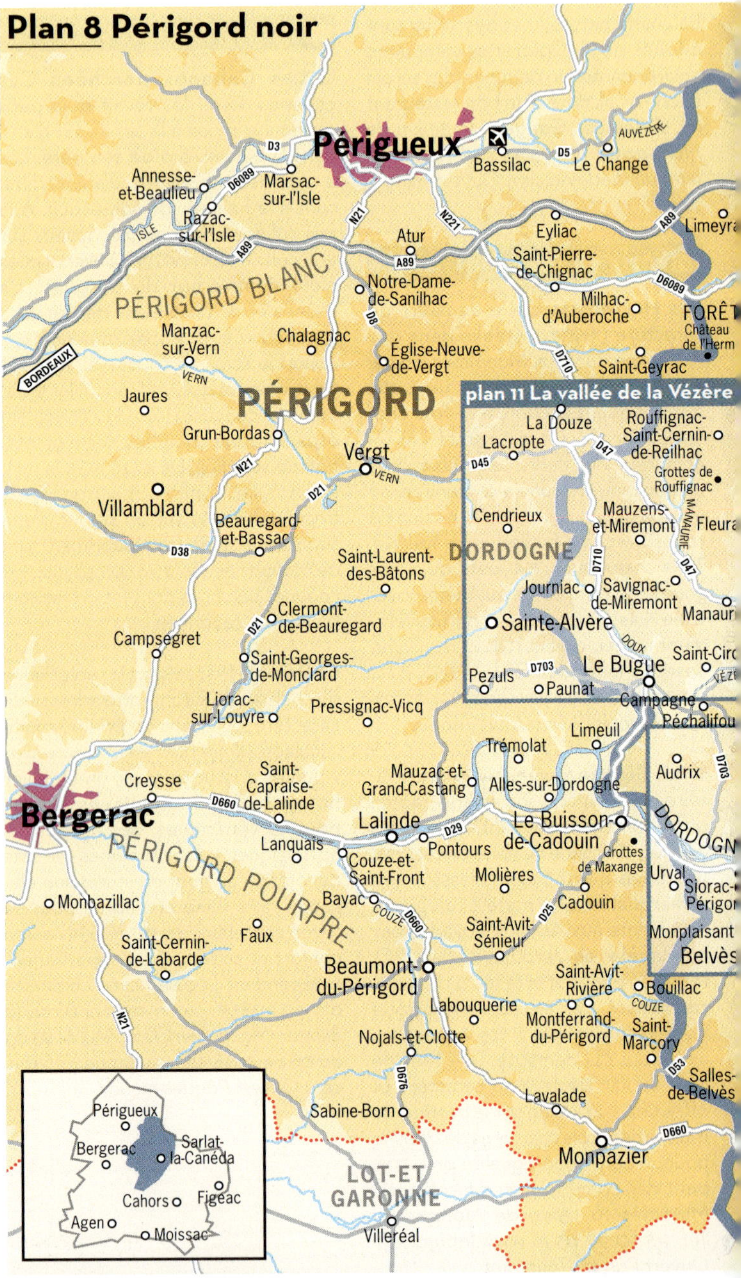

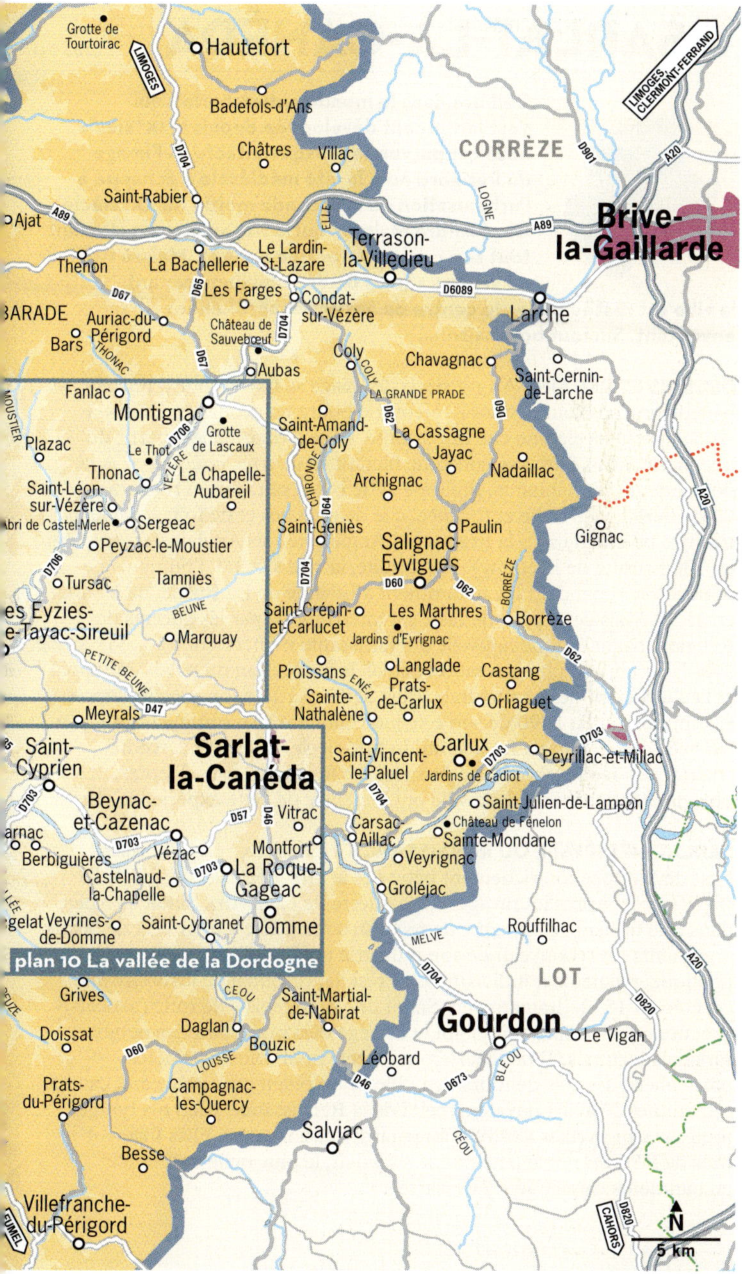
Grotte de Tourtoirac
LIMOGES
Hautefort
Badefols-d'Ans
Châtres
Villac
CORRÈZE
LIMOGES, CLERMONT-FERRAND
Saint-Rabier
Ajat
Thenon
La Bachellerie
Le Lardin-St-Lazare
Terrason-la-Villedieu
Brive-la-Gaillarde
Les Farges
Condat-sur-Vézère
Larche
BARADE
Auriac-du-Périgord
Bars
Château de Sauvebœuf
Aubas
Coly
Chavagnac
Saint-Cernin-de-Larche
LA GRANDE PRADE
Fanlac
Montignac
Grotte de Lascaux
Le Thot
Plazac
Saint-Amand-de-Coly
La Cassagne
Jayac
Nadaillac
Thonac
La Chapelle-Aubareil
Saint-Léon-sur-Vézère
Archignac
Abri de Castel-Merle
Sergeac
Saint-Geniès
Paulin
Gignac
Peyzac-le-Moustier
Salignac-Eyvigues
Tursac
Tamniès
Les Eyzies-de-Tayac-Sireuil
Marquay
Saint-Crépin-et-Carlucet
Les Marthres
Jardins d'Eyrignac
Borrèze
Proissans
Langlade
Castang
Sainte-Nathalène
Prats-de-Carlux
Orliaguet
Meyrals
Saint-Cyprien
Sarlat-la-Canéda
Saint-Vincent-le-Paluel
Carlux
Jardins de Cadiot
Peyrillac-et-Millac
Saint-Julien-de-Lampon
Beynac-et-Cazenac
Vitrac
Carsac-Aillac
Château de Fénelon
Sainte-Mondane
Berbiguières
Vézac
Montfort
Veyrignac
Castelnaud-la-Chapelle
La Roque-Gageac
Groléjac
Veyrines-de-Domme
Saint-Cybranet
Domme
Rouffilhac
plan 10 La vallée de la Dordogne
LOT
Grives
Saint-Martial-de-Nabirat
Gourdon
Doissat
Daglan
Bouzic
Le Vigan
Léobard
Prats-du-Périgord
Campagnac-les-Quercy
Salviac
Besse
Villefranche-du-Périgord
FUMEL
CAHORS
N
5 km
PÉRIGORD

★ SARLAT-LA-CANÉDA

24200

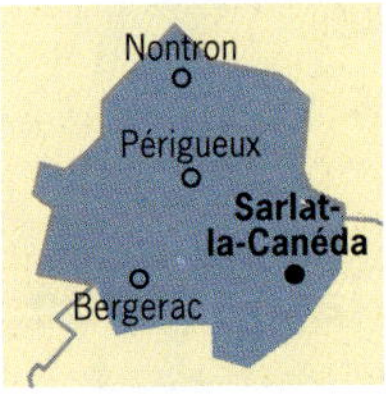

Célèbre dans le monde entier, Sarlat, qui s'est lentement développée depuis le IXe siècle, nous est parvenue presque intacte. À l'image du Périgord noir, la cité médiévale a échappé à l'urbanisation de la seconde moitié du XXe siècle. C'est André Malraux qui la fit renaître en classant tout son centre historique en 1962. Malgré l'afflux de visiteurs (plus de deux millions par an), la ville est restée belle : le centre de Sarlat est absolument envoûtant. Surtout hors saison...

DÉCLINS ET REGAINS Au IXe siècle, le village se fixe autour d'une abbaye bénédictine en plein développement. Le bourg en profite et devient à l'orée du XIIe siècle une cité importante, siège d'un évêché à partir du XIVe siècle. Mais Sarlat se consume bientôt en guerres intérieures. À la demande de ses habitants, Philippe IV le Bel la rattache au royaume en 1299. Sarlat, ville riche et fortifiée, cité de marchés et de foires, devient très vite un enjeu entre la France et l'Angleterre : les Anglais s'en emparent en 1360 (traité de Brétigny). Par la suite, la ville s'étend, l'humanisme nouveau se répand, grâce notamment à Étienne de La Boétie, né à Sarlat en 1530. Mais cette période faste est interrompue par les guerres de Religion, avant qu'une nouvelle ère florissante n'intervienne au XVIIe siècle, avec la création d'un nouveau Présidial, la rénovation du palais épiscopal et l'achèvement de la cathédrale. Puis Sarlat perd de son prestige, après la suppression en 1790 de son rôle judiciaire. La ville sommeille, jusqu'à l'arrivée du chemin de fer à la fin du XIXe siècle. Et en 1962, André Malraux en fait le laboratoire de sa loi sur les sites classés. Depuis, plus de 300 bâtiments de la ville ont bénéficié de cette expérience réussie.

SARLAT, MÉDIÉVALE OU RENAISSANCE ? Les deux : car si la ville s'est développée tôt, richement bâtie dès le XIIIe siècle, le XVIe siècle l'a transfigurée. Après les ravages de la guerre de Cent Ans, Sarlat s'engage dans une brillante campagne de reconstruction. Elle a pour cela de beaux arguments : le renouveau de son industrie textile et l'éclat de son rôle politique, religieux et judiciaire. Le Présidial (tribunal de justice royale) est créé en 1552, drainant vers Sarlat une bourgeoisie de robe (avocats, procureurs, clercs...) qui rejoint le cortège déjà important des notables sarladais fortunés. Tous rivaliseront de zèle pour ériger des hôtels particuliers, assortis de tours de noblesse, se pliant avec grâce aux canons esthétiques d'un art novateur, celui de la Renaissance. Rien n'a bougé, toutes ces merveilles s'offrent au regard, quasi intactes. Elles forment près de 80% du noble patrimoine sarladais, le plus riche de France en bâtiments classés au mètre carré.

MODE D'EMPLOI

accès

EN VOITURE

Sarlat est située à 66km de Périgueux, 72km de Cahors, 75km de Bergerac, 185km de Toulouse, 190km de Bordeaux et 530km de Paris (A20 sortie Souillac).

EN TRAIN

Liaison avec Bordeaux via Bergerac. De Paris, descendre à Souillac (ligne Paris-Toulouse) puis prendre le car pour Sarlat. Également ligne Paris-Rodez (descendre à Brive).

Gare SNCF *Av. de la Gare À 1,5km du centre, direction Souillac Liaison centre-ville avec Sarlat-Bus (Tél. 05 53 59 01 48) Tél. 36 35 www.sncf.com*

EN CAR

Liaisons avec Souillac (EFFIA) et Périgueux (Périgord Voyages). Départs place de la Petite-Rigaudie, place Pasteur et gare SNCF.

Périgord Voyages *Tél. 05 53 59 01 48*

orientation, circulation

Le centre historique de Sarlat est entouré d'une rocade et coupé en deux par la rue de la République, très commerçante. Les parkings sont nombreux, notamment au sud (entre le Trésor public, l'hôtel de police et la poste) ; également, à l'est, le parking de la gendarmerie. À l'ouest, celui du centre de secours. En saison, les jours de marché (mer. et sam.), il est fortement conseillé d'arriver tôt (avant 9h) pour éviter les embouteillages.

informations touristiques

☺ **Office de tourisme de Sarlat et du Périgord noir** Installé dans l'ancien évêché, l'office de tourisme de Sarlat constitue la source d'informations la plus fiable sur le Périgord noir, pour le tourisme mais aussi pour l'hébergement. Il vend également des produits touristiques thématiques : stages autour du foie gras, week-ends, randonnées pédestres, en canoë ou à vélo. Une démarche unique dans la région. Jacques Krasa, un des membres de l'équipe de l'office, a patiemment élaboré le guide des parcours dans le Périgord noir : 77 boucles de 2,5 à 16,5km, régulièrement arpentées, signalées et au besoin modifiées. Foi de randonneur, c'est un guide indispensable (14,50€). Également disponible, un plan de la ville gratuit, très lisible, mais orienté est/ouest. Visites guidées de la ville (1h30 env.) très intéressantes. *Rue Tourny* ***Sarlat-la-Canéda*** *Tél. 05 53 31 45 45 ou 05 53 31 45 40 (centrale de réservation pour les meublés) www.sarlat-tourisme.com Ouvert juil.-août : lun.-sam. 9h-19h, dim. et j. fér. 10h-12h et 14h-18h ; mai-juin : lun.-sam. 9h-18h, dim. 10h-13h et 14h-17h ; sept. : lun.-sam. 9h-13h et 14h-19h, dim. 10h-13h et 14h-17h ; oct.-avr. : contacter l'OT*

☺ **Visites guidées** Sarlat étant classée Ville d'art et d'histoire, les visites guidées de la cité (1h30 env.), très bien faites, voire indispensables, sont menées par des guides conférenciers bien rôdés à l'exercice. À la visite historique classique, s'ajoute tout un florilège de visites thématiques passionnantes, une visite théâtralisée où l'on suit en déambulation nocturne une charmante Sarladaise volubile qui délivre les secrets et anecdotes de la mémoire locale. De plus, une visite a été conçue spécialement pour les enfants. On peut aussi parcourir Sarlat de son côté avec l'audioguide (5€) ou avec un plan de la ville, gratuit, très lisible. *Rens. : OT Tarif 5,50€, réduit 4€, 10€ pour la visite théâtralisée*

adresses utiles

TAXIS
Taxis Faugère *Tél. 05 53 59 31 22*

LOCATION DE VÉHICULES
Europcar Location de voitures. *Dans le centre commercial du Pontet (sud de Sarlat, direction Cahors/Bordeaux) Tél. 05 53 30 30 40*
M.C. Moto Location de deux-roues, également scooters. *4, av. de Selves Tél. 05 53 59 06 11*
Cycles Sarladais Location de deux-roues. *36, av. Aristide Briand Tél. 05 53 28 51 87 cycles.sarladais@wanadoo.fr*

fêtes et manifestations

Fête de la truffe, académie culinaire du foie gras et de la truffe Marché, ateliers culinaires pilotés par des chefs de renom, et démonstrations de cavage de truffes. *3ᵉ w.-e. de janvier*
Sarlat Fest'Oie Repas pantagruélique (foie gras à volonté). *3ᵉ w.-e. de février*
Journées terroir Rendez-vous festif de toutes les filières gourmandes de Dordogne : noix, canard, fraise, vins, truffe, fromages, etc. L'occasion de découvrir, en ateliers, les savoir-faire gastronomiques et de caresser les animaux d'une ferme géante installée en ville. *Jeu. et ven. de l'Ascension, dans le centre historique*
Fête de la Ringueta Fête traditionnelle de la Pentecôte mêlant jeux d'antan (bouliers, mâts de cocagne...) et défilés costumés. Elle a lieu les années paires et connaît un succès grandissant. *Pl. de la Grande-Rigauderie*
Festival des jeux du théâtre La place de la Liberté, le jardin des Enfants et l'abbaye Sainte-Claire accueillent pièces classiques et œuvres contemporaines. *Tél. 05 53 31 10 83 Fin juil.-début août*
Festival du film de Sarlat Des stars au service d'un festival convivial, qui compte désormais au niveau national et implique étudiants et lycéens s'initiant au 7ᵉ art en compagnie de professionnels. *Tél. 05 53 29 18 13 www.ville-sarlat.fr/festival Début nov.*

marchés

Marchés d'extérieur À l'image de leurs cousins provençaux, les marchés de Sarlat sont généreux en couleurs, parfums et saveurs. Le samedi, le marché investit tout le centre historique pour la journée (8h30-17h, alimentaire et forain le matin, exclusivement forain l'ap.-m.). Le mercredi, il se tient place de la Liberté, en matinée (8h30-13h).
Marché couvert Producteurs de primeurs et artisans de bouche font goûter leurs œuvres. *Dans l'ancienne église Sainte-Marie (l'immense porte en fer de forme ogivale) Ouvert été : tlj. matin ; reste de l'année : lun.-mer. et ven.-sam. matin*
Marché au gras *Devant l'ancienne église Sainte-Marie Nov.-mars : sam. mat.*
Marché aux truffes Arrivez très tôt, afin d'assister aux négociations. Captivant. *Rue Fénelon Déc.-fév. : sam. 9h30-12h*
Marché de Noël À ne pas manquer, c'est le plus important d'Aquitaine après celui de Bordeaux. *Trois semaines en déc.*

DÉCOUVRIR

☆ **Les essentiels** La vieille ville en visite guidée, le manoir de Gisson, l'historial de la justice **Découvrir autrement** Dégustez des lauzes du Périgord de la maison Mertz, admirez les lauzes des cabanes du Breuil, pédalez sur la voie verte le long de la Dordogne

Sarlat-la-Canéda

Autour de la place du Peyrou

Dominée par la masse imposante de la cathédrale, bornée par la maison de La Boétie, et par l'ancien évêché (siège de l'OT), la place du Peyrou est une brillante introduction à la visite de Sarlat.

Cathédrale Saint-Sacerdos (plan 9, B2) Cette cathédrale est une magistrale leçon d'architecture : premiers pas au XIIe siècle, avec la construction d'une simple église abbatiale, derniers remaniements fin XVIIe. Les bâtisseurs successifs sont parvenus à lui conserver une certaine unité, alliée à beaucoup de majesté. Sous les traits d'un beau clocher-porche, la façade est d'inspiration romane mais le XVIIe siècle s'en est mêlé, remodelant le portail et érigeant une flèche en forme de bulbe. La nef, ample et dépouillée, refaite au XVIIe siècle, bute sur un grand chœur pentagonal du XVIe et sur un chevet du XIVe siècle. On ne cesse de remonter le temps et les "trésors" de la cathédrale invitent, à leur tour, à une balade dans l'histoire de l'art religieux : stalles médiévales, retables foisonnants de style baroque (XVIIe s.), orgue "en nid d'hirondelle" (XVIIIe s.). De beaux vitraux nimbent l'ensemble d'une luminosité exceptionnelle. *Place du Peyrou Ouvert tlj. 9h-18h*

DE COCHONNAILLE EN CHIFFONNADE
Si la faim vous tenaille pendant votre visite de Sarlat et que le temps vous est compté, n'hésitez pas : attablez-vous chez le Gaulois, et choisissez sans crainte un assortiment de cochonnailles ou une chiffonnade de fromages. Ambiance décontractée dans un joyeux bric-à-brac où sont suspendus jambons et guirlandes de piments. **Chez le Gaulois (plan 9, B2 n°10)** *1, rue Tourny Tél. 05 53 59 50 64*

Maison de La Boétie (plan 9, B2) La Renaissance crée de nouveaux critères esthétiques, fondés sur la symétrie, les proportions, l'ouverture à la lumière. Si cette demeure conserve encore quelques influences médiévales au rez-de-chaussée, elle s'élève ensuite sur deux étages en un décor foisonnant où se retrouvent toute la virtuosité et la séduction de la Renaissance "à l'italienne" : pilastres à arabesques, médaillons, pignon à redents ornementés, *putti* (angelots). Elle fut construite en 1520 pour Antoine de La Boétie, lieutenant du sénéchal de Sarlat, et père du philosophe Étienne de La Boétie (1530-1563), né là, dont le *Discours de la servitude volontaire* est un classique de la littérature humaniste. Ce recueil novateur sera publié à titre posthume par Montaigne, "l'ami incomparable", en 1567. *Place du Peyrou*

Passage des Enfeus (plan 9, B2) En contournant la cathédrale, on marche sur l'ancien cimetière qui s'étendait des remparts jusqu'au chevet de l'église. Les enfeus, niches à fond plat où l'on enfouissait les tombes, apparaissent dès le XIVe siècle dans le mur de soutènement du cimetière. D'antiques tombes et sarcophages ajoutent à l'atmosphère irréelle de cet étrange huis clos.

Lanterne des morts (plan 9, B2) Dominant le jardin des enfeus : la lanterne des morts. Est-ce un fanal ? Est-ce une chapelle funéraire ? Est-ce une tour commémorative du passage de saint Bernard à Sarlat, au XIIe siècle, qui y aurait fait quelques miracles ? Ce monument en forme de phare, déjà étrange par son architecture ovoïde, se double d'énigmes irrésolues. À votre tour d'en méditer les mystères...

Hôtel de Vienne (plan 9, A2-B2) De la cathédrale, la rue de la Liberté mène en quelques pas à la placette Lucien-de-Malleville où se dresse un superbe hôtel particulier. Il conte l'épopée d'une réussite sociale qui s'est incarnée dans la pierre, celle d'un palefrenier devenu magistrat, puis surintendant des finances de François Ier. Jean de Vienne érige alors, dans sa ville natale, une demeure à la mesure de son statut. C'est un véritable palais (XVIe s.) conçu à partir de trois maisons anciennes remaniées à la mode de la Renaissance. *Place Lucien-de-Malleville*

● Où se rincer l'œil et grignoter ?

☺ **L'Œil de la gazelle (plan 9, B2 n°11)** La cour des Fontaines joue les discrètes autour de sa source ancestrale. De la pierre, un peu d'eau et du calme. Ce café-galerie a le regard exercé à la photographie, exposant de remarquables vues d'ici et d'ailleurs, vendant des posters et des cartes d'art ou d'humour. Dessins, gravures et bijoux de belle facture se glissent entre les tirages. L'œil rassasié, on pourra passer à table, près de la fontaine, pour une assiette repas (12€), une salade, un verre de vin, une bière

Le Périgord en famille

Lac de Neufont (Vergt) 83
Plage et base de loisirs de Saint-Aulaye 87
Grand étang de la Jemaye 87
Plage de Lisle 93
Grotte de Villars 107
Maison du foie gras (Thiviers) 108
Base de loisirs de Rouffiac 115
Château de Bridoire (Ribagnac) 125
Barrage de Tuilières (Saint-Capraise-de-Lalinde) 127
Lac de Gurson (Carsac-de-Gurson) 134
Plan d'eau de Tamniès 166
Jardins de Marqueyssac (Vézac) 176
Parc archéologique de Beynac 182
Château de Castelnaud 182
Insectorama (Groléjac) 190
Ferme de Turnac (Domme) 191
Grottes de Campagnac-lès-Quercy 203
Le Bournat 212
Sangliers de Mortemart 214
Musée national de Préhistoire (Les Eyzies-de-Tayac-Sireuil) 220
Roc de Cazelle (Les Eyzies-de-Tayac-Sireuil) 223
Grotte de Tourtoirac 270

Plan 9 Sarlat-la-Canéda

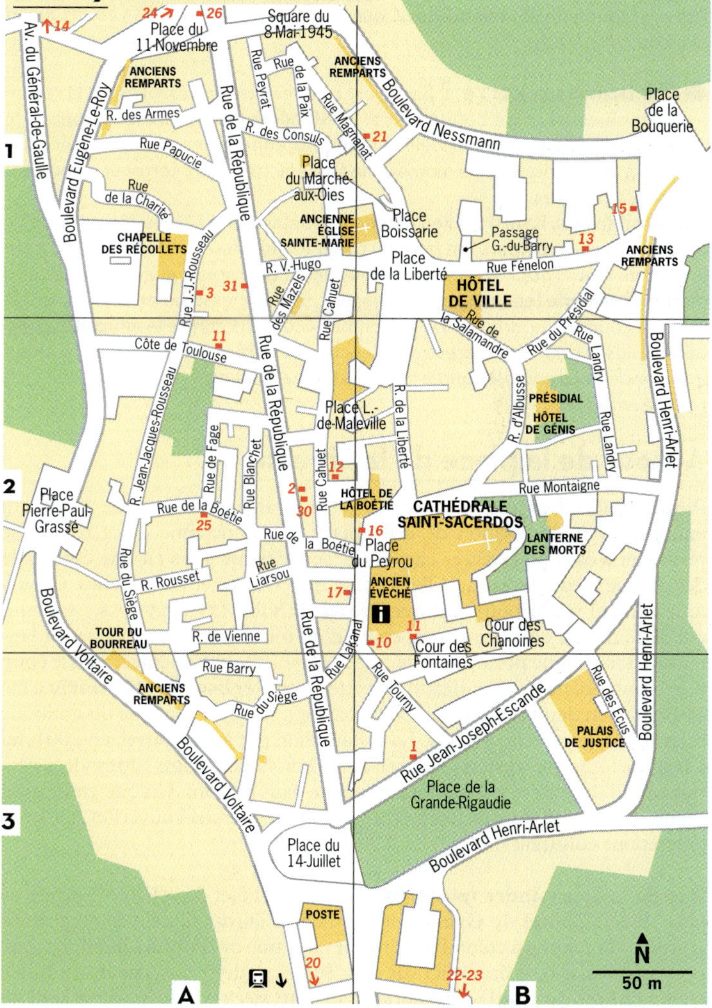

PÉRIGORD

Cafés, bars et lieux de sortie (n°1 à 3)
- L'Endroit* — **1** B3
- Le Bataclan* — **2** A2
- Le Lébérou* — **3** A1

Restauration (n°10 à 17)
- Chez le Gaulois* — **10** B2
- L'Œil de la gazelle* — **11** B2
- La Couleuvrine — **15** B1
- La Rapière — **17** A2
- Le Bistrot — **16** B2
- Le Bistrot de l'octroi — **14** A1
- Le Rossignol — **13** B1
- Les Jardins d'Harmonie — **12** A2

Hébergement (n°20 à 26)
- Hôtel Le Saint-Albert — **22** B3
- Hôtel Montaigne — **23** B3
- Hôtel plaza Madeleine — **24** A1
- L'Étape des peupliers — **20** A3
- La Maison des poètes — **25** A2
- La Maison du notaire royal — **21** B1
- Les Remparts — **26** A1

Shopping (n°30 et 31)
- Maison Mertz* — **30** A2
- Pâtisserie Decaix, l'atelier du gourmand* — **31** A1

*À RETROUVER DANS LA PARTIE DÉCOUVRIR

bio ou un smoothie onctueux. La carte est simple, mais honore le produit frais. Adresse souriante et talentueuse. *Cour des fontaines Tél. 06 79 63 28 47 Ouvert avr.-oct. : tlj. 11h-22h*

● Où boire un verre ? Sarlat est l'une des très rares villes de la région à ne pas se coucher de bonne heure. C'est même le soir qu'elle s'apprécie le mieux. Éclairées au gaz, les vieilles pierres prennent une allure mystérieuse propice à la flânerie. C'est le moment de s'asseoir pour les interroger en portant un verre aux lèvres.

L'Endroit (plan 9, B3 n°1) Ce lieu réconcilie noctambules et lève-tôt autour d'un espace billard façon pub. On peut s'y poser (en terrasse aux beaux jours) pour le café du matin, pour un apéro paisible, une bière rare et grignoter quelques plats de brasserie (env. 10€) en compagnie de la jeunesse sarladaise. Quand le soleil se couche, l'Endroit mène un combat victorieux contre la morosité : cocktails explosifs pour nuits (presque) blanches et soirées thématiques enjouées. *4, place de la Grande-Rigaudie Tél. 05 53 31 24 10 Ouvert été : 9h-2h ; reste de l'année : mar.-dim. 9h-1h*

Autour de la place de la Liberté

Place de la Liberté (plan 9, B1) C'est un drame, l'incendie de 1717, qui entraîne la modernisation de cette place. Jadis ancienne place royale, se résumant à quelques mètres carrés, elle se redessine alors en une esplanade devenue le cœur de Sarlat. Elle s'anime de terrasses et de marchés. On y a tout le recul voulu pour admirer l'**hôtel de ville** (XVIIe-XVIIIe s.) soutenu par des arcades en plein cintre, coiffé d'un toit d'ardoises à clocher et lanternon. L'ancienne porte d'entrée, rue Fénelon, très ornementée, vaut le coup d'œil. Autre bâtiment significatif de cette place, l'**église Sainte-Marie** a été construite en deux campagnes (XIVe et XVe s.), selon l'esthétique du gothique méridional, porté à la sobriété. La restauration par Jean Nouvel, en 2001, lui a restitué toute son austère noblesse avec l'adjonction, entre autres idées pertinentes, d'un portail métallique anthracite haut de 16m. Unique en France. L'édifice a trouvé un rôle inattendu : il abrite le marché couvert et quelques animations culturelles.

Rue de la Salamandre (plan 9, B2) Elle longe l'hôtel de ville (côté droit), se glissant vers l'**hôtel de Grézel**, du nom d'une illustre famille de magistrats. Il arbore un pignon à colombages médiéval et une de ces tours flamboyantes, plus tardives, qui se dresse ici sur cinq étages. À deux pas, rue du Présidial (n°6), l'**hôtel de Génis** s'est enrichi, au XVIIe siècle, d'une porte grandiose de style classique. Par la rue Landry, on atteint le Présidial.

Présidial (plan 9, B2) Si Sarlat devient siège de justice royale dès 1552, l'immeuble que l'on découvre aujourd'hui, rue du Présidial, au cœur d'un beau jardin, est l'œuvre d'un architecte du XVIIe siècle. L'escalier d'honneur avec loggia est chapeauté d'un original lanternon béquillé par des poutres en bois. Ce tribunal de l'Ancien régime, comportant des geôles au rez-de-chaussée, abrite aujourd'hui un restaurant. Retour place de la Liberté par la rue Fénelon.

Autour de la place du Marché-aux-Oies

Place du Marché-aux-Oies (plan 9, A1) Œuvres du sculpteur François-Xavier Lalanne, trois oies de bronze "batifolent" pour la plus grande joie des enfants, au centre de cette place intime, pittoresque, qui fut un marché aux volatiles. Sa notoriété est inversement proportionnelle à sa taille : elle est le site le plus photographié de Sarlat. Et pour cause : ancien quartier des consuls, elle rassemble quelques-uns des plus beaux hôtels particuliers de la cité. En tête, l'hôtel de Gisson, dit Manoir de Gisson.

Manoir de Gisson, historial de la justice (plan 9, A1) Anoblis d'une baie à colonnettes, de fenêtres à meneaux et de portails ornés, deux corps de logis sont raccordés par une tour hexagonale (XVe-XVIe s.) dont l'escalier à vis remonte le temps, desservant des salons d'apparat restaurés avec un soin scrupuleux et superbement meublés. On pénètre dans l'intimité d'une famille bourgeoise qui participa à la gloire de Sarlat, les Gisson, consuls et notaires royaux. Du sol au plafond, des parquets jusqu'aux cheminées, tout invite à revivre leur quotidien. Une collection rare, où voir d'étranges instruments de torture, éclaire sur les usages de la justice sous l'Ancien régime, et un de ces cabinets de curiosités, qui distrayaient les notables à la Renaissance, amuse et surprend encore aujourd'hui. *Place du Marché-aux-Oies Ouvert été : tlj. 10h-20h ; reste de l'année : tlj. 10h-17h , 18h ou 19h selon période Tarif 7€, réduit 3,50€*

Sarlat en vue aérienne (plan 9, A1) Du chevet de l'ancienne église Sainte-Marie qui bute sur la place du Marché-aux-Oies, un ascenseur vitré monte jusqu'au sommet du clocher. De là-haut, un belvédère saisissant sur l'enchevêtrement et la mosaïque des toits sarladais (lauzes majoritaires, tuiles, et quelques touches d'ardoises). On y voit clairement le plan urbanistique d'une cité millénaire. *Église Sainte-Marie Ouvert été : tlj. ; reste de l'année se rens. à l'OT Tarif 5€*

Rue des Consuls (plan 9, A1) Inventaire éclatant des architectures sarladaises de l'époque médiévale à l'ère classique, elle longe et prolonge la place du Marché-aux-Oies. Au n°9 (à l'angle de la place), l'**hôtel de Vassal** (XVe s.), flanqué d'une échauguette double ; au n°14, l'**hôtel de Labrousse** ; aux n° 8 et 10, l'**hôtel de Plamon**, passionnant parce qu'il arbore divers styles et témoigne de la réussite d'une famille emblématique, les Plamon, qui fut drapière puis fournit d'éminents consuls. Au rez-de-chaussée, éléments d'échoppes médiévales, à l'étage, fenêtres gothiques, parmi les plus belles qui soient. Une tour d'apparat complète la composition au XVIe siècle, quand la famille est anoblie. À deux pas, l'antique fontaine Sainte-Marie se niche dans une grotte artificielle.

La rue de la République et le quartier ouest

Le quartier ouest apparaît dès qu'on traverse la rue de la République, artère centrale et commerçante, percée au XIXe siècle. Se déploie ici un Sarlat moins arpenté, plus secret. On prendra la rue Jean-Jacques-Rousseau, la rue des Armes, la rue de Cordil et l'on flânera selon son humeur dans ce dédale de ruelles qui conserve une ambiance médiévale plus affirmée et quelques beaux bâtiments d'esprit Contre-Réforme. Ne pas rater la **chapelle des Récollets** (plan 9, A1), dont le portail monumental est marqué par le style baroque.

● Où faire une pause gourmande ?

Maison Mertz (plan 9, A2 n°30) Pâtisserie-salon de thé bien connue des habitants de Sarlat, Mertz sert un chocolat onctueux à souhait, que vous pourrez accompagner d'une tarte aux noix-caramel, attablé à l'étage de l'établissement, réservé au salon de thé. La spécialité de la maison, les lauzes du Périgord, chocolat à la nougatine et aux éclats de noix, est absolument irrésistible. Le framboisier, autre spécialité en saison, n'est pas mal non plus. *33, rue de la République Tél. 05 53 59 00 85 Ouvert mar.-dim. 8h-12h30 et 14h-19h30*

Pâtisserie Decaix, l'atelier du gourmand (plan 9, A1 n°31) Attention, un seul pain aux raisins et vous êtes addict ! Mais les spécialités de ce maestro du sucré, qui fut le complice des plus grands chefs et collectionne les médailles, ne se résument pas aux viennoiseries. Pâtisseries, verrines et glaces sont d'une finesse exquise et que dire des chocolats ? Goûtez les ganaches, ou la Salamandre, moulée à l'effigie de la ville, et vous fondrez de plaisir. *22, rue de la République Tél. 05 53 59 01 30 Ouvert mar.-sam., dim. matin*

● Où boire un verre ?

Le Bataclan (plan 9, A2 n°2) Dynamique, sympathique, indémodable, le Bataclan est le rendez-vous favori des jeunes. Le soir, on y tamise les lumières et l'ambiance monte vite, électrifiée par les barmen et les musiques éclectiques. C'est ici qu'on vient s'échauffer avant d'aller danser. Sept références de bières pression 2,50-4€. *31, rue de la République Tél. 05 53 28 54 34 Ouvert été : tlj. 8h-2h ; reste de l'année : lun.-sam. 8h-1h*

Le Lébérou (plan 9, A1 n°3) Devant la chapelle des Pénitents blancs, la façade en torchis cache une salle multiséculaire et un adorable patio. On s'y pose, loin du bruit, en compagnie du petit monde associatif et militant d'un "Sarlat cultureux" qui repeint le monde à sa façon. Café philo, débats en tout genre, en français ou en occitan, lectures, expositions d'art... il se passe toujours quelque chose au Lébérou, mine d'infos sur la vie locale. Mais on peut se contenter du simple plaisir d'être là, sirotant sous les glycines une bière bio, un jus de fruit artisanal ou une sangria. *5, rue Jean-Jacques-Rousseau Tél. 06 73 69 04 88 Ouvert mai-sept. : tlj. 18h-2h ; oct.-avr. : mar.-dim. 18h-1h*

Les environs de Sarlat

Château de Puymartin Peu connu, peu fréquenté, Puymartin fut construit aux XIVe et XVe siècles, puis restauré en 1890 avant d'échoir à la famille de Montbron. À l'intérieur, du mobilier familial et de rares décorations. Ainsi, dans le grand salon (XVIIe s.), un plafond peint et une cheminée couverte de trompe-l'œil. Sur les murs, la guerre de Troie en six tapisseries flamandes. La chambre d'honneur affiche d'autres œuvres, plus originales, ne serait-ce que les "verdures" d'Aubusson datant du XVIIIe siècle. Le château vaut vraiment le détour pour une toute petite pièce, unique en France et donc classée : le "cabinet de méditation". C'est ici que les ascendants de la famille de Montbron s'isolaient, en contemplant les murs de bois peints de troublantes scènes mythologiques monochromes. *Route des Eyzies* ***Marquay*** *(fléchage) Tél. 05 53 59 29 97 www.chateau-de-puymartin.com Ouvert avr.-juin, sept. : tlj. 10h-12h et 14h-18h ; 15 juil.-15 août : tlj. 10h-18h30 ; oct.-mi-nov. : 10h-12h et 14h30-17h (sur réservation) Tarif 8€, réduit 4-6€*

☺ **Cabanes du Breuil** Ce n'est pas une reconstitution cinématographique : c'est dans cette ferme minérale qu'ont vécu et vivent encore aujourd'hui quatre générations. Les cabanes doivent leur physionomie à leurs toitures, couvertes de lauzes : posées à plats, ces dalles de calcaire, décalées d'un rang sur l'autre jusqu'à constituer une voûte, exercent sur les murs de pierre une pression de 500 à 1 000kg/m² ! Les cabanes, circulaires, sont regroupées en habitations par groupes de deux ou trois. Dans un atelier, des artisans s'essayent à reconstruire cabanes et voûtes romanes avec des outils anciens. De l'histoire à rebours. Passionnant. *Route des Eyzies (fléchage)* ***Saint-André-d'Allas*** *(10km à l'ouest de Sarlat) Tél. 06 80 72 38 59 www.cabanes-du-breuil.com Ouvert avr.-oct. : tlj. 10h-19h ; nov.-mars : tlj. 14h-18h ; w.-e. et vac. scol. : 14h-18h ; le reste de l'année sur rdv Tarif 5€, réduit 2,50€*

PÉRIGORD

☺ **Église de Carsac-Aillac** Construit au XIIe siècle, cet édifice s'est vu doter, à la Renaissance, de voûtes ogivales dans la nef et de collatéraux (XVIe s.). La coupole du chœur repose sur douze colonnes surmontées de chapiteaux dont les ornementations trahissent une triple influence perse, quercynoise et rouergate. À l'extérieur, le toit de cette coupole est supporté par de très expressifs modillons représentant les sept péchés capitaux et leurs vertus associées. Les vitraux et le chemin de croix ont été façonnés par un réfugié alsacien de la Seconde Guerre mondiale, Léon Zack. Chaque gravure en ronde-bosse est inspirée par une croix, et elles sont presque toutes soutenues par des textes de Paul Claudel. Une austérité poignante. *10km au sud-est de Sarlat par la D704*

Château de Fénelon Surveillant à la fois la Dordogne et la Bouriane, région de transition entre Périgord et Quercy, ce château oublié des circuits touristiques est bâti sur une série de terrasses imprenables. Il a été construit aux XIIIe et XIVe siècles avant d'être confortablement réaménagé du XVe au XVIIIe siècle. En 1445, il est racheté par les Salignac, qui compteront dans leur descendance François, né en ces murs le 6 août 1651, et qui passera à la postérité sous le nom de Fénelon. Après le châtelet et les deux enceintes, on visite le château formé de trois corps de logis couverts de lauzes, gardés par de massives tours d'angle. Les pièces se succèdent comme autant d'illustrations de l'histoire du mobilier : vous apprendrez ici le rôle du lit au Moyen Âge, le succès de la commode ou la signification de l'expression "dresser la table". Une façon très didactique de visiter les époques. ***Sainte-Mondane*** *(18km au sud-est de Sarlat) Tél. 05 53 29 81 45 Ouvert avr.-juin, sept. : mer.-lun. 10h30-12h30 et 14h30-18h30 sauf sam. mat. ; juil.-août : tlj. 10h30-19h ; oct. : mer.-lun. 10h30-12h30 et 14h-18h Tarif 8,50€, réduit 5,50€*

● Où acheter de l'huile de noix ?

Moulin de la Tour Le moulin (XVIe s.) des Bordier produit encore de l'huile à partir de noix broyées à la meule de pierre mue par le cours de l'eau. Le moût est ensuite chauffé à 60°C (p.42) pour en extraire le nectar qui vous est proposé sous l'appellation "Moulin de la Tour". Un excellent cru en vente à la boutique. ***Sainte-Nathalène*** *(10km à l'est de Sarlat) Dir. Sainte-Nathalène Fléchage Tél. 05 53 59 22 08 Ouvert juil.-août : lun., mer. et ven. 9h-12h et 14h-18h, sam. 14h-18h ; juin, sept. : mer. et ven. 9h-12h et 14h-18h, sam. 14h-18h ; oct., mars : ven. 9h-12h et 14h-18h ; avr.-mai : mer. et ven. 9h-12h et 14h-18h*

● Où piquer une tête en famille ?

Plan d'eau de Tamniès La qualité des eaux est méthodiquement surveillée, la baignade aussi (maîtres-nageurs en été) et la plage est de sable blanc. Ce plan d'eau en forme de petit lac a bien des atouts pour passer un bon moment en famille. Les enfants peuvent jouer (aires de jeux) et l'on s'adonne aussi aux joies de la pêche. Une bonne alternative aux baignades sauvages en bord de Dordogne, dont les eaux, l'été, ne sont pas toujours irréprochables. ***Tamniès*** *(13km au nord de Sarlat) Tél. 05 53 29 58 50 Baignade surveillée de mi-juin à mi-sept. Tarif 1,50€, moins de 5 ans gratuit Pêche 4€*

● Partir en randonnée

☺ **Boussieyral, résidence des Évêques (n°2)** Un des plus beaux sentiers décrits par M. Krasa – cf. Office de tourisme de Sarlat et du Périgord noir (p.157). Il donne à découvrir de multiples lavoirs, l'église d'Allas et le hameau de Boussieyral, où les évêques de Sarlat avaient leur résidence campagnarde. Beaux points de vue sur le château de Puymartin. ***Départ*** *Saint-André-d'Allas* ***Longueur*** *16km* ***Durée*** *4h45*

Château de Commarque (n°4) Un parcours en forêt, quelques hameaux typiques de l'architecture rurale et une incursion dans la vallée sauvage de la Grande Beune pour une découverte étonnante : le site de Commarque (p.225). ***Départ*** *Marquay* ***Longueur*** *12 km* ***Durée*** *3h30*

Vallée de l'Énéa (n°20) Sentier agréable qui chemine entre Saint-Vincent-le-Paluel et Sainte-Nathalène, sous le couvert de beaux châtaigniers et de chênes, le long de la rivière Énéa. Nombreux points de vue. Le sentier n°20b le prolonge au sud vers le beau hameau de Malevergne. ***Départ*** *Saint-Vincent-le-Paluel* ***Longueur*** *14km* ***Durée*** *3h50*

Terrasses d'Eyrignac (n°21) Ce sentier très intéressant, l'un des plus longs, réunit en une même boucle le site prestigieux du manoir d'Eyrignac (p.263) et de petits hameaux tel Prats-de-Carlux. Également, le superbe manoir (visite uniquement lors des Journées du patrimoine) de La Tour. ***Départ*** *Sainte-Nathalène* ***Longueur*** *18,5km* ***Durée*** *5h*

GR®6 Départ de Sarlat, place du 19-Mars 1962 (à côté de la caserne de pompiers). À Malevergne, il croise le GR®64a qui descend vers Montfort (et de là longe la rive gauche de la Dordogne). Raccourci pour Montfort en traversant les zones résidentielles du sud de Sarlat jusqu'à Coste-Rouge.

● S'évader à vélo au fil de la Dordogne

Voie verte L'ancienne voie ferrée, désaffectée, a subi un sérieux lifting. La voilà piste cyclable (et piétonne, sur ses bas-côtés). Sécurisée, recouverte d'un bitume bien roulant, alternant ombrage et soleil, elle relie Sarlat à Peyrillac et Millac (env. 25km), longeant la Dordogne à partir de Carsac-Aillac. La voie verte se prolonge en vélo-route vers Souillac et en une riche proposition de circuits. ***Départ*** *Rond point de Madrazès (D704, dir. Gourdon) Carte disponible à l'OT de Sarlat*

CARNET D'ADRESSES

Restauration

prix moyens

☺ **Les Jardins d'Harmonie (plan 9, A2 n°12)** Ce Périgourdin d'origine martiniquaise réinvente la cuisine du terroir en accommodant ses mets les plus précieux avec... du thé et des épices bien dosées. Un festival de saveurs qui peut surprendre les papilles, avant de les charmer par un financier au thé de Jade. Un établissement magnifique. Menus de 22 à 48€, carte incluant d'excellentes et copieuses salades (16€). *Place André-Malraux* ***Sarlat-la-Canéda*** *Tél. 05 53 31 06 69 www.lesjardinsdharmonie.com Ouvert avr.-juin : mer.-dim. ; juil.-août : tlj. ; sept.-nov. : mer.-dim.*

Le Rossignol (plan 9, B1 n°13) Voici le restaurant le plus stable de Sarlat. "Au moins, là, on sait ce qu'on va manger !" répètent les habitants désireux de se replier sur les valeurs sûres. Effectivement, c'est un endroit sans surprise mais où l'on peut véritablement découvrir la cuisine traditionnelle périgourdine, sans se ruiner. Les produits sont frais, le chef s'y connaît, et cela se ressent dans l'assiette. N'hésitez pas : commencez par "Le Rossignol" avant de vous aventurer dans d'autres lieux plus originaux que nous vous proposons. Menus 22, 27 et 32€, menu gourmand (truffe) 60€, carte 18-40€. *15, rue Fénelon* ***Sarlat-la-Canéda*** *Tél. 05 53 31 02 30 Ouvert mar.-dim.*

☺ **Le Bistrot de l'octroi (plan 9, A1 n°14)** Le succès de ce restaurant ne se dément pas. Qu'en dire ? L'accord est parfait, dans tous les domaines. La situation, tout d'abord. Aménagé, comme son nom l'indique, dans l'ancien octroi de la ville, l'établissement se déploie sur deux niveaux, où la pierre et la brique des murs mettent en valeur le bel escalier reliant les deux étages. Belle terrasse, partiellement couverte. À midi, vous aurez le choix entre de belles salades - celle de "l'octroi" est tout simplement succulente et mêle magret et gésiers délicatement relevés - et des plats du jour qui ne renient pas leur terroir d'origine (agneau, canard). Menus (à midi) 19€, 29€ (midi et soir) et 50€. Côté desserts, la crème brûlée est à se damner... les plus raisonnables choisiront un carpaccio d'ananas ou un sorbet. Service rapide et souriant. *111, av. de Selves* ***Sarlat-la-Canéda*** *Tél. 05 53 30 83 40 http://lebistrodeloctroi.fr Ouvert tlj.*

La Rapière (plan 9, A2 n°17) Voilà une adresse solide qui tient bon le cap de la tradition périgourdine et d'une savoureuse cuisine de bistrot. Tout respire le fait maison, de la tête de veau sauce gribiche, généreuse et sans lourdeur, au confit de canard accompagné de pommes de terre sarladaises, les meilleures du canton. Formidable salade royale qui réunit foie gras, mesclun, gésiers et magret séché. Salle intime, sous poutres lasurées et terrasse face

Et aussi...

Sur le pouce

Chez le Gaulois ____ 159
L'Œil de la gazelle ____ 160
L'Endroit ____ 162

Une pause sucrée

Maison Mertz ____ 164
Pâtisserie Decaix, l'atelier du gourmand ____ 164

PÉRIGORD

à la cathédrale. Plats à partir de 14,50€, formules et menus de 12,50€ (à midi) à 23,50 et 38,50€ pour un excellent rapport qualité-prix. *Place de la Cathédrale* ***Sarlat-la-Canéda*** *Tél. 05 53 59 03 13 www.larapiere-sarlat.com Ouvert juil.-août : tlj. sauf lun. midi ; sept.-juin : mar.-sam. et lun. soir*

Le Bistrot (plan 9, B2 n°16) Juste à côté de la maison de La Boétie, ce restaurant sans prétention sert une cuisine de marché, traditionnelle et de bon aloi. Dans un cadre rustique (pierres apparentes, poutres) aux tons clairs, à la décoration épurée, les Sarladais aiment se retrouver autour d'un tourin à l'ancienne ou d'un parmentier de canard. Quelques tables en terrasse aux beaux jours, face à la cathédrale. Premier menu à 15€. *14, pl. du Peyrou* ***Sarlat-la-Canéda*** *Tél. 05 53 28 28 40 Ouvert fév.-déc. : mar.-dim.*

La Couleuvrine (plan 9, B1 n°15) Installé dans une tour de l'ancien rempart de la cité médiévale, cet établissement à l'atmosphère raffinée donne le ton d'emblée : décoration ultraclassique, nappes blanches, cheminée monumentale. À l'heure du dîner et le dimanche à midi, vous vous régalerez d'une brouillade aux truffes, d'une souris d'agneau confite ou d'un filet de canette rôtie (menus de 21 à 33€). En semaine, pour le déjeuner, la partie bistrot propose des formules (15-22€) et un plat du jour. Recettes classiques mais goûteuses, parfaitement maîtrisées. *1, pl. de la Bouquerie* ***Sarlat-la-Canéda*** *Tél. 05 53 59 27 80 www.la-couleuvrine.com Ouvert toute l'année*

Dans les environs

prix moyens

☺ **La Gabarre** Au bord de la Dordogne, La Gabarre propose une cuisine franche, actualisée au gré du marché et soucieuse du produit. Le lapin façon porchetta, le porc fermier et sa polenta aux épinards, les champignons farcis, le maquereau rôti et son guacamole réinventent et dynamisent la cuisine familiale. Une carte des vins bien choisie épaule des menus et formules à l'ardoise, de 15 à 36€. Cette table aimable et savoureuse, sans frime, a trouvé son rythme de croisière. ***Saint-Julien-de-Lampon*** *(17km à l'est de Sarlat) Tél. 05 53 29 61 43 www.restaurantlagabarre.com Ouvert mi-mars-mi-nov. : jeu.-mar. ; mi-nov.-mi-jan. : jeu.-dim.*

Hébergement

campings

Les Terrasses du Périgord L'un des campings les plus célèbres de la région, parce que l'un des plus beaux : les 90 emplacements sont situés sur des terrasses fleuries, avec une vue assez exceptionnelle. Sanitaires chauffés, sdb pour bébés, piscine, snack, épicerie, etc. Empl. standard de 14 à 20€, mobil-homes 195-565€/sem. selon saison, chalets 220-585€. *Pech d'Orance* ***Sarlat-la-Canéda*** *Dir. Proissans/Sainte-Nathalène, puis fléchage Tél. 05 53 59 02 25 www.terrasses-du-perigord.com Ouvert fin avr.-mi-sept.*

petits prix

Chambres d'hôtes et gîtes Aux trois sources L'immense bâtisse date du XVIIe siècle. Les 5 chambres et les 3 studios sont occupés toute l'année par une clientèle d'habitués qui, pour rien au monde, n'irait voir ailleurs. Dans un parc de 4ha, la maison, rustiquement meublée, offre à ses locataires un salon (avec bibliothèque) et une immense salle à manger. Chambres 45-50€, 59€ pour 3 pers., petit déj. compris (et 3 studios à 45€ pour 2 pers. sans petit déj.) *Pech Lafaille* ***Sarlat-la-Canéda*** *(à 3km du centre-ville) Dir. Sainte-Nathalène et fléchage sur la droite Tél. 05 53 59 08 19 http://hebergement-sarlat.com Ouvert toute l'année*

prix moyens

Les Remparts (plan 9, A1 n°26) Entièrement et superbement rénové fin 2010, cet hôtel de moyenne gamme, situé à 50m de l'enceinte médiévale, bénéficie d'un très bon rapport qualité-prix. En tout, 25 chambres disposant de tout le confort (clim., accès wifi...). Parking fermé (payant), bien pratique en période estivale. Comptez de 58 à 72€ la double selon la saison, petit déj. 8,50€. *48, av. Gambetta* ***Sarlat-la-Canéda*** *Tél. 05 53 59 40 00 www.hotel-lesremparts-sarlat.com Ouvert début mars-nov.*

Hôtel Montaigne (plan 9, B3 n°23) Dans une belle et imposante bâtisse campée sur la place Pasteur, les époux Martinat ont rénové dans des tons clairs les 28 chambres de cette institution sarladaise. Quelques touches de couleur ajoutent une note contemporaine à l'ensemble. Au dernier étage, certaines, très chaleureuses, arborent de belles poutres apparentes. Possibilité de réserver deux chambres (communicantes) pour loger une famille. Une valeur sûre. Comptez de 59 à 84€ la double selon la saison, petit déj. 9€. *2, pl. Pasteur* ***Sarlat-la-Canéda*** *Tél. 05 53 31 93 88 www.hotelmontaigne.fr Ouvert mars-mi-nov.*

L'Étape des peupliers (plan 9, A3 n°20) À 300m du centre historique, cette solide demeure prolongée par un jardin avec piscine dessine un paisible huis clos campagnard en ville. Les prévenants Pierrette et Guy Lamouroux accueillent leurs hôtes dans 5 chambres simples, sans grand caractère mais confortables et d'une propreté pointilleuse. Une cuisinette permet de se concocter un repas. Cette adresse s'aborde à prix d'amis : 58€, petit déj. compris. *25 ter, rue de Cahors* ***Sarlat-la-Canéda*** *Tél. 05 53 59 03 53 Ouvert toute l'année*

☺ **La Maison du notaire royal (plan 9, B1 n°21)** Les propriétaires de cette demeure classée, bâtie au XVIIe siècle, vous proposent 4 chambres vastes et admirables où l'accord est fait entre le passé de la pierre et les nécessités du confort. Parquets d'époque, mobilier ancien. Un efficace double vitrage assure la sérénité dans cette adresse du centre de Sarlat. Pour une pause, un petit jardin de buis et une terrasse avec vue sur le manoir de Gisson. M. Toulemon a inventorié tous les bons plans d'un Périgord secret et les livre de bon cœur. Rapport qualité-prix imbattable pour une adresse magique ! Chambre 60-63€, 10€/pers. supplémentaire, petit déj. inclus. *4, rue Magnanat* ***Sarlat-la-Canéda*** *Tél. 05 53 31 26 60 ou 06 08 67 76 90 www.toulemon.com Fermé fin décembre*

Hôtel Le Saint-Albert (plan 9, B3 n°22) Situé aux portes de la cité médiévale, cet hôtel 2 étoiles dispose de 25 chambres claires, insonorisées et dotées de tout le confort d'un établissement de cette catégorie (accès Internet, télévision câble et satellite...). La décoration, contemporaine et soignée, et l'accueil sont à la mesure du confort. Les boutis sur les lits changent agréablement des sempiternels dessus-de-lits passe-partout. Double 55-89€, chambre 4 pers. 85-99€, petit déj. 8,50€. Demi-pension 59-65€/pers. Avec un coin bistrot. *Pl. Pasteur* ***Sarlat-la-Canéda*** *Tél. 05 53 31 55 55 http://hotelsaintalbert.com Ouvert toute l'année*

Le Mas de Castel C'est l'une des meilleures adresses de la région, ne serait-ce que pour l'accueil de la patronne : on n'a pas trouvé plus souriante et optimiste. Cette femme aime la vie et la fait aimer à sa clientèle ! Cette ancienne ferme, bien restaurée, est juchée sur une colline verdoyante, très au calme. Parmi les 13 chambres pastel, toutes différentes, préférez celles qui donnent sur le jardin et la piscine. Une grande chambre est installée au sommet du pigeonnier. Doubles standing 3 étoiles 70-105€, petit déj. 9,50€. Piscine dans un cadre divin. *Le Sudalissant* ***Sarlat-la-Canéda*** *(à 3km du centre-ville, dir. Souillac puis la Canéda) Tél. 05 53 59 02 59 http://hotel-lemasdecastel.com Ouvert début avr.-mi-nov.*

☺ **Chambres d'hôtes Le Clos Vallis** On reste ébahi devant la qualité de la restauration des lieux : les 4 chambres sont indépendantes du reste du logis et se partagent un immense salon (beaux meubles et décoration claire). Elles sont douces, accueillantes, épurées. Piscine. Comment quitter ce lieu remarquable, qui se prête admirablement à un long séjour ? Chambres 75-85€/2 pers., petit déj. inclus, 2 nuits min. en haute saison. ***Sarlat-la-Canéda*** *Dir. Proissans/Sainte-Nathalène, puis Sainte-Nathalène et suivre panneau sur la gauche Peyrignac (à 10min en voiture du centre de Sarlat) Tél. 05 53 28 95 64 www.leclosvallis.com Ouvert toute l'année*

La Ferme de la Croix d'Allon On se sent bien chez les époux Pérusin, aux petits soins pour leurs locataires. Dans la verdure, les 5 chambres d'hôtes, dont une "suite", sont simples mais joliment rénovées et très confortables. Cuisine et longue salle à manger à disposition. Calme total le soir, à 5min de Sarlat. Piscine chauffée. Chambre 60€, petit déj. compris, même prix pour la "suite" mais petit déj. en sus (5€, gratuit pour les enfants). ***Sarlat-la-Canéda*** *(à 2km du centre-ville) Dir. Proissans/Sainte-Nathalène, puis Proissans et en contrebas sur la droite Tél. 05 53 59 08 44 Ouvert toute l'année Sur réservation fin déc.-Pâques*

La Cheminée d'Angèle Jean-Christophe a repris cette maison familiale, celle d'Angèle, son arrière grand-mère. Il y propose un studio et 5 chambres (les plus sympathiques, poutres et pierres apparentes, se situent dans l'aile gauche). À 2min en voiture du centre de Sarlat, on se retrouve dans un grand parc, les pieds au bord de la piscine, à discuter avec le patron, qui vous fait dîner dans une immense salle à manger, près de la cheminée, ou sur la terrasse. Chambre 48-68€, petit déj. 6€, table d'hôtes 22€. *Pont de Campagnac* ***Sarlat-la-Canéda*** *Dir. Brive, puis à gauche après le contrôle technique, dir. Pont de Campagnac, puis fléchage sur la gauche Tél. 05 53 28 39 27 www.lacheminee-angele.com*

☺ **La Maison des Peyrat** Ah, la belle demeure ! Tenue par le chaleureux Jean-Marc Sabalette, la "Peyrat" est un petit bijou. Logé dans une ancienne maison de repos pour religieuses, bâtie au XIVe siècle, l'hôtel est environné de sources et, de la colline de la Plane, domine la ville. L'emplacement est sans doute le plus beau de Sarlat. Les 10 chambres se déclinent en blanc et beige, avec des sols en jonc de mer et des meubles rustiques. Les salles de bains, carrelées, sont splendides. Piscine. Chambres 58-106€, petit déj. 9,50€. *Le Lac de la Plane Route en montée derrière la gendarmerie* ***Sarlat-la-Canéda*** *Tél. 05 53 59 00 32 www.maisondespeyrat.com Ouvert avr.-mi-nov.*

prix élevés

La Maison des poètes (plan 9, A2 n°25) Dans un immeuble de caractère au cœur de la cité historique, 3 appartements haut de gamme, "Verlaine", "Rimbaud" et "Cocteau", disposent de tout le confort. Du troisième, situé au dernier étage, on jouit d'une belle vue sur la rue de La Boétie avec ses toits en enfilade, et sur les jardins de l'abbaye Sainte-Claire. Pierres et charpente apparentes confèrent beaucoup de charme à l'ensemble. Chaque appartement a fait l'objet d'une décoration soignée, et dispose d'un coin cuisine tout équipé, d'une chambre, d'une salle de bains et d'un salon. Un spa et une salle de relaxation sont à la disposition des occupants de la maison. Une alternative intéressante à la chambre d'hôtel classique, pour un budget similaire dans cette catégorie. 113€/nuit (haute saison) ou de 630 à 720€/sem. selon période. *2, rue La Boétie* ***Sarlat-la-Canéda*** *Tél. 05 53 29 44 90 ou 06 07 08 13 15 www.insarlat.fr Ouvert toute l'année*

prix très élevés

Hôtel plaza Madeleine (plan 9, A1 n°24) Envie de faire une folie ? Cet établissement dispose d'une terrasse avec piscine chauffée, spa, sauna et hammam, le tout à deux pas du centre-ville. Le grand jeu ! Certes, on ne vient pas forcément à Sarlat pour un séjour bien-être, mais si vos moyens vous le permettent, pourquoi, après une journée passée à arpenter les ruelles de la vieille ville, ne pas céder à la tentation de vous prélasser sur la terrasse tropicale ? Prestations haut de gamme, décoration raffinée (l'harmonie de couleurs est tout à fait réussie), pour un rapport qualité-prix plutôt intéressant, au vu de la qualité des services proposés. Double de 121 à 198€ en haute saison, petit déj. 11,50€. *1, pl. Petite-Rigaudie* ***Sarlat-la-Canéda*** *Tél. 05 53 59 10 41 www.hoteldelamadeleine-sarlat.com Ouvert toute l'année*

Hôtel Meysset La maison, magnifiquement située, a de la personnalité. À quelque distance du centre-ville, l'hôtel regarde de haut la campagne sarladaise. Les 26 chambres et suites, à la décoration contemporaine, bénéficient presque toutes d'une vue sur la pinède qui entoure la maison, dotée d'une piscine. Celles du rdc ont chacune un jardinet privatif qui leur retire un peu de lumière. De 122 à 169€, petit déj. inclus. *62, route d'Argentouleau* ***Sarlat-la-Canéda*** *Au nord de la ville, dir. Périgueux/Les Eyzies Tél. 05 53 59 08 29 www.hotel-meysset.com Ouvert avr.-oct.*

Dans les environs

prix moyens

Les Filolies Tout est avenant dans cette adresse soignée : l'accueil, le parc où oliviers et palmiers nains se mêlent aux essences locales, autour d'une belle piscine, la maison en pierres, multiséculaire, qui s'est refait une beauté. Les 5 chambres, en prise directe avec le jardin, composent des univers rassurants, fraîchement décorés (meubles campagnards, teintes sereines, boutis douillets...). De 59 à 67€, selon saison. Pas de table d'hôtes, mais un barbecue d'extérieur pour se composer un repas, pris sous les arbres. ***Saint-André-d'Allas*** *(7km à l'ouest de Sarlat) Tél. 05 53 30 31 84 www.lesfilolies.com Ouvert toute l'année*

Laborderie Les Périgourdins, qu'on n'abuse pas sur la qualité de l'assiette, ne tarissent pas d'éloges sur ce restaurant : "irréprochable", "exemplaire", "excellents desserts". Le talent du chef ne se limite pas à son soufflé glacé à la liqueur de noix, à son baba au rhum et autres douceurs ; le repas est du début à la fin un modèle de perfection, exprimant une savoureuse gastronomie du produit. Formules et menus de 21 à 48€. Le même professionnalisme s'observe à l'hôtel. Chambres fonctionnelles et confortables de 48 à 102€, selon confort et saison. Petit déj. 10€. Piscine, sauna et bain à remous. Laborderie est une institution dont la réputation ne faiblit pas. ***Tamniès*** *(17km au nord de Sarlat) Tél. 05 53 29 68 59 www.hotel-laborderie.com* **Restaurant** *Ouvert fin mars-début nov. : jeu.-dim. : midi et soir, lun.-mer. : uniquement le soir* **Hôtel** *Ouvert Pâques-Toussaint*

prix élevés

Maison de Marquay Éclatante illustration de l'art de vivre en Périgord. Ce havre de paix, au cœur du village, abrite une table d'exception qui honore les produits locaux et saisonniers pour une gastronomie pleine d'esprit et d'équilibre. Le magret de canard aux épices et sa compotée de céleri à la crème est une savoureuse invention, et les desserts savent surprendre. Table ouverte à tous, sur réservation, 29€. D'une élégance contemporaine métissée de touches campagnardes et d'objets insolites, les 5 chambres (dont 3 suites) sont à prix raisonnables, compte tenu de la qualité. De 80 à 110€ selon saison, petit déj. compris. En bonus, un jardin de rêve. Cette maison tout en délicatesse accueille ses hôtes avec une cordialité sincère et bien dosée. ***Marquay*** *(12km au nord-ouest de Sarlat) Tél. 05 53 59 53 59 www.maisondemarquay.fr Ouvert toute l'année*

★ ☺ LA ROQUE-GAGEAC 24250

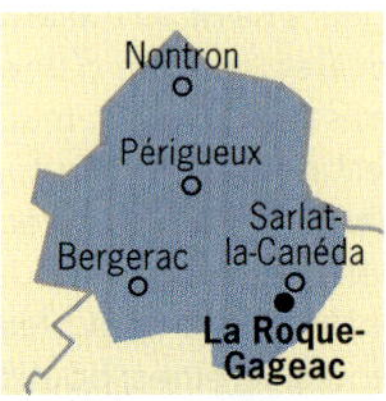

Un site magique, surtout à la tombée du jour, lorsque la lumière du soleil caresse les murs. Au pied du village, la Dordogne louvoie, avant de poursuivre son cours sous les créneaux de Beynac. Troglodytique, La Roque-Gageac a dû se rapprocher du bord de l'eau après la catastrophe de 1957, lorsque des rochers s'écrasèrent sur plusieurs de ses maisons. En invitant le Tout-Paris dans ses hôtels-restaurants, Joséphine Baker sauva le village du marasme économique qui s'ensuivit. Depuis, les voyageurs s'y pressent, émerveillés par l'audace des hommes qui ont su faire d'une modeste implantation solutréenne une imprenable cité fortifiée.

UN VILLAGE TROGLODYTIQUE L'homme occupe les cavités de la falaise dès le solutréen. Bien plus tard, il bâtit des maisons qu'il enclôt dans une première enceinte au Xe siècle. Situé sur un virage prononcé de la rivière – un emplacement stratégique –, le bourg contrôle la circulation des gabarres et fait l'objet à ce titre de bien des convoitises. Au XIIe siècle, le fort troglodytique, dont il ne demeure aujourd'hui que des ruines, est élevé. Adossé à la falaise, la rivière coulant en contrebas, La Roque-Gageac bénéficie d'une double protection qui lui confère sa réputation de site

Plan 10 La vallée de la Dordogne

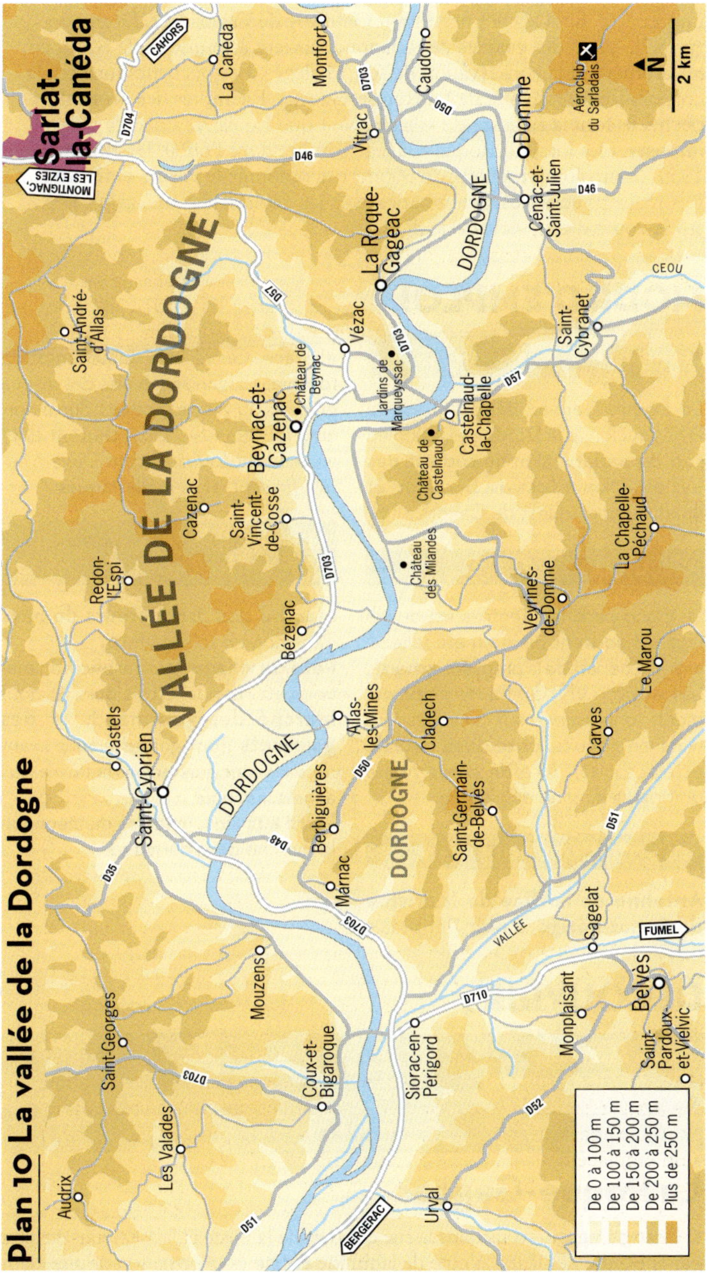

imprenable. Seul le chef protestant Geoffroy de Vivans – cf. Domme (p.187) –, lors des guerres de Religion, parvient à soumettre le bourg en lui promettant la conservation de ses privilèges. Les pêcheurs forment la corporation dominante de La Roque-Gageac. Exemptés des droits de pêche, ils font la richesse du village avant que Louis XIV décide de les imposer. Dès lors, La Roque-Gageac sombre dans l'oubli. Le 10 octobre 1957, le surplomb rocheux de 600m³ qui ombrage le village s'effondre. Les maisons actuelles seront bâties avec les déblais, la route, gagnée sur le cours d'eau, servant de digue.

MODE D'EMPLOI

accès

La Roque-Gageac est situé sur la D703 qui longe la Dordogne, 10km au sud de Sarlat, 25km au sud-est des Eyzies, 67km à l'est de Bergerac et 56km au nord-ouest de Cahors.

circulation

Le grand parking à l'entrée est du village est souvent plein en été (allez-y avant le départ de la première gabarre, soit environ 9h). Quelques emplacements sont réservés aux campings-cars (vidange gratuite, prise d'eau potable et électricité). Aire de pique-nique ombragée au fond du parking.

informations touristiques

Antenne de l'office de tourisme de Sarlat-Périgord noir Petit mais efficace. Outre une documentation fournie, il organise, en été, des visites guidées du village (gratuit). *Sur le parking Tél. 05 53 29 17 01 ou 05 53 31 45 45 www.sarlat-tourisme.com Ouvert mi-avr.-fin sept. et w.-e. de Pâques*

marchés, fêtes et manifestations

Marché des producteurs de pays *Ven. mat. en saison 9h-13h*
Fête du village Feu d'artifice, animations, etc., pendant trois jours. *Mi-août*
Marché des gourmands et des gourmets Pour goûter à tout avant de se laisser gagner par la fièvre des achats. *Fin août*
Foire aux vins Au même moment que le marché des gourmands.

DÉCOUVRIR

☆ **Les essentiels** Le bourg de La Roque-Gageac, les jardins de Marqueyssac
Découvrir autrement Abordez, à pied, le cingle de Montfort et admirez le panorama, rêvez au milieu des buis à l'occasion d'une soirée aux chandelles dans les jardins de Marqueyssac

La Roque-Gageac

☆ **Bourg** Engagez-vous dans la rue qui part de la poste et laissez-vous envahir par la beauté des lieux. À côté de la timide **église** (XVIᵉ-XVIIᵉ s.) sculptée dans la roche, s'épanouit un **jardin tropical** alimenté notamment par une source située derrière l'édifice religieux. Planté par un chercheur de l'OCDE passionné de plantes tropicales, il prouve que les falaises, blanches, accumulent suffisamment de calories pour permettre aux variétés exotiques de se développer. Rafraîchissant. Deux curiosités à La Roque : le **manoir de Tarde**, à l'est, et le **château de la Malartrie**, à l'ouest (ne se visitent pas). Le premier, reconnaissable à sa petite tour ronde, hébergea la famille Tarde, célèbre grâce à Jean, aumônier d'Henri IV et ami de Galilée. Le second impose son style Renaissance, bien qu'il ne date pas de cette époque : il n'a été construit qu'à la fin du XIXe siècle pour un certain Saint-Aulaire, ambassadeur de France. Entre lui et le bourg, un bâtiment du XVIe siècle, austère, servit de lieu de quarantaine aux pestiférés.

● S'envoler en montgolfière

☺ **Montgolfière du Périgord** Naviguant au gré des vents, la montgolfière s'élève en silence. Dans la nacelle d'osier, le voyageur n'est plus que le spectateur des éléments. Près d'une falaise, au-dessus d'un champ ou d'une forêt, l'air est différent et oblige le ballon à suivre son cours. Avant ou après les tourbillons et selon la nébulosité du jour, il décolle avec force puis trouve sa voie au-dessus de la Dordogne. Attention : un vol en montgolfière marque une vie... Vols en début de matinée et en fin de journée. Durée : 1h (mais comptez 3h en tout, avec la préparation du vol et le retour à l'aire de décollage). Accueil et encadrement par des passionnés très professionnels. Tarifs 190-210€/pers. *À l'entrée est de La Roque-Gageac Tél. 05 53 28 18 58 www.montgolfiere-du-perigord.com*

PÉRIGORD

● Descendre la Dordogne en gabarre... Deux sociétés se partagent l'importante clientèle désireuse de se promener au fil de l'eau sur la Dordogne. Le voyage dure 1h et permet de découvrir La Roque-Gageac dans son ensemble, de comprendre le fonctionnement de la rivière et de s'approcher de Castelnaud (un arrêté préfectoral interdit à ce type de bateau de passer sous le pont). C'est particulièrement instructif et, le soir, très reposant... Du moins hors saison, car en été, la rivière est embouteillée de gabarres, canoës et kayaks. Norbert et Caminade fournissent tous deux le même service d'avril à octobre. Tarif 9€, enfant 7€. Départ du parking toutes les 30min entre 10h et 18h, avec alternance entre Norbert et Caminade. **Gabarres Norbert** *Tél. 05 53 29 40 44 www.norbert.fr* **Gabarres Caminade** *Tél. 05 53 29 40 95 www.gabarrecaminade.com*

● ... ou en canoë-kayak Nombreuses possibilités de location de canoës et de kayaks entre La Roque-Gageac et Saint-Julien-de-Lampon. Parmi les trajets proposés, retenez les plus sauvages et les moins fréquentés (Le Roc/Saint-Julien et surtout Veyrignac/Carsac-Vitrac), et les plus riches en sites (La Roque-Beynac/Saint-Vincent-de-Cosse : falaises de Pendoilles, La Roque, Castelnaud, Fayrac, Marqueyssac, Beynac et les Milandes). Le trajet Vitrac/Cénac est moins impressionnant. En été, sachez que la Dordogne est très fréquentée (on a comptabilisé près de 6 000 embarcations passant sous le pont de Castelnaud en une journée !). Tarifs variables en fonction des circuits (promenade de 1h, 5-12€, ou balade de 5 à 32km, 13-20€). **Canoë Dordogne** *Tél. 05 53 29 58 50 www.canoesdordogne.fr* **Canoë Vacances** *Lespinasse Tél. 05 53 28 17 07 www.canoevacances.com* **Canoës Loisirs** *Vitrac Tél. 05 53 28 23 43 www.canoes-loisirs.com*

Faire une randonnée pédestre

Falaise de La Roque-Gageac (n°10) Pour découvrir le village adossé à la falaise. Une découverte des boisements et des plaines du Périgord noir. ***Départ*** *Syndicat d'initiative* ***Longueur*** *10,5km* ***Durée*** *3h*

Cingle de Montfort (n°18) Assez difficile, mais beau : c'est l'une des plus jolies boucles de M. Krasa – cf. Office de tourisme de Sarlat et du Périgord noir (p.157) –, au milieu des forêts de chênes verts, de la noyeraie de Turnac, jusqu'à la chapelle troglodytique de Caudon. Vous pouvez également tenter la montée sur la falaise : vue prodigieuse. ***Départ*** *Ferme de Turnac* ***Longueur*** *2,5km* ***Durée*** *45min-3h30*

Les environs de La Roque-Gageac

☆ **Jardins de Marqueyssac** Racheté en 1996 par le propriétaire de Castelnaud, le château de Marqueyssac, au toit de lauzes, inclut le jardin du même nom. Bâti en 1692 sur les restes de l'avant-poste du château de Beynac, le bâtiment actuel menaçait ruine. Son jardin, dessiné à la fin du XVIIe siècle par un certain Porcher, puis transformé en "folie de buis" par Julien de Cerval de 1861 à 1893, était presque à l'abandon lorsque le "sauveur" de Castelnaud le fit retailler. Cheminant sur 22ha, 6km de sentiers donnent à voir une végétation à la fois méditerranéenne (face sud) et atlantique (face nord). À l'entrée du parc, les 150 000 buis taillés à l'italienne ondulent à l'ombre de cyprès et de pins parasols. Onirique, bucolique, magique. Les Périgourdins y viennent en promenade le dimanche. Soirée aux chandelles en été. Accueil et organisation parfaits, avec une réelle politique à destination des familles et des amoureux du jardin. Marqueyssac est un site à ne pas rater. ***Vézac*** *(fléchage entre La Roque-Gageac et Beynac) Tél. 05 53 31 36 36 www.marqueyssac.com Ouvert fév.-mars, oct.-mi-nov. : tlj. 10h-18h ; avr.-juin, sept. : tlj. 10h-19h ; juil.-août : tlj. 9h-20h ; mi-nov.-jan. : tlj. 14h-17h Tarif 7,60€, réduit 3,80€, moins de 10 ans gratuit Entrée jumelée Castelnaud Tarif 13,40€, réduit 6,70€ Soirée aux chandelles juil.-août, jeu. soir 19h-0h Tarif 12€, réduit 6€ Restaurant-salon de thé ouvert Pâques-Toussaint*

UN FAMEUX BELVÉDÈRE

À Marqueyssac, au terme du parcours de la falaise, jalonné de panneaux très didactiques, des cascades annoncent l'approche du belvédère. De là, on domine la Dordogne d'une hauteur de 130m. Le retour au château se fait par une belle allée rectiligne de 1,5km qu'une navette électrique emprunte pour vous gratuitement en saison.

Château de Montfort Édifié sur l'un des sites les plus stratégiques et les plus époustouflants de la rivière, il est ruiné en 1214 par Simon de Montfort (aucun lien avec le nom de la demeure), le cruel pourfendeur de cathares, rebâti ensuite, puis à nouveau détruit en 1309, 1350, 1481, 1606 et reconstruit à chaque fois. Il fut restauré au XIXe siècle. Le château ne se visite pas. À l'entrée, un belvédère à flanc de rocher offre une vue vertigineuse... *8km à l'est de La Roque-Gageac*

☺ **Cingle de Montfort** La Dordogne se referme autour d'une presqu'île. L'intérieur du méandre ainsi formé est occupé par l'une des plus grandes plantations de noyers d'Europe, la ferme de Turnac (p.191). En demandant aux propriétaires, vous pourrez la traverser pour vous diriger vers une petite plage (à vous de la trouver !) d'où le panorama sur Montfort est superbe. *9km à l'est de La Roque-Gageac Panorama du parking aménagé sur la route de Carsac*

CARNET D'ADRESSES

Restauration

On trouve à La Roque-Gageac de quoi satisfaire ses papilles, tout en observant le passage des canoës sur la Dordogne. "La Belle Étoile" est une des tables qui nous ont le plus impressionné dans la région.

petits prix

Le Colombier L'auberge de Josette et Alexandre Peyrat fait partie des incontournables. Vos hôtes concoctent eux-mêmes leurs plats, de l'entrée jusqu'au dessert. Cuisine de terroir, traditionnelle : goûtez la tatin de foie gras, la bonne soupe de campagne ou le magret sauce aux cèpes. Du solide, sans prétention, qui régale et rassasie à coup sûr. Menus 16, 24 et 35€. ***La Roque-Gageac** Entre La Roque et Vitrac, sur la gauche (fléchage) Tél. 05 53 28 33 97 Ouvert Pâques-mi-oct. : mar.-sam. et dim. midi*

prix élevés

☺ **La Belle Étoile** On cuisine à "La Belle Étoile" depuis trois générations. Le patron actuel, Régis Ongaro, a été biberonné par Joséphine Baker sur le petit fauteuil dans la cheminée. Restaurateur hors pair, il n'achète que des produits frais, qu'il cuisine avec amour, en imaginant constamment de nouvelles recettes. Sa buée de foie gras, ses œufs cocotte et sa crème de chicorée aux morilles restent heureusement inexpugnables de la carte. Un bonheur à déguster sur la terrasse, pour le prix d'une cantine sarladaise : le menu le moins cher est préparé avec autant de sérieux que les plats à la carte. Servi par un personnel efficace, chaleureux et simple. Menus de 26 à 50€. C'est aussi un hôtel (p.178). *Rue principale **La Roque-Gageac** Tél. 05 53 29 51 44 www.belleetoile.fr Ouvert avr.-Toussaint : mar. et jeu.-dim. midi et soir, mer. soir*

Auberge la Plume d'oie On vient ici pour la cuisine de Marc Walker, chef inspiré qui a couru le monde en quête d'expériences et travaille en artiste viandes de choix et poissons. Cuisine à la fois nomade et férue de terroir (piccata de veau, ravioles de langoustines, canette grillée et sa sauce vin de noix et quinquina, pressé de foie gras et de blanc de poulet au chutney de pruneaux...), servie en des menus à 33€ et 48€ ou à la carte, dans la salle du rdc. Réservation vivement conseillée à midi. Quelques chambres à disposition (p.178). ***La Roque-Gageac** À l'entrée ouest du bourg Tél. 05 53 29 57 05 www.aubergelaplumedoie.com Ouvert avr.-mi-nov. : mar.-dim.*

Dans les environs

petits prix

☺ **Le Pech de Malet** La maison mérite le déplacement au moins pour sa terrasse d'où l'on est pris de vertige : la Dordogne fait un coude à 125m sous vos pieds, en longeant les impressionnantes falaises de Caudon. Le soir, c'est tout simplement sublime. Il vous reste ensuite à vous asseoir pour commander le repas. Classique et familial, servi dans une ambiance chaleureuse et pour un prix dérisoire. On a envie d'embrasser le patron devant tant de sollicitude ! Cette maison est une véritable institution, occupée en permanence par une clientèle d'habitués qui investit les 20 chambres et les 5 gîtes du "Pech". Menus 11-28,50€ (réservation souhaitée pour le déjeuner), carte 8-20€, chambres 30-50€ selon confort, gîtes 250-300€/2 pers. selon saison, 290-430€/4 pers., 335-430€/4-5 pers. ***Vitrac*** *(5km à l'est de La Roque-Gageac) Fléchage sur la route Vitrac-Montfort Tél. 05 53 28 14 82 www.pech-de-malet.pagesperso-orange.fr Fermé en hiver*

Hébergement

camping

Verterive Le terrain le plus proche de La Roque-Gageac, entre la route de Beynac et la Dordogne. Très confortable, sanitaires impeccables, avec 60 emplacements bien ombragés. Location de canoës à proximité, baignade possible. Prix modérés, bondé en été : réservez ! Empl. 12,80€/2 pers./nuit. ***La Roque-Gageac*** *Sortie est Tél. 05 53 28 30 04 Ouvert juil.-août*

prix moyens

☺ **La Belle Étoile** L'un des meilleurs restaurants de la région (p.177) se cache dans l'un des meilleurs hôtels. Les 15 chambres sont toutes différentes, mais partagent le même sol en jonc de mer. Aménagement simple et raffiné, literie de qualité, mobilier rustique, sdb impeccables. Beaucoup de charme. Les chambres numérotées de 1 à 11, au 1er étage, donnent sur la Dordogne. Les autres, moins chères et plus calmes en journée, donnent sur le jardin et la falaise. Joli salon de famille. L'une de nos meilleures adresses. Chambres 55-75€, demi-pension 85€/pers., petit déj. 10€. *Rue principale* ***La Roque-Gageac*** *Tél. 05 53 29 51 44 www.belleetoile.fr Ouvert avr.-oct.*

prix élevés

Auberge La Plume d'oie On ne peut dormir ici que si l'on y dîne (p.177). Quatre chambres vous sont alors proposées : 3 sur la rue – donc sur la Dordogne –, 1 sur la falaise. Très claires (le ton crème domine), confortables, elles sont assez spacieuses pour supporter un long séjour. En saison, préférez l'unique chambre à l'arrière, à cause du bruit qui ne tarit jamais, même la nuit. Double 75-90€, petit déj. 12€. Réservation vivement conseillée. ***La Roque-Gageac*** *À l'entrée ouest du bourg Tél. 05 53 29 57 05 www.aubergelaplumedoie.com Ouvert avr.-mi-nov.*

Les Hauts de Gageac Des poupées vêtues de blanc, des nounours anciens, des bouquets de roses fraîchement coupées, des bibelots : il faut aimer les décors "romantiques". Mais le monde tourne rond sur les Hauts de Gageac

GAMME DE PRIX	RESTAURATION	HÉBERGEMENT
Très petits prix	moins de 15€	moins de 30€
Petits prix	de 15 à 25€	de 30 à 50€
Prix moyens	de 25 à 35€	de 50 à 80€
Prix élevés	de 35 à 50€	de 80 à 125€
Prix très élevés	plus de 50€	plus de 125€

où rien ne trouble l'harmonie agencée par vos hôtes. De la piscine, la vue est séduisante, la grande demeure périgourdine rassure, les 2 chambres et la suite sont irréprochables et l'accueil est tout en gentillesse. Une adresse qui ressource et touche au cœur. Chambres de 80 à 95€, selon saison. *Lieu-dit Gageac* ***La Roque-Gageac*** *Tél. 05 47 27 51 30 www.leshauts-degageac.fr Ouvert avr.-déc.*

☺ **Maison Anne Fouquet** Version contemporaine du traditionnel séchoir à tabac, la demeure campe face à un paysage d'une réconfortante sérénité : de la terrasse perchée, vue sur la Dordogne et les falaises de la Roque-Gageac. L'accord est parfait entre les sobres paysages de la vallée et l'élégance épurée des 3 chambres. Allié au confort et à une isolation phonique optimale, ce design zen distingue une adresse qui sait aussi recevoir. La maîtresse de maison vous conseillera avec pertinence et enthousiasme dans vos découvertes périgourdines. Cette maison d'hôtes a de l'esprit et de la générosité. De 90 à 155€, selon confort et saison. Petit déj. sucré-salé 12€. *Lieu-dit Saint-Donat* ***La Roque-Gageac*** *Tél. 06 37 76 83 81 www.laroquegageac.com Ouvert avr.-déc.*

Dans les environs

petits prix

Gîtes Les Combes basses Si vous rêvez depuis l'enfance de comprendre ce qu'est une marmite de géant, c'est aux Combes qu'il vous faut loger : vous en découvrirez une dès l'entrée de la ferme. Mme Georgy et son mari ont aménagé 4 gîtes confortables pour 2, 4 ou 6 personnes et, surtout, un beau studio (2 pers.), à l'arrière de la maison, peu lumineux, mais avec beaucoup de charme et de fraîcheur. Un bon choix pour un couple, à un tarif défiant la concurrence ! Environ 300 à 400€/sem., studio 220€/sem. ***Vitrac*** *Dir. Vitrac, fléchage Combes basses (gîte de France) sur la gauche Tél. 05 53 28 33 03 ou 06 73 44 32 40*

Gîtes La Rouderie Dans la ferme jaune, 3 gîtes : le "Logis du maréchal" (-ferrant, 4 pers.), la "Forge de Vulcain" (4 pers.) et le "Bois-Gentil" (6 pers.). C'est très coquet et particulièrement fonctionnel. Dès qu'on a posé ses valises, on sent que l'on va se trouver bien. L'accueil cordial de la patronne ajoute à cette bonne impression. À quelques centaines de mètres de la route, "La Rouderie" est brûlante en saison, mais si calme... Une chambre d'hôtes également. Une excellente adresse. Gîtes 210-430€/sem., chambre 48€ avec petit déj. ***Vitrac*** *Dir. Vitrac, à gauche avant le bourg Tél. 05 53 28 36 51 ou 06 32 73 29 09 cdcluzel.free.fr Ouvert mars-oct.*

Chambres d'hôtes et gîte La Ferme fleurie "La Ferme", c'est d'abord un séchoir à tabac transformé en gîte d'étape, autrement dit en dortoir, coquet, pour 12 personnes (3 chambres de 4 lits). Avec une cuisine, une salle à manger et des sanitaires par chambre, ce gîte constitue la meilleure option pour un groupe. Également, 3 grandes chambres (3 pers.) et 4 chambres pour 2 personnes, toutes simples. Le tout dans un joli site arboré et au calme. Les propriétaires, la famille Moulin-Roy, entretiennent un jardin riche de multiples plantes aromatiques et médicinales, attenant à un potager et à des rocailles (visite gratuite pour les hôtes, sinon tarif 5€, réduit 3€). Une belle réalisation ! Chambre 48€/1 pers., 54€/2 pers., 64€/3 pers., petit déj. inclus, gîte 24€/pers., demi-pension 88€/2 pers., petit déj. inclus. *Le*

Colombier ***Vitrac*** *À l'entrée de Vitrac (6km à l'est de La Roque-Gageac), à g. (fléchage) Tél. 05 53 28 33 39 www.fermefleurieperigord.com Ouvert avr.-Toussaint*

prix moyens

☺ **Le Pigeonnier de Labrot** Au pied d'un noble pigeonnier, et au calme, on rencontre des agriculteurs qui ne chôment pas, cultivant céréales et potager, élevant vaches et volailles. C'est un séjour découverte, mais aussi gourmand puisque la table paysanne, goûteuse et sincère, est alimentée par les produits de la ferme et que votre hôtesse est une fine cuisinière. Les 4 chambres sont simples, nettes, rénovées (bonne et grande literie à 160/200, salles de bains modernes) et s'abordent à un prix "quasi militant" : 52€ pour 2, petit déj. compris, et 46€/pers. en demi-pension. En bonus, la bonne humeur et l'accent ensoleillé d'un couple pour qui recevoir coule de source. *Lieu-dit Labrot* ***La Roque-Gageac*** *(4km à l'est du bourg) Tél. 05 53 28 37 00 ou 06 08 13 64 50 www.lepigeonnierdelabrot.com Ouvert mi-mars-mi-nov.*

prix élevés

☺ **Chambres d'hôtes La Barde** Exceptionnel ! À deux pas du château de Montfort, la maison récente de M. et Mme Peeters a l'air d'une ferme rénovée. Dans l'annexe, 4 chambres, et, dans la maison, une suite familiale. La décoration, mélange étonnant de rusticité et de matières sophistiquées, laisse pantois. Les scènes murales peintes en monochromie sur certains murs rappellent celles du fameux cabinet de méditation du château de Puymartin… Un séjour immense, accueillant, comprenant un billard et une salle de lecture, ainsi qu'une cuisine bien équipée (pour concocter un dîner) sont à la disposition des locataires. Piscine. Un bijou d'une extrême rareté. De 55 à 94€, selon confort et saison, suite (4 pers.) 95 à 130€, petit déj. 8€. Accueil chaleureux, plein d'attentions. *La Barde* ***Vitrac*** *(6km à l'est de La Roque-Gageac) Laisser le château sur la gauche, prendre à droite au "Y" (syndicat d'initiative), puis à gauche à 100m Tél. 05 53 28 24 34 ou 06 21 96 51 90 www.labardemontfort.com Ouvert toute l'année*

★ BEYNAC-ET-CAZENAC 24220

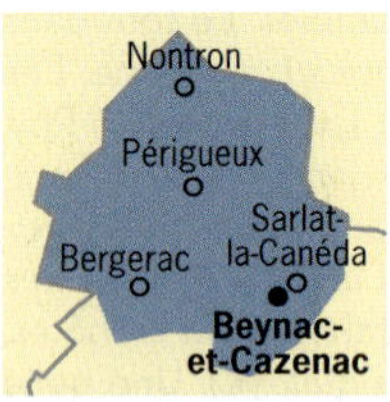

Tandis que les maisons s'enroulent autour de la falaise, le château, sur son vaste plateau, domine la vallée de ses murailles impressionnantes. Il fait face à son ancien rival, Castelnaud, accroché à l'autre rive de la Dordogne. Beynac-et-Cazenac est un bourg médiéval où l'on ne cesse de grimper au gré de ses ruelles, pour accéder enfin à la forteresse.

LA "TOUR DE GUET" DE LA DORDOGNE Les cavités de la falaise sont trompeuses : contrairement à celles de La Roque-Gageac, elles ne furent occupées que très épisodiquement. Le village ne se constitue véritablement qu'au Ier siècle avant notre ère. Mais c'est au XIIe siècle, avec la construction du château, que la localité devient importante d'un point de vue stratégique. La Dordogne faisant un angle droit, il est facile d'en surveiller le trafic à partir de la forteresse. Raison pour laquelle Richard Cœur de Lion investit le castel à la fin du XIIe siècle. Quelques années plus tard, en 1214, c'est au tour de Simon de Montfort de s'en emparer et de le démantèler à la demande de prélats. Reconstruit, le château rejoint définitivement le giron français au XIVe siècle. En face, Castelnaud demeurera anglais jusqu'en 1442. Au pied de la forteresse de Beynac, le bourg, organisé en quartiers (les *barris*) d'artisans se rejoignant sur le port, vit du trafic des gabarres, qui s'arrêtent à Beynac dans leur longue route vers Bergerac et Ambès. L'arrivée du chemin de fer sonnera la fin de l'histoire. Seul le tourisme, et Paul Éluard, qui vint finir ses jours ici, le rappellera à la mémoire des hommes.

MODE D'EMPLOI

accès

EN VOITURE
Beynac-et-Cazenac est situé 11km au sud-ouest de Sarlat, 63km à l'est de Bergerac et 64km au sud de Périgueux.

informations touristiques

Office de tourisme Sarlat-Périgord noir On trouve dans cette antenne de l'OT du Périgord noir une bonne documentation. Visites guidées gratuites du village en été. *Tél. 05 53 29 43 08 www.sarlat-tourisme.com Ouvert fév.-déc.*

circulation

C'est à Beynac que la route s'étrangle, avec pour conséquences des embouteillages épiques. Attention également aux piétons, qui doivent emprunter la chaussée dépourvue de trottoirs. Parkings payants à l'entrée ouest du bourg, à proximité du château et du parc archéologique (fléchage).

marchés et fêtes

Marché des producteurs Sur le parking. *En saison seulement : lun. 9h-13h*
Feu d'artifice *Le 15 août*

DÉCOUVRIR

☆**Les essentiels** Le château de Beynac, le château de Castelnaud, le parc du château des Milandes **Découvrir autrement** Plongez-vous en plein néolithique au parc archéologique de Beynac, survolez la région en montgolfière

Beynac-et-Cazenac

☆**Château de Beynac** C'est l'un des sites les plus visités de la région, l'un des plus filmés également (*Jeanne d'Arc*, *Les Visiteurs 2*...). Racheté en piteux état en 1961 et patiemment réhabilité, il s'impose à toute la vallée du haut de sa falaise de 150m. La double enceinte était complétée par deux douves et deux barbacanes. Au donjon des XIIe et XIIIe siècles est accolé le corps de bâtiment principal (XIIIe-XIVe siècles, remarquez les latrines externes), prolongé au XVe siècle par le manoir du seigneur de Beynac. La chapelle, au bout de la basse-cour, est contemporaine du donjon. Elle est devenue l'église du bourg. À l'intérieur du château, on visite l'immense salle voûtée d'ogives, ainsi que la cuisine (réaménagée en partie par les décorateurs de Luc Besson), et une salle d'armes. Du sommet du donjon, le panorama est exceptionnel. C'est probablement l'un des plus beaux de la région (un autre est accessible par le chemin qui descend vers le bourg par la plaine). La visite se termine sous une barbacane. *Accès à pied par 3 raidillons, l'un par le calvaire au départ de l'hôtel Bonnet, l'autre en face derrière la boulangerie, le troisième à droite de la rue du Château Tél. 05 53 29 50 40 Ouvert avr.-sept. : tlj. 10h-18h30 ; oct.-mars : tlj. 10h-coucher du soleil Fermé 5 sem. par an (variable) Tarif 7,50€, réduit 3,20-4,30€*

● Faire un saut dans la préhistoire

Parc archéologique de Beynac Le parc archéologique de Beynac propose des reconstitutions du néolithique, des âges du cuivre, du bronze et du fer. Maisons, pirogues, fours, forges servent de cadre à de nombreuses animations : ateliers de taille de silex, de tissage, de fonte de cuivre et de réduction de minerais et programmes pédagogiques à destination des enfants. Dans la tour du XIVe siècle, un musée. *Au bout de la rue du Château (fléchage) Tél. 05 53 29 51 28 Ouvert juil.-mi-sept. : lun.-ven. 10h-19h ; mi-sept.-juin sur rdv Tarif 5€, réduit 3,50-4€*

● Descendre la Dordogne en gabarre

Gabarres de Beynac Intéressant pour la seule perspective sur Beynac et le repos qu'offre cette balade le soir. Mais un peu décevant, car le bateau ne fait qu'une grande ellipse en demeurant sagement devant le bourg. Départ sur le parking principal. *Tél. 05 53 28 51 15 www.gabarre-beynac.com Ouvert avr.-oct. Départ toutes les 30min en saison (mai-sept.) entre 10h-12h30 et 14h-18h ; avr. et oct. toutes les heures 11h-17h*

Les environs de Beynac

☆ **Château de Castelnaud** Le château voit le jour sans doute au tout début du XIIIe siècle. En 1214-1215, il est assiégé, investi et en grande partie détruit par Simon de Montfort, avant d'être loué à Henri III d'Angleterre par Louis IX. Les Anglais le renforcent d'un donjon et d'une enceinte. Lors de la guerre de Cent Ans, la forteresse passe aux mains de la famille de Caumont, qui fait allégeance à l'Angleterre en 1405. Pris par les troupes françaises en 1442, le château est démantelé, puis reconstruit dans la seconde moitié du XVe siècle, après son retour dans le giron des Caumont. Le corps de logis principal, la barbacane et l'enceinte basse (celle qui sépare le castel du village) datent de cette époque, la tour d'artillerie du siècle suivant. Au début du XVIIe siècle, la forteresse est encore renforcée avant d'être abandonnée : les temps sont désormais aux demeures d'agrément, et les Caumont lui préfèrent le château des Milandes. Rendu à l'état de carrière, Castelnaud, en ruine, est sauvé par M. Rossillon qui le restaure de 1967 à 1998. Enfin, le château abrite un beau musée de la Guerre au Moyen Âge. Panorama remarquable sur la Dordogne : la vue s'étend de La Roque-Gageac à Beynac... Accueil et politique tarifaire exemplaires. Parking à 300m au-dessus du village. ***Castelnaud-la-Chapelle*** *(5km au sud de Beynac) Tél. 05 53 31 30 00 www.castelnaud.com Ouvert fév.-mars, oct.-mi-nov. : tlj. 10h-18h ; avr.-juin, sept. : tlj. 10h-19h ; juil.-août : tlj. 9h-20h ; mi-nov.-fin jan. : tlj. 14h-17h ; vac. Noël : 10h-17h Tarif 8,40€, réduit 4,20€, gratuit moins de 10 ans Juil.-août avant 13h : tarif 6,80€, réduit 3,40€ Entrée jumelée avec Marqueyssac Tarif 13,40€, réduit 6,70€*

HÉRALDIQUE ET TRÉBUCHET
À Castelnaud, la visite peut être accompagnée par des guides-acteurs. Des ateliers du patrimoine permettent aux enfants d'apprendre un peu d'héraldique, de calligraphie ou d'architecture défensive. En saison, initiation au maniement d'armes, au tir au trébuchet et démonstration de fabrication d'une armure.

☆ **Château des Milandes** Il fut construit en 1489 par François de Caumont, le seigneur de Castelnaud, à la demande insistante de son épouse, qui trouvait la vieille forteresse familiale beaucoup trop froide et austère. Le château surplombe la Dordogne devant une succession de terrasses artificielles. Laissé à l'abandon au XVIIIe siècle, il subit au XIXe siècle une restauration dans le style de Viollet-le-Duc. À l'intérieur, chaque salle présente un moment de la vie tourbillonnante de Joséphine Baker (qui avait acheté le château en 1937), jusqu'à sa déchéance : trop généreuse, la star se retrouva ruinée et fut expulsée du château en 1968. Elle mourra sept ans plus tard. La visite est une réussite. Un très beau travail de scénographie qui permet d'admirer, entre autres, les robes de scène de la star (notamment sa fameuse ceinture de bananes) et de comprendre le rôle actif qu'elle mena ici, pendant la Seconde Guerre mondiale, en tant que résistante. Dans la cour, spectacle de fauconnerie : buses, grands-ducs et faucons virevoltent sous les ordres de chasseurs fauconniers passionnés. Impressionnant. En saison, le soir, des animations costumées et des illuminations aux chandelles sont programmées. ***Castelnaud-la-Chapelle*** *(10km au sud-ouest de Beynac) Tél. 05 53 59 31 21 www.milandes.com Ouvert juil.-août : tlj. 9h30-19h30 (1er-10 juil. : 10h-19h) ; sept. : tlj. 10h-19h ; oct.-mi-nov. : tlj. 10h-18h ; avr.-mai : tlj. 10h-18h30 ; juin : tlj. 10h-19h Tarif 9€, réduit 5,80€*

Écomusée de la Noix du Périgord Intéressant, ce petit musée vous en apprendra beaucoup sur la façon de faire l'huile et sur le rôle paysager et écologique des noyers. La muséographie est assez compliquée, mais les bandes dessinées sur les panneaux captent facilement l'attention. Produits aux noix dans la boutique, notamment de l'huile pressée à froid, une rareté. Une promenade ombragée, dans la noyeraie bio voisine, prolonge la visite et présente faune et flore en 4 stations pédagogiques. Aire de pique-nique abritée. *Ferme de Viel Croze* ***Castelnaud-la-Chapelle*** *(5km au sud de Beynac) Tél. 05 53 59 69 63 Ouvert avr.-11 nov. : tlj. 10h-19h Tarif 5€, réduit 4€, moins de 10 ans gratuit*

Où déguster noix et chocolat ?

☺ **Les Gourmandises de Lucco** Dangereusement installée sur le bord de la route Beynac/Saint-Cyprien, la pâtisserie Les Gourmandises de Lucco est un délice. Spécialiste de la noix, la famille Lucco cuit un cake absolument irrésistible. Le reste de la carte est du même niveau. Mais le patron est surtout connu pour son chocolat : unique compagnon chocolatier du Périgord, Raoul Lucco est réputé dans le monde entier pour la finesse et l'originalité de ses réalisations (la "saison" du chocolat s'étend d'octobre à Pâques). C'est un artisan, qui invente en permanence et peaufine ses créations pendant des jours. Sans doute la meilleure pâtisserie de la vallée de la Dordogne. *La Couture Bézenac Route de Saint-Cyprien* ***Saint-Cyprien*** *(5km à l'ouest de Beynac) (panneau bleu) Tél. 05 53 29 25 33 Ouvert mar.-sam. 8h-12h30 et 14h-19h, dim. et j. fér. 8h-13h*

Pédaler hors des sentiers battus

☺ **Liberty cycle** Guillaume, ce "gentil géant blond", connaît chaque cm² du Périgord noir, les chemins les plus secrets, les producteurs les plus enclins au partage. Pour faire découvrir un Périgord méconnu, loin des flux touristiques et des voies balisées, il vous accompagnera sur des circuits tous niveaux (à partir de 9 ans) assortis de rencontres inédites. Aux formules familiales et sportives, s'ajoute une formule nocturne, et gourmande, avec découverte des produits locaux et observation des étoiles. Départ de Castelnaud. À partir de 12€/pers. *Tél. 07 81 24 78 79 www.liberty-cycle.com*

Pratiquer des activités sportives

Couleurs Périgord Organisme réputé, Couleurs Périgord propose diverses activités encadrées ou non. Le rocher-école d'escalade se trouve à Lacoste (avant Castelnaud), les cavernes de formation à la spéléologie à Groléjac et à Caudon. Accueil et service remarquables. Tarifs canoë 9,50-21€ selon parcours (5, 10, 14 et 22km). Escalade à partir de 27€/pers., spéléologie à partir de 30€/pers. *Plage de Vézac* ***Vézac*** *(2km au sud de Beynac) Sous le pont de Fayrac Tél. 05 53 30 37 61 ladordogneencanoe.com*

Faire une randonnée médiévale

La balade médiévale de Castelnaud (n°14) est un très joli sentier forestier et fluvial, entre Castelnaud, Fayrac et les points de vue de Lacoste et de La Treille. ***Départ*** *Tournepique (Castelnaud)* ***Longueur*** *10,5-16,5km* ***Durée*** *3h-4h45*

S'envoler en montgolfière

☺ **Patrick Bécheau** Aux Milandes, le très sympathique Patrick Bécheau emmène les visiteurs dans les airs dans son ballon captif. Il lui arrive aussi de le détacher. En fonction des vents, il mène alors ses passagers assez haut pour dominer la Dordogne et ses châteaux. Inutile de vous dire que lorsque la lumière se prend au jeu, c'est, c'est... *Parc du château des Milandes (10km au sud-ouest de Beynac) Tél. 05 53 29 20 56 ou 06 83 26 47 66 www.perigord-dordogne-montgolfieres.com*

CARNET D'ADRESSES

Restauration, hébergement

camping

Le Capeyrou Le camping le plus proche de Beynac. En bordure de la Dordogne, c'est un 3-étoiles classique. Très bon confort, idéal pour les familles (sdb bébés, plage de galets, bassin pour enfants, pêche, piscine, épicerie). Réservation impérative dès le printemps. Empl. 5,60 à 8,10€, selon saison, 4,30 à 6,50€/adulte, selon saison. Électricité 3,40€. Location tente "aventurière" (4 pers.) de 250 à 670€/sem., selon saison. ***Beynac-et-Cazenac*** *Face à la station-service, entrée est du village Tél. 05 53 29 54 95 Ouvert Pâques-sept.*

prix moyens

La Petite Tonnelle Adossée à la roche d'où sourd une petite source, la salle du restaurant a des allures de grotte. La terrasse, elle, boit le soleil. Le chef travaille le poisson frais, fume son saumon et sélectionne des viandes labellisées. Il a une prédilection pour le veau de Corrèze, qu'il nappe d'une crème aux morilles, et pour l'agneau du Quercy, qu'il cuisine rôti, grillé ou en gigotin. Le canard n'est pas oublié, avec un bon foie gras maison ou des rillettes aux cinq épices. L'assurance d'une vraie cuisine maison, dans un cadre plaisant. Formules et menus de 16 à 36€. ***Beynac-et-Cazenac*** *Tél. 05 53 29 95 18 Ouvert tlj.*

prix très élevés

☺ **Un balcon en forêt** Paradisiaque ! Une fermette discrète cachée en lisière de forêt, dans un bout du monde insoupçonné perché au sommet des falaises de Beynac. On peut se glisser par un sentier, en 5min, au cœur du village. Les pelouses, les massifs et le jardin clos sont un modèle de bucolisme, entretenu sans emphase. Dans la grange, restaurée avec tact, deux suites avec cheminée, "le Baron perché" et "la Saint Hubertus", créent la surprise : vos hôtes ont imaginé un univers châtelain et raffiné qui mêle astucieusement des meubles massifs de style et des touches décoratives dans le goût du jour. Les références littéraires à Gracq ou Calvino laissent espérer un site romanesque : il l'est, avec une élégance rare et un soin du détail méticuleux. Table d'hôtes à la hauteur, majoritairement bio, à 26€. Suites 135€ et 155€, petit déj. compris. ***Beynac-et-Cazenac*** *À env. 3km du bourg, sur les hauteurs Tél. 05 53 28 24 01 www.ladordogne.info Ouvert toute l'année*

Dans les environs

petits prix

Gîtes Le Tiradou Quel dommage d'être aussi proche de la route... Le bruit est plus supportable des gîtes (splendides) situés dans le logis placé à l'entrée de l'ancienne ferme familiale. Les matériaux, le mobilier et l'agencement, très choisis, donnent beaucoup de personnalité à ces gîtes de 2/4 personnes. Chacun a sa petite terrasse d'où l'on regarde la cour. Renée, la patronne, et Elyette, sa fille, vous y accueillent comme des invités. Une bonne adresse, malgré le bruit de fond qui explique la modicité du prix. 320-450€/sem. en toute saison. ***Saint-Vincent-de-Cosse*** *(3km à l'ouest de*

Beynac) Dir. Saint-Cyprien, prendre à dr. vers le camping, 1re maison à g. avant le camping Tél. 05 53 29 53 29

Gîtes Chez M. Mazère Dans cette ferme qui produit des asperges et des noix, on trouve 3 gîtes bien sympathiques. Deux petites maisons (2/4 pers.) tout d'abord, de bon confort, sur lesquelles courent des treilles, et baptisées "les Vignes". Un pigeonnier, ensuite, où l'on passe son temps à emprunter l'escalier, pour aller de la cuisine (rdc) à la chambre (sous le toit pointu) en s'arrêtant, pour souffler, au salon (1er étage). De là, on domine Beynac, raison pour laquelle les voyageurs américains raffolent de ce petit gîte très coquet. De l'angle gauche de la cour, et de la belle piscine, on voit aussi le château... Maison 320-690€/sem., pigeonnier 270-460€/sem. ***Vézac*** *Un peu avant Beynac à l'ouest, fléchage "Soulvignac" Tél. 05 53 29 50 58*

PÉRIGORD

prix moyens

☺ **Le Buffet de la gare** Il est des adresses qu'on aimerait garder pour soi : ainsi du Buffet de la gare de Vézac. L'établissement a repris du service, sur un mode original, ayant calqué ses prestations sur le concept de table d'hôtes. Fleur et Paula reçoivent comme des amies à une grande table communautaire autour de laquelle les conversations vont bon train. La cuisine, sans fioritures ni minauderies, est un modèle de fraîcheur et de perfection. De 19 à 22€, vins en plus mais ils sont choisis et abordables. ***Vézac*** *À 1,5km de Beynac dir. Sarlat Tél. 05 53 28 24 01 Ouvert lun.-ven. pour déjeuner ; mer. et ven. pour dîner Sur réservation uniquement*

Le Tournepique Comme disent les gens du coin : "allez donc chez le Basque". Ni la déco (surfs à la retraite, filets, bois flottés), ni la carte ne démentent l'information ; on mange les spécialités du Sud-Ouest, version Atlantique : les *piquillos*, l'omelette à la morue, la piperade au jambon, l'*axoa*, etc. Mais la table honore aussi les classiques périgourdins ou les grillades à la plancha que l'on peut déguster, l'été, sur une terrasse qui domine la Dordogne. Bref, la carte, très variée, satisfait tous les goûts, et les prix, toutes les bourses. Formules et menus de 14 à 19€. ***Castelnaud-la-Chapelle*** *À 4km de Beynac (près du pont) Tél. 05 53 29 51 07 Ouvert haute saison : tlj. ; reste de l'année : mer.-dim. sauf sam. midi*

Gîtes Le Pech Au lieu-dit Le Pech, ces 3 gîtes installés dans des maisons de famille ont bénéficié d'une rénovation bien menée, qui a redonné sa clarté à la pierre et de l'étanchéité aux toits de tuiles plates et de lauzes qui menaçaient ruine. À l'intérieur, le mobilier rustique a de l'espace pour attraper la lumière qui entre à profusion. Aménagement haut de gamme, grand confort et sécurité pour les enfants. Piscine (au sel), accès Internet. Chaque demeure possède son jardin et jouit d'un panorama vrai-

GAMME DE PRIX	RESTAURATION	HÉBERGEMENT
Très petits prix	moins de 15€	moins de 30€
Petits prix	de 15 à 25€	de 30 à 50€
Prix moyens	de 25 à 35€	de 50 à 80€
Prix élevés	de 35 à 50€	de 80 à 125€
Prix très élevés	plus de 50€	plus de 125€

ment rare. Le hameau est d'un calme absolu. Une excellente adresse, un peu chère toutefois. "Maison de la Croix" (5 pers., 100m^2) 370-995€/sem., "Maison Le Pêcheur" (4 pers., 100 m^2, jardin de 2500m^2 !) 350-895€/sem., mais fermé oct.-avr., "Maison des Terrasses" (9 pers., 160m^2, séjour de... 60m^2, cheminée) 450-1 495€/sem. *Le Pech* ***Sainte-Foy-de-Longas*** *Direction Saint-Cyprien, à dr. après la croix Tél. 05 46 41 59 75 ou 06 03 69 16 06 http://locations-sarlat.com*

Les Chênes rouges La maison a du panache et les 3 chambres y sont un modèle pour magazine de déco, d'une élégance rare, sans esbroufe. Elles sont "offertes" à tarifs très raisonnables : de 64 à 69€, selon saison, et le petit déj. inclus sert, à satiété, gâteaux et confitures maison. Une cuisine équipée est à votre disposition et la piscine invite au farniente. Vos hôtes reçoivent avec chaleur, simplicité et font profiter de leur parfaite connaissance de la région. Une adresse sous le signe de la passion, qui a tout pour plaire. ***Veyrines-de-Domme*** *(11km au sud de Beynac via Castelnaud) Tél. 05 53 59 13 29 ou 06 68 53 82 14 www.chambres-chenesrouges-perigord.com Ouvert toute l'année*

★ ☺ DOMME

24250

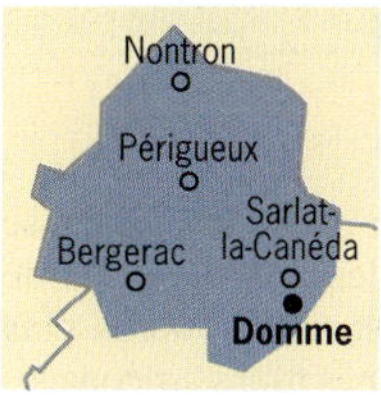

Juchée sur une falaise haute de 150m, protégée par le vide du côté de la Dordogne et par ses remparts du côté de la plaine, Domme est une bastide unique, demeurée presque intacte. Si elle bénéficie d'un panorama somptueux, cette cité fortifiée mérite aussi que vous vous promeniez dans ses ruelles en pente, surtout le matin, lorsque la lumière dévoile la vallée. Un enchantement.

UNE BASTIDE RÉPUTÉE IMPRENABLE Domme présente le plan orthogonal et géométrique des bastides, bien que la configuration particulière du site ait contraint ses bâtisseurs à adapter le tracé des rues aux accidents du terrain (elle possède ainsi deux places, contre une seule pour la plupart des bastides). Voulue par le roi de France Philippe III (père de Philippe le Bel) qui souhaitait marquer sa souveraineté sur la Dordogne, la cité fortifiée fut édifiée sur un terrain acheté à Guillaume de Domme entre 1280 et 1283. À l'est de la falaise, un château surveillait déjà la rivière. Bâti aux XIe et XIIe siècles, il n'en reste que des ruines. La construction de la bastide s'étale de 1283 à 1310. Semblant inexpugnable, elle sera tout de même investie à plusieurs reprises par les Anglais. Comme à Beynac et à Castelnaud, Anglais et Français s'y succédèrent à partir de 1347. Geoffroy de Vivans la conquerra par la ruse le 25 octobre 1588 : après une quinzaine d'années d'assauts et de sièges infructueux, le capitaine huguenot s'empare de la cité en y pénétrant par la falaise. L'histoire de Domme s'arrête là. L'écrivain américain Henry Miller la sanctifiera en déclarant que Domme "est l'approximation la plus proche du paradis".

MODE D'EMPLOI

accès, circulation

Domme est située 12,5km au sud de Sarlat et 75km à l'est de Bergerac. Trois accès, par Cénac (le plus simple), Saint-Cybranet (belle route secondaire) et Vitrac (route sous surplomb avant Cénac). Circulation à sens unique dans la bastide. Parkings payants autour de la halle, sur la place de la Rode et au belvédère. Plusieurs parkings gratuits à l'extérieur, au Pradal (direction Sarlat). Pas de parking extérieur pour les automobilistes venant de Cénac. En été, l'accès en voiture à l'intérieur des murs est très difficile, voire impossible.

informations touristiques

Office de tourisme Bel accueil, bons conseils. Il organise des visites guidées (conseillées) de la bastide, de la grotte, du musée des Arts et Traditions populaires et de la porte des Tours (les graffitis de la prison des Templiers). *À l'intérieur de la Halle Tél. 05 53 31 71 00 www.ot-domme.com*

DÉCOUVRIR

☆ Les essentiels La bastide de Domme **Découvrir autrement** Savourez une glace chez Lambert, à Domme en fin de journée, descendez la Dordogne en canoë-kayak à partir de Cénac, initiez-vous au monde des oies à la ferme de Turnac

Domme

★ Bastide de Domme La découverte de la bastide, au plan orthogonal, se fait à pied. La **promenade des remparts** présente les arts défensifs de la cité (plan-itinéraire à l'OT). La **porte des Tours** est sans doute la plus spectaculaire : c'est un châtelet, constitué de deux énormes tours aménagées (deux salles superposées), édifié à l'endroit le plus vulnérable de la bastide. De 1307 à 1318, ces tours logèrent des Templiers enfermés ici sur ordre de Philippe le Bel. La **porte Del Bos**, moins massive, est bâtie sur une forte

François Augiéras à Domme

Avec *Domme, ou l'essai d'occupation*, François Augiéras (1925-1971) connut la gloire posthume. Ce peintre-écrivain maudit, après des années d'errance en France et en Algérie, est interné à l'hospice de Domme qu'il déserte, s'établissant dans une des cavernes de la falaise et en d'autres lieux sauvages de l'acropole périgourdine. Fuyant une civilisation qui lui est étrangère, il y vit à son gré, élaborant d'étranges sanctuaires en pierres sèches. Cette expérience rare est contée, à la manière d'un journal, dans un récit mystique et visionnaire qui décrit les paysages avec minutie. François Augiéras est inhumé au cimetière de Domme. *www.membres.multimania.fr/assoaugieras*

pente très dissuasive. En haut vivaient les notables, autour de la **place de la Halle** (XVIIe s.). En bas, on trouve la **place de la Rode** (belle maison gothique du batteur de monnaie). Dans la **rue des Consuls**, les édiles (ou consuls) se réunissaient à la maison commune (aujourd'hui l'hôtel de ville). Ne manquez pas la **promenade des falaises** qui part de l'extraordinaire **belvédère**. Jusqu'au beau jardin public (idéal pour un pique-nique), le panorama est sans limite et ralentit le pas. Par temps clair, au petit matin, la vue s'étend de Montfort jusqu'à Beynac...

Grotte de Domme Insoupçonnable, mais vrai : sous les rues de la bastide, se déploie tout un réseau souterrain, un vaste "cristal" ramifié. Mieux qu'une grotte, c'est un couloir naturel que l'on visite sur 450m, tantôt resserré, tantôt épanoui en salles intimes. Cette grotte, toujours active, a produit une féerie de concrétions qui vous enveloppent de toute part. Y dominent les stalactites, les stalagmites, les fistuleuses et les draperies. Le commentaire des guides est d'ordre scientifique, mettant l'accent avec précision sur la géologie et la formation des concrétions. On remonte à flanc de falaise par un ascenseur panoramique après 45min d'un passionnant voyage souterrain. *Accès par la halle Tél. 05 53 31 71 00 Ouvert fév.-11 nov. et vac. Noël (horaires variables) Tarif 8,20€, réduit 5,70€*

☺ **Porte des Tours (graffitis des Templiers)** Après leur arrestation en 1307, cette tour (XIIIe s.), transformée en prison, servit de geôle aux Templiers, ordre de moines-soldats popularisé par le livre et le feuilleton télé *Les Rois maudits*. Pendant leur détention, ils gravèrent sur la pierre de nombreux graffitis avec des outils de fortune : un clou en guise de ciseau et un caillou en guise de marteau, peut-on penser. Les murs racontent le désarroi, mais aussi la vie spirituelle d'hommes accusés d'hérésie, qui furent pourtant, comme en témoignent ces œuvres simples et touchantes, incontestablement fidèles à la Croix, à la Vierge et à leurs saints patrons saint Michel et saint Jean. La visite guidée décrypte tous les symboles et dessins gravés de cette énigmatique BD que clôture, près du banc du guetteur, le panneau ciselé de l'eucharistie. Après les Templiers, d'autres prisonniers ont laissé, pendant la guerre de Cent Ans, de nouveaux graffitis à découvrir près des latrines médiévales. *Porte est de la bastide Tarif 6,60€, réduit 4,10€ Sur rés. à l'office de tourisme*

L'Oustal du Périgord Ce musée, un brin suranné, nous entraîne dans la vie quotidienne de nos ancêtres. Pour cadre, une vieille demeure de charme. Pas de savantes muséographies, mais des vitrines derrière lesquelles, à l'aide de mannequins costumés, sont reconstituées des scènes d'antan (la veillée, les ouvrages de dames, etc...). Outils, objets en tout genre et quelques curiosités dont une voiture de pompiers dommoise datant de 1900. Visite libre. *Place de la Halle Tél. 05 53 31 71 00 (rens. OT) Ouvert juil.-août : tlj. 10h30-19h ; avr.-juin, sept. : 10h30-12h30 et 14h30-18h*

● Où admirer des bijoux et parures d'exception ?

Galerie Charles Duret La maison de la Monnaie du Roy (XIIIe s.) forme un écrin providentiel aux œuvres de ce designer de bijoux élevé au rang de maître artisan d'art. Après avoir collaboré avec Courrèges et Givenchy, sillonné le monde en quête d'inspiration et de pierres rares, Charles Duret a créé sa propre marque et posé ses valises à Domme, où il fond et réalise ses bijoux. Modèle d'élégance, cette galerie nous offre aussi le privilège d'une rencontre avec un créateur hors normes. *Place de la Rode Tél. 05 53 29 17 06 www.charlesduret.com Ouvert avr.-oct. : tlj. 10h-19h30 Hors saison, se rens.*

● Où manger sur le pouce ?

Le Carreyrou Deux aimables cuisinières se décarcassent pour offrir un snacking de qualité, frais et fait maison. La proposition satisfait tous les appétits et tous les budgets : grignotages (sandwichs, panini de 4,50 à 6€, crêpes de 1,80 à 2,60€) ou plats plus élaborés (omelette aux cèpes-salade 8,50€, foie gras poêlé aux pommes 11,50€, etc.). Quelques tables, dans une fraîche venelle, pour se restaurer sur place. *5, rue Eugène Le Roy Tél. 06 82 01 08 36 Ouvert Pâques-oct. : tlj. Service tardif*

● Où savourer une glace ?

Artisan glacier Lambert À en juger par le nombre de ses adeptes, ce glacier ne connaît pas la crise. Le succès s'explique aisément : sur une base de produits de qualité, ses crèmes glacées artisanales sont fabriquées à l'ancienne, selon des recettes éprouvées incluant lait entier, crème fraîche, œufs et parfums naturels. Les sorbets, quant à eux, sont "plein fruits". Vente à emporter, que l'on dégustera sur les bancs du belvédère, tout proche. *Place de la Halle Tél. 05 53 28 32 86 Ouvert juil.-août : tlj. ; Pâques-juin, sept.-Toussaint : sam.-jeu.*

Les environs de Domme

Groléjac Occupant une terrasse alluviale, en surplomb de la Dordogne, le site fut idéal pour y établir une **forteresse**. Elle est toujours là, fière, réaménagée au XVIIIe siècle en un château d'agrément (ne se visite pas). Ses toitures en ardoises côtoient celles en lauzes d'une sobre **église romane** (XIIe s.), aux volumes costauds et au clocher carré. Groléjac invite aussi à lever les yeux vers ses habitats troglodytiques, et à se rafraîchir : on plongera dans le beau **plan d'eau** arboré du Roc Percé (plage de sable, baignade surveillée et base de loisirs, en juil.-août) que prolonge un sentier découverte qui, de pontons en passerelles, explore un marais classé zone sensible. Ne pas manquer Insectorama (cf. ci-dessous), près du plan d'eau. *9km à l'est de Domme*

● S'émerveiller dans le monde secret des insectes

Insectorama Les insectes vous effraient ? Cendrillon saura vous faire changer d'avis : quand vous aurez tenu au creux de la main cette dame phasme géante venue d'Australie, vous serez conquis. Ses cousines péruviennes vous fascineront à leur tour, tout comme les crickets migrateurs d'Afrique. Tous les insectes du monde, du papillon exotique au goliath, tout ce qui porte 6 pattes a trouvé refuge ici, vivant ou épinglé sur des tableaux admirablement composés. Le musée va plus loin, avec ses collections thématiques : l'insecte dans l'artisanat ethnique, l'insecte vu par les joailliers ou les céramistes. Mais, surtout, et avant tout, ce musée est la création d'un couple d'entomologistes de haut niveau, qui expliquent avec une passion sincère tous les secrets de ces bestioles dont les mœurs défient la raison. Vous repartirez l'œil émerveillé, la tête riche d'anecdotes et de connaissances nouvelles qui vous feront considérer les insectes sous un nouveau jour. **Groléjac** *Près du plan d'eau Tél. 05 53 29 38 37 ou 06 74 70 78 88 www.insectorama.fr Ouvert juil.-août : tlj. 10h-19h ; avr.-juin : mar.-dim. 13h30-18h30 ; sept. : mer.-dim. 13h30-18h30 Tarif 5,50€, réduit 3,50€*

● Visiter le verger aux mille oies

Ferme de Turnac Les deux passions de la famille Germain, la noix et l'oie, s'incarnent avec panache : mille oies et leurs oisons batifolent en liberté sous les ombrages d'un verger de 70ha, lové au cœur du cingle de Montfort (p.176). Cet éden botanique et animalier se visite de fond en comble : vous apprendrez tout sur l'oie, sa vie, ses mœurs, ainsi que sur le gavage et sur la transformation du foie en laboratoire. On termine par une dégustation commentée de foies gras d'oie, un must de finesse, et de canard, au goût moins subtil. L'occasion d'acheter aussi une fameuse huile de noix. Un moment rare. *Lieu-dit* ***Turnac*** *(9km à l'est de Domme) Tél. 05 53 28 10 84 www.fermedeturnac.com Ouvert juil.-août : lun.-ven. et sam. ap.-m. ; sept.-juin : lun. ap.-m., mer. ap.-m., jeu., sam. ap.-m. Départ des visites 10h45 et 15h45 Tarif 4€, réduit 2€*

● Où déguster les vins de Domme ?

Cave du vin de Domme Les coteaux du Céou ont longtemps produit des vins appréciés, servis à la Cour royale de François Ier et dont la notoriété perdura jusqu'au drame du phylloxéra. Transportés jusqu'à Bordeaux, via le port de Castelnaud, exportés jusqu'en Angleterre et en Asie (Saïgon), ils parvinrent à faire ombrage aux crus bordelais. Les vignes ont couvert jusqu'à 2 700ha, mobilisant 35 cépages. Le phylloxéra, vers 1900, et la Première Guerre mondiale provoquèrent le déclin d'un vignoble que l'association des Amis du vin de Domme relança dans les années 1990. Aujourd'hui, le vignoble est en marche, et en fûts, avec 17 producteurs qui se partagent 23ha. Au chai, qui se visite, on déguste rouges, blancs et rosés, très abordables. *Lieu-dit Moncalou* ***Floriment-Gaumier*** *(16km au sud de Domme via Bouzic) Tél. 05 53 28 14 47 www.vindedomme.fr Ouvert été : tlj. 10h-12h et 14h-18h30, uniquement l'ap.-m. le w.-e. ; reste de l'année : tlj. 9h-12h et 13h30-17h*

● Rencontrer un ferronnier d'exception

Atelier Pierre-Marie Devilliers Musicien, créateur de décors monumentaux pour le théâtre, Pierre-Marie Devilliers a la fibre artistique et sait aussi forger avec art et patience des objets utilitaires et ornementaux. Son atelier immerge le visiteur dans un univers mystérieux. Sur réservation téléphonique, Pierre-Marie invite à des démonstrations où voir se métamorphoser, par la magie de l'enclume et du feu, un vulgaire morceau de fer en une délicate petite sculpture. L'accueil est gratuit, et chaleureux. On trouvera, à prix justes, quelques souvenirs de qualité, bougeoirs, presse-livres ou dessous de plat. *Au centre du village, près de la mairie* ***Saint-Martial-de-Nabirat*** *(9km au sud-est de Domme) Tél. 05 53 31 98 37 www.devilliers-forge.com Ouvert fév.-déc. sur rendez-vous*

GEOPLUS

Le Périgord noir en trois jours

Ce territoire recèle des trésors exceptionnels pour les passionnés de préhistoire, les amateurs de vieilles pierres, les sportifs et les gourmets.

Vendredi

MATINÉE

9h **Petit déjeuner à Montignac** (p.252), d'où la Vézère s'écoule vers Les Eyzies, et promenade dans le village.

10h **Visite de la Grotte de Lascaux II** (p.254), dont le nom seul évoque les plus belles grottes préhistoriques. Fidèle reconstitution de la grotte d'origine (celle-ci est fermée à la visite, par mesure de protection), Lascaux II offre au visiteur la plus grande représentation animale du paléolithique. Réservation indispensable en été.

11h30 **Visite du parc du Thot** (p.255) (billet jumelé avec Lascaux) ou promenade le long de la Vézère (La Roque Saint-Christophe, Préhistoparc de Tursan...)

12h30 **Déjeuner aux Eyzies au restaurant Le Vieux Moulin** (p.227), pour son pot-au-feu de foie gras aux petits légumes et éclats de truffe.

APRÈS-MIDI

14h **Musée national de Préhistoire des Eyzies** (p.220), dont la muséographie fort bien conçue (plus de 18 000 pièces, dont la fameuse série des objets de La Madeleine) retrace plus de 400 millénaires de présence humaine dans la vallée de la Vézère. Incontournable.

POUR LES AMATEURS DE VIEILLES PIERRES Visite du village de Cadouin (p.206) (abbaye cistercienne, église, halle).

16h **À Limeuil, prenez un verre à l'Ancre du salut** (p.214). De la terrasse, belle vue sur la Vézère et la Dordogne.

17h **Si vous êtes en famille, rendez-vous à l'aquarium du Périgord noir** (p.211) du Bugue avant de filer à l'écovillage du Bournat (p.212), qui met en scène la vie paysanne au XIXe siècle (manège d'époque). Après toutes ces visites, allez donc goûter au foie gras de la maison Arvouet (p.207), au Buisson-de-Cadouin.

ADMIRER UN BEAU POINT DE VUE Découvrez le village de Paunat (p.213) et son église, d'où vous bénéficierez d'un très beau point de vue sur le cingle de Trémolat.

SOIRÉE

20h **À Sarlat, dînez** au Bistrot de l'Octroi, pour sa délicate cuisine de terroir (p.167) ou à la Rapière (p.167), un des classiques sarladais, toujours goûteux, face à la cathédrale.

22h **Vous tenez encore debout ?** Alors sirotez un dernier verre à

l'Endroit (p.162), en compagnie des jeunes Sarladais, ou au Lébérou, plus "alternatif" (p.164).
23h Ceux qui décidément n'ont pas dit leur dernier mot pourront se rendre au Bataclan (p.164) afin de terminer la soirée. Nous vous suggérons de passer la nuit dans les chambres d'hôtes de la Maison du notaire royal (p.169), du XVIIe siècle, ou dans celles de la maison des Peyrat (p.170), à l'emplacement remarquable et à la vue dominante sur Sarlat. Réservation indispensable.

Samedi

MATINÉE

9h **Petit déjeuner** sur la place de la Liberté, face à la cathédrale Saint-Sardos, à Sarlat.
10h **Marché de pays** dans les ruelles alentour, pour ses fruits et légumes odorants. Faites également un tour au marché couvert dans l'ancienne église Sainte-Marie, facilement reconnaissable grâce à son immense porte en forme d'ogive. Là, confits, magrets fourrés, pâtés abondent ; l'occasion est toute trouvée de faire provision de produits du terroir.
10h30 **Visite guidée**, très bien faite, de la ville historique avec l'office de tourisme (p.157) (1h30). Ou visite du manoir de Gisson (p.163), superbe hôtel particulier où revivre les heures glorieuses de Sarlat.
12h30 **Déjeuner aux Jardins d'harmonie** (p.167), pour sa carte raffinée, subtilement épicée. Réservation indispensable.

APRÈS-MIDI

14h30 **Dégustez des noix et du chocolat** de chez Lucco (p.184), nonchalamment installé dans une gabarre sur la Dordogne, avec Norbert ou Caminade (p.175).
16h **Visitez en famille les jardins de Marqueyssac** (p.176), à Veyzac, d'où vous aurez une vue à couper le souffle sur le château de Beynac et la Dordogne en contrebas. Les moins courageux pourront emprunter, en été, la petite navette électrique (et silencieuse !) afin de parcourir les 6km de sentiers cheminant sur 22ha de végétation méditerranéenne. En été, vous apprécierez les allées ombragées du parc (ateliers "nature" à destination des enfants, buvette aménagée sur la terrasse du château).
18h Faites un saut dans la préhistoire en déambulant en famille dans les allées du parc archéologique de Beynac (p.182). Ou pédalez, au départ de Castelnaud, hors des sentiers battus, en famille ou entre amis, avec Guillaume, le sympathique guide de Liberty cycles (p.184).

RINGUETA À Sarlat, le week-end de Pentecôte, ne manquez pas cette fête des Jeux traditionnels qui a lieu tous les deux ans (les années paires) : sur la place de la Liberté se déroulent de nombreux jeux occitans, animations théâtrales, musicales, *taulada* (banquet) traditionnel.

SOIRÉE

20h **Dîner à La Roque-Gageac** au restaurant La Belle Étoile (p.178), pour sa buée de foie gras et ses ris de veau aux morilles servis dans une ambiance chaleureuse. L'auberge compte également des chambres simples et raffinées, réservez suffisamment tôt pour y passer la nuit. Sinon, à deux pas du château de Montfort, essayez les chambres d'hôtes de La Barde (p.180),

GEOPLUS

▶ d'un très bon rapport qualité-prix et à la décoration originale. Ou offrez-vous le luxe des chambres design de l'incomparable maison Anne Fouquet (p.179). Réservation indispensable.

Dimanche

MATINÉE

10h **Visite du château des Milandes** (p.183), ancienne demeure de François de Caumont, de style Renaissance, où vécut Joséphine Baker (la scénographie est très réussie, des statues de cire réalisées par le musée Grévin jalonnent le parcours). Démonstrations de vols de rapaces dans le jardin du château. Possibilité de survol en montgolfière (p.184).
11h30 Les plus sportifs opteront pour une descente de la Dordogne en **canoë-kayak** au départ de Vitrac (circuit de 13 ou 25km, en fonction de votre résistance)

CABANES DU BREUIL Ces maisonnettes à Saint-André-d'Allas (p.165) (à une quinzaine de kilomètres de Sarlat), coiffées de leur solide toiture de lauze, diffèrent radicalement par leur architecture des autres fermes du Périgord. Appareillées en pierres sèches, sans aucune charpente, en voûte à encorbellement, elles offrent un spectacle saisissant. Vous y verrez des grangettes, un four banal et enfin des séchoirs à tabac, ainsi que les anciens ateliers d'un tisserand, d'un forgeron et d'un bourrelier.

(p.175). Les autres visiteront la ferme de Turnac (p.191), à la rencontre de ses quelque mille oies.

APRÈS-MIDI

15h **Visite de la bastide de Domme** (p.187) : promenade des remparts, porte des Tours, place de la Halle, sans oublier la promenade des Falaises qui part de l'extraordinaire belvédère. S'il fait chaud, réfugiez-vous dans la grotte, elle vaut le coup d'œil.
18h Comme la plupart des sites touristiques très visités en saison, Domme se révèle le soir, lorsque ses ruelles sont désertées. Achetez une glace chez Lambert (p.190) et dégustez-la face à l'un des plus beaux panoramas du Périgord, situé à deux pas.

CONSEIL Si, en pleine saison, l'affluence touristique vous pèse, filez à Villefranche-du-Périgord (p.199) pour un "autre" Périgord noir, serein et authentique. Visitez la Maison de la châtaigne (gratuit) et évadez-vous sur de beaux sentiers d'interprétation.

SOIRÉE

20h **Dîner à Domme** au Cabanoix et châtaignes (p.196), à la cuisine raffinée et aux ambiances détendues, ou au Saint-Martial (p.197), pour sa poêlée de foie gras au chutney de pomme, mangue, gingembre et citron. Un régal.

Explorer le pays des cabanes en pierre sèche

Daglan Au cœur de la vallée du Céou, intime et pleine de charme, Daglan a traversé les siècles sans se trahir. Ses maisons sont celles d'autrefois, ayant conservé leurs appareillages de pierres blanches et ocre. Quelques demeures cossues, un château (devenu mairie) rappellent le passé florissant du village, quand le Céou et ses affluents entraînaient des moulins à eau et que les coteaux se couvraient de vignobles. Pour la culture du raisin, les vignerons ont défriché, puis dépierré un sol caillouteux typique des univers caussenards. Avec les lauzes extraites du sol, ils ont construit, selon la technique de la pierre sèche (ni charpente, ni ciment), des cabanes, des guérites et des kilomètres de murets. Daglan, proclamée "capitale périgourdine des cabanes en pierre sèche", en recense plus de 150.

Office de tourisme Propose, en été, des randonnées commentées (6km, 3h, tarif 3€, réduit 2,50€) pour découvrir, en un beau circuit, une dizaine de ces cabanes (hors saison, sur rdv, minimum 5 pers.). Et visite audioguidée de Daglan gratuite. *Tél. 05 53 29 88 84 www.tourisme-ceou.com*

Maison de la pierre sèche Installée dans l'OT, la Maison de la pierre sèche explique les techniques de construction, film à l'appui (entrée gratuite). *www.maisonpierreseche.com*

Descendre la Dordogne en canoë-kayak

Cénac Périgord Loisirs Exemples de parcours possibles : Carsac-Aillac/Beynac (25km, 20€), Carsac-Aillac/Cénac (13km, 13€). À noter, sur ce parcours, une belle plage au cingle de Montfort. Cénac/Beynac (12km, 13€). Ce dernier parcours est le plus séduisant : il part de Domme et passe au pied des plus prestigieux châteaux de la vallée de la Dordogne. Possibilité de randonnées de plusieurs jours en canoë. *Le Couderc* ***Cénac-et-Saint-Julien*** *Tél. 05 53 29 99 69*

Grimper en haut d'une tour panoramique

Tour de Moncalou À 100m du chai – cf. Cave du vin de Domme (p.191) –, se dresse une tour moderne, structure métallique hélicoïdale d'une centaine de marches. L'effort est largement récompensé : on voit à 360°, à plus de 100km à la ronde. S'offrent au regard la vallée de la Dordogne, Domme, ses châteaux et, par temps clair, les monts d'Auvergne. Accès libre et gratuit. ***Florimont-Gaumier*** *(16km au sud de Domme via Bouzic)*

Marcher et pédaler dans la vallée du Céou

Le parcours pédestre "entre Dordogne et Céou" (n°15) constitue une superbe balade dans la vallée du Céou, paradis des kayakistes confirmés. Jolis points de vue. La voie cyclable verte relie Castelnaud à Salviac (Lot), serrant de près l'aimable Céou et empruntant de petites routes délicieusement campagnardes, quasi désertes. La portion Castelnaud-Daglan est très roulante, sans difficultés. La suite est légèrement plus sportive. ***Départ randonnée*** *Tournepique Castelnaud* ***Longueur*** *12km* ***Durée*** *3h15*

Bike bus Location de vélos, à partir de 10€ la demi-journée. *Castelnaud-la-Chapelle Tél. 06 08 94 42 02 www.bike-bus.com Ouvert fév.-nov.*

CARNET D'ADRESSES

Restauration

prix moyens

Le Jacquou gourmand Sur la place de la Halle, le restaurant du Nouvel Hôtel (p.198) propose, grâce à des menus abordables (14 à 25€), une cuisine familiale maison. Pour déguster une croustade de gésier au vin de Domme, la saucisse de canard truffé ou un tiramisu aux fraises. ***Domme*** *Tél. 05 53 28 38 67 ou 05 53 28 36 81 www.domme-nouvel-hotel*

prix élevés

☺ **Cabanoix et châtaignes** Formé dans les cuisines du palais de l'Élysée, Laurent Secouard propose une cuisine savoureuse dans un cadre à la mesure de ses ambitions, une maison à galerie de bois du XVIIIe siècle. La carte ne triche pas : chaque produit, scrupuleusement sélectionné, vient du marché ou de producteurs locaux bien connus du chef. Cette cuisine du produit se révèle en des plats classiques (blanquette, langue sauce piquante, etc.), mais aussi, et surtout, en des recettes inventives qui marient épices et aromates. Ses déclinaisons virtuoses du foie gras sont, à ce titre, une révélation culinaire. Joli final, avec des desserts mémorables. Formules et menus de 24 à 37€. Armelle sélectionne les vins et reçoit en terrasse ou dans une salle coquette et conviviale qui fait aussi office d'épicerie fine. Réservez ! *3, rue Geoffroy-de-Vivans* ***Domme*** *Tél. 05 53 31 07 11 www.restaurantcabanoix.com Ouvert été : tlj. sauf sam. midi ; basse saison : jeu.-lun. sauf sam. midi*

Dans les environs

petits prix

L'École buissonnière Dans la cour de récréation, les trois tilleuls sont toujours là, la marelle aussi. Plus de tableau noir, mais les tableaux colorés d'artistes figuratifs, plus de pupitres mais des tables recouvertes de nappes. Trois peintres font revivre cette école en un havre de paix, de création et de gourmandise. On y mange, en salle ou sous les arbres, de bonnes crêpes et galettes accompagnées de cidre, de vins ou d'infusion de chez Damman. Tout simplement délicieux, à tout point de vue. Menu 18€, sinon env. 10€ à la carte. Pour prolonger cet instant de détente, il y a même quelques transats et des sentiers qui descendent en pente douce vers la Dordogne. *Centre-bourg* ***Vitrac*** *(à 7km de Domme, dir. Sarlat) Tél. 06 83 94 98 35 Ouvert Pâques-sept. : tlj. 11h-20h30*

Ferme-auberge Montalieu-Haut Jean-Luc vous accueille avec faconde dans la ferme familiale, et Solange, sa mère, cuisine avec cœur les spécia-

GAMME DE PRIX	RESTAURATION	HÉBERGEMENT
Très petits prix	moins de 15€	moins de 30€
Petits prix	de 15 à 25€	de 30 à 50€
Prix moyens	de 25 à 35€	de 50 à 80€
Prix élevés	de 35 à 50€	de 80 à 125€
Prix très élevés	plus de 50€	plus de 125€

lités qui font la gloire du Périgord : tourtière au confit de canard, sarladaises aux cèpes, gâteau aux noix. Menus de 19 à 24€. Bon et copieux. Pour une promenade digestive, on s'offrira quelques pas sur les parcours botaniques de Jean-Luc, passionné d'orchidées sauvages. Avec des chambres d'hôtes et gîtes (p.198). *Lieu-dit Montalieu-le-Haut* ***Saint-Cybranet*** *(9km au sud-ouest de Domme) www.montalieuhaut.com Ouvert toute l'année, sur réservation*

☺ **Ferme-auberge du Roc** Le bonheur culinaire est dans le pré, au fond de la vallée de la Lousse. Ce havre périgourdin se décarcasse : poules et canards, élevés au maïs sans OGM, vergers et potager de 2ha, en agriculture raisonnée. Philippe Lapeyre court après la qualité, et la rattrape. On mange ici volailles et agneau, de saines viandes cuisinées avec un classicisme éclairé. C'est franc, goûteux et vrai. Menus à partir de 15€. Pour prolonger le plaisir, on fera quelques pas autour du potager ou de l'étang à poissons. Chambres d'hôtes sur place. ***Saint-Pompont*** *(16km au sud de Domme) Ouvert toute l'année, sur réservation*

prix moyens

L'Envie des mets Coiffée de plantes grimpantes, en surplomb d'une rivière paisible, la terrasse est une irrésistible carte postale. L'Envie des mets soigne le goût et la présentation avec une liberté d'expression qui s'évade des sentiers périgourdins : tajine d'agneau aux fruits secs, cabillaud en croûte de noisette. Une cuisine fraîche aux mariages de saveurs parfois surprenants, mais toujours justes. On oubliera le menu à 13€, moins soigné, au profit de la carte, de la formule à 22€ ou du menu à 26€. ***Saint-Pompont*** *(16km au sud de Domme) Tél. 05 53 31 94 01 ou 06 21 85 50 95 Ouvert mar.-jeu. à midi, ven.-sam. midi et soir*

prix élevés

☺ **Le Saint-Martial** N'hésitez pas à pousser jusqu'à l'extrême limite du Périgord noir. Dans le village de Saint-Martial-de-Nabirat, Valérie et Jean-Marc Réal tiennent une maison charmante. La cuisine du chef est brillante, dans un cadre qui ne l'est pas moins, où le mobilier contemporain répond avec goût à la pierre nue et aux enduits de tadelakt. La carte est originale et change régulièrement, et celle des vins dénote une connaissance réelle des crus locaux. Tentez le foie gras mi-cuit à l'artichaut et au magret fumé ou le millefeuille de tourteau, rémoulade de céleri, vinaigrette à l'encre de seiche... ce n'est que l'entrée. Une adresse remarquable. Pensez à réserver ! Menus 35-47€ et enfant 17€. ***Saint-Martial-de-Nabirat*** *(10km au sud de Domme) À l'entrée du bourg Tél. 05 53 29 18 34 lesaint-martial.com Ouvert été : tlj. ; reste de l'année : jeu.-lun.*

Hébergement

petits prix

Chambres d'hôtes Le Logis de la belle coutelière Peut-être l'adresse idéale dans la bastide. Au rez-de-chaussée, la chambre "la Pierre" est en prise directe avec le jardin. Une chambre attenante, "la Blanche", complète l'hébergement si on est en famille ou entre amis. À l'étage, même principe, la chambre "Bleue" se double de la chambre "Abricot". On appréciera l'ameublement, sobre mais soigné, et, surtout, le cadre. "Le Logis" est une vieille maison restaurée dans une ruelle très calme. À l'arrière, petit jardin fleuri à disposition des locataires. Chambre 40-50€/2 pers., petit déj. 5€. *Rue des Consuls* ***Domme*** *Tél. 05 53 59 60 54 Ouvert toute l'année*

prix moyens

Le Nouvel Hôtel En position stratégique, sur la place de la Halle, cet établissement convivial accueille depuis bien longtemps touristes individuels et groupes. Onze chambres simples mais confortables pour profiter de la bastide le soir. Une bonne adresse sans prétention. Double de 49 à 59€, selon confort, demi-pension 105€/2 pers., petit déjeuner 7€. Restaurant Le Jacquou gourmand (p.196). *1, Grand'Rue* ***Domme*** *(sur la place) Tél. 05 53 28 38 67 Ouvert fév.-déc.*

Le Périgord Situé sur la route menant à Vitrac, cet hôtel dépanne, car il dispose (presque) toujours d'une chambre libre. Il en possède 39 et est très fréquenté par les groupes et les VRP. Chambres décorées simplement, très fonctionnelles. De celles installées à l'arrière, la vue sur Domme à la tombée de la nuit est très apaisante. Parc de 2ha avec piscine et tennis. L'hôtel se double d'une table honorable. Excellent accueil. Double 63-83€, demi-pension 91-143€ (3 nuits minimum), petit déj. 9€. ***Port de Domme*** *Dir. Vitrac, sur la droite Tél. 05 53 28 36 55 www.hotel-le-perigord.com Ouvert mars-déc.*

Dans les environs

petits prix

Ferme-auberge du Roc Ce lieu perdu en pleine nature (p.197) propose des chambres d'hôtes, aménagées dans un bâtiment neuf, avec une piscine, pour 48€, petit déjeuner compris, et un gîte perché sur la colline, au milieu des arbres. *À 2km du village* ***Saint-Pompont*** *(16km au sud de Domme) Tél. 05 53 28 45 25 www.fermeaubergeduroc.com Ouvert toute l'année*

Gîtes Chez Régis Pegoraro Trois gîtes très confortables (4 pers.), dans un vaste corps de ferme au bord de la D46E (c'est-à-dire au pied de la bastide). Les propriétaires, toujours exploitants agricoles, sont aux petits soins, et entretiennent avec méticulosité leurs appartements, idéaux pour des familles. Comptez 230-260€/sem. *La Roche* ***Domme*** *(sur la D46E avant l'hôtel des Quatre-Vents) Tél. 05 53 28 33 67 Ouvert Pâques-Toussaint*

prix moyens

Ferme-auberge Montalieu-Haut On s'extrait des routes passantes pour se hisser au sommet d'un tertre d'où la vue porte loin sur le causse de Daglan. La famille Calmon habite ici depuis deux siècles, sous un toit de lauzes. L'adresse, pionnière en accueil à la ferme, propose 4 chambres d'hôtes, sommaires, mais avec vue, piscine et l'assurance d'un échange sympathique. 48€, petit déj. 5€. Également un gîte. Et une excellente table (p.196). *Lieu-dit Montalieu-le-Haut* ***Saint-Cybranet*** *(9km au sud-ouest de Domme) Tél. 06 47 29 45 72 www.montalieuhaut.com*

La Belle Demeure Au bord de la discrète D50 aménagée en véloroute, à 100m du Céou dont les berges invitent à la promenade, cet ancien relais de diligence du XVIIIe siècle a été restauré en maison d'hôtes. Une treille d'âge vénérable court en façade, ombrageant la terrasse où déguster, en été, la cuisine créative de Richard et Philippe, virtuoses du fourneau : crumble de côtes de porc, bleu d'Auvergne

PÉRIGORD

et noix, poulet en croûte flambé au whisky, gratin de confit aux châtaignes, etc. (dîner réservé aux hôtes, sur réservation, 23€). Quatre chambres confortables, d'inspiration contemporaine, se louent de 65 à 101€, selon confort, durée du séjour (2 nuits minimum) et saison. Suite familiale (70m²-4 pers). En bonus, une belle piscine et un accueil plus que chaleureux. ***Saint-Cybranet*** *(6 km à l'ouest de Domme) Tél. 05 53 28 57 12 www.labelledemeure.com Ouvert toute l'année*

Montgrieux Un bel endroit ! Il se dégage de ces 2 gîtes un charme qui retient le voyageur. Les architectures anciennes, la vue panoramique sur l'est du Périgord, jusqu'à Gourdon, la piscine, les 25ha de terres en font un lieu de séjour attrayant. Hors saison, les gîtes se louent en chambres à la nuitée (60-75€). Tarifs : 4-5 pers. 350-800€/sem., 8 pers. 700-1 600€/sem. ***Limeuil*** *(env. 6km à l'est de Domme) Bien suivre le fléchage au départ de Domme Tél. 05 53 31 64 35 ou 06 12 56 58 93 bjperigord@wanadoo.fr*

prix élevés

☺ **La Tour de Cause** Cette superbe demeure traditionnelle et sa tour-pigeonnier à l'ancienne ronronnaient sous les ronces. Albert et Caitlin l'ont restaurée en une maison d'hôtes séduisante. Ce décor coup de cœur trouve ses plus belles expressions dans les 5 chambres qui allient standing et charme. Tout y retient pour un séjour idéal : une literie confortable, des draps soyeux, des salles de bains vastes et modernes. En termes d'accueil, comment faire mieux ? Vos hôtes multiplient les attentions (bibliothèque riche en livres régionaux, connexion wifi, cuisine pour vous concocter un repas, etc.). Une adresse enthousiaste et enthousiasmante. 92€, petit déj. inclus (2 nuits minimum). *Pont-de-Cause* ***Castelnaud-la-Chapelle*** *(à 6km de Domme, via Saint-Cybranet) Tél. 05 53 30 30 51 www.latourdecause.com Ouvert Pâques-oct.*

VILLEFRANCHE-DU-PÉRIGORD

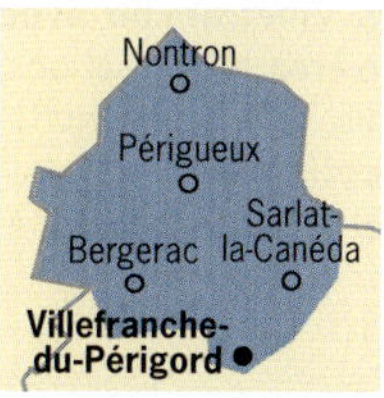

Plan en damier, arcades, halle puissamment charpentée : Villefranche est une bastide de caractère, et de la plus pure facture. Elle s'étire sur l'échine d'une colline d'où la vue porte vers un horizon dégagé de forêts de chênes et de pins maritimes, emblèmes d'un Périgord noir qui a gardé ici toute sa saveur. La châtaigne, le cèpe et le bois sont la trilogie d'une civilisation rurale que conte avec brio la Maison de la châtaigne, encadrée par la brillante galerie d'art Lithos et une surprenante église construite par Abadie, l'architecte du Sacré-Cœur parisien. Entre Agenais et Quercy, Villefranche-du-Périgord est immergée dans une campagne intime, authentique et déjà proche des sites touristiques de la vallée de la Dordogne et du Sarladais.

MODE D'EMPLOI

accès

EN VOITURE
Sur la D660 (Cahors 40km, au sud-est, la vallée de la Dordogne 35km, au nord, et Bergerac, 65km, au nord-ouest).

EN TRAIN
La gare est fermée (pas d'accueil), mais arrêts quotidiens du TER Agen-Périgueux. À 3km du centre. *Rens. Tél. 0800 872 872*

informations touristiques

Office de tourisme du Pays du châtaignier Accueil efficace et documenté. Plan des randonnées (9 circuits, 2,50€). Parcours de géocoaching. Visites guidées de la bastide, en été. Randonnées contées nocturnes autour du "gros châtaignier", etc. *Rue Notre-Dame (à l'entrée de la Maison de la châtaigne) Tél. 05 53 29 98 37 www.tourisme-perigord-fr.com Ouvert juil.-août : lun.-ven. 9h-13h et 14h-19h, sam.-dim. 9h-13h ; sept.-juin : lun.-mar. et jeu.-sam. 10h-12h30 et 14h30-17h30*

marchés

Marché traditionnel *Place centrale Sam. matin*
☺ **Marché des producteurs de pays** Ce marché réunit l'élite des producteurs locaux qui, devant vous et en plein air, cuisinent leurs spécialités. On déambule entre les stands pour composer son menu, à déguster sur des tables communautaires dressées sous la halle de Villefranche ou à Loubejac (5km au sud de Villefranche), au pied de l'église romane et au sommet d'un tertre d'où la vue, à elle seule, est un régal. *Juil.-août : mar. Sous la halle de Villefranche à partir de 18h À Loubejac le jeu. à partir de 18h*
Marché aux cèpes *Juil.-oct. tlj. à 16h Sous la halle*

fêtes et manifestations

Fête de la truffe Marché truffier, démonstration de cavage et repas tout à la truffe préparé par des chefs régionaux. *Campagnac-lès-Quercy, début fév.*
Marché du livre ancien et d'occasion Ce marché du livre ancien se distingue par sa proposition d'ateliers (calligraphie, origami) et ses spectacles de contes. *Villefranche-du-Périgord, mi-juillet*
Salon des antiquaires Depuis bientôt cinq décennies, ce salon réunit les meilleurs antiquaires du Sud-Ouest. *Villefranche-du-Périgord, mi-août*
Fête de la châtaigne et du cèpe Les confréries de la châtaigne et autres produits gastronomiques emblématiques, venues de toute la France, convergent vers Villefranche avec costumes et bannières. Intronisations, banquet villageois, etc. *Villefranche-du-Périgord, fin oct.*

DÉCOUVRIR

☆**Les essentiels** La Maison de la châtaigne et ses sentiers, le porche de l'église de Besse **Découvrir autrement** Admirez œuvres et bijoux à la galerie Lithos, laissez-vous conter l'arbre à pain au domaine de Rapatel

Villefranche-du-Périgord

Bastide de Villefranche La tour des Consuls, les demeures à tourelles, la maison à galerie dite des Pénitents blancs témoignent d'une solide architecture médiévale que l'on peut découvrir en visites guidées (juil.-août, rens. OT). Le plan urbanistique de Villefranche, celui d'une bastide, a son originalité : épousant le sommet d'un tertre, il s'étire en longueur entre deux places, celle de la Halle, médiévale, et celle de l'Hôtel-de-Ville, du XIXe siècle.

Halle centrale Supportée par de massives colonnes de pierre, la halle trône sur la place principale. Les mesures à grains qu'on y observe aidaient aux transactions d'un commerce agricole qui fut prospère. Aujourd'hui, ce sont les **marchés aux cèpes** qui animent cette halle, du début de l'été jusqu'aux premières gelées. Ce rituel savoureux fournit l'occasion d'acheter le champignon-roi tout frais cueilli (entre 10 et 20€ le kilo) et d'un échange chaleureux avec les Périgourdins du coin. ***Marchés aux cèpes*** *Tlj. à 16h, en période de pousse (rens. à l'OT)*

UNE PAUSE GOURMANDE ?
Ce salon de thé, dont la cuisine suit les saisons, propose des tartes salées accompagnées d'une salade aux noix, ainsi que des gourmandises sucrées. Toutes ces spécialités maison se déclinent en un choix varié, toujours frais, et se savourent en une formule à 9,90€. **Le Goûter de Charlotte** *Rue Notre-Dame Tél. 05 53 29 91 51 Ouvert lun.-sam. à midi*

☆☺ **Maison de la châtaigne** Le châtaignier a longtemps fourni son bois (mobilier, charpente), son écorce (panier, tanins) et son fruit, consommé frais, sec ou en farine. À ses cotés, le pin et le chêne sont toujours activement exploités pour le bois d'œuvre, et le cèpe reste le produit culte de la gastronomie locale. Castanéiculture, sylviculture et champignons sont évoqués dans cette maison phare de la culture périgourdine. Tous les savoir-faire ancestraux de ce terroir du châtaignier et du champignon sont détaillés en une scénographie contemporaine, instructive et joyeuse : bornes et mobilier interactifs, courts métrages, évocations poétiques du patrimoine paysager, diffuseur d'odeurs (flore, sous-bois…). On poursuivra cette découverte dans la campagne sur les 9 sentiers d'interprétation thématiques, jalonnés de pauses informatives ou rêveuses, qui complètent la visite sur un mode bucolique. Pour soutenir la promenade, un beau livret découverte est offert à l'OT. *Rue Notre-Dame (entrée par l'OT) Tél. 05 53 29 98 37 Ouvert juil.-août : lun.-ven. 9h-13h et 14h-19h, sam.-dim. 9h-13h ; sept.-juin : lun.-mar. et jeu.-sam. 10h-12h30 et 14h30-17h30 Entrée libre*

Musée des Traditions périgourdines Derrière un imposant portail clouté, ce musée de poche expose sa collection d'objets anciens et d'outils glanés par un collectionneur à la fin du XIXe siècle. Cet "inventaire à la Prévert" évoque les métiers d'antan : vigneron, bucheron, résinier, etc. Quelques raretés : pièges à loups, clés romanes, accessoires de mode masculins et féminins, etc. Visite libre avec livret bien renseigné. *Rue Saint-Martin Rens. et horaires à l'OT Tarif 3€*

Où remplir son panier de souvenirs gastronomiques ?

Cuisine, cave et compagnie Marie et Hervé Calmeil, éleveurs et cuisiniers émérites, signent ici des foies gras d'oie et de canard, des cassoulets, des daubes et autres plats cuisinés. Cette boutique élégante propose par ailleurs une fine sélection de produits régionaux : vins du Bergeracois, dérivés de la châtaigne, de la noix, et quelques souvenirs choisis. *Rue Notre-Dame Tél. 05 53 29 50 18 ou 06 82 91 36 68 www.mariecalmeil.com Ouvert juil.-août : tlj. ; mai-juin, sept. : jeu.-dim. ; vac. scol. Pâques et Noël*

Où explorer un cabinet de curiosités ?

☺ **Galerie d'art Lithos** En vitrine de ce concept-store, des minéraux rares, livrés bruts ou polis, aimantent le regard. Le rez-de-chaussée emmène le visiteur dans l'univers raffiné d'une joaillerie d'exception : chaque bijou est une œuvre d'artiste. Le choix, immense, défie l'inventaire. Au sous-sol, la galerie Lithos recèle d'autres surprises, tenues au secret dans une cave voûtée du XIIIe siècle, sorte de crypte qui a le charme d'un cabinet de curiosités : on y trouve les objets d'art premier, ou ethniques, les plus hétéroclites et les plus rares glanés dans le monde entier par les propriétaires, voyageurs insatiables et curieux. *Rue Notre-Dame Tél. 05 53 30 44 21 Ouvert été : tlj. sauf dim. ap.-m.*

PÉRIGORD

Où voir un coutelier à l'œuvre ?

Georges Erdos Georges Erdos est un vrai forgeron qui façonne et damasse ses lames à l'ancienne pour des couteaux de poche aux manches en corne (zébu, bois de cerf, ivoire de mammouth fossile) ou en bois rares. Dagues et épées wakizashi séduiront les collectionneurs d'armes anciennes. On observe l'artisan à l'ouvrage dans son atelier-boutique où il invite aussi à des stages d'initiation à la forge de l'acier (on repart avec son couteau). *Rue de l'Usine Tél. 05 53 59 50 87 Ouvert juin-oct. : tlj. ; nov.-mai : mar.-dim.*

Les environs de Villefranche-du-Périgord

☆☺ **Besse** Rien n'entache le charme de ce village typiquement périgourdin dont les maisons ocre semblent semées au hasard sur la pente d'une colline. On vient ici pour la balade des Lavoirs qui s'engouffre dans la forêt de Bessède, pour jeter un coup d'œil au noble château (XVIe et XVIIe s., ne se visite pas) et, surtout, pour admirer l'**église Saint-Martin**. D'une sobriété exemplaire, couverte de lauzes, elle fut la chapelle d'un prieuré bénédictin édifié au XIe siècle. Les sculptures romanes du porche (XIe s.), sur le thème de la rédemption, figurent parmi les plus intéressantes du Sud-Ouest. À l'intérieur, des fresques du XVIe récemment restaurées. *6km au nord-est de Villefranche-du-Périgord*

Prats-du-Périgord Encore un beau village, serré autour d'une église remarquable. D'origine romane, fortifiée au XVe siècle, elle a conservé deux puissants clochers dont l'un, en forme de donjon, s'élève à plus de vingt mètres au-dessus des toits. Le château féodal, remanié à la Renaissance, s'appuie sur sa tour médiévale originelle (ne se visite pas). *9km au nord de Villefranche*

Où trouver de la farine de châtaigne bio ?

Domaine et moulin de Rapatel Né au cœur de la châtaigneraie familiale, Serge Vigouroux parle de ses arbres avec une passion confinant à la poésie. Il vous expliquera en quoi le châtaignier est un "grand sentimental", et pourquoi on le baptisa arbre à pain. Son verger de 7ha, amoureusement tenu, produit en bio des espèces locales. Les fruits sont transformés en farine, à l'ancienne, par des meules de granite, ou cuisinés par son épouse, Camille, en gourmandises sucrées ou salées, soupes, crèmes et biscuits. Passionnante visite de la châtaigneraie suivie d'une dégustation. *Domaine du Rapatel* ***Villefranche-du-Périgord*** *Tél. 05 53 30 44 05 www.chataigneduperigord.fr Ouvert tlj. sur rdv*

Explorer des grottes en famille Creusé de grottes et d'avens, le relief karstique de Campagnac-lès-Quercy (grotte de la Plaine de Thomas) ou d'Orliac se prête à la spéléologie. Partez en toute confiance avec un moniteur breveté et passionné. Chacun peut expérimenter ce sport méconnu, quel que soit son âge (à partir de 8 ans) ou son niveau. Attention, places limitées. *Tarif 10€ Rens. à l'OT de Villefranche*

Sillonner la campagne à pied La forêt traditionnelle (feuillus, châtaigniers, pins) domine, mais elle cède la place à des enclaves caussenardes héritées du Quercy voisin, ou à des vallées creusées en douceur par la Lémance et ses affluents. Cette campagne préservée, riche d'un petit patrimoine pittoresque (lavoirs, bories, sources bâties, etc.), de châteaux privés, d'arbres remarquables (gros châtaignier de Saint-Cernin), est sillonnée par 9 boucles familiales (de 3,5km à 18km). Ces circuits sont reliés par des chemins de jonction qui multiplient ainsi les possibilités de balades. Le canton offre aussi aux marcheurs aguerris, ou désireux de s'initier, deux parcours conçus pour la marche nordique avec possibilité d'y randonner accompagné d'un sympathique animateur diplômé. *Plan-guide à l'OT de Villefranche 2,50€*

CARNET D'ADRESSES

Restauration, hébergement

petits prix

La Ferme de Vinsou En pleine campagne, une ferme abrite 2 chambres mansardées, "Cerise" et "Kiwi", où les fruits sont évoqués par des à-plats de couleurs franches égayant la pierre et le bois (50€, petit déj. inclus). À coups de petits plats mitonnés à l'ancienne, la table d'hôtes a conquis de fervents adeptes (à partir de 22€). La famille Ghislotti cultive la philosophie originelle des chambres d'hôtes, recevant dans sa maison et partageant sa passion pour son Périgord natal. Adresse chaleureuse et sincère. *Lieu-dit Vinsou* ***Villefranche-du-Périgord*** *(à 3km du bourg) Tél. 05 53 29 91 74 Ouvert fév.-déc.*

Ferme de séjour de Mazeyrolles Dans leur demeure fleurie de Mazeyrolles, village hors du temps et loin du bruit, les époux Marescassier reçoivent avec générosité et sans esbroufe, comme on sait si bien faire par ici. Jacqueline cuisine comme jadis les saveurs périgourdines : la table est copieuse et les prix sages (dîner d'hôtes, sur rés., 18€). Quatre chambres, simples et coquettes, d'une propreté rigoureuse pour 50€, petit déj. compris. Pour une évasion romantique en sous-bois, vos hôtes peuvent vous affréter une calèche, pilotée par leur fils Gilles, expert en séjours réussis. ***Mazeyrolles*** *(à 7km de Villefranche) Tél. 05 53 29 93 38 ou 06 70 52 09 77 Ouvert avr.-mi-oct.*

prix moyens

Chez Carolyn C'est une maison aux volets bleus, fleurie, située dans une rue calme de Villefranche. Votre hôtesse, Carolyn, y a installé un décor aimablement cosy, "*a little British*", un brin bohème, qu'elle partage avec le sourire, et avec classe, en hôtesse irréprochable. Ses 2 chambres sont autant de cocons aux couettes et boutis moelleux et aux prix doux (60€, petit déj. compris). *Rue de la Résistance* ***Villefranche-du-Périgord*** *Tél. 05 53 28 86 32 ou 06 30 54 00 85 Ouvert tlj.*

prix élevés

Hôtel-restaurant La Bastide Alwin, chef d'origine hollandaise, n'est pas un marmiton de l'année : fort de 15 ans d'expérience dans des restaurants gastronomiques, il donne une magistrale leçon de cuisine à la française. Le produit frais et de qualité (viandes labellisées, poissons très frais) est travaillé en des plats exacts et rigoureux. Menus à 26€ (à midi) et 29€, servis dans une salle aux ambiances contemporaines, sur fond de vieilles pierres. On retrouve la même élégance dans les 8 chambres (standing 3 étoiles), certaines avec vue sur le jardin en terrasses et la piscine. À partir de 75€, petit déj. 10€. *Route de Cahors* ***Villefranche-du-Périgord*** *Tél. 05 53 30 22 67 www.hotellabastide.fr Restaurant ouvert jeu.-lun.*

SAINT-CYPRIEN

24220

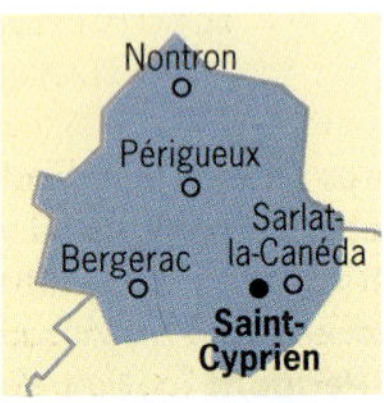

Au Moyen Âge, l'abbaye de Saint-Cyprien rayonne sur les terres alentour, riche de l'exploitation des bords du fleuve. Installé en léger retrait par rapport à la Dordogne, à flanc de coteau, le bourg constituait un poste stratégique pour l'observation du trafic fluvial. Aujourd'hui, quelques monuments, dont une imposante église abbatiale et de belles demeures de marchands, témoignent de ce passé florissant, dans un village qui ne s'anime vraiment qu'en saison, en particulier les jours de marché.

MODE D'EMPLOI

accès

Saint-Cyprien se trouve 21km à l'ouest de Sarlat, 53km à l'est de Bergerac et 54km au sud de Périgueux.

orientation, circulation

La "route côtière" (D703E) coupe la ville en deux, sous le nom de rue Gambetta. Au nord, la vieille ville, très belle. Au sud, "nouveaux quartiers" et zones commerciales. L'essentiel des boutiques et des services se trouve dans la rue Gambetta. Deux parkings près du monument aux morts.

informations touristiques

Office de tourisme Énormément de documentation. Visites guidées sur réservation, en principe nocturnes, en juil.-août *Pl. Charles-de-Gaulle Tél. 05 53 30 36 09 contact@tourismevalleedordogne.com http://tourismevalleedordogne.com Ouvert mai-sept. : lun.-sam., dim. matin ; oct.-avr. : lun.-ven.*

marchés

Marché Presque aussi réputé que celui de Sarlat. *Dim. mat. (toute l'année) et mer. mat. (en été)*
Marché repas gourmand *Juil.-août : jeu. à partir de 19h*

fêtes et manifestations

Repas champêtre *14 juillet*
Festival Bach Concerts (orgue, musique ancienne, chorales...) autour de Jean-Sébastien Bach et d'autres compositeurs, dans l'église de Belvès et dans l'abbatiale de Cadouin. *www.festivalbach.fr Fin juil.-début août*

DÉCOUVRIR

☆**Les essentiels** L'abbaye de Cadouin, les grottes de Maxange **Découvrir autrement** Faites votre marché à Saint-Cyprien à la nuit tombante le jeudi soir en été, goûtez au saucisson de canard de la maison Arvouet, flânez dans les ruelles d'Urval

Saint-Cyprien

Vieille ville Le monastère de Saint-Cyprien se serait développé sur le site d'un ancien ermitage, fondé en 620. Le bourg sera ravagé par les Vikings, les Anglais, les Français, les catholiques et les protestants. Le **château de Fages**, au-dessus du bourg, est détruit en 1568. Ce sera la dernière étincelle de son histoire : à partir du XVIIIe siècle, Saint-Cyprien, dont l'abbaye et son église ont été saccagées pendant la Révolution, sombre dans l'oubli. L'**église abbatiale**, bâtie aux XIIe et XIIIe siècles, présente un imposant clocher visible à des kilomètres à la ronde. La rosace et les vitraux sont gothiques et l'intérieur a été meublé au XVIIe siècle (voyez notamment les 32 stalles et l'orgue). Le monastère ne se visite pas. De l'église, les ruelles s'enroulent autour de la colline. Préservée, cette partie du bourg est très belle, en particulier la **rue de la Justice-de-Paix** et la **place des Oies**, bordées de vastes maisons témoignant de la prospérité passée des Cypriotes.

● Tout savoir sur le diamant noir

Truffière de Péchalifour Trufficulteur de métier, Édouard Aynaud vous montre sur son propre domaine la biologie du champignon, comment le reconnaître, l'entretenir, éviter les arnaques au marché... On pourra ensuite observer les chiens dressés au cavage, à l'œuvre dans la truffière. Hors saison et de déc. à mars, des demi-journées et journées sont organisées avec repas... à la truffe (62 et 92€/pers.). *Péchalifour* ***Saint-Cyprien*** *Tél. 05 53 29 20 44 ou 06 79 02*

48 02 www.truffe-perigord.com Ouvert juil.-août : mar.-sam. 10h45 et ap.-m., sur rés. ; reste de l'année sur rés. Tarif 10€ (visite de 2h) et 6€ (visite d'1h à 10h45 en juil.-août), moins de 14 ans gratuit

Où acheter du vin ?

Domaine de la Voie blanche En exploitant les coteaux de Saint-Cyprien depuis 2006, Marc et Nathalie Dalbavie ont réintroduit dans la commune la culture de la vigne, détruite au XIXe siècle par les phylloxéras, et dont la présence était attestée depuis le Ier siècle. Le terroir, trésor de calcaire et d'argile, travaillé en bio, produit désormais merlot, cabernet blanc et bourdalès, vendangés à la main, pour deux cuvées, Le Petit Manoir et les Joualles. Le domaine vend aussi deux autres crus, l'Alba et le Barbeyrolle, issus de sa production de vieux ceps de Merlot sur les hauteurs de Montravel. ***Les Caves** (3km au nord vers les Eyzies, par la D35) Tél. 05 53 29 20 36 ou 06 79 45 82 48 www.domaine-voie-blanche.com Ouvert juil.-sept. : dim.-ven. 13h-19h (fermé du 25 août au 4 sept.) ; reste de l'année sur rdv*

Les environs de Saint-Cyprien

Cadouin et ses environs

☆☺ **Abbaye** Figurant sur la liste du patrimoine mondial de l'Unesco, l'abbaye de Cadouin est un pur chef-d'œuvre. Fondée en 1115, rattachée quatre ans plus tard à l'ordre de Cîteaux, l'abbaye fut longtemps un haut lieu de pèlerinage : Aliénor d'Aquitaine, son fils Richard Cœur de Lion, Louis IX, Charles V se sont rendus ici pour effleurer... le **saint Suaire** rapporté des croisades. Ce n'est qu'en 1934 qu'une étude du tissage de la relique en révélera la véritable nature : le suaire n'est qu'un grand tissu admirablement brodé par quelque artisan égyptien au XIe siècle. Il est visible dans une salle attenante au cloître où son histoire est contée avec pédagogie. Le **cloître**, construit à la charnière des XVe et XVIe siècles, est la partie la plus intéressante de l'abbaye. Chapiteaux, clés de voûte et retombées de voûte matérialisent péchés et vertus dans un langage minéral parfaitement compréhensible (voyez les marchands se disputant une oie). De part et d'autre du fauteuil de l'abbé, deux hauts-reliefs racontent la procession des moines et la montée au calvaire. Les quatre portes, enfin, permettent de comparer le gothique flamboyant et la Renaissance. Visite guidée. *Place centrale de Cadouin (24km au sud-ouest de Saint-Cyprien) Ouvert été : tlj. 10h-19h ; avr.-juin, sept.-11 nov. : tlj. 10h-12h30 et 14h-18h ; reste de l'année : tlj. 10h-12h30 et 14h-17h30 Fermé jan. Tarif 6€, réduit 3,50€*

Église D'aspect austère et dépouillé, la façade de l'église (consacrée en 1154) est divisée en trois par des contreforts, percée par de petites fenêtres et par un portail qui semble écrasé sous le poids de l'édifice. Bâtie suivant les préceptes de saint Bernard, elle présente trois nefs et, à hauteur de la croisée du transept, une coupole (cachée sous le double clocher en bardeaux). Les joints dessinés et les moulures des fenêtres compensent un peu l'austérité des volumes intérieurs.

Halle Un bel exemple de halle du XVe siècle ! Placez-vous au pied de la colonne centrale en pierre et regardez le toit : la charpente, en étoile, est d'origine et exceptionnellement bien conservée. *Place centrale de Cadouin (24km au sud-ouest de Saint-Cyprien)*

Le Périgord roman

Abbaye de Chancelade ______ 73
Église fortifiée (Saint-Astier) ______ 80
Aubeterre ______ 86
Javerlhac-et-La-Chapelle-Saint-Robert ______ 101
Besse ______ 202
Prats-du-Périgord ______ 202
Abbaye (Le Buisson-de-Cadouin) ______ 206
Église de Saint-Amand-de-Coly ______ 256
Saint-Léon-sur-Vézère ______ 257
Abbaye (Tourtoirac) ______ 269

☆**Grottes de Maxange** Angel Caballero était carrier : le 15 août 2000, jour de l'Assomption, il découvre une grotte, et se rend très vite compte de sa fabuleuse richesse en concrétions. Très croyant, M. Caballero décide d'ouvrir le site au public le jour de Pâques 2003, non sans l'avoir au préalable fait bénir, et baptisé de son prénom et de celui de son père, Maximilien. Maxange est admirable, les travaux sont un modèle du genre. La visite commence par une belle stratigraphie où l'on comprend sans peine l'alternance des périodes humides et des périodes sèches. Puis elle se poursuit, tête levée, par un élégant son et lumière qui magnifie les concrétions excentriques. Ces petites stalactites sont ici très belles et, surtout, parfaitement mises en valeur. Près de la sortie, ne manquez pas des microcristallisations de calcite pure. Le site est classé depuis mars 2013. Une visite incontournable. *Mestregual **Le Buisson-de-Cadouin** (15 km à l'ouest de Saint-Cyprien) Fléchage au départ du Buisson-de-Cadouin Tél. 05 53 23 42 80 lesgrottesdemaxange.com Ouvert Pâques-juin, sept. : tlj. 10h-12h et 14h-18h ; juil.-août : tlj. 9h-19h ; oct. : tlj. 10h-12h et 14h-17h Sur réservation Visite guidée : tarif 7,90€, réduit 5,50€*

● Où acheter du foie gras ?

☺ **Maison Arvouet** Arvouet est l'une des rares maisons sûres, en matière de foie gras. La famille (pour la sixième génération) est réputée dans toute la région pour la finesse de ses produits, qu'elle choisit et prépare avec la plus grande exigence. Outre de remarquables foies gras frais (sous vide) et mi-cuits, la maison propose des plats cuisinés et le célèbre saucisson de canard, sa spécialité. Mais toutes ces bonnes choses ont un prix ! *26, av. des Sycomores **Le Buisson-de-Cadouin** (15km à l'ouest de Saint-Cyprien) Tél. 05 53 22 00 37 www.arvouet.com Ouvert lun.-sam. 8h30-12h et 14h-19h*

● Voir le Périgord autrement

☺ **Association Au fil du temps** Voici une "association de médiation du patrimoine", partenaire de l'Éducation nationale et de la direction régionale des Affaires culturelles, unique en Périgord : marche à pied, ateliers de vitraux, course d'orientation, guides spécialistes... Elle vous concocte un programme personnalisé ou vous propose des visites découvertes du patrimoine, dont quelques-unes insolites, et des séjours thématiques (patrimoine médiéval, rural et préhistorique, la Dordogne). *Abbaye de Cadouin (24km au sud-ouest de Saint-Cyprien) Tél. 05 53 57 52 64 www.au-fil-du-temps.com*

Belvès et ses environs

Édifié pour dominer la forêt de la Bessède, le castrum de Belvès constitue aujourd'hui le centre-ville clos de boulevards, tracés sur l'emplacement des anciens remparts. Ici, toutes les époques se confondent autour de la magistrale **halle** du XVe siècle (place d'Armes) : ses 23 piliers de chêne, chacun installé sur une colonne de pierre, supportent une charpente sous laquelle se tient toujours le marché. De là, les ruelles alignent des maisons médiévales et Renaissance : l'hôtel Bontemps et la maison du Consul (rue des Filhols) sont les plus célèbres. Ne manquez pas la tour de l'Auditeur (romane) et les vestiges des maisons troglodytiques : huit de ces habitations sont ouvertes au public. *Belvès (15km au sud de Saint-Cyprien)* **Vestiges des maisons troglodytiques** ***Visite guidée*** *(min. 4 pers./visite, max. 18 pers./visite) ; mi-juin-mi-sept. : tlj. 10h30, 11h45, 12h, 15h, 15h45, 16h30, 17h15 et 18h (en français à 12h et 16h30, et en anglais aux autres horaires) ; mi-sept.-mi-juin : lun.-sam. à 11h et 15h30 (bilingue) Rés. OT Tarif 5€, réduit 2€* **Office de tourisme** *1, rue des Filhols Tél./fax 05 53 29 10 20*

PÉRIGORD

☺ **Urval** Faites un détour pour visiter ce village minuscule, entre Cadouin et Belvès : son église fortifiée (XIe-XIIe siècles), dépourvue de grandes ouvertures, est remarquable pour ses deux "chambres de défense" (où la population se réfugiait), l'une sur la nef, l'autre au-dessus du chœur. Adossé au chevet (derrière l'église), l'un des très rares fours banals encore en état de fonctionner. Probablement bâti au XVe siècle, il était le seul où les habitants avaient l'autorisation de faire cuire leur pain. Au-dessus du four, un logement. À l'entrée du bourg, le moulin. *10km au sud-ouest de Saint-Cyprien*

CARNET D'ADRESSES

Restauration, hébergement

campings

Camping et gîtes Le Garrit Un beau terrain bien équipé au bord de la rivière, d'où les grenouilles donnent de la voix. Petite épicerie, piscine. 70 empl., 18,50-21,50€/j. selon la période, électricité 3€/j. Forfait 13€/j. (avec électricité) pour 2 pers. en basse saison, 16€/j. en haute saison. Également 2 gîtes aménagés dans 2 maisons du XVIIIe siècle, 255-600€/sem. *Le Garrit* ***Saint-Cyprien*** *Fléchage à partir de la D703 Tél. 05 53 29 20 56 http://campingdugarritendordogneperigord.com*

Les Hauts de Ratebout Sans doute le camping le plus célèbre de la région, très fréquenté. Installé sur le terrain d'une vieille ferme, il domine la vallée de la Dordogne dans un calme total. 200 emplacements terrassés. Petit restaurant, épicerie, piscines (dont une couverte), nursery, club pour enfants... Empl. de 19 à 32€/j. (avec électricité). *Les Hauts de Ratebout* ***Belvès*** *(16km au sud de Saint-Cyprien) D710, dir. Fumel puis D54 (fléchage) Tél. 05 53 29 02 10 www.camping-hauts-ratebout.fr Ouvert fin avr.-mi-sept.*

petits prix

Le Cro Marin Original : un couple de poissonniers a eu l'idée d'aménager à côté de son vivier et de ses étals un petit restaurant pour y servir sa production. Au menu, des fines de claires (10 à 20€ env. pour 6 et 12), des marmites de moules (10,50€), ou plus apprêté, un pot-au-feu de la mer, assortiment de poissons et de légumes à la vapeur, servi avec un jus de coquillage crémeux (16€). Un clin d'œil réussi à la Charente, pas si éloignée... *Rue Gambetta* ***Saint-Cyprien*** *Tél. 05 53 29 43 62 Ouvert été: mar.-sam. midi et soir, dim. midi ; reste de l'année: mar.-jeu. et dim. midi, ven.-sam. midi et soir*

☺ **Auberge de jeunesse de Cadouin** Hors saison, c'est sans doute la meilleure adresse de cette partie de la Dordogne, à commencer par le cadre exceptionnel. L'auberge a été aménagée dans l'un des bâtiments du cloître de Cadouin. Outre les chambres (monacales), superbe dortoir de 10 lits dans une pièce du XVIIe siècle. Grand jardin intérieur (la cour des Communs) avec bar. Atmosphère intemporelle, unique. Attention, il y fait un froid... monacal en hiver. Accueil cordial. Chambre couple 24,40€/pers., dortoir 21,40€/pers., petit déj. compris, carte AJ en sus 11€/pers, 7€ pour les moins de 26 ans, 20€ pour les familles (un couple et un enfant de moins de 16 ans). *Pl. de l'Abbaye* ***Cadouin*** *(24km au sud-ouest de Saint-Cyprien) Tél. 05 53 73 28 78 www.fuaj.org/cadouin Ouvert fin jan.-mi-déc.*

prix moyens

Restaurant de l'Abbaye Une bonne maison de famille en face de l'abbaye de Cadouin. Nourriture solide, accueil souriant: le restaurant est plein chaque jour à midi. Fréquentée toute l'année par les autochtones, "L'Abbaye" propose, quelle que soit la saison, une bonne carte, riche de plats du pays (jambon de sanglier avec un confit d'oignon, joue de porc braisée aux pruneaux, dos de merlu sauce oseille...). Menus 13,50-28,50€, plat 16€. *Pl. de l'Abbaye* ***Cadouin*** *(24km au sud-ouest de Saint-Cyprien) Tél. 05 53 63 40 93 delpech@wanadoo.fr*

Le Petit Chaperon rouge Une excellente maison (9 grandes chambres "à l'ancienne", bien équipées), magnifiquement située sur une légère hauteur, d'où l'on peut apercevoir lapins et écureuils: de la terrasse ombragée, le calme est aussi profond que la vue est belle. Accueil idéal. Très fréquenté. Seul inconvénient, il faut grimper un solide raidillon pour arriver à l'hôtel... Chambre 50€, petit déj. 6,50€. *Le Faval* ***Coux-et-Bigaroque*** *(10km à l'ouest de Saint-Cyprien) Sur la D51 qui longe la rive droite de la Dordogne, de Saint-Cyprien, 1re route à dr. Tél. 05 53 29 37 79 Ouvert haute saison: tlj. midi et soir ; basse saison: jeu.-lun. midi et soir, mer. soir Fermé mi-oct.-déc.*

prix élevés

☺ **Les Songes de l'Abbaye** Cachées dans une maison de pierres, à l'ombre de l'abbaye de Cadouin, ces 4 belles chambres (80, 90 et 110€) garantissent calme et repos dans leur décor cosy, de couleurs différentes... À deux pas

GAMME DE PRIX	RESTAURATION	HÉBERGEMENT
Très petits prix	moins de 15€	moins de 30€
Petits prix	de 15 à 25€	de 30 à 50€
Prix moyens	de 25 à 35€	de 50 à 80€
Prix élevés	de 35 à 50€	de 80 à 125€
Prix très élevés	plus de 50€	plus de 125€

des petites terrasses qui animent discrètement la grand-place, ornée de sa halle ancienne. Cuisine et coin salon à disposition au premier étage, comme chez soi, et accueil chaleureux de vos hôtes. Le matin, vous goûterez les jus de fruits artisanaux et les confitures de leur épicerie du terroir, qu'ils tiennent sur place. ***Cadouin** (24km au sud-ouest de Saint-Cyprien) Tél. 05 53 63 94 18 www.songesdelabbaye.com*

prix très élevés

☺ **Manoir de Bellerive** Coupé de la grand-route par un parc verdoyant, ce manoir de 1830, qui conserve tout son cachet, a repris vigueur sous la poigne de Pascal et Nathalie Lefebvre, ses propriétaires depuis 2011. Aujourd'hui, il pourrait bien être la luxueuse maison de famille de chacun. Sans lésiner sur le confort moderne, les 24 chambres et suites, dont 9 dans l'orangerie, se parent tour à tour de toiles de Jouy, de ciels de lit, de tissus à ramages. La plupart de celles du bâtiment principal offrent une vue sereine sur la Dordogne. Au rez-de-chausssée, les salles à manger servent de cadre au restaurant, où Nathalie concocte une cuisine gastronomique régionale avec l'agneau du Quercy, le canard fermier, la noix ou la fraise locale (menus 29-58€). Superbe piscine au fond du jardin, agrémentée d'un tennis, d'un hammam et d'un sauna. Chambres de 145 à 330€ (pour la suite de trois-pièces), en haute saison. *Route de Siorac **Le Buisson-de-Cadouin** (12km à l'ouest de Saint-Cyprien) Tél. 05 53 22 16 16 www.bellerivehotel.com*

LE BUGUE

24260

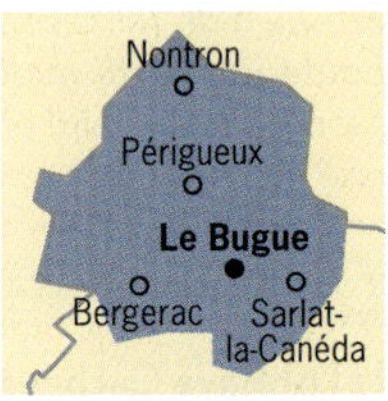

Situé à la rencontre de la Vézère et de la Dordogne, du Périgord noir, du Périgord pourpre et du pays des bastides, le bourg du Bugue constitue une étape idéale pour rayonner dans le département. Si la ville s'avère peu animée, on fera cependant de belles balades dans le centre ancien et le long de la rivière avant de partir explorer les environs.

MODE D'EMPLOI

accès, circulation

EN VOITURE

Le Bugue est situé au croisement des routes des Eyzies (la D703), du Buisson-de-Cadouin (D31E via Audrix et direct), de Périgueux (D710) et de Limeuil (D31). Parkings sur les places de l'Hôtel-de-Ville, Léopold-Salme (dite "du Crédit Agricole"), de La Farge, du Pré-Saint-Louis, rue de Paris et de La Boétie, et porte de la Vézère.

EN TRAIN

Sur la ligne Paris-Agen.

SNCF *Tél. 36 35 www.voyages-sncf.com*

EN CAR
Liaisons dans toute la région, surtout vers Périgueux.
Voyages Rey *Tél. 05 53 07 27 22 www.voyages-rey.fr*

informations touristiques

Office de tourisme Terre de Cro-Magnon *Rue du Jardin-Public Tél. 05 53 07 20 48 www.tourisme-vezere.com Ouvert tlj. avr.-sept., fermé dim. et lun. oct.-déc., et dim. jan.-mars*

marchés et fêtes

Marché Dans toute la rue de Paris. *Ouvert mar. et sam. matin*
Foire de la Saint-Louis *Fin août*

adresses utiles

Taxis Archambeau *Tél. 05 53 07 10 70*
Taxis Oxibar *Tél. 05 53 07 22 97*
Taxis Sourbier *Tél. 05 53 07 41 35 ou 06 85 11 49 83*

DÉCOUVRIR

☆ **Les essentiels** Le village de Paunat, l'église de Trémolat **Découvrir autrement** Retrouvez la vie en Périgord au XIXe siècle au Bournat, admirez les concrétions du gouffre de Proumeyssac, observez les sangliers à Mortemart

Le Bugue

Quartier médiéval Il s'étend entre la rue de Paris et le chemin de la Bessade, ainsi que sur le bord de la Vézère. L'un des rares bâtiments anciens, le moulin Bas (XIIe-XVIe siècles), abrite l'office de tourisme.

Aquarium du Périgord noir L'Aquarium du Périgord noir, servi par une scénographie originale, ne présente que des espèces d'eau douce peuplant essentiellement les cours d'eau des environs. Les bassins sont en majorité à ciel ouvert ; ceux qui sont couverts se visitent de l'intérieur : au-dessus, à droite, à gauche, les poissons vous entourent. Parmi eux, carpes et esturgeons sont les acteurs d'un spectacle donné chaque jour en saison par un plongeur, dans un bassin dévolu à cet usage. Trois "espaces" sur pilotis abritent les poissons d'eau douce d'Asie, d'Afrique (des cichlidés surtout) et d'Amérique (Amazone). Un bassin est occupé uniquement par des prédateurs, un autre par des migrateurs. Très didactique. Un vaste espace est consacré aux reptiles, dont l'anaconda et un couple de caïmans à lunettes sont les vedettes. *À côté du village du* ***Bournat****, dir. Les Eyzies Tél. 05 53 07 10 74 www.aquariumperigordnoir.com Ouvert oct.-nov., fév.-mars : lun.-sam. 14h-18h, dim. 10h-18h ; avr.-mai, sept. : 10h-18h ; juin : 10h-19h ; juil.-août : 9h-19h Fermé 11 nov.-vac. d'hiver Tarif 10,90€, réduit 7,80-9,90€*

Grotte de Bara-Bahau Cette grotte, privée, mesure une petite centaine de mètres de longueur. Constituée d'un calcaire particulièrement tendre, elle est striée de griffures d'ours et présente quelques gravures. Datées de 14 000 ans (magdalénien moyen), elles ont été réalisées à la pointe du silex, sur un "brouillon" fait au doigt. Une visite intéressante en complément des Combarelles, la grotte gravée par excellence (p.222). *Petite route à dr. de* *l'hôtel "Le Cygne" (fléchage) Tél./fax 05 53 07 44 58 www.grotte-bara-bahau.com Ouvert mi-fév.-juin : tlj. 10h-12h et 14h-17h30 ; juil.-août : tlj. 9h30-19h ; sept.-déc. : tlj. 10h-12h et 14h-17h Fermé lun. hors vac. scol. (nov.-mars) Dernière visite 30min avant la fermeture Tarif 6,90€, réduit 4,90€ (6-15 ans) et 5,80€ (étudiants, sur présentation de la carte)*

● Retrouver le Périgord d'antan

☺ **Le Bournat** Une grande réussite que ce village du Bournat ! Sur 7ha, est présentée une reconstitution du Périgord du XIXe siècle. Des artisans-acteurs reprennent les gestes anciens avec les outils, les vêtements et les matériaux de l'époque. Dans ce vaste village, un maréchal-ferrant pose des fers, un photographe tire des plaques, le gabarrier décharge sa barque, le cordier déploie des mètres de chanvre tissé, un instituteur donne une leçon de morale... Pour les enfants, des manèges à l'ancienne, des balançoires, des jeux forains et des barbes à papa. Bon restaurant à l'entrée. *Allée Paul-Jean Souriau* ***Le Bugue*** *Sur le bord de la Vézère, en dir. des Eyzies (fléchage) Tél. 05 53 08 41 99 www.lebournat.fr Ouvert mars-juin, sept. : 10h-18h ; juil.-août : tlj. 10h-19h (restaurant le mer. 0h en juil.-août) Tarif 12,90€, réduit 8-11€, enfants 4-12 ans 9,90€ (réduction d'1€ sur l'aquarium avec le billet)*

PÉRIGORD

● Où acheter des vins du Bergeracois, des produits de la ferme ?

Cave Julien-de-Savignac Le grand caviste du Bugue, l'un des meilleurs connaisseurs du Bergeracois. Deux mille références, dont les bergeracs "Julien-de-Savignac". Allez-y sans hésiter. *Av. de la Libération Sur la D31E, près de l'intersection pour Audrix et Proumeyssac Tél. 05 53 07 10 31 www.julien-de-savignac.com Ouvert lun.-sam. 9h-19h, dim. 9h-12h*

☺ **La Maison paysanne** Chaque jour, un producteur différent présente ses œuvres et tient la permanence de cette épicerie exemplaire, qui ne connaît pas les conservateurs industriels : fruits et légumes sortant du marché, viandes de la ferme, yaourts au lait de vache, soupes, biscuits et plats en bocaux (confit d'escargot, bœuf aux girolles...), tous de fabrication maison. *26, av. de la Libération Tél. 05 53 53 49 56 Ouvert mi-sept.-juin : mar.-sam. 9h30-12h30 et 15h30-19h, dim. 10h-12h ; juil.-mi-sept. : lun., mer.-jeu. 9h-13h et 15h-19h30, mar. et ven.-sam. 9h-19h30, dim. 10h-13h*

Les environs du Bugue

Grotte de Saint-Cirq Longtemps oubliée, cette cavité de la falaise du hameau - appelée aussi "grotte du Sorcier" - servait de refuge au Moyen Âge. Elle ne fut repérée que tardivement, en 1952, lorsqu'y fut décelé le contour d'un mammouth. De là, ont été mis au jour ses remarquables décors datant de l'époque magdalénienne (19 000 ans) : des gravures d'animaux, notamment des chevaux et un bison en bas-relief, des signes géométriques, et surtout trois personnages humains, visibles sur le plafond de l'arrière-grotte. Parmi eux, un célèbre "Sorcier" ithyphallique à tête ronde. Une visite guidée de la grotte, aménagée en 2008-2009 avec son éclairage, permet leur découverte. Attenant, le musée de la Préhistoire et de Paléontologie expose ossements, silex et fossiles, extraits des fouilles des différents abris de la falaise. ***Saint-***

Cirq *(7km au nord-est par la D31) Tél. 05 53 07 14 37 www.grottedusorcier.com Ouvert avr., sept.-mi-nov. : tlj. 10h-18h ; mai-juin : tlj. 10h-18h30 ; juil.-août : tlj. 10h-19h30 (dernière visite guidée 1h avant la fermeture) Tarif 6,50€, réduit 3,20-5,50€*

☆ **Paunat** Quelques vieilles maisons jaune foncé, à l'ombre de **Saint-Martial**, l'une des plus anciennes églises gothiques du Périgord. À l'intérieur de cet édifice monumental, près du chœur, une crypte, probablement du XIIe siècle. Le clocher-donjon possède deux coupoles superposées. Dominant le bourg, le manoir de Hurtevent a été édifié au XVIIIe siècle. La petite route qui part de l'église mène à Sainte-Alvère. C'est l'une des plus belles de la région. *8km à l'ouest du Bugue par la D703*

Gouffre de Proumeyssac Le gouffre de Proumeyssac est large de 80m et profond de 50m. Découvert en 1907, le "trou du Diable" avait été utilisé comme décharge pendant des siècles. Depuis il a été aménagé. Un son et lumière met en valeur les superbes concrétions qui continuent de se développer sur les parois vertigineuses, mais cette présentation est peut-être trop appuyée, au détriment de la beauté intrinsèque du gouffre, le rendant finalement presque artificiel. Sentier botanique intéressant pour le point de vue, tout au bout. ***Le Buisson-de-Cadouin*** *(3km au sud du Bugue, fléchage) Tél. 05 53 07 27 47 www.gouffre-proumeyssac.com Ouvert nov.-déc., fév. : 14h-17h ; mars, 16-30 sept., oct. : 9h30-12h et 14h-17h30 ; avr.-juin, 1er-15 sept. : 9h30-18h30 ; juil.-août : 9h-19h Réservation conseillée en juil.-août Tarif 9,40€, réduit 6,10-7,10€ (nacelle 12,10-17,70€)*

Limeuil Ce village splendide est construit au confluent de la Dordogne et de la Vézère. Occupé depuis 10 000 ans, le site fut doté d'une forteresse gauloise, puis d'un oppidum romain, et par la suite d'un fort, en réaction aux attaques vikings aux VIIIe et Xe siècles. Sur une position stratégique, Limeuil connut ultérieurement de nombreux assauts, avant que les guerres de Religion ravagent le bourg. Il se relève grâce à la batellerie. À la fin du XIXe siècle, plus de 10% de la population travaillait dans cette activité. On remarquera la porte du Récluzou (XVe-XVIe s.), la place des Ormeaux et l'église Sainte-Catherine (XIIe-XVIe s., consacrée à Thomas Becket). *5km au sud du Bugue par la D31*

Jardins panoramiques Au XIXe siècle, le docteur Linarès, qui a vécu au Maroc, acquiert l'ancien château médiéval et son parc, et y conçoit un éden en harmonie avec ses souvenirs de voyages. Le parc s'enrichit de multiples essences et la demeure adopte un style mauresque. En 2004, l'association Au fil du Temps reprend en main et réaménage la propriété, laissée à l'abandon. L'ensemble forme un parc paysager gracieusement dessiné et arboré, ponctué de jardins à thème (eau, plantes comestibles de l'époque médiévale, observatoire d'insectes…), d'un labyrinthe de buis, et de sentiers pédagogiques sur la flore régionale et la batellerie. De là, se dévoilent des panoramas sur le confluent. Autres points de vue depuis la D51E (en venant d'Alles) et du belvédère de Sors (à l'ouest, D31). *Place des Fossés* ***Limeuil*** *Tél. 05 53 73 26 13 Ouvert avr.-juin, sept.-oct. : dim.-ven. 10h-12h30 et 14h-18h (sam. 14h-18h durant les ponts du mois de mai, de juin, et les 2 premières sem. de sept.) ; juil.-août : tlj. 10h-20h Tarif 7€, enf. de 6 à 18 ans 5€*

☆ **Église de Trémolat** L'une des plus impressionnantes de la région ! Bâti à partir du XIe siècle sur un plan en croix, l'édifice aux contreforts puissants possède un clocher-donjon surmonté d'une vaste lucarne. À l'intérieur, une immense chambre de défense accueillit les habitants durant les conflits qui dévastèrent le bourg. ***Trémolat*** *(12km au sud-ouest du Bugue)*

Cingle de Trémolat Ici, la Dordogne fait presque un nœud. Au XIXe siècle, lorsque la rivière était en crue, les gabarriers engageaient parfois leurs bateaux sur la terre immergée pour couper par Calès. Panorama superbe sur la route, au nord de Trémolat. ***Trémolat*** *(15km au sud-ouest du Bugue)*

● Observer des sangliers

☺ **Sangliers de Mortemart** Cet endroit est une institution ! Entre 400 et 600 sangliers (selon la saison) évoluent dans le parc. Le propriétaire, Richard Manseau, fait également office de guide. Visite vraiment intéressante. Viande de sanglier 15-25€/kg. ***Le Bugue*** *Sur la D710, dir. Périgueux, près de la chapelle Mortemart Tél. 05 53 03 21 30 www.elevage-sangliers-mortemart.com Ouvert juil.-août : tlj. 10h-19h ; sept.-juin : tlj. 13h-17h Visite guidée juil.-août : lun.-ven. et dim. à 15h ; le reste de l'année : dim. à 15h sur rdv Tarif 3€, réduit 1,50€*

PÉRIGORD

● Où boire un verre ?

L'Ancre du salut C'est de la terrasse que l'on appréciera le mélange des eaux de la Dordogne et de la Vézère. Un bistrot très sympathique, qui fut la grande auberge des gabarriers au XIXe siècle. Eugène Le Roy (auteur de *Jacquou le Croquant*) et le poète Paul Éluard lui ont rendu hommage. Petite salle intérieure voûtée et carte d'en-cas (croque-monsieur, omelettes...) pour env. 10€. *Place du Port* ***Limeuil*** *Tél. 05 53 63 39 29 Ouvert hiver : tlj. 9h-13h (dim. toute la journée) ; juil.-août : tlj. 8h-0h ; reste de l'année : tlj. 9h-20h*

● Descendre la Dordogne et la Vézère en canoë/kayak

Plusieurs loueurs proposent des prestations identiques à des tarifs très proches. Pour découvrir les plus belles portions de la Dordogne (très large à partir de Saint-Cyprien), il est préférable de partir de La Roque-Gageac (env. 24-27€/j.). Côté Vézère, nous vous conseillons d'embarquer de La Roque-Saint-Christophe (23-26€/j.), de Moustier ou du Bugue (env. 21-23€/j.).
Canoëric ***Le Bugue*** *Tél. 05 53 03 51 99 ou 06 70 03 33 28 www.canoe-perigord.com* **Canoës Courrèges** ***Le Bugue*** *Tél. 05 53 08 75 37 ou 06 89 95 15 18 www.canoe-courreges.fr* **Canoës Rivières Loisirs** ***Limeuil*** *Tél. 05 53 63 38 73 www.canoes-rivieres-loisirs.com* **Canoës Perdigat** ***Limeuil*** *Tél. 05 53 63 31 54 ou 06 08 42 02 37 www.perdigat.com*

● Se promener à cheval

Ferme équestre La Haute-Yerle Cette structure équestre, surtout pour cavaliers un peu confirmés, est réputée dans la région. Initiation, promenades à la journée (65€/j. avec pique-nique), mais surtout randonnées de 6 jours (env. 920€ tout compris) autour de Sarlat et Lascaux, dans la vallée des châteaux, les Périgord vert et pourpre, avec nuit en gîte ou chambre d'hôtes. Tarifs sur demande. ***Alles-sur-Dordogne*** *Tél. 05 53 63 35 85 www.rando-equestre-hauteyerle.com*

Partir en randonnée pédestre

Forêt de Campagne Initiative du conseil général de Dordogne, des sentiers découvertes ont été aménagés dans la forêt de Campagne : deux randonnées faciles (3 ou 5km) dans une forêt investie par l'homme depuis le paléolithique. Les panneaux en expliquent la faune, la flore et l'habitat (présence de logements troglodytiques). Quelques panoramas sont assez impressionnants. *Fléchage au départ de Campagne, sur la route de Saint-Cyprien Tél. 05 53 06 80 23*

S'amuser dans la forêt

Été actif En juil.-août, la forêt de Campagne devient le théâtre de toutes sortes d'activités, selon une initiative prise par le conseil général dans plusieurs points de Dordogne : escalade, spéléologie, chasses au trésor, tir à l'arc, balades à cheval, randonnées contées en nocturne. Réservation à l'office de tourisme du Bugue – cf. Mode d'emploi (p.210). *Tarif 8-18€ selon l'activité*

CARNET D'ADRESSES

Restauration

petits prix

La Pergola Voici une pizzeria sympathique, très simple, spécialisée aussi dans les grillades (brochettes de cœur de canard, entrecôte, poulet). Derrière sa terrasse, recouverte d'une pergola verdoyante, une salle villageoise envahie par les familles. Pizzas cuites au feu de bois à pâte fine, de la classique tomate-fromage à la périgourdine au canard. En apéritif, le patron haut en couleur ne manquera pas de vous proposer punch ou sangria maison. Plat à partir de 11€. L'un des rares restaurants de la région ouverts après 22h en saison. Menus de 19,50 à 29€ ; menu enfant 5,50 (un plat)-8€. *Av. de la Libération* ***Le Bugue*** *Tél. 05 53 54 18 05*

Le Cygne L'hôtel du Cygne (p.217) détient l'unique restaurant typique du village, à la réputation bien méritée. Avec sa salle à cheminée, sa véranda et sa terrasse ombragée, le cadre est agréable. Et la cuisine, un brin personnalisée, rend hommage à la région et aux beaux produits : omelette aux cèpes et foie gras, cuisse de canard confite rôtie au miel, soufflé glacé aux noix... Pour arroser, une digne cave sélectionnée. Menus 16-29€, plat 14-26€. *Rue du Cingle* ***Le Bugue*** *Tél. 05 53 06 01 16 Ouvert sept.-juin : mar. et jeu.-ven. midi et soir, mer. et sam. soir ; juil.-août : sam.-jeu. midi et soir, ven. soir Fermé 3 sem. mi déc.-déb. jan.*

☺ **L'Assiette gourmande** Prenez un jardin sur un petit mont d'où l'on regarde les falaises de Limeuil, dispersez quelques tables, chacune

GAMME DE PRIX	RESTAURATION	HÉBERGEMENT
Très petits prix	moins de 15€	moins de 30€
Petits prix	de 15 à 25€	de 30 à 50€
Prix moyens	de 25 à 35€	de 50 à 80€
Prix élevés	de 35 à 50€	de 80 à 125€
Prix très élevés	plus de 50€	plus de 125€

sous sa tonnelle ou son parasol, et proposez au client une formule légère pour le déjeuner, concoctée avec les produits frais du marché. Vous obtenez cette maison singulière que le bouche-à-oreille emplit midi et soir. Croustade de foie gras aux pommes aigres-douces incomparable. Foie gras mi-cuit maison. Également assiettes froides et, pour les plus petits, un vrai-faux hamburger, le "Croq'canard", "le Petit Périgourdin". Assiette du Jardinier (14€) ou Gourmande (16€), un très bel assortiment des délices de la région. En dessert, un pain perdu et son caramel au beurre salé ou un clafoutis aux fruits d'été. Accueil rafraîchissant. L'une des meilleures adresses entre Les Eyzies et La Roque-Gageac. Assiettes 12-16€, formule Découverte 21€, menu dîner 27€ ; service continu de 11h30 à 22h. *Lescurade* ***Alles-sur-Dordogne*** *(11km au sud du Bugue) Croisement D2/D29, entre Cadouin et Alles-sur-Dordogne Tél. 05 53 63 22 38 Ouvert mars-nov. Fermé sam. en juil.-août*

☺ **Chez Julien** Également café-épicerie, l'adorable restaurant de l'abbatiale jouxte la superbe église de Paunat et présente sa terrasse plein soleil à un paysage riant. Sur l'ardoise, de l'omble chevalier au vin rouge, des ris de veau poêlés aux cèpes, du filet de canard sauce au foie gras. Installé dans une belle salle claire, nous y avons très bien déjeuné. Menus 15-22€, plat 14-23€. *Le Bourg* ***Paunat*** *(7km à l'ouest du Bugue) Passer devant l'église et tourner à droite Tél. 05 53 63 21 08 Ouvert mars-oct. : lun.-mar. et jeu.-ven. midi et soir, sam. soir, dim. midi ; nov.-fév. : lun. et jeu.-sam. midi et soir, dim. midi*

prix très élevés

Le Vieux Logis C'est au cœur de cet hôtel de charme, complexe de maisons du pays recouvertes de lierre, que l'étoilé Vincent Arnould opère depuis 2000. Ce chef originaire des Vosges a purement fait sien des fleurons offerts par la région, qu'il travaille à la perfection et qui sont à la base de ses créations (menus 50 et 100€, assortiments "tapas" à 46€). Le foie gras surtout, poché au vin de Bergerac ou servi poêlé avec un thon mariné dans une vinaigrette soja-noix ; une selle d'agneau fermier du Quercy, croustillante ; à la belle saison, la truffe blanche et la mara des bois. À cela s'ajoutent le cadre, une salle bourgeoise et chaleureuse, et une terrasse dans un nid de verdure, donnant sur un jardin de buis taillés en boule. À l'hôtel, 23 chambres et suites à la déco étudiée, garnies de vieux meubles (à partir de 390€) et une superbe piscine sur la pelouse. Plus modestement, à 50m de là, la maison détient aussi un bistrot du terroir dans le village (menus 15,50-27€). ***Trémolat*** *(13km au sud-ouest du Bugue par la D31) Tél. 05 53 22 80 06 www.vieux-logis.com Ouvert mi-oct.-juin : jeu.-lun. 12h-13h30 et 19h30-21h ; juil.-août : tlj. 12h-13h30 et 19h30-21h*

Hébergement

camping

Le Brin d'amour Sur une hauteur, le camping embrasse toute la vallée du Doux, le petit cours d'eau qui rejoint la Vézère au Bugue. Très ombragé, familial, correctement équipé, il est le point de rencontre d'une foule d'habitués qui s'y retrouvent chaque année, en pleine nature. Snack, piscine chauffée, location vélos, pêche dans l'étang. Empl. 18,50-22,50€ (avec électricité) et chalets en bois avec terrasse à 190-450€/sem. selon la période, jusqu'à 700€ en haute saison pour les plus grands. *Fontvidal* ***Saint-Cirq*** *(env. 8km au nord-est* *du Bugue par la D31) Tél. 05 53 07 23 73 www.brindamourcamping.com Ouvert mi-mai-oct.*

La Linotte En pleine campagne, ce camping de 13ha, bien ombragé, propose 110 emplacements de... plus de 100m² chacun ! Très belle vue sur la vallée. Bar dans le beau corps de ferme. Immense piscine à débordement avec toboggan interminable et spa pour les parents. Ces équipements aquatiques ne sont pas pour rien dans le succès de ce ravissant camping, plein en été. Emplacement 21-40€ avec électricité. ***Le Bugue*** *D710 vers Périgueux puis D32E vers Rouffignac Tél. 08 20 15 00 40 http://www.vacances-campings.fr Ouvert mi-mai-sept.*

prix moyens

Le Cygne Le meilleur rapport qualité-prix de la région (p.215). Dans cette belle maison de famille, en pierres blondes aux volets bleus, les 11 chambres sont vastes, dans les tons clairs. Deux jardins s'ouvrent derrière l'hôtel. Accueil vraiment prévenant. Chambre 54-62€, petit déj. 8€. *Rue du Cingle* ***Le Bugue*** *Tél. 05 53 06 01 16 www.lecygne-perigord.com Fermé 3 sem. mi déc.-déb. jan.*

Le Royal Vézère À l'aplomb de la Vézère, donnant aussi sur la place de la mairie, "Le Royal" est agréable et accueillant, avec ses 49 chambres et 4 suites, dont 24 offrent une vue superbe sur la rivière. Jolie salle panoramique pour les petits déjeuners. Piscine sur le toit. Un bon rapport qualité-prix. Double 57-98€, suite 123-133€, petit déj. 9,50€. *Pl. de l'Hôtel-de-Ville* ***Le Bugue*** *Tél. 05 53 07 20 01 www.hotel-royal-vezere.com Ouvert avr.-mi-oct.*

prix élevés

☺ **Le Moulin neuf** Très isolée, au fond d'une vallée, la propriété est environnée de bois et de pâtures. Calme total, mis à part le léger chuintement du cours d'eau. Cinq chambres cosy (85-89€ avec petit déj., 3 nuits minimum) sont installées dans l'ancienne grange. Décoration et ameublement soignés. Un lieu magique auquel on s'attache. *Paunat* ***Sainte-Alvère*** *Sur la D2 entre Limeuil et Sainte-Alvère, à proximité du croisement avec la D703 (fléchage) Tél. 05 53 63 30 18 Ouvert nov.-mars*

GAMME DE PRIX	RESTAURATION	HÉBERGEMENT
Très petits prix	moins de 15€	moins de 30€
Petits prix	de 15 à 25€	de 30 à 50€
Prix moyens	de 25 à 35€	de 50 à 80€
Prix élevés	de 35 à 50€	de 80 à 125€
Prix très élevés	plus de 50€	plus de 125€

Plan 11 La vallée de la Vézère

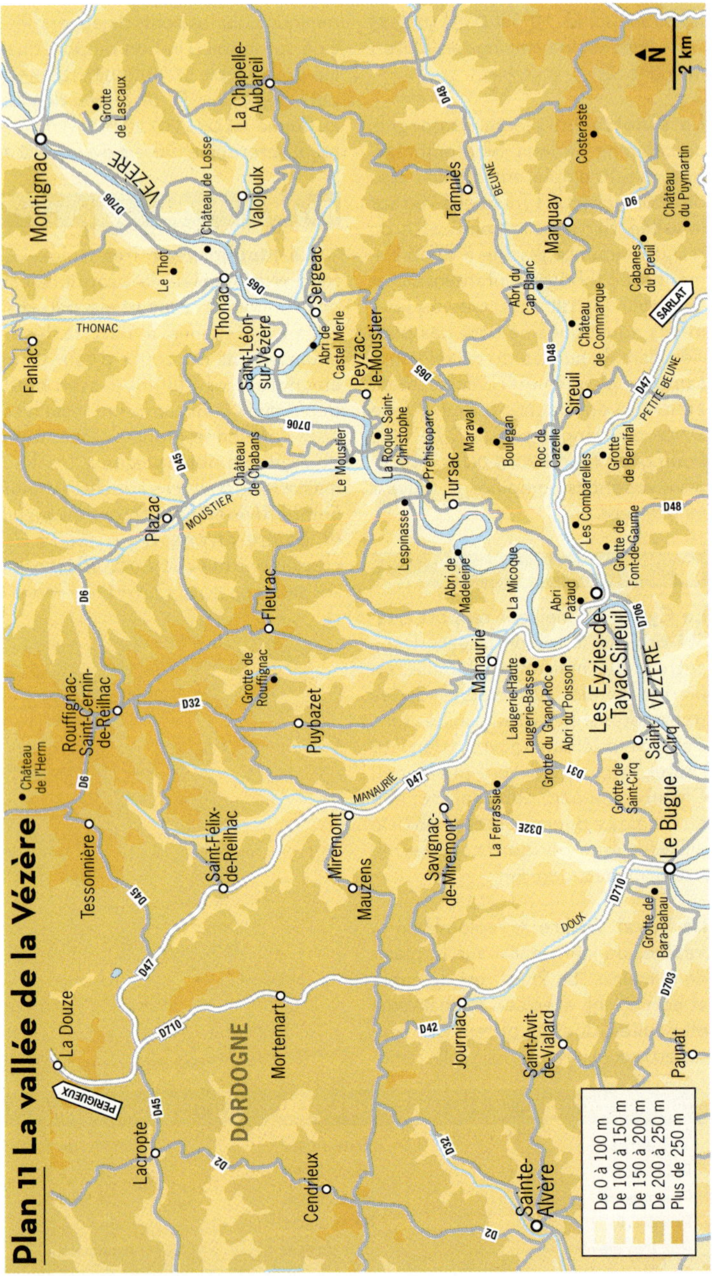

★ LES EYZIES-DE-TAYAC-SIREUIL

24620

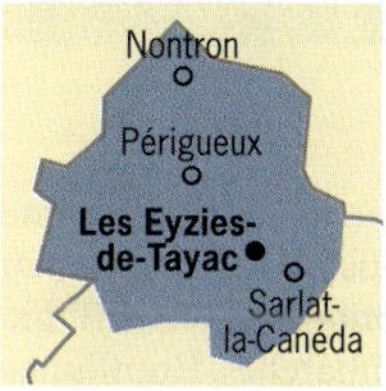

C'est au village des Eyzies qu'est née la préhistoire dans les années 1860. Installé tout contre une haute falaise trouée d'habitations troglodytiques, dominant la Vézère et la Beune, au croisement de toutes les routes, le bourg a révélé un incomparable trésor de grottes ornées et de reliques paléolithiques. Dans un périmètre de quelques dizaines de kilomètres carrés, le visiteur parcourt près de 450 000 ans d'occupation humaine. Aux Eyzies, comme de part et d'autre de la Vézère, l'homme a toujours vécu dans les mêmes lieux depuis la préhistoire. C'est vertigineux ! Tout comme la foule qui se presse ici chaque année : plus d'un million de touristes, soit mille fois la population du village, venus aujourd'hui admirer les quinze sites classés au Patrimoine mondial de l'humanité. Après l'ouverture, en 2004, d'un musée international de Préhistoire, la naissance en 2010 d'un pôle complémentaire apporte d'autres promesses dans la vallée : des initiatives, des fouilles, peut-être de nouvelles découvertes à venir...

MODE D'EMPLOI

accès, circulation

EN VOITURE

Le village est situé 21km à l'ouest de Sarlat, 42km au sud-est de Périgueux et 60km à l'est de Bergerac, au croisement de la D47 et de la D706. Ces deux voies étant extrêmement fréquentées en saison, la circulation peut devenir problématique. Parking (étroit) au centre et places de stationnement sur les deux côtés de la rue principale, ainsi que sur le bord de la Vézère, là où se tient le marché.

EN TRAIN

Sur la ligne Périgueux-Agen.

SNCF *Tél. 36 35 www.voyages-sncf.com*

marchés

Marché *Pâques-1er nov. : lun.*

informations touristiques

Office de tourisme Très efficace. Toutes les informations sur les sites touristiques, l'ensemble de l'offre locative et les nombreuses activités proposées (taille de silex, randonnées en canoë, etc.). L'office édite également des fiches de randonnée. En été, pensez à réserver vos visites dans la quasi-totalité des sites préhistoriques... Cette réservation est obligatoire pour les grottes de Font-de-Gaume et des Combarelles. *19, av. de la Préhistoire Tél. 05 53 06 97 05 www.tourisme-vezere.com Ouvert mars-avr., oct.-fév. : lun.-sam. 10h-12h et 14h-18h, dim. 10h-13h (fermé dim. de nov. à fév.) ; mai-juin, sept. : lun.-sam. 9h-12h et 14h-18h, dim. 10h-12h et 14h-17h ; juil.-août : tlj. 9h-19h*

DÉCOUVRIR

☆ **Les essentiels** Le musée national de Préhistoire, les grottes de Font-de-Gaume, des Combarelles et de Rouffignac, l'abri du cap Blanc **Découvrir autrement** Apprenez à lancer une sagaie grâce aux Ateliers du patrimoine

Les Eyzies-de-Tayac-Sireuil

Les falaises qui bordent la Vézère et la Beune ont été occupées par l'homme depuis 450 000 ans jusqu'au milieu du XXe siècle. Si vous ne restez que peu de temps, ne retenez que quatre sites, exceptionnels : Font-de-Gaume (l'une des très rares cavités ornées visitables au monde), les Combarelles, Rouffignac (la plus longue caverne, peinte de centaines de mammouths) et le cap Blanc (paroi sculptée en haut-relief).

Église de Tayac Unique vestige d'un puissant monastère bâti au XIIe siècle et rattaché à celui de Paunat, elle semble avoir deux façades : le chevet, droit, est plus haut que le clocher-porche ! C'est que, faisant face à la colline, le premier était l'élément le plus fragile de l'ensemble. Ses murs, renforcés par des contreforts, mesurent donc 2,5m d'épaisseur. On retrouve dans le portail des pierres gallo-romaines. *Près de la gare SNCF*

☆ ☺ **Musée national de Préhistoire** Situé à proximité des principaux sanctuaires de l'art pariétal paléolithique (grottes de Font-de-Gaume, des Combarelles, abri du Moustier), le musée national de Préhistoire conserve plus de 18 000 pièces, dont certaines déposées par le musée de Saint-Germain-en-Laye, parmi lesquelles la série des objets de la Madeleine et la lampe de Lascaux. La muséographie s'étend sur deux galeries : au niveau inférieur, le visiteur se familiarise avec l'évolution des techniques dans un environnement en perpétuelle évolution ; au niveau supérieur, il découvre les modes de vie et l'organisation de l'habitat des derniers chasseurs de rennes, et aborde la question des origines de l'homme et de sa présence (plus de 400 000 ans) dans la vallée de la Vézère. Consoles interactives (les bruitages sont très réussis), moulages (dermoplasties), maquettes jalonnent le parcours de toute l'exposition. La reconstitution d'un mégacéros grandeur nature est stupéfiante ! Taillé dans le roc de la falaise, très

De la taille du silex au lancer de sagaie

Ateliers du patrimoine Aux Eyzies, presque tous les sites préhistoriques et/ou troglodytiques proposent, en saison, des activités paléolithiques : taille de silex, lancer de sagaie, peintures pariétales, confection d'un feu... Contactez en particulier le roc de Cazelle, La Roque Saint-Christophe, le musée national de Préhistoire et l'office de tourisme ou le Préhistoparc de Tursac, où l'on apprend à tirer au propulseur. *Musée national de Préhistoire Tél. 05 53 06 45 45* lumineux, le musée, aux lignes épurées, aux sols en bois clairs faisant écho aux tons dorés des parois en pierre, s'intègre parfaitement à son environnement. À visiter absolument. *1, rue du Musée-National-de-Préhistoire Tél. 05 53 06 45 65 www.musee-prehistoire-eyzies.fr Ouvert juil.-août : tlj. 9h30-18h30 ; juin, sept. : mer.-lun. 9h30-18h ; oct.-mai : mer.-lun. 9h30-12h30 et 14h-17h30 Tarif 6€, réduit 4,50€ (visite commentée), moins de 25 ans gratuit*

Pôle international de la Préhistoire (PIP) Ouvert en 2010 dans un pavillon géométrique, tout de béton et de verre, cet espace de 3 000m² d'initiation à la préhistoire complète à merveille le musée précédent. Le long d'une "rue intérieure", l'exposition permanente offre une approche épurée de la préhistoire dans la vallée de la Vézère, grâce à une mise en scène raffinée, faite de quelques panneaux pédagogiques, écrans tactiles et maquettes présentant : l'essentiel de l'histoire touristique des Eyzies, née avec la construction du chemin de fer, les différents sites découverts et explorés, un comparatif physiologique entre l'homme de Neandertal au faciès simiesque (- 400 000 à - 30 000 ans) et l'homme de Cro-Magnon, plus "moderne" (- 30 000 à - 10 000 ans). Expositions temporaires au niveau -1, centre de documentation, atelier reconstituant un chantier de fouilles, et belle cafétéria aux murs transparents. Une promenade balisée par le Pôle, la boucle de la Micoque, rallie les principales richesses de la vallée – cf. Suivre un sentier de la préhistoire (p.222). *30, rue du Moulin Tél. 05 53 06 06 97 www.pole-prehistoire.com Ouvert mi-mai-sept. : tlj. 10h-18h ; oct.-mai : dim.-ven. 10h-17h Fermé les 1er jan., 1er mai et 25 déc.* **Cafétéria** *Ouvert dim.-ven. 11h-17h*

Abri Pataud Une hauteur de 9m ! Et 14 niveaux parfaitement clairs sur cette stratigraphie que l'on découvre d'un double escalier. Traces de feu, d'ocre, débris de silex, ossements d'animaux et outils mis au jour ont permis d'en savoir plus sur ce site. Une quarantaine de campements – sous des tentes accolées à la paroi – se sont vraisemblablement succédé, entre 35 000 et 20 000 avant notre ère. Dans le petit musée, des dessins représentent l'environnement quotidien des hommes de Cro-Magnon. Ne manquez pas le beau bouquetin (17 000 ans) en bas-relief, à l'entrée du musée. *À 200m du centre, dir. Périgueux Tél. 05 53 06 92 46 www.mnhn.fr Ouvert juil.-août : tlj. 10h-12h et 14h-18h ; avr.-juin, sept.-mi-oct. : dim.-ven. 10h-12h et 14h-18h Tarif 5€, réduit 3€, moins de 18 ans gratuit*

Abri de Cro-Magnon Derrière l'hôtel du même nom se trouve l'abri où furent découverts en 1868 les premiers squelettes de l'homme de Cro-Magnon, nom attaché à l'abri, dont l'origine reste mystérieuse. Inscrit sur la liste du Patrimoine mondial de l'humanité, l'intérieur de ce site préhistorique est en cours d'aménagement, avec une muséographie high-tech où les hommes préhistoriques reprendront vie sous forme d'hologrammes ! Ce parcours se terminera par une montée sur la colline, dévoilant d'autres abris et une vue sur la vallée de la Vézère. *Derrière l'hôtel de Cro-Magnon Tél. 05 53 13 58 54 Ouverture prévue pour Pâques 2014*

● Où acheter des outils, voir tailler le silex ?

Palaïos Maître-tailleur et coutelier, Bernard Ginelli travaille le silex aux yeux de tous dans sa boutique-atelier. Démonstrations gratuites et vente de ses créations, inspirées des instruments de l'époque néolithique : haches à poignées de cuir, couteaux à lame de silex ornés d'un manche en bois de cerf, aiguilles en os... *45, av. de la Préhistoire Tél. 06 88 92 71 33 Ouvert avr.-sept. : dim.-ven. 10h-19h*

● Suivre un sentier de la préhistoire

Boucle de la Micoque Mise en place par le Pôle international de la Préhistoire, cette boucle de 15km s'infiltre dans la vallée de la Vézère et dessert les sites majeurs des Eyzies, avec des panneaux explicatifs à chaque station : musée national de Préhistoire, abri Pataud, abri de Cro-Magnon, Laugerie-Basse et Haute. Parcours libre, et dépliant à l'accueil du PIP. ***Départ** 30, rue du Moulin*

● Descendre la Vézère en canoë Même si les châteaux de Losse et de Belcayre et le village de Saint-Léon valent le coup d'œil, la portion la plus intéressante commence au Moustier. L'arrivée aux Eyzies est réellement étonnante. Deux sociétés, face à face et de part et d'autre de la rivière, louent leurs canoës et kayaks. Prestations et tarifs (env. 15-25€/pers.) pratiquement identiques.

PÉRIGORD

Canoës vallée Vézère Cette structure propose de très instructives descentes “archéologiques” commentées par un guide-conférencier, à partir du Moustier. Possibilité également d'aller à pied vers Tursac (11km, GR®36) et de revenir en canoë. *1-3, promenade de la Vézère Tél. 05 53 05 10 11 ou 06 82 02 65 48 www.canoesvalleevezere.com*

Les 3 Drapeaux *La Patte d'oie Tél. 05 53 06 91 89 ou 06 81 76 66 75 http://canoes-3drapeaux.fr Ouvert Pâques-fin sept.*

● Faire une promenade à cheval

Ferme de Fonluc Balades à l'heure ou à la journée, petites randonnées à pied sur le domaine. Si vous savez monter, n'hésitez pas : les falaises sont belles à la vitesse d'un cheval. Tarifs 16€/1h, 30€/2h, 135€/10h ; forfait journée 75€/pers., pique-nique (copieux) inclus. *Dir. église de Tayac/gare SNCF, à gauche après le pont (fléchage) Tél. 05 53 35 30 06*

Les environs des Eyzies-de-Tayac-Sireuil

☆**Font-de-Gaume** Font-de-Gaume est une grotte naturelle ornée et dessinée. Ses peintures ont été exécutées en plusieurs fois, il y a 15 000 à 17 000 ans environ. L'extrême finesse des 80 bisons, 40 chevaux, 23 mammouths, 17 rennes et 20 autres animaux souligne le respect des proportions anatomiques et des comportements. Jeux d'ombres, de couleurs et de reliefs accusent les traits. Outre l'excellent état de conservation général, l'abondance des peintures et les reprises innombrables étonnent. Incontournable. *D47 dir. Sarlat (parking) Tél. 05 53 06 86 00 http://eyzies.monuments-nationaux.fr Ouvert mi-mai-mi-sept. : dim.-ven. 9h30-17h30 ; mi-sept.-mi-mai : dim.-ven. 9h30-12h30 et 14h-17h30 Fermé j. fér. Réservation obligatoire (80 pers./j. maxi, 12 pers./visite) Tarif 7,50€, réduit 6-4,50€, moins de 18 ans gratuit*

☆**Les Combarelles** L'abbé Breuil a déniché dans cette grotte près de 300 gravures (il y en a le double, en vérité), surtout des chevaux (un tiers

RÉSERVEZ !
Attention, réservation obligatoire pour visiter les grottes de Font-de-Gaume et des Combarelles, l'abri du Poisson et les gisements nationaux. En été, il est prudent de s'y prendre plusieurs semaines à l'avance.

environ), mais aussi des bouquetins, des rhinocéros laineux, des ours, des lions, des mammouths. Vieux de 14 000 à 16 000 ans, ce bestiaire incroyable est gravé sur un étroit boyau de 240m de longueur, large d'à peine 1m. En changeant l'inclinaison de l'éclairage, le fouillis de traits s'anime d'animaux qui semblent courir, se mordre, s'affronter, vivre (voyez la superposition de chevaux n°107). Quelques représentations féminines. *D47 dir. Sarlat (parking) Tél. 05 53 06 86 00 http://eyzies.monuments-nationaux.fr Ouvert mi-mai-mi-sept. : dim.-ven. 9h30-17h30 ; mi-sept.-mi-mai : dim.-ven. 9h30-12h30 et 14h-17h30 Fermé j. fér. Réservation obligatoire (60 pers./j., maxi 6 pers./visite) Tarif 7,50€, 6-4,50€, moins de 18 ans gratuit*

Grotte de Bernifal Après un petit quart d'heure de marche dans les sous-bois, la caverne s'ouvre par une salle d'allure classique (stalactites, concrétions diverses) et la promenade commence à la lueur de la lampe électrique du propriétaire. Sur les parois, une cinquantaine de représentations, dont une majorité de mammouths. Des similitudes avec les œuvres de Rouffignac auraient été évoquées. Magnifique cheval de Przewalski grandeur nature, figure humaine gravée, signes mystérieux (les tectiformes et un signe en forme de hutte). *D47, à droite après Roc de Cazelle Tél. 05 53 29 66 39 ou 06 74 96 30 43 Ouvert sur rdv Entrée payante*

☆ **Abri du cap Blanc** Ce site n'est pas une grotte, plutôt une paroi sculptée sous un surplomb. Il n'y a que 13m à voir, mais il s'agit de la seule frise visitable au monde. À gauche du "pilier", remarquez le grand cheval (2,2m de longueur !), avec, dans son encolure, un petit bison. Au-dessus de lui des cervidés. À droite de la séparation, un autre cheval imposant et un bison de belle taille. En tout, 14 hauts-reliefs réalisés il y a 17 000 ans, dont 6 chevaux tournés vers la droite (sauf le plus grand). Le squelette dont on peut voir aussi le moulage de la tête (celui d'une femme de 1,60m) est une reproduction (l'original a été découvert lors de la mise au jour de l'abri). Vue cinématographique du château de Commarque, à partir du chemin d'accès... *Route de Marquay, à g. D47, après Combarelles Tél. 05 53 06 86 00 http://eyzies.monuments-nationaux.fr Ouvert mi-sept.-mi-mai : dim.-ven. 9h30-12h30 et 14h-17h30 ; mi-mai-mi-sept. : dim.-ven. 9h30-17h30 Fermé j. fér. Dernière visite 1h avant ferm. Tarif 7,50€, réduit 6€, gratuit moins de 18 ans et membre de l'UE jusqu'à 25 ans*

Roc de Cazelle Le roc de Cazelle raconte son histoire grâce à des scènes figées, mettant en scène hommes et animaux (la chasse, la cueillette, l'atelier de taille du silex, etc.). On découvre ensuite qu'au Moyen Âge le site servit de citadelle. Pour finir, on visite une maison qui fut occupée jusqu'en 1966 par une famille. Ateliers de lancer de sagaie, taille de silex, allumage du feu, peinture sur pierre. Une initiation à la préhistoire et à l'histoire. *D47, avant Bernifal Tél. 05 53 59 46 09 www.rocdecazelle.com Ouvert mai-juin, sept. : 10h-19h ; juil.-août : 10h-20h ; mars-avr., oct.-mi-nov. : 10h-18h ; mi-nov.-mi-fév. : 11h-17h ; vac. Noël 10h-17h Tarif 7,20€, réduit 3,60-6,20€*

Abri du Poisson Dans le site des gorges d'Enfer, une minuscule cavité où des hommes ont gravé avec une précision inhabituelle un saumon mâle, il y a 25 000 ans. C'est la plus ancienne gravure de poisson connue au monde. *D47 dir. Périgueux, apr. falaise Tél. 05 53 06 86 00 http://eyzies.monuments-nationaux.fr Fermé j. fér. Réservation obligatoire au Font-de-Gaume Tarif 3€ réduit 2,50€ (visite guidée de 45min) ; 7,50 et 6,50€ (visite conférence d'1h à 1h30) ; gratuit moins de 18 ans et membre de l'UE jusqu'à 25 ans*

Grotte du Grand Roc et Laugerie-Basse Le **Grand Roc** est une belle cavité où l'on chemine parmi d'étonnantes concrétions excentriques. Visite passionnante mais avis aux claustrophobes : le volume est très réduit. **Laugerie-Basse** est situé juste à côté (billetterie commune). Un film rappelle que l'endroit, très riche en vestiges paléolithiques, a fourni près de la moitié des plus belles pièces présentées dans les grands musées du monde, notamment une troublante "Vénus impudique" gravée sur un galet rond. Le site est superbe (on domine la Vézère de 60m). *D47 dir. Périgueux, après gorges d'Enfer Tél. 05 53 06 92 70 ou 05 53 05 65 65 www.semitour.com Ouvert mi-avr.-début juil., sept.-oct. : dim.-ven. 10h-13h et 14h-18h ; juil.-août : tlj. 10h-19h ; nov.-déc., mi-fév.-mi-avr. : lun.-jeu. 10h-12h30 et 14h-17h (ouvert en continu pendant les vac. scolaires) Grand Roc tarif 7,20€, réduit 4,70€ ; Laugerie-Basse tarif 6,20€, réduit 3,70€ ; billet couplé tarif 9,50€, réduit 6€*

Gisements nationaux À flanc de falaise, d'une longueur de 180m, **Laugerie-Haute** compte parmi les sites les plus importants pour les préhistoriens, car les 42 couches de sa stratigraphie éclairent les principales cultures du paléolithique supérieur. En face, de l'autre côté de la Manaurie,

Le Périgord de la préhistoire

Jardins Nature et Préhistoire (Villars) ___ 107
Grottes de Maxange (Le Buisson-de-Cadouin) ___ 207
Grotte de Bara-Bahau (Le Bugue) ___ 211
Grotte de Saint-Cirq ___ 212
Musée national de Préhistoire (Les Eyzies-de-Tayac-Sireuil) ___ 220
Pôle international de la Préhistoire (PIP) (Les Eyzies-de-Tayac-Sireuil) ___ 221
Font-de-Gaume (Les Eyzies-de-Tayac-Sireuil) ___ 222
Les Combarelles (Les Eyzies-de-Tayac-Sireuil) ___ 222
Grotte de Bernifal (Meyrals) ___ 223
Abri du cap Blanc (Marquay) ___ 223
Roc de Cazelle (Les Eyzies-de-Tayac-Sireuil) ___ 223
Grotte de Rouffignac (Rouffignac-Saint-Cernin-Reilhac) ___ 225
Roque Saint-Christophe (Peyzac-le-Moustier) ___ 225
Grotte de Lascaux II (Montignac) ___ 254
Site préhistorique de Castel-Merle (Sergeac) ___ 254
Musée René-Castanet (Sergeac) ___ 255
Musée de la Préhistoire (Aubas) ___ 256

La Micoque est le site visitable le plus ancien du Périgord : *Homo erectus* et *Homo neanderthalensis* s'y sont succédé, il y a 100 000 ans. Des outils vieux de 450 000 ans ont été trouvés à son niveau le plus bas. Moins connu, **La Ferrassie** est un site fondamental pour les préhistoriens (en particulier pour la description des cultures aurignacienne et gravettienne). Derrière une grille, deux stratigraphies particulièrement claires sont conservées à l'ombre de leur abri naturel. Également plusieurs fosses où furent découvertes sept dépouilles humaines néandertaliennes, dont un fœtus et un homme de quarante-cinq ans. Très intéressant. Au **Moustier**, autre site majeur, ont été mis au jour des restes d'hommes de Cro-Magnon et une foule d'objets dont l'étude permit de définir l'ère moustérienne. Deux abris, dont un seul se visite, témoignent d'une occupation humaine discontinue vieille de 34 000 à 72 000 ans. ***Laugerie-Haute*** *D47 dir. Périgueux* ***La Micoque*** *D47 dir. Périgueux, à dr. avant Manaurie* ***La Ferrassie*** *D47 dir. Périgueux, puis à g. vers Savignac-de-Miremont (D32E)* ***Moustier*** *D706 dir. Montignac, puis Moustier après 10km Tél. 05 53 06 86 00 http://eyzies.monuments-nationaux.fr Fermé j. fér. Réservation obligatoire Tarif 7,50€, réduit 6,50€ gratuit moins de 18 ans et membre de l'UE jusqu'à 25 ans (visites conférences de 1h30, mar. 14h30 ou sur réservation)*

PÉRIGORD

☆ **Grotte de Rouffignac** Célèbre dans le monde entier, cette grotte compte 226 représentations réalisées il y a quelque 14 000 ans, dont 70% de mammouths et quelques très rares rhinocéros laineux, ainsi que 4 figures humaines. Tracés au doigt en noir, ou gravés au silex, ces dessins sont surprenants par leur unité stylistique, proche de celle des œuvres de la grotte de Bernifal. Tout au fond, l'étonnant plafond présente une composition de 63 animaux. *D47 dir. Périgueux, à dr. au chemin de Miremont (fléchage) Tél. 05 53 05 41 71 www.grottederouffignac.fr Ouvert avr.-juin, sept.-oct. : tlj. 10h-11h30 et 14h-17h ; juil.-août : tlj. 9h-11h30 et 14h-18h Tarif 6,50€, réduit 4,20€*

LE TRAIN DES MAMMOUTHS
La grotte privée de Rouffignac ne se visite... qu'en petit train ! Il faut dire qu'elle est longue, très longue (1km), et compliquée.

☺ **Roque Saint-Christophe** L'abri naturel, long de 300m, est très impressionnant. Il faut imaginer aussi une ville bâtie céans au Moyen Âge, avec des boutiques, des logements, une rue. C'est l'un des plus grands sites troglodytiques d'Europe. Sur plus de 1 000m et cinq terrasses naturelles, 1 500 hommes vécurent ici pendant des siècles (les premiers furent des hommes de Cro-Magnon, il y a 25 000 ans environ). L'endroit semble ensuite délaissé jusqu'au xᵉ siècle de notre ère. Place protestante, la Roque Saint-Christophe sera détruite sur ordre d'Henri III en 1588. Le site tombe alors dans l'oubli jusqu'à sa redécouverte au xxᵉ siècle. Incontournable et très spectaculaire. ***Peyzac-le-Moustier*** *(8km au nord des Eyzies) D706 dir. Montignac, à dr. avant Moustier Tél. 05 53 50 70 45 www.roque-st-christophe.com Ouvert juil.-août : tlj. 10h-20h ; avr.-juin, sept. : tlj. 10h-18h30 ; fév.-mars, oct.-11 nov. : tlj. 10h-18h ; 12 nov.-jan. : tlj. 10h-17h Tarif 8€, réduit 5-6€*

☺ **Château de Commarque** Le site est superbe : les ruines du château de Commarque se dressent fièrement sur une falaise, face au château de Laussel. Ridley Scott y a situé le combat final de son premier film, *Les Duellistes* (1977).

Le lieu aurait sans doute inspiré Charles Perrault s'il l'avait connu. Selon la légende, c'est là que Jehan de Laussel aurait été précipité dans les marais sur ordre du seigneur Bertrand de Commarque pour l'empêcher de s'unir à sa fille Isabelle. Certains soirs de pleine lune, on verrait son fantôme s'extraire de la Beune... La petite rivière coule au pied du château où six familles nobles cohabitaient, chacune dans sa tour. La plus haute était celle des Beynac. La vue est formidable du sommet du donjon. Souvent saccagé, abandonné après la Révolution, le château est racheté en 1960 par un descendant de la famille de Commarque. Attention, 600m de marche pour y accéder (nombreux escaliers). Accueil et guides excellents. ***Les Eyzies-de-Tayac-Sireuil*** *(8km à l'est du village) D47 dir. Sarlat puis D48 dir. cap Blanc, puis dir. Marquay Tél. 05 53 59 00 25 www.commarque.com Ouvert avr. : tlj. 10h-18h ; mai-juin, sept. : tlj. 10h-19h ; juil.-août : tlj. 10h-20h Tarif 7€, réduit 3,50-5€ Dernières admissions 1h avant la fermeture*

● Où acheter du foie gras ?

Élevage des Granges Ici, on est éleveur et gaveur depuis plusieurs générations. Les oies, que l'on voit sur le bord de la route, courent pendant 4 mois avant d'être engraissées 25 jours au seul maïs. L'élevage alimente un certain nombre de restaurants de la région. Quant à la boutique, très riche, elle collectionne les foies gras, entiers, mi-cuits, avec morceaux... Une excellente maison. ***Tursac*** *Sur la route de Montignac, après Tursac Tél. 05 53 06 94 51 www.elevagedesgranges.com* **Démonstrations de gavage** *Ouvert sept.-juin : lun.-sam. 8h-10h et 16h-18h30 ; juil.-août : lun.-sam. 11h et 18h*

● Assister à la chasse au mammouth

Préhistoparc de Tursac Le Préhistoparc reconstitue en plein air plusieurs dizaines de séquences, mettant en scène les hommes et les animaux (mammouths, rhinocéros laineux, etc.) qui ont vécu ici pendant des périodes comprises entre 17 000 et 100 000 ans. Explications un peu succinctes. À l'entrée, exposition intéressante. En saison, des ateliers sont proposés aux visiteurs (taille de silex, allumage du feu, lancer de sagaie). ***Tursac*** *(6km au nord des Eyzies) D706 dir. Montignac Tél. 05 53 50 73 19 www.prehistoparc.fr Tarif 6,80-9,50€, réduit 3,20-4,90€, moins de 6 ans gratuit*

● ☺ Partir en randonnée L'office de tourisme Terre de Cro-Magnon édite un plan guide de promenades et randonnées avec 28 circuits. Sans oublier les sentiers de Jacques Krasa – cf. Mode d'emploi de Sarlat (p.157) –, dont celui-ci : le **circuit du château de Commarque (n°4b)** est l'un des plus beaux de la région, non seulement pour le château (p.225), mais aussi parce que cette boucle traverse des paysages variés et donne à voir la grande richesse patrimoniale des environs de Marquay. ***Départ*** *Marquay* ***Longueur*** *12km* ***Durée*** *3h15*

CARNET D'ADRESSES

Restauration

Aux Eyzies mêmes, une maison, le Vieux Moulin, exceptionnelle, mérite le voyage. Pour le reste, des pizzerias, des crêperies, des snacks et le café de la Mairie, pour se restaurer rapidement.

prix moyens

Le Chateaubriant L'établissement s'est spécialisé dans les grillades, que vous pourrez savourer attablé à une terrasse donnant sur un parc arboré, très agréable aux beaux jours. Nous avons apprécié le bon rapport qualité-prix des brochettes de magret, relevées juste ce qu'il faut. Menus de 11 à 26€ ; grillade 15€. *24, rue de la Préhistoire* ***Les Eyzies-de-Tayac-Sireuil*** *Tél. 05 53 35 06 11 Ouvert haute saison : tlj. midi et soir ; basse saison : dim.-ven. Fermé jan.*

☺ **Bistrot Les Glycines** À midi, l'onéreux hôtel-restaurant Les Glycines propose dans ce bistrot une cuisine de brasserie à prix doux mais non moins fine, dans une belle salle contemporaine aux tons parme et aux épaisses tables en bois, plus décontractée que son restaurant feutré. Une réussite ! Sur l'ardoise du jour (menu 16€) ou à la carte (plat 11-15€), un velouté d'ortie au lard fumé de Gascogne, des rognons de veau mijotés au vin rouge, un riz au lait à l'ancienne et son caramel au beurre salé... On peut se caler sur l'une des confortables banquettes, ou s'accouder sur une table haute avec vue sur les fourneaux, visibles derrière une vitre. *4, av. de Laugerie* ***Les Eyzies-de-Tayac-Sireuil*** *Tél. 05 53 06 97 07 Ouvert lun.-sam. 12h-14h (tlj. en juil.-août) Fermé du 10 nov. à fin déc. et une sem. en fév.*

☺ **La Ferme de Layotte** C'est la bonne adresse que tout le monde connaît par le bouche-à-oreille. Perdue au fond des bois, la ferme de Régis Gagnarde, qui travaille les herbes de son jardin, est une sorte de conservatoire botanique : soupe d'orties, boudin aux châtaignes, salade de fleurs, gâteau aux noix et ses confitures de rose, de sapin ou d'oseille. Vin à volonté et apéritifs de feuilles de merisier, liqueur de coriandre, etc., confectionnés par le patron qui est également bouilleur de cru. Accueil familial. Menu unique de cinq plats à 30€. ***Les Eyzies-de-Tayac-Sireuil*** *Fléchage à dr. de la D47 Dir. Périgueux, avant Manaurie Tél. 05 53 06 95 91 www.aubergelayotte.com Ouvert sept.-déc., mars-juin : jeu.-dim. midi et soir ; juil.-août : mar.-sam. midi et soir, dim. midi*

prix élevés

☺ **Le Vieux Moulin** Le restaurant de l'hôtel du Moulin de la Beune (p.229) est l'une des meilleures tables du Périgord noir grâce à sa cuisine et à son service impeccable. Aux fourneaux, M. Soulié propose son si délicat foie gras mi-cuit, son œuf à la truffe mi-brouillé ou son pigeonneau rôti sur coffre. Des merveilles de finesse ! La carte est à l'avenant, très soignée. Vins au verre de qualité. Plat 30€, menus 19-48€. Le restaurant est installé dans le second moulin de cette ancienne forge. Sa roue tourne dans l'élégante salle où trône une table des digestifs très impressionnante. ***Les Eyzies-de-Tayac-Sireuil*** *À dr. après le pont, presque en face du Centenaire (parking réservé aux clients de l'hôtel) Tél. 05 53 06 94 33 Ouvert avr.-oct. : jeu.-ven. et dim.-lun. midi et soir, sam. soir*

☺ **La Métairie** Ce pavillon aux allures de ferme, décoré de roues de charrettes, ne réserve que des belles surprises. À table, dans une salle spacieuse où résonne de la musique classique, on vous présente avec art (et non sans une pointe d'humour !) des plats du terroir apprêtés avec finesse. Volailles, esturgeons, légumes de producteurs, tout vient de la région sur cette carte assez longue. Pour finir, il vous restera bien une petite place pour l'un des desserts aériens de la maison, tels que le tiramisu à la lavande ou le bavarois à la framboise et son cœur au fruit de la passion. Divers menus, de la formule classique à 25€ au tout-truffe à 60€, en passant par les thématiques de l'oie ou du canard, et excellents conseils pour choisir son vin. *Beyssac* ***Les Eyzies-de-Tayac-Sireuil*** *(7km à l'est du bourg sur la D47, direction Sarlat) Tél. 05 53 29 65 32 www.restaurant-la-metairie.com Ouvert mar.-dim. midi et soir*

prix très élevés

Le 1862 Le restaurant gastronomique de l'hôtel Les Glycines (p.229). On y profite de la terrasse suspendue au-dessus d'une végétation luxuriante en savourant de fins plats de la région, pour un plaisir double : truffe noire en risotto, pigeonneau fermier et pressé de légumes confits, framboises du pays en macaron glacé... Attention, prix en conséquence : plat 33€ et menus à partir de 58€. *4, av. de Laugerie* ***Les Eyzies-de-Tayac-Sireuil*** *Tél. 05 53 06 97 07 www.les-glycines-dordogne.com Ouvert avr.-début nov. : lun.-sam. uniquement le soir et dim. midi Fermé 10 nov.-fin déc. et une sem. en fév. ; jan.-mars : lun.*

Hébergement

campings

☺ **La Rivière** Implanté autour d'un ancien relais de poste, près de la Vézère, sur 3ha généreusement boisés, ce camping 4 étoiles, accessible aux handicapés, propose 120 emplacements bien délimités, au calme. Aussi, deux belles piscines côte à côte, dont une chauffée, et une vue sur la rivière et ses falaises. Accueil charmant, vastes sanitaires, bar, borne Internet, sdb bébés... Pour parfaire le tout, un hôtel coquet de 6 chambres (42-52€) a ouvert ses portes dans le complexe du XVIe siècle, qui abrite la réception. Emplacement 26,75€/2 pers. (avec électricité). ***Les Eyzies-de-Tayac-Sireuil*** *Dir. Périgueux (fléchage) Tél. 05 53 06 97 14 la-riviere@wanadoo.fr www.lariviereleseyzies.com Ouvert avr.-oct.*

La Ferme du Pelou Bien connu des randonneurs (il se trouve sur le GR®36), ce petit camping familial, sur les hauteurs des Eyzies, est bien ombragé et panoramique (vue sur la vallée de la Beune). Calme total, piscine. Empl. env. 11€ en haute saison (avec électricité). ***Tursac*** *(à 5km des Eyzies) Route de Montignac, puis route à dr. (itinéraire "bis") Tél. 05 53 06 98 17 www.lafermedupelou.com Ouvert mi-mars-mi-nov.*

petits prix

☺ **Gîte La Lézardière** L'un des rochers bordant la ruelle perchée prête sa paroi à cet adorable gîte pour 4 personnes, véritablement troglodytique et exemple écologique naturel ! Le roc, qui s'invite

GAMME DE PRIX	RESTAURATION	HÉBERGEMENT
Très petits prix	moins de 15€	moins de 30€
Petits prix	de 15 à 25€	de 30 à 50€
Prix moyens	de 25 à 35€	de 50 à 80€
Prix élevés	de 35 à 50€	de 80 à 125€
Prix très élevés	plus de 50€	plus de 125€

dans le salon du rez-de-chaussée et dans les chambres de l'étage, tempère de lui-même la chaleur estivale ou le froid hivernal, qui ne descend jamais en-dessous de 10 °C. Qui plus est, chaque petit meuble de cet abri sobre et agréable recèle une histoire, du rocking-chair chiné au guéridon récupéré par hasard. Cheminée à feu de bois, clic-clac d'ami, et projet de modernisation de la sdb lors de notre passage. De 250 à 450€/sem. selon la saison. *10, rue du Moyen-Âge* ***Les Eyzies-de-Tayac-Sireuil*** *Tél. 06 81 94 22 42 ceandrieu@numericable.fr*

prix moyens

☺ **Le Moulin de la Beune** L'hôtel le plus attachant de la région, magnifiquement tenu par les époux Soulié. En contrebas de la rue principale, sous un pont, c'est une ancienne forge alimentée par deux moulins. Dans le restaurant, la Beune fait toujours tourner l'une des roues. Superbe jardin ombragé, 20 chambres et sdb joliment aménagées, et à l'accueil, un salon avec cheminée. Service impeccable. Chambres 65-79€, petit déj. 8€. *Centre du village* ***Les Eyzies-de-Tayac-Sireuil*** *Fléchage de part et d'autre de la rue principale Tél. 05 53 06 94 33 www.moulindelabeune.com Ouvert avr.-oct. ; restaurant fermé mar.-mer. et sam. midi*

Hôtel Mounéa À deux pas de l'église fortifiée de Marquay, cette demeure élevée dans un petit jardin disparaît sous le lierre. Les chambres, "rustiques", confortables et toutes différentes, évoquent aisément un chalet de montagne avec leurs boiseries. L'annexe en dissimule quelques-unes plus modernes, ainsi qu'un appartement avec terrasse. Piscine abritée, aux formes gracieuses. Une belle maison familiale ! Chambres 52-68€, petit déj. 8,50€. *Le Bourg* ***Marquay*** *(à 12km des Eyzies) Tél. 05 53 29 67 02 www.hotel-sarlat-dordogne-perigord.com*

prix élevés

Hostellerie du Passeur Cette maison jouit d'une très grande réputation. Posé au bord de la Vézère, sur la petite place, en face de la mairie, l'hôtel est au calme le soir. Derrière le lierre qui le recouvre, il propose 19 chambres colorées, donnant sur les arbres. Celles du 3e étage, notamment, sont de vrais petits nids. Un bel établissement tenu par la famille Brun depuis deux générations. Chambres 92-180€, petit déj. 13€. *Pl. de la Mairie* ***Les Eyzies-de-Tayac-Sireuil*** *Tél. 05 53 06 97 13 www.hostellerie-du-passeur.com Ouvert avr.-juin, sept.-oct. : mer.-jeu. et dim.-lun. midi et soir, mar. et ven.-sam. uniquement soir ; juil.-août : tlj. midi et soir Fermé nov.-mars*

Hôtel-restaurant Les Glycines L'ancien relais de poste de 1862, devenu un hôtel de charme, se tourne vers son magnifique jardin arrière environnant la piscine, et possède son potager au bord de la Vézère. De la classique à la suite, ses 24 chambres, d'un style résolument bourgeois, déclinent les gammes de blanc et se parent de voilages raffinés. Chambre à partir de 100-140€ selon la saison, petit déj. 17€. Restaurant gastronomique Le 1862 (p.228). *4, av. de Laugerie* ***Les Eyzies-de-Tayac-Sireuil*** *Tél. 05 53 06 97 07 www.les-glycines-dordogne.com Ouvert avr.-début nov. : tlj. ; jan.-mars : mar.-dim. Fermé du 10 nov. à fin déc. et une sem. en fév.*

La vallée de la Dordogne, à Trémolat (p.214), dans le Périgord noir.

Le cloître de l'abbaye de Moissac (p.422), dans le Bas-Quercy.

Les falaises de La Roque-Gageac (p.172), dans le Périgord noir.

La prune d'ente (p.476), dont on fait le pruneau d'Agen.

Détail du tympan de l'église Saint-Pierre, à Carennac (p.338), dans le Lot.

Caselle sur le causse de Gramat (p.317), dans le Quercy.

Peintures préhistoriques, dans la grotte de Lascaux (p.254).

Façades médiévales, rue Daurade, à Cahors (p.346).

Les jardins du château et l'ancien hospice, à Hautefort (p.267), dans le Périgord noir.

Château des Anglais, à Bouziès (p.304), dans le Lot.

Vente de noix, production méconnue de la Dordogne.

Les tours médiévales du pont Valentré (p.354), à Cahors.

Troupeau d'oies, destinées à la production de foie gras (p.41).

MONTIGNAC

24290

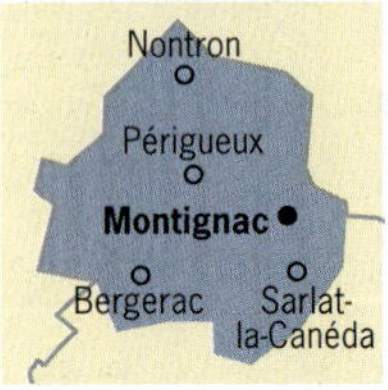

De ce bourg chaleureux, la Vézère s'écoule vers Les Eyzies, égrenant sur chacune de ses rives grottes et châteaux. À l'ouest de Montignac, la forêt Barade, la plus belle du Périgord noir. À l'est, des plateaux qui, au détour d'une église romane, se transforment en causse. Moins dense en sites touristiques que Les Eyzies, Montignac est un village où l'on se sent bien.

MODE D'EMPLOI

accès, circulation

Montignac se trouve 42km au sud-est de Périgueux, et 25km au nord de Sarlat (par la D704) et des Eyzies (par la D706). Le village constitue la véritable porte d'entrée de la vallée de la Vézère, rivière qui coupe le village en deux. L'obligation d'y circuler à sens unique, d'est en ouest, donne l'impression qu'on a affaire à deux bourgs différents. Les rues sont des ruelles, où il vaut mieux ne pas s'aventurer en voiture. Parkings devant la poste, face à l'église, devant l'hôtel "La Roseraie" et face au cinéma.

informations touristiques

Office de tourisme Édite un guide de randonnées. À côté de l'église (devenue un centre culturel) et du cinéma. *Pl. Bertran-de-Born Tél. 05 53 51 82 60 www.tourisme-vezere.com Ouvert juil.-août : tlj. 9h-19h ; reste de l'année : horaires variables et fermeture entre 12h/12h30 et 14h*

Office de tourisme de Terrasson-Lavilledieu Un office de tourisme pour tout le pays, une mine de documentation. Deux bureaux. *Rue Jean-Rouby et place de Genouillac* ***Terrasson-Lavilledieu*** *(16km au nord-est de Montignac) Sur le grand parking Tél. 05 53 50 37 56 ou 05 53 50 86 82 www.ot-terrasson.com Ouvert sept.-avr. : lun.-sam. 9h-12h30 et 14h-17h30 ; mai-juin : lun.-sam. 9h-12h et 14h-18h (sam. 17h30) ; juil.-août : tlj. 9h-12h30 et 14h-18h (17h30 dim. et j. fér.)*

adresses utiles

Taxis Loridan *Tél. 05 53 51 80 46*
Taxis Viard *Tél. 05 53 50 86 61*

DÉCOUVRIR

☆ **Les essentiels** La grotte de Lascaux II, l'église de Saint-Amand-de-Coly
Découvrir autrement Sirotez une bière de noix au Déjeuner sur l'herbe, à Saint-Léon-sur-Vézère, arpentez les pelouses sèches du causse en suivant le circuit de Saint-Amand-de-Coly

Montignac

Bourg Montignac est une belle cité stratégiquement située sur la rive droite de la Vézère. À l'aide du plan-circuit mis au point par l'office de tourisme, on découvre une **rue Laffite** encadrée de vieilles maisons de bois montées sur pilotis, les habitations, à colombages, de la **rue de la Pègerie** et un lacis de ruelles minuscules, dont la **rue du Pont-Pichon**, bordée à droite par un beau et haut muret de pierres sèches. Jolie balade également à l'entrée de la D45, la petite voie qui part à droite de la mairie, le long de la Vézère.

Parcours de la préhistoire Tout en desservant les principaux sites du bourg, ce circuit pédestre rallie les maisons des surnommés "inventeurs" de la grotte de Lascaux, ces quatre jeunes montignacois qui osèrent s'aventurer dans la cavité et y découvrirent les peintures. En tête, Marcel Ravidat, le premier, repéra l'orifice le 8 septembre 1940. Quatre jours plus tard, le 12 septembre, Jacques Marsal, Georges Agniel et Simon Cœncas le suivaient dans son exploration pionnière. *Bourg de Montignac*

● Où boire un verre, manger un morceau ?

Le Flanagan's Ce bistrot sympathique, qui donne sur la place d'Armes, réserve à l'arrière une magnifique terrasse sur la Vézère. Barmen efficaces, patron aimable, bonne carte de bières, d'alcools divers et... de quelques plats régionaux incontournables. *Rue Laffite avant la pl. d'Armes Tél. 05 53 51 12 84*

Lou Bombareau Difficile de trouver la perle rare dans le très touristique centre de Montignac en matière de restaurants, qui proposent le plus souvent des menus éclectiques. Celui-ci cependant, chaleureux, également bar limonade, étale terrasse et parasols à l'ombre de la belle église Saint-Pierre-ès-Liens (XIIIe-XVIIIe s.), et la gentillesse de l'accueil ne gâte rien. À la carte, des moules marinières, de grosses salades composées ou des assiettes périgourdines (13-20€). On peut aussi simplement se poser pour un café, un verre ou une glace, à choisir sur un comptoir dehors en été. *Place Carnot Tél. 05 53 50 47 24 Ouvert sept.-juin : lun. 12h-15h, mar.-mer. et ven.-dim. 12h-15h et 19h-22h30 ; juil.-août : tlj. 12h-15h et 19h-22h30*

● Jouer avec balles ou boules

Mini-golf Saint-Pierre Loisirs Dans un jardin luxuriant, un amusant parcours de 18 trous, un mini-bowling, un ping-pong et un terrain de pétanque, avec buvette à la clef pour se rafraîchir. Tarif mini-golf 6€ ; mini-bowling 6€/30min ; location de raquettes et balle de ping-pong 1€. *Chemin de Saint-Pierre Tél. 05 53 50 17 81 Ouvert mi-mars-juin, sept.-oct. : w.-e. et j. fér. et vac. scolaires 14h-19h ; juil.-août : tlj. 11h-22h*

● Descendre la Vézère en canoë-kayak La Vézère n'est intéressante qu'à partir de La Roque Saint-Christophe et, surtout, en amont des Eyzies (falaises fantastiques).

Kanoak *Montignac (sur la D65 derrière la mairie, en contrebas du vieux pont) Tél. 06 75 48 60 47* **Les 7 Rives** *Montignac (pont de la Paix) Tél. 05 53 50 19 26* **Aventures Plein Air (APA)** *Saint-Léon-sur-Vézère (à droite après le pont vers Tursac) Tél. 05 53 50 67 71 www.canoevezere.com*

Les environs de Montignac

Les sites de la préhistoire

★ **Grotte de Lascaux II** Découverte le 8 septembre 1940 par des enfants de Montignac, la grotte de Lascaux (peintures vieilles de 17 000-18 000 ans) est aussi connue dans le monde que le château de Versailles. Décrite par l'abbé Breuil, André Glory et André Leroi-Gourhan, elle fut ouverte au public en 1948. Quinze ans plus tard, l'État décida d'en interdire l'accès au public : les exhalaisons des visiteurs (plus de 120 000 la dernière année !), chargées en dioxyde de carbone et en vapeur d'eau, accéléraient la dégradation des peintures pariétales. Lascaux II est une toute petite grotte (150m de longueur), copie à 90% de l'originale. L'abondance et la taille des figures sont impressionnantes (l'un des quatre grands taureaux – des aurochs – de la rotonde mesure... 5,5m de longueur ! C'est la plus imposante représentation animale du paléolithique) ; le style en est unique, et le mouvement suggéré est stupéfiant. Somptueux. Attention : pas plus de 2 500 entrées/j., achetez votre billet tôt en saison. À noter que depuis 2012, Lascaux III, une reproduction du fac-similé et exposition itinérante, permet de faire connaître les peintures aux villes du monde qui l'accueillent. L'année 2016, enfin, devrait voir naître Lascaux IV, un projet ambitieux ! Installé au pied de la colline de Lascaux, ce Centre international d'art pariétal, qui sera dédié à l'homme de Cro-Magnon, reproduira une grotte plus vraie que nature dans son intégralité, à l'aide des nouvelles technologies virtuelles. *2km au sud de Montignac (fléchage) Billetterie en face de l'office de tourisme de Montignac d'avr. à sept. ; hors saison : sur place Tél. 05 53 51 95 03 www.semitour.com Ouvert juil.-août : tlj. 9h-20h ; mi-avr.-juin, sept.-oct. : tlj. 9h30-12h et 14h-18h ; nov.-déc., fév.-mi-avr. : tlj. 10h-12h et 14h-17h30 Tarif 9,70€, réduit 6,20€ Billets couplés avec Le Thot Tarif 13,40€, réduit 9,30€*

COPIE CONFORME
Il a fallu dix ans pour terminer le fac-similé de Lascaux que l'on visite aujourd'hui. À partir de photos et de relevés topographiques millimétrés, la caverne fut reconstituée dans une carrière toute proche (200m), sous une coque en ciment. Les peintures ont été copiées par Monique Peytral, qui a étalé les mêmes pigments avec les mêmes techniques que les auteurs des fresques de la grotte. Depuis sa fermeture, celle-ci baigne dans une atmosphère dont la température et les taux d'humidité et de gaz carbonique sont contrôlés.

Site préhistorique de Castel-Merle Le site fouillé par la famille Castanet depuis un siècle est une succession de dix abris qui surplombent la Vézère, dont cinq accessibles au public. La visite démarre par une stratigraphie particulièrement explicite. Elle se poursuit dans un premier abri où l'on mit au jour deux bisons et un cheval sculptés au plafond, ainsi que des traces de peinture (magdalénien moyen, env. 17 000 ans). Plus loin, l'un des abris accueille ateliers (peinture sur paroi, fouille et parure) et démonstrations (taille de silex, allumage du feu) tous les après-midi en saison, hors saison sur rendez-vous. Un site en pleine nature facile à appréhender. Accueil sympathique et compétent. ***Sergeac*** *(9km au sud de Montignac) À Sergeac, laisser l'église à dr., descendre et au "Y" prendre à dr.*

(fléchage) Tél. 05 53 42 30 09 Ouvert avr.-sept. : dim.-ven. 10h-12h et 14h-18h Tarif 6,50€, moins de 12 ans 3,50€, moins de 6 ans gratuit

☺ **Musée René-Castanet** Ancien maire de Sergeac et préhistorien amateur, René Castanet (1923-2013) fut l'une des grandes figures du Périgord noir. Il avait aménagé une petite exposition où sont présentés de manière simple les vestiges les plus caractéristiques des différentes cultures (ou "industries") du paléolithique. Quelques autres souvenirs du mésolithique (époque celte) et plusieurs colliers : six superbes exemplaires de parures aurignaciennes vieilles de 36 000 ans ! Si M. Castanet n'est plus là pour faire raconter leur passé aux racloirs et aux coquilles, c'est le site préhistorique de Castel-Merle qui a repris fidèlement le flambeau. N'oubliez pas de jeter un coup d'œil à la collection de nids, dans la cour... ***Sergeac** (9km au sud de Montignac) Tél. 05 53 42 30 09 Ouvert toute l'année sur réservation*

● Admirer animaux et art pariétal

Parc du Thot Au Thot, aurochs (une race bovine rustique qui ressemble beaucoup à cette espèce disparue), chevaux de Przewalski et tarpans (très proches des ancêtres des chevaux domestiques), bisons d'Europe et d'Amérique, rennes, cerfs, daims paissent dans un vaste espace clôturé. Le **musée** à l'entrée ("Espace Cro-Magnon") expose avec pédagogie les techniques de peinture paléolithiques, avec vidéoprojection des célèbres frises de la Nef et de la Scène du puits, l'une représentant des cerfs et l'autre un bison, absentes à Lascaux II. En été, initiation des enfants à l'art pariétal, tir au propulseur, fouille archéologique, allumage du feu et fabrication de lampes à graisse. ***Thonac** (5km au sud de Montignac) Route des Eyzies, à dr. avant le château de Losse Tél. 05 53 50 70 44 www.semitour.com Ouvert juil.-août : tlj. 10h-19h ; avr.-juin, sept. : tlj. 10h-18h ; oct.-déc., fév.-mars : mar.-dim. 10h-12h30 et 14h-17h30 Tarif 7,20€, réduit 4,70€ Billets couplés avec Lascaux Tarif 13,40€, réduit 9,30€*

D'églises en châteaux

Terrasson-la-Villedieu À voir, entre autres, le **pont Vieux** (XIIe s.), en dos d'âne, qui étire ses 104m de longueur sur la Vézère. En amont, rive gauche, un **moulin** aux proportions de citadelle (c'est une brasserie). Derrière lui, on peut parcourir le vieux Terrasson en grimpant une petite colline, le long de ses ruelles, bordées de quelques très belles bâtisses, telles que l'hôtel Brossard. Point de vue du parvis de l'église (portail du XVe s.) sur le village aux toitures d'ardoise, qui évoquent la Corrèze et le Limousin. *16km au nord-est de Montignac par la D704 puis la D6089*

Jardins de l'Imaginaire Surplombant la Vézère, face au bourg ancien de Terrasson, les jardins de l'Imaginaire évoquent en treize tableaux résolument contemporains l'art des jardins dans toute leur diversité. Bois sacré, jardin d'eau, cascades, sans compter une fabuleuse roseraie, s'étendent sur 6ha et invitent le visiteur à une promenade méditative. Label "patrimoine du XXe siècle" décerné par le ministère de la Culture. *Place de Genouillac Tél. 05 53 50 86 82 www.jardins-imaginaire.com Ouvert sept.-oct. : mer.-lun. 10h-11h30 et 14h-17h ; avr.-juin : mer.-lun. 10h-11h30 et 14h-17h30 ; juil.-août : tlj. 10h-18h Tarif 7,50€, réduit 4,50€, moins de 10 ans gratuit*

PÉRIGORD

★ Église de Saint-Amand-de-Coly Un véritable choc. L'église – en vérité une abbatiale – a été construite à partir de 1124 à l'entrée de la grotte où l'ermite saint Amand vécut au VIe siècle. Ainsi placée, elle semble surgir de la roche. Le clocher-porche, prodigieusement haut, écrase le village sous son arc brisé monumental. Une fois passé le portail, le sol composé de grandes dalles de pierre inégales monte très doucement jusqu'au chœur surélevé, alors que la nef se rétrécit légèrement en arrivant au chœur. La croisée du transept est voûtée d'une coupole, caractéristique de l'art roman périgourdin, les tympans du chevet sont sculptés, une abside est ornée de fresques. À l'extérieur, dix bretèches défendaient l'église. Une merveille. Visite guidée de l'église sur rendez-vous (3€). ***Saint-Amand-de-Coly*** *(7km à l'est de Montignac) Association Les Amis de Saint-Amand-de-Coly (visites guidées) Tél. 05 53 51 60 49 et point information en été à droite de l'abbaye Tél. 05 53 51 04 56*

Château de Sauvebœuf Édifiée par la famille Ferrières de Sauvebœuf, cette somptueuse demeure de style Louis XIII à l'histoire mouvementée fait figure d'exception dans un Périgord plutôt médiéval. Le château originel du XVe siècle, transformé à la Renaissance, fut rasé en 1633 par Richelieu, en représailles aux prises de position politiques de ses propriétaires. Rebâti peu après, en 1636, il compta au XVIIIe siècle parmi ses habitants l'économiste Victor Riqueti de Mirabeau et son fils Honoré-Gabriel, le fameux révolutionnaire. Au XIXe siècle, la famille Oberkampf, fondatrice de la manufacture de la toile de Jouy, leur succéda. Que serait devenue cette demeure, abandonnée par la suite, puis vandalisée, sans le coup de cœur du publicitaire Claude Douce ? En 1986, ce passionné entreprit de redresser les ruines. Pari tenu : le château, ouvert aujourd'hui au public, a retrouvé tout son éclat et abrite un musée de la Préhistoire. Promenez-vous aussi dans le jardin jusque derrière le bâtiment, pour admirer une vue sur la Vézère, en contrebas. ***Aubas*** *(4km au nord de Montignac) Par la D45, puis route étroite au nord d'Aubas sur 1km env. Tél. 05 53 51 89 46 www.chateau-de-sauveboeuf.com Ouvert mars-déc. : dim.-ven. 10h-18h (nocturnes à 21h30 les mer. et ven. du 15 juil. au 15 sept.) Tarif château 8€ (étudiants 4€, moins de 12 ans 5€) ; musée de la Préhistoire 15€ ; château et musée 20€ ; nocturne 10€, enfant 8€ Visites guidées uniquement*

Visite La visite du château explore les superbes intérieurs, vestibule, salle de bal, chambre de Mirabeau et salons, dont les fenêtres donnent sur la rivière. On y admire un mobilier digne des lieux et des collections du propriétaire plus hétéroclites, issues de diverses époques : silex de la préhistoire, antiquités romaines, peintures hollandaises et françaises des XVIIe et XVIIIe siècle. Remarquez surtout la *Pietà* (XVIe s.) du maître de Chaource, sculpteur champenois anonyme, située dans la salle de bal, et, dans la chambre de Mirabeau, une impressionnante tapisserie d'Audenarde de la Renaissance. On termine par le cabinet des curiosités, abritant en partie des souvenirs de voyages de M. Douce et une belle clique de coléoptères exotiques.

Musée de la Préhistoire Les caves du château recèlent une collection privée unique, réunie par Claude Douce et antérieure à 1860. Du galet grossièrement taillé à l'aiguille à chas, silex et objets y évoquent l'évolution humaine, de l'*homo habilis* né en Afrique jusqu'au chasseur-cueilleur de la fin du paléolithique (de 3 millions d'années à 14 000 ans), période où l'homme a conquis l'Europe et changé de visage. Certes, pour les non-experts, les éclaircissements donnés ici par un guide ne sont pas superflus et font revivre les objets exposés. On comprendra soudain que les peintures de Lascaux, vieilles d'environ 18 000 ans, ne remontent qu'à une période récente de la préhistoire.

Château de Losse Au bord de la route des Eyzies, ce château Renaissance (XVIe s.) se cache derrière un châtelet du XVIIe siècle. D'abord propriété du seigneur de Losse, précepteur d'Henri IV, le bâtiment s'avance sur la Vézère qu'il domine depuis une terrasse. On remarquera le sol en pisé de la première pièce que l'on visite, la voûte à cinq clés de la salle à manger et la salle d'armes, où sont exposées des représentations des combattants du XVIIe siècle. Jardins d'esprit Renaissance, classés "jardins remarquables". ***Thonac*** *6km au sud de Montignac Tél. 05 53 50 80 08 www.chateaudelosse.com Ouvert mai-juin, sept. : dim.-ven. 12h-18h ; juil.-août : dim.-ven. 10h-19h Ouvert sam. les w.-e. fér. Tarif 9€, réduit 4,50-6,50€*

Saint-Léon-sur-Vézère Son **église romane** présente un clocher à trois étages (le premier est aveugle). À l'intérieur, nef du XIe siècle (ce qui fait de l'église l'une des plus anciennes de la région) et vestiges de fresques sur l'absidiole sud. Tout près, le **manoir de Clérans** date des XVe et XVIe siècles. Derrière, sur la place du village, le **manoir de La Salle** se singularise par sa couverture de lauzes et son donjon carré flanqué d'une petite tour ronde "en poivrière" (à un angle). À l'entrée du cimetière, la chapelle (XIVe s.). Au-dessus de la porte, une inscription en occitan explique qu'en 1233, un homme qui avait tiré ici une flèche sur un crucifix mourut instantanément, la tête à l'envers. Les archéologues qui ouvrirent sa tombe en 1890 s'étonnèrent de constater qu'effectivement la tête était complètement retournée... *10km au sud de Montignac par la D706*

PÉRIGORD

☺ **Fanlac** C'est un village archétypique du Périgord noir. Presque rien n'y a changé depuis le XVIIe siècle… si ce n'est le réseau d'eau potable, installé grâce à l'argent rapporté par le feuilleton télévisé dans les années 1960 ! L'**église**, fortifiée comme la plupart de celles de la région, date du XIIe siècle. À quelques mètres en face, sur la place, un puits et une rare croix lobée (XVIIe s.). Le martyre des époux Aubarbier, brûlés vifs dans leur maison en 1944 par les SS de la division Das Reich, est évoqué dans le village par deux plaques commémoratives. Au départ de Fanlac, le GR®36 se faufile dans la forêt Barade. *7km à l'ouest de Montignac*

LE PAYS DE JACQUOU LE CROQUANT

C'est à Fanlac, village resté inchangé depuis des lustres, qu'a été tourné l'essentiel de *Jacquou le Croquant*. Quant au château de l'Herm (p.258), il devint célèbre grâce à Eugène Le Roy, qui en fit, dans son roman, la demeure du sinistre comte de Nansac.

☺ **Forêt Barade** C'est la forêt de *Jacquou le Croquant*, la plus conforme à l'image que l'on se fait du Périgord noir. Touffue, fertile, riche en racines, glands et baies, elle a abrité ermites, exclus et révoltés, dont les croquants de toutes époques. Elle est traversée dans sa partie nord par le GR®36 qui relie Fanlac au château de l'Herm. Rouffignac et Plazac marquent la limite sud de cette belle forêt. **Rouffignac** est connu pour sa grotte (p.225). Seule l'église fut épargnée par la Seconde Guerre mondiale : on admirera les voûtes gothiques de sa nef et les chapiteaux sculptés. **Plazac** impressionne par son église. Élevée au XIIe siècle, modifiée aux XVe et XVIIe siècles (le clocher en particulier), elle est reliée à son presbytère (ancien château contemporain de la première église, bâti par les évêques de Périgueux) par une galerie couverte en bois. Derrière, un cimetière planté de cyprès. *10km au nord-ouest de Montignac, de Fanlac à la D6089*

Château de l'Herm Édifié entre 1500 et 1520, le château, délaissé, fut pillé et tomba bientôt en ruine. Aujourd'hui, il est patiemment restauré par un couple d'amoureux des vieilles pierres qui le fait revivre en été le temps de quelques concerts et de spectacles son et lumière. On pénètre dans le château par un portail finement ouvragé. L'escalier monumental, qui se termine par un étonnant palmier de pierre, supporte la charpente et dessert les trois étages. Dans l'autre tour, deux cachots superposés où Eugène le Roy, dans son roman, fit emprisonner Jacquou le Croquant par le comte de Nansac. Au sommet du château, vue plongeante sur la forêt de Barade. Une belle promenade. ***Rouffignac-Saint-Cernin-Reilhac** De Rouffignac, D31 dir. Thénon, puis à gauche après Meyrignac (fléchage) Tél. 05 53 05 46 61 www.chateaudelherm.com Ouvert avr.-mai, juil.-sept. : tlj. 10h-19h Tarif 6€, réduit 3,50€, moins de 16 ans gratuit*

PÉRIGORD

● Où déguster des produits régionaux ?

☺ **Le Déjeuner sur l'herbe** Cette épicerie-bistrot distribue de tout petits producteurs, dont beaucoup s'astreignent à travailler en "conduite bio". Résultat : vous y découvrirez des produits régionaux inattendus. Le soir, en saison, n'hésitez pas à venir vous attabler devant une bière de noix. ***Saint-Léon-sur-Vézère** (10km au sud de Montignac) À gauche de l'église Tél. 05 53 50 69 17 Ouvert sept.-juin : dim.-ven. 10h-19h ; juil.-août : tlj. 9h-21h*

● Admirer le travail traditionnel du cuivre

Alain Lagorsse, dinandier Dans la petite rue qui donne sur l'église, Alain Lagorsse est l'un des quelques artisans français travaillant encore le cuivre. ***Saint-Amand-de-Coly** (7km à l'est de Montignac) Tél. 05 53 51 66 48 Ouvert lun.-ven. 8h-12h et 14h-18h, w.-e. sur rdv*

● Explorer la région à pied L'office de tourisme édite un recueil de vingt-neuf boucles (de 4 à 20km) autour de Montignac. *Rens. auprès de l'OT* (p.252)

Saint-Amand-de-Coly Huit boucles, balisées en jaune, permettent la découverte des pelouses sèches du causse périgourdin (cf. topoguide *La Traversée du Périgord*). ***Départ** Saint-Amand-de-Coly **Longueur** 3 à 20km **Durée** 1h30 à 5h*

Sentiers thématiques Moins sportifs et plus ludiques, quatre sentiers thématiques ponctués de stations, dont un audioguidé, contournent le village de Saint-Amand-de-Coly. Selon le circuit, ils mènent vers son église abbatiale et d'autres trésors plus méconnus : truffière, séchoir à noix, arbres remarquables, lieux de légende... ***Longueur** 3,5km **Durée** 1h **Plans** À l'office de tourisme de Montignac ou, en juil.-août, la Maison du patrimoine de Saint-Amand-de-Coly (route du Peuch), tlj. 10h-12h30, 15h-18h*

GR®36 Le sentier passe par Montignac. Il part à l'est vers Saint-Amand-de-Coly et Terrasson et, à l'ouest, traverse la forêt Barade en passant par Fanlac et le château de l'Herm.
GR®6 Il longe la Vézère dont il traverse les villages. Comptez trois jours (40km) vers Les Eyzies.

CARNET D'ADRESSES

Restauration

prix moyens

Lou Cantou Si ce corps de ferme en pierres, en bordure de la route, n'a rien de recherché, le chef Stéphane Roger y fait plus d'un heureux ! Bien présentée, à base de produits locaux, la cuisine de terroir est soignée, de saison, et sait se démarquer des cartes classiques : marbré de foie gras et bacon fumé avec une compotée de rhubarbe, dos de cabillaud frotté au piment d'Espelette, médaillon de veau cuit au sautoir et sa crème de pommes de terre truffées... Grande salle familiale avec cheminée et terrasse sous le patio. Formules de 18 à 32€ (1 à 4 plats). *Lacoste* ***Montignac*** *(au sud vers Les Eyzies, sur la D706) Ouvert mar.-sam. 12h-13h30 et 19h-21h30, dim. 12h-13h30*

☺ **La Roseraie** Ris d'agneau aux noix du Périgord et pommes grenailles confites, suprême de volaille farci et risotto aux morilles ou saumon en croûte d'amandes, font de ce restaurant une jolie table gastronomique aux couleurs régionales. Même le menu enfant (14€) fait fi du traditionnel steak haché-frites pour une initiation à la gourmandise. Carte des vins somptueuse. Menus 29-55€ ; cf. Hostellerie La Roseraie (p.260). *Pl. d'Armes* ***Montignac*** *Tél. 05 53 50 53 92 www.laroseraie-hotel.com Ouvert lun.-ven. soir, sam.-dim. midi et soir*

Dans les environs

petits prix

Le Croquant C'est au tournage de *Jacquou le Croquant* que l'unique restaurant de Fanlac, adorable village perché, doit son existence depuis 1970. Tenu par une famille d'agriculteurs, on s'y transmet au fil des générations de pures recettes du pays à base de production maison, avec une pensée pour les végétariens : poule avec farci, omelette aux chanterelles, enchaud périgourdin, poêlée de pommes de terre aux cèpes, dans une salle petite et très campagnarde, mais non moins charmante. Menus de 17 à 32€, ou plat de 8 à 15€. *Le bourg* ***Fanlac*** *(7,5km à l'ouest de Montignac) Ouvert juil.-août : mar.-dim. midi et soir ; reste de l'année : dim. et j. fér. midi et soir*

GAMME DE PRIX	RESTAURATION	HÉBERGEMENT
Très petits prix	moins de 15€	moins de 30€
Petits prix	de 15 à 25€	de 30 à 50€
Prix moyens	de 25 à 35€	de 50 à 80€
Prix élevés	de 35 à 50€	de 80 à 125€
Prix très élevés	plus de 50€	plus de 125€

Le Bareil Un incontournable de la région en matière de ferme-auberge. La patronne, Mme Sardan, vous propose soupe, charcuterie, salade de gésiers, plat (aiguillettes aux girolles lors de notre passage), fromage et dessert. Le tout arrosé de vin, précédé d'un apéritif et suivi d'un café... Menus 18-26€. ***La Chapelle-Aubareil*** *Dir. Lascaux, continuer après la grotte jusqu'à La Chapelle, puis fléchage (6km au sud de Montignac) Tél. 05 53 50 74 28 Ouvert haute saison : dim.-mer. midi, jeu.-ven. midi et soir, sam. soir ; basse saison : dim.-ven. midi, sam. soir (variable) Fermé mi-oct.-mi-nov.*

prix moyens

☺ **L'Imaginaire** Aux fourneaux de ce vieux bâtiment, de tradition hospitalière, c'est Vincent Laval qui remplace désormais l'étoilé Éric Samson, dont il était le second. À la différence de son prédécesseur, qui affectionnait les épices, le nouveau chef travaille surtout la matière locale et se concentre sur les saveurs du Sud, ce qui ne diminue en rien le prestige de la table : cylindres de foie gras à la pomme verte, filet de bœuf au cœur de mousseron, ou bar rôti en croûte d'olive noire... La carte, inventive et de saison, attire la foule à l'heure du déjeuner. Splendide salle voûtée. Menus du marché 25-31€ (en sem.) et formules de 48 à 72€. Une très bonne adresse. Réservation recommandée. Également 6 chambres et une suite (125 et 175€ en haute saison), décorées dans un style romantique anglais, avec des tons pastel et des boiseries vieillies. *Pl. du Foirail* ***Terrasson-Lavilledieu*** *(15km au nord-est de Montignac) Tél. 05 53 51 37 27 www.l-imaginaire.com Ouvert juin, sept. : lun. et jeu.-sam. midi et soir, dim. midi ; juil.-août : mar.-dim. midi et soir (hôtel ouvert tlj. en juil.-août)*

Hébergement

camping

Le Moulin de Bleufond Au centre du bourg, un camping de 83 emplacements, simple mais bien équipé (sdb bébés, location vélos, tennis, snack), doté d'une belle piscine chauffée. Parfois bondé et bruyant en été. Empl. 21,10-27,40€/2 pers. selon la période (avec électricité). *Av. Aristide-Briand* ***Montignac*** *Tél. 05 53 51 83 95 www.bleufond.com Ouvert avr.-mi-oct.*

prix élevés

Hôtel Le Relais du soleil d'or Cet hôtel est l'un des plus réputés du Périgord noir. On y est au calme, dans un vaste parc situé au centre de Montignac. La piscine, généreuse, organise l'espace. De façon générale, préférez les chambres qui donnent sur le jardin. Elles sont irréprochables mais assez sombres. Le rez-de-chaussée comprend un restaurant gastronomique (menu 28€, plat 25€) et un bistrot servant une cuisine typique (plat 10,50€). Chambres 72-107€. *16, rue du 4-Septembre* ***Montignac*** *Tél. 05 53 51 80 22 www.le-soleil-dor.com*

☺ **Hostellerie La Roseraie** Son parc luxuriant compte au moins autant de variétés de roses qu'il y en a sur les huis des 14 chambres (96-186€). Chacune porte le nom d'une fleur, décorée et meublée comme aucune autre. Donnant sur la place d'Armes, cette maison imposante, au charme unique, a été bâtie au XVIIIe siècle. Totalement réagencée et réaménagée, elle a su conserver son caractère d'habitation de ville bourgeoise traditionnelle, avec sa triple exposition rue/jardin/piscine. Les actuels propriétaires, toujours respectueux du style, ont rafraîchi quelques chambres, aujourd'hui toutes climatisées, et agrémenté les lieux d'un ascenseur adapté aux personnes à mobilité réduite. Quant au restaurant... (p.259). *Pl. d'Armes* ***Montignac*** *Tél. 05 53 50 53 92 www.laroseraie-hotel.com Ouvert Pâques-Toussaint*

Dans les environs

prix moyens

☺ **Auberge de Castel Merle** Tout séjour dans le Périgord préhistorique devrait commencer ici. La demeure (une ferme) a été construite par le grand-père, avec les matériaux arrachés au sol pour le besoin des fouilles qu'il effectua sur le site du même nom, en compagnie de l'abbé Breuil. La propriétaire actuelle est la fille de René Castanet, préhistorien amateur – cf. Les environs de Montignac (p.254). Les 8 chambres sont charmantes, reposantes et très confortables (57-60€). Celle accessible aux handicapés – la plus spacieuse – est en rez-de-jardin, c'est-à-dire véritablement sur la Vézère... Cuisine solide de l'époux, accueil chaleureux. Une excellente adresse, prise d'assaut en été. Petit déj. 8€. Menu demi-pension 18€. ***Sergeac*** *(8km au sud de Montignac) Dir. site de Castel-Merle, puis GR®6 et auberge Tél. 05 53 50 70 08 www.hotelcastelmerle.com Ouvert avr.-début oct. Restaurant fermé à midi et le dim.*

☺ **Manoir des Cèdres** Sis au milieu d'un parc planté de cèdres, l'ancien manoir des années 1900, réaménagé dans un style moderne avec sa dépendance, offre aujourd'hui 23 chambres bien équipées et aux tons doux, dont une familiale astucieusement agencée. Celles du bâtiment principal dominent tour à tour la pelouse ombragée ou un champ de fraises, celles du pavillon annexe ouvrent de plain-pied sur le jardin. Piscine chauffée, location de vélos (10-15€ la demi-journée ou journée) et service parfait. Un restaurant bistronomique devrait voir le jour en 2014. Double à partir de 65-75€, petit déj. 10€. ***Rouffignac-Saint-Cernin-Reilhac*** *(21km à l'ouest de Montignac, par la D45) À la sortie du bourg, dir. Périgueux Tél. 05 53 03 01 60 www.manoirdescedres.com*

Gîte La Ferme de Charnaillas Une adresse très agréable, dans un vallon boisé, que cette maison décorée à l'ancienne. Deux chambres (5 pers.), cuisine, salle à manger, salon avec cheminée, jardin clos : le gîte rural par excellence. 450-1 200€/sem. ***La Bachellerie*** *De Montignac, dir. Terrasson, puis D67, à Auriac tourner à dr. dir. La Bachellerie (D65) puis à dr. après Pater Noster, dir. Charnaillas (fléchage) Tél. 05 53 51 01 18 ou 06 88 15 11 18*

prix élevés

La Commanderie des Templiers Une bâtisse du XIVe siècle, des salles voûtées, un beau volume, des passages secrets, la légende des Templiers, un personnel compétent, un parc de 2ha, une piscine... Les 7 chambres sont superbement meublées et Mme Roux est aux petits soins pour ses hôtes, confortablement installés dans cette merveille médiévale. Chambres 90€, petit déj. 10€. Menus sem. 15-22€, week-end 25-38-48€. ***Condat-sur-Vézère*** *(8km au nord-est de Montignac) Après l'église, à gauche de la rivière Tél. 05 53 51 26 49*

☺ **Le Manoir d'Hautegente** À deux pas de l'église de Saint-Amand-de-Coly, près du village de Coly, la gen-

PÉRIGORD

tilhommière d'Hautegente est bâtie à l'emplacement d'une forge élevée aux XIIe et XIIIe siècles par les moines de l'église de Saint-Amand. De ce premier bâtiment, il ne reste qu'un mur voûté, dans la salle de réunion. Maison de famille depuis plus de trois siècles, Hautegente est désormais un hôtel de luxe, avec 17 chambres immenses, à la décoration un peu chargée mais très raffinée. Dans la maison du meunier toute proche, 7 chambres dont 4 en duplex, gigantesques, plus aérées. Parc, rivière de 3km. Vente de foie gras maison. Accueil et service irréprochables. Chambres 95-250€, petit déj. 15€. **Coly** *(10km à l'est de Montignac) À Coly, bien indiqué Tél. 05 53 51 68 03 www.manoir-hautegente.com Ouvert mai-sept.*

SALIGNAC-EYVIGUES

24590

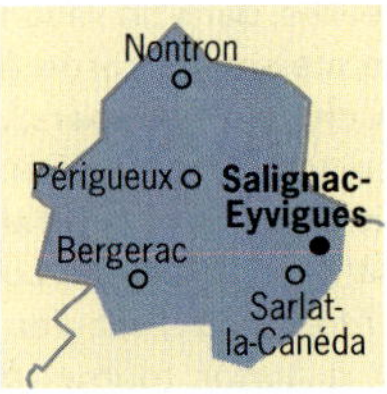

En se rapprochant de la Corrèze et du Quercy, le Périgord noir devient plus agricole, perd quelques forêts et, doucement, prend des allures de causse. Salignac est la petite capitale de cet immense territoire. On peut y faire une halte avant de se perdre entre les hameaux et les églises romanes qui caractérisent un pays très sec et peu connu, où la brutalité des paysages étonne… Pas si sec, cependant : car à l'est et à l'ouest de Salignac, ruisseaux et rivières, affluents de la Dordogne, arrosent des vallées de moulins au passé prospère.

MODE D'EMPLOI

accès, circulation

La petite ville de Salignac est située entre Souillac (16km), Terrasson-la-Villedieu et Sarlat (17km), au croisement des D60 et D62.

informations touristiques

Office de tourisme cantonal Bien documenté. La carte touristique (gratuite) qu'il édite est riche en informations pratiques. Il publie également des topo-guides sur les randonnées (2,50€). *Pl. du 19-Mars-1962 Tél. 05 53 28 81 93 www.tourisme-salignac.com Ouvert sept.-juin : lun.-ven. 10h-12h et 15h-17h ; juil.-août : lun.-sam. 10h-12h et 15h-17h, dim. 10h-12h30*

Maison du tourisme Carluxais-Terre de Fénelon Couvrant la communauté de communes du pays carluxais (11 villages), à l'orée du Lot, il diffuse des cartes de randonnées très détaillées (2,50€). *Rouffillac (2km au sud de Carlux et 17km au sud de Salignac) Tél./fax 05 53 59 10 70 Ouvert sept.-juin : lun.-ven. 9h-12h et 14h-17h30 ; juil.-août : lun.-ven. 9h-12h30 et 14h30-18h, sam. 14h-19h, dim. 10h-13h*

marchés

Marché *Toute l'année : mar. mat. ; été : ven. soir 16h-20h*

DÉCOUVRIR

Salignac-Eyvigues et ses environs

☆**Les essentiels** Le château de Salignac, les jardins d'Eyrignac **Découvrir autrement** Flânez dans les jardins d'Eyrignac au printemps, quand la roseraie est en fleur, randonnez sur les coteaux calcaires d'Orliaguet

Salignac-Eyvigues Le village, tout en pierres jaunes et lauzes grises, est fier de son ☆**château** : ayant appartenu à la famille du célèbre Fénelon, cette forteresse médiévale, dont la construction a commencé au XIIe siècle, possède encore ses remparts. Le corps de logis date du XVe siècle. En pleine restauration, le monument est à ce jour fermé aux visiteurs et ne devrait pas rouvrir ses portes avant 2017.

Église d'Archignac Bâtie au XIIe siècle, elle étonne par ses deux clochers ; on pénètre dans l'église au pied du premier, élevé au XVIIe siècle. Les modillons qui soutiennent la corniche de l'abside sont sculptés de figures humaines et animales. L'intérieur présente un surprenant chemin de croix en terres vernies par Marcel Deviers. *6km au nord de Salignac*

Château de Lacypierre Ce rêve de villégiature fut construit au XVIe siècle, à l'emplacement d'un petit château médiéval. Belles proportions, tour-escalier, galerie, toits de lauzes, sols en pisé ; la demeure est rénovée depuis plus de 40 ans par ses propriétaires, les époux Lebon. ***Saint-Crépin-et-Carlucet** (4km à l'ouest de Salignac) Tél. 05 53 29 39 28 Ouvert Pâques-Toussaint Visite guidée juil.-sept. : le ven. à 15h30 ; hors saison : sur réservation (48h à l'avance) Tarif 5€, moins de 10 ans gratuit*

Église de Saint-Geniès L'édifice, bâti au XIIe siècle, s'ouvre par un clocher-porche élevé trois siècles plus tard. De l'autre côté de la rue, la petite chapelle de Cheylard, dressée en 1329 au sommet d'une motte, attire du monde. Ses murs intérieurs sont couverts de fresques (XIVe s.), illustrant la Bible et ses Évangiles. *7km au nord-ouest de Salignac*

☆☺ **Jardins d'Eyrignac** Ces jardins (XVIIIe s.) doivent leur existence au marquis de Calprenède. S'ils ont çà et là l'aspect des buis sculptés du jardin de Marqueyssac (p.176), ils sont essentiellement d'inspiration française : on se promène dans des allées taillées au cordeau, parmi les massifs géométriques d'où pas une feuille ne dépasse. Rien de surprenant, seulement l'étendue du jardin et la variété des formes : la plupart des essences sont persistantes. Une belle balade à éviter en plein soleil : c'est plus joli avec un peu de rosée. Les jardins incarnent l'art topiaire par excellence. Magnifique roseraie blanche : si vous le pouvez, venez de préférence au printemps. *7,5km au sud de Salignac Dir. Carlux, puis à dr., fléchage Tél. 05 53 28 99 71 www.eyrignac.com Ouvert mai-sept. : tlj. 9h30-19h ; oct., avr. : tlj. 10h-19h ; nov.-mars : tlj. 10h30-12h30 et 14h30-coucher du soleil Tarif 12€, réduit 4,50-6,80€ Pass duo 21€, pass famille 30€*

☺ **Jardins de Cadiot** Aux confins du Périgord et du Quercy, après avoir parcouru une longue et sinueuse route de campagne, vous voici enfin arrivé aux jardins de Cadiot. Accueilli dans l'humble potager où alternent fleurs et légumes oubliés, découvrez ces dix jardins aménagés sur trois terrasses de 300m de longueur qui composent ce très bel ensemble : verger-cloître ornemental, pivoineraie, labyrinthe, roseraie, jardin du poète, jardin anglais, jardin sauvage, jardin de buis. Des patios d'inspiration orientale viennent ponctuer avec bonheur ces univers singuliers, où il fait bon déambuler dès le printemps. Si vous venez en mai, ne manquez pas les pivoines, extraordinaires. Jardins fermés et jardins ouverts sur la nature se succèdent, parsemés de sculptures contemporaines, dans une alternance d'ambiances allant du très classique jardin anglais à une atmosphère plus méditerranéenne que soulignent les fragrances des orangers plantés dans de très belles poteries d'Anduze. **Carlux** *(13km au sud de Salignac) Sur les hauteurs du bourg Tél./fax 05 53 29 81 05 www.lesjardinsdecadiot.com Ouvert mai-août : tlj. 10h-19h ; sept.-oct. : tlj. 10h-12h et 14h-19h Tarif 7€, réduit 6€, moins de 14 ans gratuit*

Le Périgord des rivières

Sites sur l'eau

Cingle de Montfort ____ 176
Limeuil ____ 213

En gabarre

Moulin du Duellas ____ 84
Périgord Gabarres ____ 125
Gabarres Norbert ____ 175
Gabarres Caminade ____ 175
Gabarres de Beynac ____ 182

Baignade

Lac de Neufont (Vergt) ____ 83
Grand étang de la Jemaye (La Jemaye) ____ 87
Plage de Lisle ____ 93
Étang de Saint-Saud-Lacoussière (Saint-Saud-Lacoussière) ____ 102
Base de loisirs de Rouffiac ____ 115

En canoë-kayak

Toofyk Canoë ____ 83
USNCK Canoë-Kayak (Neuvic) ____ 83
Canoës Ribérac ____ 87
Allô Canoës ____ 93
Canoë Dordogne ____ 175
Canoë Vacances ____ 175
Canoës Loisirs ____ 175
Couleurs Périgord ____ 184
Cénac Périgord Loisirs ____ 195
Canoëric ____ 214
Canoës Courrèges ____ 214
Kanoak ____ 253
Les 7 Rives ____ 253
Aventures Plein Air (APA) ____ 253
Canoë kayak-club ____ 265
Vert'Auvézère ____ 269

Restauration

Le Pech de Malet (Vitrac) ____ 177
L'Ancre du salut (Limeuil) ____ 214
Hostellerie du Passeur (Les Eyzies-de-Tayac-Sireuil) ____ 229
Auberge de Castel Merle (Sergeac) ____ 261

Hébergement

Moulin de Leymonie du Maupas (Issac) ____ 84
La Belle Étoile (La Roque-Gageac) ____ 178
Le Royal Vézère ____ 217
Auberge de Castel Merle (Sergeac) ____ 261

● Où trouver du foie gras ?

Foie gras Crouzel Ancien restaurateur tout à son affaire, Roger Crouzel ne travaille que les produits de la région, essentiellement l'oie et le canard, ses spécialités : terrines, rillettes, mousses, galantines, foies gras mi-cuit ou truffés, et aussi des plats cuisinés (aiguillettes de canard à la cerise, cailles farcies, cassoulets à la saucisse...). Une référence dans le village ! *Bourg* ***Salignac-Eyvigues*** *Tél. 05 53 28 80 83 Ouvert lun.-sam. 8h-12h et 14h-18h30*

● Descendre la Dordogne en canoë-kayak

Canoë kayak-club Tarifs : 5km/8€, 10km/11€, 22km/15€ ; demi-tarif pour les moins de 10 ans. *Route de Souillac* ***Carlux*** *(15km au sud de Salignac) Tél. 06 77 72 14 06 www.ckccp.com*

● Survoler la Dordogne et la Vézère

Héli-club du Périgord L'Héli-club vous propose ses hélicoptères et ULM pour survoler les vallées de la Dordogne et de la Vézère, mais aussi la vallée du Lot. Très professionnel, accueil pourtant familial. Tarifs ULM 90€/20min ; hélicoptère 120€/20min. ***Saint-Crépin-et-Carlucet*** *Sur la D60, vers Salignac (fléchage) Tél. 05 53 29 35 33*

● Suivre les sentiers meuniers

Jadis, les rivières et cours d'eau de la Chironde et Sireyjol, et ceux de la Borrèze et de l'Inval, qui coulent dans les vallées de l'ouest et de l'est du Salignacois, abritaient une activité minotière florissante. On y produisait de la farine, de l'huile, du papier ou du fer. Deux circuits, diffusés par l'office de tourisme et ponctués de panneaux d'interprétation, relient ce patrimoine de moulins historiques, la plupart encore munis de leur matériel. **Les Moulinades** Visites animées en été, notamment avec celle du moulin de Borrèze, le seul encore en activité. ***Salignac-Eyvigues*** *En juil.-août Programme à l'office de tourisme*

● Partir en randonnée

☺ **Coteaux calcaires d'Orliaguet** L'office de tourisme du canton édite une carte de randonnées bien sympathiques (2-15km) et propose des circuits pour les enfants avec des jeux de piste (www.randoland.fr). Et sur les cartes routières éditées par la Maison du tourisme du pays carluxais, on trouvera une vraie merveille : la boucle d'Orliaguet, l'une des plus belles randonnées de la région, dans un paysage de coteaux qui évoque ceux de la Corrèze et du causse de Martel. ***Départ*** *Orliaguet* ***Longueur*** *15km* ***Durée*** *6h*

CARNET D'ADRESSES

Restauration, hébergement

L'offre locative est éparpillée entre de nombreux hameaux dispersés. Nous avons trouvé de bonnes adresses, mais à quelques kilomètres des villages importants.

petits prix

Auberge des Marthres Rattachée à une exploitation familiale, cette gentilhommière du XVIe siècle, tout en pierre, propose 4 chambres d'hôtes simples et reposantes munies de vastes salles de bains et donnant sur la campagne ; calme et fraîcheur estivale garantis. Au restaurant, devant une imposante cheminée d'époque ou sur la belle terrasse extérieure, sont servis des mets solides (viandes séchées, confits, foies...), issus des produits de la ferme qui se concentre sur le canard gras. Vente de produits sur place, sur rendez-vous. La maison loue aussi 3 gîtes équipés, avec terrain de volley et piscine à disposition (250-650€ la sem. selon la saison). Chambre 35€, petit déj. 5€, menus 15,50-31€. ***Les Marthres*** *(5km au sud-est de Salignac) Tél./fax 05 53 28 90 89*

Le GR6 Cet hôtel-restaurant est une institution. Dans le ravissant hameau de Carlux, à deux pas de la Dordogne, il est immanquable. Sans doute le seul restaurant où il est possible de déjeuner sur le pouce à l'est de Sarlat. Portions généreuses. La paisible petite terrasse ombragée est toujours bien fréquentée. Plats de la carte 12-18€. Menus 12-28€. À l'étage, 3 chambres, simples mais très confortables, dépannent agréablement le voyageur. Chambres 45€, petit déj. 7€. ***Carlux*** *(13km au sud de Salignac) Dans le bourg, dir. Simeyrols Tél. 05 53 29 01 74*

Gîtes La Rotonde Est-on encore en Périgord ? Ou bien en Floride ? Architecture étonnante ! Séparé en deux par une haute et étroite cheminée, le gîte jaune foncé présente symétriquement, à l'étage, deux belles terrasses qui reposent sur un rez-de-chaussée rectangulaire. La piscine est ronde. En face, un vallon pâturé. À l'intérieur, un appartement et un studio. Avec en plus, si nécessaire, une chambre supplémentaire. Baies vitrées partout, volumes immenses, équipement dernier cri. Une adresse unique, haut de gamme et, finalement, assez bon marché. Appart. 780€/sem., studio 590€/sem., chambre d'appoint 220€/sem., tarifs dégressifs. Hors saison, possibilité de louer la chambre à la nuit, 55€ (accès à la cuisine du gîte). *Mme Dubois-Van Geyseghem La Bessède* ***Simeyrols*** *(bord D47) Tél. 05 53 29 18 07*

prix élevés

Chambres d'hôtes Les Granges hautes Des chambres d'hôtes luxueuses dans une ancienne ferme magnifique. Édifié du XVIIIe au XIXe siècle, le bâtiment retient l'attention par ses toits très bas, couverts de lauzes. Rénové avec soin, il est meublé avec beaucoup d'élégance : le goût de la propriétaire se porte sur les matériaux bruts, les matières nobles et les réalisations simples. Les 5 chambres sont à l'image de la maison. Le parc, immense et paysagé, offre un festival de variétés et de couleurs. Chambre 88-145€ pour deux à quatre pers. en haute saison, petit déj. 8€. Table d'hôtes 29€. ***Saint-Crépin-et-Carlucet*** *(4km à l'ouest de Salignac) Dir. Sarlat, à g. au panneau Tél. 05 53 29 35 60*

☺ **Gîte Chez Deprat** Une petite merveille ! Le gîte n'est pas bien grand (2 pièces au rdc, 2 chambres mansardées à l'étage), mais il est ravissant. Il se mire dans une ample piscine à débordement dont il est seul à bénéficier. La propriétaire, Pascale Deprat, artiste, habite la confortable demeure située à 50m. Vaste jardin, vue fantastique sur le Quercy tout proche. Un havre de paix et de calme. Un peu retiré, certes, mais on s'y sent si bien... 590-950€/sem. ***Orliaguet*** *(12km au sud de Salignac) Dir. Simeyrols (D47), puis Eyvigues, Bonnat et Castang (dir. La Truffière à l'entrée du hameau, 2e propriété à g. après le 1er virage) Tél. 06 77 73 83 42 Ouvert juin-mi-oct.*

HAUTEFORT

24390

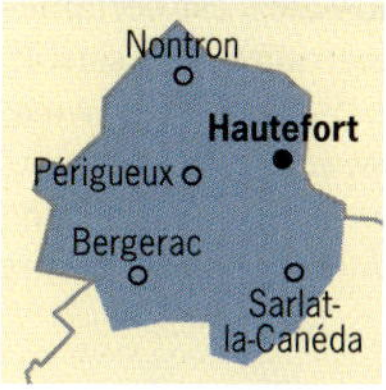

Aux confins du Périgord noir et de la Corrèze, surgit sur une butte au détour d'une route de campagne la silhouette massive du château où est né Eugène Le Roy, auteur de *Jacquou le Croquant*. Ses puissants propriétaires, la famille Hautefort, ont agrandi, perfectionné et embelli cet édifice qui compte parmi les plus majestueux de Dordogne. Les jardins se prêtent à une agréable promenade.

MODE D'EMPLOI

accès

Hautefort se trouve 37km au nord-est de Périgueux par la D5 et 53km au nord de Sarlat.

informations touristiques

Office de tourisme du Pays de Hautefort Situé dans l'ancienne chapelle de Hautefort, il dispose d'une bonne documentation. Il organise les mer. et ven. en juil.-août à 16h30 (durée 1h) des visites guidées gratuites de la vieille ville, avec l'histoire du château. *Pl. du Marquis-Jacques-François-de-Hautefort Tél. 05 53 50 40 27 www.ot-hautefort.com Ouvert jan.-mars, nov.-déc. : lun.-ven. 9h30-12h30 et 14h30-18h ; avr.-mai, oct. : tlj. 9h30-12h30, 14h30-18h ; juin-sept. : tlj. 9h30-19h*

fêtes et manifestations

Les lundis sportifs Activités sportives le lundi soir, à tarifs très bas (5-8€) : tir à l'arc, canoë, courses d'orientation. Renseignements à l'office de tourisme. *En juil.-août*

Soirées festives Concerts de jazz, musique classique et chansons sur les places centrales ou dans un bar. Le mardi entre 18h et 23h. *Dans le village En juil.-août*

PÉRIGORD

DÉCOUVRIR

☆**Les essentiels** Le château et ses jardins, la grotte de Tourtoirac **Découvrir autrement** Allez admirer la belle collection d'instruments de médecine à l'ancien hospice-musée d'Histoire des sciences médicales, laissez-vous envoûter par la fabuleuse histoire d'Antoine de Tounens à Tourtoirac

Hautefort

☆**Château** De la terrasse, on saisit tout l'intérêt stratégique du site qui domine les collines sur plus de 10km à la ronde. Au pied du château, des jardins à la française dessinent dans les arbustes les armes de la famille de Hautefort. Un parc à l'anglaise de 30ha offre la beauté de ses frondaisons aux promeneurs. Le château superpose avec bonheur différentes époques : une forteresse et un chemin de ronde rappellent la fin du Moyen Âge, le reste date du XVIIe siècle. La puissance et la majesté de l'édifice apparaissent avant même que l'on y pénètre. De hautes murailles surmontées de mâchicoulis et de tours à encorbellement encadrent un robuste pont-levis. À l'intérieur, la salle de réception de 250m², flanquée de cheminées colossales, est certainement la pièce la plus somptueuse. Visites nocturnes et théâtralisées en saison, avec une mise en scène de Catherine de Hautefort ! *Tél. 05 53 50 51 23 www.chateau-hautefort.com Ouvert mars, début nov.-mi-nov. : w.-e. et j. fér. 14h-18h ; avr.-mai : tlj. 10h-12h30 et 14h-18h30 ; juin-août : tlj. 9h30-19h ; sept. : tlj. 10h-18h ; oct. : tlj. 14h-18h Visites nocturnes le mer. en juil.-août à 21h Fermé mi-nov.-mars Tarif 8,50€, réduit 4€*

☺ **Ancien hospice-musée d'Histoire des sciences médicales** Fondé au XVIIe siècle par le seigneur de Hautefort pour accueillir des indigents dans un esprit de charité chrétienne, l'hospice devient bientôt un lieu de soins médicaux. La salle des malades a été reconstituée avec beaucoup de réalisme, mais c'est surtout l'architecture du bâtiment qui est intéressante. Une chapelle installée au centre de la construction permettait aux malades alités de suivre la messe depuis chacune des salles par les ouvertures percées sur les côtés. Un musée de la médecine rassemble des instruments de toutes les époques dont certains si rudimentaires que leur vue provoque un léger frisson. L'exposition s'achève à l'étage par une rétrospective des découvertes médicales les plus

Le Périgord des châteaux

Sites de visite

Château des Bories (Antonne-et-Trigonant) 73
Château de Neuvic 81
Château de Fratteau et Atelier du potier (Neuvic) 81
Château de Montréal 82
Château de la Hierce (Brantôme) 92
Château de Bourdeilles 92
Château de Richemont (Saint-Crépin-de-Richemont) 93
Château de Mareuil 93
Château de Varaignes 101
Château de Puyguilhem (Villars) 107
Château de Jumilhac 113
Château de Monbazillac 125
Château de Bridoire (Ribagnac) 125
Château de Montaigne 132
Château de Lanquais 138
Château de Biron 150
Château de Puymartin 164
Château de Fénelon 165
Château de Montfort 176
Château de Beynac 181
Château de Castelnaud 182
Château des Milandes 183
Château de Commarque 225
Château de Sauvebœuf (Aubas) 256
Château de Losse 257
Château de l'Herm 258
Château d'Hautefort 267

Chambres d'hôtes et hôtels

Château de Puyferrat 85
Château de la Borie Saulnier (Champagnac-de-Belair) 97
Château de La Combe (Puyrenier) 105
La Commanderie des Templiers (Condat-sur-Vézère) 261

marquantes. *Pl. du Marquis-Jacques-François-de-Hautefort Tél. 05 53 50 40 27 (OT) Ouvert mi-mars-mai, oct.-mi-nov. : tlj. 10h-12h et 14h-18h ; juin-sept. : tlj. 10h-19h Tarif 5,50€, réduit 4€*

● Déguster à la ferme

Balade de ferme en ferme Une journée dans quatre fermes, à la rencontre des exploitants. Visite d'une noyeraie, découverte du gavage, d'un élevage de vaches limousines, etc., avec dégustation de produits et paniers gourmands à gagner. *Départ en voiture de l'office de tourisme Tél. 05 53 50 40 27 Mi-juil.-août : jeu. 9h30-17h30 Tarif avec déj. du terroir 10€, moins de 7 ans 5€ ; gratuit sinon (chacun apporte son pique-nique)*

● Pagayer sur l'Auvézère

Vert'Auvézère Randonnées en canoë-kayak sur la rivière la plus sportive de Dordogne ! Au départ de Cherveix-Cubas, vous récupérez matériel et explications, pour un parcours jusqu'à Tourtoirac d'environ 2h30, avec retour au point de départ en navette (16€). Les frileux peuvent sinon se contenter de canoter sur le plan d'eau du club, plus tranquille. Également, des activités encadrées d'escalade (20€/pers.) et de spéléologie (30€/pers.), d'une durée de 2h. *Le bourg Tél. 05 53 52 72 90 http://vert.auvezere.voila.net Ouvert tlj. 9h-17h (en continu en juil.-août ; sur appel le reste de l'année)*

PÉRIGORD

Les environs de Hautefort

Tourtoirac Lors de son âge d'or aux XIe et XIIe siècles, l'abbaye de Tourtoirac comptait parmi les plus importants monastères du diocèse. L'église abbatiale, la chapelle prieurale et un pan des remparts ont traversé mille ans d'une histoire tumultueuse. L'église a été remaniée à plusieurs reprises (agrandissement de la nef) ; en revanche, la salle capitulaire a gardé toute la sobriété de l'art roman du XIIe siècle avec huit chapiteaux sculptés. À l'entrée, un petit musée rappelle grâce à une collection de silex et d'outils variés que le site était occupé dès la préhistoire. *8km à l'ouest de Hautefort sur la D68*

Abbaye *Tél. 05 53 51 12 17 Ouvert mi-juin-mi-sept. : tlj. 10h-12h30 et 14h-18h ; hors saison : uniquement pour groupes*

Musée des Rois d'Araucanie et de Patagonie Tourtoirac est aussi connu pour le fabuleux destin d'un de ses habitants, Antoine de Tounens (1825-1878). Se sentant un peu à l'étroit dans son étude de notaire, il partit à la conquête des grands espaces d'Amérique du Sud pour y devenir roi. Bien que mort déchu et sans descendance, il initia une dynastie qui a perduré. Dans une grange de l'abbaye, une exposition plutôt hétéroclite (photos, affiches, documents, objets d'Indiens mapuches) raconte cette aventure peu banale, grâce à une

UN ROI D'OPÉRETTE

Originaire de Tourtoirac, Antoine de Tounens vécut en Amérique du Sud où une tribu indienne le couronna roi d'Araucanie (un morceau de terre aux confins du Chili). Expulsé par les autorités locales, il entreprit une seconde tentative, cette fois-ci en Patagonie, qui échoua également. Le malheureux roi sans couronne termina sa vie à Tourtoirac.

collection léguée par Philippe Boiry, héritier actuel du trône ! *Parc de l'Abbaye* ***Tourtoirac*** *Tél. 05 53 51 12 17 Mêmes horaires que l'abbaye Tarif 4€, réduit 2,50€ (notamment avec le billet de la grotte)*

☆ ☺ **Grotte de Tourtoirac** Ancien lavoir situé à l'entrée du village (à gauche en venant de Hautefort), la petite fontaine de la Clautre intriguait depuis longtemps. D'où venait son eau ? Un spéléologue, Jean-Claude Siriex, leva le mystère en 1995, lorsqu'il parvint à s'infiltrer dans un trou bouché par un éboulement de pierres. Il y découvrit cette cavité inhabitée depuis toujours, aux vertigineux décors de stalactiques et de stalagmites. Une galerie d'art naturelle, sculptée par l'érosion, laissée au lent travail des dépôts de calcaire et du temps. Enthousiasmé, il revint quelques semaines plus tard accompagné d'une petite équipe mais se noya tragiquement avec la spéléologue Annie Maire. La grotte étant découverte, on y creusa un trou afin d'en faciliter l'accès et de poursuivre l'exploration. Aujourd'hui, chacun peut en découvrir les splendeurs à 25m sous terre, en marchant sur une passerelle de 300m qui surmonte une rivière souterraine très pure. Se dévoilent alors des cascades laiteuses, des plafonds piquetés de fragilissimes fistuleuses ou, plus époustouflant encore, des "excentriques", ces concrétions aux formes inhabituelles : un papillon, la botte d'Italie, un dauphin, une ancre, et la plus précieuse de toutes, la "Reinette", une grenouille sautante, suspendue à un mince fil de calcaire. *Les Combes* ***Tourtoirac*** *(env. 1,5km à l'est du village ; fléché) Tél. 05 53 50 24 77 www.grotte-de-tourtoirac.fr Ouvert mars-avr., oct.-nov. : tlj. 14h-18h ; mai-juin, sept. : tlj. 10h-12h et 14h-18h ; juil.-août : tlj. 9h30-19h30 (dernière visite 1h avant la fermeture) Tarif 7,80€, réduit 5,20€, moins de 6 ans gratuit*

CARNET D'ADRESSES

Restauration, hébergement

petits prix

☺ **Les Foies gras d'Erillac** Aux beaux jours, le restaurant vous accueille sur une petite terrasse en bois, donnant sur une ruelle piétonne peu fréquentée. La carte propose des assiettes copieuses qui se substituent au menu traditionnel. À goûter absolument : le foie gras poêlé servi avec un savant mélange sucré-salé à base de pain d'épice, d'oignons confits et de pommes cuites. Comptez 13€ pour une assiette et un dessert. Vente de conserves de la ferme. *Pl. Eugène-Le Roy* ***Hautefort*** *Tél. 05 53 51 61 49 www.foies-gras-erillac-hautefort.fr Ouvert haute saison : mar.-dim. midi et soir ; basse saison : mar.-sam. midi et soir, dim. soir Fermé nov.-jan.* **Boutique** *Ouvert 10h-21h (16h30 le dim.)*

Auberge du Parc Sur la placette à côté de la mairie, cet établissement sans prétention offre 5 chambres d'une grande simplicité. Ne vous privez pas d'y prendre un repas au restaurant, qui dispose d'une adorable terrasse fleurie et sert une cuisine locale très appréciée : foie gras mi-cuit et sa compotée de figues, cuisses de grenouilles persillées, grosses salades périgourdines, avec des menus à tous les prix (formule déjeuner 15€) et pour tous les appétits. Accueil familial. Double 40€, triple 48€, petit déj.

6,50€. *Pl. René-Lavaud* ***Hautefort*** *Tél. 05 53 50 88 98* **Restaurant** *Ouvert mi-nov.-mi-mars : lun.-mar. et jeu.-sam. midi et soir, dim. midi*

Dans les environs

petits prix

Le Cochon gourmand Le couple d'éleveurs qui tient le restaurant apporte la confirmation que "dans le cochon, tout est bon". On s'assoit autour d'une grande table familiale pour savourer le cochon de lait à la broche, un petit salé avec de la mique, des œufs au lait. Menu complet 18-25€. La boutique permet de faire provision de produits de la ferme. *M. et Mme Éloi La Peyre* ***Vergt*** *(à 4km de Hautefort) Dir. Saint-Rabier Tél. 05 53 50 51 38 Ouvert juil.-août : mer.-dim. soir sur rés. ; sept.-juin pour les groupes à partir de 12 pers. sur rés.*

Hôtel Favard À l'arrière de ce bar-tabac, les 13 chambres bien entretenues, aux murs blancs ou tapissées de papier à fleurs, sont réparties entre une agréable dépendance au bord de la piscine et le bâtiment principal. Les premières ouvrent directement sur un jardin luxuriant. Les secondes dominent le jardin ou donnent sur la rue. Chambre 35€ (sans WC privatif), 42€ (avec WC) et 50€ (avec WC et donnant sur le parc), et petit déj. 8€. ***Cherveix-Cubas*** *(à 5km de Hautefort) Tél. 05 53 50 41 05*

Prieuré de Saint-Michel Une entrée magistrale précède la cour à graviers de cet ancien prieuré, situé dans un hameau perdu, qui abrite quatre agréables chambres de style campagnard. Quant à la salle à manger, elle domine une vue grandiose sur la campagne ! C'est ici que sont servis d'exquises confitures maison le matin, et le soir, des repas d'hôtes (12€) à base de solides spécialités, comme le cassoulet du pays. Petite piscine devant le paysage et stages de foie gras. Double 45€ et suites pour quatre 70€ (ces dernières avec WC et sdb communes). *Saint-Michel (env. 4km à l'ouest de Tourtoirac ; prendre la dir. Coulaures, puis petite route à gauche vers Saint-Michel ; fléché) Tél. 05 53 50 43 66 www.stmicheldelapendule.com*

Auberge des Tilleuls Cette auberge bien tenue donne un excellent prétexte pour une halte dans un ravissant village. Derrière la salle à manger spacieuse et confortable, une terrasse en hauteur, ombragée et ancrée entre les murs de pierre. La cuisine, généreuse et simple, ignore l'exotisme, avec des plats et des assiettes-repas on ne peut plus traditionnels. Y compris pour les petites fantaisies comme le "Mac Coin-Coin" (14€), à base de confit de canard et sauce foie gras dans une brioche maison. Menus 13€ (midi) et 21-29€. *Le bourg* ***Badefols-d'Ans*** *(env. 7km au sud-est de Hautefort) Tél. 05 53 51 52 97 Ouvert lun.-mar. et jeu.-sam. midi et soir, dim. midi*

prix moyens

Chambres d'hôtes Mouney Cette belle chartreuse en pierre blanche du XVIe siècle, entourée d'un parc où des fruits gorgés de soleil attendent la cueillette, témoigne d'une douceur de vivre que les 3 chambres d'hôtes (60€, petit déj. inclus) ne démentent pas. Dans un paysage champêtre, confortables et lumineuses, elles accueillent les amateurs de tranquillité. Tarif dégressif à partir de 3 nuits. *M. et Mme Cellier Mouney* ***Cherveix-Cubas*** *(à 6km de Hautefort) De Cherveix-Cubas prendre la D5 Tél. 05 53 51 11 00 Ouvert toute l'année*

Le parvis des sanctuaires, Rocamadour (p.321), dans le Lot.

Mur de pierre sèche, caractéristique du Quercy.

GEOREGION

V

276 Figeac
290 Cajarc
295 Saint-Cirq-Lapopie
301 Marcilhac-sur-Célé
306 Gourdon
311 Cazals
315 Gramat
320 Rocamadour
327 Souillac
330 Martel
336 Saint-Céré

HAUT-QUERCY

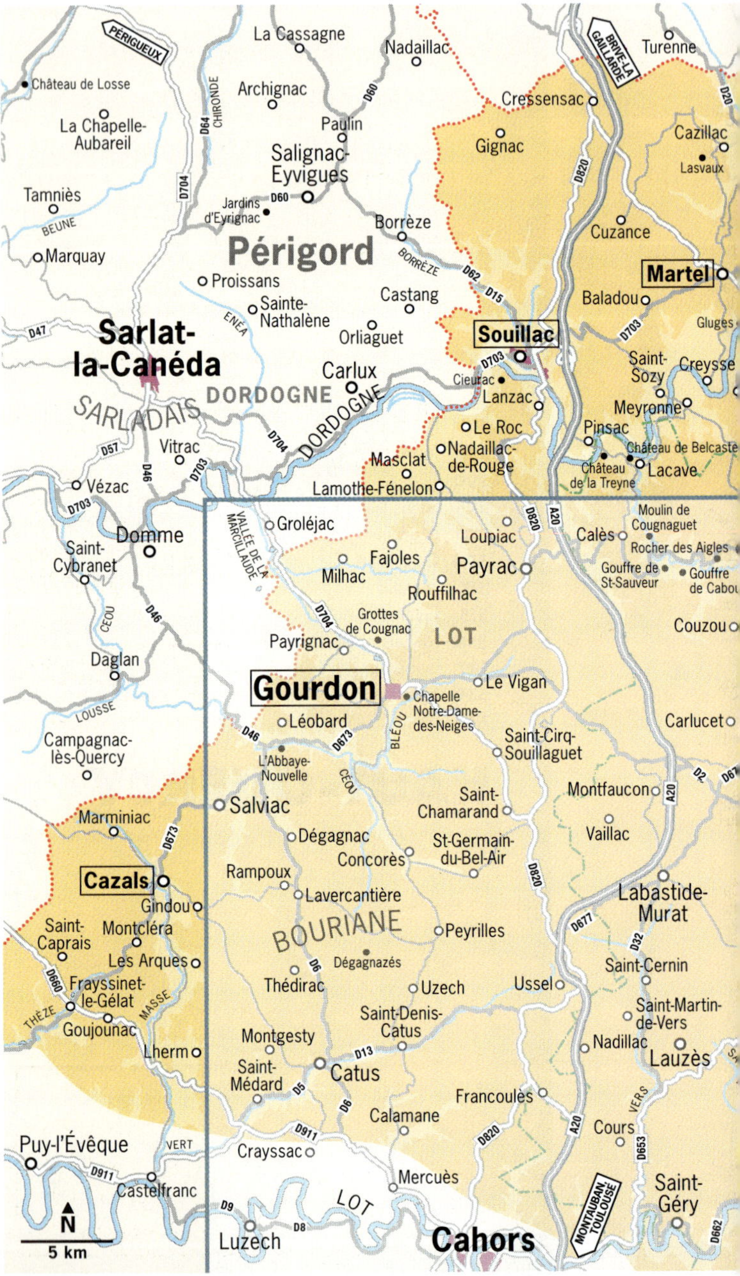

Périgord
Sarlat-la-Canéda
Sarladais
Dordogne
Souillac
Martel
Gourdon
Lot
Cazals
Bouriane
Cahors
Périgueux
Brive-la-Gaillarde
Montauban, Toulouse
Château de Losse
La Chapelle-Aubareil
Tamniès
Marquay
La Cassagne
Nadaillac
Archignac
Paulin
Salignac-Eyvigues
Jardins d'Eyrignac
Borrèze
Proissans
Sainte-Nathalène
Castang
Orliaguet
Carlux
Cressensac
Gignac
Turenne
Cazillac
Lasvaux
Cuzance
Baladou
Gluges
Saint-Sozy
Creysse
Meyronne
Cieurac
Lanzac
Le Roc
Nadaillac-de-Rouge
Pinsac
Château de Belcastel
Château de la Treyne
Lacave
Masclat
Lamothe-Fénelon
Vitrac
Vézac
Domme
Saint-Cybranet
Daglan
Campagnac-lès-Quercy
Groléjac
Vallée de la Marcillaude
Milhac
Fajoles
Loupiac
Payrac
Rouffilhac
Calès
Moulin de Cougnaguet
Rocher des Aigles
Gouffre de St-Sauveur
Gouffre de Cabou
Grottes de Cougnac
Payrignac
Couzou
Le Vigan
Chapelle Notre-Dame-des-Neiges
Léobard
L'Abbaye-Nouvelle
Carlucet
Saint-Cirq-Souillaguet
Montfaucon
Salviac
Saint-Chamarand
Vaillac
Marminiac
Dégagnac
Concorès
St-Germain-du-Bel-Air
Rampoux
Lavercantière
Labastide-Murat
Gindou
Saint-Caprais
Montcléra
Peyrilles
Les Arques
Dégagnazès
Saint-Cernin
Frayssinet-le-Gélat
Thédirac
Uzech
Ussel
Goujounac
Saint-Martin-de-Vers
Saint-Denis-Catus
Nadillac
Lauzès
Lherm
Montgesty
Saint-Médard
Catus
Francoulès
Calamane
Cours
Puy-l'Évêque
Crayssac
Castelfranc
Mercuès
Saint-Géry
Luzech
Beune
Borrèze
Enéa
Chironde
Céou
Lousse
Bléou
Thèze
Masse
Vert
Vers
D64
D704
D60
D62
D15
D703
D47
D57
D46
D20
D820
A20
D673
D2
D67
D677
D32
D660
D6
D13
D5
D911
D9
D8
D653
D662
N
5 km

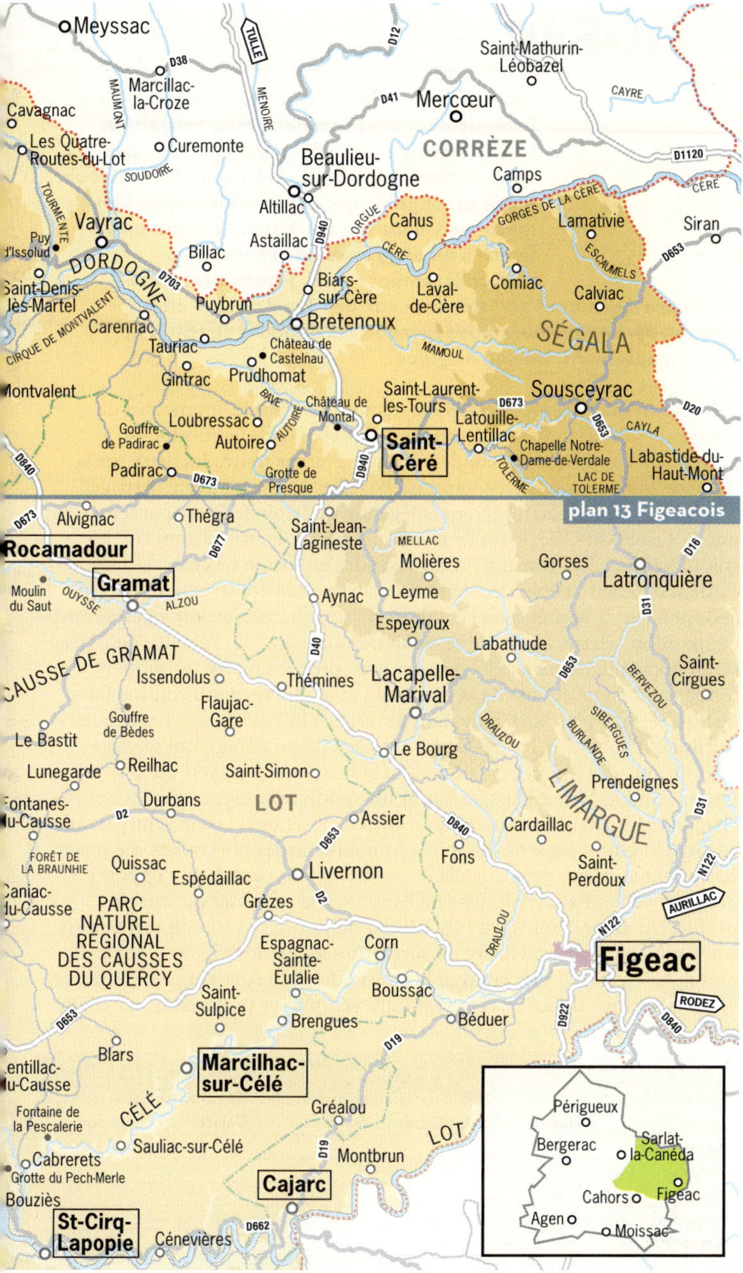
Meyssac
TULLE
D12
Saint-Mathurin-Léobazel
D38
Marcillac-la-Croze
MAUMONT
MENOIRE
D41
Mercœur
CAYRE
Cavagnac
Les Quatre-Routes-du-Lot
Curemonte
CORRÈZE
Beaulieu-sur-Dordogne
D1120
SOUDOIRE
Camps
CÈRE
TOURMENTE
Altillac
GORGES DE LA CÈRE
Vayrac
ORGUE
Cahus
Lamativie
Siran
Puy d'Issolud
Astaillac
D940
CÈRE
ESCAUMELS
D653
DORDOGNE
Billac
Saint-Denis-lès-Martel
D703
Biars-sur-Cère
Laval-de-Cère
Comiac
Calviac
Puybrun
CIRQUE DE MONTVALENT
Carennac
Bretenoux
SÉGALA
Tauriac
Château de Castelnau
MAMOUL
Gintrac
Prudhomat
Montvalent
Saint-Laurent-les-Tours
Sousceyrac
BAVE
Château de Montal
D673
D20
Gouffre de Padirac
Loubressac
Latouille-Lentillac
D653
CAYLA
Autoire
AUTOIRE
Saint-Céré
Chapelle Notre-Dame-de-Verdale
Labastide-du-Haut-Mont
D840
Padirac
D673
Grotte de Presque
D940
TOLERME
LAC DE TOLERME
plan 13 Figeacois
D673
Alvignac
Thégra
Saint-Jean-Lagineste
MELLAC
Molières
Gorses
D16
Rocamadour
D677
Latronquière
Gramat
Moulin du Saut
OUYSSE
ALZOU
Aynac
Leyme
D31
Espeyroux
Labathude
CAUSSE DE GRAMAT
D40
Saint-Cirgues
Issendolus
Thémines
Lacapelle-Marival
D653
BERVEZOU
Flaujac-Gare
Gouffre de Bèdes
DRAUZOU
SIBERGUES
Le Bastit
BURLANDE
Le Bourg
Reilhac
Lunegarde
Saint-Simon
LIMARGUE
Prendeignes
Fontanes-du-Causse
Durbans
LOT
D2
Assier
D840
D31
Cardaillac
D653
Forêt de la Braunhie
Fons
Quissac
Saint-Perdoux
N122
Espédaillac
Livernon
Caniac-du-Causse
AURILLAC
PARC NATUREL RÉGIONAL DES CAUSSES DU QUERCY
Grèzes
D2
N122
DRAUZOU
Espagnac-Sainte-Eulalie
Corn
Figeac
Boussac
Saint-Sulpice
RODEZ
D653
Brengues
Béduer
D922
D840
D19
Blars
Lentillac-du-Causse
Marcilhac-sur-Célé
CÉLÉ
Fontaine de la Pescalerie
Gréalou
LOT
Sauliac-sur-Célé
D19
Montbrun
Cabrerets
Grotte du Pech-Merle
Cajarc
Bouziès
St-Cirq-Lapopie
D662
Cénevières
Périgueux
Bergerac
Sarlat-la-Canéda
Cahors
Figeac
Agen
Moissac

★ FIGEAC

46100

Les noms de Sarlat, Rocamadour ou Saint-Cirq-Lapopie nous sont familiers. Mais connaît-on Figeac, Ville d'art et d'histoire ? Il a fallu des années avant que la ville de Champollion, éblouie par le prestige de ces autres cités médiévales, mette en valeur son patrimoine exceptionnel. Grâce à un programme de rénovation particulièrement réussi, Figeac a retrouvé son lustre des XIIIe et XIVe siècles, ceux de l'âge d'or. Une cité vivante, dynamique où, sur les façades, les époques se côtoient harmonieusement. Un lieu magique.

FIGEAC, RIVALE DE CONQUES Au début du IXe siècle, les moines de l'ordre de saint Benoît fondèrent deux abbayes dans le Sud-Ouest, la première à Conques, la seconde à Figeac. Placées toutes les deux sur la route de Saint-Jacques-de-Compostelle, elles devinrent très vite rivales. Les moines de Figeac forgèrent la légende de Pépin le Bref : parvenu sur une des rives du Célé, le roi franc aurait aperçu dans le ciel un vol de colombes blanches constitué d'une escadre en forme de croix. Un signe évident de Dieu : Pépin décida immédiatement la construction d'une abbaye à l'endroit précis où les sabots de son cheval s'étaient figés devant l'apparition céleste. La scène se serait déroulée en 753, l'abbaye de Figeac serait donc antérieure à celle de Conques, preuve en était le "diplôme de fondation", signé et daté de la main de Pépin et... reconnu comme faux quelque temps plus tard. Figeac se développa autour de ses deux centres spirituels, l'abbaye et Notre-Dame-du-Puy (le sanctuaire qui se visite aujourd'hui, des XIIe et XIVe siècles, a été fortement remanié au XVIIe s.). Durant tout le Moyen Âge, le bourg fut subdivisé en sept "gâches", chacun habité majoritairement par une corporation, et représenté par un consul élu parmi les artisans et les commerçants les plus riches. Le poids économique de ces derniers alla croissant, et leur permit de s'opposer progressivement à la mainmise de l'abbé sur la ville. Ces dissensions profitèrent au pouvoir royal : en 1302, Philippe le Bel étendit son autorité sur la cité, par l'intermédiaire de son représentant, le "viguier", sorte de préfet. Cet âge d'or prit fin avec la guerre de Cent Ans. À peine redressée après ces temps difficiles, la ville fut investie par les protestants, en 1576,

Tableau kilométrique

	Figeac	Saint-Céré	Souillac	Cajarc	Gourdon
Saint-Céré	42				
Souillac	73	46			
Cajarc	25	57	78		
Gourdon	63	58	28	74	
Cahors	70	80	68	49	46

qui détruisirent la plupart des églises et des chapelles, sauf Notre-Dame-du-Puy qu'ils transformèrent en citadelle. Vingt-deux ans plus tard, Figeac fut désignée "place de sûreté" dans l'édit de Nantes, afin de protéger l'avenir des protestants. Vœu pieu, si l'on ose écrire, car les troupes de Louis XIII, en conquérant la ville en 1623, lui ôtèrent son statut protégé.

MODE D'EMPLOI

accès

EN VOITURE
Figeac est située à 70km de Cahors, 92km de Brive-la-Gaillarde, 169km de Périgueux, 182km de Toulouse et 580km de Paris.

EN TRAIN
Gare SNCF *Pl. de la Gare Tél. 36 35 www.sncf.com*

informations touristiques

Office de tourisme du Pays de Figeac-Cajarc (plan 12, A2) Il est installé dans l'hôtel de la Monnaie. Abondante documentation, services compétents et visites guidées (5,50€) d'une qualité rare, notamment sur l'architecture figeacoise. *Hôtel de la Monnaie Pl. Vival Tél. 05 65 34 06 25 www.tourisme-figeac.com Ouvert juil.-août : tlj. 10h-19h ; oct.-avr. : lun.-sam. 10h-12h et 14h30-18h ; mai-juin, sept. : lun.-sam. 10h-12h30 et 14h30-18h, dim. 10h-13h*
Service du patrimoine *5, rue de Colomb Tél. 05 65 50 05 40 www.ville-figeac.fr/Patrimoine/Patrimoine_intro.htm Ouvert lun.-ven. 8h30-17h30, sam. 8h-12h*

adresses utiles

LOCATION DE VÉHICULES ET TAXIS
Avis Location de voitures. *Tél. 05 65 34 10 28*
Europcar Location de voitures. *Tél. 05 65 34 06 05*
Taxis Bernard *Tél. 06 07 19 02 41*
Taxis Escribano *Tél. 06 07 19 00 17*

marchés, fêtes et manifestations

Marché (plan 12, A2) *Place Carnot Sam.*
Foire commerciale *2e et dernier sam. de chaque mois*
Festival de théâtre Michel Fau et Olivier Desbordes ont pris la suite de Marcel Maréchal à la tête de ce festival. De grands noms du théâtre comme J.-L. Trintignant, M.-C. Barrault ou J. Depardieu s'y sont produits. Une trentaine de spectacles animent toute la ville. *Tél. 0825 00 33 03 ou 05 65 34 24 78 www.festivaltheatre-figeac.com 2e quinz. de juil.*

HAUT-QUERCY

DÉCOUVRIR

☆ **Les essentiels** La vieille ville de Figeac, le musée Champollion-les Écritures du monde, l'église Saint-Pardulphe à Saint-Perdoux **Découvrir autrement** Profitez d'un panorama exceptionnel à Capdenac, observez la faune et la flore du causse au cours d'une randonnée

Figeac

Le plan de Figeac, classée Ville d'art et d'histoire, a très peu évolué depuis la fin du XIIIe siècle. En se promenant, en regardant ses façades, le visiteur le moins féru d'histoire ou d'architecture verra sans peine défiler les siècles dans l'évolution des formes de fenêtres et des décorations de portes. Depuis le milieu des années 1980, le centre historique de Figeac est classé secteur sauvegardé, et ses rues et bâtiments font l'objet d'un programme de réhabilitation et de restauration de grande envergure.

☆ **Quartier Ortabadial (plan 12, A2-B2)** En dépit de multiples reconstructions, l'**église abbatiale Saint-Sauveur**, consacrée en 1093 et achevée au XIVe siècle, a conservé son plan d'origine caractéristique des grandes églises bénédictines, dites de pèlerinage : nef et bas-côté recoupés par un transept, déambulatoire et chapelle autour du chœur. La salle capitulaire (XIIIe s.) recèle un décor de boiseries peintes et sculptées (XVIIe s.). Les maisons à pans de bois qui bordent la **place Vival** révèlent le tracé en épi en vigueur au XIIIe siècle : les pignons étroits, accolés par deux le long de la rue, sont séparés par des ruelles transversales. La façade de l'**hôtel de la Monnaie**, imposante demeure bourgeoise (XIIIe s.) et monument emblématique de la ville, donnant sur la rue Ortabadial s'anime de grandes arcades surmontées de jours (qui servaient à éclairer les entrepôts) ; le décor de ses fenêtres géminées présente des éléments gothiques. Sur le côté droit du toit s'élève la souche polygonale de la cheminée "sarrasine", coiffée de sa mitre. Rue Balène, au n°8, l'**hôtel de Balène**, palais urbain élevé vers 1340, privé des traditionnelles arcades commerçantes, affiche un caractère aristocratique. Sur la rue, à hauteur d'étages, remarquez la belle série de fenêtres à remplage et de croisées. Au n°1, l'**hôtel d'Auglanat** (XIVe s.) s'orne d'une superbe porte en anse de panier, agrémentée d'un écu et protégée d'un larmier sur arc brisé sculpté de motifs de feuillage très naturaliste. Au n°13, la façade gothique de l'**hôtel de Livernon**, établie sur d'anciennes boutiques romanes, donne à voir de belles croisées à moulures recoupées, caractéristiques de l'architecture des années 1500. Place Brubel, l'**hôtel de Bonnes Mains** (XIVe s.) se signale par son imposante cheminée médiévale à souche ronde. Remanié au XVIe siècle, il est doté d'une superbe tour en escalier à vis. Place Gaillardy, enfin, remarquez les maisons de tanneurs, reconnaissables à leurs hautes façades, à leur comble ouvert et leur lucarne en charpente équipée d'une poulie. Ces maisons se sont multipliées au XVIIe siècle le long du canal jusqu'au faubourg du Pin.

Notre-Dame du Puy et alentours (plan 12, B1) L'édifice qui devait constituer l'église paroissiale la plus importante de la ville fut élevé au XIIe siècle et agrandi au XIVe siècle, quand il fut doté de chapelles funéraires et d'une façade remaniée. À l'époque protestante, l'église devint forteresse avant d'être fortement endommagée par les catholiques en 1622. La nef centrale date sans doute du XVIIe siècle, ainsi que l'étonnant retable en noyer. La façade occidentale (v. 1345) ouvre par un portail muni d'une rosace, dont bon nombre d'artisans ont emprunté au décor pour embellir les hôtels de l'époque. Rue Émile-Zola, à l'angle de la rue Tomfort, ne manquez pas la **maison romane**, l'une des plus anciennes de Figeac (XIIe-XIIIe s.). Elle est repérable à sa moulure en

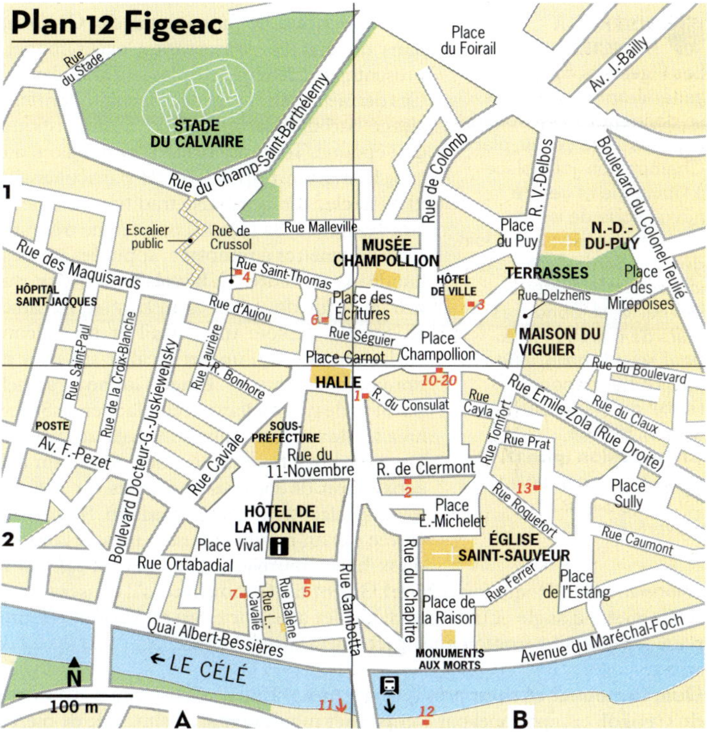

Restauration (n°1 à 7)
Cuisine pour vous* — **7** A2
L'Épatant* — **5** A2
La Cuisine du marché — **2** B2
La Dînée du Viguier — **3** B1
La Puce à l'oreille — **4** A1
Le Sphinx — **1** B2
Les Anges gourmands — **6** A1

Hébergement (n°10 à 13)
Chambres d'hôtes "Le Soleilho" — **13** B2
Grand hôtel du Pont d'or — **11** A2
Hôtel des Bains — **12** B2
Hôtel Le Champollion — **10** B2

Bar (n°20)
Bar Le Champollion* — **20** B1

*À RETROUVER DANS LA PARTIE DÉCOUVRIR

quart-de-rond, sur laquelle trône un petit chapiteau à boules, ornant l'angle de la façade. Aux n^{os}48-50, l'**hôtel de Pezet** et la **tour du Viguier** (XVIIIe s.) rassemblent plusieurs édifices d'époques très différentes, parmi lesquels une demeure du XIIe siècle. Cet ensemble se distingue par un remarquable culot sculpté – un visage barbu. Rue de Colomb, aux n^{os}4-6, l'**hôtel de Laporte** s'enorgueillit d'un passage voûté d'ogives accosté d'une tourelle. Cette galerie permettait de franchir la rue depuis le logis Renaissance.

De la place Champollion à la place Carnot (plan 12, B1-A2) Au cœur de la ville, l'ancienne place haute abrite la plus remarquable des maisons romanes et la façade la plus aboutie de l'architecture gothique (XIVe s.). Au n°4, à l'angle

BISTROT À L'ANCIENNE
Les Figeacois, toutes générations confondues, se donnent rendez-vous à la terrasse de ce bar, place Champollion, jolie place à l'italienne et centre névralgique de la ville. Un bistrot à l'ancienne, loin des standards de la mode, idéal pour feuilleter le journal local. Bondé les jours de marché - il se tient sous la halle, à deux pas. Le bar dépend de l'hôtel du même nom (p.286). **Bar Le Champollion (plan 12, B1 n°20)** *3, pl. Champollion Tél. 05 65 34 04 37 Ouvert tlj. 7h30-1h*

de la rue Boutaric, la **maison du Griffon**, dans un état de conservation exceptionnel, présente des fenêtres triples en abondance. Ces dernières offrent un décor sculpté (griffon, visage barbu, feuillage stylisé) caractéristique de l'époque. Toujours place Champollion, au sud, la maison Laporte, hôtel particulier du XIVe siècle, est attribuée traditionnellement aux Templiers. Sa façade compte une très rare série de fenêtres à remplage, appuyées sur des bandeaux moulurés. L'**hôtel de Séguier**, au n°6 de la rue du même nom (XIVe s., remanié au XVIIIe) déploie un portail et un balcon en façade ainsi qu'un bel escalier sur cour à rampe de ferronnerie. **Place Carnot**, l'actuel pavillon de type Baltard a remplacé en 1888 les arcades de pierre de l'ancienne halle aux grains. Les demeures bordant la place offrent un bel échantillon de *soleilhos* construits du XVIe au XVIIe siècle. Au n°18, la **maison Sisteron**, élevée sur un rez-de-chaussée roman, compte deux belles tourelles d'angle et un *soleilho* à colonnade. Rue Roquefort, l'**hôtel Galiot de Genouillac**, s'il conserve une échauguette d'angle et une tour d'escalier à vis sur cour, est surtout célèbre pour son portail à fronton au superbe décor Renaissance.

Quartier ouest et remparts (plan 12, A1-A2) Rue de Crusol, au n°3, l'**hôtel de Crusol**, exceptionnel par son escalier monumental à balustrade de pierre et sa galerie à l'italienne, fut édifié à proximité du rempart (fin XVIe s.) sur des fondations médiévales. Rue Caviale, au n°30, la façade de l'**hôtel de Marroncles**, dit maison Louis XI, offre une série de croisées et demi-croisées à traverses de pierre, caractéristique du début du XVIe siècle. Enfin, place Barthal, ne manquez pas de jeter un coup d'œil à la tourelle coiffée en poivrière de l'**hôtel d'Ay de Lostanges**, traditionnelle sur les maisons nobles du XVIIe siècle, et à ses balcons à garde-corps en ferronnerie du XVIIIe siècle.

☆☺ **Musée Champollion-les Écritures du monde (plan 12, B1)** Il décrypte plus de 5 300 ans de notre histoire, des écritures fondatrices (cunéiformes, hiéroglyphes, caractères chinois, glyphes mayas…), jusqu'à celles en usage de nos jours. Situé au cœur de la vieille ville, le musée fait voyager le visiteur sur les cinq continents : les collections évoquent les balbutiements des civilisations au travers des premiers outils et signes de l'écriture, relatent son voyage au fil des routes des négociants ou des conquérants, et suit l'évolution de son tracé au gré du calame des scribes. Plus de six cents objets sont ainsi mis en scène de façon ludique et pédagogique, dont plusieurs pièces exceptionnelles telles que *Le Livre des morts de Nériou* (IIIe siècle av. J.-C.), un manuscrit arabe d'Andalousie (XIIe-XIIIe s.) ou encore une bible enluminée (XIIIe s.). Résolument contemporain, enserré dans son écrin médiéval, ce musée, imaginé par Alain Moatti, occupe deux demeures à l'architecture typiquement figeacoise,

ROSETTE GÉANTE Devant le musée, l'artiste Joseph Kosuth a dessiné la place des Écritures dont le sol en granit noir du Zimbabwe est couvert d'une immense reproduction de la pierre de Rosette.

dont la maison natale de Champollion, constituant un îlot situé au cœur de la vieille ville. La façade – une paroi de cuivre derrière la façade de verre, "moucharabieh typographique polyglotte", pour reprendre l'expression de son fondateur – est percée de mille caractères, empruntant aux écritures du monde entier, qui filtrent la lumière à l'intérieur du musée. Expositions temporaires remarquables. *Place Champollion Tél. 05 65 50 31 08 www.musee-champollion.fr Ouvert oct.-mars : mar.-dim. 14h-17h30 ; avr.-juin, sept. : mar.-dim. 10h30-12h30 et 14h-18h ; juil.-août : tlj. 10h30-18h Tarif 5€, réduit 2,50€, suplément visite guidée 4€*

Où manger sur le pouce ?

L'Épatant (plan 12, A2 n°5) Grande comme un mouchoir de poche, l'épicerie-restaurant L'Épatant propose une restauration légère à petits prix : lasagnes maison, délicieux jambon serrano ou salades croquantes. Tout est bon et archi-frais ! Vous trouverez également de quoi remplir votre panier pour un pique-nique gourmand. *5, rue Ortabadial Tél. 05 65 33 88 73 Ouvert mar.-dim. 9h30-19h*

Cuisine pour vous (plan 12, A2 n°7) Les Figeacois ont pris l'habitude de savourer une "patate farcie" accompagnée d'une salade (9,50€) ou d'opter pour un plat du jour vitaminé dans ce sympathique snack installé à l'angle d'une petite place au calme. Plats cuisinés maison aux parfums d'Asie (3-7€), joliment présentés avec leurs couverts en bois, à déguster sur place attablé en terrasse ou à emporter. Une adresse antidote aux chaînes de restauration rapide. Excellent rapport qualité-prix, service attentionné. *10, rue Lucien-Cavalié Tél. 06 15 93 31 78 Ouvert mar.-sam.*

Descendre le Célé en canoë-kayak

Figeac Eau vive Le Célé est une rivière claire et pourtant réputée polluée. De bout en bout, son cours est vraiment beau, mais le tronçon Marcilhac-Sauliac

Champollion, de Figeac à l'Égypte

Natif de Figeac, Jean-François Champollion (1790-1832) savait à quatorze ans lire l'arabe, le persan, l'hébreu, le syriaque et le chaldéen. Il se prit de passion pour l'Égypte antique en fréquentant les vétérans de l'expédition de Bonaparte de 1798-1799. Accumulant une documentation prodigieuse afin de percer le mystère des hiéroglyphes, il comprit que ces signes mêlaient idéogrammes et phonèmes. La pierre de Rosette, déterrée lors de l'expédition française par le capitaine Bouchard en 1799, va lui permettre de valider sa découverte. Elle comporte un même texte écrit de trois façons différentes : en grec, en démotique et en hiéroglyphes. Le 14 septembre 1822, il redonne vie à une écriture morte 1 500 ans auparavant...

est sans doute le plus impressionnant. On ne le pratique cependant que de 11h à 16h, pour respecter les riverains : le Célé est semi-privé, comme toutes les rivières de cette catégorie. *Domaine du Surgié Tél.* 05 65 34 59 00

Les environs de Figeac

Capdenac À Capdenac, le Lot marque sa course par un cingle presque fermé. Du haut de la citadelle (bâtie au XIIIe siècle sur un ancien castrum), au bout de la place Sully (à côté de l'ancien château, derrière le monument aux morts) ainsi qu'en lisière de la place Saint-Andrieu, panoramas exceptionnels sur le Quercy et l'Aveyron. De cette dernière place, un escalier d'une centaine de marches descend jusqu'à la fontaine des Anglais. Vertigineux, dans tous les sens du terme. *6km au sud de Figeac*

Le Ségala

Cette vaste zone au nord-est de Figeac (dont le nom vient de "seigle"), morcelée en plateaux par de nombreux cours d'eau dévalant vers le Célé, ne fut mise en valeur qu'au XIXe siècle. En remontant du bassin minier de **Saint-Perdoux** (p.283) par la D19, on quitte de profondes vallées pour un paysage de plus en plus doux qui se rapproche de celui du Cantal. Les vaches brunes broutent en nombre sur les croupes herbeuses : assurément, on n'est plus tout à fait dans le Quercy ! Par la D653, on atteint **Latronquière**, puis **Labastide-du-Haut-Mont**, le point culminant de la région : de ses 778m, on distingue l'Auvergne, l'Aubrac et le Cantal. De Latronquière toujours, la D31 descend vers **Saint-Cirgues**. Les granges-étables sont immenses, des toits d'ardoise apparaissent. Avant Saint-Cirgues, la D35 ramène l'automobiliste vers la D653, l'une des plus jolies routes du département, qui offre un point de vue panoramique à mi-chemin sur l'ensemble du Ségala... En arrivant à **Lacapelle-Marival** (p.283), elle pénètre dans le Limargue, territoire

Le Quercy médiéval

Châteaux

Château de Lacapelle-Marival ____ 283
Assier ____ 283
Château de Cénevières ____ 292
Château de Larroque-Toirac ____ 293
Château de Montal ____ 339
Castelnau-Bretenoux ____ 340
Château de Mercuès ____ 355
Château de La Coste ____ 368
Château de Bonaguil ____ 369
Château de Cieurac ____ 384
Bruniquel ____ 400
Château de Brassac ____ 426

Villes et villages

Figeac ____ 276
Rocamadour ____ 320
Martel ____ 330
Saint-Céré ____ 336
Bretenoux ____ 338
Cahors ____ 346
Puy-l'Évêque ____ 366
Saint-Antonin-Noble-Val ____ 395

Hébergement

Chambres d'hôtes du château de Saint-Cirq-Lapopie ____ 301
Chambres d'hôtes La Ferme des cent écus (Sainte-Mondane) ____ 310

très fertile. Sur cette étroite bande de terre qui relie Figeac à Saint-Céré, la vie était plus facile pour les paysans que sur le Ségala. Les églises étaient aussi plus nombreuses. Deux exemples : **Rudelle**, avec sa tour fortifiée comportant une chapelle élevée au XIIIe siècle, qui ne fut jamais prise durant la guerre de Cent Ans et les guerres de Religion ; et **Le Bourg**, dont l'église romane domine comme Rudelle la D840 vers Figeac. Plus bas, entre Figeac et Capdenac par la D2, arrêtez-vous à l'**église Saint-Martin de Lunan**, d'une extrême simplicité, éclairée par des vitraux discrets. *Au nord de Figeac (sauf Lunan, à l'est)*

Saint-Perdoux Situé au cœur d'un bassin charbonnier (exploité des années 1860 aux années 1930, de part et d'autre de la rivière Saint-Perdoux), ce hameau est surtout connu pour son ☆ **église Saint-Pardulphe**, un monument roman élevé au XIe siècle, comme en témoignent les arcatures des fenêtres et les chapiteaux des colonnes. Intérieur simple, maître-autel du XVIIe dans une chapelle à droite (demandez la clé à la mairie, tél. 05 65 34 50 94). *10km au nord de Figeac (N122 puis D61)*

Château de Lacapelle-Marival Au carrefour des routes Figeac-Saint-Céré, Bordeaux-Lyon et du chemin de Compostelle, la famille de Cardaillac fit construire une forteresse à partir de 1270. Elle dominait la vallée de toute la masse, considérable, de son donjon. Il y a peu à voir à l'intérieur, si ce n'est, au premier étage, une petite salle dont les poutres sont décorées des vues des autres châteaux de la famille de Cardaillac et, au même étage, une salle bien plus grande dont les murs sont peints de scènes de guerre antiques monochromes. Dans le village, par la rue en face du château qui passe sous la porte de l'Arbol, une halle aux grains du XVe siècle. ***Lacapelle-Marival** (20km au nord de Figeac) Tél. 05 65 33 75 13 Ouvert mai-juin et sept. : w.-e. et j. fér. visite à 15h15 ; juil.-août : tlj. visites à 10h45, 15h15 et 16h45 Tarif 3,50€, gratuit moins de 12 ans*

Vers le causse de Gramat

Livernon La localité la plus importante de la partie orientale du causse. Admirez le clocher de l'église, dernier vestige de l'édifice roman originel totalement transformé au XIXe siècle. En quittant le village, vous pouvez voir le **dolmen de la Pierre-Martine**, au bord d'une route communale indiquée sur la D2. C'est le plus grand mégalithe du département (7m de longueur !). Du hameau de **Sonac**, au nord d'Assier : vue magnifique sur le causse et une partie du Limargue. *19km à l'ouest de Figeac par la D2*

☺ **Assier** Construit entre 1526 et 1535 sur un plan quadrangulaire de 40m de côté, le **château** sera sauvé grâce à son classement sur la liste des monuments historiques par Prosper Mérimée. La façade occidentale est richement décorée. Les scènes sculptées en bas-reliefs vantent les innombrables mérites du seigneur bâtisseur, Galiot de Genouillac. L'**église** d'Assier vaut également le détour. Elle constitue un véritable mausolée, celui de Galiot de Genouillac. La frise longue de 100m qui ceint presque totalement l'édifice lui est consacrée. Côté sud (à droite du porche), les scènes, très précises, fournissent de précieux témoignages sur les guerres italiennes de François Ier. Le porche, monumental, tranche avec le clocher décalé, flanqué d'une tour. À l'intérieur, très belle chapelle où trône le tombeau de Galiot. La voûte, à 16 branches, domine le gisant qui semble se réfléchir sur le bas-relief représentant le héros. *20km au nord-ouest de Figeac* **Château** *Tél. 05 65 40 40 99 http://assier.monuments-nationaux.fr Ouvert sept.-juin : mer.-lun. 10h-12h30 et 14h-17h30 ; juil.-août : tlj. Fermé 1er jan., 1er mai, 1er et 11 nov., 25 déc. Tarif 3€, réduit 2,50€, moins de 26 ans gratuit Dernier billet 45min avant la fermeture*

Partir en randonnée

Communauté de communes Vallée-Causse La communauté de communes Vallée-Causse et l'office de tourisme d'Assier proposent gratuitement un dépliant de six pages détaillant une boucle de randonnée (à pied, à cheval ou en VTT) pour chacun de ses villages. Les bornes numérotées sont illustrées de photos et d'un commentaire souvent riche et informatif. ***Livernon*** *Tél. 05 65 11 45 52* **Office de tourisme d'Assier** *Route de Lacapelle-Marival Tél. 05 65 40 50 60*

Gouffre des Cloches (n°15) Pour les plus sportifs : il s'agit de remonter le cours du Bervezou jusqu'au gouffre, au centre du Ségala. ***Départ*** *Sabadel-Latronquière* ***Longueur*** *3km* ***Durée*** *2h*

GR®6-GR®65 Ils ne font qu'un lorsqu'ils traversent le sud du Ségala et se séparent à Figeac : le premier suit à distance la D840 vers Lacapelle-Marival puis Gramat, alors que le second s'engage dans le causse avant d'épouser le lit du Célé (GR®651). Sa branche descendante traverse le causse jusqu'à Cajarc.

CARNET D'ADRESSES

Restauration

petits prix

Le Sphinx (plan 12, B2 n°1) Le bar le plus fréquenté de la halle est aussi un restaurant-brasserie sympathique. Salades, omelettes aux cèpes et quelques spécialités locales. Service très efficace et souriant. Une excellente adresse pour se restaurer rapidement dans une atmosphère décontractée, juché sur de hauts tabourets en bois. Menu 13€. Plat du jour lun.-ven. 8,50€, carte 10-25€. *7, pl. Carnot* ***Figeac*** *Tél. 05 65 14 05 81 Ouvert lun.-sam. 7h30-0h Fermé Toussaint et vac. fév.*

Les Anges gourmands (plan 12, A1 n°6) Un restaurant de poche comme on les aime, à l'ambiance bohème, convivial et sans manières. La décoration mêle dans un joyeux bric-à-brac vieilles plaques émaillées, loupiotes multicolores et représentations d'anges, sur fond de musique jazzy. On y déjeune certes au coude à coude en salle, mais à la belle saison, quelques tables installées sur la place Champollion permettent d'admirer les splendides façades médiévales tout en savourant un aligot-saucisse de bon aloi, un parmentier de canard ou des farçous de l'Aveyron, tout proche.

Et aussi...

Sur le pouce

Bar Le Champollion ______ 280
L'Épatant ______ 281
Cuisine pour vous ______ 281

Comptez de 10 à 15€ à la carte, plat du jour 8,50€. Formule bio. L'adresse est courue, arrivez tôt ou réservez. *4, rue Séguier **Figeac** Tél. 05 65 34 08 01 www.lesangesgourmands.com Ouvert tlj. sauf dim. et lun. hors saison*

prix moyens

☺ **La Cuisine du marché (plan 12, B2 n°2)** Ici, les mets sont variés et rehaussés d'une présentation raffinée, à l'image du croustillant de confit de canard ou des rougets servis avec une écrasée de pommes de terre. La carte regarde aussi vers la mer et prend des accents espagnols avec sa *parrillada* de poissons, grillés sous vos yeux. En dessert, optez pour le succulent, et aérien, pastis maison aux pommes caramélisées. Menus de 29 à 40€, formule du jour (en semaine, à midi) 17€. *15, rue Clermont et 6, rue Capade **Figeac** Tél. 05 65 50 18 55 www.lacuisinedumarchefigeac.com Ouvert fév.-déc. : lun.-sam.*

La Puce à l'oreille (plan 12, A1 n°4) À un jet de pierre du musée Champollion, cette jolie maison médiévale (cheminée monumentale et beaux volumes) recèle l'une des valeurs sûres de Figeac : les habitués se retrouvent autour d'une cuisine traditionnelle de bonne facture, savante et inventive, qui se distingue par l'élégante présentation des plats. Goûtez au magret de canard à la confiture d'oignons, délicieux. Aux beaux jours, quelques tables éparpillées dans le patio fleuri. Menus de 16 à 41,50€. *5, rue Saint-Thomas **Figeac** Tél. 05 65 34 33 08 Ouvert mar.-dim.*

☺ **La Dînée du Viguier (plan 12, B1 n°3)** Non, ce n'est pas le plus cher ! mais le plus chic, forcément, vu le cadre. L'accueil du patron est pourtant étonnamment franc et convivial. Par ailleurs, l'homme connaît son vin (280 références). On dîne sur la terrasse ou dans ce qui fut une salle des officiers, pièce particulièrement agréable. Les cuisiniers s'activent dans les écuries, un lieu qui semble les inspirer : "La Dînée du Viguier" (du Roy, l'hôtel éponyme est juste derrière) est la meilleure table de Figeac, l'une des plus grandes de la région. La carte change chaque jour, sauf les spécialités dont le tartare de Saint-Jacques au cumin ou les escalopines d'esturgeon d'Aquitaine. Menus 30-74€. *4, rue Boutaric **Figeac** Tél. 05 65 50 08 08 www.ladineeduviguier.fr Fermé en saison : sam. midi et lun. midi ; hors saison : sam. midi, dim. soir et lun.*

Dans les environs

petits prix

La Renaissance Derrière une façade franchement quelconque dans la rue principale de Capdenac, ce restaurant cache une véritable table gastronomique ! Le chef a trouvé le bon angle entre recettes traditionnelles et audace. Ces exemples valent tous les discours : le bonbon croustillant de pied de cochon ou la joue de porc en viennoise rivalisent avec la

GAMME DE PRIX	RESTAURATION	HÉBERGEMENT
Très petits prix	moins de 15€	moins de 30€
Petits prix	de 15 à 25€	de 30 à 50€
Prix moyens	de 25 à 35€	de 50 à 80€
Prix élevés	de 35 à 50€	de 80 à 125€
Prix très élevés	plus de 50€	plus de 125€

saltimbocca de veau. Le bouche à oreille a bien fonctionné, et l'on vient désormais de loin pour s'attabler à La Renaissance ; mieux vaut réserver. Une adresse sans manières pour une cuisine de haute volée et des portions généreuses, à prix défiant toute concurrence. Une belle surprise ! Formules déjeuner en semaine 11,50-13,50€, le soir comptez de 21 à 32€. Petite cour intérieure au calme. *16, rue de la République* ***Capdenac-Gare*** *(8km au sud de Figeac) Tél. 05 65 64 18 33 Ouvert mer.-jeu. et dim.-lun. 12h-13h30, ven.-sam. 12h-13h30 et 19h30-21h*

Hébergement

prix moyens

Chambres d'hôtes "Le Soleilho" (plan 12, B2 n°13) En plein cœur de la vieille ville, dans une ruelle calme et ensoleillée, cette demeure de maître du xve siècle habillée de glycine recèle 4 chambres d'hôtes très spacieuses, cossues et confortables. Celle située au dernier étage de la maison, le "Soleilho", ménage une superbe vue sur la cathédrale et les toits de Figeac et bénéficie d'une charmante terrasse plein sud. Cheminée monumentale et mobilier ancien dans chaque chambre. Également un gîte d'étape au rez-de-chaussée. Une adresse de charme au cœur du Figeac médiéval, à prix raisonnables, sans équivalent dans la ville. Accueil souriant. Chambres 70-85€. *8, rue Prat* ***Figeac*** *Tél. 05 65 34 64 41*

Hôtel Le Champollion (plan 12, B2 n°10) Pour un prix modique, service efficace et 10 chambres agréables comme tout, dans les tons clairs. Celles qui donnent sur la place sont évidemment les plus attrayantes, dont l'unique dotée d'un charmant petit balcon, mais beaucoup de bruit en saison. Accueil particulièrement chaleureux de la patronne. Chambres 49-54€, petit déj. 7,20€. *3, pl. Champollion* ***Figeac*** *Tél. 05 65 34 04 37 hotelchampollion@orange.fr*

☺ **Hôtel des Bains (plan 12, B2 n°12)** Situé sur la rive du Célé, cet ancien établissement de bains publics aménagé en hôtel de tourisme, propose 19 chambres décorées dans des tons clairs. Salles de bains spacieuses et très lumineuses. Belle vue sur la rivière pour certaines, petit balcon pour celles du premier étage. Natifs de Figeac, les patrons, les frères Gaubert, sont d'excellent conseil pour visiter la région. Accueil cordial, très bon rapport qualité-prix. Également une chambre familiale (92€/4 pers.). Comptez 59€ la double, petit déj. 7,50€. *1, rue du Griffoul* ***Figeac*** *Tél. 05 65 34 10 89 www.hoteldesbains.fr Fermé 25 déc.-15 jan.*

prix élevés

Grand hôtel du Pont d'or (plan 12, A2 n°11) Cet hôtel de la chaîne Best Western propose un grand confort et un service professionnel. Décoration passe-partout déclinée en 4 thèmes, chambres très confortables. Au 3e étage, la piscine à débordement jouxte le sauna et la salle de gym. Terrasse sur le Célé. Une bonne adresse, un peu chère : double 78-164€, petit déj. 12€. L'hôtel fait également restaurant. *2, av. Jean-Jaurès* ***Figeac*** *Tél. 05 65 50 95 00 www.hotelpontdor.com*

Dans les environs

très petits prix

Gîte Relais Saint-Jacques et chambre d'hôtes Sur la route des pèlerins de Compostelle, l'établissement est tout entier dévolu au repos des randonneurs. Un dortoir de 18 places, 5 chambres partageant une cuisine et une salle communes. Un studio et 1 chambre d'hôtes (52€ petit déj. inclus). Site bien préservé, jardin. Dortoir 12-14€, chambre partagée 14€, double 35€. *La Cassagnole* ***Faycelles*** *(5km au sud de Figeac) Tél. 05 65 34 03 08 www.cassagnole.com*

prix moyens

☺ **Chambres d'hôtes et gîte Les Jardins de la Contie** Ce hameau du XIVe siècle intégré au village de Lunan consiste en une vaste ferme composée de plusieurs bâtiments, notamment 2 petites granges transformées en gîtes, avec poutres et pierres apparentes (70-75€, 95-115€, nuitée dans le gîte, 450-550€/sem.). Les murs donnent à la pièce principale et à la chambre du gîte "Célestine" (4 pers.) une allure médiévale. Une chambre également dans la maison des propriétaires (la "Cazelle", 75€). Superbe. Un ensemble de caractère où se lit la patine du temps à chaque détour. Panorama unique sur le Cantal et l'Aveyron tout proches. Parc immense et jardins (avec terrasses) privatifs pour chaque gîte. Accueil très cordial. Piscine d'eau salée. *M. et Mme Lazarus* ***Lunan*** *(5km à l'est de Figeac) D840 dir. Capdenac-le-Haut, D2 dir. Lunan, puis dir. La Contie Tél. 06 11 64 78 57 www.lacontie.com Ouvert avr.-oct.*

Gîte La Porte de Gergovie À l'entrée de Capdenac, en contrebas sur la droite, cette jolie grange se blottit derrière quelques arbres, exemple de restauration et de réaménagement très réussis. À l'étage, 4 chambres claires et lumineuses, aux teintes pastel. Parking, charmant jardin de curé ombragé. Week-end 200€, 420-930€/sem. ***Capdenac*** *À l'entrée du bourg (6km au sud-est de Figeac) Tél. 05 65 35 51 58 ou 06 84 12 37 57 www.lagrange-capdenac.com*

Chambres d'hôtes et gîtes Les Moynes de Saint-Simon Entourée d'un parc de 12ha, et dans le calme absolu du causse boisé de Livernon, cette ancienne bergerie est une longue bâtisse presque entièrement réservée aux hôtes de passage. Les râteliers à foin de la pièce commune (80m² !) témoignent de la fonction passée de la maison. Parmi les 5 chambres (55-65€), très classiques, la "Cantou" est la plus belle. Table d'hôtes. Piscine pour adultes et bassin pour enfants à partager avec les occupants des 3 gîtes : "La Souillarde" (90m² sur 2 niveaux, 5 pers., terrasse de 100m²), "La Treille" (50m², 2/3 pers., terrasse sur un jardin privatif de 100m²) et "Le Cayrou" (45m², 2/3 pers., jardin cloturé de 100m²). Excellent accueil. "Souillarde" 550-770€/sem., "Treille" 410-570€/sem., "Le Cayrou" 410-570€/sem. *Mme P. Arets Les Moynes* ***Saint-Simon*** *(20km au nord-ouest de Figeac) Par la D840 Tél. 05 65 40 48 90 http://les.moynes.free.fr Ouvert Pâques-Toussaint*

GAMME DE PRIX	RESTAURATION	HÉBERGEMENT
Très petits prix	moins de 15€	moins de 30€
Petits prix	de 15 à 25€	de 30 à 50€
Prix moyens	de 25 à 35€	de 50 à 80€
Prix élevés	de 35 à 50€	de 80 à 125€
Prix très élevés	plus de 50€	plus de 125€

prix élevés

Gîte La résidence du Colombier Pour des vacances au naturel, ce gîte 3 étoiles mêlant harmonieusement la pierre et le bois, tout confort (piscine couverte, salle de remise en forme, billard, salle de jeux...), conviendra à merveille aux familles désirant se poser dans un bel environnement. Grande capacité d'accueil (10 pers.), draps et ménage fournis sur demande. De 1 180€ à 1 980€/sem. *Laborie* ***Lissac-et-Mouret*** *(5km à l'ouest de Figeac) Tél. 05 65 34 19 39 (M. et Mme Moussié) ou 06 99 30 74 16 le colombier.moussie@orange.fr*

Chambres d'hôtes du Domaine de la Piale La belle adresse ! Les époux Spindler ont rénové avec un goût très sûr cet ensemble quercynois (fournil, pigeonnier, séchoir à pruneaux) et aménagé 2 chambres et 2 suites dans un cadre de rêve, à proximité du ravissant village de Fons. Les jolies chambres profitent d'une séduisante décoration de campagne et de brocante, faisant la part belle aux matières naturelles. Piscine et spa. Comptez de 90 à 125€ la double, petit déj. compris. Pas de table d'hôtes. Un gîte (4 pers.) a ouvert en 2013, 1 200€/sem. *M. et Mme Spindler La Piale* ***Fons*** *(11km à l'ouest de Figeac) Tél. 05 65 40 19 52 www.domainedelapiale.com*

Chambres d'hôtes et gîtes Le Hameau du Quercy Fabienne Duglué a redonné vie avec talent à ce hameau situé au cœur du parc des Causses du Quercy et, conjuguant rénovation écologique et restauration de qualité, a aménagé en 2010 une maison d'hôtes indépendante (10 pers., 2 020€/sem.), 2 chambres d'hôtes (85€/2 pers., 110€/3 pers., 135€/4 pers.) et 2 gîtes de charme (4-5 pers., 800-1 200€/sem.). Matières naturelles et couleurs douces président à la décoration de ce havre de paix. Piscine naturelle et beau jardin paysager dans un très bel environnement. *Saint-Jean* ***Frontenac*** *(12km au sud-est de Figeac) Tél. 05 82 40 00 36 ou 06 60 10 98 30 www.hameauduquercy.com*

Hôtel Le Grézalide Hôtel de charme ou galerie d'art ? Les deux, assurément. Au cœur du parc régional, cette ancienne maison templière, dont le corps de logis a été admirablement restauré, dispose de 19 chambres tout confort. Certaines d'entre elles sont aménagées dans le bâtiment principal, tandis que d'autres bénéficient d'une terrasse privative dans un bâtiment adjacent. La décoration dans des tonalités chaudes, les œuvres d'art contemporain qui parsèment la demeure contribuent à l'atmosphère chaleureuse des lieux. Piscine, parc de 2ha, vue magnifique sur le causse alentour : une halte en pleine nature, dans un environnement exceptionnellement préservé. Possibilité de demi-pension. Comptez de 102 à 162€ la double, petit déj. 11€. Réservation vivement conseillée. *Le bourg* ***Grèzes*** *(20km à l'ouest de Figeac) Tél. 05 65 11 20 40 www.grezalide.com*

Plan 13 Figeacois

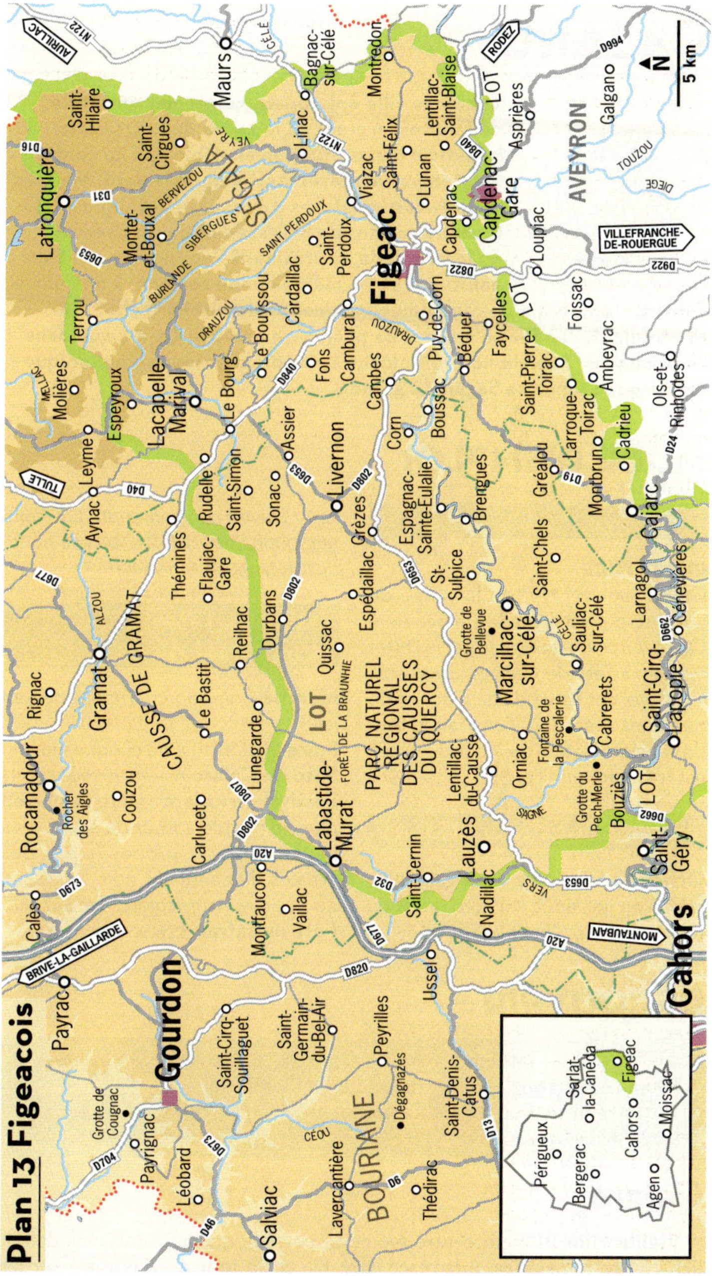

CAJARC

46160

Ancienne ville épiscopale, ceinte par un cirque de falaises au cœur de la vallée du Lot, Cajarc bénéficie d'une situation enviable, qui lui conféra longtemps un intérêt stratégique évident. Maisons médiévales, arcatures d'échoppes gothiques, façades en pans de bois : séduit par le charme de la bourgade, le président Pompidou y avait ses habitudes et y a même donné son nom à un centre d'art contemporain de renommée internationale. Enfin, sachez que M. Moulinot, vendeur d'articles de pêche, n'a habité à Cajarc que dans l'inoubliable "Schmilblic" de Coluche - parodie d'un jeu radiophonique -, tandis que Françoise Sagan y a grandi.

MODE D'EMPLOI

accès

EN VOITURE
Cajarc, au "centre" de la vallée du Lot, se trouve à 14km de Limogne-en-Quercy, à 25km de Figeac par la D19 et à 50km à l'est de Cahors. En saison, le village, constitué d'une place et de quelques rues, dont l'une fait le tour de l'agglomération (le "tour de ville"), est très embouteillé.

informations touristiques

Office de tourisme Visite guidée de la ville en juil.-août. *Au nord-ouest du tour de ville La Chapelle Tél. 05 65 40 72 89 Ouvert avr.-juin, sept. : lun.-sam. 14h30-18h, dim. 10h-12h30 ; juil.-août : tlj. 10h-12h30 et 14h30-19h*

marchés, fêtes et manifestations

Marché *Sam. ap.-m. (nocturnes en juil.)*
Foire *2e et 4e mer. de chaque mois*
Fête de Cajarc *1er w.-e. d'août*
Festival Africajarc Il attire de plus en plus de monde autour de spectacles et de concerts proposés par des artistes du continent noir. *Tél. 05 65 40 29 86 www.africajarc.com Fin juil.*
Fête du safran *3e w.-e. d'oct.*

DÉCOUVRIR

☆**Les essentiels** La vieille ville de Cajarc, le château de Cénevières, le château de Larroque-Toirac, l'église de Saint-Pierre-Toirac **Découvrir autrement** Arpentez le causse en empruntant le circuit de Prajoux, explorez la grotte de Foissac

Cajarc

☆ **Vieille ville** Le petit centre médiéval possède quelques maisons datant des XIIe et XVIe siècles, une place agréable et un tour de ville tracé sur les anciens remparts. Au sud, se dresse le château de l'Hébrardie (XIIIe s.), avec ses baies géminées, dont la construction fut financée par l'évêque de Coimbra. Et du haut du lieu-dit La Plogne (200m d'altitude), près du relais de télévision, le point de vue est éblouissant : Cajarc est enfermée dans un cirque de falaises dont la courbure prononcée révèle que le Lot coulait au pied de celles-ci, il y a bien longtemps. **Panorama** *Lieu-dit La Plogne D662 dir. Saint-Cirq-Lapopie, tourner à dr. avant La Capelette, puis fléchage indiquant un club*

Le Quercy des randonnées pédestres

Autour de Cajarc ______ 291
Cazelles longues ______ 293
Les Chemins qui parlent ______ 298
Chemin de halage de Ganil ______ 299
Espagnac-Sainte-Eulalie ______ 304
Bouriane ______ 309
Vallée de la Masse ______ 313
Autour de Catus ______ 314
Sentier du Frau ______ 314
Causse de Gramat ______ 319
Environs de Rocamadour ______ 324
Environs de Martel ______ 334
Pays de Saint-Céré ______ 341
Vignoble de Cahors ______ 357
Vallée du Lot ______ 373
Environs de Montcuq ______ 377
Fontaine de Malecargue ______ 392

☺ **Maison des arts Georges-Pompidou** Créé en 1989, ce centre d'art expose des artistes contemporains à Cajarc et dans le département, conformément à sa mission de diffusion de la création culturelle en milieu rural. Il gère également l'artothèque départementale, par convention avec l'État. Des peintres de renommée internationale tels Pierre Alechinsky, Hans Hartung, Olivier Debré ou Samuel Richardot ont exposé dans cette Maison des arts. *Route de Gréalou Tél. 05 65 40 78 19 www.magp.fr Ouvert mar.-dim. Entrée libre*

● Où manger sur le pouce ?

Nature et bouchon "Une cave à manger" aménagée dans un cadre contemporain : cette enseigne pleine d'esprit, où les planches de cochonnailles, de fromage ou de charcuterie de canard s'accompagnent d'un verre de cahors bio, constitue une halte plaisante, au cœur de la ville. Assiettes de 8,50 à 15€ selon la taille, tapas. *5, pl. du Foirail Tél. 05 65 10 72 61 Ouvert mar.-jeu. 10h-19h, ven.-sam. 10h-22h*

Boulangerie Lagarde Le pastis (gâteau de pâte feuilletée) maison, à la recette inchangée depuis des générations et jalousement gardée, croustille sous la dent et contient juste ce qu'il faut de pommes. Le cake aux fruits n'est pas mal non plus. Les plus audacieux goûteront à la "pompe à huile", délicieuse. *27, pl. du Foirail Tél. 05 65 40 69 23 Ouvert lun.-sam. 7h30-12h30 et 15h-19h, dim. 7h30-12h30*

● Où garnir un panier gourmand ?

Les Fins Gourmets Pas une seule spécialité régionale ne manque à l'appel. Les conserves ou plats cuisinés sous vide sont exclusivement issus des fermes avoisinantes. Également des apéritifs, vins, confitures, safran, tous rigoureusement sélectionnés. Bons conseils et accueil cordial. *Pl. du Foirail Tél. 05 65 40 69 98*

● Partir en randonnée

GR®65 Il fait une boucle très intéressante dans le causse, jusqu'au moulin du Pech de Granat. ***Départ*** *Cajarc* ***Longueur*** *12,5km* ***Durée*** *3h30*

Circuit de Prajoux Il offre aux bons mollets la vue sur Cajarc, l'une des plus belles du Quercy. Le chemin traverse ensuite le causse boisé, très sec, de Prajoux avant de redescendre. ***Départ*** *Cajarc* ***Longueur*** *10km* ***Durée*** *3h*

Les environs de Cajarc

☺ Causse de Gréalou

Limité par les vallées du Lot et du Célé, c'est le plus beau de tous ceux qui composent le causse de Gramat. Pour vous en convaincre, empruntez en fin d'après-midi la D19 qui va de Cajarc à Figeac... La D17, qui relie les deux vallées, entre Cajarc et Marcilhac-sur-Célé, réserve également quelques belles surprises, en sens contraire, ainsi que la D82, entre Monteils (un bourg avant Marcilhac) et la D17. Cette départementale traverse le hameau de **Saint-Chels** : partout où se porte le regard, il s'épuise à chercher l'horizon. Laissez-vous guider par les petites routes à la découverte de l'architecture rurale : puits, cazelles, abreuvoirs... Sans oublier le **château de Béduer** (à l'est de la D19), l'un des plus anciens et des plus imposants du Quercy.

La vallée du Lot à l'ouest de Cajarc

☆ **Château de Cénevières** C'est sur les lieux d'une légendaire victoire du roi des Francs Pépin le Bref que la prestigieuse famille des Gourdon fit bâtir un castrum au XIIIe siècle. Au XVIe siècle, le château féodal est modifié pour devenir une agréable résidence permanente. Il est aujourd'hui la propriété des époux de Braquilanges et de leurs enfants qui font toujours visiter leur demeure avec brio. Essentiellement Renaissance, le château se singularise par une longue galerie à colonnes de pierre installée face à la rivière au XVIIe siècle. À l'intérieur, la salle principale vaut pour son superbe plafond à la française (en bois et poutres peints) et ses murs ornés de représentations de Constantinople. La "salle d'alchimie" est décorée de singulières peintures mythologiques. Cuisine joliment reconstituée (très belle table massive), glacières visibles en sous-sol. De la terrasse, vue remarquable sur le Lot, la Toulzanie et Calvignac. Des visites nocturnes en costumes sont organisées certains soirs d'été, de même que des spectacles (concerts, cinéma en plein air). **Cenevières** *(14km à l'ouest de Cajarc) Tél. 05 65 31 27 33 www.chateau-cenevieres.com Ouvert mai-sept. : tlj. 10h-12h et 14h-18h ; avr., oct. : tlj. 14h-17h, le matin sur rdv ; nov.-mars sur rdv Fermé dim. mat. l'été Tarif 6€, réduit 3€*

La vallée du Lot à l'est de Cajarc

☺ **Saut de la Mounine** Selon la légende, c'est ici que l'ermite Sidoine aurait sacrifié sa guenon (en patois "mounine"), afin de permettre le mariage de Ghislaine : le père de celle-ci, seigneur de Montbrun, lui avait juré qu'il préférerait la voir se jeter du haut de la falaise plutôt que de la savoir mariée à un hypothétique seigneur de Waïffier. Après avoir cru à son suicide, heureux de la retrouver bien vivante, il lui demanda pardon et autorisa l'union. En réalité, il y eut ici une cascade (un saut), qui alimentait un moulin (ou une mouline, d'où le nom). Le site est absolument extraordinaire. Panorama du parking situé à une dizaine de mètres à l'est du panneau explicatif. Mais la courbe n'apparaît dans toute sa perfection qu'après une marche de quelques secondes vers le nord-ouest de la falaise. Vertigineux... *7km à l'est de Cajarc*

☆ **Château de Larroque-Toirac** Le "Beynac du Quercy", difficile d'accès, offre un bel exemple d'architecture militaire. L'entrée, en angle aigu avec la paroi rocheuse, interdisait l'usage du bélier. Quand bien même les attaquants seraient parvenus à défoncer la porte, ils se seraient retrouvés dans une vaste salle voûtée, fermée par une seconde porte. Au plafond, un trou par lequel tombaient l'eau bouillante ou les pierres. Sur les côtés, des meurtrières et, derrière une niche, un garde fortement armé... Bâti au XIVe siècle, ce châtelet sera pourtant régulièrement investi par les Anglais durant la guerre de Cent Ans. Il gardait l'entrée de la grosse tour carrée d'origine, datée du XIIIe siècle. En arrière, légèrement en surplomb de l'ensemble, devant la falaise creusée de logements troglodytiques où se réfugiaient les villageois, les restes du donjon d'origine : il s'élevait à 38m en 1180 avant d'être raccourci de 30m par la Révolution. À l'intérieur du corps de logis, les latrines de la salle des gardes et de la chambre des enfants sont peintes. Intéressante collection de mobilier. Derrière le château, un jardin encadre le puits où, pendant des siècles, les habitants venaient s'approvisionner. ***Larroque-Toirac** (13km à l'est de Cajarc) Tél. 06 12 37 48 39 ou 06 60 08 80 10 www.chateautoirac.com Ouvert été : tlj. 10h30-12h15 et 14h-18h15 Ouvert mai-juin et oct. : certains w.-e. sur rdv Tarif 6€, réduit 2€*

☆ **Église de Saint-Pierre-Toirac** Le cours du Lot s'aplanit avant d'arriver à ce village, dominé par sa formidable église, construite au XIe siècle et fortifiée au XIVe siècle, dont neuf des chapiteaux de colonnes comptent parmi les plus beaux de l'art roman en Quercy (description précise à l'entrée de l'église). *15km à l'est de Cajarc*

● Randonner sur le causse

Circuit des Cazelles longues (n°13) Ce sentier en forme de boucle permet de découvrir sans trop de fatigue le causse entre Lot et Célé. ***Départ** Saint-Pierre-Toirac (15km à l'est de Cajarc) **Longueur** 14km **Durée** 4h*

● Admirer des stalactites fistuleuses

Grotte de Foissac La grotte de Foissac s'ouvre par une salle circulaire très fraîche où l'on vous explique longuement le calcaire, l'eau, les concrétions, la préhistoire. Ensuite, un plafond dégoulinant de stalactites fistuleuses (p.14), terminées par de grosses boules. Enfin, "clou" du spectacle : des squelettes néolithiques. Riche en argile, la grotte fut exploitée comme une carrière à l'âge du cuivre, il y a environ 5 000 ans. On a retrouvé des outils, des poteries et des squelettes, enterrés ici avec quelques offrandes. Plus troublant, des traces d'enfants. Guides excellents. ***Capdenac-Gare** (6km au sud-est de Saint-Pierre-Toirac) D86 de Saint-Pierre-Toirac ou fléchage de Capdenac-Gare (D922) Tél. 05 65 64 77 04 www.grotte-de-foissac.com Ouvert avr.-mai, oct. : dim.-ven. 14h-17h ; juin, sept. : tlj. 10h-11h30 et 14h-17h ; juil.-août : tlj. 10h-18h Tarif 8,50€, réduit 6,50€*

CARNET D'ADRESSES

Restauration

prix moyens

Le Président La carte "brasserie gastronomique", bien conçue, donne toute satisfaction : plats consistants (tête de veau tiède façon gribiche, souris d'agneau au safran du Quercy, canard rôti) ou cuisine locale plus légère (assiette dégustation quercynoise), et formules en-cas : pizzas maison (géantes !), croque-monsieur... Des produits honnêtes soutiennent une cuisine simple mais goûteuse, et les Cajarcois ont depuis belle lurette pris leurs habitudes dans cette brasserie du tour de ville. Formule déjeuner en semaine 10€, comptez 15-25€ à la carte. *11, pl. du Foirail* ***Cajarc*** *Tél. 05 65 40 75 75 Ouvert juil.-août : tlj. ; jan.-avr., nov.-déc. : mer.-dim. ; mai-juin, sept.-oct. : mar.-dim.*

Le Cajarc gourmand Idéalement située sur le parvis de l'église, cette maison, d'excellente réputation, déploie quelques tables aux beaux jours et c'est parfaitement romantique. Le Cajarc gourmand aurait pu se laisser aller à la facilité – il n'en est rien : le foie gras, chaud, mi-cuit ou en terrine, ne démérite pas depuis des années. Carte très classique, multirégionale (surtout Sud-Ouest, forcément), de qualité. Menus 15,50-27€, carte 25-35€. ***Cajarc*** *Tél. 05 65 40 69 50 Ouvert mi-mars-fin nov.*

L'Allée des vignes Cet ancien presbytère, à la décoration intérieure d'un dépouillement savamment étudié, recèle une table semi-gastronomique qui met à l'honneur le poisson. Cuisine raffinée (tartare de sandre fumé, duo de saumon et langoustine) de haute volée. Cet établissement ouvert au printemps 2011 n'a pas tardé à attirer tous les gourmets des environs... Assiettes en trois formats : dégustation, demi-plat ou plat. Pour le déjeuner, formules de La Table bistronomique 15,50-17,50€ (mer. midi, sam. midi). Pour le dîner, formule de L'Atelier des saveurs à partir de 29,50€ (tous les soirs et dim. midi). Belle carte des vins. Enfin, les plus pressés pourront manger sur le pouce à toute heure dans le salon de thé-snack gourmand ouvert au printemps 2013. Terrasse aménagée dans l'ancien jardin clos. *32, bd du Tour-de-Ville* ***Cajarc*** *Tél. 05 65 11 61 87 ou 06 71 80 70 74 www.alleedesvignes.com Fermé mar.-mer. hors saison*

Hébergement

petits prix

Gîte rural Chez J. Viven Sur les hauteurs du charmant village de Cénevières, voilà un gîte aménagé avec un goût très sûr pouvant accueillir 4 personnes dans une ancienne maison quercynoise en pierre. En été, vous pourrez prendre votre café sur la petite terrasse, à l'ombre de la glycine, d'où l'on bénéficie d'une belle vue sur le village. Dès les premiers frimas, n'hésitez pas à vous réchauffer devant la superbe cheminée. Maison mitoyenne mais tout à fait indépendante, grand calme, petit jardin privatif. Comptez 255€ hors saison, de 500 à 560€ en saison, selon la période. Les propriétaires, très accueillants, sauront vous renseigner sur tout ce qu'il y a à découvrir dans les environs. *J. Viven Le Bourg* ***Cenevières*** *(14km à l'ouest de Cajarc) Tél. 05 65 31 25 06*

prix moyens

Chambres d'hôtes et gîtes Pech Granat Un gîte étonnant, dans l'un des rares moulins à vent du Quercy encore en état de marche. Bâti en 1797, il était en ruine lorsque les époux Agrech le rachetèrent en 1972. Cuisine au rez-de-jardin, chambre et commodités au 1er étage, salon au 2e. C'est étroit, mais vraiment original ! Un deuxième gîte (2 pers.) a été aménagé dans une cazelle. Comptez 850-1 300€/sem. pour 4 à 6 pers. Ces gîtes peuvent être loués à la nuitée (60-70€/2 pers.). Grand jardin clos de murs, piscine et, surtout, site remarquable. Les propriétaires ont aménagé une chambre d'hôtes (70€) dans leur maison contemporaine, à 100m des gîtes. Table d'hôtes (18-20€) sur réservation. *Saint-Chels (8km au nord de Cajarc) Fléchage Tél. 05 65 40 73 49 ou 06 37 48 97 16*

Gîte La Cloterie Au pied de l'église de Saint-Pierre-Toirac, d'anciennes écuries ont été aménagées en gîte dans le respect de l'architecture d'origine. Le bâtiment est devenu un gîte luxueux (550-950€, 6 pers.) avec une grande salle voûtée, 2 chambres à l'étage. Pierres apparentes, mobilier en bois massif clair et objets anciens. ***Saint-Pierre-Toirac** (14km au nord-est de Cajarc) Fléchage derrière l'église Tél. 05 65 34 64 41 www.location-gites-lot.com*

prix élevés

Hôtel La Ségalière C'est l'hôtel des pèlerins (le chemin de Saint-Jacques-de-Compostelle passe juste en face). Derrière sa façade peu engageante, l'accueil et le service proposés par les propriétaires et le personnel sont extrêmement professionnels ; 24 chambres, sans grand charme, mais confortables. Superbe piscine dans un jardin bien dessiné. Comptez 85-115€/nuit, petit déj. 10€. Également un restaurant sur place. *Route de Cadrieu D662 **Cajarc** Tél. 05 65 40 65 35 www.lasegaliere.com Ouvert mars-oct.*

★ SAINT-CIRQ-LAPOPIE 46330

Enfoncez-vous dans les ruelles et laissez le charme opérer : façades en pans de bois, décors Renaissance, échoppes médiévales... Saint-Cirq-Lapopie n'a certes pas usurpé son titre de "plus beau village de France" (il a même été élu village préféré des Français en 2012 lors d'une émission télévisée). Son emplacement exceptionnel – le village est perché à plus de 100m en aplomb du Lot – et son histoire – trois dynasties se succèdent dans cette place forte – concourent à faire du lieu une étape obligée. Revers de la médaille : l'affluence touristique dont la petite cité fait l'objet en été, qui se remplit et se vide en une demi-heure, en milieu de matinée et en fin d'après-midi. Ce n'est que le soir, lorsque revient le calme, que l'on ressentira toute son atmosphère. Pierre Daura, Émile-Joseph Rignault ou André Breton, ces peintres et poètes ont contribué à la notoriété de Saint-Cirq qui perpétue cette tradition de mécénat depuis quelques années, accueillant des artistes en résidence à la maison Pierre-Daura.

UNE HISTOIRE DE TOURS Le village de Saint-Cirq fut au Moyen Âge une forteresse partagée entre trois des plus puissants seigneurs du Quercy : les familles Gourdon, Cardaillac et La Popie. Le fort de Saint-Cirq regroupait trois châteaux, dont la hauteur du donjon signifiait le rang de chaque famille. En contrebas, le village s'étendait entre deux portes sévèrement gardées. Il était divisé en quartiers, dévolus aux différentes corporations. Comme Figeac, Saint-Cirq est resté à l'abri de ses fortifications, et n'a donc subi que peu de destructions. Il fait figure aujourd'hui de conservatoire de l'architecture médiévale.

MODE D'EMPLOI

accès, orientation

Saint-Cirq-Lapopie est à 21km de Cajarc, 30km de Cahors, et 45km de Figeac. Attention, en été – en voiture ou à pied –, c'est infernal. Cinq parkings au total desservent le village. Deux vastes parkings (2€/j.) ont été aménagés à l'entrée "basse" du bourg en 2012 (stationnement obligatoire pour les camping-cars). Le parking situé le plus près du centre-bourg vous reviendra à 3,50€/j. Deux autres parkings ont été aménagés également en 2012 dans le haut du village (2€/j. pour le plus proche du village), le second, situé à 700m, est pour l'instant gratuit. Une navette (gratuite) en juil.-août relie les parkings (haut et bas) au cœur du village.

informations touristiques

Office de tourisme Très riche en documentation, en informations, ainsi qu'en initiatives. L'office est notamment à l'origine des Chemins qui parlent, une nouvelle façon de randonner (p.298). *Pl. du Sombral Tél. 05 65 31 31 31 www.quercy-tourisme.com/st-cirq-lapopie*

marchés

Marché de producteurs *Mer. à partir de 16h en saison*

DÉCOUVRIR

☆ **Les essentiels** Le bourg médiéval **Découvrir autrement** Flânez dans les jardins du musée Rignault et admirez un panorama exceptionnel sur la vallée du Lot, laissez-vous guider par les Chemins qui parlent en arpentant les sentiers de randonnée

Saint-Cirq-Lapopie

☆ **Bourg médiéval** L'**église Saint-Cirq**, située à côté des belvédères, impressionne par la puissance contenue dans sa tour-clocher renforcée d'une tourelle d'angle. Élevée de 1522 à 1540, l'église a englobé la chapelle romane antérieure (dont il ne reste que la voûte de l'abside en cul-de-four, intégrée au bras oriental du transept). De l'église part la **rue Droite** qui rejoint les parkings situés à l'entrée ouest du village. Avant d'arriver place du Sombral (la place de l'office de tourisme), demeures Renaissance puis maison en pans de bois à double encorbellement du XVe siècle, sur la gauche. La place est bordée de façades à pans de bois du XIVe siècle. Parallèle à la rue Droite, la **rue de la Fourdonne** passe sous les voûtes des maisons bordières. Derrière la rue Droite, se dresse la bâtisse médiévale la mieux conservée du village : le rez-de-chaussée est du XIVe siècle, l'étage en pans de bois du XVe siècle. Dans la première ruelle à gauche après celle-ci, la célèbre **maison Daura**, des XIIIe et XIVe siècles. La venelle s'élargit en descendant vers le sud et devient la **rue Pellissaria**, car les fourreurs avaient ici leurs ateliers. Autre artisanat, le plus important à Saint-Cirq, celui des tourneurs sur buis (ou roubinetaïres). Leur souvenir est encore présent dans les petites maisons médiévales du village, la plupart d'anciennes échoppes aux belles arcades gothiques. Place du Carrol, la **maison forte des Mariniers** (ne se visite pas), longtemps demeure d'André Breton, où il accueillait ses amis surréalistes. Jusqu'en bas, les logis datent des XVe, XVIe et XVIIe siècles.

VUE IMPRENABLE
Le château de Saint-Cirq, détruit sur ordre de Charles VIII, était celui des Cardaillac. À sa place, plusieurs belvédères aménagés permettent d'admirer la vallée du Lot.

☺ **Musée Rignault** Élève de Jules Valadon et Gustave Moreau, Émile-Joseph Rignault (1874-1962) voue son existence à la défense des artistes. Tombé sous le charme de Saint-Cirq, il achète en 1922 un ensemble de maisons bâties sur l'éperon rocheux de l'ancien château de la Gardette, que prolonge un ravissant jardin en surplomb du Lot (il en fera don au département du Lot en 1959). Le musée, dont le fonds compte essentiellement des œuvres d'art africain et océanien, accueille régulièrement des expositions temporaires. N'hésitez pas à y faire un tour, l'endroit est très peu fréquenté et la vue des jardins sur la vallée du Lot est à couper le souffle. Assis sur le banc en pierre, à l'ombre des buis et surtout loin de la foule des estivants, Saint-Cirq sera tout à vous. *Tél. 05 65 31 23 22 Ouvert juil.-août : mer.-lun. 10h-12h30 et 14h30-19h ; Pâques-juin, sept.-Toussaint : mer.-lun. 10h-12h30 et 14h30-18h Tarif unique 2€*

● Prendre du bon temps au bord de l'eau

Plan d'eau de Saint-Cirq L'immense espace aménagé au bord du Lot propose tout ce qu'il est possible de faire dans l'eau, au bord de l'eau, sur le gazon, sur le sable... Restaurant, bars, aires de pique-nique, canoë, pédalos... et baignade surveillée l'après-midi, en saison. *Au port de Roques, sous le pont*

● Chercher la gabarre

Lot Croisières Au départ de Bouziès, la gabarre *Le Comte de Lapopie* effectue une boucle de 1h30 sur le Lot, qui permet de franchir l'écluse au pied de Saint-Cirq avant de longer le chemin de halage qu'empruntaient les gabarres de retour de Bordeaux. Au programme : moulin, falaises de Coudoulous, château des Anglais, et bien entendu, le village de Saint-Cirq, perché sur son éperon rocheux, dont la situation apparaît encore plus vertigineuse au fil de la rivière. *Port fluvial* ***Bouziès*** *Tél. 05 65 31 72 25 ou 05 65 24 32 20 www.lot-croisieres.com Ouvert mi-avr.-fin oct. : tlj. Tarif 10€, réduit 6€*

● Parcourir des Chemins qui parlent

Les Chemins qui parlent L'office de tourisme de Saint-Cirq est à l'origine de cette initiative magnifique. Vous louez le CD qui correspond à celui des vingt sentiers qui vous intéresse, et vous écoutez, au rythme de votre promenade, la petite histoire que chaque borne numérotée vous raconte. Pas de casque, le son vous envahit sans vous contraindre, et le paysage, la cazelle, l'arbre, s'expliquent en direct. On n'a pas trouvé plus efficace pour marcher en se cultivant, à part le guide accompagnateur. *Autres points de location à Bouziès (hôtel Les Falaises), Cabrerets (point d'information tourisme), Cénevières (épicerie), Lauzès (ADMR), Saint-Géry (restaurant Le Chabrot), Sauliac-sur-Célé (épicerie) et Vers (point d'information tourisme)*

Le Quercy des rivières

Sites sur l'eau

Capdenac ____ 282
Château de Cénevières ____ 292
Saut de la Mounine ____ 292
Château de Larroque-Toirac ____ 293
Saint-Cirq-Lapopie ____ 295
Moulin de Cougnaguet (Calès) ____ 324
Gouffre de Padirac ____ 340
Autoire ____ 340
Pont Valentré (Cahors) ____ 354
Bélaye ____ 373
Saint-Antonin-Noble-Val ____ 395
Bruniquel ____ 400
Moissac ____ 419

En bateau

Lot Croisières (Bouziès) ____ 297
Embarquer pour une croisière sur le Lot ____ 355

En canoë-kayak

Figeac Eau vive (Figeac) ____ 281
Chemin de halage de Ganil (Saint-Cirq-Lapopie) ____ 299
Copeyre Canoë (Souillac) ____ 329
Évasion (Saint-Antonin-Noble-Val) ____ 398

Train touristique

Chemin de fer touristique du Haut-Quercy (Martel) ____ 332

Baignade

Plan d'eau de Saint-Cirq ____ 297
Plan d'eau du Lac-Vert (Catus) ____ 313

Restauration

La Gabarre (Saint-Julien-de-Lampon) ____ 168
Restaurant des Grottes (Cabrerets) ____ 305
Hôtel-restaurant Fénelon (Carennac) ____ 342
Au fil des douceurs (Cahors) ____ 359
Restaurant Côté Lot (Puy-l'Evêque) ____ 373

Hébergement

Chambres d'hôtes La Treyne (Saint-Cirq-Lapopie) ____ 300
Hôtel Le Saint-Cirq (Tour-de-Faure) ____ 301
Camping La Verte Rive (Pinsac) ____ 329
Les Terrasses de Carennac ____ 342
Hôtel du Moulin de Moissac ____ 431

● Se promener sur un chemin de halage

☺ **Chemin de halage de Ganil** Le GR®36-46 descend vers la vallée du Lot. Au Ganil, une ancienne maison d'éclusier, des panneaux indiquent un chemin de halage étonnant, taillé dans le calcaire en 1843-1847 et sculpté de bas-reliefs sur une quinzaine de mètres. Promenade très plaisante, au-dessus de l'eau. Difficile de s'imaginer que des hommes ont souffert sur ce même parcours en tirant chaque jour d'énormes gabarres contre le courant... *En contrebas de Saint-Cirq-Lapopie, en dir. de Bouziès Grand parking*

● Pratiquer des activités sportives

☺ **Kalapca Loisirs** L'association Kalapca vous initie au canoë, à l'escalade, au canyoning, à la spéléologie, à la randonnée, au parcours aventure. Stages, formations, découvertes thématiques de la région, descentes de rivières sur plusieurs jours... Encadrement très professionnel (brevets d'État), accueil impeccable. Incontournable dans le Lot. ***Bouziès** Croisement route du Célé et route du Lot La Plage Tél. 05 65 24 21 01 (été) www.kalapca.com*

CARNET D'ADRESSES

Restauration

petits prix

Le Cantou Si certains sacrifient la gastronomie et les petits prix à un menu tape-à-l'œil, tel n'est pas le choix de la jeune équipe aux commandes de ce restaurant, loin s'en faut. Cadre sympathique (jolie terrasse fleurie et ombragée à l'étage), cuisine simple et variée (délicieux carpaccio de betterave au chèvre frais) et enfin bon rapport qualité-prix : autant de qualités qui valent un franc succès au Cantou. Aux beaux jours, la petite terrasse est très convoitée, réservez ! Menus 12,50-16€, à la carte comptez env. 20€. ***Saint-Cirq-Lapopie** Tél. 05 65 35 59 03 ou 06 61 19 36 35 Ouvert mi-avr.-mi-mai, juil.-sept. : tlj. ; fin mars-mi-avr., mi-mai-juin, oct.-11 nov. : jeu.-mar.*

prix moyens

Lou Faouré Pour grignoter quelques tapas ou savourer un délicieux gâteau aux noix à toute heure, ou pour vous attabler et dévorer un cassoulet maison en soirée, la terrasse de Lou Faouré, aménagée place du Sombral, donc au cœur du village, bénéficie d'un emplacement de premier choix. Belle sélection de vins de cahors au verre. Équipe des plus charmantes. ***Saint-Cirq-Lapopie** Tél. 06 43 31 23 24 Ouvert mi-mars-nov.*

☺ **Le Gourmet quercynois** Ce magasin vend tout ce qui peut se vendre en truffes, foies gras, huiles aromatisées et charcuteries. C'est aussi, à l'étage, un bon restaurant. Qu'y mange-t-on ? Du foie gras, du foie gras, et encore du foie gras, auquel une carte spéciale est dédiée. Les menus, assez inventifs, sont proposés avec une option "accords mets/vins" qui les rend particulièrement intéressants... L'agneau du Quercy est cuisiné avec invention, fondant dans la bouche, notamment le pavé d'agneau au jus d'ail, un pur régal. Une jolie terrasse à l'arrière et une toute petite à l'avant, en haut de l'escalier, permettent de se restaurer tout en admirant les vieux toits de Saint-Cirq. Menus 14,90-36€, carte 20-50€, carte de foies gras 12-23€. Réservation vivement conseillée. ***Saint-Cirq-Lapopie*** *Tél. 05 65 31 21 20 www.restaurant-legourmetquercynois.com*

L'Oustal Cet établissement est bondé en été : sans doute la rançon du succès. Spécialité de la maison : la "patate quercynoise", une pomme de terre en robe des champs gratinée de cabécou et de cantal. Service relativement rapide, bon accueil. Le magret de canard fumé, maison, est particulièrement savoureux. Menus 15-30€. Formule déj. 13,50€, entrée, saucisse-aligot ou plat du jour. Nous avons apprécié le carré de cochon braisé accompagné de son velouté de grenailles. ***Saint-Cirq-Lapopie*** *Tél. 05 65 31 20 17 Ouvert avr.-juin, sept.-oct. : ven.-mer. ; juil.-août, 23 oct.-3 nov. : tlj.*

La Tonnelle Les gros appétits seront comblés par les assiettes du terroir servies en terrasse : plus de vingt formules (10,80-26,80€) déclinent le canard et l'agneau fermier du Quercy sous toutes les formes possibles. Généreuses et savoureuses, elles se dégustent sous la tonnelle, accompagnées d'un verre de cahors ou de jurançon. Mention particulière à l'assiette du Berger, l'une de nos favorites. La Tonnelle ravira les petits budgets aux papilles exigeantes. Également des tartines (6,80-9,80€), et les végétariens ne sont pas oubliés. Service rapide, pas de réservation. Excellent rapport qualité-prix, équipe des plus charmantes. *Rue de La Peyrolerie* ***Saint-Cirq-Lapopie*** *www.brasserie-latonnelle.com Ouvert avr.-11 nov. : tlj. ; 16 fév.-28 mars, 21 déc.-5 jan. : tlj. à midi*

Hébergement

camping

Camping de la Plage Une très grosse structure, saturée en été. Bar, restaurant. Nombreuses activités proposées (canoë, randonnée, VTT...). Empl./2 pers. 20-24€ (électricité en supplément). ***Saint-Cirq-Lapopie*** *Au bord du Lot Tél. 05 65 30 29 51 www.campingplage.com*

prix moyens

Auberge du Sombral Les propriétaires vous proposent 8 petites chambres, lumineuses et méticuleusement entretenues, décorées avec des œuvres d'artistes de la région. Salon avec une belle cheminée en pierre, terrasse envahie dans la journée. Double 52-80€, petit déj. 8,50€. Également un restaurant qui met à l'honneur l'agneau fermier du Quercy. Accueil très souriant et attentif. *Pl. du Sombral* ***Saint-Cirq-Lapopie*** *Tél. 05 65 31 26 08 www.lesombral.com Ouvert avr.-11 nov. : ven.-mer., tlj. vac. scolaires et sept. Restaurant ouvert tlj. à midi (sauf jeu. hors saison), ven. et sam. soir*

prix élevés

Chambres d'hôtes La Treyne Agnès Dadoun vous ouvre les portes de sa

GAMME DE PRIX	RESTAURATION	HÉBERGEMENT
Très petits prix	moins de 15€	moins de 30€
Petits prix	de 15 à 25€	de 30 à 50€
Prix moyens	de 25 à 35€	de 50 à 80€
Prix élevés	de 35 à 50€	de 80 à 125€
Prix très élevés	plus de 50€	plus de 125€

demeure, assurément l'une des plus belles du village, à deux pas de l'ancienne maison de marinier d'André Breton. Les 3 chambres douillettes et la salle à manger ornée d'une superbe cheminée en pierre donnent beaucoup de charme à cette bâtisse médiévale située dans le bas de Saint-Cirq. L'ensemble, décoré avec un goût très sûr, offre de plus un excellent confort. De la terrasse, la vallée du Lot se donne en spectacle, le calme y est aussi profond que la vue est belle. Comptez de 80 à 100€ la double. ***Saint-Cirq-Lapopie*** *Tél. 05 65 31 49 10 ou 06 12 29 76 55 Ouvert avr.-mi-nov.*

Chambres d'hôtes du château de Saint-Cirq-Lapopie La vie de château vous tente ? Le propriétaire de cette demeure d'exception a aménagé 4 superbes chambres, dont 2 suites, dans le château (XVIe s.), situé au cœur du village. Beaux volumes, mobilier ancien, œuvres d'art contemporain disséminées un peu partout dans la propriété : autant d'atouts pour un séjour placé sous le signe de l'art et de la musique (expos et concerts en été). Les 2 suites disposent de vues panoramiques, l'une regarde vers la vallée, l'autre donne sur la cour d'honneur. Piscine couverte. Très bon rapport qualité-prix et excellent accueil. Comptez de 98€ la double à 139€ la suite. ***Saint-Cirq-Lapopie*** *Tél. 05 65 31 27 48 ou 06 66 97 67 93 www.chateaudesaintcirqlapopie.com Ouvert juin-sept.*

Hôtel Le Saint-Cirq Faisant face à Saint-Cirq-Lapopie, sur la rive nord du Lot, l'hôtel est tenu par un enfant du pays, propriétaire du restaurant Le Gourmet quercynois, au cœur du village (p.299). Cet établissement, idéalement situé, bénéficie d'un superbe environnement. Préférez les chambres qui donnent côté Lot, la vue sur le village illuminé le soir est fabuleuse ! Claires, aménagées dans des tons chauds et faisant la part belle aux matières naturelles, toutes sont dotées d'un grand confort. Excellent accueil. Piscine. De 78 à 170€ la double en haute saison, petit déjeuner buffet 12,80€. Au printemps 2013, l'établissement a ouvert 4 appart-hôtels avec terrasse ($45m^2$, type F2, 2-5 pers.) à deux pas, tout confort et de plain-pied. Idéal pour un séjour de quelques jours ou plus en famille. Possibilité de profiter des services de l'hôtel (petit déj., piscine, navette...). *Le Mas* ***Tour-de-Faure*** *Tél. 05 65 30 30 30 www.hotel-lesaintcirq.com Ouvert mi-fév.-11 nov., 21-31 déc.*

MARCILHAC-SUR-CÉLÉ

46160

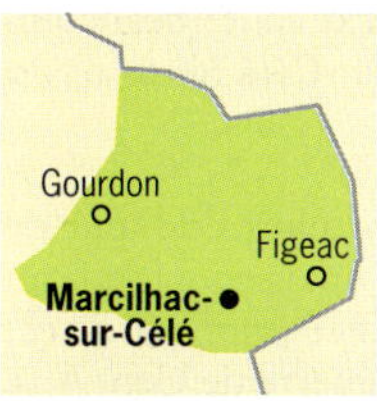

Minuscule, à l'ombre des falaises, tapi dans un creux du Célé, Marcilhac est illuminé par les ruines de son église abbatiale. Ce petit village paisible, très agréable en saison, est niché au mitan de la rivière, entre Figeac et Bouziès. Le Célé offre une série de méandres laminés entre les falaises, dominés par d'extraordinaires "châteaux des Anglais" (fortifications de falaises) : l'une des plus belles rivières d'Europe, à découvrir de préférence à pied ou en canoë, ou plus simplement en voiture.

MODE D'EMPLOI

accès

La très belle D41 suit la rivière sur 45km. Marcilhac-sur-Célé en est le "centre", à 32km de Figeac, 48km de Cahors et 25km de Saint-Cirq-Lapopie.

informations touristiques

Office de tourisme de Marcilhac-sur-Célé *Prieuré Tél. 05 65 40 68 44 www.quercy-tourisme.com/marcilhac Ouvert juil.-mi-sept. : tlj. 10h30-12h et 15h-17h30 Hors saison Tél. OT Figeac 05 65 34 06 25*

fêtes et manifestations

Festival le Lot et la Laine Organisé par le musée de Plein Air de Cuzals. ***Sauliac-sur-Célé*** *Vers la mi-juil.*

DÉCOUVRIR

Marcilhac-sur-Célé et ses environs

☆ **Les essentiels** L'abbaye de Marcilhac, la grotte du Pech-Merle, la vallée du Célé **Découvrir autrement** Passez la journée en famille au musée de Plein Air du Quercy à Sauliac, admirez le paysage en parcourant le GR®651 le long du Célé

☆ **Abbaye** Bâtie au XIe siècle, l'abbaye de Marcilhac dominait au XIIIe siècle une centaine de paroisses, dont Rocamadour, pour le contrôle de laquelle elle fut durant de longues années en procès avec l'abbaye de Tulle. Détruite au cours de la guerre de Cent Ans, reconstruite en partie à la fin du XVe siècle, à nouveau dévastée par les guerres de Religion, restaurée aux XVIIe et XVIIIe siècles, elle sera définitivement anéantie sous la Révolution. Les ruines (ouvertes à la visite) qui subsistent, lancées vers le ciel, suggèrent l'ampleur du bâtiment révolu. Le début de la nef impressionne par la hauteur et l'épaisseur des colonnes. Côté sud, le tympan du portail, d'origine carolingienne, provient très probablement d'une chapelle romane détruite il y a bien longtemps. Il représente Jésus et les apôtres saint Pierre et saint Paul. À l'intérieur de la partie de l'abbaye reconstruite au XVe siècle (actuelle église paroissiale), mobilier intéressant (retable, chaire, boiseries) et fresques du XVe siècle. La salle capitulaire est contemporaine des premières travées de la nef (XIIe s.), comme en témoigne la décoration très explicite (beaucoup de monstres) des chapiteaux des colonnes. ***Marcilhac-sur-Célé*** *Tél. 05 65 40 68 44 Ouvert mi-juil.-août : jeu. 17h30 Tarif 4,50€*

☺ **Prieuré d'Espagnac-Sainte-Eulalie** Le clocher aux allures de tour de guet signale aux pèlerins de Saint-Jacques la présence d'un prieuré fondé au XIIe siècle. L'église Notre-Dame de Val-Paradis est l'édifice principal de cet ensemble. Élevée de 1283 à 1289, puis dévastée par la guerre de Cent Ans, elle fut restaurée au XVe siècle, augmentée de l'abside pentagonale dont la hauteur est supérieure à celle de la nef. Entre les contreforts, étroites fenêtres à remplage. À l'intérieur, trois gisants et un retable sculpté du XVIIe siècle. ***Espagnac-Sainte-Eulalie*** *12km au nord-est de Marcilhac*

Cabrerets Le village apparaît derrière un coude. Flanquées tout contre la falaise face à un très vieux pont, les maisons sont regroupées sous le **château du Diable** ; ce "château des Anglais" a la particularité de posséder une tour semi-circulaire. Construit au milieu du XIIIe siècle, il fut détruit un siècle plus tard. Alors que la route se dirige vers la droite, Cabrerets disparaît derrière un autre castel, une bâtisse du XVe siècle très remaniée au XIXe siècle. Au pied du château, un moulin désaffecté (XVIe s.). ***Cabrerets*** *15km au sud-ouest de Marcilhac*

☆ **Grotte du Pech-Merle** On dénombre dans cette grotte découverte en 1922 des centaines de gravures et de représentations, dont de nombreux chevaux : grands (1,60m de longueur et 0,90m de hauteur chacun), très stylisés, ressemblant un peu à leurs homologues de Lascaux par leur tête fine, leur ventre fécond et leurs jambes réduites à quelques traits, ils sont décorés de taches rondes. Caché derrière le dos du cheval de droite, un poisson long de 1,50m, vraisemblablement un brochet : l'une des rares représentations connues d'un vertébré à écailles. Réalisés il y a environ 25 000 ans, ces dessins ont précédé la frise de mammouths visible à l'entrée de la grotte. Dessinés de façon très précise à l'aide d'oxyde de manganèse (noir) il y a 15 000 à 16 000 ans, les mammouths courent sur une surface de 20m². Quelques bisons aussi et, çà et là, des signes curieux, des "femmes-bisons" et des empreintes de mains en négatif, un homme blessé à la tête pointue et un taureau aux cornes de lyre. La visite se termine sous un chêne rouvre qui a enfoncé ses radicelles jusque dans l'humidité de la grotte. Guides excellents, bon film d'introduction projeté au musée. ***Cabrerets*** *(15km au sud-ouest de Marcilhac) Fléchage Tél. 05 65 31 27 05 www.pechmerle.com Ouvert avr.-11 nov. : 9h30-17h Tarif 10€, réduit 6€ Réservation indispensable l'été*

RÉSERVEZ !
Cinquante minutes, pas une de plus : c'est le temps de présence imposé dans la grotte du Pech-Merle afin que les expirations des visiteurs ne menacent pas les peintures pariétales (25 pers. max. par visite). Vous avez compris : en été, réservez impérativement !

Piquer une tête dans un plan d'eau

Plan d'eau Dans le village de Marcilhac, près de la salle polyvalente, voilà un bassin familial assez peu fréquenté. ***Marcilhac-sur-Célé***

Revivre le Quercy d'antan

☺ **Musée de Plein Air du Quercy** Sur plus de 50ha de causse, le long de la superbe D40, le musée de Plein Air du Quercy tend à faire revivre le passé par des reconstitutions de la vie rurale d'autrefois, animées en saison. Il ne s'agit en aucun cas d'un village "à l'ancienne", mais de 17 petits musées thématiques réunis dans un espace gigantesque. On commence par une fouille archéologique et un village médiéval, on découvre ensuite l'eau, élément essentiel de la géographie du Quercy, on apprend à imprimer à l'ancienne ou à faire un feu (passionnant). Depuis 2011, s'y tient le Festival le Lot et la laine, avec démonstrations de filage et de teinture. À voir en juillet. Exposition thématique sur la cuisine quercynoise jusqu'en 2015. ***Sauliac-sur-Célé*** *(7km au sud-ouest de Marcilhac) Fléchage Tél. 05 65 31 36 43 www.musees-midi-pyrenees.fr/musees/musee-departemental-de-cuzals Ouvert juil.-août : tlj. 10h-19h ; mai-juin, sept. : mer.-dim. 14h-18h Tarif 5€, réduit 2,50€, moins de 12 ans gratuit*

● Faire une randonnée

Espagnac-Sainte-Eulalie (n°26) Cette boucle proposée par Lot Tourisme (p.56) donne à voir le prieuré d'Espagnac sous des angles inhabituels. ***Départ*** *Espagnac* ***Longueur*** *14km* ***Durée*** *4h*

GR®651 Il longe la rive droite du Célé. C'est l'un des plus beaux sentiers de la région, qui traverse la plupart des villages riverains. En l'empruntant sur quelques centaines de mètres à Saint-Sulpice ou Sauliac par exemple, on découvre des points de vue éblouissants sur toute la vallée. ***Sauliac-sur-Célé***

☆ Parcourir la vallée du Célé

Extrêmement encaissée, la vallée du Célé déploie sa magie d'est en ouest, à partir de Corn, petit village situé entre rivière et causse, et gardé par les châteaux de **Goudou** et de **Roquefort**. Au-dessus de Goudou (aspect très sauvage du Célé depuis le pont), sous le relais de télévision, le regard embrasse la vallée et les falaises de la rive d'en face. Ensuite **Espagnac** et son prieuré, Brengues. Dans un virage, observez la muraille de pierre accolée à la falaise : c'est l'un des innombrables **"châteaux des Anglais"** (celui-ci date du XIIe s.) qui surveillaient le Célé depuis des implantations troglodytiques, probablement préhistoriques. À **Saint-Sulpice**, le château (XIIIe-XIVe s.) n'est plus que ruines. Il faut emprunter sur 100m le GR®651 pour découvrir le village originel, entièrement troglodytique. La vue sur la vallée est magnifique. Un autre panorama exceptionnel s'offre au marcheur à **Sauliac-sur-Célé**, après Marcilhac. Le GR®651 passe sous un énième "château des Anglais" avant d'arriver au château de Génies (propriété privée), sur une butte de l'autre côté de la rivière. Dominant la route de plusieurs dizaines de mètres, le bâtiment est caché derrière de hauts peupliers au plus profond du cingle. La **fontaine de la Pescalerie** attire le regard au bord de la route, dans un virage, quelques kilomètres avant que s'annonce Cabrerets. Cliché bucolique, elle alimente un moulin en partie troglodytique et un vivier (donc une pêcherie, d'où son nom). C'est ensuite un long défilé jusqu'à **Conduché**, où le Célé se perd dans le Lot. À droite du carrefour, la route s'élargit vers Cahors. Après un long virage, elle disparaît à **Bouziès** sous un tunnel gardé par un "château des Anglais", simple muraille crénelée érigée devant une grotte. Le petit pont permet de monter vers Saint-Cirq-Lapopie par la D40 : émotions garanties.

CARNET D'ADRESSES

Restauration

petits prix

Le Jardin de Cabrerets Lassé de consommer du canard à toutes les sauces ? N'hésitez pas à pousser la porte de ce restaurant végétarien ouvert en 2011 et dédié aux produits frais et bio, triés sur le volet. Des effluves épicés s'échappent de cet établissement à l'atmosphère *so British* tenu par un charmant jeune couple d'Anglais qui propose une cuisine du monde délicate et parfumée. Cake au pesto, salade marocaine aux trois céréales, risotto aux épinards et au fromage de brebis (crémeux à souhait), cheese cake, coulis d'agrumes meringué... tout est archifrais et goûteux, les portions sont généreuses. Pain maison, tout chaud sorti du four. Très agréable jardin fleuri à l'arrière. Fait aussi salon de thé. Le service ? Tout sourire. Menu complet 16€. ***Cabrerets*** *Tél. 05 65 22 90 75 www.lejardindecabrerets.com Ouvert Pâques-sept. : tlj. 12h-23h*

prix moyens

Restaurant des Grottes Dans la même famille depuis 1929, cette ancienne auberge accueille les touristes venus découvrir la grotte du Pech-Merle, à deux pas. En toute saison, la véranda largement vitrée vous permettra de profiter de la vue sur le Célé qui coule juste au-dessous. Une bonne adresse, sans surprise : cuisine familiale de bon aloi, traditionnelle, appréciée des habitants de la région qui s'y retrouvent volontiers en famille autour de ris de veau, confit de canard, foie gras... les végétariens passeront leur chemin. Une valeur sûre dans la région. Menus de 18 à 35€. ***Cabrerets*** *Tél. 05 65 31 27 02 www.hoteldesgrottes.com Ouvert avr.-oct. : tlj.*

Hébergement

camping

Les Cadichons Dans un environnement de petits chênes et de genévriers, au milieu du causse, Dominique et Jean-Pierre proposent une formule de camping chez l'habitant (16 emplacements, 6€/adulte) et mettent à la disposition de leurs hôtes 3 yourtes et 2 roulottes, à louer à la nuit ou à la semaine. Possibilité de réserver un âne à la journée pour partir en randonnée, et sillonner les nombreux chemins et pistes au départ de la propriété. Table d'hôtes sur réservation (15€). Pour un séjour en pleine nature, comptez 60€/2 pers., petit déj. inclus, pour une nuit en roulotte ou sous la yourte, 350-450€/sem. Également un tipi et une tente saharienne pour un dépaysement complet. Accueil franc et souriant. *Les Bouygues* ***Sauliac-sur-Célé*** *Tél. 05 65 30 91 56 www.les-cadichons.com Ouvert mai-sept.*

très petits prix

☺ **Gîte communal d'Espagnac** La mairie du village a abandonné une partie du prieuré aux randonneurs. Dortoir en bas (11€/pers.), attenant à une chambre de 3 lits et 2 chambres de 3 lits dans le pigeonnier (25€/pers., 30€/2 pers., 42€/3 pers.). L'ensemble est impeccablement tenu, meublé simplement dans un registre un peu austère. Vue fantastique sur les falaises et le prieuré des chambres du pigeonnier. Le GR passe devant le gîte. Un très bon choix ! *Prieuré d'Espagnac* ***Espagnac-Sainte-Eulalie*** *(7km au sud-ouest de Marcilhac) Tél. 05 65 11 42 66 Ouvert avr.-Toussaint*

prix moyens

☺ **Chambres d'hôtes Ferme de Cazals** Fabienne et Jean-Michel Bos élèvent des agneaux du Quercy, entretiennent avec amour leur verger et leur potager, le tout en agriculture biologique. Ils ont aménagé 4 chambres, cosy et confortables (dont une familiale), qui regardent la vallée du Célé. Comptez 50€/pers. en demi-pension ou 59€ la nuit pour 2 pers., petit déj. inclus. La maîtresse de maison tient une table d'hôtes pour des repas mémorables, et propose un menu à 20€ qui s'organise invariablement – mais comment s'en lasser ? – autour de l'agneau élevé à la ferme. Panier pique-nique sur demande (10€). Une très belle adresse pour un séjour au vert qui requinque ! *Cazals* ***Marcilhac-sur-Célé*** *Tél. 05 65 50 07 89 http://fermedecazals.hautetfort.com Ouvert tlj.*

Hôtel des Grottes Un hôtel simple et bon marché comme on aimerait en voir plus souvent, à deux pas des grottes du Pech-Merle. L'établissement compte une dizaine de chambres méticuleusement entretenues, claires et agréables, un peu étroites pour certaines, tandis que d'autres donnent sur le Célé. Aux beaux jours, vous pourrez dîner sur la terrasse qui surplombe la rivière et vous régaler de spécialités régionales dignement cuisinées (voir Restauration). Excellent rapport qualité-prix. Service vif et attentif, une bonne adresse pour les familles. Piscine. ***Cabrerets*** *Tél. 05 65 31 27 02 www.hoteldesgrottes.com Ouvert avr.-oct. : tlj.*

prix élevés

Chambre d'hôtes CdeC D'emblée, on est saisi par cette vue époustouflante : le regard embrasse magistralement la vallée du Célé et dévoile un panorama à 360°. Patricia et Jean-Yves Ménard ont rénové avec beaucoup de goût cet ensemble quercynois et aménagé une chambre ("de Camélia", d'où CdeC) dans une maison indépendante, qui dispose d'une charmante terrasse ombragée. Décoration raffinée, autour de la thématique des jardins anciens. Piscine. Accueil très souriant. Une adresse rare et un paysage à grand spectacle, qui ravira les amateurs de silence. Comptez 110€, petit déj. inclus. ***Sauliac-sur-Célé*** *Tél. 05 65 31 28 70*

GOURDON

46300

Ville prospère au Moyen Âge, Gourdon n'a certes pas aujourd'hui l'aspect flatteur de Sarlat, Figeac ou Martel, qui ont conservé un patrimoine architectural remarquable. Les activités se concentrent autour du centre médiéval, dominé par l'église Saint-Pierre et enserré dans son tour de ville (XVIIIe s.), qui s'éteint tôt le soir. La cité n'en reste pas moins un point de départ idéal pour découvrir la Bouriane, région méconnue située à l'ouest du Quercy, entre le cours du Lot, au sud, et la vallée de la Dordogne, au nord.

MODE D'EMPLOI

accès

EN VOITURE
Gourdon est située entre Cahors (46km) et Sarlat (25km). Paris est à 541km, Périgueux à 91km et Figeac à 66km.

EN TRAIN
Sur la ligne Paris-Toulouse.
SNCF *Tél. 3635 ou 0891 677 677 (Informations TER Midi-Pyrénées) www.voyages-sncf.com www.ter-sncf.com*

informations touristiques

Office de tourisme Il propose un très bon guide pratique de la ville et de la Bouriane. Visites guidées (2-4€). *24, rue Majou Tél. 05 65 27 52 50 www.quercy-tourisme.com/gourdon*

location de voitures

Avis *Gare SNCF Tél. 08 99 10 31 51*

marchés

Foire *Sur le tour de ville 1er et 3e mardi de chaque mois, le matin*
Marché des producteurs de pays *En saison, jeudi matin*

fêtes et manifestations

Fête des fleurs en Quercy Pépiniéristes, horticulteurs, producteurs de légumes anciens ou de plantes rares se retrouvent sur le très beau site de L'Abbaye-Nouvelle, à Léobard. *8km au sud-ouest de Gourdon par la D1 puis la D47 W.-e. de l'Ascension*
Festival de musique de chambre *Tél. 05 65 41 20 06 1re quinz. d'août*
Grande fête médiévale Habitants en pourpoints et poulaines, démonstration d'armes, musique d'époque, combats, taverne médiévale, etc. *1er w.-e. d'août*
Festival Léo Ferré *Tél. 06 88 95 36 14 mi-juil. 3 jours*
Happy Days Gospel *Rens. Office de tourisme Dernière semaine de juil.*

DÉCOUVRIR

☆**Les essentiels** La grotte de Cougnac **Découvrir autrement** Au mois de mai, assistez à la Fête des fleurs de L'Abbaye-Nouvelle

Gourdon

Vieille ville La cité médiévale est enserrée dans le tour de ville (XVIIIe s.). Le **fort** (deux donjons médiévaux rasés en 1619 sur ordre de Louis XIII) est devenu un belvédère, d'où le regard embrasse toute la Dordogne, 284m au-dessus de la rivière. L'**église Saint-Pierre**, édifiée de 1302 à 1509, possède deux tours à l'allure austère, réunies par des mâchicoulis en 1590, lorsqu'il fallut défendre l'édifice durant les guerres de Religion. L'intérieur vaut surtout pour les six panneaux de l'abside sculptés par les frères Tournié (célèbres sculpteurs de meubles et d'objets liturgiques au XVIIe s.) en 1668. À droite de l'église, vers le chevet (à l'arrière), la superbe porte de l'**hôtel Cavaignac**, d'inspiration baroque, date de la fin du XVIIe siècle. En redescendant par la rue Majou, l'**hôtel du Sénéchal**, situé en face de l'office de tourisme, offre un très bel exemple de remploi d'un édifice médiéval par les architectes du

XVIIe siècle. En gagnant la cour, on découvre un escalier à vis qui mène à deux étages ornés de fresques. Beaux planchers du XVIe siècle. Au bout de la rue Majou, sur le tour de ville, la **chapelle Notre-Dame** (édifiée au XVIIe siècle, puis transformée au XIXe s.) cache un mobilier de style "Tournié". En face, l'**église des Cordeliers** (XIIIe s.) recèle un clocher néogothique élevé en 1895. Sa masse tranche avec la nef, magnifiquement dépouillée. Une très belle église.

Chapelle Notre-Dame-des-Neiges Construite au XIIe siècle, et rebâtie en 1646, elle surprend par son portail très ouvragé et son tabernacle, sculpté par les frères Tournié (1698). *2km à l'est du centre-ville (fléchage) Demander la clé au presbytère*

Les environs de Gourdon

Notre-Dame-de-l'Assomption Cette église, qui fut édifiée de 1285 à 1330, se singularise par ses trois absides situées d'un même côté et sa nef très haute. Maître-autel des frères Tournié, lavoir en face du portail ouest. ***Le Vigan*** *(5km à l'est de Gourdon)*

☺ **L'Abbaye-Nouvelle** Ses ruines se dressent dans un paysage très boisé. Édifiée au XIIIe siècle, dévastée par la guerre de Cent Ans, presque abandonnée au XVIIe siècle, livrée aux pilleurs de pierres à partir de la Révolution, l'ancienne abbaye cistercienne renaît lentement grâce à une association.

Explorer le nord de la Bouriane

Une succession de paysages de noyers, de châtaigniers, de maïs et de tabac annoncent le Périgord noir et la vallée de la Dordogne. À **Milhac**, première capitale de la Bouriane, on observe les vestiges d'un ancien fort du XVe siècle. **Fajoles** présente une belle petite église fortifiée du XIIIe siècle (portail surbaissé très ornementé). **Masclat**, au nord, s'enorgueillit de son puissant castel organisé autour d'une tour centrale carrée (vers le XIVe s.) et flanqué de deux tours rondes (XVe s.). En face, on découvre le château de **Nadaillac-le-Rouge**, au plan en "U" (XVe s., tour-escalier hexagonale). Par une très belle petite chaussée boisée et panoramique, le visiteur accède au **Roc** et à son éperon rocheux sur la Dordogne. La route traverse ensuite la vallée pour rejoindre le magnifique château de **Cieurac**. En redescendant vers Gourdon par la D820, ne manquez pas le belvédère de **Lanzac** qui regarde la puissante courbe de la Dordogne passant sous les viaducs de l'A20. Enfin, le charmant village de **Loupiac** termine cet itinéraire qui compte l'une des plus fortes concentrations de maisons à pigeonniers du département du Lot (plus de cinquante).

Les très hautes baies ogivales donnent une idée de l'ampleur passée du bâtiment. Si vous êtes dans la région en mai, ne manquez pas la Fête des fleurs qui rassemble producteurs de plantes rares ou oubliées, lorsque les iris tapissent les talus en contrebas des ruines de l'abbaye. *Françoise Mourot Association de sauvegarde de L'Abbaye-Nouvelle* ***Léobard*** *(8km au sud-ouest de Gourdon) Tél. 05 65 41 25 24*

☆☺ **Grotte de Cougnac** Parmi les 302 dessins que compte la grotte (dont deux en forme d'oiseaux géométriques datant de 14 000 à 25 000 ans), certains ne sont que stylisés, les animaux réduits à leurs caractères propres (les cornes des bouquetins, l'encolure des chevaux de Prjewalski). Les deux premières salles sont décorées de stalactites fistuleuses et de colonnes. Une belle promenade, à la fois préhistorique et géologique. ***Payrignac*** *(à 3km de Gourdon dir. Payrignac/Groléjac fléchage) Tél. 05 65 41 47 54 www.grottesdecougnac.com/ Ouvert avr.-juin, sept. : tlj. 10h-11h30 et 14h30-17h ; juil.-août : tlj. 10h-18h ; oct.-9 nov. : lun.-sam. 14h-16h Tarif 7,50€, réduit 6,50€ Visite guidée (1h15) le mer. à 9h*

HAUT-QUERCY

● **Faire une randonnée en Bouriane** Un livret de randonnées est en vente à l'office de tourisme de Gourdon. La plupart des circuits reprennent ceux publiés dans la collection des "Promenades et randonnées" et correspondent parfois avec ceux du recueil de Lot Tourisme – cf. Bibliographie (p.508). Parmi ces randonnées, les deux plus intéressantes sont le circuit de L'Abbaye-Nouvelle (n°44, 8km, 2h15) et celui de Loupiac (n°42, 12km, 3h).

● Pratiquer des activités sportives

Plan d'eau "Écoute s'il pleut" Une surface de 40ha, deux plans d'eau, baignade surveillée, activités nautiques, pêche, snack, bar, camping. *À 1,5km de Gourdon dir. Cougnac/Groléjac*

CARNET D'ADRESSES

Restauration

petits prix

La Promenade Très fréquenté pour son bar (ambiance de pub anglais), l'établissement se remplit également pour le déjeuner. Il sert rapidement, à prix doux, une cuisine bien faite et assez copieuse. N'hésitez pas à y venir le soir, l'endroit est alors vraiment paisible. Délicieuses grillades, frites maison. Menus déjeuner à partir de 12€ ; à la carte, comptez 10-30€. *48, bd Galiot-de-Genouillac* ***Gourdon*** *Tél. 05 65 41 41 44 Fermé dim. midi*

Hébergement

camping

Le Quercy Le lieu est immense (90 emplacements), ombragé et familial, et bien situé. En plus du plan d'eau en accès libre (cf. ci-dessus), il dispose d'une piscine réservée à ses clients. Petite épicerie. Comptez 17-25€/empl. (électricité incluse). *Domaine Écoute s'il pleut* ***Gourdon*** *(1,5km au nord-ouest du bourg) Dir. Groléjac Très bien indiqué Tél. 05 65 41 06 19 www.domainequercy.com Ouvert mai-mi-sept.*

prix moyens

La Promenade La meilleure adresse de Gourdon. Dix chambres, déclinées en trois styles décoratifs : "Marine" (bleu et blanc), "Zen" (tons beige, brun, les plus séduisantes) et "Britannique" (tons vert tilleul, jolie vue). Bain balnéo dans la chambre nuptiale, avec lit à baldaquin. Préférez les chambres qui donnent sur le parc. Double 52-75€/2 pers., petit déj. 6,50€. La formule demi-pension est particulièrement avantageuse (à partir de 44€/pers.). Excellent accueil. *48, bd Galiot-de-Genouillac* ***Gourdon*** *Tél. 05 65 41 41 44*

prix élevés

Hôtel L'Orange Tree Un hôtel sympathique dans une maison en pierre au cœur de la ville, d'un très bon rapport qualité-prix. Les 18 chambres (69-79€), de bon confort, ont été entièrement refaites en 2010 dans des couleurs profondes, méditerranéennes, loin de la décoration standard des hôtels de chaîne. L'établissement (avec restaurant) donne sur l'avenue principale de Gourdon, mais n'ayez crainte, les chambres sont parfaitement insonorisées. Bar lounge au rez-de-chaussée, à la décoration résolument contemporaine, agréable terrasse. Accueil souriant. *51, bd des Martyrs* ***Gourdon*** *Tél. 05 65 41 02 48 www.orangetree.fr*

Dans les environs

camping

Le Rêve Proche de Gourdon, en pleine campagne, ce camping propose une piscine en forme de trèfle pour les enfants. Les 76 emplacements, bien délimités, sont gigantesques : de 120 à 150m² ! Équipement impeccable. Bar. Petit bois à proximité. Une très belle adresse, calme et familiale, assez fréquentée. 20€/empl./2 pers. avec électricité. *Revers* ***Le Vigan*** *(5km à l'est de Gourdon) D673 dir. Le Vigan puis à g., fléchage Tél. 05 65 41 25 20 www.campinglereve.com Ouvert mai-mi-sept.*

prix moyens

Chambres d'hôtes La Ferme des cent écus Le bâtiment principal, qui date du XVe siècle, comprend 5 chambres. Dans celle du bas, sol en tomettes. Les 2 du haut, sous le toit, ont beaucoup d'attrait. Une excellente adresse, bien située. Double 64-72€, demi-pension 102-110€. *M. et Mme Guyot* ***Sainte-Mondane*** *(12km au nord de Gourdon) D101 après Milhac dir. Manobre Tél. 05 53 28 94 55*

☺ **Chambres d'hôtes Les Cèdres de Lescaillé** Dans un paysage agricole qui annonce le causse, la maison (XVIIIe s.) surprend par l'équilibre de ses formes et ses volets rouges. Cinq chambres (sous le toit) qui profitent d'une joyeuse décoration de campagne et de brocante, éclairées par de petites fenêtres. Grand jardin et belle piscine. Une très bonne adresse, à quelques minutes de la D820. Chambres 75€, petit déjeuner compris, dîner (d'exception) 24€ (vin compris), dîner foie gras (34€). Les propriétaires font preuve d'une grande disponibilité et ne demandent qu'à vous être agréables. L'un des meilleurs rapports qualité-prix du Haut-Quercy. *Bernard Magnin et Christian Vock* ***Saint-Chamarand*** *(11km au sud-est de Gourdon) Tél. 05 65 24 50 02 www.lescaille.com*

☺ CAZALS

46250

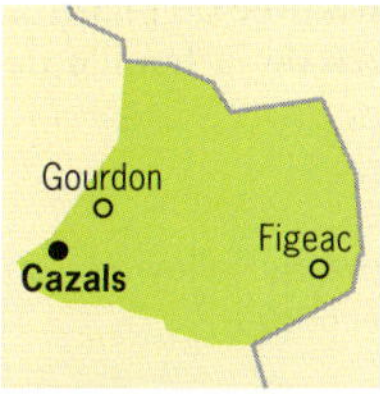

La vie de cette charmante commune se concentre sur la place, où tout le monde se retrouve chaque matin. Entouré d'églises, de manoirs, de châteaux, de pigeonniers, de fermes et de cazelles, Cazals se tient au croisement des routes et des terroirs, entre le sud du Périgord noir et le cœur de la Bouriane. C'est l'un de nos villages préférés dans le Quercy.

MODE D'EMPLOI

accès

EN VOITURE
Cazals se trouve 20km au sud-ouest de Gourdon, 34km au nord-ouest de Cahors et 42km au sud de Sarlat.

orientation

Ancienne bastide dominée par la vieille ville, Cazals s'organise autour d'une vaste place carrée hors de laquelle la circulation n'est pas aisée, particulièrement dans ses ruelles.

informations touristiques

Office de tourisme Très efficace. *Rue de la République Tél. 05 65 22 88 88 otcazals@club-internet.fr*

Office de tourisme du pays de Salviac *Bd Hugon* **Salviac** *Tél. 05 65 41 57 27 www.salviac-tourisme.com*

marchés

Marché *Dim. mat.*
Marché de Salviac *Mar. et ven. mat., et en été mer. ap.-m.*

fêtes et manifestations

Fête de la châtaigne *Saint-Caprais 2e sam. d'oct. (en principe)*
Rencontres cinématographiques En plein air et en "cinémobile", ces rencontres connaissent un vif succès. *Gindou (3km au sud-est de Cazals) Tél. 05 65 22 89 99 www.gindoucinema.org 3e semaine d'août*

DÉCOUVRIR

☆ Les essentiels Le vieux village de Cazals, le musée Zadkine aux Arques
Découvrir autrement Piquez une tête dans le plan d'eau de la Cayre, faites un tour de pédalo sur le Lac-Vert, explorez l'espace naturel sensible de la vallée de la Masse, au départ des Arques

Cazals

☆ **Vieux village** Protégé par un château bâti au XIIe siècle (ne se visite pas), le village de Cazals est sans doute l'un des plus agréables de Bouriane. Sa place, dédiée au poète Hugues Salel (né en 1504 dans la maison située rue

Haute), rappelle le plan géométrique des bastides. Au pied du château, les ruelles sont bordées de vieilles bâtisses, dont le prieuré qui voisine avec la "Maison noble", hélas en ruine (belles fenêtres à meneaux). Sur la route de Gindou, à quelques pas de l'hôtel de ville, une porte encadrée de pilastres signale l'hôtel Salviac de Vielcastel, l'une des demeures de la famille de Vielcastel.

● Profiter d'un plan d'eau

Plan d'eau de la Cayre Une plage, des pédalos, de la pêche, du volley-ball, un lieu pour pique-niquer. *À 300m de la place de Cazals (fléchage)*

Les environs de Cazals

Église Saint-Astier Elle date pour l'essentiel du XIe siècle, ce qui en fait l'une des plus anciennes de la région. La tour-clocher fut une tour-lanterne dont la fonction était d'éclairer le prieuré originel. Elle fut transformée au XIIe siècle, et le prieuré laissa la place à un cloître (détruit durant la guerre de Cent Ans), dont le dernier vestige est la salle capitulaire (à gauche du chœur). Les

☺ Explorer le centre de la Bouriane

Sans conteste l'une des plus belles régions du Quercy. La terre, caillouteuse, n'a jamais été propice à l'agriculture. À l'ouest, le sol siliceux permet aux châtaigneraies de prospérer. À l'est et au nord de **Catus**, les paysages sillonnés de murets sont ceux du causse de Gramat. À voir, l'église fortifiée de **Luziers**, à droite de la route Salviac-Cazals. À gauche de la D13 (dir. Campagnac), à Roquecave, curieuse ferme installée dans un château du XVIe siècle. Au lieu-dit **Lédrier**, sur la D13 (dir. Prats), le célèbre fournil : 6m de hauteur, toit pointu couvert de lauzes, c'est une réalisation unique en Bouriane (ne se visite pas). Le château de **Montcléra** (XVe s.), à deux pas de Cazals, surprend par la tour de sa barbacane (début XVIIe s.). Plus au sud, **Frayssinet-le-Gélat** propose une église "inversée" : au XVIe siècle, l'abside romane fut transformée en une tour défensive qui fait toujours office d'entrée. La D660 conduit par un détour à l'église fortifiée de **Saint-Caprais**. À **Goujounac**, l'église est décorée d'un beau tympan de la fin de l'époque romane. Celle des **Junies**, très étroite, très haute, est éclairée par un vitrail, rare dans le Quercy (XIVe s.). En face, château massif du XVIe siècle, au pied duquel coule la rivière Masse. L'énergie de ce cours d'eau fut utilisée dès le haut Moyen Âge par les ateliers de sidérurgie qui exploitèrent jusqu'à la fin du XVIIIe siècle les minerais de fer. **Lherm** était la petite capitale de cette industrie. Outre la "tour de l'évêque" (XVe s.), ce village possède au sein de son église un très beau retable baroque, sculpté par les frères Tournié – cf. Gourdon (p.307).

voûtes reposent sur deux colonnes aux chapiteaux richement sculptés. L'un d'eux raconte l'apparition du Christ aux apôtres, après sa résurrection. **Catus** *(environ 15km au sud-est de Cazals)*

☺ **Les Arques** Là où un prieuré construit au XIIe siècle révélait la richesse des Arques, fondée sur l'extraction et la transformation du minerai de fer dont la terre est ici très riche, il n'y a plus qu'un village, appauvri par l'exode rural du début du XXe siècle et le vieillissement de la population. Le musée Zadkine et les résidences d'artistes, ainsi que l'ouverture du restaurant "La Récréation" (p.314) lui ont redonné un peu de vie. Au sommet de la petite butte, à laquelle on n'accède qu'à pied, se dresse l'**église Saint-Laurent** (XIIe siècle, reconstruite après la guerre de Cent Ans). Massive, elle comporte une nef qui se termine sous un cul-de-four. De part et d'autre, deux absidioles dont les chapiteaux des colonnes sont sculptés de motifs orientaux. La gravité des lieux est renforcée par une pietà : assise sous la crypte, cette très belle sculpture de Zadkine fait face au Christ en croix accroché au-dessus du portail. *6km au sud-est de Cazals*

☆ **Musée Zadkine** Il est consacré à l'artiste russe (1890-1967), établi aux Arques en 1934 et exilé aux États-Unis pendant la guerre. Au rez-de-chaussée, les matériaux. Au sous-sol, les thèmes. Des œuvres d'inspiration cubiste, fortes, qui révèlent une grande tristesse, mais également un amour des arbres dans lesquels l'artiste était certain de se réincarner. En 2012, une œuvre, *La Grande prisonnière*, a été installée sur le parvis du musée. En demandant la clé à l'accueil du musée, vous pourrez admirer la chapelle Saint-André des Arques (fresques du XVe siècle redécouvertes par Ossip Zadkine en 1954). *En face de l'église des Arques Tél. 05 65 22 83 37 Ouvert avr.-oct. : mar.-dim. 10h-13h et 15h-19h ; nov.-mars : mar.-dim. 14h-18h Fermé jan., 1er mai, 1er et 11 nov., 25 déc. Tarif 3€, réduit 1,50€*

● Pratiquer des sports nautiques

Plan d'eau du Lac-Vert Empli par le cours d'eau du Vert, ce très grand lac artificiel permet la pratique du canoë. Parfaitement aménagé pour la baignade (restaurant, bar, aires de sport, etc.), on en fait le tour par un sentier balisé. Très fréquenté en été. **Catus** *(15km au sud-est de Cazals, sur la D13)*

● En savoir plus sur le rempaillage

Rémi Desportes, rempailleur Rémi Desportes rempaille des chaises avec les plantes aquatiques qu'il récolte dans les marais (le carex, surtout), perpétuant ainsi une tradition séculaire. En juillet, il propose des visites gratuites des marais avec commentaire sur la flore (notamment le fameux carex) et la faune. *Les Merlys, sur la route Les Junies-La Masse (15km au sud de Cazals) Tél. 05 65 36 25 90 Ouvert lun.-ven. 8h-17h (sur rdv)*

● Partir en randonnée

☺ **Espace naturel sensible de la vallée de la Masse** Le sentier chemine du village des Arques au ruisseau du Divat, parmi moulins, paysages agricoles et zones humides. Ces dernières, qui bénéficient d'une faune et d'une flore très riches, sont de plus en plus rares dans le Quercy. Plaquette (avec ses 9 fiches indispensables) à retirer au relais Découverte. *Relais Découverte (avant le musée Zadkine)* **Les Arques** *(6km au sud-est de Cazals) Tél. 05 65 21 11 24*

17 itinéraires autour de Catus La communauté de communes du Grand Cahors édite et met en vente des livrets bien documentés présentés sous la forme d'itinéraires de randonnée, qui comportent un grand nombre d'informations sur le patrimoine concerné. Les sentiers des Junies et de Lherm (rivière de la Masse), et celui de Montgesty (causses et menhir) sont particulièrement intéressants. *Office de tourisme Av. du Lac-Vert* ***Catus*** *(15km au sud-est de Cazals) Tél. 05 65 20 86 40 www.tourisme-cahors.fr*

Circuit n°41 Une belle balade autour de Montgesty, proposée par le recueil des randonnées de Lot Tourisme. ***Départ*** *Montgesty* (11km au sud de Cazals) ***Longueur*** *6km* ***Durée*** *2h30*

Sentier d'interprétation du Frau Un parcours bien fait dans ce milieu étrange – classé "espace naturel sensible" (p.58) –, qui démarre d'une "loge", cabane végétale utilisée depuis le néolithique par les paysans de la Bouriane. Le sentier est ponctué de 9 stations qui expliquent la lande, la culture des pins, l'exploitation du minerai de fer... *Office de tourisme* ***Salviac*** *(7km au nord de Cazals) Sur la D25 dir. Rampoux Tél. 05 65 41 57 27*

CARNET D'ADRESSES

Restauration

petits prix

Auberge de la Place On se sent bien, le soir, sur cette place où il fait bon flâner. C'est ici que les habitants de la ville et des environs viennent se restaurer, sans façon. Une adresse toute simple et traditionnelle comme on les aime, conviviale et sans chichis (mique levée chaque premier mardi du mois), plutôt tournée vers le poisson. Ambiance familiale. Menus du jour 12€, vin compris (midi et soir), trois formules à 22, 25 et 29€, carte 12-35€. *Pl. Hugues-Salel* ***Cazals*** *Tél. 05 65 22 86 96 Ouvert juin-août : mar.-sam., dim. uniquement midi ; sept.-mai : lun.-ven. uniquement midi, sam.*

prix moyens

La Récréation Aux fourneaux du célèbre établissement des Arques, le chef Rémi Soulignac reste fidèle aux recettes qui ont fait la réputation de La Récréation. Les amateurs pourront toujours se régaler des suprêmes de caille au foie gras, jus aux raisins ou du croustillant de Saint-Jacques aux cheveux d'ange. En été, la cour de l'école se prête à merveille à un dîner sous les feuillages. Menu unique 35€. ***Les Arques*** *(6km au sud-est de Cazals) Tél. 05 65 22 88 08 www.restaurant-traiteur-lot.com Ouvert avr.-déc. : ven.-mar.*

Aux délices de la Serpt Une table de campagne où le terroir met à l'honneur la cuisine et non le folklore, et qui donne envie aussitôt de se nouer la serviette autour du cou. Confit, magrets, mais aussi oie au vin de cahors ou poule au pot : les végétariens passeront leur chemin. Ici, la gastronomie lotoise n'est pas un vain mot ! Les jours radieux, vous pourrez vous attabler en terrasse. L'accueil est aussi souriant que la table est copieuse. L'un des meilleurs rapports qualité-prix de la région. Menus 16-27€, apéritif, vin et café compris. ***Frayssinet-le-Gélat*** *12km au sud-ouest de Cazals sur la D28 (fléché). Tél. 05 65 36 66 15 Ouvert juin-sept. :*

mar.-mer. et ven., jeu. et sam. uniquement soir, dim. uniquement midi ; oct.-mai sur réservation

prix très élevés

☺ **Le Gindreau** Dans l'ancienne école du petit village de Saint-Médard-Catus, Pascal Bardet reçoit ses hôtes pour une fête des papilles de tous les instants. Les produits du terroir sont à l'honneur, revisités par le maître-queue qui mêle avec audace saveurs épicées et cuisine paysanne. Après avoir officié en cuisine auprès d'Alexis Pélissou, le nouveau maître des lieux a repris l'établissement en juillet 2013. Raviolis de queue de langoustines, noix d'agneau fermier du Quercy ou entremets au chocolat praliné : tout est délicieux. Comptez 54-84€ à la carte pour un repas d'exception, menus 38-87€. Sans conteste l'une des meilleures tables du Quercy. ***Saint-Médard*** *(20km au sud-est de Cazals) Tél. 05 65 36 22 27 www.legindreau.com Ouvert avr.-fév. : mer.-dim.*

Hébergement

prix élevés

Chambres d'hôtes et Gîte Le Moulin d'Iches À l'extérieur de Cazals, au bout d'un petit chemin bordé d'arbres, cet ancien moulin à eau expose les œuvres du sculpteur Patrick Vogel. Le gîte, d'où l'on embrasse le gigantesque parc de 8ha, accueille 6 personnes. Séjour immense avec cuisine américaine, 3 chambres, jardin privatif, équipement pléthorique. Également 2 chambres d'hôtes (75-85€). Accès wifi. Piscine partagée avec les propriétaires. Gîte 450-950€/sem. ***Cazals*** *5km au sud de* ***Cazals*** *(route de Fumel, à dr. avant Montcléra) Tél. 05 65 22 86 18 www.moulindiches.com*

☺ **Chambres d'hôtes La Caminade** Cet ancien prieuré menaçait ruine. Le couple qui l'a racheté en a fait une petite merveille, grâce à une rénovation soignée et discrète. Trois chambres et une suite, coquettes, sont luxueuses, paisibles et claires. Très beaux volumes intérieurs, ponctués de sculptures contemporaines. Belle salle voûtée à la disposition des hôtes. Devant la maison, un jardin. Derrière, une terrasse plonge sur une belle piscine au sel couleur d'ambre. Cuisine d'été. Vélos à disposition. Une adresse somptueuse. Chambres 98€, suite 120€. *Parking à l'arrière de la maison* ***Cazals*** *Fléchage à la sortie est de Cazals (dir. Gindou) Tél. 05 65 21 66 63 www.lacaminade.com*

GRAMAT

46500

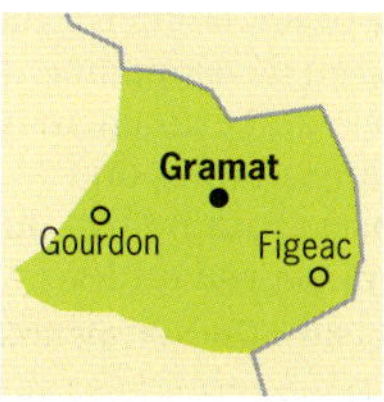

Capitale du causse fabuleux qui porte son nom, Gramat se trouve au carrefour de grandes routes millénaires. La ville connut la prospérité dès le XIe siècle, notamment grâce à ses artisans et à ses foires, avant de retomber dans l'anonymat au XIVe siècle. Si peu de bâtiments rappellent cette splendeur passée, c'est aujourd'hui un pôle important de spéléologie et de plongée souterraine.

MODE D'EMPLOI

accès

EN VOITURE

Gramat, à proximité immédiate de la vallée de l'Alzou et de Padirac, est un point de passage obligé pour découvrir le causse et la partie quercynoise de la vallée de la Dordogne. Elle est située sur la D840, entre Figeac (36km) et Martel (24km). Rocamadour est à 11km et Cahors à 59km.

EN TRAIN

Sur la ligne Paris-Rodez.
SNCF *Tél. 3635 ou 0891 677 677 (Informations TER Midi-Pyrénées) www.voyages-sncf.com www.ter-sncf.com*

informations touristiques

Office de tourisme Vallée de la Dordogne Bonne documentation, listes de meublés et de chambres d'hôtes à jour. Quelques sentiers de randonnée et de VTT. Pas de visite guidée. *Maison du tourisme Pl. de la République* ***Gramat*** *Tél. 05 65 33 22 00 gramat@wanadoo.fr www.tourisme-vallee-dordogne.com Horaires variables*

Parc naturel régional des causses du Quercy Vous y apprendrez beaucoup sur le causse, son patrimoine et sa gestion (p.16) (p.318). Possibilité de randonnées accompagnées. *Rue Traversière* ***Labastide-Murat*** *(23km au sud-ouest de Gramat) Tél. 05 65 24 20 50 www.parc-causses-du-quercy.fr*

marchés, fêtes et manifestations

Marchés *Mar. et ven. (matin)*
Musicales du causse de Gramat Festival de musique classique. *Tél. 05 65 38 73 60 Mi-juil.-mi-sept. (1 à 2 fois/mois)*

DÉCOUVRIR

☆**Les essentiels** Le village de Caniac-du-Causse **Découvrir autrement** Assistez au repas des loups au parc animalier de Gramat, accordez-vous une balade à cheval sur le causse avec un guide

Gramat

Vieille ville Édifié par la famille Castelnau-Gramat au XIe siècle, l'ancien castelnau (à l'emplacement de la perception) dominait la cité, alors représentée par six consuls : un chiffre important, en rapport avec l'activité économique et la taille de l'agglomération. Cependant, au XIVe siècle, l'action conjuguée des seigneurs voisins, tels ceux de Turenne et de Castelnau-Bretenoux, en réduira considérablement l'importance. La peste, la guerre de Cent Ans puis les guerres de Religion mettront un terme au développement économique de la ville, qui renaîtra à la fin du XIXe siècle grâce au chemin de fer : les foires de Gramat comptaient parmi les plus importantes du Lot. Ville peu fortifiée, souvent réaménagée, Gramat a conservé un beffroi du XVIe siècle et quelques maisons anciennes, rue de l'Horloge, rue du Barry, rue Saint-Roch, rue Saint-Pierre et rue Bonhomme. La halle, du XIXe siècle, possède un charme certain.

HAUT-QUERCY

● En savoir plus sur des espèces menacées

☺ **Parc animalier** Bisons, loups, renards polaires, ours, marmottes, ratons laveurs, loutres et, plus original, beaucoup de races domestiques en voie de disparition (dont de nombreuses espèces de poules, toutes plus belles les unes que les autres !). En tout, ce parc présente plus de 150 spécimens de la faune européenne, répartis dans des enclos sur 40ha de causse, le long d'un joli chemin arboré de 3km. Vraiment intéressant. Parents et enfants y trouveront leur compte, à n'en pas douter. Repas des loups en juillet à 11h30. *D14 dir. Lunegarde Tél. 05 65 38 81 22 www.gramat-parc-animalier.com Ouvert Pâques-Toussaint : tlj. 9h30-19h ; Toussaint-Pâques : tlj. 14h-18h Tarif 11€, réduit 5,50-10€*

Le causse de Gramat

Le causse de Gramat, sur lequel se trouvent tous les sites présentés ci-dessous, s'étend au sud de la ville, jusqu'à la vallée du Célé.

Espédaillac Remarquez le plan du village : les maisons sont situées autour d'un vaste espace herbeux circonscrit par des murets de pierre, que l'on appelle "couderc". Récemment encore, les paysans y faisaient paître leurs moutons avant de les conduire sur le causse. *18km au sud de Gramat par la D14*

Lunegarde L'église Saint-Julien fut construite au XIIe siècle et renforcée au XVIe siècle. C'est de cette époque que datent les fresques peintes à la détrempe (peinture avec addition d'adhésif), magnifiquement restaurées en 1994. *La Nativité, L'Annonce faite aux bergers, La Fuite en Égypte* sont des œuvres particulièrement émouvantes. ***Lunegarde** (13km au sud de Gramat)*

Igue de Planagrèze Ce gouffre – cf. Explorer le causse de Gramat à pied (p.319) – s'enfonce à 180m sous terre. Le ruisseau qui y plonge ressort

Le Quercy en famille

Plan d'eau de Saint-Cirq ____ 297
Plan d'eau ____ 303
Musée de Plein Air du Quercy (Sauliac-sur-Célé) ____ 303
Plan d'eau de la Cayre (Cazals) ____ 312
Plan d'eau du Lac-Vert (Catus) ____ 313
Parc animalier (Gramat) ____ 317
Poney-club de Gramat-Rocamadour (Gramat) ____ 318
Forêt des Singes (Rocamadour) ____ 322
Musée de l'Automate (Souillac) ____ 329
Ferme pédagogique de Saint-Martin (Labarthe) ____ 381
Plan d'eau de Bannac (Martiel) ____ 392
Campement préhistorique de Bruniquel ____ 401
Jardin du Pèlerin (Lauzerte) ____ 415
Plan d'eau des Chênes (Montaigu-de-Quercy) ____ 417
Vallée des loisirs (Lafrançaise) ____ 429

HAUT-QUERCY

près de Rocamadour. **Fontanes-du-Causse** *(20km au sud de Gramat) Sur la D42 entre Fontanes et Caniac-du-Causse*

☺ **Forêt de la Braunhie** On y pénètre par la D146 ou la D71 (route superbe). Sur 2 600ha, chênes pubescents, érables de Montpellier, cornouillers et genévriers composent un boisement si dense qu'il semble impénétrable. On y trouve de nombreuses traces de l'exploitation du massif par l'homme : murets, compte-moutons, passages à gibier, passages à bergers, cazelles et bassins de rétention d'eau de pluie (lacs de Saint-Namphaise). *20km au sud de Gramat*

☆ **Caniac-du-Causse** Avec Terrou, dans le Ségala, ce village a été médaillé de la Résistance, mais cet honneur n'est pas à l'origine de sa réputation. Les historiens lui vouent une grande passion pour son église, assise sur une très belle crypte. Creusée au XIIe siècle, voûtée, elle accueille un reliquaire et une statue de saint Namphaise, sous lesquels les pèlerins passaient à genoux, comme en témoigne l'usure du sol. *25km au sud de Gramat*

● Se promener à cheval ou à poney

Poney-club de Gramat-Rocamadour Baptêmes, initiations, stages, promenades, leçons : sur un domaine de 60ha, Jean Fournols promène les enfants (à partir de 3 ans) sur des poneys, et leurs parents sur des chevaux (à partir de 14 ans). Également balades le long de l'Alzou, avec des guides qui connaissent le paysage. Excellente structure, très réputée. Nombreuses formules. Tarifs 36,50€/demi-journée. Promenades familiales individualisées (sur rdv), (21€/h/pers., 3 pers. mini). *À 6km de Gramat D840 dir. Rocamadour, à g. Bournerie Tél. 06 82 19 93 10 centre-equestre-gramat-rocamadour.ffe.com*

Le parc naturel régional des Causses du Quercy

De Gramat au nord, à Lalbenque et Limogne au sud, il couvre près de la moitié du département du Lot, soit 97 communes et 175 000ha. Créé en 1999, le parc (p.16) a pour but essentiel la sauvegarde des causses quercynois. Pour préserver ce milieu unique, il finance le déboisement, l'entretien des chemins communaux, la restauration du petit patrimoine rural et des murets, le nettoyage des cours d'eau. Le parc se bat également pour réduire l'intensité de l'éclairage public. Trop puissant, il grignote inexorablement, année après année, ce fameux "triangle noir" où le ciel est le plus pur de France – cf. Astronomie (p.51). Établi à Labastide-Murat, le siège du parc organise des sorties nature, diverses manifestations et édite des publications (randonnées, guides nature, etc.). **Maison du Parc** *11, rue Traversière* ***Labastide-Murat*** *(23km au sud-ouest de Gramat) Tél. 05 65 24 20 50 www.parc-causses-du-quercy.fr Ouvert lun.-ven. 9h-12h30 et 14h-17h30, 17h le ven.*

Explorer le causse de Gramat à pied

☺ **Espace naturel sensible de Planagrèze** Une balade remarquable de 3h (7,5km) dans l'ouest du massif de la Braunhie. À partir de l'igue de Planagrèze et du dolmen voisin, découverte des principaux paysages, de la faune, de la flore (attention : nombreuses espèces protégées, dont la plupart des orchidées) et de l'architecture rurale du causse. Informations et plaquette disponibles à la maison de la Brauhnie. *Maison de la Braunhie* ***Caniac-du-Causse*** *(25km au sud de Gramat)*

☺ **GR®6** À partir de Thémines, il traverse le Limargue avant de se jeter dans la vallée de l'Alzou, vers Rocamadour : cette portion est l'une des plus belles (et des plus faciles) de ce sentier. Elle permet de visiter les ruines du moulin du Saut et de cheminer dans un environnement superbe.

☺ **Moulin du Saut** Très belle promenade, à flanc de falaise puis au fond de la vallée de l'Alzou, jusqu'aux ruines d'un moulin à eau. Celui-ci, construit au XVIIIe siècle à l'emplacement d'un moulin médiéval, fut incendié en 1925. Ses vestiges ombragés font rêver les amoureux. Parking aménagé. *6km à l'ouest de Gramat, D39 puis dir. Lauzou à dr. et passer sous le pont SNCF, fléchage*

Survoler le causse en ULM

Club d'ULM de Labastide-Murat École de pilotage, baptême de l'air 35€/15min, vol d'initiation 60€/30min, 100€/60min. ***Montfaucon*** *(20km au sud-ouest de Gramat) Tél. 06 31 20 97 15*

CARNET D'ADRESSES

Restauration, hébergement

prix moyens

Le Relais des gourmands Le cassoulet du chef, Gérard Curtet, a fait la renommée de cette maison, qui compte parmi les "Bonnes tables du Lot" et porte bien son nom. Le filet de Merlu sauce citronnée au fenouil de Carl Jenner, qui prend le relais en cuisine, n'est pas mal non plus. Service rapide et attentionné. Menus 19-43€, carte 25-50€. Les 16 chambres (56-80€, petit déj. 9€), modernes, claires et fraîches, sont douillettes. Piscine dans le jardin. *2, av. de la Gare* ***Gramat*** *Tél. 05 65 38 83 92 www.relais-des-gourmands.fr Ouvert juil.-août : tlj. ; reste de l'année fermé fév., dim. et lun. soir*

☺ **La Garissade** Au déjeuner, La Garissade propose une formule Grignote (8,50-12,50€) autour du bar ou en terrasse : un repas léger, à base de produits frais et locaux - la petite soupe maison (2,50€) est appréciée en toute saison. Le soir (menus de 19 à 32€), le chef Benoît Blanc élabore une cuisine gastronomique et traditionnelle (saucisse de porc à la truffe de Saint-Jean, risotto aux asperges, blanquette d'agneau). Terrasse, salle à manger en pierre à la décoration contemporaine. Atmosphère familiale, accueil et service irréprochables. L'établissement, classé "Hôtel au naturel", propose 19 chambres très claires, épurées. Nous aimons beaucoup la n°21, mansardée, à la très belle charpente. Double 75€, petit déj. 9€. *Pl. de la Mairie* ***Labastide-Murat*** *(22km au sud-ouest de Gramat) Tél. 05 65 21 18 80 www.garissade.com Ouvert avr.-oct. : tlj. 19h-22h*

prix élevés

Le Lion d'or Marc Prunières concocte pour ses hôtes un onctueux marbré de foie gras de canard aux noix torréfiées. Sa trilogie d'agneau fermier du Quercy a ses inconditionnels. Les becs sucrés se régaleront avec sa désormais célèbre dacquoise aux noix du Périgord. Menus de 21 à 44€, menu Bacchus 52€, vin compris, renouvelé chaque mois. À côté de sa table gastronomique, ce fan de rugby a ouvert une brasserie, Le Quinze, qui propose de délicieuses brochettes d'agneau, cuites à la perfection. Quelques chambres très confortables à l'étage (55-88€, petit déj. 9,80€). *8, pl. de la République* ***Gramat*** *Tél. 05 65 10 46 10 www.liondorhotel.fr Ouvert fin mars-mi-nov., fin déc.-début jan. : lun.-sam. et dim. midi*

Cabane dans les arbres Au coin des Granges Envie de réaliser un rêve d'enfant ? De vivre une aventure insolite ? Perché à 5m de hauteur, confortablement installé dans un véritable nid douillet, vous aurez tout loisir de jouer aux Robinson dans cette cabane (100€). Le dépaysement est complet : ni eau ni électricité, mais des toilettes sèches sur place et un accès à la salle de bains dans la grange annexe. Le petit déjeuner vous sera livré dans un panier hissé à l'aide d'une corde. Le succès de cette cabane perchée, inaugurée en 2011, ne se dément pas. Le hameau des Granges compte également deux roulottes aménagées en gîtes (200€/4 pers./2 jours, 560€/4 pers./sem.) et une grange transformée en gîte (615€/sem.). Piscine, parc et charmant verger, méticuleusement entretenus. Les maîtres des lieux veillent attentivement au confort de leurs clients. Table d'hôtes (exquise tarte aux fruits) 26€. *Le Theil* ***Bio*** *(5km à l'est de Gramat) Tél. 05 65 10 68 15 www.aucoindesgranges.com Ouvert toute l'année*

★ ROCAMADOUR

46500

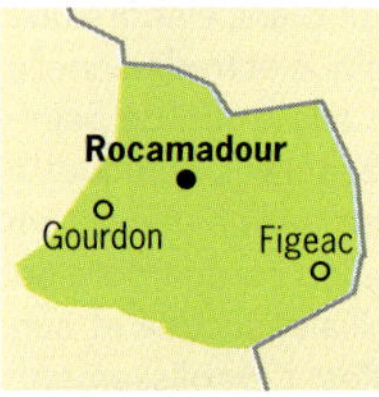

De Gramat, la rivière Alzou coule doucement avant de pénétrer soudainement dans un canyon, au pied d'une falaise haute de 120m, contre laquelle est accroché comme par miracle un village, entreprise téméraire de pèlerins audacieux. Rocamadour est un pur chef-d'œuvre. Si l'on s'effraie de la foule des touristes, le simple fait de contempler le village peut suffire au bonheur du visiteur. Il fallait infiniment de courage – et de foi – pour ériger une cité sur une verticalité parfaite. Mais si l'on a bâti à cet endroit, c'est que cela ne pouvait être qu'ici, en un lieu prodigieux qui prouvait l'existence de Dieu. La petite cité mariale a fêté son jubilé en 2013, mille ans de pèlerinage ! Au sommet le château, sur le plateau, avec une vue dégagée ; l'église au premier décrochement de la falaise, les habitations au second, au plus près de la rivière.

MODE D'EMPLOI

accès

EN VOITURE
Rocamadour est situé à 11km de Gramat, à 46km de Figeac, à 61km de Cahors et à 23km de Souillac (sortie de l'A20 en venant de Paris).

EN TRAIN
Sur la ligne Paris-Rodez.
Gare SNCF Attention : elle se trouve sur le plateau, à 3km de L'Hospitalet (navettes) ! *Tél. 36 35 www.sncf.com*

orientation

Rocamadour est divisé en trois secteurs : le château et L'Hospitalet sur le plateau, les sanctuaires à mi-pente, et le village proprement dit, dans la vallée. Des parkings ont donc été aménagés sur le plateau (le château et L'Hospitalet), devant les portes de la rue piétonne (Hugon et Figuier) et tout en bas, sur la route qui longe l'Alzou (au moulin de Roquefraîche et à l'arrêt du petit train). Deux ascenseurs permettent de relier le château, les sanctuaires et le secteur piétonnier. En saison, le petit train de Rocamadour relie la vallée de l'Alzou à la rue piétonne toutes les 15min.

informations touristiques

Office de tourisme Vallée de la Dordogne Très riche en documentations diverses. Les guides sur Rocamadour, gratuits, sont bien faits. Un plan de la cité est proposé au prix de 1€. Visite guidée du site, des sanctuaires (en saison), ou de l'ensemble (sur réservation). *Sur le plateau, dir. Souillac, à côté de la grotte des Merveilles et point info dans la rue principale dans la cité médiévale, à côté de la mairie Tél. 05 65 33 22 00 www.rocamadour.com Horaires variables*

fêtes et manifestations

Transhumance *Départ de Rocamadour 5 jours vers la mi-avril*
Cantica sacra Festival de musique sacrée. *Tél. 06 46 62 75 02 www.cantica-sacra.fr 3e semaine d'août*
Processions aux flambeaux *Tél. 05 65 14 10 59 En août et sept.*
Montgolfiades Rassemblement européen de montgolfières. *Tél. 06 80 63 32 30 Fin sept.*

DÉCOUVRIR

☆ **Les essentiels** Le parvis des sanctuaires, L'Hospitalet, le château et la rue piétonne à Rocamadour, le moulin de Cougnaguet **Découvrir autrement** Admirez un superbe point de vue sur la vallée de l'Ouysse d'une des routes qui la surplombent

Rocamadour

☆ **Parvis des sanctuaires** La **basilique Saint-Sauveur**, en arrivant par le Grand Escalier, au fond en face, comporte deux nefs. Au-dessous, la **crypte Saint-Amadour** – où reposent les restes présumés de saint Amadour (ou saint Zachée selon les sources) contenus dans un reliquaire en argent. Les arcs de sa voûte romane, ainsi élancés pour s'adapter à l'étroitesse du site, sont les prémices des croisées d'ogives du gothique. La tour est un ancien donjon qui servait de château d'eau et de grenier. Contre la falaise, la **chapelle Notre-Dame** constitue, sans doute, le plus beau sanctuaire de Rocamadour. Reconstruite en 1479 après un éboulement, elle abrite la fameuse Vierge noire en bois (dont la couleur n'est signalée qu'à partir du XVIIe s.). Les ex-voto rappellent que la cloche suspendue à la voûte sonna d'elle-même un soir de tempête, au moment où les marins invoquaient la Vierge pour leur salut... À côté de l'entrée de la chapelle, une niche creusée dans la falaise (un "enfeu") où fut découvert en 1166 le corps supposé de saint Amadour. En face, la **chapelle Saint-Michel**, ornée à l'extérieur de fresques du XIIe siècle (Visitation et Annonciation) et à l'intérieur de peintures du XIIIe siècle. Le palais des Évêques de Tulle a été restauré au XIXe siècle.

☆ **L'Hospitalet** C'est du belvédère que l'on jouit de l'une des plus belles vues sur Rocamadour. Les ruines devant les hôtels sont celles de l'hôpital Saint-Jean, qui logea et nourrit les pèlerins. Derrière ces vestiges, la chapelle Saint-Jean, restaurée au XIXe siècle, date du début du XIIIe siècle. Le beau jardin a été dessiné à l'emplacement exact du "Champ des pauvres", euphémisme évocateur pour désigner le cimetière des pèlerins indigents morts à Rocamadour. *Sur le plateau*

☆ **Château** À l'ouest de L'Hospitalet par la route, les 200m de remparts qui barraient le site aux agresseurs venus du plateau correspondent à l'ancien fort. C'était là, indiscutablement, l'endroit le plus vulnérable de Rocamadour. À sa place, cette résidence, siège du diocèse, bâtie au XIXe siècle. Superbe point de vue plongeant sur l'Alzou (prévoir une pièce de 2€ pour accéder à la terrasse). *Sur le plateau*

☆ **Rue piétonne** Depuis le XIIe siècle, c'est l'unique rue – commerçante – de Rocamadour. Au nord, la porte du Figuier (XIIIe s.), au sud la Porte basse, entre les deux la porte Salmon (avec un escalier à vis enfermé dans une tourelle). La partie sud de cette voie est la plus intéressante. Remarquez la maison de la Louve (XIIIe-XVIe s.). En remontant la rue, on découvre la maison Hugon (XIIIe-XVIIe s.), la maison de l'Écu, la maison de la Caretta (XIVe s.), les demeures médiévales de la place Caretta (XIIIe s.), l'hôtel de ville (ou maison Mazot, XVe s., tapisseries de Jean Lurçat, 2€, mêmes horaires que l'OT). *Dans la vallée*

● Garder l'œil sur les magots

Forêt des Singes Sur 24ha, plus de 150 singes magots s'épouillent, jouent, et tentent de dérober nourriture, appareils photo et casquettes aux visiteurs. *L'Hospitalet Tél. 05 65 33 62 72 www.la-foret-des-singes.com Ouvert avr., 1er-15 sept. : tlj. 10h-12h et 13h-17h30 ; mai-juin : tlj. 10h-12h et 13h-18h ; juil.-août : tlj. 9h30-18h30 ; 16-30 sept. : lun.-ven. 13h-17h30, sam.-dim. 10h-12h et 13h-17h30 ; oct. : tlj. 13h-17h ; nov., vac. scol., sam.-dim. et j. fér. : 10h-12h et 13h-17h Tarif 8,50€, réduit 5€*

● Où remplir un panier gourmand ?

Ô délices d'Irène Cet artisan biscuitier confectionne de délicieux macarons, d'exquises visitandines (gourmets au régime s'abstenir), de succulents caramels cuits au chaudron, de divins sablés aux pruneaux. La boutique, ouverte en 2012, ne se contente pas de vendre d'innombrables douceurs, vous y trouverez également de quoi confectionner votre pique-nique : feuilleté cantal-épinards, bagel au foie gras, tarte salée à la farine d'épeautre. *Cité médiévale rue principale Tél. 06 75 86 32 79 www.auxdelicesdirene.com Ouvert mi-fév.-juin : mar.-dim. 10h-18h30 ; juil.-sept. : tlj. 9h30-19h ; oct.-mi-nov. : mar.-dim. 10h-18h30*

● Où manger sur le pouce ?

Envies de terroir Cette brasserie propose une restauration aux accents... du terroir (délicieux saucissot truffé). L'intérieur fait la part belle à la lumière, tandis que de la terrasse le regard embrasse toute la falaise. Portions généreuses et fraîcheur absolue des ingrédients. Plats à la carte : 12-14€. Accueil souriant. *Rue de la Couronnerie Tél. 05 65 33 67 38 Ouvert toute l'année*

● Visiter une grotte préhistorique

Grotte des Merveilles Ce n'est pas la grotte la plus émouvante de l'art paléolithique, mais elle offre quelques draperies, des colonnes, des stalactites, de vastes gours et des dessins réalisés il y a plus de 20 000 ans (chevaux, cervidés, un félin – rare – et quelques mains "négatives"). *À côté de l'office de tourisme, sur le plateau Tél. 05 65 33 67 92 www.grotte-des-merveilles.com Ouvert juil.-août : tlj. 9h30-19h ; avr.-juin, sept.-Toussaint : tlj. 10h-12h et 14h-17h Tarif 7€, réduit 4,50€*

● En savoir plus sur la fauconnerie

Rocher des Aigles Le spectacle présente des rapaces (aigles, buses, faucons...) et des perroquets qui répondent aux signes visuels de leurs dresseurs. Ce n'est pas seulement un zoo : ce genre d'attraction a également une fonction d'éducation et de préservation (accueil des volatiles blessés, reproduction). *À côté du château Tél. 05 65 33 65 45 www.rocherdesaigles.com Ouvert avr.-sept. : tlj. 11h-19h Tarif 9,50€, réduit 6€*

● S'envoler en montgolfière

Association Rocamadour Aérostat Pour survoler Rocamadour et un canyon fertile creusé au fond d'un causse stérile... Vol de 45min env., comptez 2h30 avec la préparation et le retour. Départ (non garanti) de la vallée – en fonction des conditions climatiques. Tarif 180€. *Domaine de La Rhue* ***Rocamadour*** *(7km au nord-est de Rocamadour, fléchage au départ de L'Hospitalet) Tél. 06 79 24 28 21 http://rocamadour.aerostat.free.fr*

Le Quercy roman

Ségala ____ 282
Saint-Perdoux (Saint-Perdoux) ____ 283
Prieuré d'Espagnac-Sainte-Eulalie ____ 302
Les Arques (Les Arques) ____ 313
Caniac-du-Causse ____ 318
Abbatiale Sainte-Marie (Souillac) ____ 328
Carennac ____ 338
Cathédrale Saint-Étienne (Cahors) ____ 349
Église de Duravel ____ 368
Martignac ____ 369
Rouillac (Montcuq) ____ 376
Notre-Dame-de-Livron (Caylus) ____ 398

Les environs de Rocamadour

☆ **Moulin de Cougnaguet** Construit au XIVe siècle par des moines cisterciens, fortifié au XVe siècle, il fut un enjeu important durant la guerre de Cent Ans : ses meules broyaient 300kg de grains à l'heure, un rendement exceptionnel à l'époque. La rivière est ralentie par un vivier et un bassin fermé par une écluse. En cas d'attaque, les religieux n'hésitaient pas à ouvrir les portes pour que l'eau subitement accélérée précipite les assaillants dans les roues du moulin... Les meules fonctionnent encore. Visite passionnante, dans un site particulièrement agréable. ***Calès*** *(10km à l'ouest de Rocamadour, fléchage depuis la D673) Tél. 05 65 32 63 09 www.cougnaguet.com Ouvert avr.-15 oct. : 10h-12h et 14h-18h Tarif 4,50€, réduit 2,50€*

☺ **Vallée de l'Ouysse** Au pied de Rocamadour, le moulin de Roquefraîche (XIVe s.) est mu par l'eau de l'Alzou. En aval, cette rivière rejoint l'Ouysse, issue de deux résurgences : les gouffres de Cabouy et de Saint-Sauveur. Au fond d'un canyon très découpé, l'Ouysse s'écoule tranquillement. Son cours est barré par des moulins dont celui de Cougnaguet, toujours en fonctionnement (cf. ci-dessus). Passé celui-ci, la rivière mélange ses eaux à celles de la Dordogne qu'elle rejoint à Lacave, sous les remparts du château de Belcastel. Superbes points de vue depuis les D23, D673 et D32.

● ☺ **Faire une randonnée** Six bornes réparties sur une étroite boucle longue de 4,5km (comptez 2h30) : la manière la plus originale et la plus enrichissante de découvrir les moulins du Saut et de Tournefeuille, la vallée de l'Alzou, les résurgences de l'Ouysse et le plateau de Saint-Cyr. Allez-y après une forte averse : les eaux, grossies par les pluies, forment alors de petites cascades. **Espace naturel sensible des vallées de l'Ouysse et de l'Alzou** *Rens. et plaquette disponibles aux offices de tourisme de* ***Gramat*** *Tél. 05 65 38 73 60 de* ***Rocamadour*** *Tél. 05 65 33 22 00 et à la maison du parc naturel régional des Causses du Quercy* ***Labastide-Murat*** *Tél. 05 65 24 20 50*

CARNET D'ADRESSES

Restauration, hébergement

prix moyens

Hôtel-restaurant du Château Situé en retrait du village, ce restaurant éparpille aux beaux jours quelques tables à l'ombre des chênes, dans un cadre enchanteur. Simplicité et qualité des ingrédients sont les maîtres mots de cette maison qui perpétue une cuisine de terroir traditionnelle, dont le fameux marbré de foie gras aux cèpes. Toute la famille est aux commandes. Service attentif, sans excès. Formules déj. 15-20€ ; à la carte, comptez de 25 à 35€. *Route du Château* ***Rocamadour*** *Tél. 05 65 33 62 22 www.hotelchateaurocamadour.com Ouvert avr.-début nov.*

Chez Anne-Marie Il est de ces adresses connues des seuls habitants ou passants audacieux : celle-ci en fait partie. Au cœur d'un site aussi touristique que Rocamadour, il est pour le moins surprenant de pénétrer dans un restaurant aussi peu… convenu. Vous l'aurez compris, la propriétaire des lieux, d'un entrain inoxydable et d'une énergie à toute épreuve, est une sacrée figure et son établissement lui ressemble : coloré (tout est jaune et rouge, il fallait oser) et décapant (des nains de jardin ornent la micro terrasse). Mais l'essentiel est dans l'assiette : la maison ne connaît ni le surgelé ni le sous-vide ; les pommes de terre sautées sont maison, les truites viennent du moulin de Clavet, tout proche, la bavette a du goût. Les effets de mode, tant côté cuisine que côté déco, n'ont pas cours ici, et c'est tant mieux. Un lieu comme on en rencontre peu ! Menus de 15 à 32€. *Cité médiévale* ***Rocamadour*** *Tél. 05 65 33 65 81 www.restaurant-chezannemarie-rocamadour.com Ouvert tlj. Fermé 2ᵉ quinzaine jan.*

Les Jardins de la Louve À l'écart de l'agitation touristique qui envahit la rue principale de Rocamadour en pleine saison, ce restaurant-pizzeria, aménagé dans une très belle demeure du XIIIᵉ siècle, dispose de deux belles terrasses, à l'ombre bienvenue et rafraîchissante. Le cassoulet et le confit de canard sont d'honnête facture. Plat du jour 12,50€, formules déjeuner 15,80-18,80€. Cadre sympathique et bon rapport qualité-prix. *Pl. Hugon* ***Rocamadour*** *Tél. 05 65 33 62 93 Ouvert avr.-nov.*

Le Belvédère L'un des atouts principaux de ce restaurant, perché sur les hauteurs de la vallée de l'Alzou, tient à sa situation : la vue sur les sanctuaires y est sans doute la plus belle de Rocamadour. Côté cuisine, ce n'est pas mal non plus. Gilles Verrines, le chef, met le canard à l'honneur, dans une tatin de foie gras ou un carpaccio de magret. Agréable bar lounge, à la décoration très réussie. Menus de 18 à 34€. Fait aussi hôtel (17 chambres). *L'Hospitalet* ***Rocamadour*** *Tél. 05 65 33 63 25 www.hotel-le-belvedere.fr Ouvert début fév.-début jan.*

Hôtel-restaurant Le Terminus des pèlerins Tenu par la famille Aymard depuis 1947, cet hôtel accueille tous les voyageurs-pèlerins ou non. L'établissement assume sans complexe son appartenance provinciale avec une décoration qui privilégie le rustique, comme l'atteste la batterie de cuivres rutilante. Depuis des années, la cuisine répète avec bonheur les recettes traditionnelles du Quercy. Terrasse plongeant sur la vallée de l'Alzou. Menus de 18 à 38€, double de 55 à 77€, petit déj. 8€. *Pl. de la Carretta* ***Rocamadour*** *Tél. 05 65 33 62 14 www.terminus-des-pelerins.com Ouvert avr.-début nov.*

Jehan de Valon Au restaurant de l'hôtel "Beau site", Xavier Menot propose des foies gras remarquables, des viandes exceptionnelles : les amateurs de gigot auront la surprise d'assister au spectacle de la découpe de leurs mets, sur un superbe meuble roulant-chauffant rutilant. Le magret en croûte de sésame est cuit à la perfection. Panorama sur la falaise orientale. Service très attentif. Menus 26-65€, formule déjeuner 18,50€. *Au milieu de la rue principale Cité médiévale* ***Rocamadour*** *Tél. 05 65 33 63 08 www.bw-beausite.com Ouvert mi-fév.-11 nov.*

prix élevés

☺ **Les Esclargies** Un vrai coup de cœur ! En pleine chênaie, sur les hauteurs de la cité mariale, cet hôtel à l'architecture contemporaine dispose de 16 chambres, toutes décorées différemment et suffisamment spacieuses pour supporter un long séjour. Matières naturelles et couleurs douces ou profondes président à leur aménagement. La chaleur de l'accueil de Nathalie Poisson et le calme absolu des Esclargies devraient longtemps vous rester en mémoire. Grande terrasse extérieure et piscine. Comptez de 95 à 150€ la double, petit déj. 12€. *Route de Payrac* ***Rocamadour*** *Tél. 05 65 38 73 23 www.esclargies.com Ouvert mi-fév.-mi-déc.*

Hôtel Beau site Mansardées ou avec mezzanine, donnant sur la rue ou sur les sanctuaires, les 38 chambres (dans l'hôtel et au-dessus du restaurant, de l'autre côté de la rue) de cette vénérable maison sont d'un bon confort. Accueil et service agréables, de grande qualité. La meilleure adresse de la cité. En saison, évitez les chambres donnant sur la rue. Piscine accessible à la clientèle à 2km, sur le plateau. Chambres 70-145€, petit déj. 12€. *Au milieu de la rue principale Cité médiévale* ***Rocamadour*** *Tél. 05 65 33 63 08 www.bw-beausite.com Ouvert mi-fév.-11 nov.*

Dans les environs

prix moyens

Chambres d'hôtes Le Bout du Roc Marie et Yves Lacoste, agriculteurs, vous accueillent à bras ouverts et en toute simplicité dans leur maison, à deux pas de la ferme familiale. Ils mettent à la disposition de leurs hôtes 4 chambres confortables (climatisées), à l'atmosphère campagnarde et à la décoration fleurie (50€). Ici, l'hospitalité lotoise prend la forme d'une table généreuse (20€) mettant à l'honneur l'agneau fermier du Quercy et les produits de l'exploitation ou des fermes voisines. Marie Lacoste cuisine le feuilleté de foie gras poêlé et accommode l'agneau comme personne. En dessert, pastis, merveilles ou *pescajoune* devraient caler les appétits des randonneurs. *Le Roc* ***Alvignac*** *(5km à l'est de Rocamadour) Dir. Alvignac de l'autre côté de la D840 Tél. 05 65 33 70 18 www.leboutduroc.com*

Chambres d'hôtes de Mazeyrac Tout près de la maison du Bout du Roc, Mireille Lacoste, aidée de sa mère Simone en cuisine, propose 4 chambres rustiques (48€) dans sa jolie demeure quercynoise en pierre, dont l'une aménagée dans l'ancien four à pain. Les repas se prennent face à la cheminée en pierre (table d'hôtes 17€), dans une pièce chaleureuse qui fleure bon l'encaustique. Meubles de famille, parquets cirés, boutis immaculés : le plus grand soin a été apporté à la décoration de la maison. Bon accueil. *Lieu-dit Mazeyrac* ***Alvignac*** *(8km au nord-est de Rocamadour) Tél. 05 65 33 61 16 Ouvert avr.-oct.*

Chambres d'hôtes La Grelottière Une bonne odeur de soupe s'échappe en toute saison de la cuisine : vous êtes dans une ferme, une vraie. Régine et Jean-François Marets ont aménagé 4 chambres (52€ pour 2, pouvant accueillir jusqu'à 4 pers.) dans une dépendance de leur demeure, une belle bâtisse quercynoise du XVIIIe siècle, et se sont spécialisés dans l'accueil de randonneurs et de cavaliers. Simplicité, convivialité (grande tablée autour de la cheminée) et générosité : tous les ingrédients sont réunis pour un agréable séjour au vert et au calme, à deux pas de Rocamadour. ***Lafage*** *Sur la D673 Route de Calès (3km à l'ouest de Rocamadour) Tél. 05 65 33 67 16 ou 06 81 63 08 56 www.lagrelottiere.vpweb.fr Ouvert avr.-12 nov.*

prix élevés

☺ **Le Domaine de La Rhue** Cette ancienne écurie bâtie au XIXe siècle (le château est derrière) est devenue une maison d'hôtes de charme, authentique et singulière. Dans un domaine de 40ha, assez grand pour pouvoir y randonner à pied, à cheval ou en VTT sans en atteindre les limites. Un sentier le traverse pour rejoindre la D16 et, de là, Rocamadour. Les 5 chambres sont décorées d'objets rappelant l'ancienne fonction des lieux. Christine et Éric Jooris ont fait le choix de la sobriété : pas de fioritures mais une décoration en parfaite harmonie avec l'architecture rurale. L'accueil est à la hauteur, élégant et chaleureux. Une excellente adresse. Chambre 95-135€, petit déj. compris. *La Rhue* ***Rocamadour*** *(7km au nord-est du bourg) Fléchage à partir de L'Hospitalet Tél. 05 65 33 71 50 www.domainedelarhue.com Ouvert Pâques-Toussaint*

Hôtel Les Vieilles Tours Un manoir du XVIIe siècle et un pigeonnier du XIIIe siècle sur un site exceptionnel : on domine les deux vallées de l'Alzou et de l'Ouysse. Dans le bâtiment principal et son annexe, 15 chambres décorées avec des matériaux de qualité (pierres apparentes, bois). Piscine, grand parc. Accueil prévenant. Une adresse pour longue villégiature, fréquentée par des habitués. Restaurant gastronomique réputé (le soir uniquement, 25-39€). Chambres 73-108€, petit déj. 12€. *Lafage* ***Rocamadour*** *Sur la D673 (fléchage) Tél. 05 65 33 68 01 www.vtrocamadour.com Ouvert avr.-début nov., fin déc.-début jan.*

SOUILLAC

46200

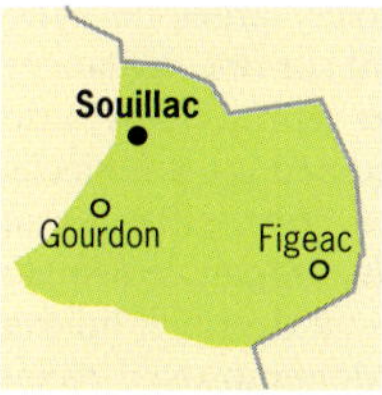

Une magnifique église abbatiale, un musée de l'Automate dont la collection est unique en Europe, la vallée de la Dordogne, une gare de chemin de fer et une autoroute : Souillac est certes une ville touristique mais constitue aussi et surtout un carrefour incontournable entre Périgord et Quercy, où se rejoignent Bouriane, causses et Sarladais.

MODE D'EMPLOI

accès

EN VOITURE
Nœud routier, Souillac est située à 25km de Gourdon, 15km de Martel, 30km de Sarlat, 66km de Figeac et 68km de Cahors.

EN TRAIN
Sur la ligne Paris-Toulouse.
Gare SNCF *Tél. 36 35 www.sncf.com*

orientation

Les routes se croisent au centre-ville, boulevard Malvy, ce qui crée de nombreux embouteillages en été. Pour vous garer, dirigez-vous vers la Dordogne, près des campings.

adresse utile

Taxis Bernard *Tél. 05 65 37 88 40*

marchés, fêtes et manifestations

Marché *Ven. mat. ; en saison : mer. ap.-m.*
Festival de jazz "Sim Copans" *Tél. 05 65 37 04 93 www.souillacen jazz.fr 3e sem. de juil.*
Festival du mime automate *Tél. 05 65 37 07 07 www.musee-auto mate.fr Début août*
Ecaussystème Un festival qui réunit musique (rock, reggae, salsa - avec des artistes de renom, Zebda en 2012, Wax Taylor en 2013) et écologie. Nombreux concerts et débats-conférences. ***Gignac*** *(12km au nord-ouest de Souillac) Tél. 05 65 32 69 05 www. ecaussysteme.com 2 jours début août*

informations touristiques

Office de tourisme Visite guidée en saison. *Bd Malvy Tél. 05 65 33 22 00 www.tourisme-vallee-dordogne.com Ouvert juil.-août : tlj. 9h30-13h et 14h-19h hors saison : horaires variables*
Pays d'art et d'histoire *Souillac Tél. 05 65 33 81 36 www.pays-vallee-dordogne.com Visite guidée 6€*

HAUT-QUERCY

DÉCOUVRIR

☆ **Les essentiels** L'abbatiale Sainte-Marie **Découvrir autrement** Amusez-vous en famille au musée de l'Automate, visitez une distillerie ancestrale et dégustez de la vieille prune

Souillac

☆ **Abbatiale Sainte-Marie** L'un des plus spectaculaires édifices romans de France, restauré de 1628 à... 1930 ! Les trois coupoles, larges de 24m, alignées (les lanternons datent des années 1930), reposent sur une nef lancée au XIIe siècle. Les absidioles, greffées sur le chevet, sont représentatives du style roman méridional. La décoration du portail, exécutée au XIIe siècle, est présentée à l'intérieur de l'abbatiale, sur la face de la porte. Elle devait encadrer un porche qui n'a jamais été percé. Occupant le tympan, le *Miracle de Théophile* : à gauche, il signe un pacte avec le diable ; à droite, il lui fait allégeance ; au centre, plongé dans un sommeil peuplé de remords, il reçoit la visite de la Vierge qui lui donne son pacte, repris au diable. De part et d'autre du portail, deux trumeaux (les piliers de soutien) particulièrement historiés. Ces reliefs sculptés trahissent la main de l'artiste de génie, auteur des grandes statues du portail de Moissac (p.422). La statue d'Isaïe, en particulier, est très probablement due au même sculpteur que le saint Paul et le Jérémie de Moissac, tant sont nombreuses les similitudes (dessin des cheveux, de la barbe...). Sur le plus grand, le plus lisible des reliefs sculptés, animaux monstrueux et êtres humains sont organisés dans une scène que les historiens peinent encore à comprendre. Une véritable enluminure de pierre, joyau de l'art roman en Midi-Pyrénées. *Tél. Rens. Pays d'art et d'histoire 05 65 33 81 36 Visite guidée 6€*

● Où goûter de la vieille prune ?

Distillerie Louis Roque Dans le Lot, la vieille prune est aussi importante que le confit de canard. La plus réputée est sans doute celle de la famille Roque.

Les chais se visitent, on regarde les ouvriers travailler avant de se rendre à la boutique. *41-43, av. Jean-Jaurès Tél. 05 65 32 78 16 www.lavieilleprune.com Ouvert lun.-ven. 8h30-12h et 14h-17h30*

● Se distraire en famille

☺ **Musée de l'Automate** Le musée de l'Automate possède une collection unique en Europe ! La plupart des objets présentés sont sortis de l'atelier de Jean Roullet, créé en 1860. Des automates totalement mécaniques commandés pour Noël par de riches familles et par les grands magasins qui faisaient de la publicité "vivante" avec ces bonshommes en bois, porcelaine et carton bouilli. Les automates promotionnels animeront les vitrines durant les années 1930, à l'apogée de l'atelier. À voir absolument. *Pl. de l'Abbaye Tél. 05 65 37 07 07 www.musee-automate.fr Ouvert juil.-août : tlj. 10h-18h ; jan.-mars, oct.-déc. : mer.-dim. 14h30-17h ; avr.-juin, sept. : mar.-dim. 10h-12h et 15h-18h Tarif 6€, réduit 3-4,50€*

● Descendre la Dordogne en canoë

Copeyre Canoë En louant votre canoë, vous obtiendrez une entrée gratuite à Quercyland (parc d'attractions), à la discothèque Copeyre et au labyrinthe de l'Ermite. Tarif unique 15€/canoë, 19€/kayak. Départs en minibus pour Gluges (28km, 5h), Meyronne (18km, 4h) et Pinsac (8km, 2h). *Quercyland, au bord de la Dordogne, près du camping municipal Tél. 05 65 32 72 61 www.copeyre.com*

CARNET D'ADRESSES

Restauration, hébergement

camping

Camping La Verte Rive Situé sur les rives de la Dordogne, ce camping 4-étoiles, impeccablement entretenu (les sanitaires ont été refaits à neuf en 2012), propose 65 emplacements paysagés et arborés, éparpillés sur 1,5 ha. Très bel environnement, plage privée au bord de la Dordogne. Piscine chauffée, snack-bar. Comptez 9,50€/pers., électricité comprise. Atmosphère familiale, très bon accueil. Animations pour les enfants en été. Également location de bungalows (220-420€/sem.). Très bon rapport qualité-prix. ***Pinsac** (5km au sud-est de Souillac) Tél. 05 65 37 85 96 www.camping-laverterive.com Ouvert avr.-mi-oct.*

prix moyens

Le Beffroi La glycine de ce restaurant, idéalement situé à quelques mètres du fameux beffroi sur une placette piétonne, dispense une ombre bienvenue aux visiteurs attablés en terrasse. Cuisine classique de bonne facture, très appréciée des Souillagais, belle situation, rapport qualité-prix très honnête : que demander de plus ? Menus 12-25,50€. *6, pl. St Martin **Souillac** Tél. 05 65 37 80 33 Ouvert lun.-sam.*

Hôtel Le Quercy Hôtel agréable, au bord de la Borrèze, ruisseau qui se jette dans la Dordogne. Décoration et accueil sans surprises : c'est un hôtel de chaîne (Interhôtel). Piscine, petit jardin, bar. Très bien pour une nuit, à deux pas du centre de Souillac. À part celles situées au dernier étage, les 25 chambres disposent d'une terrasse, ainsi que d'une baie vitrée. Chambres 67-75€, petit déj. 11€. *1, rue de la Recège* ***Souillac*** *Tél. 05 65 37 83 56 www.le-quercy.fr Ouvert début fév.-fin nov.*

☺ **Chambres d'hôtes et gîte Le Prieuré** Comme son nom l'indique, la maison fut un prieuré au XVIIIe siècle. Les 5 chambres d'hôtes sont confortables. Dans le jardin de cette belle habitation, 3 gîtes, la "Ferme" (4 pers.), le "Pavillon" (2 pers.) et l'"Atelier" (4 pers.). Une succession de pièces démesurées (le séjour, la chambre du haut), minérales (matériaux apparents). L'"Atelier" est bien éclairé par une verrière. Piscine chauffée, jardin immense. Une très belle adresse. Chambres 75-89€/nuit, 469-599€/sem. "Atelier" 725€/sem., "Pavillon" 549€/sem., "Ferme" 895€/sem. ***Souillac*** *(3km au sud du centre) Tél. 05 65 32 74 61 www.le-prieure.net Ouvert avr.-sept.*

Pavillon Saint-Martin Voici une adresse de charme dont la réputation n'est plus à faire. Sans être frivole, la décoration de cette très belle demeure de maître se veut dans l'air du temps : le mariage des vieilles pierres et des couleurs acidulées préside à l'aménagement de l'hôtel, et les tons vitaminés de la salle (voûtée) du petit déjeuner devraient vous donner de l'énergie pour la journée. D'excellent confort, les chambres sont suffisamment spacieuses pour se prêter à un séjour prolongé. La Cinq donne sur le beffroi, tandis que la Huit (notre préférée) regarde l'abbatiale. Comptez 78-105€ la double. Très bon accueil, attentif sans être empressé. Désormais incontournable à Souillac. *5, pl. Saint-Martin* ***Souillac*** *Tél. 05 65 32 63 45 www.hotel-saint-martin-souillac.com Ouvert toute l'année*

prix élevés

La Vieille Auberge Une adresse gastronomique, parmi les plus réputées des "Bonnes tables du Lot" – l'omelette aux truffes est un incontournable de la maison. La lecture de la carte de Damien Zara à elle seule est déjà un régal. Que dire du quasi de veau rôti avec son risotto d'asperges ou son pavé de cabillaud en écailles de chorizo et sa purée de fèves à l'estragon ! Menus de 25 à 45€, dégustation 68€. Formules déjeuner 16 et 19€. Service stylé mais jamais compassé. *1, rue de la Recège* ***Souillac*** *Tél. 05 65 32 79 43 www.la-vieille-auberge.com Ouvert mi-fév.-mi-nov. Fermé dim. en fév. et mars*

★ MARTEL

46600

Superbe – l'une des plus belles cités de la région –, la "ville aux sept tours" s'impose avec évidence, de quelque direction que l'on vienne. Le clocher de l'église Saint-Maur, le beffroi du palais de la Raymondie, la tour de la Prison, la tour des Cordeliers, les tours d'Henri Court-Mantel, Vergnes de Ferran et de Mirandol : le compte y est. Le plus étrange dans cette collection est qu'aucune n'était un donjon. Les seigneurs de la très puissante vicomté de Turenne avaient jugé inutile de fortifier Martel, située sur un plateau

indéfendable. Sans château pour la protéger, la ville s'entoura d'une première enceinte au XIIe siècle, puis d'une seconde au début de la guerre de Cent Ans.

MODE D'EMPLOI

accès

EN VOITURE
Martel est située à 40km de Gourdon, 15km de Souillac, 22km de Rocamadour, 60km de Figeac et 78km de Cahors.

orientation

On ne pénètre pas en voiture dans le vieux Martel. Les seules voies de circulation l'enserrent suivant le tracé des anciens fossés (av. du Général-de-Gaulle, av. Laveyssière, rue de l'Abreuvoir et fossés de Capitani). Stationnement difficile les jours de marché : peu de places de parking (pl. de la Rode, av. Laveyssière, esplanade de la Fontanelle).

informations touristiques

Office de tourisme Vallée de la Dordogne *Pl. des Consuls Tél. 05 65 37 43 44 ou 05 65 33 22 00 www.martel.fr www.tourisme-vallee-dordogne.com Horaires variables*

adresse utile

Taxi Daubet *Tél. 05 65 37 34 87*

marchés, fêtes et manifestations

Marché *Mer. et sam. mat.*
Marché aux truffes *En déc.-jan. le sam.*
Festival de la Bande dessinée *Tél. 05 65 37 43 44 Fin juil.*

HAUT-QUERCY

DÉCOUVRIR

☆ **Les essentiels** La vieille ville, l'église Saint-Maur **Découvrir autrement** Empruntez le chemin de fer touristique, le Truffadou, et grimpez à bord de ses belles locomotives anciennes, allez admirer les stalactites aux formes excentriques de la grotte de Lacave

Martel

☆ **Vieille ville** La **tour de Tournemire** domine le côté sud de l'avenue du Général-de-Gaulle. Contemporaine de la première enceinte, ce fut une tour de guet qui devint geôle au XIVe siècle. Graffitis dans les cachots, escalier à vis très étroit taillé dans l'épaisseur d'un mur. Derrière la tour, l'un des plus beaux bâtiments de la région, le **palais de la Raymondie**. Édifié de 1280 à 1330, il était surtout un immeuble de prestige. Au sous-sol, un entrepôt stratégique. Au rez-de-chaussée, commerçants et artisans travaillaient derrière les grandes arcades. Au premier étage, immenses salles de réception éclairées sur les faces sud et ouest par des baies à triples remplages, particulièrement ouvragées sur la façade sud (rue de Senlis). Le maître des lieux demeurait au second étage. Le bâtiment, gigantesque (de 20m à 40m de côté), abrite l'office de tourisme, la mairie et un petit musée d'Archéologie consacré aux fouilles du Puy d'Issolud. La halle qui fait face à la Raymondie date des années 1790. Côté sud de la place, l'**hôtel Fabri** a recueilli en 1183 la dernière confession d'Henri de Court-Mantel, fils du roi d'Angleterre Henri II. La ruelle qui fait l'angle débouche sur la rue Droite, en face de la maison Vergnes de Ferron (superbe porte Renaissance). Derrière, rue de la Bride, l'hôtel de Mirandol, construit en 1460 (tour carrée). Au bout de la rue Droite, vers l'église, avant la venelle qui la relie à la rue du Four-Bas, la maison du Silence (ou Labrunie). De l'autre côté de l'avenue du Général-de-Gaulle, sur le parking, une autre demeure Renaissance (XVIe s.) porte le nom de "Grenier d'abondance" : on y entreposait des vivres afin de prévenir les disettes. De la place Gambetta, l'ancienne route de Brive aboutit à l'unique rescapée des neuf portes de la seconde enceinte. Le quartier situé entre celle-ci et la première enceinte, peu visité, forme un entrelacs de ruelles pavées bordées de très belles maisons.

VITRAUX MAJEURS
La baie du chœur de l'église Saint-Maur, d'une taille surprenante, est l'œuvre d'Arnaud de Moles, célèbre maître verrier de la ville d'Auch. Installée en 1512, elle représente, en bas, l'entrée triomphale de Jésus à Jérusalem, la Cène, le lavement des pieds et l'agonie. En haut, la mort du Christ. Entre les deux, la trahison de Judas, la flagellation et le couronnement d'épines.

☆ **Église Saint-Maur** Elle fut construite au début du XIVe siècle avec les pierres – et le tympan – d'une église primitive élevée au XIIe siècle, accolée à la première enceinte, et augmentée au XVIe siècle d'une puissante tour-clocher. La nef rappelle celle de la cathédrale de Cahors : elle est très longue (52m) mais aussi très large (21m). *Centre historique*

● Faire une balade en train touristique

Chemin de fer touristique du Haut-Quercy Exploitée jusqu'en 1980, la ligne Martel-Saint-Denis fut tracée dans la falaise de Mirandol de 1880 à 1884. Délaissée par la SNCF, elle est rachetée par des passionnés et baptisée le "Truffadou", en 1997, qui depuis y font circuler des machines anciennes. Panoramas magnifiques. Trajet de 1h avec arrêts. *Gare de Martel (fléchage) Tél. 05 65 37 35 81 www.trainduhautquercy.info* **Train à vapeur** *Ouvert avr.-juin, sept. : dim. et j. fér. 11h, 14h30, 16h ; début juil.-mi-juil. : mer., dim. et j. fér. 11h, 14h30, 16h ; mi-juil.-août : dim.-jeu. et j. fér. 11h, 14h30, 16h* **Train diesel** *Ouvert avr.-juin, sept. : mar. et jeu. 14h30 ; début juil.-mi-juil. : lun.-mar. et jeu.-ven. 11h, 14h30, 16h, sam. 14h30 ; mi-juil.-août : ven. 11h, 14h30, 16h, sam. 14h30*

Les environs de Martel

Causse de Martel

Le causse s'étend au nord de la ville. La D23 monte au nord en direction de Strenquels, puis redescend vers **Lasvaux** (D98), dont l'église romane est une merveille de simplicité. Du vallon frais où elle se cache, on gagne le **puy de Cazillac**. Au sommet, une Vierge embrasse un panorama qui soutient presque la comparaison avec celui offert par la tour du château de Turenne. En face, le **château de Cavagnac**, formé d'un bâtiment néoclassique du XVIIIe siècle adossé à une tour médiévale (XIIIe s.). Tout au bout de la route, dans le Limousin, le village de **Turenne** : la tour de César (XIIe-XIIIe s., ascension difficile), dans le château, ménage, à 322m d'altitude, un point de vue étonnant – à 360° sans entrave – sur le causse, le Limousin et les monts d'Auvergne.

Vallée de la Dordogne quercynoise

Tertre abrupt, le **Puy d'Issolud** (10km à l'est de Martel) est le site d'Uxellodunum, lieu de l'ultime bataille de la guerre des Gaules. Ici César a vaincu les derniers Celtes qui résistaient après le siège d'Alésia. Regroupés par le chef cadurque Lucterius, ils tinrent deux mois, assoiffés : César avait détourné le cours de la source... 8km au sud-ouest, le **belvédère de Copeyre** surplombe la vallée et le cirque de Montvalent, taillé par une courbe très ancienne de la rivière. Non loin, adossé à la falaise, le village de **Gluges** présente une chapelle semi-troglodytique fondée en 1108. On atteint **Creysse**, village situé dans un méandre de la Dordogne, par la D23. De la forteresse (Xe-XIIIe s.), il ne reste que la tour de Cosnac, à l'ouest. L'église, du XIIe siècle, a été remaniée au XVIIe siècle. 4km en aval, **Meyronne** est un village fortifié par d'immenses bâtisses un peu austères qui composent l'ancien château d'agrément des évêques de Cahors (XIVe-XVe s.), transformé en hôtel.

Montvalent Un endroit magnifique, superbement mis en valeur la nuit. La tour située au-dessus du parking est l'un des vestiges du fort du XIIIe siècle, détruit par les Anglais en 1370. *9km au sud de Martel sur la D840*

Grotte de Lacave On y accède par un petit train puis un ascenseur. Douze salles aux dimensions très impressionnantes : la voûte de la plus grande s'élève à 60m ! Draperies (salle des orgues), méduses, concrétions étonnantes merveilleusement éclairées... et l'exceptionnelle salle des gours : vastes comme des lacs, leur surface reflète les stalactites excentriques accrochées au plafond qui prennent, dans l'eau, des allures de cités gigantesques. ***Lacave** (20km au sud de Martel) Tél. 05 65 37 87 03 www.grottes-de-lacave.fr Ouvert avr.-juin, sept. : tlj. 9h30-12h et 14h-17h30 ; juil. : tlj. 9h30-12h et 13h30-18h ; août : tlj. 9h30-18h ; oct.-11 nov., 26-30 déc. : tlj. 10h-12h et 14h-17h Tarif 9,50€, réduit 6€*

Château de Belcastel Situé sur un promontoire, à 50m au-dessus de la rivière, il a été construit sur les fondations d'un ancien castrum et fortement remanié aux XVIe et XVIIe siècles. Tour ronde massive des XVe-XVIe siècles. ***Lacave** (20km au sud de Martel)*

Château de La Treyne Sa silhouette se réfléchit dans la rivière, après une courbe au pied du rocher des Monges (l'un des plus beaux points de vue sur la Dordogne). Il date des XIVe-XVIIe siècles. *La Treyne **Lacave** (23km au sud-ouest de Martel)*

● En savoir plus sur les milieux humides

Espace naturel sensible de la couasne de Floirac La "couasne" est un bras mort de la Dordogne dans la plaine du cirque de Montvalent. Le sentier aménagé constitue une approche pédagogique remarquable des milieux humides (faune, flore, fonctionnement, évolution) et du patrimoine rural des bords de rivière. Il emprunte une portion du GR®652. *Plaquettes disponibles dans les offices de tourisme de Martel et de Carennac* ***Floirac*** *À 10km env. de Martel (D43)*

● Pratiquer des activités sportives

☺ **Port-Loisirs** Une structure multiactivités très efficace et de grande renommée. Du canoë sur la Dordogne, bien sûr, mais également de l'escalade, de la spéléologie et de multiples randonnées à VTT. Excellent accueil, services professionnels. Canoë : parcours de 6km (8€) à 27km (17€). Spéléologie/escalade : comptez 22-25€. Canyoning : comptez 32-35€/demi-journée. *Pont de Creysse* ***Creysse*** *(7km env. au sud de Martel, près de la D840) Tél. 05 65 32 27 59 www.compagnie-sports-nature.com Ouvert été : tlj. à partir de 9h*

● Partir en randonnée

Circuit n°37 Très beau sentier figurant dans le recueil de Lot Tourisme (p.56). Il chemine sur le causse jusqu'au fabuleux panorama du roc des Monges. ***Départ*** *Saint-Sozy* ***Longueur*** *7km* ***Durée*** *2h30*

GR®652 Il longe la rive gauche de la Dordogne et rejoint le GR®46 à Montvalent. De là, deux itinéraires possibles, l'un au nord vers Turenne, l'autre au sud vers Rocamadour.

HAUT-QUERCY

CARNET D'ADRESSES

Restauration, hébergement

prix moyens

Saveurs des halles Posé au cœur de la vieille ville, à l'angle de la place des Consuls, cet établissement est très fréquenté par la clientèle locale. Il propose une cuisine inventive et savoureuse, composée en fonction des produits du marché, comme ces rougets et leur julienne de légumes. Quelques tables en terrasse aux beaux jours. Service prévenant. Menus de 15 à 33€. *Rue Senlis* ***Martel*** *Tél. 05 65 37 35 66 Ouvert mar.-sam.*

Au hasard Balthazar Sous une échauguette du palais de la Raymondie, sur le pavé, quelques tables. Également un charmant restaurant à l'étage façon estaminet et une cour ombragée par une jolie treille. Les époux Hacourt vendent les produits de la ferme des Bouriettes, célèbre pour ses foies gras et produits du terroir, ainsi que de l'huile de noix, des condiments, de la vieille prune... Très sympathique. Carte 18-27€. *Rue Tournemire* ***Martel*** *Tél. 05 65 37 35 74 ou 05 65 37 42 01 www.lesbouriettes.com Ouvert mi-avr.-fin juin, sept. : mer. et dim. uniquement midi, jeu. et sam. 12h-14h et 19h-21h, ven. uniquement soir ; juil.-août : mer.-dim., mar. uniquement soir*

Auberge des Sept Tours Un hôtel tout simple (7 chambres) avec un restaurant élégant. La table est remarquable : la chef, Emmanuelle Vauché, a rapporté de ses voyages des idées, des ingrédients et un coup de main professionnel. La carte, étonnante, est pleine de fraîcheur, de saveur et de finesse. Le service est parfait. Il y a même une terrasse panoramique. Cette auberge des Sept Tours est une belle découverte ! Chambre 48-68€/2 pers., petit déj. 9€. Menus 12,90€, carte 18-30€. *Av. de Turenne* ***Martel*** *Dir. Les Quatre Routes Tél. 05 65 37 30 16 www.auberge7tours.com*

Dans les environs

petits prix

Au vieux four Un restaurant peu connu à l'extérieur du "pays" de Martel, et qui gagnerait à l'être davantage. Dans une salle nue, accueillante grâce au sourire du personnel, vous voici sommé de choisir entre les ris de veau aux cèpes et le tajine de Saint-Jacques. Cornélien... Carte assez originale, plats généreux. On est proche de la table gastronomique. Excellent accueil. À découvrir ! Menus 13-36€. Quelques chambres très simples à l'étage. ***Les Quatre-Routes-du-Lot*** *(7km au nord de Martel) Après la voie ferrée dir. Martel. Tél. 05 65 32 01 98 Ouvert juil.-août : mar.-dim. ; sept.-juin : mar.-sam., dim. uniquement midi*

La Table du fermier L'une des meilleures tables d'ouvriers du Lot ! La patronne, Marie-France Bourdie, a de la personnalité et aime son métier. Les légumes proviennent de la ferme familiale, la viande - poule farcie et coq au vin des fermes des environs -, et les charcuteries sont artisanales. La maison regarde la vieille église et son agréable parvis. Menu à 12€ tout compris (mique et petit salé) en semaine et menus gastronomiques à 18 et 20€. *Pl. de l'Église* ***Saint-Michel-de-Bannières*** *Près de Vayrac (13km à l'est de Martel) D20 dir. Brive, ap. Vayrac Tél. 05 65 32 42 60 Ouvert juil.-août : tlj. ; sept.-juin : tlj. uniquement midi Fermé 25 déc.*

prix moyens

☺ **Chambres d'hôtes Les Hauts de Loupchat** Une maison de pierre entourée d'un parc immense de 10ha avec vue panoramique sur le causse de Martel. Les 4 chambres ont été décorées par la propriétaire qui s'est fait plaisir, notamment dans les sdb. Elles donnent accès directement à la terrasse. Très personnel et original. Billard et piano à disposition. Piscine. Boulodrome. Accueil charmant. Chambres 70€, table d'hôtes 24€. Également un hébergement pour les pèlerins et les randonneurs sous un tipi (5 pers., 10€/pers.). *Marie Hardillier-Baboyard* ***Loupchat*** *(4km au nord-est de Martel) Dir. Collonges, puis à droite après 3km Tél. 05 65 32 59 73 www.chambres-hotes-lot.com*

Hôtel-restaurant des Falaises Une jolie découverte ! Un petit hôtel niché au pied des falaises, sans prétention, parfait comme camp de base pour partir explorer la vallée de la Dordogne. Claires et de bon confort, certaines chambres disposent d'une terrasse en bois bien agréable. Piscine. Comptez de 48 à 64€ la double. Petit déjeuner 7€. La carte du restaurant, à n'en pas douter, se veut dans le droit fil de la tradition. Les pommes de terre sautées à la sarladaise fondent dans la bouche, le cabécou est affiné à point, le coteau-de-glanes fruité. Le tout à prix très raisonnable (15-20€ pour un repas complet). Atmosphère familiale. ***Gluges*** *(5km au sud de Martel) Tél. 05 65 27 18 44 www.les-falaises.com Ouvert avr.-début nov.*

prix très élevés

Le Pont de l'Ouysse L'on vient de loin pour savourer le pigeonneau rôti accompagné de sa mousseline de petits pois des Chambon père et fils ! L'été, le millefeuille de blettes à la moelle et truffe d'été a ses inconditionnels. La beauté du site conjuguée au tour de main des chefs fait de cette table l'une des plus courues du Lot. Menu déjeuner 35€ (du mer. au sam.), à la carte comptez de 50 à 80€. ***Lacave*** *(17km au sud de Martel) Tél. 05 65 37 87 04 www.lepontdelouysse.fr Ouvert fin mars-début nov.*

☺ **Chambres d'hôtes du manoir de Malagorse** Dès l'entrée, cette demeure montre un goût délicat : des fleurs partout et de ravissants parterres dénotent le caractère bucolique de Malagorse. Les grandes chambres, très confortables, sont meublées d'un élégant bric-à-brac. L'ensemble dégage un charme fou et un réel sentiment d'espace tant les volumes sont amples et la décoration exquise. Vue panoramique sur la vallée de la Dordogne. Double de 150 à 180€. Table d'hôtes (42€, vin non compris). Une adresse très raffinée. **Cuzance** *(7km au nord-ouest de Martel) Tél. 05 65 27 14 83 ou 06 76 74 86 08 www.manoir-de-malagorse.fr Ouvert mai-déc.*

SAINT-CÉRÉ

46400

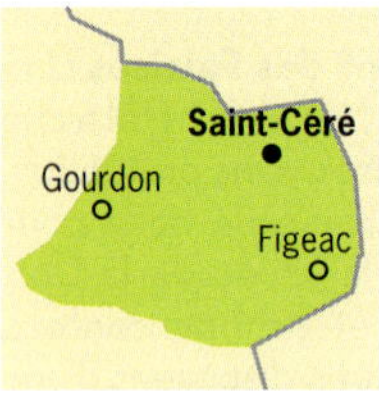

À la rencontre du causse de Gramat, du Limargue et du Ségala, Saint-Céré fut de tout temps une place commerciale, et ses marchés et foires étaient réputés dans toute la région. Le refus de la municipalité d'accueillir le chemin de fer en 1850 précipita la ville dans l'anonymat dont elle ne sortit qu'un siècle plus tard, grâce au prestige du célèbre tapissier Jean Lurçat, qui vécut non loin, à Saint-Laurent-les-Tours. Saint-Céré est une cité paisible, dont les richesses architecturales méritent d'être découvertes et qui s'anime lors de son célèbre festival d'art lyrique en été.

MODE D'EMPLOI

accès

EN VOITURE

Saint-Céré est située à 61km de Gourdon, 20km de Gramat, 30km de Rocamadour, 38km de Figeac et 75km de Cahors.

orientation

Le centre est circonscrit par les boulevards et les rues qui épousent le tracé des remparts disparus. La ville est embouteillée les jours de marché et il est difficile de s'y garer en été, malgré de grands parkings.

informations touristiques

Office de tourisme Vallée de la Dordogne Bonne documentation sur la ville, le Ségala, la vallée de la Dordogne et les randonnées alentour. *13, av. François-de-Maynard* ***Saint-Céré*** *Tél. 05 65 33 22 00 www.tourisme-vallee-dordogne.com Horaires variables*

Office de tourisme Vallée de la Dordogne Remarquable, l'un des meilleurs du Lot. Excellente documentation sur les locations, les hôtels et les activités familiales. *Av. de la Libération* ***Bretenoux*** *(9km au nord de Saint-Céré) Tél. 05 65 33 22 00 www.tourisme-vallee-dordogne.com Horaires variables*
Office de tourisme Vallée de la Dordogne *Cour du Prieuré* ***Carennac*** *(15km au nord-ouest de Saint-Céré) Tél. 05 65 33 22 00 www.tourisme-vallee-dordogne.com Horaires variables*
Pays d'art et d'histoire *Château des Doyens* ***Carennac*** *Tél. 05 65 33 81 36 www.pays-vallee-dordogne.com Ouvert Pâques-juin, oct. : mar.-ven. 10h-12h et 14h-18h ; juil.-sept. : lun.-ven. 10h-12h et 14h-18h, sam.-dim. 14h-18h Visite guidée 6€*

adresse utile

Taxi ABC *Tél. 05 65 10 88 12*

marchés, fêtes et manifestations

Marché *Pl. du Mercadial Sam. mat.*
Festival de Saint-Céré Haut-Quercy Art lyrique et opéra, sous la direction de O. Desbordes. Toujours plus réputé. *Tél. 05 65 38 28 08 www.opera-eclate.com Deux premières semaines d'août*

DÉCOUVRIR

☆**Les essentiels** La vieille ville, l'église Sainte-Spérie, Carennac, le musée Jean-Lurçat à Saint-Laurent-les-Tours, le gouffre de Padirac **Découvrir autrement** Assistez à un concert du festival de Saint-Céré Haut-Quercy, visitez en famille la grotte de Presque

Saint-Céré

☆**Vieille ville** Nombreuses maisons des XVIe-XVIIe siècles entre l'église et la place de la République. À l'angle de la place de l'Église et de la rue de la Pompe, l'**hôtel de Puymule** est caractéristique de l'architecture médiévale du XVe siècle (portes et fenêtres gothiques, tour d'escalier). À l'angle de la rue du Mazel et de la rue Saint-Cyr, maison en encorbellement (XVe-XVIe s.) avec deux tours d'angle. Le **Mercadial** est l'un des plus beaux exemples de place médiévale du Lot. Deux immeubles retiennent l'attention : la **maison des Consuls** (au fond, côté ouest) à étage en pans de bois (XVIe s.) et la **maison de Jean de Séguier**, en encorbellement sur la ruelle menant à la rue de la République. De l'autre côté de la place, la rue Saint-Cyr fait une grande boucle pour rejoindre la place Jean-Jaurès. Remarquez l'**hôtel de Miramon** avec son toit percé d'une double rangée de lucarnes (XVIIe s.). Un autre hôtel porte exactement le même nom à l'angle de la rue de l'Ollier. Plus ancien (XVe s.), il domine la rue avec sa tourelle en encorbellement. Les boulevards Lurçat, Gambetta et Carnot, les rues Faidherbe et Chapou circulent sur les fossés comblés des remparts.

☆**Église Sainte-Spérie** Si Saint-Céré était célèbre pour ses marchés et ses foires, elle l'était également pour ses reliques de sainte Spérie, qui attirèrent les pèlerins peut-être dès le VIIIe siècle. Selon la légende, la jeune Spérie était convoitée par le seigneur de Loubressac. La demoiselle refusa ses avances, il lui coupa la tête, qu'elle alla rincer à une source. On construisit bientôt une chapelle à l'emplacement du point d'eau. L'église de Saint-Céré y est bâtie. C'est un édifice élevé du XIIe au XVe siècle, profondément restauré au XVIIIe siècle (le clocher-porche date des années 1760). Beau mobilier (retable de 1713, statues en bois doré, peintures de Rubens...). Les vitraux du chœur racontent la vie et la fin de Spérie. Dans la crypte, un bassin récupère l'eau "miraculeuse".

● Où acheter du vin ?

La Halle aux vins Passionné par le vin, François Charazac perpétue la tradition du métier de caviste à Saint-Céré. Travaillant en étroite collaboration avec les vignerons de la région, il a su tisser des liens qui lui permettent de s'entourer des meilleurs producteurs et proposer ainsi des vins typés, parfois surprenants. *Tél. 05 65 38 18 15 Ouvert mar.-sam. 8h-12h et 14h-19h plus lun. juil.-août*

● Où manger sur le pouce ?

L'Instant T Une ambiance sympathique pour ce bistrot qui déploie quelques tables sur la place du Mercadial. Cuisine régionale sans prétention, tartines, tartes salées (8-10€) appétissantes. Menus 10-19,50€. Un endroit où s'attabler sans être importuné par les voitures, face aux belles maisons de marchands médiévales. Petite cour à l'arrière. *3, pl. du Mercadial Tél. 05 65 10 66 82 Ouvert jan.-fév., avr.-sept., nov.-déc. : lun.-jeu. uniquement midi, ven.-sam. 12h-14h et 19h-21h*

Les environs de Saint-Céré

☆☺ **Carennac** Fondé au Xe siècle, doté d'un prieuré en 1047, enrichi au XVIIe siècle grâce à la famille Salignac de La Mothe-Fénelon, Carennac compte un beau cœur médiéval. La plupart des maisons ont été fortement remaniées depuis le XVIIe siècle. En revanche, le prieuré, le cloître et le château des Doyens sont dans un excellent état de conservation. Le tympan de **l'église** est un chef-d'œuvre de l'art roman (il date de 1150). Le Christ trône au centre, dans une amande (ou "mandorle"). Environné des symboles des quatre évangélistes – le taureau, l'aigle, le lion et l'ange –, il bénit les apôtres. La salle capitulaire abrite une *Mise au tombeau* émouvante. À l'origine polychromée (début XVIe s.), l'œuvre sculptée est centrée sur le Christ crucifié. Sa mère, Marie, les mains tendues, titube de douleur. Marie Cléophas (à sa gauche) et saint Jean (à sa droite) la soutiennent. Joseph d'Arimathie (aux pieds de Jésus) et Nicodème (à la tête) se préparent à refermer le linceul. Marie Salomé prie tandis que Marie Madeleine pleure. Les statues semblent émues, tant un souffle spirituel les anime. *16km au nord-ouest de Saint-Céré*

Bretenoux Belle bastide fondée en 1277. À voir, la place des Consuls et les rues alentour, avec leurs maisons bien conservées des XVe et XVIe siècles. Venez plutôt un jour de marché (mar. et sam. matin), vivant et coloré ; le reste de la semaine cette jolie place à couverts sert de parking sur lequel s'agglutinent les voitures. Quel dommage ! *9km au nord de Saint-Céré*

Tauriac L'**église Saint-Martial**, construite au XVIe siècle, est remarquable pour les peintures murales ornant ses voûtes et les murs latéraux. Sur le bas-côté gauche, prophètes et sibylles (femmes chargées d'annoncer la venue du Christ aux païens). En face, la vie de saint Jean Baptiste. Entre les deux, scènes de l'Ancien et du Nouveau Testament. *15km au nord-ouest de Saint-Céré*

Château de Montal Jamais terminé (il manque deux ailes pour fermer la cour), ce château a été bâti de 1522 à 1534. Les façades sur cour sont décorées de frises historiées ou à motifs végétaux (rinceaux) qui délimitent les étages. Entre les fenêtres à meneaux, très ouvragées, des médaillons expressifs évoquent la mémoire des parents proches de la première propriétaire des lieux, Jeanne de Balzac. À l'intérieur, magnifique escalier. Dans les chambres, belle collection de tapisseries du XVIIe siècle. Guide excellent. ***Saint-Jean-Lespinasse*** *À la sortie ouest de Saint-Céré (fléchage) Tél. 05 65 38 13 72 ou 05 65 10 98 00 www.monuments-nationaux.fr Ouvert avr.-juin, sept. : tlj. 10h-12h30 et 14h-18h30 ; oct.-mars : mer.-dim. 10h-12h30 et 14h-17h30 Billet jumelé avec le château de Castelnau-Bretenoux*

Du nord du Ségala au Limargue

En quelques kilomètres, au nord-est de Saint-Céré, le paysage est bouleversé. Le **Ségala** (p.282) est un pays de roche acide et de sols pauvres où fougères, bouleaux, hêtres, rosacées, bruyères et genêts font oublier chênes, noyers, érables et genévriers. D'abord prononcés, les reliefs s'adoucissent vers Sousceyrac. Les granges elles aussi changent d'apparence : au nord du Ségala, on rencontrera principalement des granges-étables à entrée centrale (pigeonnier-porche), construites en hauteur, en surplomb des routes. Les maisons les plus anciennes sont coiffées de toits pentus, couverts de lauzes de schistes à bouts arrondis. Les villages de **Lamativie**, **Comiac** et **Calviac** sont très représentatifs de ce pays rude. À l'extrême nord, la D25 s'enfonce dans les **gorges de la Cère**. Beau panorama sur l'ensemble de la vallée, au "rocher du peintre" (D81 puis D13 jusqu'au village de Camps-Saint-Mathurin-Léobazel). La **chapelle Notre-Dame-de-Verdale** (XVe-XIXe s.), accrochée à la falaise par un mur, domine la rivière Tolerme, quelques kilomètres à l'est de Latouille-Lentillac. On l'atteint aisément à pied. Le **Limargue** est une étroite bande de terres riches, organisée en bocage et légèrement vallonnée. Elle s'allonge de Saint-Céré à Figeac selon le tracé de la D940. En prenant cette route vers le sud, on parvient à **Aynac**, dont le château intrigue par sa tour carrée centrale, haute de six étages. La D39 pénètre ensuite dans le Ségala après avoir traversé une forêt classée. Elle atteint **Leyme**, bourg animé par un hôpital important, et dont l'église, dédiée à saint Eutrope, recèle des boiseries baroques du XVIIe siècle. Avant d'arriver à Molières par la même route, suivez l'indication "Pech Mouleyret" (point de vue sur le Ségala, avec table d'orientation).

Grotte de Presque Une petite grotte, idéale pour une visite en famille. Seize colonnes énormes qui résonnent lorsqu'on les frappe, des draperies, quelques gours. Intéressant pour le cheminement, facile et agréable. ***Saint-Médard-de-Presque*** *(5km à l'ouest de Saint-Céré) D677 dir. Gramat Tél. 05 65 40 32 01 ou 06 70 53 82 87 www.grottesdepresque.com Ouvert mi-fév.-juin, sept.-mi-nov. : 9h30-12h et 14h-18h ; juil.-août : 9h30-18h30 Tarif 7,50€, réduit 4€, moins de 6 ans gratuit*

Castelnau-Bretenoux Le château (bâti du XIIe au XVe s., remanié au XVIIe s.) est très impressionnant. Son plan triangulaire étonne, autant que la minuscule cour intérieure contrainte par les trois hauts murs des corps de logis. Cet exemple important de l'architecture militaire déçoit pourtant lors de la visite, qui ne porte que sur des pièces dotées de mobilier ancien collectionné par le dernier hôte et restaurateur des lieux, le ténor Jean Mouliérat (1853-1932). Le bâtiment passe alors au second plan, derrière la décoration et les aménagements (pas toujours heureux) du chanteur. ***Prudhomat*** *(11km au nord-ouest de Saint-Céré, fléchage) Tél. 05 65 10 98 00 castelnau-bretenoux.monuments-nationaux.fr Ouvert juil.-août : tlj. 10h-19h ; mai-juin : tlj. 10h-12h30 et 14h-18h30 ; avr., sept. : tlj. 10h-12h30 et 14h-17h30 ; oct.-mars : mer.-lun. 10h30-12h30 et 14h-17h30 Tarif 7,50€, réduit 4,50€, moins de 12 ans gratuit Billet jumelé avec le château de Montal*

☆ **Musée Jean-Lurçat** Peintre et tapissier, Jean Lurçat (1892-1966) vécut ici de 1945 à sa mort, dans les ruines des tours Saint-Laurent (XIIIe et XVe s.), vestiges d'un château détruit durant la guerre de Cent Ans. Le musée présente un bel éventail de ses œuvres, travaillées par la mort et une vision très sombre de l'humanité. L'artiste dessinait sur carton. Chaque couleur porte le numéro d'un fil de laine, les changements de tons sont marqués par des hachures. Une œuvre très curieuse, troublante : il n'y a pas de perspective mais des contrastes violents et une floraison de symboles. ***Saint-Laurent-les-Tours*** *(à la sortie nord de Saint-Céré, fléchage) Tél. 05 65 38 28 21 Ouvert mi-juil.-sept. : tlj. 9h30-12h et 14h30-18h30 2 sem. à Pâques Tarif 2,50€, réduit 1,50€*

★ **Gouffre de Padirac** Une impressionnante cavité naturelle descend à 75m, donnant accès à des galeries situées à 103m de profondeur : on explore en barque la rivière souterraine, à la découverte de salles gigantesques. Après une vertigineuse descente (à pied pour les plus téméraires, en ascenceur pour les autres) sur une distance de 500m apparaissent les concrétions, à la mesure des dimensions du site, notamment l'extraordinaire Salle du Grand dôme. Merveille du gouffre, la Grande Pendeloque, stalactite de 60m, se reflète à la surface du Lac de la Pluie. Spectacle grandiose. Le réseau hydrographique s'étend sur plus de 37km... La rivière souterraine ressurgit près de Montvalent, au gouffre Saint-Georges, 20km plus loin. Depuis 2013, les visiteurs peuvent assister à une projection sur l'histoire du gouffre et de ses explorateurs. Pensez à vous munir d'une petite laine, il fait 13°C dans la grotte. ***Padirac*** *(16km à l'ouest de Saint-Céré) Tél. 05 65 33 64 56 www.gouffre-de-padirac.com Ouvert mars-juin : 9h30-18h30 ; juil. : 9h30-20h ; août : 8h30-20h30 ; sept.-nov. : 10h-18h Tarif 9,80€, réduit 6,60€*

☺ **Autoire** Un site assez extraordinaire : une cascade haute de 30m et un "château des Anglais" troglodytique. Dans ce charmant petit village, remarquez à l'entrée sud-ouest la tour ronde du manoir de Limargue (XVIe s.) et la tour carrée du manoir de Busqueilles (au-dessus du village à l'est). *8km à l'ouest de Saint-Céré*

● Où déjeuner sur le pouce ?

Le relais de Gintrac Cette maison familiale est célébrée dans toute la vallée pour la promptitude de son service et le très bon rapport qualité-prix de ses menus "ouvriers". Idéal pour déjeuner sur le pouce, en salle ou en terrasse. Formules express 10€ (à midi) et formule du jour 12,50€. Plusieurs menus 18,50-27,50€. ***Gintrac*** *(12km à l'ouest de Saint-Céré) Tél. 05 65 38 49 41 relaisgintrac@aol.com Ouvert juil.-août : lun.-mar. uniquement midi, mer.-dim. ; sept.-juin : dim.-ven. uniquement midi, sam.*

● Profiter d'un très beau panorama

☺ **Loubressac** Belvédère fortifié au XIVe siècle, Loubressac regarde toute la plaine de Saint-Céré jusqu'aux marches du Limousin (vue également impressionnante du site du Py). Ruelles bordées de plusieurs maisons des XIVe, XVe et XVIe siècles. L'église Saint-Pierre (XIVe s., agrandie au XVIe s.) possède un portail au tympan sculpté. *8km à l'ouest de Saint-Céré*

HAUT-QUERCY

● Faire une randonnée

De très beaux sentiers sillonnent le pays de Céré. Également de nombreuses promenades au-dessus de Saint-Jean-Lagineste, dans un mélange de paysages des causses, du Ségala et du Limargue. *Renseignements à l'office de tourisme*

Circuit des Césarines (n°34) Ce circuit est présenté dans le guide des espaces naturels sensibles de Lot Tourisme (p.56). Découverte d'une falaise calcaire d'où l'on domine la vallée. ***Départ*** *Quai des Récollets à Saint-Céré* ***Longueur*** *9km* ***Durée*** *2h45*

Taillefer Un sentier, spectaculaire, grimpe à l'assaut des ruines du château templier de Taillefer, datant du XIIIe siècle (indiqué de la route Gintrac-Padirac). *11km au nord-ouest de Saint-Céré*

Autoire Sentier qui bénéficie d'un cadre exceptionnel, à la fois dans le cirque (départ du village) et sur le plateau. *7km à l'ouest de Saint-Céré*

GR®652 Il longe la rive gauche de la Dordogne et rejoint le GR®46 à Montvalent. De là, deux itinéraires possibles, l'un au nord vers Turenne, l'autre au sud vers Rocamadour.

CARNET D'ADRESSES

Restauration, hébergement

prix moyens

Hôtel-restaurant Le France Une valeur sûre à Saint-Céré : la cuisine bien tournée connaît ses classiques (blanquette de sole aux ravioles du Dauphiné), servie dans une salle à manger à l'atmosphère provinciale ou sur la terrasse ombragée par la glycine. Service attentif. Formule déjeuner à partir de 15,50€. Comptez 26-42€ à la carte. À l'étage, quelques chambres (56-62€, petit déj. 10€) très simples, bien tenues, avec un petit balcon donnant sur la piscine. *139, av. F.-de-Maynard* ***Saint-Céré*** *Tél. 05 65 38 02 16 www.lefrance-hotel.com Ouvert mi-jan.-mi-déc.*

Hostellerie Belle-Rive Dumont Installé sur le port de Gagnac, cet hôtel-restaurant, bien connu des gourmets de la région, et au-delà, propose une carte inventive. Les recettes de Pascal Stéffan se révèlent tantôt audacieuses, tel cet œuf mollet aux asperges d'été et copeaux de magret fumé, tantôt plus classiques, comme cette escalope de foie chaud de canard aux fruits de saison et ratafia. Salle à manger très gaie et colorée, entièrement refaite en 2011. Menus de 18 à 42€, à la carte 35-44€. *Port de Gagnac* ***Gagnac-sur-Cère*** *(13km au nord-est de Saint-Céré) Tél. 05 65 38 50 04 www.bellerive-dordogne-lot.com*

Lou Cantou Très beau panorama sur la vallée et le centre du village. Pour votre assiette, misez sur les salades, notamment celle au foie gras poêlé. Robert Doisneau aimait séjourner ici : des images du photographe ornent les murs de la maison. Service rapide et souriant. Menus 12,50-30,50€, carte 25-50€. Également 12 chambres (55€). Quelques tables en terrasse pour les jours radieux. ***Loubressac*** *(8km à l'ouest de Saint-Céré) Entrée du village, à dr. Tél. 05 65 38 20 58 Ouvert mi-nov.-25 oct. : mar.-jeu. et sam. 12h15-13h30 et 19h30-20h30, ven. et dim. uniquement soir*

Hôtel-restaurant Fénelon Le restaurant est l'une des tables les plus renommées de la région : le carré d'agneau rôti ou la compotée de lapin contribuent à entretenir l'excellente réputation de la maison. Généreux plateau de fromages. Panorama bucolique sur la Dordogne au fond de la salle (tables à réserver longtemps à l'avance). Formule déj. 15€, menus 19-34€, à la carte comptez env. 25€. Quelques chambres très simples à l'étage 54-71€, petit déj. 10€. ***Carennac*** *Dans la rue principale (15km au nord-ouest de Saint-Céré) Tél. 05 65 10 96 46 www.hotel-fenelon.com Ouvert mi-mars-nov., Noël*

Chambres d'hôtes Chez Mme Marielle Simbille Trois chambres d'hôtes à la ferme, coquettes et chaleureuses, dans une famille d'agriculteurs (bio) particulièrement accueillante. La chambre "familiale" bénéficie de la plus jolie vue (sur le Puy d'Issolud). La plus grande possède un balcon qui regarde le jardin. Une excellente adresse dans un bel environnement. Chambres 70€/nuit, 60€ à partir de la 3e nuit, 50€ à partir de la 7e nuit. Table d'hôtes 25€ (tout compris, apéritif, vin et café). ***Bilhac*** *(16km au nord-ouest de Saint-Céré) Route de Vayrac, à droite D153E dir. Bilhac, "chalet" sur la gauche Le Masvidal Tél. 05 55 91 53 14 ou 06 70 24 91 53 www.masvidal.fr*

☺ **Les Terrasses de Carennac** Carennac manquait cruellement d'adresses de charme, voilà qui est réparé ! Ouverts en 2011 au cœur du village médiéval, ces deux gîtes (w.-e. 240€ ou sem. 750€), restaurés avec beaucoup de talent par un couple d'architectes-paysagers, sont vraiment séduisants. Tout confort, ils bénéficient d'une situation épatante, en surplomb de la Dordogne. Pouvant accueillir jusqu'à 4 pers., leur aménagement fait la part belle aux couleurs gaies et aux matières naturelles et laisse passer la lumière de toute part. Ils disposent d'un patio et de terrasses ravissantes. Une très belle adresse, que l'on quitte à regret. *Le bourg* ***Carennac*** *Tél. 05 65 39 76 21 www.lesterrassesdecarennac.com*

346 Cahors
362 GEOPlus Escapade gourmande en quatre jours
366 Puy-l'Évêque
370 GEOPlus Au fil du vignoble
375 Montcuq
379 Castelnau-Montratier
382 Lalbenque
389 Limogne-en-Quercy
395 Saint-Antonin-Noble-Val
404 Caussade
412 Lauzerte
419 Moissac

BAS-QUERCY

V

Périgueux
Bergerac
Sarlat-la-Canéda
Cahors
Figeac
Agen
Moissac
Villefranche-du-Périgord
BERGERAC, PÉRIGUEUX
Haut-Quercy
D660
Catus
VALLÉE DE LA THÈZE
Château de Bonaguil
Montcabrier
Duravel
Prayssac
D811
Fumel
Puy-l'Évêque
Mercuès
Luzech
LOT
Douelle
LOT-ET-GARONNE
Grézels
Albas
LOT
D911
Agenais
Tournon-d'Agenais
Sauzet
D656
D653
Penne-d'Agenais
Belmontet
Montcuq
Montaigu-de-Quercy
D656
D953
Beauville
Bourg-de-Visa
Castelnau-Montratier
Lauzerte
QUERCY BLANC
Château de Brassac
Puymirol
D953
Molières
D813
D927
Lafrançaise
Moissac
Valence-d'Agen
D813
GARONNE
TARN
AVEYRON
D953
Saint-Nicolas-de-la-Grave
Auvillar
A62
AGEN, BORDEAUX
D927
Castelsarrasin
A62
Montauban
TARN-ET-GARONNE
D813
GARONNE
Lavit
Montech
D928
D813
A62
A20
D930
TOULOUSE
N
10 km

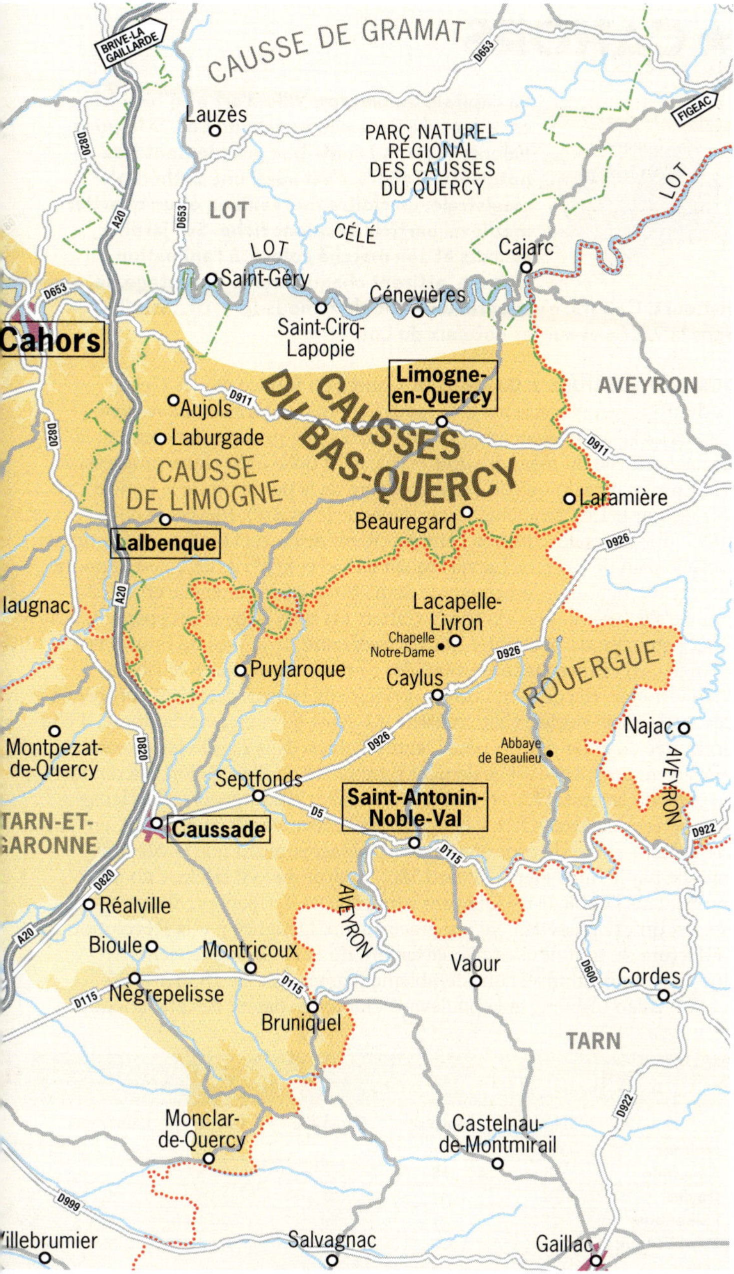
CAUSSE DE GRAMAT
BRIVE-LA GAILLARDE
D653
FIGEAC
Lauzès
PARÇ NATUREL RÉGIONAL DES CAUSSES DU QUERCY
D820
A20
D653
LOT
CÉLÉ
LOT
LOT
Cajarc
D653
Saint-Géry
Cénevières
Saint-Cirq-Lapopie
Cahors
Limogne-en-Quercy
CAUSSES DU BAS-QUERCY
AVEYRON
D911
Aujols
D820
Laburgade
D911
CAUSSE DE LIMOGNE
Laramière
Beauregard
Lalbenque
D926
laugnac
A20
Lacapelle-Livron
Chapelle Notre-Dame
D926
Puylaroque
Caylus
ROUERGUE
Najac
Abbaye de Beaulieu
Montpezat-de-Quercy
D820
D926
AVEYRON
Septfonds
Saint-Antonin-Noble-Val
D5
TARN-ET-GARONNE
Caussade
D922
D115
D820
AVEYRON
Réalville
A20
Bioule
Montricoux
Vaour
D600
Cordes
D115
Nègrepelisse
D115
Bruniquel
TARN
D922
Monclar-de-Quercy
Castelnau-de-Montmirail
D999
Villebrumier
Salvagnac
Gaillac

★ CAHORS

46000

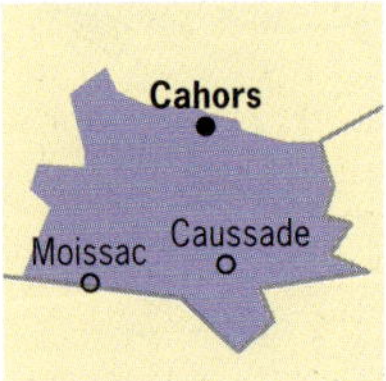

La capitale du Quercy, Ville d'art et d'histoire, est enserrée dans une boucle du Lot. Si le pont Valentré (XIVe s.) contribue grandement à sa notoriété, Cahors, c'est aussi une cathédrale magistrale, un cloître merveilleux et un quartier médiéval particulièrement riche. Ses jardins secrets et son marché coloré, à l'animation joyeuse, attirent chaque année davantage de visiteurs. Cahors, c'est enfin un vignoble fameux (p.370), installé dans la vallée et sur les coteaux du Lot.

DES CADOURQUES À GAMBETTA Cahors est fondée par les Celtes Cadourques au Ier siècle av. J.-C., sous le nom de *Divona Cadurcorum*. Capitale, elle est une cité importante, qui occupe presque entièrement la surface actuelle du méandre du Lot. Ce n'est qu'avec la chute progressive de l'Empire romain qu'elle se rapprochera de la partie est de la boucle formée par le Lot (branche descendante de la rivière). Élevée de 636 à 655, une muraille, édifiée à l'emplacement de l'actuel boulevard Gambetta, scelle le plan de Cahors. La ville renaît aux Xe et XIIIe siècles : c'est l'époque de la construction de la cathédrale Saint-Étienne, commencée en 1112 (qui ne s'achèvera qu'au XVIIe s.). Cahors est alors riche et prospère. Placée stratégiquement entre nord et sud, entre royaumes de France et d'Angleterre, située au croisement des routes commerciales reliant la Méditerranée, elle devient l'un des principaux centres d'affaires européens des XIIIe et XIVe siècles. Cette réussite insolente lui vaut, avec Sodome, d'être précipitée en enfer par le poète Dante Alighieri dans *La Divine Comédie*. Mais cette prospérité est également symbolisée par l'accession à la dignité de pape de Jacques Duèze (issu d'une famille de bourgeois cadurciens) sous le nom de Jean XXII. Cet âge d'or s'achève avec la guerre de Cent Ans. En 1562, nombre de protestants sont massacrés, avant que la ville soit investie par le futur Henri IV en 1580. À partir du XVIe siècle, Cahors tombe dans l'oubli, le roi lui ayant supprimé les derniers privilèges fiscaux qu'elle possédait encore grâce au vin. Désignée par la Révolution préfecture du tout nouveau département du Lot, Cahors devient une cité administrative, considérablement aménagée de 1830 à 1890. Le "nouveau Cahors" et le boulevard Gambetta datent de cette époque.

Tableau kilométrique

	Cahors	Moissac	Caussade	Caylus	Lalbenque
Moissac	60				
Caussade	38	68			
Caylus	58	89	22		
Lalbenque	21	51	24	28	
Puy-l'Évêque	33	60	70	91	53

MODE D'EMPLOI

accès

EN VOITURE
Cahors est située à 580km de Paris (A20), 113km de Toulouse, 128km de Périgueux et 70km de Figeac.

EN TRAIN
Sur la ligne Paris-Toulouse.
Gare SNCF (plan 14, A2-B2) *Pl. Gambetta Tél. 36 35 www.sncf.com*

orientation et stationnement

Sur une carte, Cahors ressemble à une poche suspendue au Lot, traversée par le boulevard Gambetta. À l'est, le Cahors historique, où il est déconseillé de circuler en voiture : la ville médiévale se parcourt très bien à pied. À l'ouest, le Cahors "moderne", plus praticable. Une suite d'allées, de quais et d'avenues permet de longer la rivière. De nombreux parkings ont été aménagés dans le sud du Cahors "contemporain", avant le pont Louis-Philippe et à l'entrée du boulevard Gambetta. Un parking dit "de l'amphithéâtre" a été aménagé en sous-sol des allées Fénelon (accès fléché). Une navette (gratuite) relie les deux parkings gratuits (Ludo Rollès et Les Chartreux) au centre-ville, toutes les 10min env. (horaires affichés).

informations touristiques

Maison du Patrimoine (plan 14, C3) Visites guidées en été, avec les nombreux jardins de la ville comme fil conducteur (p.352). En saison, découverte du quartier de la Daurade et de la cathédrale. Également en saison, visite guidée aux flambeaux de la cour de l'archidiaconé et du cloître, ainsi que des ruelles de la ville médiévale ; visite guidée du pont Valentré et de la fontaine des Chartreux. Illuminations et sonorisation du pont Valentré en juil.-août. *8, rue de la Halle Tél. 05 65 20 88 91 www.mairie-cahors.fr/patrimoine Ouvert lun.-ven. 10h-12h et 14h-17h30*
Office de tourisme du Grand Cahors (plan 14, C3) Très efficace. Abondante documentation. *Pl. François-Mitterrand Tél. 05 65 53 20 65 www.tourisme-cahors.com Ouvert mi-juin-sept. : lun.-sam. 9h-19h, dim. et j. fér. 10h-13h et 13h30-17h30 ; avr.-mi-juin, oct. : lun.-sam. 9h-12h30 et 13h30-18h30 ; nov.-mars : lun.-sam. 9h30-12h30 et 14h-18h*
Lot tourisme (plan 14, B4) Très compétent. *107, quai Cavaignac Tél. 05 65 35 07 09 www.tourisme-lot.com*

transports urbains

Bus Évidence *Tél. 05 65 53 07 07*
Allô Taxi *Tél. 05 65 22 19 42 ou 06 75 54 21 70*

location de voitures

Avis *Gare SNCF Tél. 08 99 10 31 51*
Hertz *Gare SNCF Tél. 05 65 35 21 00*
Renault Rent *Route de Toulouse Tél. 05 65 35 86 86*

marchés, fêtes et manifestations

Marché (plan 14, C3) *Parvis de la Cathédrale Toute l'année mer. mat. et sam. mat.*
Marché couvert (plan 14, C3) *Pl. Galdemar Ouvert mar.-sam. 8h-12h30 et 15h-19h, dim. 9h-12h*
Festival Visages du monde Chaque année, un pays différent est invité. Spectacles de théâtre, lectures de contes, artisanat… Les restaurateurs se mettent également de la partie. *En mai*

Lot of Saveurs Sous le parrainage d'une personnalité différente chaque année, les grands chefs des "Bonnes tables du Lot" organisent un banquet (dont l'emplacement varie d'une année sur l'autre) ; toute la ville bat alors au rythme de la bonne chère. *3 j. début juil.*

Cahors Blues Festival Le point fort de l'été cadurcien. *Tél. 06 45 71 75 50 www.cahorsbluesfestival.com 2e sem. de juillet*

Cahors plage Le Lot prend des airs balnéaires : plage artificielle, transats... *Mi-juil.-mi-août*

Illuminations du pont Valentré *www.mairie-cahors.fr/actualite/actus2012/pontIllumi.html mi-juil.-mi-août*

DÉCOUVRIR

☆ **Les essentiels** La vieille ville, la cathédrale Saint-Étienne, le pont Valentré
Découvrir autrement Faites provision de cabécous fermiers au marché de pays de Cahors, explorez les jardins secrets de Cahors, admirez les maquettes de moulins à Luzech

Cahors

La boucle du Lot est tout entière occupée par Cahors. À l'est, tassée contre la rive droite du Lot, la vieille ville est dominée par la masse de la cathédrale. Elle dissimule de belles demeures médiévales et Renaissance, que les guides de l'office de tourisme évoquent mieux que personne. Petit à petit, la ville ancienne se libère de ses voitures. À l'ouest, des quartiers plus aérés. Entre les deux, le boulevard dédié à Léon Gambetta (1838-1882), enfant de Cahors, président du Conseil sous la IIIe République.

☆ Vieille ville

Portes, moulures, cours, jardins... En marchant lentement le long des rues des Soubirous, du Château-du-Roi et Nationale (qui formaient auparavant la "rue Droite"), vous aurez pendant environ 1km un bon aperçu des richesses architecturales de la ville (plan 14, C3). Quelques points forts, du nord au sud. Près du cimetière, la **porte Saint-Michel**, vestige de l'enceinte du XIVe siècle. La **barbacane** ensuite, porte fortifiée du XVIe siècle. L'**église Saint-Barthélemy** (1320-1334) marque l'entrée nord de la ville. Elle est voisine du **palais Duèze**, dont ne subsiste qu'une tour carrée qui domine la ville du haut de ses 34m. La rue des Soubirous, bordée de maisons séculaires, fait suite à la rue Saint-Barthélemy. Par la rue De Via, elle donne accès au **château du Roi** (XIVe s.), prison depuis le XIXe siècle. Le donjon du **palais de Via** (visible du pont de Cabessut) est percé de fenêtres à remplages. Plus bas, donnant dans la rue du Château-du-Roi (qui succède à la rue des Soubirous), la rue du Four-Sainte-Catherine dessert les étonnantes **maisons-tours** jumelles (XIIIe-XIVe s.). Entre les deux, une petite séparation typique de l'époque médiévale, l'entremi. Arrivé place de la Libération (face à vous, au n°44, la **maison Delsel**, XVIIe s.), prenez à gauche la rue Clément-Marot. À la hauteur du parc de Magny, le **quartier de la Daurade** abrite de nombreuses belles demeures, en particulier

BELVÉDÈRE
Avant de découvrir la vieille ville, il est vivement conseillé de grimper au mont Saint-Cyr (plan 14, C4). De ce promontoire, Cahors se révèle totalement cernée par le Lot, et c'est très impressionnant.

la **maison du Bourreau** (XIIIe s.) et la **maison Hérétié** (à pans de bois, en encorbellement). Passé la cathédrale, vous découvrez la place de la Halle. Côté sud, la **maison Moncoutié** (n°8) avec son rez-de-chaussée commerçant typiquement médiéval (arcades) et ses étages percés de fenêtres à meneaux Renaissance. Au n°116, rue Nationale, l'**hôtel de Marcilhac** s'ouvre par la plus belle porte de la ville : elle date du XVIIe siècle. Douze numéros après, au n°128, une très belle et simple maison romane. À droite, la rue du Dr-Bergougnioux passe au pied de l'**hôtel Lémozi** du XVIe siècle (n°40) dont la façade juxtapose, à droite, le gothique cadurcien et, à gauche, un style Renaissance (fenêtres à meneaux particulièrement ouvragées). En revenant sur vos pas, traversez la rue Nationale pour vous engager dans la rue Lastié. Au n°117, une belle demeure en encorbellement du XIVe siècle, la **maison Parasso**. Superbes fenêtres à remplages à l'étage. Non loin, l'**église Saint-Urcisse** (ne se visite pas), construite du XIIe au XIVe siècle, comporte trois nefs derrière sa façade centrée par une Vierge à l'Enfant. La place du même nom se termine par une horloge à eau monumentale. Retournez-vous pour admirer, place Henri-IV, le très bel **hôtel de Roaldès** à pans de bois, où le roi de Navarre (futur Henri IV) aurait dormi après avoir investi la ville en 1580.

☆ **Cathédrale Saint-Étienne (plan 14, C3)** La majeure partie de cet édifice imposant est de style roman (XIIe-XIIIe s.). Derrière la façade en grès, deux coupoles de 16m de diamètre forment le ciel de la nef aux dimensions d'une halle (elle est large de 20m !). La cathédrale devra d'ailleurs être renforcée à la fin du XIIIe siècle et au début du XIVe siècle. Le chœur et la façade actuelle datent de cette époque, ainsi que l'élargissement du parvis jusqu'aux dimensions de la place Chapou. Les XVe et XVIe siècles adjoindront à l'église des chapelles et le cloître. En juin 2013, ont été inaugurés onze vitraux conçus par Gérard Collin-Thiébaut et exécutés par le maître verrier Pierre-Alain Palot, tous très colorés et empruntant à divers registres iconographiques : fresques, tableaux, photos… Le **portail latéral nord** (à gauche) est une véritable enluminure. Entourant le porche, le regard se porte d'abord sur une série d'arcatures sculptées de roses et de boules. Il découvre ensuite le Christ circonscrit dans une mandorle au centre du tympan. À ses pieds, onze apôtres dans des arcades trilobées. Remarquez la finesse des sculptures réalisées au revers de l'arc supérieur du porche (l'archivolte) : de minutieuses scènes de la vie quotidienne. À voir également, la **chapelle Saint-Gausbert** (uniquement dans le cadre d'une visite guidée), décorée de peintures murales du XVe et du XVIe siècle (Jugement dernier, Enfer), le cloître, chef-d'œuvre du gothique flamboyant, et le superbe **grenier du chapitre** (début XIVe s.). *Pl. Chapou*

Où acheter des produits du terroir ?

☺ **Marché de pays (plan 14, C3)** Chaque mercredi et samedi matin, une animation inhabituelle s'empare du paisible quartier de la cathédrale, et c'est à une véritable débauche d'étals et de couleurs que se livrent les petits producteurs. Car on vient de loin pour choisir des melons ou de la saucisse sèche, des fritons de canard ou

Plan 14 Cahors

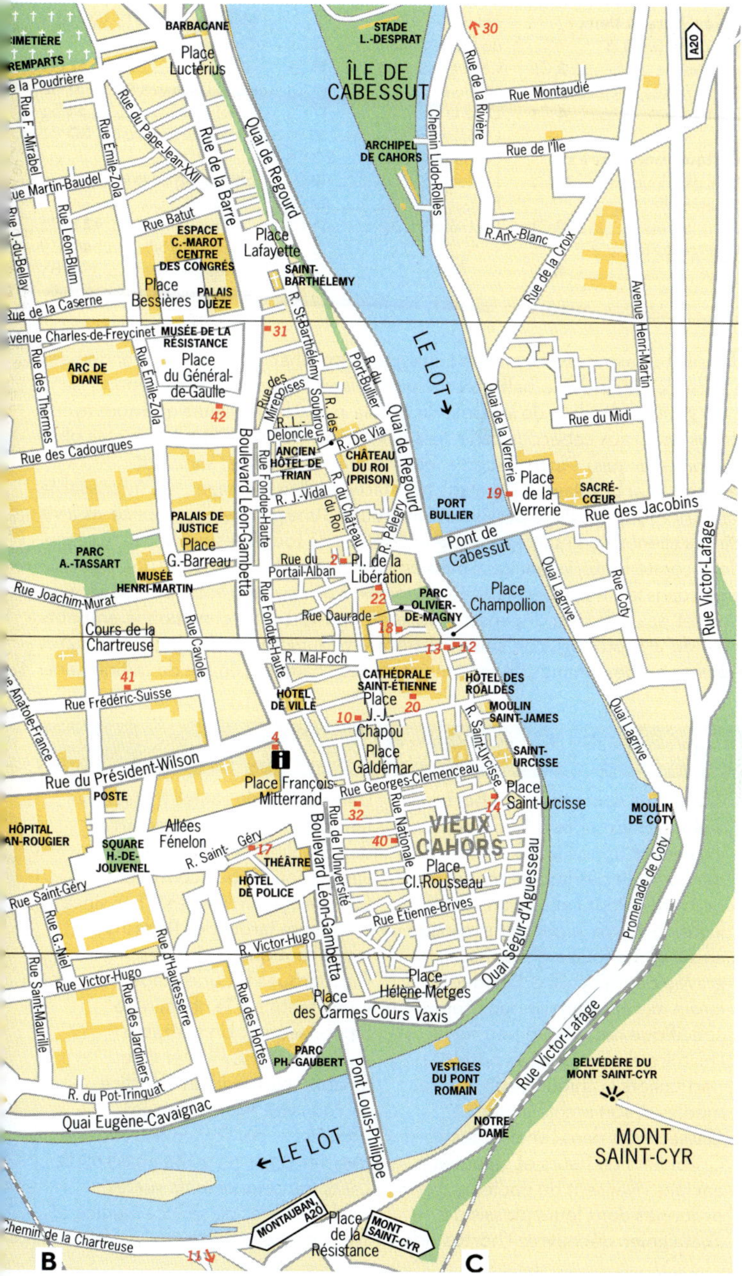
BARBACANE
Place Lucterius
REMPARTS
Rue de la Poudrière
Rue F.-Mirabel
Rue Émile-Zola
Rue du Pape-Jean-XXII
Rue de la Barre
Quai de Regourd
STADE L.-DESPRAT
ÎLE DE CABESSUT
30
Rue de la Rivière
Rue Montaudié
A20
ARCHIPEL DE CAHORS
Chemin Ludo-Rollès
Rue de l'Île
Rue Martin-Baudel
Rue Léon-Blum
Rue J.-du-Bellay
Rue Batut
ESPACE C.-MAROT CENTRE DES CONGRÈS
Place Lafayette
SAINT-BARTHÉLEMY
R. Ant-Blanc
Rue de la Croix
Place Bessières
PALAIS DUÈZE
Rue de la Caserne
Avenue Henri-Martin
Avenue Charles-de-Freycinet
MUSÉE DE LA RÉSISTANCE
31
R. St-Barthélemy
LE LOT
ARC DE DIANE
Place du Général-de-Gaulle
Rue des Mirepoises
R. du Port-Bullier
Quai de la Verrerie
Rue du Midi
Rue des Thermes
42
R. L.-Deloncle
Soubirous
R. des
R. De Via
Rue des Cadourques
ANCIEN HÔTEL DE TRIAN
CHÂTEAU DU ROI (PRISON)
Boulevard Léon-Gambetta
Rue Fondue-Haute
R. J.-Vidal
R. du Château du Roi
19
Place de la Verrerie
SACRÉ-CŒUR
Rue des Jacobins
PALAIS DE JUSTICE
PORT BULLIER
R. Pelegry
Pont de Cabessut
PARC A.-TASSART
Place G.-Barreau
Rue du Portail-Alban
2
Pl. de la Libération
MUSÉE HENRI-MARTIN
Quai Lagrive
Rue Coty
Rue Victor-Lafage
Rue Joachim-Murat
22
PARC OLIVIER-DE-MAGNY
Place Champollion
Rue Daurade
18
Cours de la Chartreuse
Rue Caviole
13
12
R. Mal-Foch
41
CATHÉDRALE SAINT-ÉTIENNE
HÔTEL DES ROALDÈS
Rue Frédéric-Suisse
HÔTEL DE VILLE
Place J.-J.-Chapou
20
10
MOULIN SAINT-JAMES
Rue Anatole-France
R. Saint-Urcisse
4
Place Galdémar
SAINT-URCISSE
Rue du Président-Wilson
Place François-Mitterrand
Rue Georges-Clemenceau
Place Saint-Urcisse
POSTE
Rue Nationale
14
MOULIN DE COTY
HÔPITAL JEAN-ROUGIER
32
Allées Fénelon
Rue de l'Université
VIEUX CAHORS
SQUARE H.-DE-JOUVENEL
R. Saint-Géry
17
40
THÉATRE
Place Cl.-Rousseau
Promenade de Coty
HÔTEL DE POLICE
Rue Saint-Géry
Rue G.-Niel
Rue Étienne-Brives
Quai Ségur-d'Aguesseau
R. Victor-Hugo
Rue d'Hautesserre
Rue Victor-Hugo
Place Hélène-Metges
Rue des Jardiniers
Rue des Hortes
Rue Saint-Maurille
Place des Carmes
Cours Vaxis
PARC PH.-GAUBERT
Pont Louis-Philippe
VESTIGES DU PONT ROMAIN
Rue Victor-Lafage
BELVÉDÈRE DU MONT SAINT-CYR
R. du Pot-Trinquat
Quai Eugène-Cavaignac
NOTRE-DAME
MONT SAINT-CYR
LE LOT
MONTAUBAN, A20
Place de la Résistance
MONT SAINT-CYR
Chemin de la Chartreuse
11
B
C

BAS-QUERCY

Cafés, bars et lieux de sortie (n°2 à 4)
Le Velvet* — **2** C2
Les Terrasses Valentré* — **3** A4
Villa Malbec* — **4** C3

Restauration (n°10 à 22)
Au fil des douceurs — **19** C2
Auberge des Gabarres — **12** C3
Auberge du Tracteur rouge — **11** B4
Auberge du Vieux Cahors — **14** C3
Chez Lagarrigue — **16** B3
L'Ardoise* — **10** C3
L'Ô à la bouche — **17** C3
Le Balandre — **21** B2
Le Marché — **20** C3
Le Rendez-Vous — **18** C2
Metssaisons* — **22** C2
Restaurant Côté Sud — **13** C3

Hébergement (n°30 à 34)
Chambres d'hôtes
Chez Lola — **32** C3
Hôtel Le Jean XXII — **31** C2
Hôtel Terminus — **34** B2
Rivière de Cabessut — **30** C1

Shopping (n°40 à 42)
Maison Compozieux* — **42** B-C2
Maison Marty* — **40** C3
Truffes Pébeyre* — **41** B3

* À RETROUVER DANS LA PARTIE DÉCOUVRIR

des aillets. La joyeuse ambiance qui règne place Chapou contribue grandement à faire de Cahors une halte touristique prisée. Vous ne pouvez repartir sans avoir goûté au jambon de la ferme de Catala, parmi les meilleurs que nous ayons dégustés ou aux cabécous de la maison Armand-Vignals (surtout les petits pliés au poivre, exquis). *Place Chapou Toute l'année mer. mat. et sam. mat.*

Maison Marty (plan 14, C3 n°40) M. Marty, maître fromager, est intarissable lorsqu'il vous parle de sa passion et fait preuve d'une grande disponibilité vis-à-vis de ses clients. Son étal regorge de spécialités de toutes les provinces (rocamadour, comté fruité, valençay...), mais en hiver, le brie truffé occupe une place de choix dans la vitrine. Certes, cette merveille a un prix, et si votre bourse ne vous permet pas une telle dépense, essayez le beurre truffé, conditionné en petits pots de 45g ou 90g. Une seule noisette embaumera un simple plat de pâtes fraîches ou de pommes de terre en robe des champs. Comble de raffinement :

Explorer les jardins secrets de Cahors

☺ **Jardins secrets de Cahors**
Cet itinéraire offre à tous une excellente opportunité de découvrir le patrimoine médiéval de la ville. Pour cela, il vous suffit juste de suivre le parcours marqué au sol d'une feuille d'acanthe gravée dans le cuivre. Chaque jardin mis en scène sur un thème spécifique raconte un peu de l'histoire de Cahors, ses hôtels particuliers gothiques, son cloître médiéval, son archidiaconé... Glissez-vous dans l'enclos des Cordeliers où fleurs et légumes anciens rivalisent de couleurs, bien ordonnés dans leurs plessis de châtaignier, découvrez l'hortus des Dames, clos de saules tressés, qui fait référence à l'ancien couvent des Ursulines. Préau céleste, Jardin bouquetier, courtil de la Campas, lavandier des Chanoines ou encore jardin des Pèlerins rappellent que la cité des Cadourques fut une étape importante sur le chemin de Saint-Jacques. Un véritable enchantement. *Plan et livret (gratuits) disponibles à l'office de tourisme Visites guidées organisées par l'office de tourisme (6€) Tél. 05 65 53 20 65 ou 05 65 22 09 15 (renseignements sur les jardins auprès du service municipal Nature, cité et jardins)*

un œuf fermier à la coque, accompagné de mouillettes au beurre truffé. Brie truffé env. 150€ le kilo (les tarifs varient en fonction du prix de la truffe). *Halles, pl. Galdemar Tél. 05 65 22 21 94 Ouvert mar.-sam. 7h30-12h30 et 15h-19h, sam. 7h30-13h et 15h-19h, dim. 9h-12h*

Maison Compozieux (plan 14, B-C2 n°42) Médaillée à d'innombrables reprises pour ses spécialités de saucisse sèche de porc ou de canard (aux châtaignes, au roquefort, aux myrtilles, aux noix...), ses fricandeaux, sa terrine de chapon au foie gras ou sa saucisse fraîche aux truffes (en saison), la minuscule boutique ne désemplit pas. Une véritable institution, bien connue des Cadurciens. En hiver, ne manquez pas la terrine de chapon fermier au foie gras de canard. *26, rue Denis-Forestier (tout en haut du bd Gambetta, 1re rue à gauche) Tél. 05 65 31 10 34 Ouvert mar.-sam.*

● Où prendre un café-crème ?

Le Velvet (plan 14, C2 n°2) Installez-vous à la terrasse du Velvet, ensoleillée le matin, au calme. Le café y est très bon, on y échange des nouvelles de la vie cadurcienne, bref un établissement sans prétention, fréquenté essentiellement par les habitants du quartier. Restauration légère à midi. *Pl. de la Libération Ouvert mar.-sam. 9h-19h*

● Où manger sur le pouce ?

Metssaisons (plan 14, C2 n°22) Cette enseigne grande comme un mouchoir de poche, installée sur la place de la Libération rénovée et rendue aux piétons en 2011, propose des salades fraîcheur, des tartes salées (goûtez à la tarte mozzarella-aubergines confites) et sucrées – tout est fait maison –, des glaces... Joli mobilier design, quelques tables éparpillées en terrasse, ensoleillée l'après-midi. *Pl. de la Libération Ouvert lun.-sam. 10h-19h*

L'Ardoise (plan 14, C3 n°10) Une adresse sympathique et sans prétention au cœur de la vieille ville, en face des halles, idéale pour faire une pause après avoir rempli son panier au marché. Ce petit restaurant-salon de thé sert une cuisine de saison aux accents du terroir. Formule 12,50€ (délicieuse quiche aux légumes), grandes salades 10€. *11, place Saint-Maurice Tél. 05 65 30 75 84 Ouvert lun.-sam. uniquement midi Fermé fin décembre-début janvier*

● Où déguster un verre de cahors ?

Villa Malbec (plan 14, C3 n°4) Enfin un lieu de dégustation digne de ce nom à Cahors ! Ouvert en 2011, ce bar à vin à l'atmosphère très lounge, exclusivement dédié au *black wine*, permet au visiteur de découvrir toutes les facettes du cahors et de rencontrer des producteurs qui viennent présenter leurs cuvées. Dégustation de trois cahors 5,50€. *Pl. François-Mitterrand (à côté de l'office de tourisme) Tél. 05 65 53 20 65 Ouvert été : lun.-sam. 9h-19h ; reste de l'année : horaires variables*

Au-delà du boulevard Gambetta

Musée Henri-Martin (plan 14, B2) Créé en 1833 pour accueillir des objets de l'Antiquité pouvant éclairer l'histoire du Quercy, le musée Henri-Martin s'attache désormais à explorer l'image de Cahors à travers son histoire et sa réalité contemporaine, en convoquant artistes et photographes de renommée internationale. En 1943, la veuve du peintre pointilliste Henri Martin (1860-1943) légua à la ville de Cahors dix-sept de ses tableaux. Des œuvres essentiellement consacrées aux villages lotois où il vécut, dont Saint-Cirq-Lapopie. En 2012, le musée ayant acquis un ensemble de seize toiles remarquables, son fonds compte dorénavant cinquante œuvres du peintre. Des travaux d'agrandissement sont prévus en 2014-2015. Expositions de grande qualité toute l'année. *792, rue Émile-Zola Tél. 05 65 20 88 66 www.mairie-cahors.fr/musee Ouvert lun. et mer.-sam. 11h-18h, dim. et j. fér. 14h-18h Tarif 3€, réduit 1,50€ Gratuit 1er dim. du mois*

Musée de la Résistance (plan 14, B1) Un ancien résistant est souvent là pour commenter la visite. Une touche humaine indispensable pour mieux appréhender ce musée qui regorge d'archives sur les très actifs maquis du Lot. *Pl. Bessières Tél. 05 65 22 14 25 Ouvert tlj. 14h-18h Entrée libre*

★ Pont Valentré (plan 14, A3) C'est en amont de l'édifice, sur la rive droite du Lot, que vous aurez la meilleure vue sur le plus emblématique des ponts médiévaux de France. Le pont Valentré a conservé ses trois tours fortifiées, dont deux armées d'archères à double traverse et de mâchicoulis couverts de pierre. Construit à partir de 1308 par les consuls qui administraient la cité, il faisait alors partie d'un projet d'extension de la ville sur toute la presqu'île. La guerre de Cent Ans mettra fin à ce projet, imposant un repli sur la vieille ville de Cahors, et l'ouvrage perdra son intérêt défensif et commercial. Long de 172m, le pont enjambe le Lot par un tablier en léger dos d'âne, porté par sept arches. Ses tours s'élèvent à 40m au-dessus de la rivière. De 1879 à 1882, l'architecte Goult, disciple de Viollet-le-Duc, restitue les mâchicoulis et les archères détruits, ajoute des crénelages sur les refuges des piles et les rampants des escaliers. Si la vision de ce pont est toujours impressionnante, elle l'était encore plus au temps de sa construction. Au Moyen Âge, un tel ouvrage relevait de l'exploit, que la rumeur publique qualifia à Cahors de diabolique. Assurément, l'architecte, pour terminer son projet, avait vendu son âme au diable. Mais, après un mauvais tour joué au Malin, ce dernier se vengea en faisant tomber chaque jour la même pierre de l'angle nord-est de la tour centrale. À cet emplacement, un démon fut sculpté au XIXe siècle.

● Où trouver de la truffe noire ?

Truffes Pébeyre (plan 14, B3 n°41) MM. Pébeyre et fils sont les empereurs de la truffe noire. Si leurs produits sont tout à fait inabordables, en revanche leurs conseils sont gratuits. Provoquez-les, en cas de rencontre inopinée dans la boutique : vous en apprendrez beaucoup sur les ennemis de la *tuber melanosporum* (la truffe d'été, la chinoise, la brumale), les difficultés de la culture scientifique du champignon, les critères de reconnaissance d'une "vraie" truffe... *66, rue Frédéric-Suisse Tél. 05 65 22 24 80 www.pebeyre.com*

● Où boire un verre ?

Les Terrasses Valentré (plan 14, A4 n°3) Situé à l'emplacement de l'embarcadère des bateaux de croisière, à deux pas du pont Valentré sur la rive droite, ce restaurant propose des salades composées, un plat du jour (à midi en sem.) à 9€, une formule déjeuner à 18€. Ce n'est certes pas pour faire un repas gastronomique que vous viendrez ici, mais pour profiter de la vue magnifique sur le pont médiéval et de la fraîcheur de la rivière à la nuit tombée. Service souriant, ouverture selon la météo. *Allée des Soupirs Tél. 09 54 58 88 22 Ouvert avr.-oct. : tlj. 11h-dernier client*

● Embarquer pour une croisière sur le Lot

Le "Fénelon" (plan 14, A4) Croisière d'une journée au départ de Cahors jusqu'à Saint-Cirq-Lapopie ou dans le vignoble alentour. Comptez 59€/adulte, 33€/enfant pour la croisière, repas inclus. Billets jumelés avec le Petit train. *Allée des Soupirs Tél. 05 65 30 16 55 www.bateau-cahors.com Ouvert avr.-oct.*
Le "Valentré" (plan 14, A4) Il fait le tour de Cahors en 1h15. Sympathique, commenté et animé (déjeuner possible). Départs de 11h à 18h. Tarifs de 5 à 9,50€. *Allée des Soupirs Tél. 05 65 30 16 55 www.bateau-cahors.com Ouvert avr.-oct.*

Les environs de Cahors

La vallée du Lot vers l'ouest

Les méandres de la rivière, anarchiques depuis Cahors, ne marquent de belles courbes qu'à partir de Luzech. Entre Parnac et ce village, le Lot a taillé dans le calcaire des falaises droites d'où la vue est saisissante. Partout, la vigne, dans la plaine alluviale, et les plateaux calcaires, prémices du Quercy blanc.

Château de Mercuès De toute sa masse considérable, il domine la petite ville. Édifié au XIIIe siècle, ruiné par la guerre de Cent Ans, il fut reconstruit en 1487-1488. En 1563, sous la menace des protestants qui voulaient le capturer, l'évêque de Cahors qui y habitait fut contraint de traverser ses terres sur un âne. En 1637 et 1717, la demeure des évêques fut à nouveau envahie, cette fois-ci par les croquants. Le château abrite aujourd'hui un hôtel-restaurant de luxe. Des jardins, point de vue intéressant. ***Mercuès** (7km au nord-ouest de Cahors)*

Douelle L'**église Notre-Dame** abrite un ex-voto figurant un bateau, suspendu aux voûtes de sa nef, rappel de la profonde dévotion des gabarriers qui en hiver devaient affronter des eaux particulièrement dangereuses dans ce secteur. Douelle fut à la fin du XIXe siècle un quai important pour le commerce du vin. ***Douelle** (12km à l'ouest de Cahors)*

Caillac L'**église Saint-Pierre-Saint-Paul** date du XIe siècle, mais son portail Renaissance est le fruit des artistes qui œuvrèrent au **château de La Grézette** (XVIe s.). Ce dernier fait face à Caillac, de l'autre côté du Lot. Propriété d'un des plus grands crus du vignoble, il illustre parfaitement la Renaissance en Quercy. *12km à l'ouest de Cahors*

● Où acheter du vin de Cahors ? En aval de la capitale quercynoise, la vallée du Lot est bordée par les vignobles. Caves et chais ne manquent pas pour déguster du vin et faire des achats ; cf. Au fil du vignoble (p.370).

Luzech

Vieille ville Luzech n'est pas Uxellodonum, lieu de la dernière bataille livrée par les Celtes aux Romains. Le site a été reconnu à Saint-Denis-les-Martel, dans la vallée de la Dordogne. Il est vrai que les ruines de l'**Impernal**, découvertes au XIXe siècle, au-dessus du village, suggéraient une place forte proche de celle décrite par César dans la *Guerre des Gaules*. Ces vestiges sont très bien indiqués. Le **point de vue** aménagé est absolument fantastique puisqu'il met en avant la situation exceptionnelle du bourg : Luzech semble suspendu entre ses deux ponts, dans l'isthme d'un méandre du Lot. Dans les deux bras de la rivière, le village s'est déployé de part et d'autre de la colline qui occupe la plaine alluviale. Entre les deux ponts, la place longiligne : jusqu'en 1950 un canal la traversait. Le **donjon**, semblable à celui planté au sommet de Puy-l'Évêque, imprime sa silhouette à des kilomètres alentour. Dans la Grand-Rue, quelques maisons anciennes – dont la **maison des Consuls** (XIIIe s.), qui abrite deux musées et l'office de tourisme – et la **chapelle des Pénitents** (XVIIe s.). À l'extrémité de la boucle, la **chapelle Notre-Dame-de-l'Île** est chère aux habitants de Luzech. Son nom lui vient du XIVe siècle : le village était alors complètement isolé sur un îlot formé par un petit bras du Lot. Selon la légende, pour le traverser sans crainte, la Vierge aurait déposé son tablier dans l'eau. C'est ainsi qu'il devint un lieu de pèlerinage pour les habitants, et pour les navigateurs qui s'aventuraient sur le dangereux trajet du cingle.

BAS-QUERCY

● En savoir plus sur les moulins

☺ **Planète des Moulins** Cette étonnante collection de 28 maquettes animées, mues par l'eau et le vent, nous raconte le génie des hommes pour apprivoiser les énergies naturelles. Une belle évocation, à l'échelle de la planète, un enchantement ! Alliant rigueur, fantaisie et poésie, elle donne envie de mieux connaître cette aventure humaine depuis ses origines. *Quai Émile-Gironde Tél. 06 80 83 24 24 Ouvert juil.-août : lun.-ven. 15h30-18h ; mai-juin, sept.-oct. sur rdv Tarif 3€, moins de 12 ans gratuit*

● Approfondir ses connaissances en archéologie

Musée Armand-Viré Il présente le produit des fouilles archéologiques dans les ruines de l'Impernal et des alentours. Grâce à ses collections de silex, antéfixes, céramiques, parures, mais également pointes de flèches, pièces de monnaie et à une miniature de la célèbre colonne Trajan, il raconte l'occupation humaine du site du Paléolithique au gallo-romain. La **salle des ammonites** permet de comprendre l'évolution des causses jurassiques supérieurs du Quercy à travers 10 millions d'années ; 450 d'entre elles sont à découvrir en visite libre ou guidée, très bien faite. **Office de tourisme de Luzech** *Tarif 3€, moins de 12 ans gratuit Billet jumelé 2 musées 5€ Tél. 05 65 20 17 27 Horaires variables*

Ichnospace Premier musée européen des traces et des empreintes fossiles (crocodiliens et tortues du Jurassique supérieur, dinosaures et même animaux actuels). Des griffures de brontosaures jusqu'à l'empreinte de la semelle… de Neil Armstrong sur la Lune ! **Médiathèque de Luzech** *Tél. 05 65 30 58 47 Ouvert juil.-août : mar. et jeu.-ven. 13h30-15h, mer. 9h-12h et 13h30-15h, sam. 9h-12h ; sept.-juin : lun.-mar. et jeu.-ven. 17h-19h, mer. 9h-12h et 14h-17h Tarif 3€, moins de 12 ans gratuit Billet jumelé 2 musées 5€*

Embarquer pour une croisière sur le Lot

Navilot La compagnie Navilot propose une petite promenade de 1h30 au départ de Luzech. ***Luzech*** *Tél. 05 65 20 18 19 Ouvert avr.-oct. Tarif 8€*

Randonner dans le vignoble

La communauté de communes de la vallée du Lot édite un guide décrivant seize balades bien balisées et entretenues, qui traversent le vignoble.

Circuit n°3 Une excellente visite, très facile, du vignoble et de la commune de Caillac. ***Départ*** *Caillac* ***Longueur*** *8,5km* ***Durée*** *2h30*

GR®36 Il passe par le pont Valentré, suit à distance la rive gauche du Lot, rejoint la chapelle Notre-Dame-de-l'Île avant de traverser la rivière à Luzech.

S'envoler en parapente

Parapente Max De la croix du Pic à Douelle, du pech du Vert à Castelfranc et de l'Impernal à Luzech, les plus hardis peuvent se lancer dans le vide, accrochés sous une voile. Sensations fortes garanties. Env. 60€ le baptême (petit vol), 100€ (grand vol). ***Douelle*** *Tél. 06 81 88 03 98 www.parapente-max.com*

BAS-QUERCY

CARNET D'ADRESSES

Restauration

petits prix

Auberge du Tracteur rouge (plan 14, B4 n°11) Patricia accueille les convives dans sa charmante maison située sur les hauteurs de Cahors ; s'il s'agit bien d'un restaurant, la formule ressemble davantage à celle d'une table d'hôtes ; au coin du feu en hiver ou attablé en terrasse aux beaux jours, vous vous régalerez de recettes classiques mais goûteuses : chou farci, parmentier de canard aux cèpes, pommes au four, composés chaque jour en fonction des produits du marché. Réservation indispensable. Menu unique 19€, vin non compris. *400, rue Nicolas-Boileau-Despreaux* ***Cahors*** *(à gauche derrière le boulodrome) Tél. 05 65 22 53 34 ou 06 84 41 54 20 Ouvert tlj. sur réservation uniquement*

Chez Lagarrigue (plan 14, B3 n°16) Vous êtes las des festins, des chefs qui rivalisent de recettes savantes ? Au pays de la bonne chère où se bousculent les tables gastronomiques, ce restaurant ouvrier, l'un des rares à Cahors, sert une cuisine de ménage, simple et copieuse. En toute saison, le repas commence par un potage, suivi d'une entrée avant de poursuivre par un bien nommé plat de résistance, fromage et dessert, le tout pour 13€. Plat du jour 8€. Cahors AOC en pichet du domaine de Lagarrigue. Selon l'affluence, vous serez servi à la grande table, au coude à coude avec les ouvriers en tenue de travail, ou en terrasse, dos au pont Valentré.

Et aussi...

Un déjeuner rapide

Metssaisons 353
L'Ardoise 353
Villa Malbec 353

Une pause-café

Le Velvet 353
Les Terrasses Valentré 354

531, rue Wilson **Cahors** *Tél. 05 65 35 04 12 Ouvert lun.-ven., sam. uniquement midi*

Auberge des Gabarres (plan 14, C3 n°12) Tout Cahors connaît l'escalier envahi par l'extraordinaire glycine (classée !) qui mène à cette table, à un jet de pierre des berges du Lot. Qualité irréprochable des produits, accueil démonstratif du patron, cuisine rustique et généreuse. Charmante terrasse ombragée par la glycine aux beaux jours. Menu unique, vin et café compris, 15€, 21€ le samedi soir. Un peu d'attente certains jours. Le menu change chaque jour. *Alain et Jaja Floquet 24, place Champollion* **Cahors** *Tél. 05 65 53 91 47 Ouvert mar.-sam.*

☺ **Restaurant Côté Sud (plan 14, C3 n°13)** David Blanco concocte de savoureuses rissoles de canard aux épices, tajine de poulet au citron confit, croustillant de cabillaud au basilic, entre autres délices, sans parler des tartelettes aux tomates confites et filets de rouget. En dessert, le craquelin framboise passion ou le roulé au potiron sont tout simplement exquis ! Cette cuisine du soleil fait la part belle aux poissons, à des prix tout à fait raisonnables. Plat et dessert 18,50€, entrée, plat et dessert 21,50€, entrée et plat à partir de 19,50€, verre de cahors à partir de 2,80€. Un sans-faute. Accueil et service attentifs et souriants. L'une des tables les plus sûres de la ville, mais à l'heure du déjeuner seulement. Notre seul regret ! *24, place Champollion* **Cahors** *Tél. 05 65 53 15 16 Ouvert mar.-sam. uniquement midi 12h-14h30 Réservation vivement conseillée*

prix moyens

Auberge du Vieux Cahors (plan 14, C3 n°14) Pour un déjeuner en terrasse. La carte est classique, mais on n'est jamais déçu par la taille et le contenu des assiettes. Les aiguillettes de canard au vinaigre de framboise sont une valeur sûre ! Vaste choix de poissons à la carte. Service rapide et souriant. Cuisine de bonne tenue. Vue sur le Lot de la salle à l'étage. Menus 20-35€, carte 20-40€. *134-144, rue Saint-Urcisse* **Cahors** *Tél. 05 65 35 06 05 Ouvert 20 jan.-déc. : 12h30-14h et 19h-21h30*

L'Ô à la bouche (plan 14, C3 n°17) Dans un décor tout en élégance contemporaine et feutrée, le restaurant de Jean-François Dive et Florence Labarrière est devenu un classique à Cahors. La cuisine est toujours très goûteuse : tranche de cochon de lait rôti et farci, purée de pois chiches au cumin, ananas confit... Membre des "Bonnes tables du Lot". Menus 26,50€ et 39€. Réservation conseillée. *56, Allées Fénelon* **Cahors** *Tél. 05 65 35 65 69 www.loalabouche-restaurant.com Ouvert mar.-sam. Fermé vac. scol. de Pâques et de Toussaint*

Le Rendez-Vous (plan 14, C2 n°18) Dans une belle salle chic, aux tons

GAMME DE PRIX	RESTAURATION	HÉBERGEMENT
Très petits prix	moins de 15€	moins de 30€
Petits prix	de 15 à 25€	de 30 à 50€
Prix moyens	de 25 à 35€	de 50 à 80€
Prix élevés	de 35 à 50€	de 80 à 125€
Prix très élevés	plus de 50€	plus de 125€

ocre, des serveurs s'empressent auprès de vous et présentent une cuisine particulièrement fine. Laissez-vous tenter par le filet de bœuf et ses petits légumes. Belle carte des desserts. Bons vins au verre et au pichet. Menus 16-22€, carte 20-40€. *49, rue Clément-Marot* **Cahors** *Tél. 05 65 22 65 10 Ouvert mar.-sam.*

☺ **Au fil des douceurs (plan 14, C2 n°19)** Changement de décor pour cette "Bonne table du Lot" : si Philippe Larguille est toujours aux commandes de l'établissement, la péniche qui accueillait le restaurant jusqu'en juillet 2013 a largué les amarres et le chef s'est établi au pied du pont Valentré. Cet artiste élabore un foie gras chaud à pleurer et une nage d'écrevisses sauce Nantua à se jeter dans le Lot. Excellent risotto au foie gras. Son père, pâtissier hors pair toujours vaillant, n'hésite pas à discuter avec le client à qui il explique parfois pourquoi sa chantilly est si légère – goûtez à son croustillant de pêche aux fraises gariguettes. Le soir, la vue est belle quand le pont Valentré est illuminé. Toutefois, la voie de chemin de fer est à deux pas et l'avenue André-Breton est relativement passante dans la journée. Menus 13,50-50€, carte 20-50€. *32, av. André-Breton* **Cahors** *Tél. 05 65 22 13 04 Ouvert mar.-sam.*

Le Marché (plan 14, C3 n°20) Décoration soignée dans des tons aubergine, vaisselle raffinée, légumes et poisson à l'honneur, attentions gourmandes : de quoi séduire le visiteur en quête d'un établissement où déjeuner légèrement, à deux pas de la cathédrale. D'emblée la carte d'Hervé Bourg donne le ton : les ravioles de tourteau et chou doux ou le thon en croûte de sésame sauce saté ou mesclun de cèpes aux copeaux de parmesan (un régal !). Nous sommes loin des accents du terroir... Un sans-faute pour la cuisine. Bonne carte des vins. En saison, les propriétaires posent quelques tables sur la place Chapou, où se tient le marché. Formules déjeuner 16-19€. Menus 30-40€ à la carte. *27, pl. Chapou* **Cahors** *Tél. 05 65 35 27 27 www.restaurantlemarche.com Ouvert jan.-oct. : mar.-sam.*

prix élevés

Le Balandre (plan 14, B2 n°21) Gilles Marre et son fils Alexandre sont en cuisine, et cela se sait. L'héritier de cette famille prestigieuse prépare comme personne les Saint-Jacques au lard grillé et n'oublie pas les moins fortunés des gastronomes, avec sa formule "grignotte" (20€) du déjeuner, et sa carte brasserie. Dans la salle Belle Époque, ce n'est plus le même prix, mais on accède à la grande cuisine et à une carte des vins exceptionnelle : 2 500 références, essentiellement en cahors... Menus 38-80€, carte 45-100€. Avec un hôtel : cf. Hôtel Terminus (p.361). *5, av. Charles-de-Freycinet* **Cahors** *Tél. 05 65 53 32 00 www.balandre.com Ouvert mar.-sam. Fermé 2e quinz. nov.*

Dans les environs

petits prix

Auberge du Vieux Douelle "Chez Malique" Trois générations sont aux commandes de cette auberge de village, située à deux pas des berges du Lot. Si la carte reste fidèle à la cuisine de terroir, les spécialités du chef sont la côte de bœuf, grillée à la cheminée en hiver, et la tatin de foie gras. Les loupiotes rouges qui égaient les murs de pierre confèrent un petit air méditerranéen à cette maison pourtant bien quercynoise. Aux beaux jours, quelques tables éparpillées dans le jardin, dans lequel règne un sympathique bric-à-brac. Quelques chambres. Piscine. Plat du jour 8€ et 10€, menus du terroir 19,50€ ou 29,50€. *Le bourg* ***Douelle*** *(10km à l'ouest de Cahors) Tél. 05 65 20 02 03 www.aubergemalique.com Ouvert jan.-mars, nov.-déc. : lun.-ven., sam. uniquement soir, dim. uniquement midi ; avr.-oct. : tlj.*

prix moyens

La Table de Haute-Serre Une table élégante où le malbec est à l'honneur : Bertrand-Gabriel Vigouroux ouvre son domaine aux gastronomes et leur fait découvrir ses vins de Cahors et... d'Argentine (p.372). Ambiance de bistronome : dans un décor "rustique chic" et design (l'ancien chai de stockage tout en pierre), vous dégusterez des aiguillettes de canard au vinaigre balsamique et miel ou un velouté de lentilles vertes aux truffes confectionnés par Thierry Pszonka, avant de conclure, pourquoi pas, par une mousse au chocolat chaude, framboise et mascarpone, le tout accompagné d'un verre de haute-serre. Formules 19-39€ (déjeuner), 39-59€ (dîner). *Château de Haute-Serre* ***Cieurac*** *(5km au sud de Cahors) Tél. 05 65 20 80 20 www.hauteserre.fr Ouvert mi-jan.-mi-nov. : lun.-mar. et jeu.-sam., dim. uniquement midi Fermé jeu. hors saison*

prix élevés

Chez Marco Incontournable, ce restaurant – tenu par Claude Marco depuis des années et repris par son fils Richard en 2011 – s'impose comme l'une des meilleures tables du Lot. Dans l'élégante salle voûtée, vous dégusterez une cuisine mâtinée de saveurs épicées, ouverte sur le monde. Il flotte aussi un parfum de Castille chez Marco, origines ibériques obligent. Terrasse fleurie, jolies tables couvertes de nappes aux couleurs gaies. Menus de 30 à 84€. Également 5 belles chambres à l'étage (110-145€). *Chemin de l'École* ***Lamagdelaine*** *(7km à l'est de Cahors) Tél. 05 65 35 30 64 www.restaurantmarco.com Ouvert mi-juin-mi-sept. : mer. et ven.-dim., lun.-mar. et jeu. uniquement soir ; mi-mars-mi-juin, mi-sept.-oct. : mer.-sam., mar. uniquement soir, dim. uniquement midi*

Hôtel-restaurant Le Vinois Si Jean-Claude Voisin se plaît à mêler les saveurs du terroir tels l'agneau du Quercy, la truffe, le foie gras ou le safran qu'il marie au vin de Cahors, les parfums méditerranéens ne sont pas en reste et l'on vient de loin pour déguster son carpaccio d'artichauts aux tomates confites. Formule déjeuner 17,50-19,50€, menus 35-50€ et menu dégustation 69€. Élisabeth, sa femme, tient l'hôtel, où chaque chambre, à la décoration résolument contemporaine et d'un dépouillement savamment étudié, décline un thème particulier. De la noblesse des matériaux à l'harmonie des couleurs et des tentures, cette ancienne demeure montre un goût délicat jusqu'au moindre détail. Piscine. Double 96-155€, petit déjeuner 13,90€. *Le Bourg* ***Caillac*** *Tél. 05 65 30 53 60 www.levinois.com Ouvert mer.-sam., mar. uniquement soir, dim. uniquement midi*

Hébergement

camping

Rivière de Cabessut (plan 14, C1 n°30) La plus grosse structure du pays, archibondée en saison. Les 113 emplacements sont bien délimités sur un terrain de 2ha, moyennement ombragé. Aménagé pour les handicapés moteur. Piscine. Comptez 18-22€/2 pers., électricité comprise. *Quai Ludo-Rolles* ***Cahors*** *Tél. 05 65 30 06 30 www.cabessut.com Ouvert avr.-sept.*

prix moyens

Chambres d'hôtes Chez Lola (plan 14, C3 n°32) Au-dessus du restaurant Le Lamparo, Mme Lestrade a aménagé 3 chambres (56€) jolies et vastes (50m² chacune !). Couleurs franches, mobilier contemporain de très grande qualité, douches balnéo et kitchenette impeccables. Accueil charmant. Les chambres donnent sur la halle et la vieille ville. *76, rue Clemenceau* ***Cahors*** *Tél. 05 65 35 25 93 Ouvert tlj.*

Hôtel Le Jean XXII (plan 14, C2 n°31) C'est un bel établissement que cet hôtel-là, installé dans l'ancien palais Duèze. Les 9 chambres se trouvent dans un bâtiment placé derrière, qui regarde l'église Saint-Barthélemy, là où en été le calme règne et la fraîcheur vient en milieu d'après-midi. Comptez 64-71€ la double et 7,40€ pour le petit déj. *2, rue Edmond-Albe et 5, bd Gambetta* ***Cahors*** *Tél. 05 65 35 07 66 www.hotel-jeanxxii.com Ouvert jan.-mi-oct., nov.-déc. : tlj.*

prix élevés

Hôtel Terminus (plan 14, B2 n°34) Bien que d'allure bourgeoise, très Belle Époque, ce "Terminus" ne ressemble pas à ceux que décrit Simenon. En effet, les prestations, le cadre (jardin) et la chaleur de l'accueil en font le meilleur hôtel de Cahors. Excellent restaurant : cf. Le Balandre (p.359)... Chambres 77-160€, petit déj. 10-12€. *5, av. Charles-de-Freycinet* ***Cahors*** *Tél. 05 65 53 32 00 www.balandre.com Fermé 2e quinz. nov.*

Dans les environs

prix moyens

☺ **Gîte La Borie de Savanac** Claire et Christian Schmitter ont restauré avec un goût très sûr cette borie du XIIIe siècle située dans le bourg de Savanac. Ils ont aménagé deux gîtes dont la décoration à l'élégance contemporaine privilégie l'espace et la lumière. Chacun, à l'équipement haut de gamme, est conçu pour quatre personnes – il est possible de les relier. De très beaux éléments d'origine subsistent (baie géminée). Cheminée, jardin privatif, superbe vue sur la vallée du Lot. Comptez 475-620€/sem. pour l'un, 415-550€/sem. pour le second ; location possible pour le week-end. Excellent rapport qualité-prix. Une adresse exceptionnelle ! *Savanac* ***Lamagdelaine*** *(10km à l'est de Cahors) Tél. 05 65 30 17 31 ou 06 11 72 53 65 www.borie-de-savanac.com*

Gîtes du Colombier Trois gîtes : "Cézanne" (6/10 pers., 150m², 3 chambres dont une avec lit à baldaquin), "Monet" (1/5 pers., pièce de 42m² couverte sur un côté par une mezzanine qui supporte 3 lits), et "Van Gogh" (1/3 pers., le plus petit, qui dispose d'un jardinet clos). Proches les uns des autres, sur un terrain arboré et fleuri, ces gîtes ne sont pas recommandés aux vacanciers qui souhaiteraient s'isoler du monde. Accueil et service rares : toute l'épicerie de base est fournie à l'arrivée. Une excellente adresse. "Cézanne" 496-991€/sem., "Monet" 240-480€/sem., "Van Gogh" 192-384€/sem. *Mme Sabine Aramian Le Colombier* ***Trespoux-Rassiels*** *(10km au sud-ouest de Cahors) D820 puis à dr. D653 dir. Montcuq, puis à dr. vers Trespoux Tél. 05 65 23 99 39 www.gitecolombier.com*

GEOPLUS

Escapade gourmande en quatre jours

Visitez le Quercy en hiver à la découverte des marchés au gras et aux truffes. De sites renommés en pauses gastronomiques, bienvenue au pays de la bonne chère !

Samedi

MATINÉE

9h Cahors, petit déjeuner au Velvet, place de la Libération (p.353), rendez-vous des producteurs présents sur le marché.

9h30 Baladez-vous du côté de la cathédrale Saint-Étienne, c'est justement jour de marché. Goûtez au jambon et à la saucisse sèche de la Ferme de Catala (p.349) et aux cabécous de la maison Armand-Vignals (p.349). Faites un tour sous les halles, juste à côté : les plus fortunés se laisseront tenter par une portion de brie truffé de la maison Marty (p.352). Vous pouvez sans crainte rapporter un petit pot de beurre truffé, nettement plus abordable, qui fera merveille sur des pommes de terre en robe des champs. Vous êtes au cœur de la **vieille ville**, filez rue de la Préfecture, à une centaine de mètres, et découvrez le **cloître de la cathédrale**. Rue Nationale, rue Saint-James, plusieurs belles demeures Renaissance méritent le détour.

11h Rien de tel qu'une promenade pour vous mettre en appétit : vous ne pouvez séjourner à Cahors sans visiter le **pont Valentré** (p.354), exceptionnel ouvrage fortifié du XIVe siècle, classé sur la liste du patrimoine mondial.

12h30 Les choses sérieuses commencent : **déjeunez à Cahors**, à l'auberge des Gabarres (p.358), pour la verve du patron et sa cuisine rustique en diable.

APRÈS-MIDI

14h30 Visite de Lauzerte, classé parmi les plus "beaux villages de France" (p.412) ; après avoir arpenté les ruelles de cet ancien castelnaud qui domine les vallées du Lendou et de la Barguelonne, faites une pause bien méritée au Puits du jour (p.415), place des Cornières, pour son ambiance décontractée.

16h30 Rendez-vous au Gaec du Lindou (p.417) où Fred le boulanger vend un délicieux pain biologique.

FAIRE SES CONSERVES DE CANARD Mireille Pinatel, de la Grange de Marcillac (p.378), organise des stages d'initiation à la gastronomie quercynoise (3 jours/2 nuits). Vous repartirez avec votre canard transformé en foie gras, confits et cou farci. Bon appétit. Comptez 298€ en pension complète (4 repas), avec un canard entier mis en bocaux par vos soins.

ÉGLISES ROMANES Les amoureux de chapelles emprunteront le circuit des sentiers romans en Quercy blanc (p.377).

SOIRÉE

19h30 Près de Lauzerte Apéritif, dîner et nuitée au Canabal (p.419), dans l'auberge paysanne de Michel Tressens. Vous découvrirez des saveurs nouvelles : le chef fait revivre les variétés de légumes anciens comme nul autre (les occasions de manger du canard sous toutes ses formes ne vont pas manquer pendant votre séjour, goûtez à ses légumes !). Le maître des lieux fait aussi chambre d'hôtes et connaît bien la région : confort douillet et agréables moments de détente en perspective dans un pigeonnier aménagé avec un goût très sûr. Chambres d'hôtes également au Moulin de Tauran (p.418) ou à l'auberge de la Grange de Marcillac (p.378), toutes deux en pleine campagne. Réservation indispensable.

Dimanche

MATINÉE

9h30 Petit déjeuner à l'auberge du Canabal. À 12km de là, filez au **marché de Montcuq** (p.375). Rue Saint-Privat s'alignent les présentoirs de volailles où poulardes élevées à l'ancienne, fraîchement plumées, côtoient foies gras de canard et cabécous affinés à cœur. Goûtez les conserves de la maison Robert (p.377) : vous saurez enfin à quoi peut ressembler un véritable cassoulet au saucisson de canard mijoté avec des "tarbais".

11h Découvrez l'une des plus émouvantes églises romanes du Quercy blanc, la **chapelle Saint-Pierre** à Rouillac (p.376), pour ses fresques murales de facture byzantine, nichée dans un hameau qui compte au plus une vingtaine d'âmes. Une petite heure de marche à travers bois et le long d'une route de campagne, au départ de la place du marché de Montcuq, devrait vous y conduire.

13h Déjeuner à Saint-Cirq-Lapopie au Gourmet quercynois (p.299), pour sa carte des foies gras (plus de dix propositions différentes). Vous pourrez vous remettre de votre balade matinale devant un beau feu de cheminée en sirotant l'apéritif maison concocté à base de liqueur de noix et de vin de Cahors.

APRÈS-MIDI

14h30 À cette époque de l'année, **Saint-Cirq-Lapopie** (p.295) ne devrait pas être trop fréquenté et lorsque le givre recouvre les toits de petites tuiles plates, le spectacle est tout simplement magique ! Après avoir déambulé dans les ruelles, faites un tour au musée Rignault (p.297), aménagé dans l'ancien château de la Gardette. Du jardin, la vue plonge sur le Lot, à plus de 100m en contrebas...

17h Rendez-vous à **Cénevières** et visitez en famille son château Renaissance (p.292), joyau du patrimoine lotois. Les enfants apprécient particulièrement les oubliettes, il est vrai assez impressionnantes.

SOIRÉE

19h Dîner et nuitée en chambres d'hôtes à La Vayssade (p.388),

GROTTE PARIÉTALE Les amateurs de préhistoire visiteront la grotte du Pech-Merle (p.303), pour ses fresques pariétales exceptionnelles.

à Lalbenque, chez Joëlle et Pierre Baysse, dans laquelle nous vous proposons de séjourner deux nuits. Leur grange, aménagée dans un esprit contemporain, bénéficie de tout le confort et vos hôtes vous réserveront le meilleur accueil. Chambres d'hôtes également chez Pélissié, à Escamps (p.388). Réservation indispensable.

Lundi

MATINÉE

9h Vous entrez dans le vif du sujet : Caussade, à 35km de Lalbenque, accueille l'un des plus importants **marchés au gras** du Sud-Ouest, ainsi qu'un **marché aux truffes** contrôlé (les truffes sont lavées et brossées) et un gargantuesque marché de pays, où se réunissent nombre de producteurs des environs (p.406). Ces derniers vous apprendront à reconnaître et à choisir un beau foie frais, qui doit être souple et ferme à la fois. Arrivez tôt de préférence, le marché au gras se termine généralement vers 11h30.

10h30 Profitez de votre séjour dans la capitale du chapeau pour faire un tour de la **vieille ville**, qui conserve quelques belles demeures de marchands, en particulier la maison dite de Kaïfa.

12h30 Après avoir vu défiler tant de volatiles, l'heure est venue d'y goûter : allez **déjeuner** au restaurant Les Marronniers, à Varaire (à 30km de Caussade) (p.393). Cette petite auberge de campagne accueille sans façon des habitués qui apprécient la cuisine goûteuse, dans la plus pure tradition du Quercy. Vous déjeunerez peut-être installé à la grande table centrale, dans un joyeux brouhaha, sous la houlette de la patronne qui connaît ses ouailles.

CALENDRIER DES MANIFESTATIONS

Lundi matin de déc. à mars Marché au gras et aux truffes de Caussade.
Mardi à 14h de déc. à mars Marché aux truffes de Lalbenque.
Dernier dimanche de jan. Fête de la truffe avec concours du plus beau panier à Lalbenque.
Dernier lundi de jan. Fête de la truffe avec le marché contrôlé de Caussade et journée découverte de la truffe (concours de gras et des plus belles “mélanos”, canifage des truffes, déjeuner gastronomique, visite de truffières). *Renseignements au 06 12 76 18 00*
Premier dimanche de mars Concours de cavage avec chiens et cochons truffiers à Lalbenque. *Contactez l'office de tourisme de Lalbenque au 05 65 31 50 08 et de Caussade au 05 63 26 04 04*

APRÈS-MIDI

14h30 Circuit des lavoirs et des puits à Laburgade et Aujols (p.392).

16h30 Visitez la vieille ville de **Montpezat-de-Quercy** (p.410) (maisons à colombages et demeures Renaissance) et la collégiale, qui recèle de remarquables tapisseries de haute lice.

18h Les amateurs de vin iront rendre visite à la Cave-coopérative **Vignerons du Quercy** (p.411), sise à Montpezat même.

SOIRÉE

Dîner et nuitée en chambres d'hôtes à La Vayssade (p.388), à Lalbenque, comme la nuit précédente.

Mardi

MATINÉE

10h Rendez-vous à l'office de tourisme de **Lalbenque** pour l'exposition "truffe et trufficulture".
11h Visite de truffières, diaporama commenté par un trufficulteur et démonstration de cavage organisés par le syndicat des Trufficulteurs de la région de Lalbenque.
12h30 **Déjeuner** au Café du monde (p.387), pour le menu "tout truffe", préparé par Bernard Droguet. Sinon, déjeuner à l'hôtel du Lion d'Or (p.387) pour son omelette aux... truffes.

APRÈS-MIDI

14h Visite du **marché aux truffes**, au coup de sifflet du garde-champêtre (p.385). Lalbenque tout entier exhale les effluves du précieux champignon (pour information, la "mélano" coûtait env. 1 200€ le kilo en janvier 2013).
16h **Retour à Cahors,** direction le mont Saint-Cyr (p.349), pour prendre un peu de hauteur. Quelques kilomètres à travers un causse magnifique, qui fleure bon le chêne truffier, vous séparent de cette terrasse naturelle en surplomb de la falaise. Là, vous pourrez profiter d'un panorama exceptionnel sur Cahors, encerclée par le méandre du Lot.
18h **Prenez un verre** de cahors à la Villa Malbec (p.353), et approfondissez vos connaissances sur le black wine.

SOIRÉE

20h **Dînez** au Fil des douceurs (p.359), à Cahors, pour son fabuleux chariot de desserts.

AVANT DE FAIRE L'OMELETTE... Si vous avez craqué pour une truffe, sachez que celle-ci se conserve environ 5 jours au bas du réfrigérateur (vous pourrez la congeler 9 à 12 mois, après l'avoir délicatement lavée et brossée). Si vous la consommez fraîche, pensez à l'enfermer avec des œufs dans une boîte bien hermétique au frais (au risque de parfumer tout le frigo !) : ils s'imprégneront du puissant parfum de la "mélano" et ne seront que meilleurs en omelette !

CONSEIL Arrivez suffisamment tôt au marché aux truffes de Lalbenque (coup de sifflet à 14h précises) : tout se joue en quelques minutes.

prix élevés

Hôtel-restaurant La Truite dorée
La famille Marcenac tient les rênes de cet établissement depuis cinq générations. Nous avons apprécié ce restaurant, très fréquenté par les familles, pour sa générosité et sa simplicité. La carte fait honneur au terroir : le tourin (soupe à l'ail et au pain) ou le sauté de veau au safran vous rappellent que vous êtes bien en Quercy. Formule du jour (à midi, en semaine) 12€, menu 20-25€, menu "diamant noir" 45€ ; à la carte, comptez 25-35€. Les chambres, à la propreté irréprochable, affichent une décoration standard mais on y trouve tout le confort nécessaire. Préférez celles situées dans le bâtiment principal ou dans l'annexe Côté Vers, donnant sur le ruisseau (notre préférée, la suite 904, a un accès direct au Vers pour se baigner). De 74 à 88€ la double, possibilité de demi-pension. Piscine. *Rue de la Barre* **Vers** *(15km à l'est de Cahors) Tél. 05 65 31 41 51 Ouvert mi-fév.-mi-nov.*

☺ **Chambres d'hôtes Mas Azémar**
Au pied du château de Mercuès, au milieu des vignes de Cahors, Sabine et Claude Patrolin vous accueillent avec chaleur dans leur maison de maître. Les 5 chambres vastes et raffinées, d'inspiration châtelaine, arborent cheminées, meubles et tableaux d'époque (double 114€). Belle piscine, parc arboré, massifs de roses : rien ne manque décidément à cette demeure élégante, dans laquelle tout concourt à la convivialité et où il fait bon s'adonner au farniente. Cuisinier averti, Claude concocte de délicieux dîners autour de la cheminée ou sur la terrasse, selon les caprices du ciel. Dîner 35€, vin compris. *Rue du Mas-de-Vinssou* **Mercuès** *(5km à l'ouest de Cahors) Tél. 05 65 30 96 85 ou 06 10 41 12 43 www.masazemar.com Ouvert toute l'année*

PUY-L'ÉVÊQUE

46700

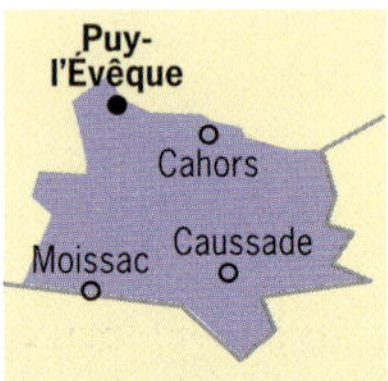

Puy-l'Évêque dévale de la colline, avec ses maisons médiévales bordant des rues concentriques. Cité de chevaliers au Moyen Âge, c'était un port important au XIXe siècle, habité par une foule de corporations ouvrières et artisanes. C'est aujourd'hui l'une des plus belles communes du Sud-Ouest, porte ouverte sur une vallée du Lot qui se transforme, avant de pénétrer dans l'Agenais tout proche.

MODE D'EMPLOI

accès

EN VOITURE
Puy-l'Évêque est située 32km à l'ouest de Cahors, 39km à l'est de Villeneuve-sur-Lot et 105km au sud de Périgueux.

orientation

Enroulé autour de son pech, Puy-l'Évêque est difficile d'accès en voiture pendant la saison touristique. La place est au sommet. L'église, un peu plus haut au nord-est, est assez mal signalée. Deux parkings sont situés place du Foirail, près de l'église, et place Georges-Henry, à l'entrée est du village.

adresses utiles

Taxis Harmonie *Puy-l'Evêque Tél. 05 65 21 30 92*
Taxis Naysse *Prayssac Tél. 05 65 22 41 33*
Prayssac Taxis *Prayssac Tél. 05 65 30 56 57*
Taxis Chéry *Duravel Tél. 05 65 24 63 09*

informations touristiques

Office de tourisme L'un des meilleurs de la région, avec celui de Luzech. L'office édite, entre autres, le *Guide de la randonnée dans la vallée du Lot*. Les seize sentiers sont présentés chacun dans un petit livret bourré d'informations qui aident le promeneur à comprendre le paysage. Visites guidées en saison. *Pl. de la Truffière Tél. 05 65 21 37 63 http://tourisme.puy-leveque.fr Ouvert jan.-avr., oct.-déc. : lun., mer. et sam. 9h-12h30, mar. et jeu.-ven. 9h-12h30 et 14h-17h30 ; mai-juin, sept. : mar. et jeu.-sam. 9h-12h30 et 14h-17h30, mer. 9h-12h30 ; juil.-août : lun.-sam. 9h-13h et 14h30-18h30, dim. 9h-12h30*

marchés, fêtes et manifestations

Marchés *Pl. de la Truffière mar. mat. ; Pl. Georges-Henry sam. mat.*
Chantiers de l'acteur Théâtre contemporain, musique, lectures... ***Anglars-Juillac*** *Tél. 05 65 36 23 76 ou 06 80 15 81 23 www.loeildusilence.com Vac. Toussaint*
Rencontres internationales de violoncelle Incontournables pour les amateurs de violoncelle. Réservation indispensable. Dans un grand nombre d'églises de la vallée du Lot, autour de Bélaye. ***Belaye*** *Tél. 06 37 65 24 21 1re semaine d'août*

BAS-QUERCY

DÉCOUVRIR

☆ **Les essentiels** La cité médiévale de Puy-l'Évêque, le château de Bonaguil, le village d'Albas **Découvrir autrement** Fin mai, ne manquez pas la fête du vin "Le bon air est dans les caves" à Albas

Puy-l'Évêque

☆ **Cité médiévale** Étagée sur son "puy" (ou *pech*, ou *puig*, c'est-à-dire "petite colline"), la localité devient "l'Évêque" lorsque Guillaume de Cardaillac, évêque de Cahors, la rachète en 1227 à ses seigneurs, proches des cathares. La **tour des Évêques**, qui domine toujours le village, est un simple parallélépipède rectangle contraint dans les angles par des contreforts plats, la tour (23m de hauteur) est semblable à celle de Luzech. Élevée en 1230, elle abrite la mairie. À l'arrière, le **château de l'Ychairie-haute** (XIVe s., enceinte du XVIe s.), et le **manoir de l'Ychairie-basse** (fin XVe-début XVIe s.), témoignent de l'implantation à Puy-l'Évêque de nombreuses familles de chevaliers au Moyen Âge. Par l'escalier qui descend de l'esplanade de la place de la Truffière (celle de la tour, 122m au-dessus du Lot), on emprunte la longue rue des Capucins. Une ruelle en escalier (à hauteur du château Bovila, XVIe s.) sur la gauche mène bientôt à la rue Bovila dont la densité des maisons-tours faisait office d'enceinte secondaire. Par la rue du Fort qui prolonge la rue Bovila, on arrive à la **chapelle des Pénitents** (reconstruite en 1910). De là une autre rue circulaire (la rue des Capucins) repart en arrière. Quelques maisons médiévales à fenêtres géminées et maisons à pans de bois. De cette rue descendent des raidillons qui mènent à l'ancien port fluvial. Chacun porte le nom d'une des nombreuses corporations qui animaient cette ville économiquement importante au XIXe siècle (rues des Mariniers, des Bateliers, des Cloutiers, des Lavandières...). L'**église Saint-Sauveur**, dont l'accès n'est pas des plus simples (elle se trouve à l'extérieur du village historique : prendre la deuxième rue – Ernest-Marcouly – à droite de la place de la Truffière), impressionne par son portail et son clocher-porche de style gothique flamboyant (XVe s.). L'échauguette (XVIe s.) en défense sur le chevet montre que la ville, catholique, eut à se protéger à maintes reprises durant les guerres de Religion.

● Où trouver des photographies du Quercy ?

Alain Auzanneau Dans sa boutique-atelier, Alain Auzanneau expose ses œuvres en noir et blanc. Un véritable regard, personnel, sur le Quercy, ses habitants, ses villages et ses paysages. *15, Grand-rue Tél. 05 65 21 36 72 Ouvert mar.-ven. 15h-18h30, sam. 9h30-12h15*

● Où boire un verre ?

L'Astrolabe Pour siroter un verre au soleil couchant sur la terrasse et laisser filer le regard sur le Lot qui coule en contrebas. Grand choix de bières, quelques concerts en soirée. Atmosphère décontractée, c'est une jeune équipe tout sourire qui a pris les commandes de ce bar en 2011. *1, rue de la Cale Tél. 05 65 22 24 50*

Les environs de Puy-l'Évêque

Après Luzech, le Lot, en ralentissant, régularise ses courbes, ressemblant à un serpent qui s'apprête à frapper à hauteur de Puy-l'Évêque. Au-delà, le cours d'eau se raidit et, après un dernier sursaut à Touzac, se lance dans l'Agenais. Les reliefs (ou cévennes) s'atténuent dès Grézels pour s'aplanir vraiment près du pech d'Orgueil. La vallée s'élargit alors dans des paysages où les cultures maraîchères et les vergers remplacent le vignoble.

Château de La Coste En ligne droite par la D8, Grézels se situe à l'ouest de Bélaye, sur la même rive. Son château date de la fin du XVIe siècle. Abandonné en 1667 par ses propriétaires, les Guiscard, confisqué à la Révolution, dépouillé de 1976 à 1983 de tous ses meubles, portes et cheminées, La Coste est une ruine. Petit musée sur place. ***Grezels*** *(5km au sud de Puy-l'Évêque) Fléchage Tél. 05 65 21 35 81 ou 05 65 21 38 28 Ouvert mi-juil.-août : mer. et dim. 16h30 Tarif musée et château 4€, musée seul 2€, réduit 2€*

☺ **Église de Duravel** C'est une véritable merveille. Datant des XIIe-XVe siècles, restaurée en profondeur au XIXe siècle, l'église est construite sur une crypte du XIe siècle où des moines entreposèrent les dépouilles de trois saints orientaux : Agathon, Hilarion et Poemon. Ils se trouvent désormais dans l'autel. La crypte, au plan carré, est maintenue par quatre colonnes dont les chapiteaux sont sculptés. Le plus célèbre d'entre eux est orné d'un paon qui fait la roue au-dessus d'un serpent enroulé autour de sa colonne. Même souci du détail dans le décor de l'absidiole sud. À l'extérieur de celle-ci, remarquez les modillons figurés soutenant la corniche, entrecoupés de "métopes perforées", trous dont la fonction reste énigmatique. Le portail d'entrée date du XVe siècle. ***Duravel*** *5km à l'ouest de Puy-l'Évêque*

☺ **Saint-Martin-le-Redon** C'est l'un des plus beaux villages du Quercy. Remaniée au XVIe siècle, son **église** a intégré un clocher roman plus ancien. À l'entrée du village, maison (XVe-XVIe s.) prolongée par une galerie couverte. À la sortie vers Bonaguil, lavoir. Au sud du village, de l'autre côté de la route (avant Boussac), vous serez surpris de voir une tour fichée en pleine nature. C'est la maison forte de Séguadènes (XIIIe-XVe s.) qui protégeait un moulin sur la Thèze. *11km à l'ouest de Puy-l'Évêque*

BAS-QUERCY

☆ **Château de Bonaguil** Ce chef-d'œuvre de l'architecture militaire (seul Vauban, sans doute, fit mieux dans l'art de fortifier une place) ne fut jamais confronté à la réalité, car il ne fut pas attaqué (enfin presque pas, les protestants l'investirent en 1563) : le sieur de Brengon de Roquefeuil le fit bâtir après la guerre de Cent Ans, alors que la frontière entre le Quercy et l'Agenais n'était déjà plus un théâtre d'opérations ! À partir des restes d'un premier château datant de la fin du XIIIe siècle, la construction s'est étalée des années 1490 au premier quart du XVIe siècle. Les guides vous en apprennent beaucoup sur la forme du donjon, la douve sèche, l'escalier qui part de la casemate… À visiter absolument. ***Saint-Front-sur-Lémance*** *(15km à l'ouest de Puy-l'Évêque) Fléchage au départ de Montcabrier Tél. 05 53 71 90 33 www.bonaguil.org Ouvert juil.-août : tlj. 10h-19h ; juin, sept. : tlj. 10h-12h30 et 14h-18h ; mars-mai, oct. : tlj. 10h-12h30 et 14h-17h30 ; nov.-fév. vac. scol. Tarif 7€, réduit 4€*

Montcabrier En remontant vers Duravel par la D673, on atteint la bastide de Montcabrier, fondée en 1298. Son plan militaire est parfaitement lisible dans le tracé orthogonal des rues. Au centre, l'église : trapue, écrasée sous son clocher-mur à six arcatures, elle offre, à l'intérieur, des proportions idéales. La rosace semble démesurée. *8km au nord-ouest de Puy-l'Évêque*

☺ **Martignac** Dans l'église (XIIe s.), une incroyable collection de fresques peintes aux XVe et XVIe siècles, révélant un sens de l'humour étonnant dans un édifice religieux. *4km au nord de Puy-l'Évêque*

☆ **Albas** Situé sur la rive gauche, protégé naturellement par les à-pics sur lesquels il est installé, le village fut choisi par les évêques de Cahors comme résidence d'agrément. Le château médiéval, remanié à de nombreuses reprises, fut longtemps la résidence des évêques de Cahors, avant de devenir le presbytère de l'église (1895-1898). La décoration des moulures de certaines fenêtres est de style cadurcien (motifs de roses). Vue magnifique de l'esplanade de la mairie. *12km au sud-est de Puy-l'Évêque*

GEOPLUS

Au fil du vignoble

Par **Béatrice Peyret-Vignals**, auteure et éditrice cadurcienne

Balade à la découverte des vins de Cahors et à la rencontre de producteurs passionnés, au fil de la vallée du Lot, de Puy-L'Évêque jusqu'au sud de la capitale du Quercy.

Vin à la robe très soutenue, ou *black wine* comme l'appellent les Anglais depuis le Moyen Âge, le cahors donne des vins de garde d'une grande complexité aromatique dans laquelle se mêlent notes de réglisse et de fruits mûrs, cassis, cerise ou violette. Le cépage malbec (cot ou encore auxerrois) domine très largement, parfois additionné de tannat ou de merlot. Plantées sur les terres de la vallée du Lot, les vignes s'étendent sur les terrasses calcaires et sur les plateaux argileux qui les surplombent. Proches de la rivière, les ceps donnent des vins fruités et souples, plus ils s'éloignent sur les coteaux, plus ils sont charnus et tanniques, ce qui leur assure un excellent vieillissement. C'est sur ces mêmes coteaux que sont produits les grands cahors. L'appellation totalise 4 600ha, pour lesquels rendements et pourcentage de malbec sont strictement réglementés.

Vallée du Lot

Le Clos d'un jour Adeptes de l'agriculture biologique, Véronique et Stéphane Azémar élèvent du vin en jarre de terre cuite : ils ont mis au point un procédé d'oxygénation lente et continue du vin à travers les pores de la terre afin de reproduire l'élevage en fût de chêne sans ajouter les

Calendrier du vin

Les dates varient d'une année sur l'autre s'il ne s'agit pas d'un jour férié.

Week-end de la Pentecôte Journées portes ouvertes chez les vignerons indépendants, pique-nique. *Dans tout le département du Lot Tél. 05 65 36 57 53 www.vigneron-independant-lot.com*

3e sam. de juil. La Trespouzienne des vins. *Trespoux Tél. 05 65 22 27 98 www.latrespoziennedesvins.com*

Début août Grande fête des vignerons indépendants. *Puy-l'Évêque Tél. 05 65 36 57 53 www.vigneron-independant-lot.com*

14-15 août Fête du vin. *Duravel Tél. 05 65 24 65 50 www.duravel-tourisme.com*

3e sam. de sept. Festi vendanges. *Parnac Tél. 05 65 21 37 63 www.puy-leveque.fr*

arômes du bois. Après la fermentation malolactique, le vin est versé dans des jarres de 130 à 140l pour y être maintenu de 12 à 18 mois ; le breuvage ainsi obtenu est plus rond et plus évolué que s'il avait été conservé dans une cuve en inox. Le domaine produit aussi du safran. *Le Port* ***Duravel*** *(6km à l'ouest de Puy-l'Evêque) Tél. 05 65 36 56 01 ou 06 81 57 04 83 leclosdunjour.fr*

Château du Cèdre Un cahors parmi les plus grands, apprécié aux quatre coins du monde et salué par les plus critiques (classé parmi les dix meilleurs vignerons français par *Décanter*). Pascal Verhaeghe, à l'origine de la charte "Cahors excellence" (qui défend la classification des cahors en crus), élève ses vins dans des foudres plutôt que des barriques de chêne afin d'obtenir des produits très fins, au parfum peu boisé. Essentiellement des cépages malbec, en agriculture biologique. Comptez environ 14€ pour la cuvée Château, 30-33€ pour la cuvée Cèdre. ***Vire-sur-Lot*** *(5km à l'ouest de Puy-l'Évêque) Tél. 05 65 36 53 87 www.chateauducedre.com*

Château La Pineraie Dans la famille Burc, la relève est assurée par les deux filles, Anne et Emmanuelle, qui parlent comme personne du terroir sidérolithique de la forêt de pins qu'elles ont défrichée pour agrandir le domaine familial. Elles ont choisi d'apporter une note féminine à leur vignoble – leur cuvée des Dames l'atteste – pour élaborer un vin typiquement malbec, boisé mais pas trop, "un vin féminin", comme aiment à le rappeler ces deux vigneronnes intarissables sur le cahors. *Domaine de la Pineraie* ***Leygues*** *(4km au sud de Puy-l'Évêque) Tél. 05 65 30 82 07 www.chateaupineraie.com*

LE VIN DES TSARS ET DES POPES C'est aux Romains que l'on doit le vignoble de Cahors, l'un des plus anciens d'Europe. Les premières vignes ont été plantées dans le Quercy voici deux mille ans. Henri III enjoint aux jurats de Bordeaux de "ne point arrêter, ni imposer d'aucune manière les vins que les marchands de Cahors font descendre vers la Gironde" tandis que Pierre le Grand l'imposera comme vin de messe à l'Eglise orthodoxe. De la Dame de Montsoreau au Capitaine Fracasse, Alexandre Dumas et Théophile Gautier en font l'apologie dans leurs romans.

Prieuré de Cénac Depuis que Laurent et David Rigal conduisent leur domaine en biodynamie, leurs vins ont gagné en finesse et en profondeur, les connaisseurs ne s'y sont pas trompés, comme l'atteste la distinction outre-Atlantique du *Wine Enthusiast* pour les millésimes 2009. En 2013, la cuvée des moines Picpus (600 bouteilles) a remporté tous les suffrages. La cuvée Prieuré 2008, au nez vif marqué par des fruits rouges, de belle structure tannique, coûte 8€. *Vignobles Saint-Didier* ***Parnac*** *(19km à l'est de Puy-l'Évêque) Tél. 05 65 30 78 13*

Château Lagrezette Des tables de triage en passant par les cuves de fermentation jusqu'à l'élevage, Alain-Dominique Perrin a révolutionné l'image du cahors en mettant la technologie au service du vin pour aboutir à un nectar digne des plus grands. Incontournable, le vignoble de Lagrezette existe depuis cinq siècles. La cuvée Château Lagrezette 2007 est à 20€. ***Caillac*** *(24km à l'est de Puy-l'Évêque) Tél. 05 65 35 06 12 www.chateau-lagrezette.com*

Au sud de Cahors

Clos Troteligotte Emmanuel Rybinski innove sans cesse : après une conversion en agriculture bio, il se tourne vers la biodynamie ; la dernière cuvée de la série du Clos, le K2, est élevée en jarre, pour une meilleure oxygénation naturelle. Il a identifié précisément chacune des microparcelles de ses 12ha de sol argilo-calcaire sidérolithique (roches ferrugineuses) afin d'en tirer la meilleure expression. La cuvée K-or 2011, 100% malbec, à la couleur intense et au nez très expressif, coûte 8,50€. ***Villesèque*** *(15km au sud-ouest de Cahors) Tél. 06 74 81 91 26*

Château Haute-Serre Bertrand-Gabriel Vigouroux a choisi le très haut de gamme et ne dédaigne pas s'inspirer des méthodes de vinification de l'autre grand pays du malbec, l'Argentine. C'est sur les terres de Haute-Serre que l'on produisait le vin des évêques de Cahors. Fleuron du domaine, la cuvée Icône 2009 coûte 90€. Également un restaurant bistronomique (p.360). ***Cieurac*** *(15km au sud de Cahors) Tél. 05 65 20 80 80 www.hauteserre.fr*

ESCAPADES VIGNERONNES Excursions au cœur du vignoble avec un guide-conférencier à la découverte du patrimoine rural avant de visiter les caves d'un domaine viticole (dégustation). *Rens. OT Cahors pour la liste des escapades, rdv et tarifs Tél. 05 65 35 07 09 www.tourisme-lot.com*

Mas del Périé Fabien Jouves, jeune vigneron, s'est déjà fait un nom dans l'appellation cahors avec ses vins bio au discret parfum boisé. Après ses AOC cahors et ses premiers "vins de soif", il lance en 2013 trois nouvelles cuvées : un vin blanc sec, 100% chenin, élevé en cuves et en barriques, un pétillant rosé et un tannat moelleux. Cuvée La Roque 2011, à la texture aromatique complexe et à la bouche savoureuse : 12,50€ la bouteille. ***Trespoux-Rassiels*** *(9km au sud-ouest de Cahors) Tél. 05 65 30 18 07 www.masdelperie.com*

☺ **Bélaye** Après un coup d'œil à la bastide de Castelfranc et à son église (XIVe s.) aux allures de forteresse, le Lot entame une nouvelle courbe avant de s'écouler sous les murailles de Bélaye. C'est tout ce qu'il reste du château épiscopal (les évêques avaient acheté aussi ce village fortifié, en 1236). À l'extrémité de l'éperon, sur la gauche, une splendide maison-tour voisine avec des demeures Renaissance. Extraordinaire panorama sur le cingle et la plaine de Prayssac des 130m de hauteur du belvédère de la place du Mercadial. *13km au sud-est de Puy-l'Évêque*

● **Marcher dans la vallée du Lot** Avec le *Guide de la randonnée dans la vallée du Lot et du vignoble* (vendu dans les offices de tourisme de la région), vous pourrez découvrir et comprendre la vallée : les livrets d'interprétation présentant chacune des 16 marches sont des petits trésors. En saison, des associations proposent des randonnées accompagnées par des guides de terrain. Le guide de Lot Tourisme - cf. Bibliographie (p.508) signale plusieurs boucles. **Association Caminar** ***Albas*** *Tél. 05 65 30 70 90 (Jean-Claude Reilhé)*
Circuit des trois vallées Une approche spectaculaire du vignoble et des cingles du Lot. ***Départ*** *Albas* ***Longueur*** *14km* ***Durée*** *3h30*
GR®36 Au départ de Luzech, il parcourt la rive droite, à bonne distance de la rivière, et relie par les plateaux Prayssac à Puy-l'Évêque, puis Duravel, Saint-Martin-le-Redon (jonction avec le GR®651, chemin de Saint-Jacques-de-Compostelle) et Bonaguil.

BAS-QUERCY

CARNET D'ADRESSES

Restauration

petits prix

Le Pigeonnier Rien d'exceptionnel ni d'original dans cette brasserie-crêperie, si ce n'est sa situation au bord du Lot : de la terrasse, Puy-l'Évêque se déploie en entier sous vos yeux. Moules marinières 14,50€, carte 10-20€. ***Puy-l'Evêque*** *De l'autre côté du pont Tél. 05 65 21 37 77 Ouvert avr.-sept. : mar.-dim.*

prix élevés

☺ **Restaurant Côté Lot** Digne d'éloges, la cuisine de Christophe Lasmaries mélange les saveurs du Sud-Ouest avec l'iode des produits de la mer et les arômes de Provence. La carte varie, jour après jour, selon les arrivages du marché (carpaccio de truite de mer, croustade aux cèpes...). L'une des meilleures adresses de la région. Formule déjeuner 18€ (en semaine), menus de 28 à 34€, formule dîner 34€ (le soir). Vue panoramique sur la vallée du Lot. Membre des "Bonnes tables du Lot". Cf. hôtel Bellevue (p.374). *Pl. de la Truffière* ***Puy-l'Evêque*** *Tél. 05 65 36 06 60 www.hotelbellevue-puyleveque.com Ouvert fév.-déc. : mer.-sam., mar. uniquement midi Fermé une sem. fin nov.*

Dans les environs

prix élevés

Hostellerie Clau del Loup Cette belle maison de maître dispose d'une salle à manger qui donne sur un ravissant jardin où il fait bon s'attabler aux beaux jours. La carte prometteuse confirme les talents du chef, que vous optiez pour l'épaule d'agneau basse température ou le filet de daurade royal, vous ne serez pas déçu... Les menus du jour vont de 14 à 20€ en semaine à midi et de 29 à 38€ le soir. Fait également hôtel (p.375). ***Anglars-Juillac** (8km à l'est de Puy-L'Évêque) Tél. 05 65 36 76 20 www.claudelloup.com Ouvert tlj.*

Hostellerie Le Vert Bernard Philippe est un docteur ès viandes qui met tous ses confrères d'accord avec son épaule d'agneau confite (aux épices, tomates séchées et citrons confits). Son espuma d'asperges vertes aux morilles vole également de louanges en acclamations. Une grande table généreuse, gastronomique et abordable. Réservez. Menu-carte 36€. Membre des "Bonnes tables du Lot". ***Mauroux** (12km au sud-ouest de Puy-L'Évêque) Traverser le Lot dir. Lacapelle-Cabanac et Mauroux Tél. 05 65 36 51 36 www.hotellevert.com Ouvert avr.-nov. : ven.-mer. uniquement soir*

Hébergement

prix élevés

☺ **Hôtel Bellevue** Tenu par Marie et Christophe Lasmaries, le Bellevue est l'un des meilleurs établissements de la région. Ne serait-ce qu'en raison de sa situation, qui justifie largement son nom : dominant le Lot de 50m, il offre effectivement une vue incomparable. Chambres impeccables de 76 à 96€, petit déj. 10-12€. Également une table gastronomique, le restaurant Côté Lot (p.373). *Pl. de la Truffière **Puy-l'Evêque** Tél. 05 65 36 06 60 www.hotelbellevue-puyleveque.com Ouvert fév.-déc. sauf une semaine fin nov.*

Dans les environs

petits prix

Chambres d'hôtes Le Moulin de Clédelle Des chambres d'hôtes à la ferme, comme on les aime : toutes trois simples et accueillantes. Voir Mme Borredon s'activer dans sa cuisine en attendant le réveil de ses hôtes donne une juste idée de l'estime dans laquelle elle les tient. Cadre rustique dans une belle campagne à la limite sud de la Bouriane. Chambres 44€, petit déj. inclus. *Lieu-dit Loupiac **Puy-l'Evêque** (4km au nord de Puy-l'Évêque) Dir. Frayssinet puis fléchage Tél. 05 65 30 83 39 Ouvert avr.-oct.*

prix moyens

Gîte Albas Bâti au XVIe siècle, cet ancien couvent dit des Mirepoises est situé au centre du village. Trois chambres, dont une avec salle de bains, une autre avec un balcon. Au rez-de-chaussée, une cuisine et un grand salon-séjour tout confort : poutres et pierres apparentes, cheminée en briquettes, fauteuils rouges. La terrasse surplombe le jardinet fleuri. 700€/sem. *M. et Mme Ortal Les Mirepoises **Albas** (12km à l'est de Puy-l'Évêque) Tél. 04 68 21 61 46 ou 06 83 53 60 44*

GAMME DE PRIX	RESTAURATION	HÉBERGEMENT
Très petits prix	moins de 15€	moins de 30€
Petits prix	de 15 à 25€	de 30 à 50€
Prix moyens	de 25 à 35€	de 50 à 80€
Prix élevés	de 35 à 50€	de 80 à 125€
Prix très élevés	plus de 50€	plus de 125€

prix élevés

Hostellerie Clau del Loup Cette maison de maître du XIXe siècle recèle 4 chambres à la décoration personnalisée et raffinée, donnant sur un parc ombragé. On apprécie particulièrement la piscine d'eau de mer chauffée, couverte à la mi-saison. Si les chambres captent à merveille la lumière du jardin, elles restent fraîches en été, grâce à leurs murs de pierre. Une très belle demeure, confortable et élégante, à deux pas des plus grands vignobles de Cahors. Également un restaurant accessible aux non-résidents (p.373). Comptez de 80 à 100€ la double (tarifs variables selon les disponibilités), petit déj. 12€. Possibilité de demi-pension. Réservez impérativement en été. ***Anglars-Juillac** (8km à l'est de Puy-L'Évêque) Tél. 05 65 36 76 20 www.claudelloup.com*

☺ MONTCUQ

46800

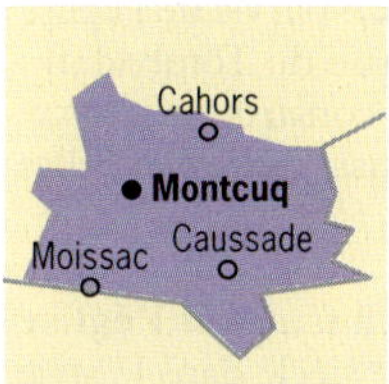

Une cité médiévale, très homogène, organisée sur le tracé de ses deux enceintes détruites. Sous les platanes des trois places, quelques bistrots et un restaurant permettent de prendre des forces avant d'arpenter les chemins du Quercy blanc, terre de moulins, de chapelles perdues dans les bois et les champs, que l'on peut parcourir à pied, en empruntant le sentier de Compostelle.

MODE D'EMPLOI

accès

EN VOITURE

Montcuq se trouve sur la D673, entre Lauzerte (à 12km) et Cahors (à 25km). La D4 la relie à Castelnau-Montratier (à 19km).

adresse utile

Taxi du Quercy *Tél. 05 65 24 14 14*

informations touristiques

Office de tourisme Il édite deux très bons guides pour visiter le Quercy blanc, *Castelnau-Montratier et ses environs* et *Sentiers romans en Quercy blanc*. Visite guidée de la tour médiévale en saison. *8, rue de la Promenade Tél. 05 65 22 94 04 www.tourisme-montcuq.com Ouvert juil.-août : lun.-sam. 9h-12h30 et 15h-18h, dim. 10h-13h ; sept.-juin : lun.-sam. 10h-12h et 15h-17h ; avr.-juin : dim. 10h-12h30*

marchés

Marché des producteurs de pays à Montcuq Classé "site remarquable du goût", très pittoresque. Les producteurs et artisans du canton vous accueillent à l'ombre des marronniers de la Promenade. Bondé en été. *Ouvert début juil.-fin août : jeu. et dim. matin*

DÉCOUVRIR

Montcuq et ses environs

☆**Les essentiels** La vieille ville de Montcuq, l'église de Cambayrac **Découvrir autrement** Flânez sur le marché de Montcuq, le dimanche matin, avant de prendre un verre au Café de France, rapportez du foie gras de la ferme de Versailles

☆☺ **Vieille ville** Au XIIe siècle, Montcuq a d'abord été un tout petit bourg entouré d'un rempart aujourd'hui emprunté par les deux rues qui relient l'église Saint-Hilaire à la place des Consuls. Une seconde enceinte fut élevée autour de la première, près de deux siècles plus tard. Le "tour de ville" est circonscrit à son tracé (tour, place de la République, place du Foirail). La tour, haute de 24m, est tout ce qu'il reste du château des comtes de Toulouse. Un petit chemin mène à la rue du Tour-de-la-Vieille-Ville, où débouchent des ruelles bordées de maisons anciennes. Le parvis de l'église (retable du XVIIe s.) s'étire vers le tour de ville par la rue du Tombadou : de part et d'autre s'alignent des maisons à pans de bois construites aux XVe et XVIe siècles. La rue Droite et la rue Pla présentent aussi quelques belles demeures. ***Montcuq***

☆ **Cambayrac** À l'extrême nord du pays de Montcuq, il faut voir **l'église** de ce village, de base romane (XIIe s.), modifiée au XVIIIe siècle dans le style baroque : le chœur est tapissé de plaques de marbre, de pilastres et de "pots à feu" (à l'aplomb des pilastres). *16km au nord-est de Montcuq*

☺ **Rouillac** Au départ de Montcuq, vous pourrez emprunter l'un des plus beaux sentiers romans du Quercy blanc par un chemin de randonnée (facile) jusqu'à Rouillac, distant de quelques kilomètres seulement (1h30). Ce hameau abrite une émouvante **église** en pierre blanche du causse, élevée au XIIe siècle, puis remaniée au XIVe (clocher XIXe s.). Saint-Pierre détient un exemple rare de fresques ocre, contemporaines de l'édifice d'origine, et composée de cinq scènes relatives au Christ (de facture byzantine) et à l'Ancien Testament. Itinéraire détaillé dans le livret *Sentiers romans en Quercy blanc*, disponible à l'office de tourisme de Montcuq. *4km au sud de Montcuq*

● Où acheter du vin de Cahors et faire une vino-cure ?

Vent d'Autan Au cœur du Quercy blanc, sur des sols argilo-calcaires, Anne Godin a fait le pari de cultiver son vin en biodynamie dès 1991. Le résultat est à la hauteur de ses exigences : la fraîcheur du vin est exceptionnelle et révèle un parfait équilibre entre les arômes qui le composent. Belle tension, longueur fruitée et minéralité sont au rendez-vous. Par ailleurs, la vigneronne a mis au point avec son mari un procédé naturel d'extraction des polyphénols contenus dans les pépins de raisin du malbec. Des cures de remise en forme et de soins à base de ces produits de beauté sont proposées au domaine sur réservation. *Moustans-Haut* ***Saint-Matré*** *(12km au nord-ouest de Montcuq) Tél. 05 65 31 96 75*

Où trouver du foie gras fermier ?

☺ **Maison Robert ferme de Versailles** Cette famille lotoise élève, gave (exclusivement au maïs) et cuisine elle-même ses canards : agriculteurs – les champs de melons ne sont pas bien loin –, les Robert se montrent sans concession sur la qualité de leurs produits. Frédéric, le plus jeune fils, gère l'affaire familiale et ajoute quelques plats cuisinés aux traditionnels foies gras, confits et cous farcis, magrets fourrés, tous délicieux. Le cassoulet aux aiguillettes et saucisse de canard, mitonné avec des haricots tarbais, reste inégalé… En hiver, les amateurs pourront se procurer directement à la ferme des foies frais pour confectionner terrines et pâtés (téléphoner au préalable). Chaque dimanche matin, vente de conserves au marché de Montcuq auprès d'une clientèle fidèle. Essayez le cou farci au foie gras, incomparable. Et aussi vente par correspondance. Une excellente adresse. *Gaec de Versailles **Lascabanes** Tél. 05 65 22 93 38 ou 05 65 30 15 04*

Où boire un verre ?

La Perpétuelle Ouvert en décembre 2012 par Sébastien Le Gleud, propriétaire du café du Centre voisin, ce bar propose tout un choix de vins de cahors, à accompagner de tartines de fromage, de planches de charcuterie artisanale ou de tapas. Fréquenté tant par les habitants de Montcuq, dont de nombreux Britanniques ayant élu domicile dans la petite capitale du Quercy blanc, que par les touristes. Ambiance chaleureuse. *10, pl. de la République Tél. 05 65 21 72 20 Ouvert ven.-sam. 17h-dernier client, dim. 10h-15h*

Partir en randonnée

Sentiers romans en Quercy blanc est un bon recueil de 5 randonnées patrimoniales introduites par une initiation à l'architecture romane. Parmi les circuits présentés, nous en avons sélectionné deux. **Circuit n°2** Au cœur du Quercy blanc. Il promet une balade très facile sur les plateaux crayeux : panoramas garantis. ***Départ*** *Cézac* ***Longueur*** *7km* ***Durée*** *2h*
GR®65 L'office de tourisme de Montcuq édite un petit guide de balades (24 sentiers, de 5 à 20km) sur le GR®65 (sentier de Compostelle), et alentour, qui passe à Labastide-Marnac, Lhospitalet et Lascabanes, puis à Montcuq avant de descendre vers Lauzerte et Moissac.

Parcourir le Quercy blanc à cheval

☺ **École d'équitation de Lartigue** Au rythme de votre monture, vous traverserez les paysages de toute beauté du Quercy blanc. Ce centre équestre propose baptême, stages, promenades à la journée ou à la demi-journée, randonnées. Excellente structure, très réputée, encadrement assuré par des professionnels passionnés. Lartigue s'est spécialisé dans l'élevage des Konik Polski (tarpans), petits chevaux polonais très robustes, menacés d'extinction. Comptez 6€ le tour de poney, 18€ la promenade à cheval, 26€ la demi-journée. Randonnée à partir de 50€ la journée. Possibilité de louer un gîte ou une chambre d'hôtes sur place. *Combe de Brière **Saint-Pantaléon** (13km au nord-est de Montcuq) Tél. 06 82 23 16 39*

CARNET D'ADRESSES

Restauration, hébergement

prix moyens

Café de France Tenu depuis 2011 par une sympathique famille belge amoureuse de la France, cet établissement bénéficie d'un emplacement idéal, au cœur du village, avec sa belle terrasse ombragée. Pour savourer une grillade aux beaux jours sous le grand marronnier ou, en salle, admirer la vue sur les jardins du village, attablé près du poêle à bois. Ambiance cosy, sur fond de musique jazzy. Carte assez courte et simple, quelques spécialités thaïlandaises, cuisine correcte. *5-7 pl. de la République* ***Montcuq*** *Tél. 05 65 22 52 07 www.cafedefrance-montcuq.com Ouvert mar.-dim. 10h-jusqu'à 15h et 18h-22h Service du déjeuner 12h-14h et du dîner 18h30-20h30*

Auberge de la Grange de Marcillac À la sortie d'un ravissant hameau, à quelques kilomètres de Montcuq, se cache une auberge de campagne discrète qui ne réserve que de bonnes surprises, à commencer par l'accueil de Mireille, la patronne. Bois dominant, musique classique en fond sonore, cheminée et loupiotes sur les tables confèrent beaucoup de charme à l'endroit. Agréable terrasse déployée sous l'auvent, face au château de Marcillac et à un superbe panorama. L'auberge s'est attaché une clientèle fidèle qui apprécie la cuisine du terroir généreuse, les légumes du jardin et le service rondement mené. Menu unique à 25€. Trois chambres simples mais chaleureuses et bien tenues à l'étage. Sur place, vous pourrez opter pour des séjours à thème (découverte de la truffe, cuisine du canard ou stage musical). À l'auberge, vente de produits du terroir (foie gras, saucisse de porc confite, magret séché, confits, cou de canard farci...), de confitures et de gelées. *La Grange de Marcillac* ***Saint-Cyprien*** *(7km au sud-est de Montcuq) Tél. 05 65 22 90 73 http://grangedemarcillac.free.fr*

prix très élevés

Chambres d'hôtes Four À quelques pas de l'église, Claude et Bob Mitrani ouvrent les portes de leur maison d'hôtes située dans un ancien hôtel de marchands du XVe siècle. Dès l'entrée, cette demeure montre un goût délicat, les 3 vastes chambres mêlent avec justesse meubles haute époque et mobilier design. Beaux volumes et superbes éléments d'origine : escalier à vis, cheminée monumentale, plafond à la française Renaissance. De la chambre du deuxième étage, on aperçoit les vieux toits du village et le donjon qui se dresse au loin. Comptez de 120 à 165€ la double.

GAMME DE PRIX	RESTAURATION	HÉBERGEMENT
Très petits prix	moins de 15€	moins de 30€
Petits prix	de 15 à 25€	de 30 à 50€
Prix moyens	de 25 à 35€	de 50 à 80€
Prix élevés	de 35 à 50€	de 80 à 125€
Prix très élevés	plus de 50€	plus de 125€

Table d'hôtes (45€, vin compris) sur rés. Excellent accueil. Une adresse exceptionnelle, au calme, en plein cœur du village médiéval. *4, rue Montmartre* **Montcuq** *Tél. 05 65 21 23 08 ou 06 62 36 12 44 www.4ruemontmartre.com Ouvert toute l'année*

CASTELNAU-MONTRATIER

46170

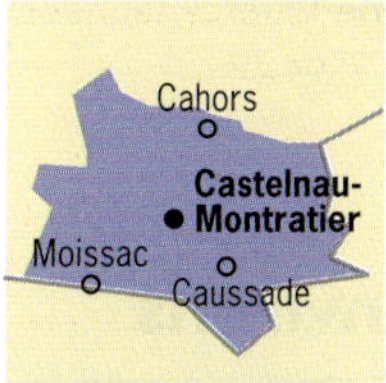

La bastide de Castelnau-Montratier est idéale pour découvrir le Quercy blanc. Ramassée, elle vit autour de sa place médiévale, au frais sous les arcades investies par les cafés et les commerçants. Assise sur son éperon rocheux, elle se dissimule derrière son église étonnante. Ses trois moulins symbolisent le Quercy blanc, terre de céréales, de vignobles et de cultures maraîchères dont le célèbre melon du Quercy qu'apprécient les palais les plus délicats.

LE PAYS DE CASTELNAU C'est le "pays des serres" ou "pays des vaux", parce qu'il est strié de vallées creusées par les nombreux cours d'eau qui descendent du Massif central pour rejoindre le Tarn et la Garonne. La Lupte, par exemple, coule au pied de Castelnau. Parallèles, orientées nord-est/sud-ouest, ces vallées entaillent le massif crayeux qui constitue le Quercy blanc. Ce pays est celui des vignobles des coteaux-du-quercy et, à sa frontière nord, de certains cahors. Les pentes des vallées, où s'accumulent des argiles, sont pour l'essentiel plantées de céréales. Les fonds des vallées, riches d'alluvions, sont le domaine du melon et du tournesol : le Quercy blanc est la contrée la plus agricole du Lot !

MODE D'EMPLOI

accès

EN VOITURE
Castelnau-Montratier se trouve au cœur du Quercy blanc, 25km au sud de Cahors et 36km au nord de Montauban.

orientation

Présentant un plan de bastide, Castelnau est une place carrée avec quelques rues à chaque angle. En principe, le grand parking situé en face de la caserne des pompiers, place du Foirail, permet de se garer même en saison.

informations touristiques

Office de tourisme Très actif et compétent, il édite deux excellents guides pour découvrir le Quercy blanc, *Castelnau-Montratier et ses environs* et *Sentiers romans en Quercy blanc*, et distribue également, gratuitement, un

BAS-QUERCY

guide d'accueil pour les familles et les enfants, *Viens jouer en Quercy blanc*. Visites guidées de la bastide (conseillées), plan à disposition. *37, place Gambetta Tél. 05 65 21 84 39 www.castelnau-montratier.fr Ouvert sept.-juin : mar.-sam. 10h-12h et 15h-17h Fermé lun. et ven. ap.-m. ; juil.-août : lun.-sam. 10h-12h30 et 15h-18h, dim. 10h-12h30*

adresse utile

Taxis Andrieu *Tél. 05 65 21 85 84*

marchés et fêtes

Marché *Ouvert dim. 8h-13h ; début juil.-fin août : mer. 17h30-20h*

Fête du vin des Coteaux-du-Quercy Chaque année, au mois d'août, les vignerons présentent pendant deux jours leur production. Belle ambiance, très conviviale. La fête est organisée en alternance à Castelnau-Montratier (années impaires) et à Montpezat-de-Quercy (années paires). *Tél. 05 65 21 84 39*

DÉCOUVRIR

Castelnau-Montratier et ses environs

☆ **Les essentiels** La vieille ville de Castelnau **Découvrir autrement** Faites un saut à Flaugnac pour admirer ses vestiges médiévaux et le beau point de vue, assistez à la Fête du vin en août

☆ ☺ **Vieille ville** Capitale de la laine du XVe au XVIIIe siècle, Castelnau possède toutes les caractéristiques d'une bastide : la cité est organisée autour d'un mercadial – la place du marché. À l'angle de la rue du Capitaine-Tailhade (celle qui descend vers l'église), maison de belle stature avec fenêtres géminées. L'hôtel de ville, construit près d'une des portes qui contrôlaient l'accès de la cité (la Portanelle), possède un beffroi en partie du XVIIIe siècle. Par la petite

Au fil des églises du pays de Castelnau

On ne vous présentera pas tous ces édifices, tant il y en a... À voir cependant, l'église de **Russac**, à deux pas de Castelnau (route de Molières). Isolée dans les champs avec son cimetière, elle est élevée au XIIe siècle sur un site gallo-romain et transformée au XVIe siècle. Sur le mur de l'abside, une fresque représente saint Georges à cheval (XVIe s.). Citons aussi les églises Notre-Dame-de-l'Assomption (XIXe s.) et Notre-Dame de la Nativité (XIIIe-XIVe s., fresques du XVIe s.), à **Lhospitalet** (D659). Plus au nord, le village de **Labastide-Marnhac** mérite un arrêt pour ses maisons anciennes. En redescendant par la D653, arrêtez-vous à **Villesèque**, pour son église originale construite au XVIIe siècle. En face de **Saint-Pantaléon** (haute église avec un clocher-donjon), une petite route (D37, roulez lentement pour bénéficier des différents points de vue) vous conduit jusqu'au ravissant village de **Lascabanes**, très fleuri, avec son église Saint-Georges (XVIIe s.) à découvrir.

rue qui démarre de la boucherie, on s'enfonce dans le "vieux" Castelnau, avec ses antiques demeures. La plus ancienne se trouve au bout de la rue Clemenceau, à l'angle d'une ruelle : la maison Périé. L'église, immense, rappelle un peu le Sacré-Cœur. Intérieur intéressant et beau point de vue sur les vignes. Édifiée à l'est du plateau rocheux sur lequel la ville fut rebâtie en 1254, trente-six ans après que Simon de Montfort l'eut détruite, l'église impose son style particulier à tout le canton. Cependant, en venant du nord (de Cahors, par la D19), on est accueilli par trois moulins, dont l'un est encore équipé de ses ailes (point de vue aménagé et bien indiqué). Le **moulin de Boisse**, entoilé à l'occasion et toujours en état de fonctionnement (l'un des très rares conservés dans la région), se visite en été. **Moulin de Boisse** *Tél. 05 65 21 84 39 moulindeboisse@gmail.com Ouvert mi-juin-mi-sept. Jours et horaires de visite variables : se renseigner par téléphone*

☺ **Flaugnac** À deux pas de Castelnau, le très beau village de Flaugnac, qui occupe l'emplacement d'un ancien castrum, séduit d'emblée le visiteur par sa structure défensive et sa situation panoramique. À gauche de la petite place, les ruines du fort et des maisons nobles. À droite, se trouvaient les quartiers populaires. Au milieu, un fossé séparait les deux secteurs et un pont-levis faisait la jonction. De la cité forte, détruite durant la guerre de Cent Ans et les guerres de Religion, il ne reste plus que quelques murs : voyez la mairie (à gauche de l'église) et l'ancienne tour du fort (à l'arrière de l'église, côté droit de la placette). *5km à l'est de Castelnau*

BAS-QUERCY

● Faire un retour à la terre

Ferme pédagogique de Saint-Martin Nichée sur un coteau du Bas-Quercy, la ferme de Saint-Martin, environnée de 5ha que traverse un sentier botanique, invite petits et grands à venir découvrir dans leur cadre naturel poules, canards, oies et pintades, dindons, chèvres... Les enfants verront de leurs yeux comment poussent les légumes et sont cultivés les produits de la terre. Apprendre en jouant, tel est le credo de ce lieu qui propose un circuit complet : animaux, jeux et randonnée, à la découverte de la fontaine aux grenouilles et de la mare aux canards, à travers un labyrinthe et des olympiades de la ferme. Possibilité de pique-niquer sur place ; fruits et jus de fruits en vente à la ferme. Des balades à poney sont proposées pendant les vacances scolaires. ***Labarthe*** *(10km au sud de Castelnau) Tél. 05 63 67 68 81 ou 06 27 51 71 09 http://ferme.saint.martin.free.fr Ouvert début avr.-mi-nov. : tlj. 11h-19h L'accueil des groupes se fait à partir de 9h30 et sur réservation uniquement Tarif 7€, réduit 6€, moins de 2 ans gratuit*

CARNET D'ADRESSES

Restauration

petits prix

Le Bardouquet Un bar-restaurant chaleureux, sous les arcades (avec terrasse très agréable en été), où l'on se restaure convenablement midi et soir. Salades copieuses, desserts maison et, côté brasserie, un menu du jour qui varie au fil des saisons. Carte 13-27€. *19, pl. Gambetta* ***Castelnau-Montratier*** *Tél. 05 65 21 28 14 Ouvert début juil.-fin août : tlj. ; début sept.-fin juin : mar.-dim.*

Hébergement

prix moyens

Gîte Chez M. et Mme Apchié Conçu pour accueillir 4 personnes, ce gîte comprend 2 chambres, un salon-coin cuisine, une salle de bains et une mezzanine. Évidemment, il faut aimer le bois. Les tables, les chaises, mais aussi les étagères, le plancher, les fauteuils sont en cette matière, travaillée par le propriétaire, qui a également bâti la maison de ses mains ! Grand jardin clos et arboré de 6 000m². Une bonne adresse, à 1min de Castelnau. Accueil très cordial des propriétaires, agriculteurs, qui adorent les enfants. Gîte 205-435€/sem. ***Castelnau-Montratier*** *Dir. Lauzerte (à g.), à 100m après le virage à dr. (panneau Valmary-Haut sur la grille) Tél. 05 65 21 94 96 Ouvert début avr.-fin oct.*

Gîte et chambres d'hôtes de Combelcau Cavaliers et randonneurs pourront faire étape au domaine de Combelcau, superbement situé au cœur d'un ensemble de 35ha, qui abrite un gîte familial mais aussi des chambres d'hôtes pour 2 pers. (66€) et 3 pers. (95€), petit déjeuner inclus. Le petit gîte du Pigeonnier, plein de charme, peut recevoir 3 ou 4 personnes (de 58 à 90€). Très bel environnement arboré, calme total, belle architecture en pierre blanche. Également un gîte d'étape pour cavaliers et une table d'hôtes (menus 20-25€). Excellent rapport qualité-prix. *Domaine de Combelcau* ***Flaugnac*** *(6km au nord de Castelnau-Montratier) Tél. 05 65 21 96 05 www.combelcau.com*

☺ **Chambres d'hôtes L'Oustalou** On n'a pas trouvé plus souriant et accueillant que ce couple qui a choisi de vivre en Quercy et a posé son dévolu sur ce bel ensemble en pierre restauré avec beaucoup de goût. Les 3 chambres, confortables et spacieuses, bénéficient toutes d'un accès indépendant. Possibilité de dîner (table d'hôtes), menu 30€. Aux fourneaux, André Schroeven prépare, comme nul autre, la soupe aux chicons et le lapin rissolé au miel et aux raisins. Quant à sa crème brûlée... Une bien belle maison que l'on quitte à regret. Chambre 85€ (petit déj. compris). *L'Oustalou* ***Flaugnac*** *(6km au nord de Castelnau-Montratier) Tél. 05 65 36 43 35 www.loustalou.com*

LALBENQUE

46230

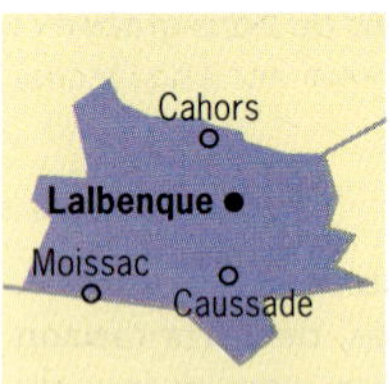

Lalbenque, frontière géologique entre le causse de Limogne et le Quercy blanc, à l'extrême sud du parc naturel des Causses du Quercy, est la capitale incontestée de la truffe noire. Celle-ci a besoin de sols calcaires, et les grands plateaux sédimentaires du pays de Lalbenque lui conviennent parfaitement. En 1860, la crise viticole engendrée par le phylloxéra modifie durablement la région. La vigne laisse place aux truffières, ces alignements de chênes pubescents et de chênes verts au pied desquels pousse le précieux champignon, le fameux *Tuber melanosporum*. Culture auréolée de mystère (les botanistes s'expliquent difficilement l'alchimie qui donne

naissance à la truffe), le diamant noir est célébré quasi religieusement chaque année de décembre à mars lors du marché qui a fait la réputation internationale de Lalbenque.

UNE VOCATION AGRICOLE Jusqu'à la guerre de 1914, la paille de blé de Lalbenque fournissait de belles tresses aux fabriques de chapeaux de Caussade, de Septfonds et de Montauban. Historiquement plantés sur des terrains pauvres, les vergers truffiers ont remplacé les pieds de vigne décimés par le phylloxéra. De nos jours, l'élevage des brebis à "lunettes noires", les fameuses caussenardes, la culture du melon, des arbres fruitiers et surtout la récolte de la truffe contribuent à la notoriété de ce petit chef-lieu de canton.

TERRE DE TRUFFE Les sols calcaires du causse de Lalbenque se révèlent particulièrement propices à la culture de la truffe. La *Tuber melanosporum* pousse en effet dans les radicelles de chêne ou de noisetier, dont elle est un parasite, et se récolte dès que l'arbre libère ses premiers fruits. Elle naît dans le sol en mai-juin et se développe pendant les mois d'été à la faveur des pluies d'orage. Très sensible aux conditions climatiques, elle redoute les chaleurs excessives autant que les pluies trop abondantes. En hiver, pour la récolter (elle est enterrée entre 5 et 20cm sous la terre), le trufficulteur faisait traditionnellement appel au cochon "caveur", qui reniflait et déterrait le champignon à l'aide de son groin : l'animal étant difficile à contenir lorsqu'il l'avait débusquée, on lui a préféré le chien, plus obéissant. Cependant, quelques familles de Lalbenque l'utilisent encore. D'aucuns, préférant truffer "à la mouche", guettent l'envol de la fameuse mouche qui pond exclusivement là où pousse la "mélano". Le nettoyage s'avère indispensable à l'apparition des "brûlés", zones d'herbe morte, semblables à de la terre noircie, qui atteste la fructification souterraine. L'expansion de la truffe a été contrariée par l'exode rural et la mécanisation de l'agriculture ; l'acidification des sols et la modification du climat contribuent encore à raréfier la production – et expliquent par conséquent les prix faramineux que peut atteindre le diamant noir.

MODE D'EMPLOI

accès

EN VOITURE

Lalbenque se trouve tout près de l'A20, 20km au sud de Cahors et 40km au nord de Montauban.

orientation

Une rue entre un carrefour et un rond-point : Lalbenque est juste assez grand pour accueillir le marché aux truffes qui a fait sa célébrité. Stationnement difficile en toute saison (peu de places).

informations touristiques

Office de tourisme du pays de Lalbenque Il publie plusieurs guides (randonnées, safran du Quercy, château de Cieurac...) et organise une "journée truffe" au début de la saison. *38, place de la Bascule Tél. 05 65 31 50 08 www.lalbenque.net Ouvert lun.-*

ven. 9h-12h30 et 13h30-17h, sam. 9h-12h30

marchés, fêtes et manifestations

Marché aux truffes *Déc.-mi-mars : mar. à partir de 14h précises*

Foire *Dernier mardi de chaque mois*
Fête de la truffe Concours, organisé chaque année, du plus beau panier de truffes. *www.truffesnoires-lalbenque.com Dernier w.-e. de jan.*

DÉCOUVRIR
Lalbenque et ses environs

☆**Les essentiels** En hiver, l'étonnant marché aux truffes de Lalbenque
Découvrir autrement Émerveillez-vous devant les mille et une variétés d'iris des Senteurs du Quercy, à Escamps, au printemps ; révisez votre savoir sur les phosphates au Cloup d'Aural

Vieille ville Du *castrum* d'origine, on devine le tracé ovoïdal délimité par la rue du Balat et la rue Sous-le-Sol. Au cœur du village, l'ancienne halle a été reconvertie pour accueillir la mairie. En vous promenant dans le bourg, vous pourrez admirer quelques maisons médiévales à pans de bois, d'autres aux beaux appareillages de pierre à joints vifs soulignant des chaînages d'angle soignés. L'église Saint-Quinrin, de fondation romane, remaniée à l'époque gothique, abrite un imposant retable baroque datant du premier tiers du XVIIe siècle. Saint Antoine, patron des trufficulteurs, y est célébré, comme il se doit, à la mi-janvier. ***Lalbenque***

☺ **Château de Cieurac** Construit à la fin du XVe siècle, incendié en 1944 par la division SS Das Reich, et en ruine jusqu'en 1974, il a été restauré par ses propriétaires et agrémenté d'un jardin à la française. Les fenêtres à double traverse rompent la monotonie de la façade, que surmonte un pigeonnier. Par la porte – splendide –, on admire un escalier à vis exceptionnel, avec des dessous de marche entièrement ciselés ! Collection de tapisseries des XVIe et XVIIe siècles. ***Cieurac*** *(4km au nord de Lalbenque) Fléchage depuis la D820 Tél. 05 65 31 64 28 Ouvert début juil.-début sept. : mar.-dim. 14h-18h Tarif (visite guidée de 60min) 7€, réduit 4€, gratuit moins de 6 ans*

● **En savoir plus sur la truffe** L'office de tourisme propose une "journée truffe" : exposition Truffe et trufficulture, diaporama commenté par un trufficulteur, démonstration de cavage avec un chien… Des journées de stage à thème sont également organisées par la station trufficole du Montat : elles traitent du dressage du chien truffier, des conditions de plantation et d'entretien des truffières…
Journée truffe *Salle des fêtes de Lalbenque Ouvert début déc.-mars : mar. à partir de 10h Tarif 10€, réduit (6-12 ans) 5€ Sur réservation uniquement*
Station trufficole *Lacoste* ***Le Montat*** *(7km à l'ouest de Lalbenque) Tél. 05 65 21 07 56*

● Arpenter un jardin d'iris et d'hémérocalles

☺ **Senteurs du Quercy** Mélie Portal et Frédéric Prévôt ont patiemment rassemblé une extraordinaire collection de plus de mille variétés d'iris et d'hémérocalles dans un parc de 4ha entouré de murets de pierre sèche. Ils ont sélectionné les plantes les plus résistantes afin de les adapter aux terrains rocailleux du causse. Iris nains, remontants, barbus ou botaniques s'alignent en rangs serrés. Du blanc pur au presque noir, ils déclinent toute une gamme de coloris éclatants (bleu, jaune, rose, pourpre), sans oublier une multitude de fleurs bicolores. La floraison des iris s'étale de la mi-avril à la fin mai, celle des hémérocalles de juin à août. Concerts et expositions d'art contemporain. Un

☆ Le marché aux truffes fait sauter Lalbenque

Incontournable ! Si vous vous trouvez dans la région entre décembre et mars, ne manquez à aucun prix ce rendez-vous hebdomadaire, véritable rassemblement d'initiés, le plus grand marché aux truffes du Sud-Ouest. Avant même d'apercevoir quoi que ce soit, en vous approchant de la bien nommée rue du Marché-aux-Truffes, vous respirerez le parfum entêtant et si particulier de truffe fraîche, le *Tuber melanosporum* – "mélano" pour les spécialistes –, espèce noble saluée par tous les gastronomes. Le cœur du village tout entier exhale les effluves du précieux champignon et certaines narines délicates pourraient s'irriter de la puissance de ces arômes suaves. À 14h précises retentit le coup de sifflet du garde-champêtre qui ouvre les festivités. Les producteurs de Lalbenque et des bourgs environnants, Aujols, Laburgade, Cremps, disposent les truffes dans de petits paniers en osier sur de simples tréteaux. S'engagent alors d'âpres négociations entre producteurs et acheteurs : restaurateurs, courtiers ou badauds s'apostrophent gaiement, tous se connaissent et ne manqueraient pour rien au monde ce rendez-vous. Bousculades et coude à coude sont de rigueur : il s'agit de remonter la rue aussi vite que possible tout en scrutant d'un œil attentif le calibre et la couleur des truffes. Celles-ci ne doivent être ni trop "trouées" (signe de la présence de parasites) ni trop claires (signe de manque de maturité). Les échanges se déroulent selon un rituel immanquable : les acheteurs griffonnent leur offre de prix sur un morceau de papier qu'ils déposent au pied du panier et le plus offrant emporte ledit panier. La pesée a lieu à l'écart, les transactions s'effectuent dans la plus grande discrétion et les échanges se font toujours en espèces. En fin de marché, en janvier 2011, les prix s'envolaient autour de 1 100€ le kilo ! Mais sachez que 10 à 20 grammes par personne suffisent à confectionner une merveilleuse omelette aux truffes. *Rue du Marché-aux-Truffes* **Lalbenque** *Déc.-mi-mars : mar. à partir de 14h précises* bien bel endroit ! *Mas de Fraysse À Lalbenque, prendre la direction Escamps-Cremps, puis Escamps et suivre la route pendant 9km Tél. 05 65 21 01 67 ou 06 61 02 72 34 www.senteursduquercy.com Entrée libre*

Visiter des phosphatières

☺ **Phosphatières du Cloup d'Aural** L'exploitation des veines de roches phosphatées a enrichi le pays de Lalbenque pendant un bon siècle. Découvertes en 1867, les poches de phosphorites donnèrent du travail à 3 000 ouvriers dans près de 300 mines (jusqu'à Cajarc et Caylus). Épuisées au début du XXe siècle, elles furent ensuite étudiées par les paléontologues. Le site du Cloup d'Aural montre très bien l'intérêt de ces fissures et galeries creusées dans le calcaire, comblées peu à peu par des éboulis et par les cadavres des animaux tombés dans ces crevasses. Le processus de putréfaction transforma le phosphore des tissus en... phosphate. Les fossiles de ces animaux forment de véritables instantanés du passé, car les gouffres mortels ont été obturés en une fraction de temps géologique. Les phosphatières sont donc des outils exceptionnels pour les paléontologues qui voient se succéder, d'un site à l'autre, les "faunes" de l'ère tertiaire. Passionnant. À ciel ouvert (prévoyez un vêtement chaud selon saison). ***Bach** (12km à l'est de Lalbenque) Route de Varaire (D19) Fléchage à partir de Bach Tél. 06 03 93 45 91 ou 05 65 20 06 72 www.phosphatieres.com Ouvert début avr.-fin juin : tlj. 15h-16h30 ; début juil.-fin août : tlj. 11h-18h ; début sept.-mi-nov. : tlj. 15h-16h30 Durant l'été, une visite guidée au début de chaque heure Tarif 7€, réduit 6€, enfants 6-14 ans 4,50€, moins de 6 ans gratuit*

BAS-QUERCY

Sur le chemin des pigeonniers

Le pays de Lalbenque compte un patrimoine rural tout à fait emblématique du Quercy blanc. Au nord du bourg, en direction du Mercadier, après les Ouradou, s'alignent trois cazelles. Remarquez, à la sortie du village, place du Mercadial, le superbe pigeonnier-tour circulaire à lanterneau, véritable chef-d'œuvre d'architecture vernaculaire, hélas cerné par un lotissement. Pour pallier l'aridité de la terre, les paysans l'amendaient avec la colombine, déjection du pigeon et précieuse fumure organique qui a longtemps contribué à l'économie agricole. Le droit au pigeonnier était à l'origine strictement seigneurial : en 1789, son abolition a engendré la multiplication de ces édifices qui faisaient la fierté des familles les plus aisées. Anciennement signes extérieurs de richesse et éléments de prestige, aujourd'hui témoins d'une époque révolue, ils symbolisent l'architecture du Quercy et nombreux sont les propriétaires qui les restaurent et parfois même les aménagent en gîte rural.

CARNET D'ADRESSES

Restauration

prix moyens

Le Lion d'or Ce n'est sans doute pas le meilleur restaurant du monde en saison, mais, en hiver, c'est ici qu'il faut se précipiter pour savourer la truffe et, surtout, participer le mardi, jour du marché, aux discussions des professionnels du champignon. Une ambiance unique – et l'assurance de se délecter de la truffe fraîche. "Le Lion d'or" est une institution ! Formule du jour 12,50€, menu 25€, menu avec omelette aux truffes 40€. Sert aussi des repas sur le pouce (pizzas, salades). *104, rue du Marché-aux-Truffes* ***Lalbenque*** *Tél. 05 65 31 60 19 Ouvert tlj.*

Le Café du monde Manger dans une gare désaffectée n'est pas commun, surtout quand on y grignote du boudin antillais avant de se jeter sur une planche de charcuterie espagnole. Un lieu singulier voulu comme tel par un voyageur qui a posé son sac ici, sur un coup de tête. La maison ne désemplit pas ! Une cuisine du monde, de qualité et servie avec le sourire. Menu 25€, carte 16-32€. Le Café du monde s'est mis à son tour à l'heure de la truffe. Bernard Droguet concocte un menu "tout truffe" chaque mardi midi en saison (déc.-mars). Réservation impérative. Comptez 60€ en moyenne. Concerts de jazz, musiques du monde, soirées à thème. Dîners concerts 40€. *Ancienne gare* ***Lalbenque*** *(3km à l'ouest de Lalbenque) D19 dir. A20 puis à gauche après le pont Tél. 05 65 24 20 76 www.le-cafe-du-monde.com Ouvert mar.-dim.*

Hébergement

prix moyens

☆ **Chambres d'hôtes Le Mas de Cérès** À l'écart de la fureur du monde, au cœur du causse, dans le parc naturel régional des Causses du Quercy, cette superbe demeure de caractère, à pigeonnier central, aux volets bleus, propose 3 chambres d'hôtes. La première (pour 2 pers.), gaie et confortable, regarde les champs. Dans la maison annexe, deux autres chambres (pour 4 pers.), encore plus simples, "spécial randonneurs" (et cavaliers). Les propriétaires réservent le meilleur accueil aux marcheurs (ils connaissent bien le pays et véhiculeront vos sacs à l'étape suivante de votre GR® pour la somme de 0,85€/km) et aux chevaux montés (5€/j). Possibilité de séjour découverte de la truffe noire. Double 51-55€. Table d'hôtes sur réservation (avec produits bio de la ferme et des environs) 15-20€. *M. et Mme Couchoud Fournets* ***Lalbenque*** *(6km à l'est du bourg) Dir. Limogne D19 puis à droite, dir. lac de Marcenac (fléchage) Tél. 05 65 24 79 20 http://chambres_hotes_lot.monsite-orange.fr*

GAMME DE PRIX	RESTAURATION	HÉBERGEMENT
Très petits prix	moins de 15€	moins de 30€
Petits prix	de 15 à 25€	de 30 à 50€
Prix moyens	de 25 à 35€	de 50 à 80€
Prix élevés	de 35 à 50€	de 80 à 125€
Prix très élevés	plus de 50€	plus de 125€

☺ **Chez Izandre** Deux gîtes ravissants sur un morceau de causse, sous les chênes : la "Grangette" (4 pers., petit jardin clos), avec son vaste salon-cuisine (canapé d'angle ivoire, cheminée avec insert et table en fer forgé) et ses deux chambres sous le toit, chacune avec leur sdb ; puis la "Maisonnette" (4/5 pers., jardinet privatif), avec un salon-séjour moins lumineux car plus étroit et plafonné, et, à l'étage, deux chambres semblables à celles de la "Grangette". Piscine, ombre, pierres sèches et chênes : une adresse remarquable, comme l'accueil qui vous est réservé. Formules week-end 200-300€. Comptez 60-85€/j., 400 à 1200€/sem. Table d'hôtes avec menu gastronomique ou du terroir 25-35€. *M. Guillot Mas de Bastié* ***Cremps*** *(A20, sortie 58 : Lalbenque ; 8km au nord de Lalbenque D26 dir. Cremps, puis fléchage) Tél. 05 65 24 79 51 ou 06 08 64 64 97 www.gites-izandre.com*

prix élevés

☺ **Chambres d'hôtes Pélissié** La demeure de la famille Pélissié est un cocon. Un intérieur bourgeois, dans le meilleur sens du terme, vous y accueille. Dans la grande chambre trône un ciel de lit. Allongé, on admire un plafond classique de poutres à la française. Meubles rustiques, fauteuils, tapis et une chambrette verte attenante, sorte de cabinet secret où l'imagination d'un enfant pourra s'épanouir. L'autre chambre, plus petite, est équipée d'une superbe salle de bains. Au rez-de-chaussée, auquel on accède par un escalier impressionnant, se côtoient le salon et la salle à manger. La terrasse donne sur un jardin à la française. Une adresse unique dans le Lot ! Chambre 97€. Table d'hôtes où vous seront servies les spécialités (cassoulet aux 5 viandes, mignon de veau avec ses tagliatelles au safran). Dîner 28€, réservation indispensable. *M. et Mme Pélissié* ***Escamps*** *(9km à l'est de Lalbenque par D55) Tél. 05 65 31 63 60 ou 06 86 72 20 16 Ouvert tlj.*

Chambres d'hôtes Lou Repaou Tout ici concourt au bien-être. D'abord une maison quercynoise de 1851, superbement restaurée, dans le ravissant village d'Aujols, qui est classé : un très bel appareillage de pierre, des volumes remarquablement agencés, dans un environnement que rien ne vient troubler. Et puis la disponibilité sans faille des propriétaires, leur sens de l'accueil auront tôt fait de vous convaincre de prolonger votre séjour au bien nommé Lou Repaou, "le repos" en occitan. Les 5 chambres, spacieuses, évoquent chacune des souvenirs de voyage. Piscine. Séjours à thèmes pour les amoureux. Chambre double 107-127€, table d'hôtes 25-35€. *Rue de La Croix-Blanche* ***Aujols*** *(11km au nord de Lalbenque) Tél. 05 65 22 03 47 www.lourepaou.fr*

☺ **Chambres d'hôtes La Vayssade** À la sortie de Lalbenque, une longue allée de buis mène au domaine familial de La Vayssade, tenu par Joëlle et Pierre Baysse. Les propriétaires ont réhabilité avec bonheur la grange monumentale (contiguë). Les beaux volumes ont été conservés et 5 chambres, toutes équipées d'une salle de bains luxueuse et parfaitement isolées, ont été aménagées à l'étage. Chaque chambre, très lumineuse, décorée avec goût et dotée de mobilier ancien, bénéficie d'une jolie vue sur la campagne environnante. Aux beaux jours, petit déjeuner sous la tonnelle de la terrasse attenante, tout près de la piscine. De décembre à février, la maîtresse de maison organise des séjours gastronomiques autour de la truffe. Comptez 98€ la double en haute saison, 85€ le reste de l'année. Repas à la table d'hôtes sur réservation 28€ par personne (légumes du potager). *Joëlle et Pierre Baysse* **Lalbenque** *De la rue du Marché-aux-Truffes (rue principale), prendre la rue à l'angle de la poste, faire 50m, tourner à gauche, faire 100m puis tourner à droite "chemin de la Vayssade" Tél. 05 65 24 31 51 www.lavayssade.com*

LIMOGNE-EN-QUERCY

46260

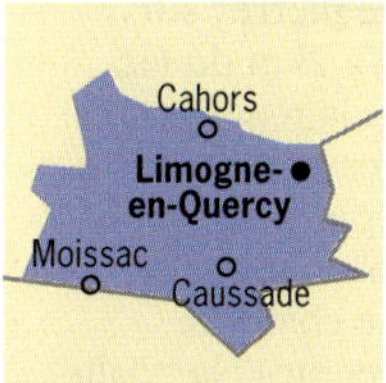

Gariottes, pigeonniers, cazelles et croix de sauveté abondent sur ce causse parsemé de chênes et de genévriers qu'enivre le parfum des buis à l'automne et au printemps. Royaume de la pierre, le causse recèle également de multiples dolmens. Fière de sa tradition paysanne et de son identité pastorale, Limogne s'anime tout particulièrement le dimanche matin, jour de marché sur la grand-place. Vendeurs de cabécous ou de pâtés truffés proposent alors leurs alléchantes victuailles aux habitants des environs ou aux nombreux randonneurs et touristes en villégiature dans la région. La petite capitale du causse a la particularité d'accueillir un marché aux truffes d'hiver (ou truffes noires) mais aussi, en juin-juillet, aux truffes dites de la Saint-Jean. Certes, son marché n'a ni l'importance ni la notoriété de celui de Lalbenque, mais le précieux diamant noir fait l'objet ici de toutes les attentions, attirant visiteurs et acheteurs en nombre. Le bourg conserve quelques belles maisons quercynoises au toit celtique, appareillées en calcaire doré.

AU SUD DU PARC NATUREL RÉGIONAL DES CAUSSES DU QUERCY

Sur le chemin de Saint-Jacques-de-Compostelle, à l'emplacement d'une ancienne voie romaine, Limogne est le point de départ de très belles excursions, telles celles du moulin de la Bosse de Promilhane, de la halle couverte de Beauregard, de l'ancien prieuré de Laramière ou des ruelles médiévales de Calvignac. Le patrimoine rural est partout présent et, au détour des chemins bordés de murets de pierre, surgissent d'émouvantes cazelles. Construites le long d'anciennes vignes et montées en pierre sèche, elles offraient autrefois refuge aux vignerons. Entre les forêts de chênes pubescents et les genévriers s'étendent des pelouses sèches, pacages de broussailles et d'herbe rase, ponctuées çà et là de landes de bruyère où chèvres et brebis "à lunettes noires" broutent une végétation clairsemée. Le pastoralisme contribue à l'entretien des milieux naturels et à la préservation des paysages. C'est au mois de mai que les orchidées offrent leur plus beau spectacle, déployant une grande diversité de formes. Les pelouses sèches constituent un terrain d'élection pour l'"*aceras* homme pendu" (qui évoque la silhouette d'un pantin) et l'*orchis bons*, aisément identifiable à son effluve nauséabond. Partout moulins, puits et lavoirs conservent le souvenir d'une vie rurale encore très présente.

UNE EAU RARE ET PRÉCIEUSE La présence de l'eau, rare en surface, a concentré l'habitat et façonné le paysage. L'eau des pluies s'infiltre au cœur des rochers pour former un véritable réseau de cours d'eau souterrains. La quasi-totalité des puits du causse de Limogne, ou puits-cazelles, s'apparentent à ces cabanes en pierre sèche avec voûtes en encorbellement. Les lavoirs aussi sont particuliers : ces lavoirs "papillons" doivent leur nom aux grandes dalles de calcaire assemblées par paires et inclinées en forme de V qui les caractérisent.

UNE TERRE DE DOLMENS Avec plus de 600 mégalithes recensés dans le seul département du Lot, la densité de dolmens est plus forte dans le Quercy qu'en Bretagne ! On dénombre 38 "tables de pierre" sur le causse, dont le très bel exemplaire du pech Lapeyre, à 2km du lac d'Aurié. La civilisation mégalithique se développe dans la région entre 2 500 et 1 500 av. J.-C. Les pierres, abondantes sur le causse, sont mises sur des "rouleaux" et transportées jusqu'au site choisi pour l'érection du dolmen. Les supports sont fichés verticalement dans le sol puis recouverts d'une dalle importante, nommée "table". La chambre funéraire ainsi formée est fermée par deux dalles plus petites : la "dalle de chevet" et la "fermeture". Les tumulus (amas de terre et de pierre) qui cernent les dolmens assurent l'étanchéité de l'ensemble, couvert de parements de pierre sèche. Ces sépultures collectives ont été combattues par les dignitaires chrétiens au point d'être massivement détruites aux VIIe et VIIIe siècles.

MODE D'EMPLOI

accès

EN VOITURE
De Cahors, prendre la D11, direction Villefranche-de-Rouergue.

informations touristiques

Office de tourisme Il accueille la Maison du pays de Limogne, un petit musée d'art populaire, réunissant une collection d'objets quotidiens, mobilier, outils de la vie rurale. Trois salles thématiques mettent en scène les métiers du bois, les semailles, la moisson et le battage, enfin la fabrication du pain et du vin. *55, pl. d'Occitanie* ***Limogne-en-Quercy*** *Tél. 05 65 31 31 31 www.tourisme-limogne.com Ouvert début juil.-fin août : lun.-sam. 9h30-12h30 et 14h30-18h, dim. 9h30-12h30 ; début sept.-fin juin : mar.-sam. 9h30-12h30 et 14h30-18h, dim. 9h30-12h30*

adresses utiles

Taxis Hervé *Route Cénevières Tél. 06 24 66 08 76 ou 05 65 31 50 54*
Piscine municipale *Bel Air Tél. 05 65 24 35 06 Ouvert début juil.-fin août : tlj. 11h-13h et 15h-19h30*

marchés

Marché de pays *Place d'Occitanie Ouvert ven. et dim. matin*
Marché aux truffes d'été *Place de l'Occitanie Ouvert début juin-mi-août : dim. à partir de 10h30*
Marché aux truffes d'hiver *Place J.-L.-Belvezet Ouvert déc.-mars : ven. à partir de 10h30*

DÉCOUVRIR
Limogne-en-Quercy et ses environs

☆ **Les essentiels** Le prieuré de Laramière et le lavoir "papillon" d'Aujols
Découvrir autrement Faites votre marché à Limogne, le dimanche matin, observez la culture du safran à la ferme Quercy Terre d'arôme, à Crégols

Laramière Le village abrite les bâtiments d'un ☆ **prieuré** du XIIe siècle, fondé par l'ordre des Augustins et rattaché à celui de La Couronne en Charente. Hospice de pèlerins à l'origine, le prieuré fut créé par le moine errant Bertrand de Griffeuilles, puis fortifié au fil des décennies suivantes. Régulièrement pillé, il fut finalement ravagé par les troupes protestantes durant les guerres de Religion. Un beau clocher-mur, flanqué de contreforts épais, s'ouvre en trois arcades supportant des cloches. La salle capitulaire communique avec la chapelle par une porte et deux belles baies voûtées en ogive. Remarquez la finesse et l'élégance des arcs sculptés qui reposent sur deux colonnes à chapiteau, peut-être à l'effigie de Jeanne de Toulouse et d'Alphonse de Poitiers. *12km au sud-est de Limogne Tél. 06 80 88 13 13 www.laramiere.new.fr Ouvert mi-juil.-mi-sept. : mer.-lun. 14h-19h Fermé mar. Tarif 6€, moins de 18 ans gratuit Visite guidée*

BAS-QUERCY

Beauregard À seulement 6km de Limogne et 22km de Villefranche-de-Rouergue, Beauregard, frontière naturelle entre les verts pâturages de l'Aveyron et le causse minéral, mérite une halte. Sur l'ancienne voie romaine reliant Cahors et Rodez qu'empruntent depuis des siècles pèlerins et bergers en route vers l'estive, cette ancienne bastide, fondée au XIIIe siècle par l'abbé de Marcilhac, a conservé son plan en damier et ses rues rectilignes se coupant à angle droit. Remarquez, sur la place centrale, la superbe **halle** coiffée d'une toiture de lauzes épaisses et sa charpente pyramidale que supportent des piliers de pierre. Elle abrite de belles mesures à grains creusées dans la pierre blonde. L'**église** du XIVe siècle, remaniée au XXe siècle, renferme des reliques de saint Jean et possède une belle porte à linteau armoriée, hélas en partie couverte de végétation. Une très belle croix-calvaire, datant du XVe siècle, se dresse sur son parvis. Non loin de là, la maison à beffroi des consuls dont la cloche a été préservée. Il flotte dans Beauregard une ambiance moyenâgeuse et, au détour d'une ruelle, le visiteur aura la surprise de croiser poules, canards ou pintades déambulant en toute liberté, témoins d'une atmosphère d'un autre temps. Assez étonnant. *6km au sud de Limogne*

● Où trouver de la saucisse de canard ?

Les Fins Gourmets Association de petits producteurs, éleveurs, fromagers, vignerons, confiseurs, la boutique des Fins Gourmets est l'endroit rêvé pour faire d'amples provisions pour l'hiver, sans oublier les becs sucrés, qui se régaleront de perles de raisin (raisin blond macéré dans du monbazillac et enrobé de chocolat) ou de sirop de safran. Canard et cochon s'offrent à vous sous toutes les formes imaginables : foie gras, bien entendu, cassoulet, mais aussi magret aux olives ou en civet, cou farci, magret fourré au foie gras... Élevés traditionnellement dans les fermes des environs, les palmipèdes sont nourris exclusivement au maïs naturel. Également une bonne sélection de vins de Cahors. *Grand-place* ***Limogne-en-Quercy*** *Tél. 05 65 24 36 45 www.les-fins-gourmets.com* *Autre boutique Place du Foirail* **Cajarc** *Tél. 05 65 40 69 98*

● Prendre du bon temps au bord de l'eau

Plan d'eau de Bannac Dans le département de l'Aveyron tout proche, un plan d'eau de 22ha pour pratiquer des activités de plein air en famille : pêche, pédalos, minigolf, équitation, piscine (bassin pour enfants et pateaugeoire), parcours-découvertes. ***Martiel*** *(17km à l'est de Limogne) Dir. Villefranche-de-Rouergue*

● S'initier à la culture du safran

☺ **Quercy Terre d'arôme** Une ferme biologique spécialisée dans la culture du safran vous propose une visite découverte de l'exploitation. Durant la seconde quinzaine d'octobre, vous pourrez assister ou même participer à la récolte de la précieuse épice. Dégustation de sirop et de confiseries au safran. Accueil charmant de la propriétaire. *Les Bories* ***Crégols*** *(6km au nord-ouest de Limogne) Dir. Crégols puis Les Bories Tél. 05 65 24 79 32 www.quercy-terre-arome.com Ouvert été : tlj. à partir de 15h Durée de la visite : 1h30 Tarif 5€, réduit 3€ Pot safrané de l'amitié offert en fin de visite*

● Marcher à la découverte du patrimoine rural

Circuit de la fontaine de Malecargue Ce parcours est jalonné par plusieurs points d'eau et par des cazelles en pierre sèche, murets et pigeonniers. Découverte du mas de Charrou, très belle ferme avec pigeonnier-tour à lanterneau. *Départ de la Maisons des associations à Limogne (monument aux morts).* ***Longueur*** *10km* ***Durée*** *3h* ***Niveau de difficulté*** *facile* ***Balisage*** *jaune et blanc-rouge*

☺ De puits en lavoirs insolites

À **Aujols**, une rangée de pierres plates longe une partie du lac communal au cœur du village. Quarante-deux dalles calcaires monolithes composent ce singulier **lavoir-abreuvoir**, dit "papillon" en raison de la forme particulière des pierres à laver : parallèles au plan d'eau, elles dessinent un V caractéristique qui évoque les ailes de l'insecte. Un second alignement disposé en rectangle, plus profond et donc noyé une partie de l'année, permet d'affronter les périodes de sécheresse. Haut lieu de sociabilité féminine, le lavoir réunissait deux fois par an toutes les lavandières de la commune pour les *bugadas*, ou grandes lessives, qui duraient plusieurs jours par an. Au centre du village de **Laburgade**, un curieux alignement de treize puits couverts rapprochés, résultant du partage des terres après la Révolution, mérite attention. Chaque famille possédait son propre puits. Dits à "dalle plate", ils sont entourés d'un mur semi-circulaire appareillé en pierre sèche et surmontés de deux lourdes dalles de calcaire. Au départ de la mairie d'Aujols, un circuit pédestre (11km, 3h, balisage jaune et orange) permet de découvrir puits et lavoirs.

CARNET D'ADRESSES

Restauration

petits prix

Auberge Lou Bourdié Une auberge de campagne comme on n'en voit plus beaucoup ! Ici, le cadre rustique ne verse pas dans le folklore et la table ne réserve que de bonnes surprises : la quiche au magret et poireaux frais, la terrine de poisson à l'oseille ou le vacherin aux noix et coulis de caramel ne sont que quelques exemples de cette gaillarde cuisine familiale. Et que dire de l'accueil de Monique Valette, figure incontournable du causse de Limogne... Menus 15-45€, menu enfant 8-10€. ***Bach** (11km au sud-ouest de Limogne) Tél. 05 65 31 77 46 Ouvert jeu.-ven. et dim.-mar. midi Fermé mer. et sam., ainsi que de Noël au jour de l'An*

☺ **Les Marronniers** Ici, le "fait maison" est de rigueur ! Voici plus de trente ans que Mme Conte et sa fille sont aux fourneaux et que la salle ne désemplit pas. Cette véritable auberge de campagne, ouverte à l'étage d'une maison quercynoise, n'attire guère l'attention par sa décoration quelconque. Il s'agit pourtant d'une institution dans le pays : les ouvriers y déjeunent dans un joyeux coude à coude autour de la grande table commune, les touristes égarés sont placés d'office par la patronne, les familles s'y retrouvent pour un repas dominical. Pour une fois, l'expression "cuisine traditionnelle" prend tout son sens : confit de canard goûteux à souhait et pommes de terre quercynoises sautées à la graisse de canard n'ont qu'un lointain rapport avec la diététique... En hiver, essayez l'omelette aux truffes, généreuse et parfumée. Aux beaux jours, quelques tables en terrasse. Bref, une adresse rare. À essayer absolument. Menu du jour 15€, menu gastronomique 25€ et menu avec omelette aux truffes 35€. ***Varaire** (6km au sud-ouest de Limogne) Tél. 05 65 31 53 85 Ouvert tlj.*

Auberge du Vieux Quercy En plein cœur de Limogne, dans une ruelle calme qui débouche sur la grand-place, cette auberge dispose de deux atouts : sa terrasse intérieure, très fleurie, et sa cuisine du terroir, d'un bon rapport qualité-prix. Confit de poule accommodé d'une sauce à l'oseille ou aiguillettes de canard nappées d'une sauce aux morilles, la carte est franchement classique. Très bonne tarte tatin. L'établissement n'a pas de prétention gastronomique, mais sa cuisine est tout à fait honnête. Clientèle d'habitués. Quelques tables en face, sur une placette, où boire un café le dimanche matin, un peu à l'écart de l'agitation du marché. Menus 12-23€. Comptez 15 à 25€ à la carte. *61, rue de Lugagnac **Limogne-en-Quercy** Tél. 05 65 31 51 17 Ouvert tlj. Fermé le soir oct.-mars*

Hébergement

camping

Camping Bel-Air Au cœur du parc naturel régional des Causses du Quercy, ce camping arboré trois étoiles (50 emplacements) vous propose une série de circuits pédestres, VTT et cyclotouristes, et de nombreuses activités sur place et alentour. Comptez 21€/j. par emplacement en haute saison, électricité incluse. Possibilité de louer des mobil-homes à la semaine. ***Limogne-en-Quercy** Tél. 05 65 24 32 75 Ouvert 1er mai-mi-sept.*

prix moyens

☺ **Chambres d'hôtes La Hulotte** Une belle surprise ! Dans un environnement calme et verdoyant, voici une ravissante maison munie d'un accès indépendant. La maîtresse des lieux, Claudine, a la main verte et son carré potager, comme les terrasses fleuries, sont de pures merveilles. Lionel, son mari, a réhabilité lui-même cette bâtisse typiquement quercynoise, qui comprend 4 chambres dont 2 avec salle de bains et WC privatifs et 2 avec salle de bains commune, pouvant former une suite familiale. Au rez-de-chaussée, une pièce à vivre avec cuisine aménagée dans laquelle est servi le petit déjeuner. Les hôtes disposent également d'une terrasse indépendante, ouverte sur le jardin. Sans conteste l'une des plus séduisantes options d'hébergement dans les environs. Pas de table d'hôtes mais possibilité de repas sur réservation pour les pèlerins, nombreux à faire étape ici. Chambre double 65€ en haute saison. *Mas de Games* ***Limogne-en-Quercy*** *Tél. 05 65 31 58 51 www.chambreslahulotte.com.fr*

Chambres d'hôtes du Moulin de Vidaillac Cette ancienne maison de meunier (le moulin a perdu ses ailes voilà bien longtemps) a été reconvertie avec bonheur en maison d'hôtes. Assez proche de la route mais tournée vers la vallée, dans un paysage champêtre, elle offre une jolie vue sur la campagne alentour. Dans une maison mitoyenne où domine la pierre apparente, les 3 chambres, aux volumes spacieux et meublées avec goût, disposent chacune d'un accès indépendant. Bel environnement, jardin ombragé, verger, étang. Comptez 55€ pour 2 pers., petit déjeuner inclus. Table d'hôtes 25-28€, vin non compris. Cuisine maison soignée, repas copieux. *Mme Vaissière Moulin de Vidaillac* ***Limogne-en-Quercy*** *Tél. 05 65 31 56 31*

Chambres d'hôtes du Mas d'Ambayrac Ânes et brebis vous accueillent dans cette sympathique maison d'hôtes environnée de bois et de pâtures. Norbert et Véronique Moreau, exploitants agricoles, ont aménagé 3 jolies chambres d'hôtes dont une suite familiale dans l'ancien four à pain de leur ferme et 2 chambres (sdb privative pour chacune) avec accès indépendant dans la maison principale. Ils proposent également une table d'hôtes où vous pourrez déguster les plats régionaux et les produits de la ferme, en particulier la charcuterie élaborée à partir des porcs élevés en liberté sur le causse. Excellentes pâtisseries maison. Chambre double 65€, petit déj. compris ; repas 25€ (vin inclus). Piscine couverte. Sur place, vente de conserves artisanales : le cochon dans tous ses états. ***Promilhanes*** *(à 5km de Limogne) Tél. 05 65 24 33 47 ou 06 35 91 91 79 www.chambres-hote-ambayrac.com*

GAMME DE PRIX	RESTAURATION	HÉBERGEMENT
Très petits prix	moins de 15€	moins de 30€
Petits prix	de 15 à 25€	de 30 à 50€
Prix moyens	de 25 à 35€	de 50 à 80€
Prix élevés	de 35 à 50€	de 80 à 125€
Prix très élevés	plus de 50€	plus de 125€

★ SAINT-ANTONIN-NOBLE-VAL

82140

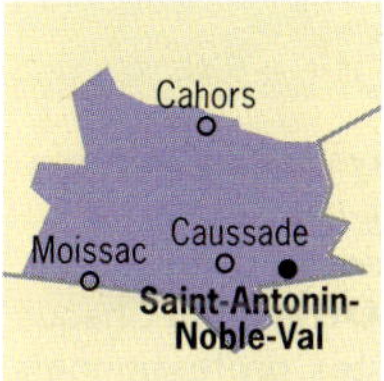

Au pied du roc d'Anglars, Saint-Antonin se blottit au creux d'une vallée entre l'Aveyron et la Bonnette. La ville porte encore son vieux nom latin, *Nobilis Vallis*, ou Noble Val. Séduits par son patrimoine architectural remarquable, peintres, sculpteurs et céramistes y ont élu résidence depuis une quarantaine d'années. Aujourd'hui, Saint-Antonin s'apparente presque à une petite enclave britannique tant sont nombreux les Anglo-Saxons à avoir choisi de vivre dans l'une des plus charmantes bourgades du Quercy méridional.

LE CAUSSE DE CAYLUS Profondément entaillé par les gorges de l'Aveyron, le causse de Caylus se termine dans la vallée de la Bonnette à l'est, tandis qu'à l'ouest il s'achève dans la vallée de la Lère, jusqu'à Caussade. Bois et landes dominent ; seules quelques rares terres sont cultivées. Au nord-ouest, la pierre blanche affleure partout. Si gariottes et murets de pierre sèche confirment le caractère pastoral du pays, la concentration de moulins à eau dans la vallée est exceptionnelle. Au croisement de deux anciennes voies romaines, surplombant la Bonnette, se dresse l'ancienne bourgade médiévale de Caylus, couronnée par le donjon de sa forteresse. Elle a conservé d'étroites ruelles, bordées de superbes maisons anciennes.

UN PEU D'HISTOIRE Importante châtellenie au XIIe siècle, marquant la frontière entre le Quercy et le Rouergue, **Caylus** subit l'assaut des troupes de Simon de Montfort lors de la croisade contre les Albigeois. Au XVIe siècle, la ville n'est pas épargnée par les guerres de Religion : elle sera assiégée à maintes reprises, pillée et brûlée. L'Histoire n'épargne pas non plus la cité voisine de **Saint-Antonin**, à la croisée de deux vallées et de trois provinces, le Quercy, le Rouergue et l'Albigeois. Née autour d'une abbaye bénédictine au VIIIe siècle, la cité se développe au Moyen Âge, époque de richesse et d'abondance, comme en témoignent les très belles demeures aux façades décorées, agrémentées de baies à meneaux. Une prospérité dûe à la présence de la Bonnette, rivière dont la force motrice faisait tourner vingt-trois moulins au profit de drapiers et tanneurs. Comme Caylus, la ville changera tour à tour de suzerain au gré des victoires entre protestants et catholiques.

MODE D'EMPLOI

accès

EN VOITURE
À 18km de Caussade, 57km de Cahors, 65km de Moissac et 628km de Paris.

EN TRAIN
SNCF À Caussade – cf. Mode d'emploi (p.405). *Tél. 3635 ou 0891 677 677 (Informations TER Midi-Pyrénées) www.voyages-sncf.com www.ter-sncf.com*

informations touristiques

Office de tourisme *23, place de la Mairie* ***Saint-Antonin-Noble-Val*** *Tél. 05 63 30 63 47 http://tourisme-saint-antonin-noble-val.com Ouvert début juil.-fin août : tlj. 9h-13h et 14h-19h Hors saison : horaires variables*

Office de tourisme *Rue Droite* ***Caylus*** *Tél. 05 63 67 06 28 www.caylus.com Ouvert début juil.-fin août : lun.-sam. 9h30-12h30 et 14h30-18h30, dim. 10h-12h30 et 15h-17h Hors saison : horaires variables*

adresses utiles

Taxis Caroline ***Saint-Antonin-Noble-Val*** *Tél. 05 63 30 49 49*

Taxis Blatger ***Saint-Antonin-Noble-Val*** *Tél. 05 63 68 23 91*

Taxis Apchié ***Caylus*** *Tél. 05 63 67 05 82*

Taxis Benelhadj ***Caylus*** *Tél. 05 63 24 11 85*

marchés, fêtes et manifestations

Marché de pays ***Saint-Antonin-Noble-Val*** *Dim. 7h-13h*

Marché des potiers ***Caylus*** *15 août*

Festival lyrique Offenbach Chaque année, des artistes professionnels mettent à l'honneur l'opéra et l'opéra bouffe dans le décor naturel des Châteaux de Bruniquel. ***Bruniquel*** *1re sem. d'août*

Fête des Vendanges ***Bruniquel*** *3e w.-e. de sept.*

BAS-QUERCY

DÉCOUVRIR

Saint-Antonin-Noble-Val et le causse de Caylus

☆ **Les essentiels** Les vieux villages de Saint-Antonin et de Caylus, l'abbaye de Beaulieu-en-Rouergue, Bruniquel **Découvrir autrement** Faites votre marché le dimanche à Saint-Antonin, apprenez à tailler le silex au campement préhistorique de Bruniquel

☆ **Vieux village de Saint-Antonin** La ville doit son nom actuel au saint qui fut décapité et dont la dépouille, d'après la légende, aurait été recueillie et conduite en barque par deux anges sur le site actuel de Saint-Antonin. La partie ancienne du bourg a conservé son caractère médiéval. Prenez le temps de flâner dans les ruelles, où s'alignent les demeures que bâtirent négociants et riches marchands, telle la **maison des Amours** (rue Droite), ouverte par des baies à meneaux sur une des artères qui longent les berges de l'Aveyron jusqu'à la halle centrale. Tout près, la **maison des Consuls**, construite vers 1125 (plus ancien monument civil de France) fut restaurée par Viollet-le-Duc au XIXe siècle : le rez-de-chaussée s'ouvre par de larges arcades surmontées par une frise régulière de colonnes à chapiteaux sculptés figurant Adam et Ève s'apprêtant à manger le fruit défendu. Sur un autre pilier, Justinien tient ouvert son célèbre code. La ville recèle d'autres demeures dignes d'intérêt, telles la maison des Sonnets (rue des Carmes), la maison du Roy (place de la Jougario, XIIIe s.), la maison de l'Ave Maria, du XVIe siècle (rue Del-

SO BRITISH ! Si cochonnailles et confits en tout genre abondent, le marché de Saint-Antonin est l'un des rares endroits du Sud-Ouest où l'on peut se procurer du cheddar extravieux ! Chaque dimanche matin, de petits producteurs à l'accent rocailleux y côtoient dans un joyeux brouhaha de très distingués sujets de Sa Gracieuse Majesté le long des rues adjacentes à la place de la Halle. ☺ **Marché de Saint-Antonin**

Pébré), ou encore le couvent des Génovéfains, du XVIIIe siècle (place de la Mairie), ainsi que d'anciennes tanneries.

☆ **Vieux village de Caylus** Construite tout en hauteur, la **maison des Loups** (XIIIe s.), sise rue Droite, s'orne de plusieurs arcs en ogive où s'ouvrent d'anciennes fenêtres gothiques. Elle doit son appellation à ses gargouilles sculptées sur les entablements de pierre, figurant quatre loups prêts à bondir. Sur la place du Marché, bordée de maisons à couverts, l'ancienne halle conserve de très belles mesures à grains. Autrefois fortifiée, comme l'attestent ses contreforts massifs, l'**église Saint-Jean-Baptiste** (XIVe s.), de style gothique méridional, fut rebâtie en pierre en 1739 après avoir brûlé. Sa nef unique (XIVe s.), ceinturée de chapelles latérales, s'achève par un cœur d'une grande élégance. L'édifice renferme une saisissante œuvre d'Ossip Zadkine, un Christ crucifié au long corps décharné et supplicié. Remarquez le porche, aux sculptures de facture naïve, aux personnages stylisés, dont les rictus et les attitudes ne pouvaient manquer de frapper l'imagination des paroissiens. *12km au nord de Saint-Antonin*

Où acheter des produits régionaux ?

Aux délices de Caylus Dans la famille Médal, on est charcutier depuis 1924 et l'on perpétue son savoir-faire de génération en génération. Conserves et salaisons sont préparées en famille, dans le respect des traditions, et M. Médal achète toujours ses bêtes sur pied, comme son père et son grand-père avant lui. Pour rapporter un coq au vin des Coteaux-du-Quercy, des gésiers de volailles confits ou encore des fritons d'oie et de canard, cette adresse est tout indiquée. Goûtez à la ballottine de dinde, qui a grandement contribué à la réputation de la maison. *Av. du Père-Huc* **Caylus** *(près de l'église) Tél. 05 63 67 06 45 www.auxdelicesdecaylus.fr Ouvert mar.-sam. 8h30-12h30 et 15h-19h, dim. 8h30-12h30 Et aussi le lundi 8h30-12h30 en juil.-août*

Où boire un verre, manger sur le pouce ?

☺ **La Plage-Pure guinguette** Le long des berges de l'Aveyron, dans un environnement exceptionnel, cette "plage" est très prisée des jeunes des environs. Une vraie guinguette où faire la fête au bord de l'eau. Elle n'a pas d'équivalent dans la région. Service jeune et décontracté, comme la clientèle, concerts fréquents. Un endroit où il fait bon s'arrêter. *En bas du village de Saint-Antonin, le long de l'Aveyron, suivre les flèches Tél. 05 63 30 64 32 Ouvert avr.-oct.*

Explorer une grotte souterraine

Grotte du Bosc Pour en savoir plus sur les différentes époques géologiques à travers la classification des fossiles, visitez la grotte du Bosc, galerie de 200m creusée par une rivière souterraine aujourd'hui tarie. L'exceptionnelle variété des couleurs et des concrétions séduira les plus sceptiques. Durée de la visite : 40min. Prévoyez une petite laine, il ne fait que 14°C à l'intérieur. *3km au nord-est de Saint-Antonin Tél. 05 63 30 62 91 ou 06 30 57 20 68 http://grotte.du.bosc.free.fr Ouvert début juil.-fin août : tlj. 10h-12h et 14h-18h ; début sept.-fin juin : tlj. 14h-17h Tarif 6€, réduit 3,80€, moins de 4 ans gratuit*

● Descendre les gorges de l'Aveyron en canoë-kayak

Évasion Évasion, loueur de matériel, propose plusieurs parcours de durées variables : Saint-Antonin-Cazals, 9km, 1/2 journée ; Feneyrols-Cazals, 17km, 1 journée, que vous pouvez effectuer en canoë ou en kayak. Comptez 32€ pour la journée en canoë, 18€ pour la journée en kayak ; ces tarifs incluent la navette de retour. *Chemin de Fontalès* ***Saint-Antonin-Noble-Val*** *Tél. 05 63 30 87 45 ou 06 77 11 31 75*

Les environs de Saint-Antonin

Puylaroque Perché au sommet d'une colline calcaire, le bourg fut occupé dès l'époque romaine, mais c'est au XIIe siècle que cet ancien castelnau prit son essor. Ville marchande – on peut encore apercevoir d'anciennes échoppes d'artisans dissimulées sous les arcades gothiques de sa grand-place –, Puylaroque souffrit, comme tant d'autres cités alentour, de la croisade contre les Albigeois. **Rue Basse** se dresse l'ancien couvent, dont les demeures voisines possèdent encore de belles fenêtres quadrilobées. En poursuivant **rue du Barry**, admirez le superbe point de vue sur les maisons à colombages. À votre droite, des escaliers mènent à la place du château, d'où vous bénéficierez d'un autre très beau panorama. **Rue de l'Église**, jetez un coup d'œil sur la maison à arcades dans laquelle Simon de Montfort aurait séjourné. Un peu plus haut dans cette même rue, la tour de la Citadelle (XIIe s.) fait face à l'église Saint-Jacques, dont les fondations remontent également au XIIe siècle. Détruite par un incendie pendant l'Inquisition, elle sera rebâtie aux XIVe et XVIe siècles (la partie supérieure du clocher-tour a été restaurée). Elle comprend cinq travées inégales, dont la première forme le chœur (XIVe s.) ; six chapelles de la même époque flanquent la nef. L'église conserve un reliquaire du Saint-Voile (XIVe s.) et trois statues de la Vierge à l'Enfant en bois doré (XVIe-XVIIIe s.). Rue de la République se dresse la **maison des Gardes**, ainsi nommée car c'est là que l'on rendait la justice, comme tendrait à le confirmer la présence de cachots creusés sous la maison attenante. Remarquez les anneaux accrochés aux murs, ils servaient à suspendre des tentures lors des festivités civiles et religieuses. *20km au nord-ouest de Saint-Antonin par la D5 en direction de Caussade puis par la D9 à partir de Septfonds*

☺ **Notre-Dame-de-Livron** Émouvante petite chapelle de pèlerinage, Notre-Dame a été édifiée près d'une résurgence d'eaux claires. Sous son chevet coule une source abondante, émanant d'une grotte voisine, qui fit l'objet d'un culte dès l'époque celtique. La légende veut qu'un dragon, maître des lieux, terrorisait la région. Aidé de la Vierge, le preux chevalier Lagardelle aurait délivré les habitants (Livron signifie délivrance en roman) de la bête malfaisante. Ces derniers lui auraient alors érigé une chapelle au Xe siècle, qui fut dotée un peu plus tard d'un magnifique chœur gothique. L'édifice d'origine, très endommagé par la croisade des Albigeois au début du XIIIe siècle, fut rebâti au XIVe siècle. À quelques kilomètres de là, une autre chapelle de pèlerinage, Notre-Dame-des-Grâces, coiffe le sommet d'un promontoire. Très élégante, de style gothique flamboyant, elle s'ouvre par un superbe portail ciselé en accolades et renferme une statue de Notre-Dame, à laquelle elle doit son nom. À l'origine simple chapelle sépulcrale, elle fut fondée par Pierre de Pause, seigneur de Mondésir, en 1471 et conserve une statue de la Vierge à l'Enfant en bois doré du XVIIe siècle et des chandeliers en cuivre du XIXe siècle. La visite de ces deux chapelles peut offrir le point de départ de très belles randonnées dans la vallée de la Bonette. *15km au nord de Saint-Antonin et 5km au nord de Caylus*

☆ **Abbaye de Beaulieu-en-Rouergue** Comment décrire l'émotion que l'on ressent à la découverte de cette abbaye, comble de dépouillement et d'élégance, qui n'en finit pas de susciter l'émerveillement ? On comprend aussitôt que quelques moines de la communauté de Clairvaux aient choisi d'implanter en ces lieux paisibles les fondations d'une église. Difficile dans ce paysage bucolique de se replonger dans les temps troublés où l'édifice subit les assauts des hordes de pillards… Fondée en 1144 par Adémar III, évêque de Rodez, affiliée à l'ordre de Clairvaux avant d'être la proie de pillards au cours des guerres de Religion, vendue comme bien national à la Révolution, elle doit à son affectation en exploitation agricole, au XIXe siècle, d'échapper au démantèlement, et donc à la ruine. Hélas, le cloître gothique, trop fragile, disparaît définitivement au cours du XVIe siècle. L'"église-étable" est entretenue, le cellier conserve sa fonction première jusqu'au rachat par la ville de Saint-Antonin-Noble-Val. Partiellement comblée de terre afin de permettre le passage des bêtes et des charrettes, cloisonnée de murets, elle sert d'étable ou de grange à fourrage et commence à menacer ruine. Pierre Brache et Geneviève Bonnefoi l'acquièrent en 1959 et entament une campagne de travaux, soutenus par l'État, qui classera le monument en 1974. L'**église abbatiale**, d'un gothique très pur, est exceptionnelle par le dépouillement extrême de sa nef unique et de ses grandes baies étroites aux glaces claires, s'accordant à merveille avec l'esprit cistercien. La croisée du transept est coiffée par une coupole octogonale sur trompes. Le chœur porte en clé de voûte l'agneau pascal, seule décoration figurative à l'exception des sept roses, dont celle, remarquable, qui orne la façade, à sept pointes. Donnant sur l'espace jadis occupé par le cloître, la **salle capitulaire**, aux voûtes d'ogives ornées de coquilles ou de graines reposant sur de fortes colonnes sans chapiteaux, abrite un simple banc en pierre où les moines s'asseyaient pour les réunions du chapitre. Le bâtiment sud comprenait l'ancienne cuisine, le réfectoire et le chauffoir. Un autre accueillait le cellier et le dortoir des frères convers, qui y accédaient par la galerie du cloître. Le cellier gothique, couvert de dix croisées d'ogives, comprend des chapiteaux ornés de feuilles plates très stylisées. ***Ginals*** *(15km au nord-est de Saint-Antonin) Tél. 05 63 24*

RENAISSANCE ARTISTIQUE

Depuis 1970, des expositions d'art contemporain sont organisées dans l'ancien dortoir des convers (magnifique charpente). Le centre d'art contemporain de l'abbaye possède un fonds très important, avec, entre autres, des œuvres de Dubuffet, Michaux et Mathieu. En été, l'édifice accueille des concerts.

50 10 www.art-beaulieu-rouergue.com Ouvert début avr.-début nov. : mer.-lun. 10h-12h et 14h-18h ; début juil.-fin août : tlj. 10h-12h et 14h-18h Fermé le 1er mai. Tarif 5,50€, réduit 4€

Le Quercy de la préhistoire

Grottes

Grotte de Foissac (Capdenac-Gare) 293
Grotte du Pech-Merle (Cabrerets) 303
Grotte des Merveilles (Rocamadour) 323

Musées

Musée Armand-Viré (Luzech) 356
Campement préhistorique de Bruniquel 401

Dolmens

Limogne-en-Quercy 389

BAS-QUERCY

☆ **Bruniquel** Charmant petit bourg de caractère, Bruniquel attire chaque année plus de visiteurs. Si ses ruelles ne ressemblent pas encore à celles de Saint-Cirq-Lapopie, il pourrait en être autrement d'ici quelque temps… Artisans en tout genre s'y sont installés depuis les années 1990 et semblent faire école. Si vous le pouvez, visitez Bruniquel de préférence au printemps ou à l'automne. Le village doit son nom à la reine mérovingienne Brunehaut, qui aurait fait construire au VIe siècle un premier château fort, divisé à la fin du XVe siècle en deux parties, baptisées **château Jeune** et **château Vieux**. Bruniquel surplombe le confluent de l'Aveyron et de la Vère. Le village s'étage sur la pente d'un piton rocheux : ses maisons à encorbellement et fenêtres à meneaux s'alignent le long de ruelles aux noms évocateurs, **rue Bombe-Cul** ou **rue Trotte-Garces**, pour converger vers le sommet de la falaise où se dresse le donjon. Dans le château Vieux (XIIIe-XIXe s.), ou tour de la reine Brunehaut, sont ouvertes à la visite la salle des chevaliers, décorée de fenêtres géminées, et la cuisine, prolongée de son potager. Dans la galerie de style Renaissance dominant la falaise, ne manquez pas d'admirer le superbe panorama sur la vallée. Dans le château Jeune (XVe-XVIIe s.), remarquez la cheminée au décor sculpté et l'ancienne chapelle transformée en cuisine. Prenez le temps de flâner dans les jardins aménagés en contrebas, ils offrent un joli point de vue sur l'Aveyron. Autre monument chargé d'histoire, la **maison Payrol**, ancien hôtel des gouverneurs de Bruniquel, mérite votre attention. Cet édifice abrite un musée d'art populaire très instructif qui recèle plusieurs pièces de ferronnerie, faïences, meubles, objets insolites, dont un étonnant biberon datant du XVIIe siècle… **Rue Droite**, jetez un coup d'œil à la maison dite des Anneaux en raison de ses "arcets" qui servaient à suspendre les draperies les jours de fête. Fin septembre, le village accueille une fête des vendanges qui donne lieu à des festivités bon enfant où vous pourrez savourer un délicieux jus de raisin fraîchement pressé. *22km au sud de Saint-Antonin* **Châteaux** *(Jeune et Vieux) Tél. 05 63 67 27 67 Ouvert juil.-août : tlj. 10h-19h ; mars-juin et sept.-oct. : tlj. 10h-18h ; 1er-15 nov. : tlj. 10h-17h Tarif (visite guidée) 4€ (visite audioguidée 3,50€), réduit 2,50€ Tarif (visite libre) 3€, réduit 2€, gratuit pour les enfants*

Montricoux Le village domine la rive gauche de l'Aveyron et s'étage jusqu'aux berges de la rivière, au-delà des anciennes fortifications. On aperçoit de loin le donjon de l'ancienne commanderie des Templiers et le clocher de son église, élevé en 1549, de style toulousain. Montricoux a gardé de belles maisons à colombages des XVe et XVIe siècles, ainsi que les vestiges d'un mur d'enceinte flanqué de trois tours. L'église gothique (XIIIe-XIVe s.) compte plusieurs retables baroques et des fonts baptismaux en marbre rose provenant d'une carrière des environs. Son chœur à cinq pans est précédé d'une travée droite. Depuis 1983, le château accueille le musée Marcel-Lenoir, dont nous vous recommandons vivement la visite (cf. ci-dessous). *20km au sud-ouest de Saint-Antonin*

☺ **Musée Marcel-Lenoir** À l'entrée des gorges de l'Aveyron, posé sur la rive droite de la rivière, se dresse le château de Montricoux, commanderie des Templiers et ancienne propriété du duc de Sully. Claude Namy, collectionneur d'art invétéré, l'achète en 1979 pour y créer un musée dédié au peintre Marcel-Lenoir (1872-1931), grande figure de Montparnasse. Chef de file de l'école de Montauban, ce dernier laisse une œuvre foisonnante : dessins, enluminures, pastels, fresques, gravures, aquarelles où se mêlent les influences du symbolisme, mais aussi de l'Art nouveau et de l'Art déco. ***Montricoux*** *(5km à l'ouest de Bruniquel) Tél. 05 63 67 26 48 www.marcel-lenoir.com Ouvert mai-sept. : mer.-lun. 10h-18h Tarif 5€, réduit 3€, moins de 12 ans gratuit*

BAS-QUERCY

● Où boire un verre en terrasse ?

Bar-brasserie Les Bastides Aux beaux jours, le "bistrot de pays" (estampillé comme tel) Les Bastides est l'endroit idéal pour faire connaissance avec les habitants de Bruniquel qui viennent régulièrement bavarder avec l'accorte patronne. Mais l'atout essentiel des Bastides réside dans sa terrasse, d'où l'on bénéficie d'une vue panoramique sur le village perché. Concerts en saison. *Route de Gaillac* ***Bruniquel*** *(en bas du village) Tél. 05 63 67 21 87 Ouvert mer.-lun.*

● Revenir à la préhistoire

☺ **Campement préhistorique de Bruniquel** Les enfants raffoleront de cette reconstitution grandeur nature d'un campement préhistorique où ils pourront s'essayer à la taille du silex, aux techniques d'allumage du feu, au tir aux javelines et au propulseur. Ateliers animés par des passionnés, extrêmement convaincants... les parents n'en perdent pas une miette ! Ateliers, démonstrations et expositions de dessins et peintures. Durée de l'atelier (sur réservation) : 2h, demi-journée ou journée. *Association Terre mère* ***Bruniquel*** *(à 22km de Saint-Antonin) Tél. 05 63 24 24 00 http://prehistocamp.monsite.orange.fr Séance sur réservation uniquement Juil.-août : tlj. à 16h sur réservation Tarif 10€, moins de 6 ans et 3e enfant gratuit*

CARNET D'ADRESSES

Restauration

petits prix

Au bon côté des choses À première vue, l'établissement ne paie pas de mine, posé au bord de la départementale, mais il réserve une bonne surprise. S'il ne s'agit certes pas d'un restaurant gastronomique, les produits du marché sont à l'honneur, les desserts maison et, à l'intérieur, le cadre est chaleureux (belle salle aux murs en pierre à l'étage inférieur). Surtout, aux beaux jours, la terrasse ombragée aménagée à l'arrière, face au cirque de Caylus, surplombe la campagne et offre une très jolie vue sur les petits carrés potagers en contrebas (attention, l'escalier donnant accès à ladite terrasse est raide). Pizzas (8-12€), salades (10€), grillades (15-20€) et cassoulet (18€). Comptez 15-30€ à la carte. *51, av. du Père-Huc **Caylus** Tél. 05 63 67 09 92 Ouvert jeu.-lun. et mar. midi*

Les Bastides Malgré sa terrasse, qui offre une très belle vue sur le village de Bruniquel, ce bar-restaurant n'attire guère l'attention. Pourtant, il s'agit d'une véritable institution dans le pays : la patronne concocte en cuisine une délicieuse omelette aux cèpes, un civet de sanglier ou des tripoux au safran du Quercy, et la salle ne désemplit pas. Ici, le "fait maison" est de rigueur et les plats du jour augmentent une carte déjà riche en produits du marché. Ce restaurant décline de robustes menus du jour à 10€. Menus de 13,50 à 28€. *Route de Gaillac **Bruniquel** (en bas du village) Tél. 05 63 67 21 87 Ouvert mer.-lun.*

prix moyens

Le Délice des papilles Dans le village de Montricoux, à 100m des berges de l'Aveyron, ce restaurant, qui a fait du poisson l'une de ses spécialités, a su fidéliser sa clientèle. Au pays du canard et de l'agneau fermier du Quercy, les amateurs pourront aussi se régaler de gambas et de fruits de mer. Le chef ne travaille que des produits frais. Menus de 15 à 36€. À la belle saison, quelques tables en terrasse. Accueil souriant. *Le Bugarel **Montricoux** (11km au nord-ouest de Bruniquel) Tél. 05 63 20 30 26 ou 06 42 89 67 93 www.restaurant-le-delice-des-papilles.com Ouvert mer.-dim. et lun. midi*

☺ **La Corniche** Cet établissement passe pour l'une des meilleures tables de la région. Sur la route vertigineuse qui surplombe les gorges de l'Aveyron, la terrasse de La Corniche donne l'impression d'être suspendu dans les airs : on ne saurait imaginer plus beau spectacle pour dîner ! Face à deux superbes pigeonniers, ce restaurant occupe une place privilégiée, bénéficiant d'un panorama exceptionnel. Dans le menu à 30€, vous pourrez goûter la délicieuse terrine de poule au foie gras, suivie d'un canard au cassis ou d'un filet mignon aux girolles. Très bon rapport qualité-prix. Réservation conseillée. ***Brousses-les-Antibels** (à 7km de Saint-Antonin par la D115bis) Tél. 05 63 68 26 95 Ouvert mar.-sam. et dim. midi*

Hébergement

campings

La Bonnette Installé sur les rives de la Bonnette, ce camping 3 étoiles tout confort bénéficie d'un cadre verdoyant et offre de multiples activités : piscine, baignade surveillée en juillet-août, tennis, pêche en eaux vives... Location de mobil-homes, tentes, caravanes : 50 emplacements (de 100m²). Accès handicapés. Épicerie et restauration sur place. Comptez 14-19€ par emplacement. *Les Condamines **Caylus** Tél. 05 63 65 70 20 ou 06 07 34 61 99 www.campingbonnette.com*

Camping des Gorges de l'Aveyron Bordant l'Aveyron sur 300m de rives, dans un décor enchanteur, ce camping 3 étoiles dispose de 51 emplacements. Les pêcheurs ont annexé un coin tranquille et peuvent se livrer à leur passe-temps favori en toute liberté. Possibilité de louer des mobil-homes et des bungalows, bar et alimentation sur place. Piscine. *Lieu-dit Marsac **Saint-Antonin-Noble-Val** Tél. 05 63 30 69 76 www.camping-gorges-aveyron.com Ouvert avr.-fin sept.*

prix moyens

☺ **Chambres d'hôtes La Maison du Pagès** À quelques kilomètres du village de Caylus, sur le causse, et très proche des gorges de l'Aveyron, cette ancienne ferme du XVIIe siècle, bâtie sur une propriété de 30ha, recèle 4 très belles chambres. Dans le pigeonnier restauré, 2 jolies chambres claires reliées par un escalier, avec de belles échappées sur la campagne alentour. La maîtresse de maison a soigné la décoration et les chambres, douillettes, disposent chacune d'une salle de bains confortable. Les murs blanchis à la chaux, les boiseries aux tons clairs et les courtepointes en boutis invitent au repos. Vous pourrez prendre votre petit déjeuner au calme, dans l'ancienne pièce du four à pain. Piscine à disposition. Tarifs : 60-70€/2 pers. ; 55€/1 pers., petit déj. compris ; 30€ par lit supplémentaire. Pas de table d'hôtes. *Lieu-dit Pagès* **Caylus** *Tél. 05 63 67 13 66 ou 06 61 82 19 56 www.lamaisondupages.com*

☺ **Chambres d'hôtes Le Ravelin** En plein cœur de Bruniquel, Jacques Rouquet met à la disposition de ses hôtes de passage, des randonneurs pour la plupart, 3 chambres chaleureuses. En passant la porte, on a immédiatement l'impression d'être accueilli en ami, tant l'atmosphère est familiale. Au premier étage, la vue plonge sur les collines boisées alentour. Toutes les chambres, claires et gaies, invitent à la détente. Vous ne partirez pas explorer les environs le ventre vide, foi de randonneur : votre hôte vous concoctera un copieux petit déjeuner avec des produits locaux. Comptez 60-70€/2 pers., 80€/3 pers. Table d'hôtes sur demande. *Promenade du Ravelin* **Bruniquel** *Tél. 06 78 30 78 47 jrouquet@hotmail.fr*

☺ **Chambres d'hôtes Les Granges Tourondel** Les 4 chambres du domaine prolongent le charme de la façade en pierre de cette ancienne ferme posée au cœur de 8ha de bois et de prairies. Cette maison d'hôtes et sa terrasse occupent un cadre bien agréable en bordure d'une petite route de campagne, à l'entrée des gorges de l'Aveyron. La noblesse et la simplicité des matériaux séduisent d'emblée : patine cirée à la chaux sur les murs, terres cuites anciennes au sol, pierre et brique. Chaque chambre, à la décoration raffinée, est suffisamment spacieuse pour accueillir trois ou quatre personnes et dispose d'une salle de bains privative. 60-65€/2 pers. (petit déj. inclus). Table d'hôtes 24€ (vin compris). *Thierry Caulliez* **Bruniquel** *Tél. 05 63 24 17 31 ou 06 87 08 80 04 www.tourondel.com*

prix élevés

Chambres d'hôtes Cornélia Pour une escapade en amoureux, cette maison est toute trouvée. Si la jolie demeure médiévale n'a rien abdiqué de son charme d'antan, elle n'en offre pas moins tout le confort actuel, ses chambres sont douillettes et déploient de vastes volumes. Votre hôtesse se mettra en quatre pour vous renseigner sur la région. Nous avons particulièrement apprécié "Albi", au charme suranné. Également une suite (129€, 1-4 pers.) aménagée dans les combles, vraiment cosy. Table d'hôtes sur réservation (25€). *Mme Lucie Zweers van Roswalen* **Bruniquel** *Tél. 05 63 67 75 68 ou 06 12 48 83 77 www.cornelia-bruniquel.com*

☺ **Chambres d'hôtes La Résidence** Assurément la meilleure adresse pour séjourner à Saint-Antonin. Tout concourt ici au bien-être des hôtes : une position au cœur de la vieille ville

BAS-QUERCY

dans une belle bâtisse du XVIIe siècle, un charmant jardin où l'on dîne aux beaux jours, enfin 5 chambres de bonnes proportions, lumineuses et calmes, avec salle de bains privative. Demandez celle à l'étage, avec terrasse donnant sur le jardin et les toits de la vieille ville, notre préférée. Au rez-de-chaussée, se loue à la semaine un studio équipé d'un coin cuisine. La chambre double est à 80-90€, petit déj. compris. Table d'hôtes sur demande. Accueil discret et souriant. Un endroit vraiment exceptionnel. *37, rue Droite* ***Saint-Antonin-Noble-Val*** *Tél. 05 63 67 37 56 www.laresidence-france.com*

CAUSSADE

82300

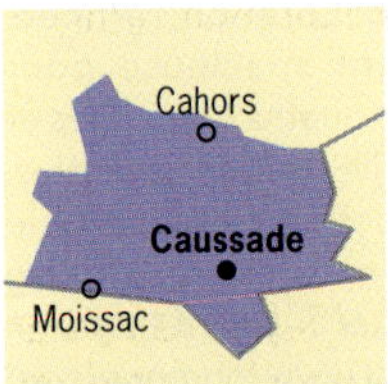

Située à mi-chemin entre Montauban et Cahors, sise entre les vallées de la Garonne et du Tarn, la ville a toujours su tirer parti de sa position de carrefour. Capitale du chapeau depuis deux siècles – "pailloles" et canotiers ont en effet vu le jour à Caussade –, cette ancienne place forte protestante s'enorgueillit de quelques belles demeures attestant son passé de riche cité marchande. Mais c'est son marché, chaque lundi matin (une tradition qui remonte au Moyen Âge), sans conteste l'un des plus importants du Sud-Ouest, qui contribue aujourd'hui à la notoriété de la cité chapelière. L'été, les petits producteurs y apportent les plus beaux fruits des vergers environnants et les étals regorgent de cerises, raisins, figues et melons odorants, sans oublier l'ail rose du pays, tandis que foies gras, chapons fermiers et truffes occupent le devant de la scène de novembre à mars.

UN PEU D'HISTOIRE Autrefois dénommée Calceata, située près de l'ancienne voie romaine menant de Toulouse à Cahors, la ville a compris très tôt tout le bénéfice qu'elle pourrait tirer des rives de la Lère, propices à l'agriculture en terrasses. Comptant parmi les premières victimes de la croisade albigeoise, la cité se voit rançonnée dès 1209 par des croisés conduits par le vicomte de Turenne. Elle sera tour à tour française et anglaise au gré des batailles de la guerre de Cent Ans. Ratier, seigneur de Caussade, octroie la première charte des coutumes en 1248. En 1360, lors du traité de Brétigny, le Quercy caussadais passe sous la bannière anglaise. Au XVIIIe siècle, le désenclavement de la ville, grâce à la création de la route de Toulouse à Paris, contribue à l'essor économique et démographique de la région ainsi qu'au commerce avec Bordeaux.

UNE AFFAIRE DE CHAPEAU Vers 1780, Pétronille Cantor, bergère dans la région de Caussade, tresse la paille de chaume pour occuper son temps. Elle a l'idée d'enrouler cette tresse pour la coudre et confectionne ainsi son premier chapeau : la "paillole". En 1796, la jeune femme fonde une chapellerie artisanale à Septfonds. Partout alentour, les femmes tressent la paille : en tout, 3 000 à 4 000 personnes à la campagne en vivent. Toute l'activité de la région tourne autour de la confection des chapeaux : le teinturier teint la matière brute naturelle (la paille), le formier exécute les formes en bois et le fondeur les réalise en fonte d'aluminium. Enfin, divers ateliers confectionnent papillons, pompons ou fleurs qui agrémenteront les couvre-chefs. Au début du XXe siècle, les machines à coudre remplacent le travail manuel et en 1939, le Tarn-et-Garonne compte vingt-cinq usines dans l'industrie du chapeau de paille, dont le canotier de Maurice Chevalier assurera la célébrité. Mais la démocratisation de la voiture, où l'on peut difficilement monter chapeauté, et l'évolution de la mode vestimentaire vont porter un rude coup à cette industrie. De nos jours, les usines se sont modernisées et utilisent de la paille de riz tressée importée de Chine. Une seule entreprise, située à Septfonds, a conservé un véritable savoir-faire traditionnel. La région arrive en tête de l'industrie chapelière française avec sept entreprises à Caussade et Septfonds, fabriquant plus d'un million de couvre-chefs par an.

MODE D'EMPLOI

accès

EN VOITURE
Caussade est située à 35km de Cahors, 45km de Moissac, 92km d'Agen et 650km de Paris.

EN TRAIN
SNCF Ligne Paris-Toulouse-Port-Bou. *Tél. 3635 ou 0891 677 677 (Informations TER Midi-Pyrénées) www.voyages-sncf.com www.ter-sncf.com*
Gare routière (cars SNCF) *Tél. 36 35*

informations touristiques

Office de tourisme *46, bd Didier Rey Tél. 05 63 26 04 04 caussadetourisme@gmail.com Ouvert oct.-mars : lun.-ven. 9h30-12h30 et 13h30-17h30 ; avr.-sept. : lun.-sam. 9h30-12h30 et 13h30-17h30 ; mai-août : lun.-sam. 9h30-12h30 et 14h-18h, dim. 9h30-12h30*

marchés, fêtes et manifestations

Marché biologique et artisanal d'été Produits biologiques et artisanat local. *Place Bonnaïs Juin-août : ven. 15h-19h30*
Marché de pays *autour de l'église Notre-Dame, centre-ville Lun. 8h-13h*
Marché aux truffes d'hiver et au gras *Déc.-mars : lun. mat.*
Estivales du chapeau *Tous les ans, mi-juil.*
Foire aux chiens Très célèbre. *1er lun. d'août*

DÉCOUVRIR

☆ **Les essentiels** La vieille ville de Caussade **Découvrir autrement** Assistez au marché de producteurs le lundi matin toute l'année, au marché au gras en hiver, explorez le causse à cheval, dégustez des vins de coteaux-du-quercy à Montpezat

Caussade

☆ **Vieille ville** Cette ancienne place forte protestante a perdu son enceinte et ses fossés (qui correspondent aux boulevards actuels) érigés après la croisade contre les Albigeois, ainsi que ses trois portes, démolies durant la seconde moitié du XVIIIe siècle afin d'étendre la ville. La petite cité marchande doit sa prospérité passée aux revenus de la traite des esclaves, au commerce des peaux de castors et au poisson séché, comme l'attestent les vastes demeures cossues bâties au XVIIIe siècle encore visibles aujourd'hui. Empruntez la rue de la République, côté Promenades (anciennes Promenades des Ormeaux), remontez le cours Didier-Rey jusqu'à la **fontaine du Thouron** : celle-ci dissimule sous une salle voûtée les deux sources souterraines qui alimentaient autrefois les fossés de la ville. À droite, la **tour Léon de Malleville** (XVIIe s.), s'élevait jadis sur les remparts de Caussade. Dans la rue Basse, au n°17, arrêtez-vous devant la **maison de l'Arbot** (XIVe s.) et son passage couvert (belles fenêtres à colonnettes et chapiteaux sculptés à l'arrière). Remontez ensuite le passage de l'Arbot puis la rue du même nom et obliquez à droite pour déboucher face à l'**église Notre-Dame**, dont le clocher-tour est surmonté d'une flèche à crochets octogonale de 54m, la plus haute du Tarn-et-Garonne. Face à l'église se dresse la **tour d'Arles** (XIIIe s.), en brique rouge, de plan rectangulaire. Ancienne possession du duc de Sully, seigneur de Caussade, et sans doute couronnée à l'origine de créneaux, merlons et mâchicoulis, elle fut incendiée par les huguenots en 1562 ; seul son clocher fut épargné pour servir de guet. Sa base carrée supporte une tour hexagonale, caractéristique de l'architecture toulousaine. Juste à côté, la maison de planteur, dite du **Califat**, évoque, par ses détails surannés, la prospérité passée de son propriétaire. Engagez-vous rue Mirabey et tournez à droite dans la rue Lesparre, au bout de laquelle vous découvrirez la **maison de la Taverne**, magnifique demeure seigneuriale du XIIIe siècle. Enfin, admirez le cloître et le **collège des Récollets**, édifiés sur ordre de Richelieu au XVIIe siècle, afin de convertir les protestants à la foi catholique.

● Où faire son marché ?

☺ **Marché de producteurs** Il se déploie au cœur de la ville, autour de l'église Notre-Dame et des ruelles alentour et déborde partiellement sur les boulevards. Fruits et légumes bio en abondance, fromages fermiers, charcuteries alléchantes, ail du pays mais aussi fripiers, bouquinistes et vendeurs de chapeaux de paille : ce marché est une véritable aubaine ! Les touristes y côtoient les habitués qui, pour rien au monde, ne manqueraient leur rendez-vous hebdomadaire, et les échanges se font le plus souvent dans un français à l'accent rocailleux entrecoupé d'expressions en patois... Le marché à la volaille voit s'ébattre poules pondeuses, canards, cailles, pintades, coqs nains - ambiance garantie. Attention, on vient de loin pour assister au déballage de toutes ces victuailles, arrivez tôt... **Marché traditionnel et volailles** *Lun. 8h-13h* **Marchés au gras, aux truffes** *Déc.-mars Pour la truffe, halle Bonnaïs*

● Où acheter des produits régionaux ?

☺ **Marie et Alain fromagers** L'étalage de cette boutique, connu de tous les fins gourmets caussadais, regorge de cabécous onctueux et odorants, de fromages de brebis et de chèvre affinés à cœur en provenance directe des petits producteurs du Tarn-et-Garonne et de l'Aveyron, tout proche. De plus, les propriétaires sauront vous aider à sélectionner le vin qui s'accordera le mieux avec les fromages choisis parmi son rayon qui fait la part belle aux vins de la région. *37, rue de la République Tél. 05 63 65 03 58 Ouvert lun. et jeu.-sam. 8h30-12h30 et 15h-19h, dim. 9h-12h*

Maison Gaillard Découvrez la truffe dans tous ses états : brisée, pelée, brossée, entière... Certes, le précieux diamant noir a son prix, mais sachez que 10 à 15 grammes par personne suffisent pour faire d'une simple omelette un festin de roi. *5, place du Général-de-Gaulle Tél. 05 63 93 09 61 Ouvert fin nov.-mars Sur rdv uniquement*

● Où manger sur le pouce ?

Cournille traiteur La décoration de cette boulangerie-salon de thé pousse à s'y attabler pour savourer une salade fraîcheur, une pizza ou un plat du jour (12€). Chapeaux, bien entendu, en hommage à Pétronille Cantor, mais aussi cannes, livres anciens ou pendule de gare donnent le ton. On accède au salon de thé par la boulangerie : une série de fresques en trompe l'œil très réussie surprend le visiteur. Large éventail de desserts à choisir directement dans les vitrines de la pâtisserie, parmi lesquels le Jacquou, délicieux gâteau confectionné à base de miel, amandes, noix et pruneaux. Menu enfant. *18, bd Léonce-Granié Tél. 05 63 93 05 06 Ouvert mer.-lun.*

● Où boire un verre et grignoter ?

O' Mignardises En plein centre-ville, à deux pas du marché, O'Mignardises permet de boire un verre et de se restaurer en dégustant des produits frais. Menu du jour (à midi) 15€, plat du jour 8,50€. Le soir, menus à la carte 19, 29 ou 39€. Salle entièrement rénovée en 2012. Ambiance chaleureuse et détendue. *14, cours Didier-Rey Tél. 05 63 93 10 11 Ouvert lun.-mar. et jeu.-sam. ainsi que dim. en haute saison ; fermé lun. et mar. soirs*

● Sillonner le causse à cheval

Centre équestre Les Crinières du causse Didier Thouron et Mylène Teil vous proposent de partir en randonnée à la découverte du causse et des gorges de l'Aveyron. Promenades de 1h à la journée, à dos de poney ou à cheval. Moniteur agréé tourisme équestre. ***Saint-Sernin*** *Tél. 05 63 93 26 51 ou 06 83 59 40 78 stserninloisirs@free.fr Jours et horaires variables Se renseigner au préalable*

Les environs de Caussade

Septfonds Berceau de la chapellerie avec Caussade, la bourgade tire son nom (Sept-Fonts) de ses sept fontaines (sources). Fondée au XIIIe siècle par Alphonse de Poitiers, comte de Toulouse, elle présente un plan caractéristique de celui des bastides, avec ses rues se coupant à angle droit vers la place centrale. Pour découvrir la **vieille ville**, vous pouvez partir de la mairie, dont la façade arrière recèle une ancienne mesure à grains (entre la fenêtre et la porte). Empruntez la ruelle à gauche de l'église (rebâtie au XVIIe siècle, elle fut remaniée au XIXe siècle et comporte un chœur à cinq pans, une nef rectangulaire bordée de deux chapelles) et admirez le presbytère, belle maison à colombages datant du XVIe siècle. Le clocher-tour carré, de type méridional, est surmonté d'une flèche octogonale couverte d'ardoise. Presque face à l'église, remarquez les colonnes du portail de la maison à l'angle de la rue Notre-Dame. En poursuivant dans cette rue, vous apercevrez le lavoir public, dont une colonne provenant du déambulatoire d'une ancienne abbaye cistercienne servait de battoir aux lavandières. Tout près, l'**église Notre-Dame** fut fondée par des religieux ermites de Cadouin avant que Sept-Fonds n'ait été érigée en bastide au XIIIe siècle. Remontez la rue Costes et obliquez à droite, rue Fraîche : là, vous découvrirez un séchoir à chapeaux, créé par un descendant de Pétronille Cantor. Un peu plus loin, une ancienne usine, également à chapeaux, porte sur sa façade trois sculptures dont les symboles (compas et équerre) évoquent l'univers des francs-maçons. À droite au bout de la rue, sur l'emplacement de ce qui fut autrefois l'un des fossés de la ville (actuel cours Sadi-Carnot), s'élève une maison à bolet, caractéristique de l'architecture caussenarde, dont les piliers en pierre proviennent des carrières environnantes. *5km à l'est de Caussade*

Réalville Cette ancienne bastide royale (son nom signifie la ville du Roy), bâtie sur ordre de Philippe le Bel et dotée de nombreux privilèges, subit de plein fouet les troubles de la guerre de Cent Ans. Elle sera assiégée et pillée à plusieurs reprises. L'église, démolie lors des combats, sera reconstruite à partir de 1647 (abside à sept pans et nef à trois travées bordée de chapelles). Sa place à arcades, encadrée de belles maisons en brique ou à colombages datant des XVIe et XVIIe siècles, témoigne de la prospérité retrouvée à la fin des guerres de Religion. *10km au sud de Caussade*

Bioule Fondé au VIIe siècle, le village se développa autour de son château, ancien fief de la famille des Cardaillac, originaires du Haut-Quercy. Ceux-ci feront réaménager l'édifice au XIIIe siècle. Il abrite aujourd'hui une école et conserve deux vestiges dignes d'intérêt : une chapelle ornée de fresques du XIVe siècle figurant des scènes de la vie du Christ, et la salle des Preux (peinte au début du XVIe s.) illustrant Ogier, César, Hector et Charlemagne. Elle souffrira des luttes acharnées entre papistes et huguenots. Aujourd'hui encore, temple et église attestent les anciens clivages religieux. *13km au sud de Caussade*

Nègrepelisse Bastide bien ordonnée autour de sa place à couverts, la ville devrait peut-être son nom à la présence en ces murs de nombreux charbonniers, ces hommes à la pelisse noire, ou *negra pelissa*, venus travailler dans les forêts des environs. Trois rues longitudinales en forment les axes principaux, dont deux délimitent la place centrale. Reconstruite après 1622 à la suite du siège des armées de Louis XIII, elle présente désormais des façades de maisons encadrées de briquettes rouges, conformément aux autres cités tolosanes. En flânant dans les ruelles, prêtez attention à ces quelques traces du passé évoquant le caractère rural de la bastide, tels ces anneaux de fer accrochés au rez-de-chaussée des maisons afin d'attacher le bétail lors des foires agricoles. Une récente campagne de fouilles a mis au jour les fondations de son ancien château, où séjourna le peintre Fragonard vers 1773. L'église a conservé des stalles du XVIe siècle et un remarquable clocher de style méridional, de plan octogonal (XVe s.). Exceptionnel à plus d'un titre, son étage supérieur (il en a trois en tout) est orné de chimères sculptées qui font office de gargouilles. La flèche, décorée de crochets, s'élève à 47m. Sous le porche (xve s.) de l'église, remarquez l'ouverture circulaire destinée au passage des cloches. *15km au sud de Caussade*

Le Quercy gourmand

Marchés

Marché de pays ______ 349
Marché des producteurs de pays à Montcuq ______ 375
Marché de Saint-Antonin ______ 397
Marché de producteurs ______ 406

Produits du terroir

Distillerie Louis Roque (Souillac) ______ 328
Truffes Pébeyre (Cahors) ______ 354
Maison Robert ferme de Versailles (Lascabanes) ______ 377
Les Fins Gourmets (Limogne-en-Quercy) ______ 391
Aux délices de Caylus (Caylus) ______ 397
Marie et Alain fromagers (Caussade) ______ 406
Maison Gaillard (Caussade) ______ 407
Cave-coopérative Vignerons du Quercy (Montpezat-de-Quercy) ______ 411
Domaine de Lafage (Montpezat-de-Quercy) ______ 411
Charcutier-traiteur Bonnefous (Lauzerte) ______ 415
Boutique de la ferme Borde-Basse (Lauzerte) ______ 415
Maison Mécoën (Moissac) ______ 425

Bonnes tables

La Cuisine du marché (Figeac) ______ 285
La Dînée du Viguier (Figeac) ______ 285
La Renaissance (Capdenac-Gare) ______ 285
La Récréation (Les Arques) ______ 314
Le Gindreau (Saint-Médard) ______ 315
Auberge des Sept Tours (Martel) ______ 334
Lou Cantou (Loubressac) ______ 342
Restaurant Côté Sud (Cahors) ______ 358
L'Ô à la bouche (Cahors) ______ 358
Le Rendez-Vous (Cahors) ______ 358
Le Marché (Cahors) ______ 359
Restaurant Côté Lot (Puy-l'Evêque) ______ 373
Hostellerie Clau del Loup (Anglars-Juillac) ______ 373
La Corniche (Saint-Antonin-Noble-Val) ______ 402
Le Clos Monteils (Monteils) ______ 411

Restaurants ouvriers, fermes-auberges

Chambres d'hôtes Ferme de Cazals (Marcilhac-sur-Célé) ______ 306
Aux délices de la Serpt (Frayssinet-le-Gélat) ______ 314
Chambres d'hôtes La Grelottière (Rocamadour) ______ 326
La Table du fermier (Saint-Michel-de-Bannières) ______ 335
Chez Lagarrigue (Cahors) ______ 357
Auberge des Gabarres (Cahors) ______ 358
Auberge Lou Bourdié (Bach) ______ 393
Les Marronniers (Varaire) ______ 393
Auberge paysanne du Canabal (Tréjouls) ______ 419
Ferme-auberge de Lacassagne (Vazerac) ______ 430

Molières Créée en 1270 par Alphonse de Poitiers, Molières a conservé son plan caractéristique des bastides avec ses ruelles se coupant à angle droit. Concentrée à l'origine sur les hauteurs, la bourgade s'est peu à peu étendue, épousant les différents axes de communication. Pour découvrir la vieille ville, remontez le chemin menant au village : sur votre gauche se dresse une maison ornée d'une gargouille en forme de tête de lion, à l'angle d'un mur. Face à vous, remarquez un vestige des remparts édifiés au XIVe siècle et détruits pendant la guerre de Cent Ans. En prenant sur votre droite, vous déboucherez sur les promenades, en surplomb des anciens remparts, d'où vous bénéficierez d'une très belle vue sur plusieurs maisons munies de passerelles en fer forgé, témoins d'une prospérité passée. Sur la place principale se dresse le couvent des sœurs de l'Immaculée Conception. Non loin, l'ancienne tour de l'Horloge, aujourd'hui écroulée, servit de tour de guet jusqu'en 1793. Seule la cloche suspendue à l'arc de brique témoigne de son existence. De là, vous bénéficierez également d'un beau point de vue sur la vallée du Lemboulas. Le village abrite l'église Notre-Dame, bâtie en brique et à chevet polygonal, comme la halle et les maisons du bourg, dont certaines façades sont incrustées d'émaux. *18km à l'ouest de Caussade*

☺ Montpezat-de-Quercy

Attesté dès 1040, l'ancien castrum, du haut de son piton rocheux, domine la vallée du petit Lembous. Le tracé de la bourgade conserve l'empreinte de l'extension planifiée à l'époque où fut établie la charte des coutumes (1257) : noyau central resserré sur l'éperon, extension linéaire dessinée à partir de deux axes, selon le modèle en usage à l'époque dans le Bas-Quercy. Des fossés entouraient la ville fortifiée, ceinte d'une muraille percée de quatre portes. Seule celle de l'Hôpital (XIVe s.), en pierre blanche du causse, s'ouvrant sur le canevas des ruelles étroites, témoigne de ce dispositif défensif. Deux dates sont gravées sur une pierre appareillée dans la tour qui coiffe la porte : 1674 et 1750. Après avoir franchi une promenade plantée d'arbres et la seule porte restante, le visiteur débouche sur une place à couverts (**place de l'Horloge**) soutenus par de lourds piliers de pierre, bordée de demeures anciennes. Cette partie du village a conservé son décor médiéval (nombreuses maisons en pans de bois) et porte encore les noms des corporations qui y officiaient (impasse des Sabotiers, des Drapiers…). Rue Cariben, à l'angle avec la rue Jean-Quercy, jetez un coup d'œil à la façade en pans de bois à remplage de brique : sa croisée Renaissance est ornée de bâtons écotés – décor caractéristique du Quercy – et, à l'extérieur, de torsades retombant sur des culots sculptés. Montpezat doit sa renommée à sa **collégiale**, consacrée en 1343, bâtie sur le plan des églises à nef unique et chapelles latérales typique de la région (abside pentagonale, nef à cinq travées, quatre chapelles à croisées d'ogives). Sa façade asymétrique est flanquée, d'une part, par la masse carrée d'une grande tour, de l'autre, par un simple contrefort taillé en biseau. Remarquez l'élégance de la rosace au-dessus du portail. L'église recèle un mobilier précieux, dont de belles statues de la Vierge (XIVe et XVe s.), des reliquaires ouvragés, ainsi que des fonts baptismaux étonnants (XVIe s.). Dans le chœur est exposée une série de cinq **tapisseries des Flandres** tout à fait remarquables (25m x 2m) figurant la vie de saint Martin en seize tableaux. Nul doute que la représentation du Diable, particulièrement édifiante (peau rose et velue, pieds griffus, langue pendante), devait frapper les esprits des paroissiens. *18km au nord-ouest de Caussade*

● Où acheter du vin ?

Cave-coopérative Vignerons du Quercy Cette cave regroupe les vignerons éleveurs et producteurs de coteaux-du-Quercy. Excellent accueil, dégustation et vente. *Cave-coopérative Vignerons du Quercy* ***Montpezat-de-Quercy*** *Tél. 05 63 02 03 50 lesvigneronsduquercy@wanadoo.fr Ouvert lun. 14h-19h, mar.-ven. 9h-12h et 14h-19h, sam. 9h-12h et 14h-18h*

☺ **Domaine de Lafage** Bernard Bouyssou produit un excellent coteaux-du-quercy issu de l'agriculture biologique, aux arômes de framboise, de mûre et de cassis, souple et charnu. *Domaine de Lafage* ***Montpezat-de-Quercy*** *Tél. 05 63 02 06 91 ou 06 22 57 71 08 http://domainedelafage.free.fr Ouvert tlj. Dégustation et vente toute l'année, sauf dim. mat.*

CARNET D'ADRESSES

Restauration, hébergement

camping

Clos de la Lère Les amateurs de nature apprécieront ce camping 3 étoiles installé près de la Lère sur un terrain arboré, fleuri et calme. Tous les emplacements sont délimités par des haies. Bloc sanitaire très bien équipé (espace bébé, lave-linge...). Piscine, jeux pour enfants, snack, épicerie. Location de mobil-homes, chalets, caravanes, tentes meublées. Accessible aux handicapés. Comptez de 15 à 20€ pour un emplacement pour 2 pers. + voiture, électricité en sus. ***Cayriech*** *(à 12km de Caussade) Tél. 05 63 31 20 41 www.camping-leclosdelalere.com Ouvert début mars-mi-nov.*

prix moyens

L'Épicurien Situé au centre de Caussade, ce restaurant confortable, à la décoration agréable et soignée (canapés, bougeoirs), propose un large choix de plats d'une grande fraîcheur. La ronde des salades, présentée avec recherche, calera les appétits plus légers. La carte fait preuve d'imagination, tant dans le libellé des plats que dans le choix des mets proposés. Menus 16-35€. Menu tout foie gras, 35€. Sur commande, quelques plats copieux : fondue, raclette, tartiflette. Vente à emporter. *44, bd Didier-Rey* ***Caussade*** *Tél. 05 63 65 06 30 Ouvert mer.-lun. sauf lun. soir et jeu. soir*

☺ **Le Clos Monteils** Sans conteste l'une des meilleures tables de la région. La devise de l'établissement – "La vie est trop courte pour être petite" – résume bien le parti pris des propriétaires : gastronomie, bien-être et savoir-vivre. Cette belle demeure traditionnelle (un ancien presbytère), en retrait d'une petite route de campagne, s'orne aux beaux jours de rosiers blancs grimpants sur sa façade. À l'arrière, une terrasse agréable donne sur un verger, en contrebas duquel serpente un délicieux ruisseau. Le cadre est un véritable enchantement… Si la cuisine est résolument traditionnelle, elle ne dédaigne pas pour autant une pointe d'exotisme. Pensez à réserver, seuls une vingtaine de couverts sont servis dans les deux salles de l'établissement. Comptez env. 22-40€ à la carte. *Gasherbes* **Monteils** *(à 3km de Caussade) Tél. 05 63 93 03 51 Ouvert juin-août : mar.-dim. sauf sam. midi et dim. soir ; mi-fév.-mai, sept.-mi-jan. : mer.-dim. sauf sam. midi et dim. soir*

Auberge de l'Hirondelle À la sortie du petit village de Saint-Cirq, ce restaurant est installé dans la grange familiale, rénovée, attenante à un pigeonnier. La carte propose un large choix dans le strict respect de la tradition quercynoise, et si gésiers, magrets et cous farcis tiennent le devant de la scène, goûtez donc aux escargots, relevés juste comme il faut, et au pastis (sorte de croustade aux pommes) maison. En été, la terrasse aménagée à l'arrière sert de cadre à un repas gourmand en pleine nature, et, dès les premiers frimas, vous pourrez dîner face à la grande cheminée centrale. Si la carte n'ambitionne pas de révolutionner la gastronomie, voilà une adresse tout à fait honorable, fréquentée par les habitants des environs. Menu 17€ (à midi en semaine), menus à la carte 30€, 42€ et 55€ (dégustation). Réservation conseillée. *Le Bourg* **Saint-Cirq** *(à 6km de Caussade en direction de Septfonds) Tél. 05 63 03 31 26 Ouvert jeu.-sam. et dim. midi Fermé début janvier*

prix élevés

Chambres d'hôtes Domaine de Lafon À l'étage de cette maison du XIXe siècle, dans un parc de 4,5ha, 4 chambres de caractère dont une suite familiale. Comme son nom l'indique, "Les baldaquins" est une pièce meublée de deux petits lits à baldaquin. Très curieux. Les murs sont ornés de feuilles et de branches. "L'indienne" présente plutôt des motifs orientaux, tons fuchsia et noir. On aime beaucoup. "La maison du Peintre" est peinte de faux azulejos. En été, ces chambres (89€) en pleine campagne, superbes et reposantes, sont prises d'assaut. Table d'hôtes 28€ (sur réservation). *M. et Mme Perrone Pech de Lafon* **Montpezat-de-Quercy** *(20km à l'ouest de Caussade) Dir. Molières, à gauche dir. Mirabel puis encore à gauche dir. Pech de Lafon Tél. 05 63 02 05 09 ou 06 15 04 64 20 www.domainedelafon.com*

☺ LAUZERTE

82110

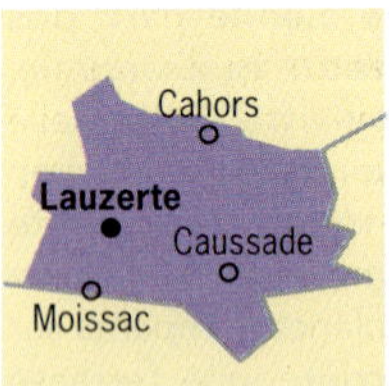

Ancienne bastide ("castelnau", plus exactement) perchée sur son éperon rocheux, Lauzerte a longtemps bénéficié de sa position stratégique aux confins du Quercy et de l'Agenais. Surplombant les vallées de la Barguelonne et du Lendou, elle offre un site naturellement défensif et réserve un panorama exceptionnel du haut de ses remparts. Du printemps aux premiers frimas, pèlerins et randonneurs arpentent inlassablement les ruelles de cette halte majeure sur le chemin de Saint-Jacques-de-Compostelle depuis

le XIIe siècle. Longtemps endormie, la bourgade connaît un regain d'activité, et les visiteurs sont toujours plus nombreux à se rendre dans ce village enchanteur, classé parmi les "Plus beaux villages de France". Les façades de ses belles maisons médiévales rappellent la couleur de la roche qui affleure partout dans les serres, ces longs plateaux argilo-calcaires qui strient le relief alentour. À l'automne, les coteaux se recouvrent des grains dorés du chasselas de Moissac, de pêches et de brugnons odorants. L'architecture rurale dévoile moulins, fontaines et pigeonniers, tandis que d'émouvantes chapelles romanes, souvent secrètes, ponctuent le paysage environnant.

HISTOIRE D'UN CASTELNAU La ville incarne sans doute l'un des plus beaux exemples de l'architecture urbaine médiévale, même si elle est loin de reprendre son tracé en damier type, notamment en raison de la configuration particulière des lieux. À la fin du XIIe siècle, Raimond V, comte de Toulouse, ordonne la construction d'une bâtisse fortifiée afin de défendre cette région frontalière menacée de toutes parts. Son successeur, Raimond VII, sera à l'origine du tracé de la bastide tel que nous le connaissons aujourd'hui. La forteresse, avec son château, son enceinte et ses six tours fortifiées, fait l'orgueil des habitants et des rois de France. Entre 1450 et 1500, Lauzerte connaîtra la prospérité en exerçant le contrôle économique sur la campagne environnante ; siège d'une sénéchaussée secondaire, elle étend sa juridiction d'appel du Lot au Tarn, et compte des villes comme Castelnau, Montcuq et Moissac. À la fin du XVIIIe siècle, ayant perdu ses fonctions judiciaires et administratives, la ville sombre peu à peu dans l'oubli.

MODE D'EMPLOI

accès

EN VOITURE
Lauzerte est située à 23km de Moissac, 38km de Cahors, 53km d'Agen et 150km de Périgueux.

EN TRAIN
Gare SNCF de Moissac *Tél. 36 35 www.sncf.com*

informations touristiques

Office de tourisme du pays de Lauzerte Service compétent et accueil souriant. *Place des Cornières Tél. 05 63 94 61 94 www.lauzerte-tourisme.fr Ouvert juil.-août : 9h-19h ; sept.-juin : 9h-12h et 14h-18h*

adresse utile

Taxis Lorette *Tél. 05 63 94 77 00 ou 05 63 95 39 72*

marchés, fêtes et manifestations

Marché *Mer. 8h-13h (Fg d'Auriac), sam. 8h-13h (Pl. des Cornières)*
Les nuits de Lauzerte Concerts, spectacles de rue. Un festival-promenade dans la cité médiévale ; superbes illuminations. *www.nuitsdelauzerte.fr Début août*

DÉCOUVRIR

☆ **Les essentiels** La vieille ville de Lauzerte **Découvrir autrement** Amusez-vous au jeu de l'oie du jardin du Pèlerin, admirez le charmant pigeonnier des Bordes, tentez le grand saut à l'école de parachutisme de Bouloc

Lauzerte

☆ **Vieille ville** Formant un rectangle de dimensions relativement modestes (35m x 30m), la **place des Cornières** (qui doit son nom à l'une de ses maisons d'angle) s'étend au sommet de la butte, là où, en s'élargissant, elle permettait le plus d'aménagements possible. Bordée d'arcades en plein cintre, en anse de panier sur trois de ses côtés, elle s'orne de demeures datant de la fin du XVe siècle jusqu'au XVIIIe siècle. Deux rues tout en longueur, entrecoupées de ruelles transversales, épousent les contours du relief. Remarquez le "coin relevé", création de Jacques Bucholtz, céramiste d'art de renommée internationale : ce "carré de lumière, au milieu d'une bastide, carré de pierres et de terre assemblées en quadrillage de pavés" évoque la page relevée d'un livre. En levant les yeux, vous ne manquerez pas d'apercevoir les très belles plaques de rues en céramique émaillée, du même artiste. Plusieurs **maisons de marchands** (XIIIe et XIVe s.), bâties en pierre de taille d'une blancheur éclatante, témoignent de la prospérité passée de la ville, lorsque Lauzerte faisait office de grenier de la ville de Cahors. Toutes sont construites sur le même modèle : au rez-de-chaussée s'alignent deux ouvertures en ogive, la plus large étant réservée à la boutique et la plus petite donnant accès au logis, tandis qu'un entresol sert à entreposer les marchandises. Le premier étage, partie noble de la demeure, s'ouvre sur deux fenêtres géminées aux chapiteaux sculptés et accueille le négociant et sa famille. Située perpendiculairement à la place, de façon plutôt inhabituelle, l'**église Saint-Barthélemy** ne conserve de l'édifice d'origine (XIIIe s.) que la première travée et le portail donnant sur la place. Remarquez le premier collatéral gauche qui possède une magnifique voûte d'ogives sexpartite, ornée de clés de voûte. Les autres collatéraux, voûtés d'arêtes, possèdent encore des culots figurant des têtes de personnages. L'église recèle un mobilier digne d'intérêt : différentes stalles et tableaux, un magnifique retable baroque en bois doré et des lambris peints dans les tons verts et bleu tendre, attribués à l'atelier de Joseph Ingres. Au fil de votre balade, prêtez attention aux enseignes en fer forgé façonnées par Sylvain Soligon, ancien ferronnier d'art. Elles illustrent avec talent et poésie les différents métiers : le coq et le chat signalent le cabinet du vétérinaire, l'homme au compas annonce celui du géomètre… En face de la promenade de l'Éveillé, sur un éperon,

PARCOURS D'HISTOIRE

La promenade de l'Éveillé (autrefois dite de l'Abelhe), fut aménagée à Lauzerte à la fin du XVIIe siècle sur les anciens fossés afin d'offrir aux habitants un lieu de promenade et un emplacement pour les foires aux bestiaux. Les façades des maisons, en partie ancrées dans le rocher, servaient de remparts à la ville. Là vivaient riches marchands et officiers de justice. Le site offre de beaux points de vue sur les environs.

se découpe la silhouette de l'ancien château de Beaucaire (XIIe s.). Rue de la Gendarmerie, l'ancien couvent des Clarisses abrita une communauté de religieuses aux XVIIe et XVIIIe siècles. Sa façade Renaissance s'orne d'un portail et de belles fenêtres à meneaux.

☺ **Jardin du Pèlerin** Ce jardin singulier retrace le parcours initiatique du pèlerinage de Saint-Jacques-de-Compostelle sous la forme d'un amusant jeu de l'oie grandeur nature. Vous pourrez y découvrir l'histoire, la vie des pèlerins au Moyen Âge ainsi que le patrimoine occitan à travers des chansons (XIe-XVIIe s.) reproduites sur des plaques en lave émaillée comportant des photos prises, pour la plupart, sur la voie du Puy. Fleurs, plantes et arbustes choisis pour leur symbolique médiévale composent la végétation de ce lieu étonnant. *Jeu de dés et dépliant disponibles à l'office de tourisme En contrebas de la place des Cornières Entrée libre*

☺ **Pigeonnier des Bordes** Cet étonnant pigeonnier hexagonal, monté sur des piliers de pierre, s'enorgueillit d'un corps de caisse à six pans en brique et colombages. Les colonnes, appareillées de six socles de moellons massifs et irréguliers, sont coiffées d'un sommet en forme de champignon (*lo capel*) qui avait pour fonction de limiter l'accès des rongeurs aux grains entreposés juste au-dessus. Le toit, surmonté d'un lanternon pyramidal à volets de bois perforés pour permettre l'envol des oiseaux, est tout à fait remarquable. L'épi de faîtage en céramique figure un pigeon. Exceptionnel. *Domaine équestre Les Bordes (3km au nord-ouest de Lauzerte) Accès libre, propriété privée : respecter les lieux*

BAS-QUERCY

● Où trouver des produits du terroir ?

Charcutier-traiteur Bonnefous Pour remplir votre panier de pique-nique, goûtez au macaron de Lauzerte, spécialité de Françoise Bonnefous, savoureux gâteau dont raffolait déjà le comte de Toulouse... au XIe siècle ! Plats cuisinés à emporter. *Faubourg d'Auriac* ***Lauzerte*** *Tél. 05 63 94 66 44 Fermé dim. ap.-m. et lun.*

Boutique de la ferme Borde-Basse Les propriétaires élèvent des canards selon les méthodes traditionnelles et cultivent eux-mêmes les céréales qu'ils transforment ensuite pour l'alimentation de ses volailles. Goûtez au magret fourré, au cassoulet ou au confit de canard, ils sont tout simplement délicieux ! Accueil à la ferme. Une excellente adresse. *Boutique Faubourg d'Auriac* ***Lauzerte*** *Tél. 05 63 94 66 87 ou 05 63 39 63 69 Ouvert mar.-sam.*

● Où boire un verre, manger sur le pouce ?

☺ **Le Puits-du-Jour** Idéalement situé sur la place des Cornières, ce café musical-restaurant propose des animations tout au long de l'année : expositions, spectacles de théâtre, divertissements pour enfants... Scène ouverte aux musiciens tous les vendredis soir et apéritif-concert tous les dimanches hors saison. L'établissement est tenu par des jeunes, enfants du pays et amis des arts, cela se voit et s'entend... Tapas à toute heure. Nous sommes loin ici de la cuisine du terroir, d'ailleurs la carte lorgne plutôt du côté de La Réunion. Même aux beaux jours, n'hésitez pas à franchir la porte de ce lieu pas comme les autres, l'intérieur ne vous laissera certainement pas indifférent. Accueil chaleureux

et décontracté. Un endroit où l'on se sent vraiment bien. *Place des Cornières Tél. 05 63 94 70 59 Ouvert mars-oct. : mer.-lun. 10h-2h ; nov.-fév. : jeu.-lun. 10h-2h*
Auberge des Carmes Allez donc faire un tour dans ce café-brasserie-restaurant, vrai bistrot de village avec son antique ventilateur à hélices et son billard autour duquel se retrouvent les habitués. Aucune mise en scène ici, juste les anciens de Lauzerte qui échangent des nouvelles en commentant *La Dépêche du Midi* et quelques touristes égarés en terrasse. Viandes (magret, bavette, entrecôte) 12-14€, salades 10€, plats à 12€ en moyenne. Nombreuses spécialités de la région. Sert aussi le petit déjeuner et fait salon de thé, glacier. *Faubourg d'Auriac Tél. 05 63 94 64 49 Ouvert avr.-oct. : tlj. sauf dim. soir ; nov.-mars : ven.-mer. sauf dim. soir*

● Sillonner la campagne à cheval

Domaine équestre des Bordes Les sentiers de randonnée ne manquent pas en Quercy blanc et les balades à cheval offrent sans doute l'un des meilleurs moyens de découvrir les environs de Lauzerte. Vous pourrez monter ici en toute confiance, la qualité des installations équestres (manège couvert, carrière et parcours de cross) ne souffre aucun reproche. Nombreuses activités de détente sur place : piscine, tennis, volley, tir à l'arc, poney-club. Encadrement diplômé, cavalerie adaptée à tous les niveaux. Ne manquez pas le remarquable pigeonnier à colonnes du centre, l'un des plus beaux de la région (p.415). Compter 18€ pour 1 heure, 28€ pour la randonnée d'1/2 journée et 39€ la journée. *(3km au nord-ouest de Lauzerte) Tél. 05 63 94 63 46 www.equi-sejour-lauzerte.com Ouvert tlj.*

Les environs de Lauzerte

Montaigu-de-Quercy Bâti à flanc de coteau à la croisée des vallons baignés par la petite Séoune, le village doit son développement au XVe siècle à la protection d'un château féodal, dont on aperçoit encore les remparts et la tour. De style néogothique, l'église comprend un chœur pentagonal, une nef de cinq travées et deux chapelles latérales ; remarquez le clocher-tour carré coiffé d'une courte flèche en ardoise. Plusieurs maisons médiévales en pierre claire, sur lesquelles on discerne des traces de baies chanfreinées et demi-croisées, subsistent dans le Haut Quartier. Rue des Frères-Quéméré (à droite en montant), ne manquez pas de jeter un coup d'œil à la façade de style Restauration et au balcon orné de fontes d'une belle demeure de marchand. La plupart des édifices de Montaigu se distinguent par un bel appareillage de pierre, très régulier et de même teinte. *16km au nord-ouest de Lauzerte par la D2*

Roquecor Surplombant la vallée de la petite Séoune du haut de son piton rocheux, ce village recèle quelques vestiges du Moyen Âge et un site troglodytique, accessible par l'ancien chemin de ronde. D'après la légende dite du Roc des Nobis, tous les convives d'une noce, rassemblés sous les remparts du château, périrent sous le poids d'un énorme rocher qui se détacha au beau milieu des festivités. L'église romane, ruinée par les guerres, rebâtie au XVIIe siècle et remaniée au XIXe siècle, comporte une abside semi-circulaire avec une partie droite ; la nef est couverte d'un berceau continu et les collatéraux, plus courts, sont également munis d'une voûte en berceau. Remarquez le clocher-tour carré de deux étages couronné d'un toit à quatre pans. *20km au nord-ouest de Lauzerte par la D2, puis la D7*

Musée du Corbillard et de l'Attelage Attendez-vous à être surpris ! Non pas tant par la centaine de fourgons mortuaires et de voitures hippomobiles de toutes époques présentés avec plus ou moins de bonheur, mais par les anecdotes qui ponctuent la visite. Yvan Quercy, propriétaire, collectionneur et guide, est ce qu'on appelle un personnage. À la sortie, dégustation de produits régionaux. À découvrir ! *Minguel **Cazes-Mondenard** (8km à l'est de Lauzerte) D34 puis à dr. D57, fléchage Tél. 05 63 95 84 02 ou 06 74 23 39 13 Ouvert début avr.-fin oct. : tlj. 9h-20h Le reste de l'année sur rdv Tarif 5€, réduit 2,50€*

Où acheter du pain et des fruits ?

Gaec du Lendou Fred le boulanger confectionne un pain délicieux dont il produit lui-même la farine de blé et d'épeautre à la meule de pierre, dans le cadre de la ferme du Lendou. Également du raisin chasselas de Moissac, des pruneaux, des pommes et, surtout, d'exquis jus de fruits (pommes, raisins), le tout en agriculture biologique. *Familles Bertin et Filippi Sainte-Foy **Tréjouls** (7km à l'est de Lauzerte) Tél. 05 63 94 61 73 Ouvert tlj.*

Passer l'après-midi au bord de l'eau

Plan d'eau des Chênes Cette base de loisirs surveillée vous permettra de vous détendre en famille en toute sécurité. Vous pourrez y louer pédalos et canoës, tandis que les plus jeunes dévaleront toboggans aquatiques et autres attractions ; et si vos bambins en redemandent, plongeoirs et trampoline devraient venir à bout des plus énergiques d'entre eux. Minigolf, jeux de boules, aire de pique-nique, restauration sur place. ***Montaigu-de-Quercy** (16km au nord-ouest de Lauzerte) Tél. 05 63 94 32 21 Ouvert juil.-août : tlj.*

Taper dans la petite balle blanche

Golf des Roucous Dans un beau vallon du Quercy blanc, vous aurez l'occasion d'exercer votre swing le long d'un parcours 9 trous, et pourrez bénéficier d'un encadrement de qualité : practice, putting-green, pro-shop, location de matériel, club-house, piscine, tennis. École de golf : cours individuels, collectifs, stages débutants et de perfectionnement assurés par un moniteur diplômé. Green fee 30€. Carnet de 10 parcours à 270€. Possibilité d'effectuer un séjour avec hébergement dans de superbes chalets-résidences, tout confort, à la lisière du golf. Quatre personnes maximum par chalet, décoration raffinée, draps et linge de maison fournis. Cadre enchanteur. Comptez 117€ par nuit, 790€ par semaine en haute saison. Prix spécial résidents : 165€ la semaine de golf. ***Sauveterre** (12km à l'est de Lauzerte) Tél. 05 63 95 83 70 www.golfdesroucous.com*

Sauter en parachute

École de parachutisme Midi-Pyrénées Novice ou confirmé, si le grand saut vous tente, n'hésitez pas : cette école de parachutisme est la première pour les débutants en France. Pour ceux qui n'ont aucune expérience en la matière, le saut en tandem permet de s'adonner aux plaisirs de la chute libre en toute sécurité, sanglé sur le harnais d'un moniteur qui effectue toutes les manœuvres : progression traditionnelle ou progression accompagnée en chute, à vous de choisir. Pour les plus aguerris, voltige, vol relatif, précision d'atterrissage, voile contact, free-fly, free-style et sky-surf. Moyens techniques importants (salle de pliage, matériel école, 2 avions), hébergement sur place (camping et dortoirs), restauration et nombreuses activités de détente. Agréé par la Fédération française de parachutisme et le ministère de la Jeunesse et des Sports. ***Bouloc*** *(8km au nord de Lauzerte) Tél. 05 63 95 39 46 www.bouloc-skydive.com Ouvert début mars-fin nov. : tlj. ; déc.-fév. : ouverture variable, consulter le secrétariat*

CARNET D'ADRESSES

Restauration, hébergement

camping

Camping Lauzerte Agréablement situé près d'un plan d'eau de pêche aménagé sur la Barguelonne, ce camping 2 étoiles propose un large choix d'hébergements : yourtes, tentes, camping-cars, caravanes. Adulte 4,80-5,60€, enfant 2,90-3,60€, emplacement 4,80€, camping-car 8€. Location à la nuitée de yourtes (4-5 pers.) de 65 à 75€. Piscine et minigolf. ***Lauzerte*** *Tél. 05 63 94 75 60 ou 06 67 31 20 19 (après 16h) www.camping-lauzerte.com Ouvert début avr.-fin oct.*

petits prix

Hôtel du Quercy À l'entrée de Lauzerte, cet hôtel-restaurant réputé pour sa table gastronomique est plus proche d'une pension de famille que d'un hôtel (les amateurs d'ambiance désuète seront ravis). Côté cuisine, vous trouverez toutes les spécialités du terroir, dont le tourain à l'ail, la tourte de canard au foie gras, ou, en saison, la pressée de sanglier au muscat, le faisan braisé ou encore la pintade aux girolles. Les végétariens pourront opter pour un menu "tout légumes". Comptez 20-25€ à la carte. La formule déjeuner à 11€ fait l'unanimité et comprend potage, hors-d'œuvre et plat du jour. Neuf chambres, assez étroites mais impeccables, de 42 à 60€ (demi-pension 60€/1 pers., 74€/2 pers). Demandez celles qui donnent sur les toits de la vieille ville. Animaux admis (5€). Accueil et service d'une courtoisie exemplaire. Une valeur sûre. *Faubourg d'Auriac* ***Lauzerte*** *Tél. 05 63 94 66 36 www.hotel-du-quercy.fr Ouvert mar.-dim. Fermé dim. soir et lun. ; fermé durant les vacances de Toussaint et de février*

prix moyens

Moulin de Tauran À la sortie de Lauzerte, au bord de la rivière, Joséphine Chambon vous accueille dans une grange en pierre du moulin de Tauran au sein de laquelle elle a aménagé 3 chambres d'hôtes dont 2 suites parentales, confortables et à la décoration soignée, toutes munies de sanitaires privés. Salon commun, piscine, jardin, pêche (rivière toute proche), terrain arboré et fleuri, grand calme. Comptez 55€/2 pers., 120€/3 pers. Table d'hôtes sur réservation avec menu gastronomique à 28€. *Moulin de Tauran Graulat* ***Lauzerte*** *Tél. 05 63 94 60 68 ou 06 87 91 83 42 www.moulintauran.free.fr Ouvert début avr.-mi-oct. : tlj.*

☺ **Auberge paysanne du Canabal** Michel Tressens a opté pour l'agriculture biologique et a aménagé une auberge paysanne dans la grange familiale, avant de transformer le pigeonnier et les dépendances en gîte (4-6 pers.), modulable en chambres d'hôtes. L'accent est mis sur les matières naturelles : bois, pierre, enduits à la chaux, terre cuite. De la terrasse ombragée, vue magnifique sur la vallée. Côté fourneaux, légumes anciens ou agneau fermier du causse, tout est bien sûr bio. Le potage bicolore (orties et potimaron) est délicieux ; petits légumes croquants, chaillotes ou purée de lentilles corail accompagnent le carré d'agneau. Goûtez au cabécou fermier, servi avec de la confiture de chasselas maison. Belle carte de vins biologiques, excellent apéritif à base de sirop de sureau et de vin rouge. Menu 26€ (menus végétariens à la demande). Soirée cabaret (repas et spectacle) le vendredi soir sur réservation. Chambres d'hôtes 2 pers. 70-85€, petit déjeuner inclus. Une excellente adresse. *Lagarde Haute Saint-Urcisse **Tréjouls** (à 5km de Lauzerte) D54 en dir. de Saint-Laurent-Lolmie Tél. 05 63 95 70 83 www.canabal.fr Table d'hôtes ouverte jeu.-sam., dim. midi, uniquement sur réservation*

Ferme-auberge de Lasbourdettes Cette belle bâtisse en pierre témoigne d'une douceur de vivre que ne démentent pas les 2 chambres d'hôtes (52€, petit déjeuner inclus) qu'Arlette Decaunes a aménagées avec le plus grand soin. La première, "Hortensia", comprend un lit double, la seconde, "Géranium", deux lits simples ; toutes deux sont munies d'un accès indépendant, d'une salle d'eau, de WC privatifs et d'un coin salon. Aucune prétention n'est de mise dans cette ferme-auberge traditionnelle où la cuisine est simple mais savoureuse, concoctée avec des produits frais et de qualité, tous issus de la ferme. Menus de 19 à 34€ (avec foie gras et confit d'oie). Repas sur réservation uniquement. Gîte rural 2-3 pers. 420€/sem. en haute saison. *Mme Arlette Decaunes Le Bugat **Bourg-de-Visa** (18km à l'ouest de Lauzerte) Tél. 05 63 94 26 75 ou 06 75 34 62 62 www.gite-lasbourdettes.com Restauration ouverte mer.-lun. Réservation obligatoire Fermé à Noël et à la Toussaint*

★ MOISSAC

82200

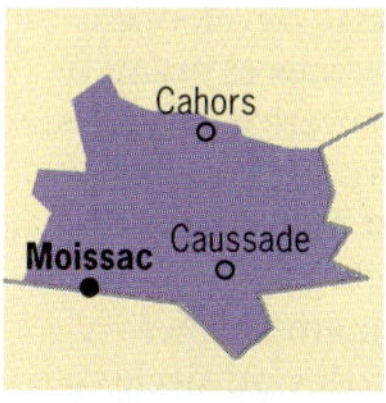

À l'origine modeste bourg d'une commune rurale qui se développe dans la vallée du Tarn et sur les coteaux où mûrit le raisin chasselas, Moissac, Ville d'art et d'histoire et étape majeure sur le chemin de Saint-Jacques-de-Compostelle, est connue dans le monde entier pour son extraordinaire abbaye bénédictine. Celle-ci a conservé intacts son cloître historié et son tympan magistral, tous deux classés sur la liste du patrimoine mondial de l'Unesco. Si, de nos jours, le visiteur doit se contenter d'imaginer les portes et les murs fortifiés, l'hôtellerie ou l'aumônerie où l'on distribuait "le pain blanc et le bon vin", il reste ébloui devant ces deux chefs-d'œuvre de l'art roman.

Non loin du confluent du Tarn et de la Garonne, le fameux pont-canal de Cacor, ouvrage aussi singulier que colossal, n'en finit pas d'étonner le promeneur qui flâne sur les berges du Tarn au printemps, lorsque pruniers et abricotiers en fleur rivalisent d'éclat. Enfoncez-vous dans les ruelles derrière l'abbaye et découvrez une étonnante architecture Art déco, témoin de la reconstruction de quartiers entiers à la suite des inondations dramatiques de 1930. Celle-ci a façonné un nouveau paysage urbain, en rupture avec l'habitat local traditionnel.

LA FONDATION DE L'ABBAYE Si la légende attribue la fondation de l'abbaye au roi Clovis II (635-657), les historiens s'accordent aujourd'hui à la faire remonter à l'épiscopat de saint Didier de Cahors (630-635). Au VIIe siècle, la ville présente une occupation double : d'une part l'abbaye, installée à l'entrée du val du Brésiou, d'autre part l'oratoire dédié à saint Martin, élevé sur l'emplacement de l'édifice gallo-romain à hypocauste. Au bourg ceinturant l'abbaye s'ajoutent des quartiers peu bâtis qui relient la cité au port, protégé par une seconde ligne de fortifications laissant hors les murs l'église Saint-Martin. Pillée en 721 et 732 par les troupes musulmanes, l'église abbatiale est victime des invasions sarrasines, normandes et hongroises. L'histoire de Moissac se confond avec celle de Toulouse dès le XIIIe siècle : la ville résiste au siège de Simon de Montfort avant de capituler le 8 septembre 1212. Placée sous l'autorité du comte de Toulouse en sa qualité de comte de Quercy, Moissac entre dès 1271 dans le domaine royal et dépend de la généralité de Guyenne.

UNE VILLE CATHOLIQUE Sa position stratégique aux portes de l'Aquitaine en fait l'objet de toutes les convoitises au cours de la guerre de Cent Ans : le traité de Brétigny (1360) place le Quercy sous domination anglaise. Décimée par la peste de 1348, la cité subit les exactions des Grandes Compagnies jusqu'en 1383. Épargnée par les guerres de Religion, la ville intra-muros, restée catholique, donne refuge au sénéchal à partir de 1562, alors que Montauban devient capitale protestante. Bien accueillis par les religieux de Saint-Pierre, les Récollets s'établissent à Moissac au début du XVIIe siècle.

ESSOR DU COMMERCE FLUVIAL À partir de 1764, la libéralisation du commerce des grains permet l'essor de la bourgade, qui mettra à profit la navigation sur le Tarn, la Garonne et l'Aveyron. Moissac développe alors une importante industrie minotière, acheminant farines et grains à Bordeaux, où ils constitueront une part des exportations vers les Antilles. À cette vitalité économique correspond la transformation des quartiers bordant le Tarn. À côté du port où résident capitaines et matelots, le quartier du Pipier voit la construction de véritables hôtels particuliers. Parallèlement, des promenades plantées d'ormeaux sont aménagées sur les fossés de la ville et les berges du Tarn, reflet des idées du siècle des Lumières en matière d'urbanisme. La première moitié du XIXe siècle voit le déclin du commerce avec les colonies et la ville connaît un net recul démographique. Le creusement du canal latéral à la Garonne est décidé en 1838 et sa construction achevée en 1847. Ancien port de commerce, la ville n'accueille plus aujourd'hui que des bateaux de plaisance. Le chemin de fer contribuera largement au développement de la culture du chasselas en facilitant sa distribution.

DE CLUNY À LA RÉVOLUTION Incontestablement à l'origine de la ville, l'abbaye s'élève au cœur d'une plaine fertile, au bord du Tarn. L'affaiblissement du pouvoir royal au XIe siècle met l'établissement religieux en danger : ce dernier passe alors sous l'autorité d'un abbé-chevalier, censé assurer sa protection. L'édifice connaîtra des fortunes diverses (effondrement de sa voûte en 1030, incendie en 1042) jusqu'à son affiliation à l'ordre de Cluny en 1047, sur la demande du comte de Toulouse et de l'évêque de Cahors. Dès 1048, Durand de Bredons, proche de l'abbé de Cluny Odilon, devient abbé de Moissac. Le renouveau spirituel se traduit bientôt par un ambitieux programme architectural : une nouvelle église est consacrée dès 1063, tandis que le cloître est achevé en 1100. Cette période de prospérité, qui dure jusqu'au XIVe siècle, sera marquée par la reconstruction des bâtiments conventuels mise en œuvre par Bertrand de Montaigu (1260-1295). En 1466, Moissac se sépare de Cluny ; en 1626, sa sécularisation transforme l'abbatiale en collégiale. La Révolution entérine sa disparition et les bâtiments sont vendus comme biens nationaux. Dès 1840, Prosper Mérimée la classe monument historique : elle est enfin reconnue comme un haut lieu de l'art roman.

MODE D'EMPLOI

accès

EN VOITURE

Moissac est située à 31km de Montauban, 42km de Caussade, 43km d'Agen, 60km de Cahors.

EN TRAIN

Ligne Toulouse-Bordeaux.
Gare SNCF *Av. Pierre-Chabrié Tél. 36 35 www.sncf.com*

orientation

Située aux confins du Bas-Quercy, la ville s'est établie au bord du Tarn, à 3km en amont de sa confluence avec la Garonne. Elle occupe une étroite bande de terre en forme de triangle ouvert à l'est, limitée au sud par la rivière et adossée au nord à des coteaux, au pied desquels se dresse l'abbaye.

informations touristiques

Office de tourisme Excellent accueil, conseils avisés. Les billets pour la visite du cloître se prennent à l'office de tourisme. Nous vous recommandons vivement la visite de l'abbaye, commentée par des guides passionnants agréés par le ministère de la Culture (horaires variables, demandez à l'accueil). Sur place, plusieurs ouvrages, fort bien documentés, sur le patrimoine de Moissac. En saison, l'office organise, tous les mercredis à 19h (3€) une visite-apéritif sur le thème des années 1930, à la découverte de l'architecture le long du Tarn ou du monastère ; tous les mercredis à 21h, visite nocturne du cloître et mise en couleur du tympan de l'Abbaye (3€). *6, pl. Durand-de-Bredon Tél. 05 63 04 01 85 www.tourisme.moissac.fr Ouvert avr.-juin : lun.-sam. 9h-12h et 14h-18h,* *dim. et j. fér. 10h-12h et 14h-18h ; juil.-août : tlj. 9h-19h ; sept. : lun.-sam. 9h-18h, dim. 10h-18h ; oct. : tlj. 9h-12h et 14h-18h ; nov.-mars : lun.-sam. 10h-12h et 14h-17h, dim. et j. fér. 14h-17h*

marchés

Marché de pays de Moissac *Place des Récollets Sam.-dim. mat.*
Marché de Lafrançaise *Mer. et dim. mat.*
Marché de Valence *Mar. et sam. mat.*
Marché au gras de Valence *Nov.-début mars : mar.*

DÉCOUVRIR

☆ **Les essentiels** Le tympan du portail, l'église et le cloître de l'abbaye Saint-Pierre de Moissac **Découvrir autrement** Flânez dans le village médiéval de Montjoi, détendez-vous en famille dans la Vallée des loisirs à Lafrançaise

Moissac

☆ Abbaye Saint-Pierre

À l'origine, l'enceinte du monastère se confond au nord et à l'ouest avec le mur fortifié de l'agglomération ; l'église en marque la limite sud, son portail ouvrant sur ce qui était vraisemblablement la principale rue de la cité. À l'est, le logis abbatial a été en grande partie reconstruit au XVIIe siècle. Le site a malheureusement été coupé en deux par l'installation de la voie ferrée en 1845, entraînant la démolition du réfectoire, épargnant le cloître de justesse. Ce dernier s'adosse au flanc nord de l'église, flanqué des principaux bâtiments conventuels, aujourd'hui disparus.

☆ **Tympan du portail** Comment ne pas être subjugué par ce chef-d'œuvre (1150), sans conteste l'un des exemples les plus achevés du portail historié, l'une des grandes créations de l'art roman ? "J'eus ensuite une vision. Une porte était ouverte au ciel" : le programme iconographique du tympan est directement inspiré du texte de l'Apocalypse de Jean. Autour du Christ en majesté et du Jugement dernier sont représentés l'Ancienne et la Nouvelle loi, l'Incarnation du Sauveur et le sort réservé au juste comme au pécheur. Le Christ en gloire trône dans une immobilité majestueuse, tenant dans une main le Livre saint et bénissant, de l'autre, les fidèles. Il se tient au centre des deux couronnes que forment les vivants et les anges puis les 24 vieillards, qui, portant une viole et une coupelle remplie de parfum, tournent et lèvent la tête vers le Christ, scellant ainsi une unité absolue. La suite magistrale de grandes rosaces qui se développe sur tout le linteau accentue encore le caractère surnaturel de l'apparition du Christ ; les parties basses du portail évoquent l'Incarnation du Sauveur et la promesse du Jugement. Les deux premiers registres, à gauche de l'embrasure, sous les arcades, illustrent les thèmes de l'avarice et de la luxure ; sur le bandeau supérieur, ceux de la parabole de Lazare et du mauvais riche.

Clocher-porche Au cœur du procès qui opposa jadis l'abbé régulier Roger (1115-1135) à l'abbé-chevalier Bertrand de Montanès, la construction du clocher-porche devint le symbole de l'indépendance et de la puissance spirituelle, économique et politique de l'abbaye. Les créneaux armant la tour-porche lui confèrent une allure fortifiée (crénelage restauré par Viollet-le-Duc vers 1850).

☆ **Église** Ses abords, convertis en zone piétonnière, ont été creusés sur près d'un mètre et couverts de pavés de porphyre, tandis que les fouilles pratiquées sous le porche ont permis de mettre au jour les emmarchements romans. Si l'église visible aujourd'hui remonte aux XIIIe et XVe siècles, son portail et son porche datent de l'église précédente. Plusieurs édifices se sont en effet succédé : tout d'abord une église carolingienne, puis une première église romane consacrée en 1063 et enfin une seconde, romane également, élevée à la fin du XIIe siècle. L'abbé Aymeric de Roquemaurel (1431-1449) la fit reconstruire dans le nouveau style gothique, ainsi que les trois premières travées orientales de la nef, qui ne seront achevées que sous les abbatiats de Pierre et Antoine de Carmaing (1449-1501), dont les armes timbrent les clés de voûte des travées occidentales. La **nef gothique** méridionale, très lumineuse, découvre un vaisseau unique qui s'achève sur une abside polygonale de même largeur. Le **décor peint**, exclusivement composé de motifs géométriques aux teintes claires et chaudes, renforce l'unité de l'ensemble (il s'agit de la reconstitution fidèle du décor d'origine). Le retable et la clôture du chœur, de style Renaissance, remontent au XVIe siècle. Remarquez le beau Christ roman en bois polychrome (XIIIe s.) dont les branches de la croix évoquent l'arbre de vie. Les historiens l'attribuent à l'atelier du maître qui a sculpté le portail dans les années 1115-1130. Plus tardive, une Vierge de Pitié (XVe s.) encadrée de saint Jean et de Marie-Madeleine, au visage empreint de tristesse (notez la beauté et la finesse d'exécution des drapés). Mais sans doute la **Mise au tombeau** (XVe s.), véritable spectacle vivant, est-elle le chef-d'œuvre du mobilier de l'église. Le visiteur ne peut qu'être ému devant les sept personnages, grandeur nature, procédant à l'ensevelissement du corps du Christ. Enfin, le groupe en bois polychrome de *La Fuite en Égypte*, formé d'une Vierge à l'Enfant montée sur un petit âne (fin XVe s.), accompagnée d'un saint Joseph (remanié au XVIIe s.), dénote cette grâce un peu maniériste caractéristique de la fin du Moyen Âge. La chapelle du Saint-Sacrement recèle une petite Pietà du XVe siècle ainsi qu'un vitrail de Marc Chagall. *Ouvert tlj. 8h-20h Accès libre*

PAR-DESSUS LES TOITS
Grimpez la côte Saint-Laurent (derrière l'abbaye) qui vous conduira le long de la sente du Calvaire jusqu'au carmel, puis au point de vue de la Vierge d'où vous bénéficierez d'un magnifique panorama sur les vieux toits de la ville, le Tarn et le canal latéral à la Garonne. Par temps clair, la vue s'étend sur la Gascogne et porte jusqu'aux Pyrénées.

☆ **Cloître roman** C'est le plus ancien cloître historié conservé en France. Sur les **76 chapiteaux** que comportent les quatre galeries, 46 illustrent des thèmes tirés des Écritures ou des Évangiles. Sur le pilier central de la galerie occidentale, une inscription rappelle que le cloître, érigé sous l'abbatiat d'Anquistil (1085-1115), a été achevé en 1110. Les arcades des galeries qui entourent le préau

(31m x 27m), presque carré, où s'élève un magnifique cèdre, font alterner colonnes simples et géminées. Bases, colonnes et chapiteaux datent de la fin du XIe siècle, mais ont été remontés entre 1260 et 1295, sous l'abbatiat de Bertrand de Montaigu. Les **arcades gothiques**, en brique, épousent un arc brisé, et les jours carrés qui percent les écoinçons allègent encore leurs arcatures. Remarquez la forme en pyramide inversée, très évasée, des chapiteaux, particulièrement accentuée pour les plus simples d'entre eux. Les décors végétaux dominent et présentent tantôt des feuilles d'acanthe très découpées, tantôt des réseaux couvrants de rinceaux qui se superposent à l'épannelage sans l'altérer. La perfection de la sculpture apparaît déjà dans les tailloirs comme dans les chapiteaux. Les corbeilles mêlent souvent végétaux et animaux, mais aigles et lions affrontés sont traités pour eux-mêmes à plusieurs reprises. La nécessité d'offrir aux moines des sujets de méditation à portée de regard explique vraisemblablement la multiplication des décors historiés dans les galeries du cloître. En effet, 11 chapiteaux empruntent aux thèmes tirés de l'Ancien Testament, réinterprété à la lumière de l'Évangile ; le Sacrifice d'Abraham (n°1) et la Chute d'Adam et Ève (n°42) sont particulièrement remarquables. Trois autres sont consacrés à saint Pierre et quatre à la Vision de saint Jean. De forts piliers parallélépipédiques de marbre gris marquent les quatre angles et le milieu des galeries. Leurs grands reliefs comptent parmi les plus belles réalisations de l'art roman. À la Révolution, les soldats qui campent dans le cloître martèlent les têtes des saints personnages des chapiteaux, tandis que leurs chevaux brisent les briques vernissées au sol à grands coups de sabots ferrés… Avant de quitter le cloître, n'hésitez pas à franchir la petite porte ouverte dans l'angle sud-ouest, vous pourrez accéder au très bel escalier en vis qui conduit à la salle haute du clocher-porche et à ses courtines crénelées. *Visite libre : mêmes horaires que l'OT Visites guidées juil.-août : dim. à 14h30, le reste de l'année se renseigner à l'OT Tarif 5€ (visite libre), réduit 3,50€, visite guidée + 2,50€*

Musée Marguerite-Vidal Aménagé dans le logis abbatial, ce musée d'art et traditions populaires réunit principalement des collections de meubles et d'objets du Bas-Quercy à vocation ethnographique : très fidèle reconstitution d'une cuisine paysanne du XIXe siècle, commodes, armoires et coffre à linge des XVIIe et XVIIIe siècles, belles pièces de faïence d'Auvillar, nombreuses coiffes… Également pièces de ferronnerie, poteries ou bien encore outils anciens. Remarquez l'ensemble de jouets, en particulier les cuisines et leur vaisselle, tout à fait charmant. La tour qui abrite le logis (XVIIe s.) a été édifiée sur une chapelle du XIe siècle, dont la voûte a conservé des vestiges d'une peinture exécutée vers 1200. *1, rue de l'Abbaye Tél. 05 63 04 03 08 Ouvert juil.-août : tlj. 10h-13h et 14h-18h ; sept. : 14h-18h ; avr.-juin : tlj. 14h-18h Actuellement fermé pour travaux, réouverture prévue au printemps 2014*

Vieille ville

Très peu de demeures antérieures à la fin du Moyen Âge nous sont parvenues, et rares sont les témoignages des XVIe et XVIIe siècles encore visibles. La prospérité que connaît la ville entre 1750 et 1810 contribue au renouvellement du bâti, tandis que percements et alignements en modifient considérablement la physionomie. Des maisons à pans de bois longent les ruelles étroites qui bordent les remparts. Nobles demeures et hôtels particuliers ponctuent les rues Malaveille et Saint-Jacques ; au n°41 de la rue Guilleran, remarquez les moulures des sablières et des encadrements de fenêtres : les consoles placées sous les appuis caractérisent ces maisons en pans de bois, remaniées à maintes reprises. Sans doute l'enrichissement des minotiers à partir de 1750 est-il à l'origine de bâtisses d'importance, à vocation tant commerciale que domestique, dans les faubourgs de la ville. Aux balconnets de ferronnerie, dont l'emploi se généralise à la même époque, répondent les menuiseries chantournées des fenêtres, tandis que cordons horizontaux et bandes verticales dessinent sur l'enduit un quadrillage serré, selon un schéma de composition caractéristique du Bas-Quercy.

● Où acheter de la confiture de chasselas ?

Maison Mécoën Idéale pour accompagner le foie gras, la confiture de chasselas épépinée de Mécoën est une pure merveille ! Élaborée de façon artisanale, elle se déguste aussi à la cuillère, tout simplement. *17, rue Jean-Moural Tél. 05 63 04 08 13*

● Où boire un verre, manger une glace ?

Le Florentin Vous n'aurez aucun mal à trouver ce salon de thé-glacier, et pour cause : les tables du Florentin font face à l'auguste portail de l'abbaye. Pêche blanche, fraise de Dordogne, armagnac-pruneaux, mûre mais aussi lait fermier, miel de châtaignier, le choix est vaste ! À moins que, en saison, vous ne préfériez un verre de jus de chasselas ou de muscat fraîchement pressé... Toutes les glaces, succulentes, sont élaborées à partir d'ingrédients naturels. À essayer absolument. Comptez 4-5,50€ le cocktail de jus de fruits, de 2,70 à 6,50€ la glace ou le sorbet. Cette enseigne propose également des menus gastronomiques 17-23€. *8, pl. Roger-Delthil Tél. 05 63 04 19 18 Ouvert tlj.*

☺ Flâner le long des berges du Tarn

Démarrez votre balade du **port de plaisance** de Moissac, le long du canal latéral à la Garonne, en vous dirigeant vers l'est. Vous apercevrez à droite l'**ancien moulin** (XVe s.) posé sur le Tarn, et l'important hôtel des minotiers (XVIIIe s.), avant de poursuivre votre promenade sur les berges du canal ; là, se dresse le **kiosque de l'uvarium**, destiné aux cures de jus de raisin, très en vogue dans les années 1930. Remarquez les fresques de Domergue-Laguarde (1933) célébrant les précieux grains de chasselas. Un peu plus loin, découvrez l'**écluse du Cacor** puis traversez le Tarn sur l'étonnant **pont-canal** édifié en 1845 par Pierre Gausserand afin de supporter le canal de la Garonne. Vous apercevez en amont le **pont Saint-Jacques**, fameux pont tournant. Revenez vers l'ouest en longeant la rivière : votre flânerie vous conduira à l'**île de Beaucaire**, réserve ornithologique. Pour regagner la ville, franchissez le pont Napoléon, promis par Napoléon Ier, achevé sous Charles X et baptisé par Napoléon III.

● Visiter une exploitation fruitière La réputation de la qualité du chasselas AOC, bien entendu, mais aussi du melon du Quercy, de la reine-claude, de la cerise de Moissac label rouge… n'est plus à faire dans cette région qui constitue le premier bassin de production fruitier de la région Midi-Pyrénées. Un véritable pays de cocagne ! L'office de tourisme organise la visite d'une exploitation arboricole familiale, d'une usine d'emballage, mais aussi d'une station de conditionnement et d'expédition des fruits. *Renseignements et programme à l'office de tourisme de Moissac Visites mi-juin-mi-sept.*

● Faire du ski nautique sur le Tarn

Groupe motonautique moissagais Pour faire votre baptême de ski nautique ou vous exercer, tout simplement… *660, route du Cacor Tél. 05 63 04 37 44 ou 06 99 77 48 70 www.moissac-skinautique.com Ouvert mi-juin-mi-sept. : tlj. 10h-12h et 14h-19h*

Les environs de Moissac

Château de Brassac Classée monument historique, cette imposante forteresse militaire, construite et modifiée par étapes successives entre le XIIe et le XVIe siècle aux confins du Quercy et de l'Agenais, a été bâtie sur une motte féodale. Cette dernière a supporté un premier bourg castral et des fortifications villageoises. Le comte de Toulouse Raymond V rachète le château en 1180, ainsi qu'une partie de la seigneurie de Brassac, à Raymond de Planels ; il y installe une garnison et édifie une vaste enceinte en pierre. Simon de Montfort et ses croisés mettent le Quercy à feu et à sang, et Brassac passe sous la tutelle de l'évêque de Cahors en 1235. En 1249, le comté de Toulouse échoit à Alphonse de Poitiers, qui revendique son autorité sur Brassac. Le château connaîtra son lot de vicissitudes tout au long des conflits qui enflammeront la région pendant plusieurs siècles jusqu'à la Révolution, au cours de laquelle il sera gravement endommagé (cours et courtines arasées, intérieur ravagé par un incendie), pour être finalement restauré au XIXe siècle. Bâti en aplomb de la colline, l'édifice se divise en deux parties : la **partie haute**, formant l'un des murs d'enceinte, comprend le logis seigneurial (ne se visite pas), construit au début du XIVe siècle sur l'emplacement du castrum d'origine. Ce n'est qu'au XVe siècle qu'ont été percées les fenêtres, époque à laquelle on a également ajouté la tour polygonale renfermant l'escalier à vis qui dessert les étages. Pour accéder à la cour et au logis, vous devrez emprunter le pont en pierre qui enjambe l'ancien fossé. La forteresse, édifiée au XVe siècle et largement remaniée au XVIe, constitue l'essentiel de la **partie basse**. Bien qu'arasées, tours et courtines forment un ensemble imposant de plus de 10m de hauteur, avec des murs de 2 à 3m d'épaisseur appareillés en gros blocs de pierre blanche. Les meurtrières et les canonnières sont caractéristiques de l'architecture défensive du XVIe siècle. Les trois salles de garde, conçues pour un usage exclusivement militaire, se situent sous la cour. Disposées sur deux niveaux, elles communiquent entre elles et avec les deux tours qui les encadrent. Plus aucun aménagement intérieur ne subsiste, à l'exception des cheminées et des latrines encastrées dans les murs. ***Brassac** (18km au nord-ouest de Moissac)*

Tél. 05 63 94 59 67 Ouvert juil.-août : mar.-dim. 10h-18h ; sept. : mar.-dim. 14h-18h ; mai-juin : mar.-dim. 14h-18h Hors saison, visite possible sur rdv Tarif 4€, réduit 2€

Castelsagrat Postée sur l'ancienne voie romaine, cette bastide de type aquitain a été fondée en 1270 par Alphonse de Poitiers. Construite sur un plan régulier, elle s'organise autour d'une place carrée bordée de couverts datant des XIIIe et XIVe siècles. Sur la place, un puits monumental remonterait à l'époque romaine, tandis que de belles maisons à pans de bois, d'époque médiévale, s'alignent dans les ruelles alentour. L'église (XIVe s.), endommagée à plusieurs reprises au cours des conflits qui ont ravagé la région, conserve un retable baroque (classé monument historique), provenant de la collégiale Saint-Raymond de Toulouse. L'édifice, de style gothique méridional, abrite une nef unique bordée de six chapelles latérales et terminée par un chevet plat. Le clocher barlong couronné d'un pignon triangulaire et le portail (XIVe s.) retiennent l'attention. *17km au nord-ouest de Moissac*

☺ **Montjoi** Le temps semble s'être arrêté dans ce village haut perché aux allures de forteresse : cette petite cité de caractère enserrée dans ses remparts a conservé intactes ses belles demeures à colombages et en encorbellement qui se profilent vers la place et son puits, alignées le long de la grand-rue du village. L'ancienne bastide a, pour le plus grand bonheur des visiteurs, échappé aux marchands du temple, et c'est en toute quiétude, loin des vendeurs d'articles de bazar en tout genre, que vous pourrez arpenter ses ruelles médiévales. Promenez-vous le long du chemin de ronde (il a été paysagé et aménagé avec goût) et admirez le point de vue sur la vallée. De nuit, lorsque l'église et les remparts sont illuminés, le spectacle est tout simplement féerique. Profitez-en pour explorer les environs, la campagne, miraculeusement préservée, semble tout droit sortie d'un tableau de Corot. Les enclos s'organisent autour de beaux bâtiments de ferme munis de toitures à quatre pans couvertes de tuiles canal. *22km au nord-ouest de Moissac*

Pont-cascade de Pontalaman Vestige de l'histoire des moulins en Quercy, ce pont-cascade (XIe s.) tout en brique baigne les eaux du Lemboulas. Son origine remonte probablement à l'époque gallo-romaine. *17km à l'est de Moissac*

Abbaye de Francour Les historiens datent l'origine de cette abbaye aux alentours de 1154. Fondée par des membres de l'ordre de Grandmont, Francour fut vendue comme bien national à la Révolution. Hormis la tour-clocher, seuls subsistent l'église, la salle capitulaire, la salle des archives et le dortoir de l'ensemble abbatial. *20km à l'est de Moissac Pas de visite organisée mais possibilité de découvrir les restes des bâtiments*

Église de Rouzet Anciennement dénommée Saint-Saturnin-de-Francou, édifiée au XIVe siècle, ravagée pendant la guerre de Cent Ans, puis restaurée au XVIIe siècle, l'église conserve un superbe clocher-tour octogonal à deux niveaux couronné d'une flèche à huit pans (classé monument historique). Son porche abrite un remarquable portail en plein cintre (XVIIe s.). Belle croix processionnelle en cuivre (XVIe s.). *22km à l'est de Moissac*

Lafrançaise

Perchée au-dessus du confluent du Tarn et de l'Aveyron, cette bastide offre un point de vue d'exception : le regard embrasse toute la plaine jusqu'à la Garonne et, par temps clair, jusqu'aux Pyrénées. La brique domine l'architecture de Lafrançaise, d'influence nettement toulousaine. En flânant dans les ruelles de la vieille ville, remarquez l'**église Saint-Georges**, consacrée au XVe siècle ; gravement endommagée par les guerres de Religion, elle a été rebâtie au XVIIe siècle et agrandie vers 1880 dans un style néogothique (chœur à cinq pans et nef à dix travées, superbes vitraux). La mairie occupe une ancienne halle du XVIIIe siècle, dont on peut encore admirer les arcades, les escaliers semi-circulaires et le balcon en pierre. Juste à droite, le presbytère (XVIIIe-XIXe s.), dont le rez-de-chaussée a été surélevé, comporte de beaux œils-de-bœuf. La demeure qui lui fait face (fin XVIIIe s.) a conservé d'intéressantes fenêtres en arc surbaissé et sa porte (arc en plein cintre) est toujours munie d'un marteau en fer forgé. **Rue Louis-Pernon**, ferronneries ouvragées, rosaces, portes anciennes, solives en brique ou en pierre sculptée rythment la plupart des façades. Place Rémy-Cornet, remarquez le bâtiment doté d'une façade caractéristique des constructions en brique de la région. Érigées à la fin du XIXe siècle en mémoire de la famille de Parazols, vingt-sept tombes en forme de pyramide tout à fait singulières,

Le Quercy en amoureux

Restauration

La Dînée du Viguier (Figeac) — 285
Jehan de Valon (Rocamadour) — 325
Au fil des douceurs (Cahors) — 359
Hostellerie Clau del Loup (Anglars-Juillac) — 373
La Corniche (Saint-Antonin-Noble-Val) — 402
Auberge paysanne du Canabal (Tréjouls) — 419
Ferme-auberge de Lacassagne (Vazerac) — 430

Hébergement

Chambres d'hôtes du château de Saint-Cirq-Lapopie — 301
Hôtel Le Saint-Cirq (Tour-de-Faure) — 301
Chambre d'hôtes CdeC (Sauliac-sur-Célé) — 306
Le Domaine de La Rhue (Rocamadour) — 326
Hôtel Bellevue (Puy-l'Evêque) — 374
Chambres d'hôtes Four (Montcuq) — 378
Chambres d'hôtes La Maison du Pagès (Caylus) — 403
Chambres d'hôtes Les Granges Tourondel (Bruniquel) — 403
Chambres d'hôtes La Résidence (Saint-Antonin-Noble-Val) — 403

Sites de balades

Figeac — 276
Causse de Gréalou — 292
Saint-Cirq-Lapopie — 295
Moulin du Saut (Gramat) — 319
Jardins secrets de Cahors — 352
Pont Valentré (Cahors) — 354
Saint-Antonin-Noble-Val — 395
Montpezat-de-Quercy — 410
Montjoi — 427

chacune surmontée d'une croix en fer ou en pierre, s'alignent dans le cimetière de la ville. Flânez **place de la Promenade**, c'est là, à l'ombre de ses marronniers, que se tient le marché, chaque mercredi et dimanche matin. Empruntez le chemin dit du Cantarel, vous passerez devant une fontaine de forme octogonale, tout en brique. Dans les environs, vous pourrez faire de belles balades dans la forêt des Mothes qui tapisse les premiers coteaux au-dessus de la plaine du Tarn. Au loin, on distingue les ruines du château des Mothes, berceau des seigneurs de Lafrançaise. *17km à l'est de Moissac*

Chapelle Notre-Dame de Lapeyrouse Cette ancienne chapelle vicariale, de style romano-byzantin, bâtie en brique au XIe siècle, reconstruite au XVIIe siècle et remaniée en 1877, se dresse sur l'emplacement dit de la "pierre druidique", ancien lieu de culte païen remontant à l'époque gallo-romaine. Nef, coupole, tambour, fenêtres et arcades attestent une architecture extrêmement ouvragée. *1km au nord-ouest de Lafrançaise Ouvert juil.-août : dim. 15h-18h30 Pour les visites hors horaires, contacter le 05 63 65 82 31 ou le 05 63 65 46 71*

Se détendre au bord de l'eau

Vallée des loisirs Aménagée dans une zone naturelle protégée, la Vallée des loisirs, en grande partie arborée, s'étend sur plus de 20ha. Vos chères têtes blondes ne risquent pas de s'y ennuyer une minute tant sont nombreuses les activités proposées : piscine, tennis, volley, pédalos, jeux pour enfants, lac de pêche... ***Lafrançaise*** *Tél. 05 63 26 48 48 Ouvert mi-juin-mi-sept. : tlj. 6h-22h30*

Valence-d'Agen

Aux confins de l'Agenais, cette bastide anglaise fondée par Édouard Ier en 1283 est bordée par le canal des Deux-Mers, très fréquenté par les bateaux de tourisme. La vie de la petite cité est rythmée par les marchés du mardi et du samedi matin et, de novembre à février, par le marché au gras et à la volaille qui se tient sous sa halle. Parmi les curiosités touristiques, remarquez les trois magnifiques **lavoirs** situés derrière l'office de tourisme, entre la rue de la République et le canal. Le plus ancien (fin du XVIIIe s.), celui du Théron, est abrité sous un élégant toit circulaire recouvert de tuiles du pays et a remplacé une ancienne fontaine, car la bastide, située en basse plaine, est entourée de zones humides. Le lavoir Saint-Bernard, de 1807, moins impressionnant, possède néanmoins une belle toiture circulaire, tandis que le lavoir du Pé-de-Gleyze, du XIXe siècle, est de facture plus classique. *18km à l'ouest de Moissac*

Centrale nucléaire de Golfech Sur la route d'Agen, il est difficile de ne pas remarquer les gigantesques cheminées de la centrale coiffées d'un panache de vapeur. Construit en bordure de la Garonne, ce mastodonte fournit depuis 1991 près de 4% de la production d'électricité nationale et la moitié de celle de la région. Tel un phare dans la plaine, il se remarque de loin, notamment des collines du pays d'Albret, ce qui provoque quelques grincements de dents, sans compter les polémiques sur les risques du nucléaire. Hors période de plan Vigipirate, on peut la visiter (sur réservation uniquement). *3,5km à l'ouest de Valence-d'Agen Tél. 05 63 29 39 06*

CARNET D'ADRESSES

Restauration

prix moyens

Restaurant du Moulin de Moissac Vous ne pourrez manquer l'imposante silhouette de cet ancien moulin posé au bord du Tarn, témoin de l'époque où Moissac comptait une importante industrie minotière. À la carte du restaurant, les palais délicats hésiteront entre l'aumônière de chèvre au jambon Serrano et la caille farcie au foie gras, à moins qu'ils ne se laissent tenter par une cassolette de lotte et de coquilles Saint-Jacques, spécialité de la maison. Le filet de bœuf sauce aux truffes, cuit à la perfection, mérite une mention particulière, sans oublier le gratin de chasselas, pays de Moissac oblige. Menu du Moulin (midi) 22,50€, menu minceur 22,50€, menu du terroir 50€, à la carte 29-37€. Agréable terrasse sur le Tarn aux beaux jours. Cet établissement est aussi un hôtel (cf. ci-contre). *Esplanade du Moulin* ***Moissac*** *Dir. centre-ville, à droite après le pont Napoléon Tél. 05 63 32 88 88 www.lemoulindemoissac.com Ouvert lun.-ven. ainsi que sam. soir*

☺ **Ferme-auberge de Lacassagne** En plein Quercy blanc, sur une vingtaine d'hectares, Catherine et Alain Piris élèvent eux-mêmes poulardes, pintades et canards gras qu'ils vous serviront à table, accompagnés de salades, de petits légumes ou de plantes aromatiques issus du jardin potager. Les fromages et les vins ont été soigneusement sélectionnés par leurs soins auprès de producteurs de la région. À la belle saison, attablez-vous en terrasse, sous le chêne tricentenaire, d'où la vue plonge sur la campagne environnante. Si vous vous trouvez dans la région en hiver le dimanche, c'est installé devant un bon feu de cheminée que vous goûterez au foie gras. Menus de 22 à 32€. *Lacassagne* ***Vazerac*** *(4km au nord du village ; 25km au nord-est de Moissac) Tél. 05 63 67 38 04 www.fermedelacassagne.fr Ouvert juil.-août : mar.-mer. et dim. Le mar. midi et soir, mer. et dim. soir uniquement ; sept.-juin : dim. midi*

Hébergement

camping

☺ **Camping de l'île de Bidounet** Installé sur une île du Tarn face à Moissac, à 2km du centre-ville, ce camping 3 étoiles bénéficie d'une situation vraiment exceptionnelle. Vous pourrez accéder librement à l'île de Beaucaire, réserve naturelle sensible (halte pour bateaux entre les deux îles). Miniclub, jeux pour enfants, piscine, bar, pêche, sanitaires avec douches chaudes... En tout, une centaine d'emplacements délimités, ainsi que des bungalows en toile pouvant accueillir jusqu'à 5 personnes. Comptez 18,20€/j. par emplacement pour 2 pers. Cale de

GAMME DE PRIX	RESTAURATION	HÉBERGEMENT
Très petits prix	moins de 15€	moins de 30€
Petits prix	de 15 à 25€	de 30 à 50€
Prix moyens	de 25 à 35€	de 50 à 80€
Prix élevés	de 35 à 50€	de 80 à 125€
Prix très élevés	plus de 50€	plus de 125€

mise à l'eau pour les bateaux. *Saint-Benoît* **Moissac** *Tél. 05 63 32 52 52 www.camping-moissac.com Ouvert début avr.-fin sept.*

très petits prix

☺ **Centre international d'accueil et de séjour du carmel de Moissac**
Construit à flanc de coteau et doté d'un immense jardin en terrasses, surplombant l'abbaye et le bassin du Tarn, d'où par beau temps la vue s'échappe jusqu'aux Pyrénées, ce centre est une bonne surprise. Situé dans l'ancien carmel de Moissac, il s'organise autour du cloître de brique dont il a conservé le charmant jardin arboré. Si l'établissement a pour vocation d'origine l'accueil des pèlerins, les simples randonneurs peuvent y faire étape une nuit ou deux. Le centre dispose d'une capacité d'hébergement de 70 places, en chambres de deux, trois, quatre, six et sept lits. Sur place, vous pourrez accéder à la cuisine équipée, et le petit déj. se prend dans le réfectoire. Comptez de 14,30€ la nuit par pers., petit déjeuner 5,10€, repas 13,10€ ; notez qu'il faut libérer les lieux avant 9h le matin. Cadre et accueil exceptionnels. *Le carmel 5, sente du Calvaire* **Moissac** *Tél. 05 63 04 62 21 www.gitecarmel-moissac.fr Secrétariat ouvert tlj. 9h-12h et 14h-19h*

prix moyens

Hôtel-restaurant du Luxembourg
Petit établissement sympathique et familial, cet hôtel offre un honnête rapport qualité-prix et conviendra pour séjourner une nuit ou deux. Les 12 chambres (57€, petit déj. 7€), décorées de couleurs gaies, bien tenues mais assez étroites pour certaines, souffrent parfois d'une insonorisation insuffisante (la voie de chemin de fer est toute proche). Attention, de nombreux pèlerins font étape ici, et quelques-uns se lèvent vraiment tôt, le bruit des bâtons dans le couloir au petit matin pourrait importuner certains dormeurs. Le restaurant de l'hôtel met à l'honneur la cuisine du terroir. *2, av. Pierre-Chabrié* **Moissac** *Tél. 05 63 04 00 27 www.hoteluxembourg82.com*

prix élevés

☺ **Hôtel du Moulin de Moissac**
Cet hôtel-restaurant 2 étoiles (cf. ci-contre) offre sans doute l'un des meilleurs rapports qualité-prix de la ville. Ancien moulin posé sur le Tarn, transformé en palace dans les années 1930, il fut ensuite laissé à l'abandon avant d'être entièrement rénové. Les 36 chambres, toutes claires et spacieuses, parfaitement insonorisées et climatisées, disposent pour certaines d'un petit balcon donnant sur le Tarn, bien agréable. La vue des chambres ménage de magnifiques échappées sur l'île de Bidounet, juste en face. Comptez de 96 à 180€ pour une chambre double et 13,50€ pour le petit déjeuner. *Esplanade du Moulin* **Moissac** *Sur les berges du Tarn Tél. 05 63 32 88 88 www.lemoulindemoissac.com*

La Baïse à Nérac (p.451), la capitale de l'Albret.

Fabrication de couteaux, à Nontron (p.99), dans le Périgord vert.

GEOREGION

V

436 Agen
445 Layrac
449 Nérac et l'Albret
457 Mézin
460 Laroque-Timbaut
466 Prayssas
468 Penne-d'Agenais
473 Villeneuve-sur-Lot
481 Clairac
484 Aiguillon
486 Monflanquin
492 Castillonnès
496 Marmande
502 Duras

AGENAIS

Périgueux
Bergerac
Sarlat-la-Canéda
Figeac
Cahors
Agen
Moissac
Pellegrue
Sigoulès
D933
D708
Duras
Eymet
Monségur
Lauzun
GIRONDE
La Réole
Miramont-de-Guyenne
D1113
GARONNE
BORDEAUX
A62
D9
Seyches
Marmande
Meilhan-sur-Garonne
Auros
D933
MARMANDAIS
Gontaud-de-Nogaret
Le Mas-d'Agenais
D813
Tonneins
D655
Grignols
Bouglon
D911
Clairac
D666
LOT
Casteljaloux
Damazan
Aiguillon
Port-Ste-Marie
Buzet-sur-Baïse
D930
D8
ALBRET
Vianne
Houeillès
FORÊT DOMANIALE DE CAMPET
D665
Barbaste
Nérac
D656
LOT-ET-GARONNE
BAÏSE
LANDES
Mézin
Francescas
Poudenas
Moncrabeau
Gabarret
D931

Beaumont
BERGERAC, PÉRIGUEUX
N21
Issigéac
Périgord
DORDOGNE
PÉRIGUEUX
D710
D660
Monpazier
Castillonnès
Villeréal
Villefranche-du-Périgord
Sauveterre-la-Lémance
HAUT-AGENAIS
Gavaudun
Monflanquin
Cancon
CAHORS
D911
Fumel
LOT-ET-GARONNE
LOT
Monclar
Villeneuve-sur-Lot
Ste-Livrade-sur-Lot
Tournon-d'Agenais
D656
Castelmoron-sur-Lot
Pujols
Penne-d'Agenais
Montaigu-de-Quercy
Frespech
Prayssas
Laroque-Timbaut
PAYS DE SERRES
Beauville
Bourg-de-Visa
Colayrac-Saint-Cirq
D813
Saint-Maurin
TARN-ET-GARONNE
Agen
Parc Walibi Aquitaine
D21
Puymirol
D953
Bas-Quercy
GARONNE
Aubiac
D931
Layrac
A62
Valence-d'Agen
Moissac
Laplume
BRULHOIS
TARN
Lamontjoie
Auvillar
Saint-Nicolas-de-la-Grave
MONTAUBAN, TOULOUSE
Astaffort
Castelsarrasin
GERS
Miradoux
N
10 km

AGENAIS

AGEN

47000

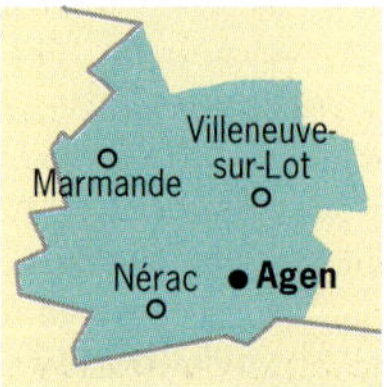

Les vitrines des commerces se chargeront de vous le rappeler : Agen est la capitale du pruneau. Fourré, à l'armagnac, enrobé de chocolat, c'est la vedette incontestée de la ville. Sa notoriété n'a d'égal que celle de l'équipe de rugby locale (SUA), dont chaque victoire et chaque défaite font l'objet de débats passionnés : les Agenais sont intarissables sur le sujet. Mais la préfecture du Lot-et-Garonne possède bien d'autres cordes à son arc. Un cœur historique émaillé de quelques belles maisons en pans de bois, d'hôtels particuliers du XVIIIe siècle et de ruelles bordées d'arcades. Un musée des Beaux-Arts parmi les plus riches du Sud-Ouest. Un pont-canal spectaculaire, des marchés fermiers où règne une joyeuse animation… Une journée chargée vous attend !

UN DESTIN LIÉ À LA GARONNE Le commerce fluvial a longtemps apporté sa prospérité à la ville. Bien qu'elle soit difficile à naviguer, la Garonne était très utilisée pour le transport de marchandises. Ses crues étaient redoutées : l'inondation de 1875, avec une cote de 11,20m, celles de 1930 et 1956, qui ont dépassé 10m, sont ancrées dans la mémoire collective des Agenais. La construction du canal latéral à la Garonne, terminé en 1856, a donné un nouvel élan à la batellerie locale, vite stoppé par la concurrence du train, aux performances plus rapides. Désormais, la ville comme le département misent sur le tourisme fluvial. Les bateaux sillonnent le canal, empruntant le spectaculaire ouvrage d'art qu'est le pont-canal qui enjambe la Garonne.

MODE D'EMPLOI

accès

EN VOITURE

Par l'A62, Agen se situe à 107km de Toulouse et à 132km de Bordeaux. L'autoroute est doublée par la D813. Par la D656, à 86km de Cahors, et, par la N21, à 136km de Périgueux. À 620km de Paris par l'A20.

EN TRAIN

Plusieurs TGV directs de Paris chaque jour (4h). Par TGV, liaisons avec Toulouse (50min) et Bordeaux (1h). Le

Tableau kilométrique

	Agen	Marmande	Nérac	Villeneuve/Lot	Fumel
Marmande	67				
Nérac	27	53			
Villeneuve/Lot	30	54	57		
Fumel	55	81	82	26	
Monpazier	90	24	82	61	78

TER Bordeaux-Toulouse dessert Agen, Marmande, Tonneins, Aiguillon, Port-Sainte-Marie. Le TER pour Périgueux effectue un arrêt à la gare de Penne.
Gare SNCF (plan 15, C1) *1, pl. Rabelais Dans le centre-ville Tél. 36 35 www.sncf.com*

EN CAR
Liaisons avec Villeneuve-sur-Lot, Pau, Mont-de-Marsan.

EN AVION
Deux vols par jour Agen-Paris (Orly Sud), d'une durée de 1h30, avec la compagnie Airlinair.
Aéroport d'Agen-La Garenne *47520* ***Le Passage*** *Tél. 05 53 77 00 88 www.aeroport-agen.com*

orientation

Baignée par la Garonne à l'ouest et le canal de la Garonne au nord, la ville s'étend autour d'un cœur historique restreint qui se parcourt aisément à pied. Les boulevards de la République et Carnot en dessinent les contours. Pour stationner gratuitement, garez-vous sur l'esplanade du Gravier.

location de voitures

Europcar *120, bd Carnot Tél. 05 53 47 37 40 www.europcar.fr*
Hertz *205, av. Jean-Jaurès Tél. 05 53 96 13 77 www.hertz.fr*
Avis *12, bd Sylvain-Dumon Tél. 05 53 47 76 47 www.avis.fr*

location de bateaux

Locaboat (plan 15, C1) Sur le canal de la Garonne, au nord de la gare ; prendre la passerelle qui enjambe les voies de chemins de fer. *Quai de Dunkerque Tél. 05 53 66 00 74 www.locaboat.com Ouvert tlj. 9h-12h et 14h-18h*

informations touristiques

Office de tourisme (plan 15, C2) Organise des parcours guidés à vélo (Agen à vel'eau) dans la ville les samedis d'été. *38, rue Garonne 47006* ***Agen*** *Tél. 05 53 47 36 09 www.ot-agen.org Ouvert juil.-août : lun.-sam. 10h-19h, dim. 9h30-12h30 ; début sept.-fin juin : lun.-sam. 9h-12h30 et 14h-18h*
Comité départemental du tourisme À la périphérie de la ville, au sud-est, près du marché-gare ; prendre l'avenue Jean-Jaurès, direction Moissac/ Montauban. *Actour 47 271, rue de Péchabout BP 30158 47005* ***Agen*** *Tél. 05 53 66 14 14 www.tourisme-lotetgaronne.com Ouvert lun.-jeu. 8h-13h et 13h30-18h, ven. 8h-13h et 13h30-17h*

adresses utiles

Commissariat de police (plan 15, B3) *4, rue Palissy Tél. 05 53 68 17 00*
Centre hospitalier d'Agen *N 21 Route de Villeneuve* ***Agen*** *Tél. 05 53 69 70 71*

fêtes et manifestations

Festival de théâtre d'Agen La compagnie Pierre Debauche, installée depuis 1993 à Agen, y présente une programmation théâtrale variée. *Juil. ; représentations à 21h*
Festival des bouts d'choux La compagnie Pierre Debauche, toujours, mais pour les enfants. *Juil. ; représentations à 18h*
Estivales d'Agen Animations, musique, danse. *Les mar. et ven. en juil.-août Gratuit*
Nuits d'été du Conseil général Une programmation de rendez-vous itinérants autour de la musique, du théâtre et des arts de la rue pour mettre en scène les territoires remarquables du Lot-et-Garonne. *Les jeu. en juil.-août*
Le Grand Pruneau Show Animations de rue, marché de la prune, dégusta-

tions, concerts, cinéma, jeux traditionnels… Une grande fête populaire ! *www.grandpruneaushow.fr Fin août-début sept.*

marchés

Marché fermier du Pin (plan 15, D2) *Halle du Pin Pl. du 14-Juillet Ouvert mer. et dim. matin 7h-12h*

Marché fermier (plan 15, B3) *Place Jasmin Ouvert sam. matin 7h-12h*

Marché fermier biologique (plan 15, C2) *Place des Laitiers Ouvert sam. matin 7h-12h*

Marché couvert (plan 15, C2) *Place Jean-Baptiste-Durand Ouvert mar.-dim. 7h-13h et 16h-19h30*

DÉCOUVRIR

Agen

☆Les essentiels La vieille ville, le musée des Beaux-Arts, la cathédrale Saint-Caprais **Découvrir autrement** Assistez au Grand Pruneau Show en septembre, regardez glisser les bateaux de plaisance sur le pont-canal, allez vibrer à un match de rugby du SUA

☆Vieille ville

De la place du Docteur-Esquirol (plan 15, B2), prenez la rue Beauville, qui offre un saisissant tableau d'Agen au XVe siècle grâce à son remarquable ensemble de **maisons à colombages** et encorbellement parfaitement restaurées (plan 15, B2-C2). Suivez ensuite à droite la rue Garonne jusqu'à la place des Laitiers, bordée de **maisons médiévales**, où se tient un petit marché biologique le samedi. Sur un côté, une construction récente (plutôt laide) signale le **marché couvert** : un bon endroit malgré tout pour s'approvisionner en produits du terroir ! Traversez le boulevard de la République flanqué d'opulentes dem eures élevées au XIXe siècle, et engagez-vous dans la **rue des Cornières**, où il est agréable de flâner. Elle réunissait autrefois les marchands et riches négociants de la ville. Différents styles d'arcades rythment cette artère où s'alignent désormais boutiques et restaurants sympathiques. Sur la gauche, la rue du Puits-du-Saumon mène à la **maison en pierre dite du Sénéchal**. Cette bâtisse du XIVe siècle est ornée à l'étage d'une suite d'arcades géminées à l'allure toute vénitienne. À droite, dans la rue Floirac, l'**hôtel Amblard** (XVIIIe s.) se signale par sa façade en saillie. Obliquez ensuite rue Arago à l'angle de la rue des Augustins, où se dresse la **tour Notre-Dame du Chapelet**, ancienne tour de défense datant de la première enceinte fortifiée (XIe s.). Elle a été transformée depuis en clocher pour le couvent des bénédictines. En continuant sur la droite, vous rejoindrez la cathédrale.

Place du Docteur-Esquirol (plan 15, B2) Outre la tour en brique crénelée qui signale l'entrée du musée des Beaux-Arts, la place est bordée par le théâtre à l'italienne Ducourneau, construit au début du XXe siècle en forme de rotonde, et la mairie d'Agen, hébergée dans l'ancien palais de justice. Édifié en 1666, celui-ci arbore une façade à la belle symétrie. Cet ensemble architectural mêlant différentes époques au cœur d'un tissu de ruelles médiévales dégage un charme certain.

☆ **Musée des Beaux-Arts (plan 15, B2)** Abrité dans quatre hôtels particuliers des XVIe et XVIIe siècles à l'architecture Renaissance, ce musée – l'un des plus riches du Sud-Ouest – présente une vaste collection de peintures, dont un Tintoret, plusieurs Goya, des impressionnistes de grande valeur, et aussi d'intéressants vestiges de l'Antiquité. Dans la salle 3 consacrée aux collections gallo-romaines, vous admirerez la finesse de la *Vénus du Mas-d'Agenais* (Ier siècle ap. J.-C.) au drapé raffiné. La salle 13 réunit des œuvres importantes de la peinture française (Champaigne, Lemaire-Poussin) mais aussi italienne, dont un Tintoret, *Renaud et Armide*, miraculeusement retrouvé dans la réserve lors d'un inventaire en 1997, qui connaîtra deux longues années de restauration avant d'être exposé. Salle 15, vous serez étonné de découvrir plusieurs tableaux de Francisco de Goya (1746-1828), notamment un remarquable *Autoportrait* (1783). Ils furent légués à la ville par le comte Chaudordy, ambassadeur de France à Madrid. Salles 18 et 19 sont présentés les tableaux de deux chefs de file de l'école de Barbizon, Corot et Millet. Enfin, salles 22 et 23, place aux peintres impressionnistes avec Sisley, Caillebotte et à l'un des représentants de l'École de Paris, Francis Picabia. *Pl. du Docteur-Esquirol Tél. 05 53 69 47 23 www.agen.fr/musee Ouvert oct.-avr. : mer.-lun. 10h-12h30 et 13h-18h ; mai-sept. : mer.-lun. 10h-18h Tarif 4,30€ ; gratuit pour les moins de 18 ans et les étudiants*

ŒUVRE UNIQUE
Dans la salle 14 du musée des Beaux-Arts, ne manquez pas l'unique faïence conservée dans le département de l'Agenais Bernard Palissy (1510-1589), grand céramiste de la Renaissance (p.489).

Église Notre-Dame-du-Bourg (plan 15, C2) Ce modeste sanctuaire en brique se dresse sur une placette entourée de rues étroites. Il se singularise par un clocher-mur du XIIIe siècle d'une belle dimension. Mais ce petit joyau de l'art gothique possède aussi une harmonieuse nef ogivale. L'élévation progressive du niveau du sol provoquée par les crues de la Garonne est signalée par la volée de marches qui conduit au porche. *Rue des Droits-de-l'Homme Horaires variables*

Église Notre-Dame des Jacobins (plan 15, B2) Cet édifice massif en brique écrase de sa hauteur les maisons alentour. Édifié au XIIIe siècle, il servait de chapelle au très influent couvent des Dominicains voisin. En 1279, Philippe le Hardi y célébra la restitution de l'Agenais à l'Angleterre. L'église renferme entre deux hautes nefs des vestiges de fresques gothiques et des baies trilobées datant du XIVe siècle. Le lieu accueille aujourd'hui des expositions. Un peu plus loin, au n°55 de la rue Richard-Cœur-de-Lion, l'imposant hôtel Secondat de Montesquieu a appartenu à la famille du célèbre auteur de *L'Esprit des lois*. *Place des Jacobins Horaires d'ouverture variables (en fonction des expositions)*

☆ **Cathédrale Saint-Caprais (plan 15, C1)** Élevée entre le XIe et le XIIe siècle sur les ruines d'un ancien sanctuaire, elle a été profondément remaniée après les dégradations successives causées par la guerre de Cent Ans, les guerres de Religion puis la Révolution. Heureusement, son chevet, de toute beauté, a été

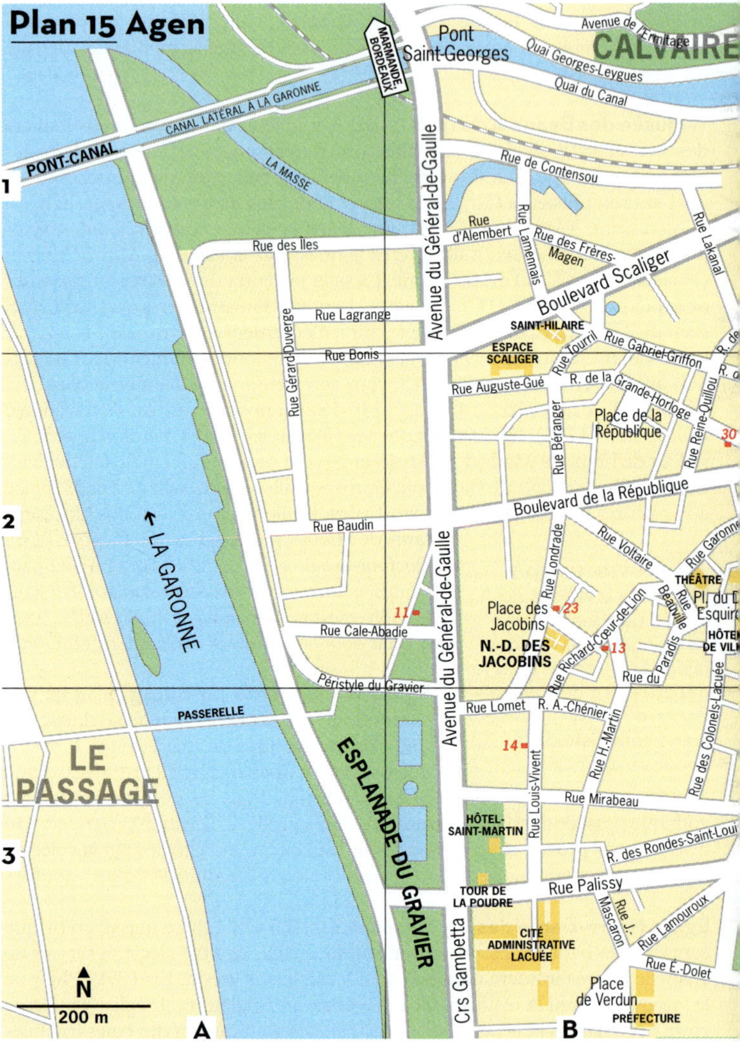

Restauration (n°11 à 14)

L'Atelier ____ **12** C3
Le Cauquil ____ **11** B2
Le Margoton ____ **13** B2
Restaurant Mariottat _ **14** B3

Hébergement (n°20 à 23)

Hôtel du château des Jacobins ____ **23** B2
Hôtel Regina ____ **20** C2
Stim'Otel ____ **21** C2

Shopping (n°30)

Pierre Boisson Confiseur* ____ **30** B2

* À RETROUVER DANS LA PARTIE DÉCOUVRIR

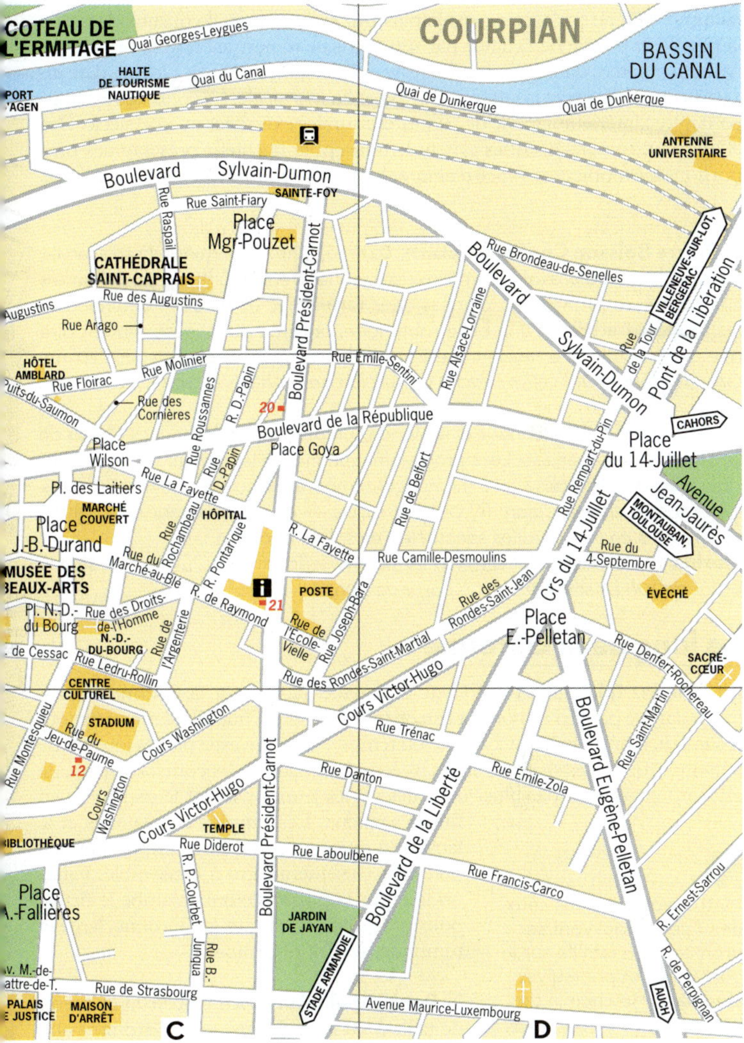
COTEAU DE L'ERMITAGE
Quai Georges-Leygues
COURPIAN
BASSIN DU CANAL
HALTE DE TOURISME NAUTIQUE
Quai du Canal
PORT 'AGEN
Quai de Dunkerque
Quai de Dunkerque
ANTENNE UNIVERSITAIRE
Boulevard Sylvain-Dumon
SAINTE-FOY
Rue Saint-Fiary
Rue Raspail
Place Mgr-Pouzet
Boulevard Président-Carnot
CATHÉDRALE SAINT-CAPRAIS
Rue des Augustins
Augustins
Rue Arago
Rue Brondeau-de-Senelles
Boulevard Sylvain-Dumon
VILLENEUVE-SUR-LOT, BERGERAC
Pont de la Libération
Rue de la Tour
Rue Alsace-Lorraine
Rue Émile-Sentini
HÔTEL AMBLARD
Rue Molinier
Rue Floirac
Puits-du-Saumon
Rue des Cornières
Rue Roussannes
R. D.-Papin
20
Boulevard de la République
Place Goya
Place Wilson
CAHORS
Place du 14-Juillet
Rue Rempart-du-Pin
Avenue Jean-Jaurès
MONTAUBAN, TOULOUSE
Pl. des Laitiers
Rue La Fayette
Rue D.-Papin
MARCHÉ COUVERT
HÔPITAL
Place J.-B.-Durand
Rue Rochambeau
R. Pontarique
R. La Fayette
Rue de Belfort
Rue Camille-Desmoulins
Crs du 14-Juillet
Rue du 4-Septembre
ÉVÊCHÉ
MUSÉE DES BEAUX-ARTS
Rue du Marché-au-Blé
R. de Raymond
21
POSTE
Rue Joseph-Bara
Rue des Rondes-Saint-Jean
Place E.-Pelletan
Pl. N.-D.-du Bourg
Rue des Droits-de-l'Homme
N.-D.-DU-BOURG
Rue de l'Argenterie
Rue de l'École-Vielle
Rue des Rondes-Saint-Martial
Rue Denfert-Rochereau
SACRÉ-CŒUR
de Cessac
Rue Ledru-Rollin
CENTRE CULTUREL
Rue des Rondes-Saint-Martial
Cours Victor-Hugo
Rue Trénac
Boulevard Eugène-Pelletan
Rue Saint-Martin
STADIUM
Rue Montesquieu
Rue du Jeu-de-Paume
Cours Washington
12
Rue Danton
Rue Émile-Zola
Cours Washington
Cours Victor-Hugo
Boulevard Président-Carnot
Boulevard de la Liberté
TEMPLE
BIBLIOTHÈQUE
Rue Diderot
Rue Laboulbène
Rue Francis-Carco
R. Ernest-Sarrou
Place A.-Fallières
R. P.-Courbet
JARDIN DE JAYAN
Rue B.-Junqua
R. de Perpignan
Av. M.-de-Lattre-de-T.
Rue de Strasbourg
STADE ARMANDIE
Avenue Maurice-Luxembourg
AUCH
PALAIS DE JUSTICE
MAISON D'ARRÊT
C
D

AGENAIS

épargné. Bâti au XIIe siècle dans le plus pur style roman, il constitue la partie la plus intéressante de l'édifice par son ampleur remarquable et la finesse des figures sculptées dans la pierre. Le reste est plus hétéroclite : le clocher date du XIXe siècle, la façade et la nef sont du XIVe et du XVIe siècle. Le contraste est frappant avec l'intérieur, tapissé de peintures murales exécutées au XIXe siècle. Des chapiteaux romans historiés ornent le transept et le chœur présente des proportions harmonieuses. *Place du Maréchal-Foch Horaires d'ouverture variables*

● Où acheter de véritables pruneaux d'Agen ?

☺ **Pierre Boisson Confiseur (plan 15, B2 n°30)** Chez le dernier artisan agenais, vous pourrez faire provision de délicieuses prunes d'ente mûries au soleil. Fourrés à la crème de pruneau ou plongés dans l'armagnac et enrobés de chocolat, les pruneaux arborent une belle robe noire, brillante et soyeuse. Autant dire que cette boutique à l'ancienne est une aubaine pour les gourmands ! *20, rue Grande-Horloge Tél. 05 53 66 20 61 Ouvert lun.-sam. 9h-12h et 14h-19h Fermé dim.*

● Où sortir ? La Tannerie et le Florida comptent parmi les scènes phares de la vie artistique agenaise. Leur programmation mêle allégrement musique classique, chanson française, jazz, théâtre contemporain et explorations artistiques.
La Tannerie *20, rue Cajarc Tél. 05 53 68 04 04 www.sallelatannerie.com Ouvert tlj. Horaires en fonction des spectacles, en soirée et dim. ap.-m.*
Florida *95, bd Carnot Tél. 05 53 47 59 54 www.leflorida.org Ouvert mar.-sam. à partir de 10h Le soir, concerts à partir de 20h30*

Le long de la Garonne

Le Gravier (plan 15, A3-B3) Cette esplanade gagnée sur la Garonne faisait office dans le passé d'important lieu de foires. Aujourd'hui, elle s'anime surtout le samedi, jour du marché. Le reste du temps, elle est investie par les joueurs de pétanque, quelques skateurs et des lycéens flânant après les cours. L'esplanade est bordée au nord par plusieurs cafés où les jeunes passent leurs soirées en fin de semaine. Les rangées de platanes et le kiosque à musique en fer forgé impriment une note délicieusement rétro à l'ensemble. Faites un tour sur la passerelle qui enjambe le fleuve pour profiter de la vue sur la Garonne, large et tumultueuse. *Cours Gambetta*

☺ **Pont-canal (plan 15, A1)** Construit en pierre de taille à 10m au-dessus de la Garonne entre 1839 et 1843, cet ouvrage offre un magnifique panorama sur le fleuve et une promenade enchanteresse. Il a fallu quatre années de travail et un millier d'ouvriers pour venir à bout de ce projet pharaonique : avec une longueur de 580m, les 23 arches qui le soutiennent et ses 4 écluses régulant un dénivelé de 15m, il fait partie des grands ouvrages d'art réalisés lors de la construction du canal de la Garonne. Celle-ci étant difficilement navigable, on décida de creuser un canal qui établirait une jonction avec le canal du Midi, donnant

EN GOGUETTE À LA GUINGUETTE
Mettez vos pas dans ceux des Agenais qui vont se promener en famille sur le pont-canal et poursuivez au-delà sur le chemin de halage bordé de platanes, où est postée bien à propos une guinguette. Chaque écluse permet de passer d'une rive à l'autre.

naissance à une voie fluviale reliant l'Atlantique à la Méditerranée. Mais à peine le canal est-il terminé que l'ouverture de la ligne ferroviaire Bordeaux-Sète ruine sa rentabilité économique. Aujourd'hui, les bateliers ont cédé la place aux amateurs de plaisance. C'est un vrai spectacle de voir les bateaux glisser sur ce canal suspendu au-dessus de la Garonne. *À 1,5km environ du centre Pour se rendre sur le pont-canal à pied, prendre l'av. du Général-de-Gaulle jusqu'au pont Saint-Georges, puis tourner à gauche*

● Assister à un match de rugby

☺ **SUA stade Armandie** Vous êtes en terre d'Ovalie ! Le Sporting Union Agen (SUA) figure parmi les clubs hexagonaux les plus prestigieux (8 titres de champion de France). Joueurs emblématiques du rugby français, Guy Basquet, Daniel Dubroca, Philippe Sella y ont débuté... À Agen, tout le monde ou presque se passionne pour les performances de l'équipe et se retrouve au stade les soirs de matchs ! Atmosphère familiale et bon enfant dans les tribunes. Les amoureux du ballon ovale ne rateront pas cette occasion. Prix des places : 5-30€ selon l'importance des matchs. *1, rue Pierre-de-Coubertin Tél. 05 53 98 12 64 www.agen-rugby.com*

● S'amuser en famille

Parc Walibi Aquitaine Pas moins de 22 attractions sont disséminées sur les 30ha de verdure du parc Walibi, pour le plus grand plaisir des enfants – une journée ne leur suffira pas à en épuiser toutes les animations. Parmi les moments forts, des glissades spectaculaires dans des chutes d'eau, une tempête à bord d'un bateau-pirate, des loopings dans un monstre d'acier... Frissons et bain de fraîcheur garantis. *Château de Caudouin* ***Roquefort*** *(5km à l'ouest d'Agen) ; en voiture, prendre la sortie Agen sur l'A62 Tél. 05 53 96 58 32 www.walibi.com Ouvert avr.-oct. Les jours d'ouverture et les horaires varient selon la saison*

CARNET D'ADRESSES

Restauration

prix moyens

Le Cauquil (plan 15, B2 n°11) Cet établissement instille un peu d'animation à la place du Gravier (p.442), la grande esplanade en bordure de Garonne, avec sa devanture accueillante de bistrot contemporain. Pour une fois, les produits de la mer volent la vedette au canard. Noix de Saint-Jacques en crumble au parmesan, gambas au curry, daurade aux épices... Les plats (8,80€-18€), d'honnête facture, sont servis avec diligence et le sourire. Menu unique 20€. *9, av. du Général-de-Gaulle* ***Agen*** *Tél. 05 53 48 02 34 Ouvert lun.-sam. Fermé sam. midi, dim. et certains jours feriés*

L'Atelier (plan 15, C3 n°12) L'Atelier concocte une cuisine de terroir innovante et savoureuse, enrichie de quelques poissons du marché. Sa décoration originale et son ambiance bon enfant font le reste. Menu déjeuner 17€, formule entrée-plat-dessert choisis dans la carte pour 34€, à savourer dans un cadre qui fait la part belle aux couleurs. *14, rue du Jeu-de-Paume* ***Agen*** *Tél. 05 53 87 89 22 Ouvert lun.-ven. Fermé sam. midi-dim.*

Le Margoton (plan 15, B2 n°13) Une cuisine classique résolument imperméable aux modes, servie dans un intérieur soigné. Foie gras, ris de veau, lotte rôtie... Si la carte est resserrée c'est pour offrir le meilleur dans des menus ; 2 menus à 24,50 et 35€. Formule midi à 16,50€. Une valeur sûre : pensez à réserver, car le nombre de tables est limité. *52, rue Richard-Cœur-de-Lion* ***Agen*** *Tél. 05 53 48 11 55 http://lemargoton.pagesperso-orange.fr/ Ouvert mar.-sam. Fermé lun., sam. midi et dim.*

prix très élevés

Restaurant Mariottat (plan 15, B3 n°14) Le restaurant des grandes occasions ! Il impressionne d'abord par son cadre, une superbe maison de maître dotée de salons aristocratiques. Côté carte, les différents menus sont déjà la promesse d'un festin : menu du marché 26€, menu carte 48€, menu dégustation 83€. Pot au feu d'oie, pied de porc noir de Gascogne farci au homard, marcassin au vin de Buzet... les produits du terroir sont à l'honneur et cuisinés avec beaucoup d'à-propos et mettent à l'honneur cette cuisine gastronomique. *25, rue Louis-Vivent* ***Agen*** *Tél. 05 53 77 99 77 www.restaurant-mariottat.com Ouvert mar.-sam. Fermé sam. midi, dim. soir et lun. ; de nov. à mai, fermé mer. midi*

Hébergement

prix moyens

Hôtel Regina (plan 15, C2 n°20) Cet établissement modeste du cœur d'Agen se révèle assez attachant. Les chambres offrent un confort simple mais très correct. Demandez de préférence à dormir dans l'une des chambres de l'arrière, elles donnent sur une cour tranquille. Tarifs avantageux : chambre 48-55€ (2 pers.), 52-60€ (2-3 pers.), 74€ (familiale), petit déjeuner 7€. *139, bd du Président-Carnot* ***Agen*** *Tél. 05 53 47 07 97 www.hotelreginagen.com*

Stim'Otel (plan 15, C2 n°21) Sa façade en béton ne le range certes pas dans la catégorie des hôtels de charme. Pourtant, cet établissement possède des atouts indéniables : un accueil très prévenant, une bonne insonorisation des chambres et une situation tout à fait centrale. Fort de tous ces avantages, il est souvent complet. Pensez à réserver suffisamment à l'avance. La chambre double est à 74€ en haute saison et le petit déjeuner à 9€. *105, bd du Président-Carnot* ***Agen*** *Tél. 05 53 47 31 23 www.stimotel.com*

prix très élevés

Hôtel du château des Jacobins (plan 15, B2 n°23) Si vous recherchez un confort raffiné et la tranquillité, cet hôtel particulier du XIXe siècle vous conviendra parfaitement. Dans un quartier central d'Agen, à côté de l'église des Jacobins, il propose des prestations de qualité. Les chambres, spacieuses et très confortables, sont décorées de motifs fleuris, le petit déjeuner, copieux, se prend dans le parc aux beaux jours, l'accueil est prévenant. Double de 120 à 160€, petit déjeuner 10€. Tarifs dégressifs. *1ter, pl. des Jacobins* ***Agen*** *Tél. 05 53 47 03 31 www.chateau-des-jacobins.com*

Dans les environs

prix moyens

☺ **Hôtel-restaurant Le Prince Noir** Si vous n'êtes pas à un kilomètre près, poussez jusqu'à cet établissement pour profiter d'une halte reposante. Le cadre est celui d'un ancien couvent du XVIIe siècle. Meubles anciens, plafonds hauts et couleurs chaudes, les chambres les plus belles s'ordonnent autour d'une cour fermée. D'autres, plus ordinaires, sont réservées aux clients de passage. Double de 70 à 120€ selon la période, petit déjeuner 9€. Salle de sport, piscine et tennis dans le parc. Côté restaurant, une cuisine de terroir classique et pleine de saveur. Menus 23-33€. L'hiver, les tables sont dressées dans une salle chaleureuse où crépite un feu de cheminée ; une seconde salle, plus grande, en pierre apparente, offre un charme rustique. Accueil très soigné. ***Sérignac-sur-Garonne*** *(12km à l'ouest d'Agen sur la D119) Tél. 05 53 68 74 30 www.le-prince-noir.com Restaurant fermé mer. midi en haute saison ainsi que sam. midi et dim. le reste de l'année*

LAYRAC

47390

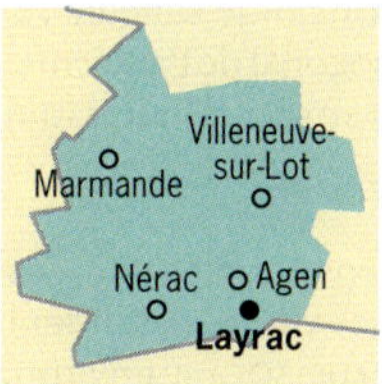

Une fois la rive gauche de la Garonne atteinte, vous pénétrez en terre gasconne. Sur les coteaux doucement vallonnés se nichent de véritables joyaux de l'art roman et prospère un vignoble de pays, le côte-du-brulhois. Quelques bonnes tables aussi sont à découvrir dans les environs de Layrac, cette campagne riante aux limites du Gers et du Tarn-et-Garonne.

MODE D'EMPLOI

accès

EN VOITURE
Layrac est située 10km au sud d'Agen par la N21 et 8km au nord d'Astaffort par la N21.

EN TRAIN
La gare la plus proche est à Agen.

orientation

Postée en bordure du Gers, la cité est traversée par la très passante N21 qui continue au sud vers le Gers. La vieille ville est bâtie en hauteur.

informations touristiques

Office de tourisme Il est situé dans la mairie. *8, pl. du 11 novembre 1918 Tél. 05 53 66 51 53 www.ville-layrac.fr Ouvert mai-sept. : mar. 9h-12h et 13h30-16h30, mer.-sam. 9h-12h Horaires variables*

marchés, fêtes et manifestations

Marché *Ouvert ven. matin*
Fête des bandas Concerts et animations pendant trois jours. *Troisième w.-e. de mai*
Rencontres d'Astaffort Festival de guitare parrainé par Francis Cabrel. *Début sept.*

DÉCOUVRIR

☆**Les essentiels** L'église Notre-Dame à Moirax **Découvrir autrement** Dégustez un côte-du-brulhois à la cave coopérative de Layrac

Layrac

Vieille ville Le village s'est développé sur une butte autour d'un prieuré clunisien que le pape Urbain II consacra en 1096. L'**église Saint-Martin**, chef-d'œuvre de l'art roman du XIIe siècle, est posée sur une terrasse qui domine une campagne boisée irriguée par le Gers. Un portail majestueux signale l'entrée de cet édifice bâti autour d'une nef à vaisseau unique d'une largeur étonnante. Les vestiges de mosaïques qui tapissent encore le sol illustrent la scène biblique de Samson terrassant le lion. De beaux chapiteaux sculptés ornent les piliers. Le chœur est coiffé d'une coupole de 10m de diamètre et une ample abside percée de neuf fenêtres clôt le sanctuaire. Traversez l'esplanade ombragée et le clocher-porche orthogonal de l'ancienne église pour rejoindre la charmante et paisible place à couverts Jean-Jaurès, qui abrite quelques commerces.

AGENAIS

● **Où acheter du vin du Brulhois ?** Tombé dans l'oubli au fil des siècles, le vignoble du Brulhois est en plein renouveau. Ses vignes s'étendent au sud de la Garonne entre Agen et Valence-d'Agen sur 300ha environ. De vieux cépages, malbec, tannat, fer servadou sont associés aux merlot, cabernet, franc cabernet, sauvignon et produisent des vins concentrés et aromatiques. Le plus caractéristique des vins du Brulhois est le fameux vin noir aux arômes de fruits confits, de pruneau et de cuir, à découvrir au cours d'une dégustation à la cave coopérative de Layrac ou de Donzac.
Cellier du Brulhois *Layrac Tél. 05 53 87 01 65 www.cave-de-donzac.com Ouvert juin-sept. : lun.-sam. 9h30-12h et 14h-19h ; oct.-mai : mar.-sam. 9h30-14h et 14h-18h30*
Vignerons du Brulhois *Donzac Tél. 05 63 39 91 92 www.vigneronsdubrulhois.com Ouvert oct.-mai : mar.-sam. 9h30-12h et 14h30-18h30 ; juin-sept. : lun.-sam. 9h30-12h et 14h30-19h*

Le pays du Brulhois

Astaffort À la frontière du Gers, sur la rive droite de la rivière du même nom, cet ancien bourg médiéval est sorti de l'anonymat grâce à Francis Cabrel. L'enfant du pays, qui en fut un temps conseiller municipal, a beaucoup fait pour la vie culturelle locale. Le chanteur a créé un festival de guitare et parraine les rencontres d'Astaffort, qui rassemblent de jeunes auteurs-compositeurs-interprètes. Quelques vieilles maisons, une église paroissiale, un hôtel de ville installé dans l'ancienne maison commune... On a vite fait le tour du bourg. On peut aussi choisir de s'y arrêter pour une halte gourmande – cf. Cochon, canard et compagnie (p.447). *8,5km au sud de Layrac par la N21*

Moirax Étape sur le chemin de Saint-Jacques-de-Compostelle, ☆**l'église Notre-Dame**, fondée par des clunisiens dans la seconde moitié du XIe siècle, compte parmi les plus anciens édifices religieux du Sud-Ouest. Son portail occidental est remarquable par ses voussures, ses motifs décoratifs et ses chapiteaux historiés. L'intérieur s'organise autour d'une nef à trois vaisseaux qui s'achève dans un chœur volumineux coiffé d'une coupole impressionnante. La pureté des lignes, la douceur de la pierre blonde et l'harmonie de la voûte centrale en berceau en font un chef-d'œuvre de l'art roman. L'abside en cul-de-four est flanquée de deux absidioles. La pierre claire fait ressortir les stalles en bois sombre du XVIIIe siècle. Les bâtiments attenants, en revanche, sont beaucoup plus dégradés. Après la visite, empruntez la rue principale pour découvrir des maisons en pans de bois et admirer le point de vue sur la vallée de la Garonne. *6,5km à l'ouest de Layrac Horaires variables pour les visites*

L'Agenais roman

Cathédrale d'Agen 439
Église de Layrac 446
Église de Moirax 447
Église d'Aubiac 447
Pont de Barbaste 453
Église de Vianne 453
Église Saint-Jean-Baptiste (Mézin) 458
Église de Prayssas 466
Église de Monsempron-Libos 471
Église du Mas-d'Agenais 499

Aubiac Quelques kilomètres à l'ouest de Moirax, ce hameau très tranquille blotti dans une vallée possède une remarquable église romane, **Sainte-Marie d'Aubiac**. Construite au XIIe siècle, elle offre un précieux exemple de sanctuaire fortifié avec son visage sévère et sa haute tour flanquée d'une tourelle ronde. L'intérieur présente une nef unique, un chœur carré surmonté d'une coupole et entouré de trois absides. *12km à l'ouest de Layrac par la N21 puis la D931 Horaires de visite variables*

Estillac La commune d'Estillac abrite le **château** de Blaise de Monluc (1502-1577), chef des armées catholiques pendant les guerres de Religion. Cette vaste et belle propriété, bâtie au XIIIe siècle et remaniée au XVIe siècle, n'est ouverte à la visite qu'en haute saison, et encore parcimonieusement. Dans le parc, vous découvrirez le cénotaphe en marbre blanc de cet intrépide guerrier qui, à la fin de sa vie, rédigea, sous le titre *Commentaires*, un récit de son épopée militaire devenu célèbre. *10km à l'ouest de Layrac par la N21 Tél. 05 53 67 81 83 (Rens. visite)* **Château** *Tél. 05 53 67 81 83 Ouvert avr.-mi-sept. : dim.-lun.*

● Où faire une halte gourmande ?

Cochon, canard et compagnie À Astaffort, la célèbre Auberge en Gascogne et le restaurant de Michel Latrille ont fusionné en 2011 pour donner naissance à Cochon, canard et compagnie. En plus du restaurant (menus 28, 39 et 49€), on trouvera sur place une épicerie fine et un traiteur. L'occasion toute trouvée de faire une étape gourmande... *9, Fbg Corné* ***Astaffort*** *(8km au sud de Layrac par la N21) Tél. 05 53 67 10 27 Ouvert jeu.-mar. Fermé jeu. midi*

Profiter d'un point de vue exceptionnel

Laplume Juché sur un éperon que l'on atteint au terme d'une route de campagne sinueuse, ce village gascon offre une vue imprenable sur les paysages de coteaux alentour. Il conserve quelques vestiges de ses fortifications, une église agenaise de la Renaissance - qui, malheureusement, menace de s'effondrer - et un beau lavoir du XVIIIe siècle accessible par un sentier, au nord du village. *17km au sud-ouest de Layrac par la N21 puis la D931*

CARNET D'ADRESSES

Restauration, hébergement

prix moyens

Chambres d'hôtes La Métairie du Château Juste à côté de la superbe église romane d'Aubiac, cette métairie propose deux chambres d'hôtes très agréables. Spacieuses, décorées dans des tons chaleureux et colorés, elles invitent à paresser au lit... Des dépendances, on peut admirer la façade altière du château du XVIIIe siècle (ne se visite pas). À côté de la maison, un bâtiment restauré est loué pour des réceptions. Double 60€, petit déjeuner compris. *Mme Evelyne Marraud Métairie du Château* ***Aubiac*** *(12km à l'ouest de Layrac par la N21 puis la D931) Tél. 05 53 66 34 93 ou 06 07 05 68 86 www.aubiac.com*

prix très élevés

Le Prieuré Benjamin Toursel, second chez le grand chef étoilé de la région Michel Trama, n'a pas eu froid aux yeux quand il a décidé d'installer dans un village de mille âmes ce restaurant gastronomique. Il apprécie les défis. Dans son établissement, point de magret - au risque de rebuter la clientèle locale -, mais une cuisine raffinée en rupture avec les classiques du terroir. Le jeune chef aime laisser libre cours à son imagination pour concocter ses plats. Menu découverte 55€, menu dégustation 70€. Menu du marché à 25€ certains jours au déjeuner. *Le Bourg* ***Moirax*** *(6,5km à l'ouest de Layrac) Tél. 05 53 47 59 55 www.aubergeduprieuredemoirax.fr Ouvert mer.-dim. 12h30-14h et 20h-21h30 Fermé dim. soir, lun.-mar.*

☺ **Château de Lassalle** Caché en pleine campagne, au cœur d'un vaste parc, ce château est une petite merveille. Réparties dans les différentes ailes du bâtiment, 17 chambres décorées de meubles patinés, aux couleurs douces et aux tissus en matières naturelles, vous plongeront dans l'atmosphère d'une maison de campagne douillette. Pour une petite folie en amoureux, offrez-vous une chambre haut de gamme (à partir de 199€). Double de 120 à 299€, petit déjeuner

GAMME DE PRIX	RESTAURATION	HÉBERGEMENT
Très petits prix	moins de 15€	moins de 30€
Petits prix	de 15 à 25€	de 30 à 50€
Prix moyens	de 25 à 35€	de 50 à 80€
Prix élevés	de 35 à 50€	de 80 à 125€
Prix très élevés	plus de 50€	plus de 125€

13€. Prolongez la magie en réservant une table au restaurant aménagé dans une ancienne orangerie. On dîne face à la campagne vallonnée et paisible d'un menu aux accents du terroir : foie gras et magrets sont bien en vue sur la carte. Renseignez-vous au moment de réserver : mariages et séminaires réquisitionnent parfois les lieux. *Brimont* ***Laplume*** *(15km au sud-ouest de Layrac) Tél. 05 53 95 10 58 www.chateaudelassalle.com*

★ NÉRAC ET L'ALBRET

47600

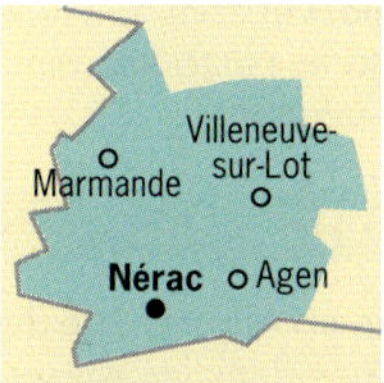

Des rivières – la Baïse, son affluent la Gélise et l'Avance – se fraient un chemin entre de douces collines cultivées qui viennent mourir aux abords de la forêt landaise, à l'ouest, et dans la plaine de la Garonne, au nord. Sur les coteaux, la vigne donne un vin charpenté, le fameux buzet, et, aux limites du Gers, un armagnac de caractère. Petite bourgade tranquille traversée par la Baïse, Nérac doit son statut de capitale de l'Albret à son important patrimoine. Ses venelles médiévales émaillées d'hôtels particuliers et de maisons en pans de bois dévalent vers les berges de la rivière, dont les quais sont jalonnés d'agréables restaurants. Sur son château plane encore l'ombre d'Henri de Navarre. Si la réputation de l'Albret est celle d'un pays de cocagne, le "bon roi Henri" n'y est certainement pas pour rien.

LA LÉGENDE DE FLEURETTE La séduisante cité gasconne a vu Henri IV arpenter ses ruelles. Dans les allées serpentines du parc de la Garenne, le Vert Galant rencontra une certaine Fleurette, qui s'en laissa trop conter… Séduite puis abandonnée par le roi de Navarre, elle se jeta dans les eaux de la Baïse. Le château posté sur une hauteur, bien qu'amputé d'une partie de sa splendeur, évoque la cour brillante des seigneurs d'Albret.

LES D'ALBRET, UNE PUISSANTE DYNASTIE Leur territoire s'étendait de l'Océan aux contreforts des Pyrénées, plus précisément des Landes à Pau. Ils sont si puissants qu'en 1527 Henri Ier de Navarre épouse Marguerite d'Angoulême, sœur de François Ier, qui fait de Nérac un foyer de l'humanisme à la Renaissance. Cette femme d'esprit, auteur de l'*Heptaméron*, un recueil de nouvelles inspirées du *Décaméron* de Boccace, attire à sa cour le poète cadurcien Clément Marot et reçoit le chef de file du protestantisme genevois, Jean Calvin. Sa fille, Jeanne d'Albret, se convertit à la religion réformée en 1560. La région deviendra un refuge pour les protestants lors des guerres de Religion. Le fils de Jeanne, le futur Henri IV (1553-1610), passe sa jeunesse entre Pau et Nérac. Après son mariage avec Marguerite de Valois, la reine Margot, il s'installe à Nérac de 1576 à 1582. La cité connaît alors une nouvelle période prospère jusqu'à ce qu'il soit appelé, par un jeu d'alliances, à la tête du royaume de France. Le parti catholique, qui n'a pas oublié l'allégeance de la ville à la Réforme, fera détruire ses fortifications en 1621 sur ordre de Louis XIII.

MODE D'EMPLOI

accès

EN VOITURE
Nérac est située 27km au sud-ouest d'Agen par la D656, 31km au sud de Casteljaloux par la D655, 13km au nord de Mézin par la D656, 19km au sud de Buzet-sur-Baïse par la D930 puis la D642.

EN TRAIN
La gare la plus proche se trouve à Agen – cf. Mode d'emploi (p.436).

orientation

La petite cité est traversée par la Baïse. Les commerces se concentrent autour de l'hôtel de ville et du château, sur la rive gauche, en hauteur. Le port et les quais, bordés de restaurants, leur font face sur la rive opposée. Nérac occupe une position idéale pour rayonner dans le pays d'Albret.

informations touristiques

Office de tourisme du pays d'Albret Balades nocturnes à Nérac en compagnie de Janouille en juillet et août ; visites guidées. *7, av. Mondenard Tél. 05 53 65 27 75 www.albret-tourisme.com Ouvert juil.-août : lun.-sam. 9h-19h, dim. et j. fér. 10h-12h30 et 15h-17h30 ; sept. : mar.-sam. 9h-12h et 14h-18h, dim. et j. fér. 10h-12h30 et 15h-17h30 ; mai-juin : mar.-sam. 9h-12h et 14h-18h, dim. et j. fér. 10h-12h30 et 15h-17h30 ; oct.-avr. : mar.-ven. 9h-12h et 14h-18h, sam. 10h-12h et 14h-17h*
Port fluvial *Tél. 05 53 65 66 66 (Capitainerie)*

location de bateaux

Aquitaine Navigation *47160* ***Buzet-sur-Baïse*** *Tél. 05 53 84 72 50 www.aquitaine-navigation.com Ouvert lun.-sam. 9h-12h30 et 13h30-19h, dim. et j. fér. 9h-12h et 14h-19h*

fêtes et manifestations

Festival Musique en Albret Série de concerts classiques dans les églises d'Albret et à Nérac. *Tél. 05 53 65 07 43 (Rens.) www.festivalbret.com Juil.-août*
Fête des menteurs Élection du roi des fariboles par une académie de drôles ! Très fréquenté. ***Moncrabeau*** *1er dim. d'août*
Fête des vins de Buzet ***Nérac*** *Tél. 05 53 65 23 24 Manifestation organisée le 2e week-end d'août*
Foire de Nérac *Place du Foirail Dernier week-end de sept.*

marchés

Marché fermier ***Nérac*** *Ouvert sam. matin 8h-13h*
Marché nocturne ***Vianne*** *Ouvert juin-août : ven. soir*

DÉCOUVRIR

☆**Les essentiels** Le château d'Henri IV, le moulin fortifié de Barbaste
Découvrir autrement Dégustez de délicieux chocolats à La Cigale, à Nérac, faites une balade en gabarre sur la Baïse, goûtez au vin du château-de-salles, à Feugarolles

Nérac

Vieille ville Sur la place de l'Hôtel-de-Ville, prenez la rue Fallières et tournez à gauche, **rue des Conférences** ; la maison du même nom date du XVe-XVIe siècle : c'est là que se déroulèrent durant l'hiver 1578 les négociations entre catholiques et protestants pour trouver une issue aux guerres de Religion. Elle accueillit derrière son élégante façade des hôtes illustres tels que Catherine de Médicis. Si vous revenez sur vos pas, vous vous trouverez en face de l'**église Saint-Nicolas**. L'édifice actuel, construit entre 1759 et 1787 dans un style néoclassique, surprend par ses proportions imposantes. Des lignes rigoureuses, des ornements inspirés de l'Antiquité et une grande sobriété caractérisent sa façade. Les larges verrières de la nef, œuvre de Joseph Villiet (XIXe s.), diffusent une lumière douce qui réchauffe un peu l'espace intérieur. Empruntez ensuite la rue Pusoque, qui descend vers les quais de la Baïse jusqu'au **Vieux-Pont** du XVIe siècle, un des endroits les plus séduisants de Nérac avec ses trois arcs en ogive, en pierre brune, se reflétant dans les eaux de la Baïse. Il conduit au **Petit-Nérac**, quartier pittoresque. La maison Sully, dans la rue du même nom, date du XVIe siècle. Elle s'ordonne autour de deux corps de bâtiment reliés par des galeries en bois et d'un escalier à vis Renaissance. Les quais de la Baïse sont bordés de restaurants plaisants. Dans la rue parallèle, rue Séderie, vous découvrirez une jolie maison en pans de bois. À son extrémité, le lavoir était en fait un ancien abattoir. La peau des bêtes dépecées était ensuite transportée dans les tanneries situées sur l'autre rive. Devant le lavoir y accostent désormais des bateaux de plaisance. Derrière la capitainerie, un escalier rejoint les hauteurs de la ville. En face de la rue principale s'ouvre le **parc de la Garenne**, aménagé par Jeanne d'Albret, qui borde la rivière. Sous les frondaisons murmure la fontaine de Fleurette, dont la légende veut qu'elle se soit noyée dans la Baïse après avoir été séduite par Henri IV.

☆ **Château d'Henri IV** La résidence seigneuriale édifiée entre le XIVe et le XVIe siècle témoigne de la puissance de la famille d'Albret, héritière de la couronne de Navarre puis de

L'Agenais gourmand

Produits du terroir

Pierre Boisson Confiseur (Agen) ____ 442
La Cigale (Nérac) ____ 452
Château de Salles (Feugarolles) ____ 453
Ferme de Gagnet (Mézin) ____ 458
Château de la Grangerie (Lannes) ____ 459
Ferme du Lacaÿ (Penne-d'Agenais) ____ 470
Ferme Bérino-Martinet (Lafitte-sur-Lot) ____ 482
Conserverie Regaud (Mauvezin-sur-Gupie) ____ 498
Ferme Mathieu (Mauvezin-sur-Gupie) ____ 498
Château de Beaulieu (Saint-Sauveur-de-Meilhan) ____ 498

Bonnes tables

Restaurant Mariottat (Agen) ____ 444
Les Contes d'Albret (Mézin) ____ 455
Le Relais de La Hire (Francescas) ____ 455
L'Écuelle d'or (Clairac) ____ 483
Hôtel-restaurant des Remparts (Castillonnès) ____ 495

France. Des quatre ailes qui encadraient une cour fermée ne subsiste que l'aile nord, qui abritait les appartements privés des châtelains. Elle est dotée d'une élégante galerie en encorbellement ornée d'arcs qui reposent sur des colonnes aux chapiteaux sculptés. Il faut imaginer le château bordé de fossés à sec et défendu par un pont-levis. À l'intérieur, le musée municipal évoque les fastes de la cour des Albret sous Marguerite d'Angoulême, Jeanne d'Albret, sa fille, puis plus tard Henri de Navarre (le futur Henri IV). Au rez-de-chaussée est mis en valeur un petit patrimoine archéologique. *Rue Henri-IV Tél. 05 53 65 21 11 Ouvert oct.-mars : mar.-dim. 14h-18h ; avr.-sept. : tlj. 10h-18h Fermé 25 déc. et 1er jan. Tarif 4€, réduit 3€, gratuit pour les moins de 12 ans*

● Où déguster de bons chocolats ?

La Cigale Cet artisan est connu comme le loup blanc dans toute la région pour ses délicieux chocolats. Il y en a pour tous les goûts, jusqu'aux tablettes à 95% de cacao – pour les amateurs de sensations fortes. Parmi les spécialités de la maison, le Prunonoix, une crème de pruneau à l'armagnac et aux noix enrobée d'une coquille de nougatine. Un régal ! *2, rue Calvin (près de la place de la Halle) Tél. 05 53 65 15 73 http://chocolaterie-la-cigale.fr Ouvert mar.-sam. Fermé dim. et lun.*

● Naviguer en gabarre sur la Baïse

☺ **Les croisières du Prince-Henry** Conçue sur le modèle d'un coutrillon du XVIIIe siècle qui transportait sur la Baïse les eaux-de-vie d'Armagnac et les farines des coteaux de Gascogne, une gabarre vous emmène pour une promenade au fil de l'eau. L'histoire de Nérac vous est contée en chemin, ainsi que celle du transport fluvial. Vous passerez sous les arches du Vieux-Pont et traverserez l'écluse de Nazareth. *Tél. 05 53 65 66 66 (capitainerie du port) www.croisieresduprincehenry.com Ouvert juil.-août : tlj. à 11h, 15h, 16h30 et 17h3 ; mai-juin : tlj. à 15h et 16h30 ; sept. : tlj. à 15h et 16h30 ; avr. : dim. et j. fér. à 15h et 16h30 ; oct. : dim. et j. fér. à 15h et 16h30*

● Faire une balade sur les rails

Train touristique À la vitesse de 20km/h, vous aurez tout loisir d'admirer les paysages de l'Albret à bord de ce petit train rouge qui relie Mézin en empruntant la voie ferrée construite en 1890. Arrivée à destination 1h plus tard. *Gare de Nérac 12ter, av. du 19-mars-1962 Tél. 05 53 65 27 75 (Rens. à l'office de tourisme) ou 06 85 62 77 47 Ouvert avr.-oct. Jours et horaires variables selon les périodes Selon la période, 1 à 3 circulations par jour à 10h30, 14h30 et 16h45*

Les environs de Nérac

Lamontjoie Cette bastide, fondée en 1289 par Philippe le Bel, est riche d'une église du XVIe siècle qui renferme un reliquaire émaillé du XIIIe siècle, un retable du XVIIe siècle et une pietà en bois doré. Au cœur du village, la jolie place de Nemours est bordée de couverts. Légèrement en contrebas, découvrez un lac, paradis pour les pêcheurs et les promeneurs. *21km au sud-est de Nérac*

Moncrabeau Ses ruelles sont émaillées de plaques sur lesquelles on lit de drôles d'histoires. On y apprend par exemple que, du haut du bourg, on

LE JEU DE LA VÉRITÉ
En août, Moncrabeau, petite capitale des menteurs, réunit son académie pour l'élection d'un nouveau roi. Les candidats défilent sur un fauteuil en pierre. Après avoir juré "de travestir la vérité, toute la vérité, rien que la vérité", ils énoncent une grosse menterie qui est notée par des cuillers de sel, mesure du sel de l'esprit !

peut apercevoir le rocher de Gibraltar et, par temps clair, les Massaï chassant le buffle ! Méfiance... Les habitants du village sont des champions de la carabistouille depuis le XVIIIe siècle, paraît-il – mais à qui se fier ? Le circuit des menteries donne l'occasion de revisiter sur le mode drolatique l'histoire de cette bourgade gasconne ramassée sur une colline. *14km au sud de Nérac*

Barbaste L'impressionnant ☆**moulin des Tours** de Barbaste figure sur toutes les cartes postales. Il faut dire qu'il forme avec le **pont roman** qui enjambe la Gélise un ensemble défensif exceptionnel. C'est au XIIIe siècle qu'ont été élevées les quatre hautes tours crénelées qui surveillent la Ténarèze, une ancienne voie romaine reliant les Pyrénées à la Garonne. Ce moulin était la propriété de la famille d'Albret, et Henri de Navarre aimait s'en faire appeler le meunier. *Maison Aunac **Barbaste** (7km au nord de Nérac) Tél. 05 53 65 27 75 Ouvert avr.-oct. Jours et horaires de visite variables Tarif 3€*

AGENAIS

Vianne Bastide anglaise fondée au XIIIe siècle, Vianne a conservé intact son plan urbain avec des rues qui se croisent à angle droit et une grande place centrale. Certes, la plupart des maisons en pans de bois et à encorbellement ont cédé la place à des demeures récentes, mais les remparts sont encore debout, de toute beauté, flanqués de quatre tours surplombant les portes. À l'entrée de la porte nord, une **église romane** s'appuie sur les remparts, petit bijou du XIIe siècle ; l'actuel portail et le clocher fortifié ont été ajoutés au XIVe siècle mais s'intègrent parfaitement aux lignes épurées de l'ensemble. Un cimetière médiéval, bucolique à souhait, s'étend juste à côté. L'été, des marchés nocturnes animent cette petite bourgade baignée par la Baïse. Ils sont fréquentés par les nombreux artisans locaux. *11km au nord de Nérac*

● Où trouver un vigneron indépendant ?

☺ **Château de Salles** Si 97% des vignerons travaillent avec la cave coopérative de Buzet, il reste quelques irréductibles comme Henri de Batz de Trenquelléon, qui produit le château-de-salles. Soucieux de privilégier la qualité et de façonner un vin à l'image de son terroir, ce vigneron soigne ses 5ha (très bien situés). Ses vins, constitués principalement de merlot, riches en arômes fruités et souples, ont été médaillés à plusieurs reprises. Vous pourrez faire une dégustation à la propriété, postée sur une hauteur. ***Feugarolles** (13km au nord de Nérac) Tél. 05 53 95 27 49 ou 06 83 42 69 93 www.chateau-salles-buzet.com Ouvert tlj. 10h-12h et 14h-19h*

● Où acheter du vin de Buzet ?

Les Vignerons de Buzet Autour du village de Buzet moutonnent des coteaux striés par des carrés de vignes : 16 000ha se partagent trois cépages – merlot, cabernet franc et cabernet sauvignon – qui sont ensuite assemblés pour donner naissance à un vin charpenté aux notes fruitées, de longue garde pour les meilleurs. La majorité des vignerons se sont regroupés dans cette cave coopérative. Vous aurez donc l'embarras du choix. Parmi les vins en vue, citons le baron-d'ardeuil, qui est issu d'une sélection de parcelles de vieilles vignes, et le château-de-gueyze, dont le vignoble pousse sur un sol riche en graves et bénéficie d'un ensoleillement remarquable. *Av. des Côtes-de-Buzet* ***Buzet-sur-Baïse*** *(19km au nord de Nérac) Tél. 05 53 84 74 30 www.vignerons-buzet.fr Ouvert lun.-sam. 9h-12h et 14h-18h*

● Naviguer sur la Baïse

☺ **Aquitaine Navigation** Rivière sinueuse et secrète, la Baïse se faufile entre des berges sauvages émaillées de moulins anciens et traverse les paysages vallonnés du pays d'Albret. Parmi les haltes charmantes, la bastide de Vianne du XIIIe siècle et ses remparts préservés, le moulin des Tours de Barbaste à rejoindre à vélo, Nérac et son magnifique château, Moncrabeau, le village de toutes les menteries. Si vous êtes d'humeur vagabonde, continuez au fil de l'eau jusqu'à Condom, capitale du Gers et de l'Armagnac ! Itinéraire indicatif Buzet-Valence-sur-Baïse (Gers) 130km, 40 écluses, 1 sem. aller-retour. *Port de Buzet* ***Buzet-sur-Baïse*** *(19km au nord de Nérac) Tél. 05 53 84 72 50 www.aquitaine-navigation.com Ouvert lun.-sam. 9h-12h30 et 13h30-19h, dim. et j. fér. 9h-12h et 14h-19h*

Autour de Casteljaloux

Casteljaloux Cette bourgade, souvent prise à tort pour celle mentionnée par Edmond Rostand dans *Cyrano de Bergerac* comme la ville des cadets de Gascogne, "Bretteurs et menteurs sans vergogne", est désormais une station thermale des plus agréables, aux portes de la forêt landaise. Les curistes profitent des bienfaits de ses eaux dans un complexe thermal moderne. Son lac magnifique serti d'une pinède et son golf attirent de nombreux vacanciers. Après les joies de la baignade, ces derniers vont flâner en ville dans le jardin municipal toujours très fleuri qui conserve des ruines du château d'Albret ou dans les ruelles médiévales débouchant sur la place de la maison du Roy. Une demeure aristocratique, où séjournèrent Louis XIII et Louis XIV, abrite aujourd'hui l'office de tourisme. *31km au nord-ouest de Nérac*

● Piquer une tête dans un lac

Base de loisirs Plan d'eau de 17ha aux abords de Casteljaloux, le lac de Clarens est suffisamment vaste pour offrir à chacun un endroit calme où poser sa serviette et s'adonner aux joies de la baignade. Location de vélos, de pédalos, de planches à voile et un toboggan aquatique... De quoi occuper largement toute la famille pour la journée. ***Clarens*** *(à 2km de Casteljaloux, direction Mont-de-Marsan) Tél. 05 53 93 00 00 (OT de Casteljaloux)*

● Faire une cure de relaxation

Bains de Casteljaloux Pas besoin d'un avis médical pour profiter des bienfaits de la source thermale de Casteljaloux qui soigne les rhumatismes et les traumatismes. Les équipements, très modernes, sont ouverts à tous. Vous pourrez faire quelques brasses dans une des piscines avec jets de massage, vous détendre dans un spa ou un hammam et vous faire plaisir avec un massage relaxant. Pour ceux qui souhaitent une remise en forme plus longue, une résidence propose une quarantaine de studios à louer. *La Bartère* **Casteljaloux** *Tél. 05 53 20 59 00 www.bains-casteljaloux.com*

● Chasser le *birdie*

Golf de Casteljaloux Un golf de 18 trous qui se déploie dans un cadre agréable en surplomb du lac de Clarens : l'occasion d'exercer son swing sur ce parcours relaxant, pour réussir pars, *birdies* voire *eagles*... Parcours 18 trous 40-50€. *Route de Mont-de-Marsan* **Casteljaloux** *(2km au sud du bourg) Tél. 05 53 93 51 60 www.golfdecasteljaloux.com*

CARNET D'ADRESSES

Restauration

petits prix

☺ **Les Contes d'Albret** Voilà le prétexte tout trouvé à une escapade gourmande dans la riante campagne de l'Albret. Cette ferme-auberge est bien connue pour ses délicieux magrets grillés et son succulent foie gras. En été, les tables sont dressées sous un auvent face à un paysage de bois et de pâturages. Le succès du lieu est réel, il est donc préférable de réserver suffisamment à l'avance. Menus 15-20€. Deux chambres d'hôtes et une aire naturelle de camping. Produits du terroir en vente à la boutique et en ligne. **Nérac** *À 4km du centre dir. Mézin Itinéraire fléché Tél. 05 53 65 18 73 ou 06 84 70 07 78 www.albret.com www.contesdalbret.com (boutique en ligne) Ouvert début juil.-fin août : tlj. sauf dim. soir et lun. midi ; début sept.-fin juin : w.-e. et j. fér.*

prix moyens

Auberge du Pont-Vieux On apprécie beaucoup sa situation au bord de la Baïse. Dès les premiers rayons de soleil, des tables sont installées sur le quai. Le restaurant propose une honnête cuisine de terroir où le canard est roi : salade de magret grillé à l'orientale, foie gras à l'armagnac font partie des spécialités. Formule déj. autour de 20€, menus 20-30€ le soir. La vue sur le Pont-Vieux est imprenable ! *19, rue Sèderie* **Nérac** *Tél. 05 53 97 51 04 www.vieux-pont.com Ouvert tlj.*

☺ **L'Auberge du Goujon qui frétille** Des grands classiques régionaux côtoient des plats résolument originaux dans un menu en semaine à partir de 20€, le week-end 25€. Selon le marché du jour et son humeur, le chef concocte une cuisine savoureuse et inventive qui sublime les légumes de saison comme ces délicieux poissons sauvages et légumes du marché. En salle, madame est aux petits soins. La clientèle est fidèle et la réservation vivement conseillée. *65-67, rue Gambetta* **Buzet-sur-Baïse** *(19km au nord de Nérac par la D930), face à l'église Tél. 05 53 84 26 51 www.aubergedugoujon.com Ouvert juil.-août : tlj. ; sept.-juin : jeu.-lun. Fermé mar. et mer.*

prix élevés

☺ **Le Relais de La Hire** Ce village isolé cache l'une des meilleures tables de la région. Dans un élégant hôtel particulier du XVIIIe siècle entouré d'un jardin, une cuisine variée se partage entre les poissons du jour et les produits du terroir. Les plats sont recherchés et présentés avec raffinement, tel ce sandre farci aux écrevisses. Bref, l'approche est gastronomique, mais le chef, Jean-Noël Prabonne, conserve la tête froide : une formule en semaine (à midi) à 14,50€, 3 menus à 24,50€, 32,50€ et 56€ le soir. Un vrai bonheur ! ***Francescas** (11km au sud-est de Nérac par la D232) Tél. 05 53 65 41 59 www.la-hire.com Ouvert mar.-dim. Fermé dim. soir, lun., mar. soir et mer. soir*

La Vieille Auberge Ce restaurant de Casteljaloux s'est bâti une solide réputation gastronomique. Ris de veau braisés aux morilles, ombre chevalier rôti aux girolles, filet de bœuf aux parfums de nos bois... La cuisine, bourgeoise, affirme une parfaite maîtrise des classiques et décline les saveurs de saison régionales. Cette enseigne discrète établie dans une ruelle médiévale du centre-ville vous satisfera pleinement avec d'alléchants menus 20-40€ (menu dégustation "surprise" à 64€). *11, rue Posterne **Casteljaloux** (31km au nord-ouest de Nérac par la D655) Tél. 05 53 93 01 36 http://la-vieille-auberge-47.com Ouvert juil.-août : mar.-dim. Fermé dim. soir et lun. ; sept.-juin : mar. et jeu.-dim. Fermé dim. soir, mar. soir et mer.*

AGENAIS

Hébergement

prix moyens

Hôtel Henri IV Au centre-ville, près de la poste, une grande bâtisse aux volets verts abrite 11 chambres très correctes. Nous avons particulièrement apprécié la n°4 pour son agencement et ses murs en pierre apparente. Dans cet hôtel familial et très bien entretenu, l'accueil est chaleureux et les prix restent sages. Double 46-75€, petit déjeuner 8€. *4, pl. du Général-Leclerc **Nérac** Tél. 05 53 65 00 63 www.hotelhenriiv.fr*

Les Terrasses du Petit Nérac Cet hôtel-restaurant donne fort à propos sur les quais de la Baïse, dans le quartier du Petit-Nérac. Son charme est notoire. Quatre chambres dont deux, les plus demandées, avec vue sur la rivière et sur le château, sont décorées simplement, leurs murs blancs ponctués çà et là de quelques touches de couleur. Double 58-60€, petit déj. 7€. *7, rue Séderie **Nérac** Tél. 05 53 97 02 91 www.terrasses-nerac.fr*

Chambres d'hôtes Domaine du Cauze Cette ancienne ferme propose 4 chambres - Margot, Jeanne, Marguerite et Fleurette - et une suite (la suite Henri). Elles sont équipées de tout le confort nécessaire et viennent d'être entièrement rénovées. La maison est environnée de verdure, la table d'hôtes à 25€/pers. (hors saison uniquement), la piscine et le sourire de la maîtresse de maison achèveront de vous séduire. Double 55-70€. *Isabelle Pope "Le Cauze" **Nérac** (2km au nord du centre-ville) Direction Agen par la D 930, itinéraire poids lourds Tél. 05 53 65 54 44 www.domaineducauze.fr*

GAMME DE PRIX	RESTAURATION	HÉBERGEMENT
Très petits prix	moins de 15€	moins de 30€
Petits prix	de 15 à 25€	de 30 à 50€
Prix moyens	de 25 à 35€	de 50 à 80€
Prix élevés	de 35 à 50€	de 80 à 125€
Prix très élevés	plus de 50€	plus de 125€

MÉZIN

47170

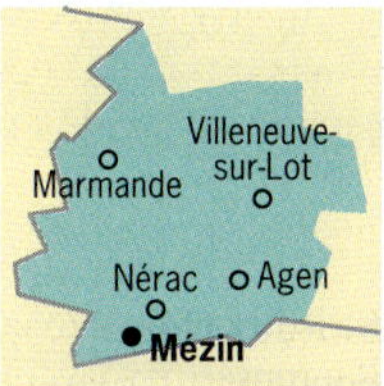

Aux portes du Gers et de la forêt landaise, cette petite cité de l'Albret coule des jours heureux à l'ombre d'une vieille église romane, des arcades de sa place principale et d'un kiosque au charme désuet. Des vestiges de remparts rappellent son passé de place forte anglaise pendant la guerre de Cent Ans. Berceau du président de la IIIe République Armand Fallières (1841-1931), Mézin connut son âge d'or au XIXe siècle en devenant la capitale du bouchon en liège. De ces bouchons qu'on utilise pour l'armagnac, dont les vignobles se déploient sur les coteaux alentour. L'occasion toute trouvée d'aller visiter quelques chais...

CAPITALE DU BOUCHON Début 1900, les forêts de chênes-lièges des Landes de Gascogne ont déjà largement cédé du terrain au pin maritime. Un recul qui annonce le déclin de l'Albret en tant que principal producteur français de bouchons. À l'époque, 2 000 bouchonniers transforment encore l'écorce du chêne-liège dans toute la région. Aux dernières heures du trafic fluvial, le liège embarquait au port de Lavardac. La concurrence du Portugal aura raison de cette activité, entraînant la fermeture des usines. Pour conserver cette mémoire vivante, la municipalité a ouvert un musée fort bien conçu qui retrace l'épopée du bouchon dans le Mézinais.

MODE D'EMPLOI

accès

À 13km au sud de Nérac.

orientation

Le village coiffe une petite butte à l'extrême sud du pays d'Albret, à la lisière des Landes de Gascogne et du Gers.

marchés, fêtes et manifestations

Marché *Pl. Armand-Fallières Ouvert jeu. et dim. matin 8h-13h*

La Flamme de l'armagnac en Mézinais Le début de la distillation de l'armagnac donne lieu à une fête qui commence par une randonnée et se termine par un repas chez un producteur devant l'alambic. *En nov.*

informations touristiques

Office de tourisme *Pl. Armand-Fallières 19 Tél. 05 53 65 77 46 Ouvert mai-sept. : tlj. 9h30-12h30 et 14h30-18h30 ; oct.-avr. : tlj. 9h-12h et 14h-17h*

DÉCOUVRIR

☆**Les essentiels** Le musée du Liège et du Bouchon **Découvrir autrement** Goûtez au foie gras de la ferme de Gagnet, initiez-vous à la dégustation de l'armagnac à Lannes, piquez une tête dans le lac de Lislebonne

Mézin

☆☺ **Musée du Liège et du Bouchon** Un siècle d'industrie bouchonnière a laissé peu de traces dans l'ancienne capitale du bouchon. Un musée très vivant raconte cette activité importante autrefois en Albret. Il retrace l'exploitation des chênes-lièges dans la forêt landaise, explique les différentes techniques de fabrication, présente les progrès de la mécanisation et reconstitue un atelier autour de 1900. Sont aussi exposés une foule d'objets dérivés du liège. Très instructif ! *Rue du Puits-Saint-Côme Tél. 05 53 65 68 16 Ouvert début avr.-fin juin : mar.-dim. 14h-18h ; début juil.-mi-sept. : mar.-ven. 10h-12h30 et 14h-18h30, w.-e. 14h-18h ; mi-sept.-fin oct. : mar.-dim. 14h-18h Tarif 4€, réduit 2€, gratuit pour les moins de 14 ans*

Église Saint-Jean-Baptiste Étape sur le chemin de Saint-Jacques-de-Compostelle, la cité de l'Albret possède une église bénédictine assez imposante. D'allure fortifiée, elle présente un chœur roman à chapiteaux sculptés du XIIe siècle et une nef gothique du XIVe siècle. L'édifice domine la place centrale, qui a conservé son plan rectangulaire et quelques cornières. *Vieille ville*

● Où acheter du foie gras ?

☺ **Ferme de Gagnet** Au pays de l'armagnac, du foie gras et des pruneaux, on ne peut rêver meilleur endroit pour faire provision de produits du terroir. Cette exploitation de la commune de Mézin fabrique un délicieux foie gras avec ses canards élevés au bon grain et au grand air. Parmi les autres spécialités reconnues de la ferme, un floc de Gascogne qui a été primé au concours général agricole de Paris et un armagnac Ténarèze d'excellente facture. Si vous avez encore un peu

L'Agenais médiéval

Châteaux

Estillac ____ 447
Château d'Henri IV (Nérac) ____ 451
Poudenas ____ 459
Madaillan ____ 467
Gavaudun ____ 489
Lauzun ____ 493
Duras ____ 502

Villes et villages

Nérac ____ 449
Barbaste ____ 453
Penne-d'Agenais ____ 468
Tournon-d'Agenais ____ 471
Villeneuve-sur-Lot ____ 473
Pujols ____ 476
Clairac ____ 481

Hébergement

Château de Lassalle (Laplume) ____ 448
Chambres d'hôtes Château de Saint-Sulpice (La Sauvetat-sur-Lède) ____ 480
Chambres d'hôtes Château de la Seignal (Monclar) ____ 480
Chambres d'hôtes Château de Grenier (Saint-Léger) ____ 485

de place, laissez-vous tenter par quelques pruneaux... à l'armagnac bien sûr. *Lieu-dit Gagnet (à 800m du centre-ville) Suivre les flèches Tél. 05 53 65 73 76 ou 06 82 36 19 82 http://gagnet.jimdo.com*

Où s'approvisionner en vin ?

Cave des coteaux-du-mézinais Si vous n'avez pas le temps de vous rendre directement chez un producteur, faites un tour à cette cave coopérative. Vous y trouverez des vins de pays gouleyants à souhait et quelques armagnacs Ténarèze très recommandables. *Bd du Colomé Tél. 05 53 65 53 55 Ouvert mar.-dim. 9h-12h30 et 15h-18h*

Les environs de Mézin

Château de Poudenas Il se détache en surplomb de la vallée de la Gélise, frontière naturelle entre la forêt landaise et les coteaux de Gascogne. La forteresse des seigneurs de Poudenas, vassaux d'Edouard Ier Plantagenêt, a été construite au XIIIe siècle, puis transformée aux XVIe et XVIIe siècles en une résidence seigneuriale à l'élégance tout italienne. Sa façade est rythmée par une galerie d'arcades desservie par un escalier et surmontée de terrasses créant des décrochés. On dit que le château compte autant de fenêtres et de portes qu'il y a de jours dans l'année... On en visite les appartements, la salle à manger du XVIIIe siècle, une bibliothèque et l'ancienne salle de garde. Dans le parc s'élève une église du XIIIe siècle, très sobre. ***Poudenas** (5km à l'ouest de Mézin sur la D656) Tél. 05 53 65 70 53 ou 06 80 01 27 42 ou 06 62 00 13 02 www.poudenas.com Ouvert tlj. Visites guidées toute l'année sur rdv (mini. 10 pers.)*

Où déguster de l'armagnac et du floc ?

☺ **Château de la Grangerie** La Grangerie est un ancien monastère du XIIe siècle transformé plus tard en château, aujourd'hui propriété de la famille de Langalerie, qui vous fera elle-même les honneurs des produits de l'exploitation. Des pruneaux d'Agen mais surtout un armagnac raffiné et un excellent floc maison. Passage obligé de la visite, le chai installé dans une ancienne chapelle. L'endroit est magique. ***Lannes** (à 5km de Mézin) Tél. 05 53 65 70 97 www.lagrangerie.fr Ouvert 9h-19h Visites guidées*

Passer un après-midi au bord de l'eau

☺ **Base de loisirs de Lislebonne** À quelques kilomètres de Mézin, les eaux d'un lac scintillent à travers les chênes d'une forêt. Sur la plage de sable aménagée pour la baignade, il fait bon se prélasser. Des gîtes et un camping au bord de l'eau (p.460) accueillent une clientèle familiale. Un vrai paradis. Location de kayaks en été. ***Réaup-Lisse** (8km au nord-ouest de Mézin sur la D149) Tél. 05 53 65 65 28 Ouvert avr.-sept.*

CARNET D'ADRESSES

Restauration, hébergement

camping

Camping de Lislebonne Cette base de loisirs réserve 20 emplacements pour les campeurs. Planter sa tente y revient de 12 à 20€ pour deux. Également des chalets pour 4/6 personnes à louer à la semaine (entre 280 et 700€). Snack-bar et location de kayaks. *Base de loisirs de Lislebonne* ***Réaup-Lisse*** *(8km au nord-ouest de Mézin) Tél. 05 53 65 65 28 www.domainelislebonne.com Ouvert mi-avr.-mi-oct.*

petits prix

Le Relais de Gascogne Si la grande maison blanche aux volets bleu ciel postée à l'entrée de Mézin (en venant de Nérac) évoque la Bretagne, ce sont bien les plats traditionnels régionaux qui se retrouvent à sa carte. On apprécie la petite terrasse séparée de la route par un feuillage. Pour le déjeuner, un menu à 18,50€ ; le soir, un autre menu à 23,80€, vraiment copieux. À l'étage, 17 chambres sans reproches, au confort simple, vous attendent. Comptez 70-80€ pour une double en haute saison. Soirée étape 52,20€. *Av. Max-Grosselle* ***Mézin*** *Tél. 05 53 65 79 88 http://etienne.soufflet.free.fr Ouvert haute saison : tlj. ; hors saison : fermé ven. soir, sam. midi, dim. soir*

LAROQUE-TIMBAUT

47340

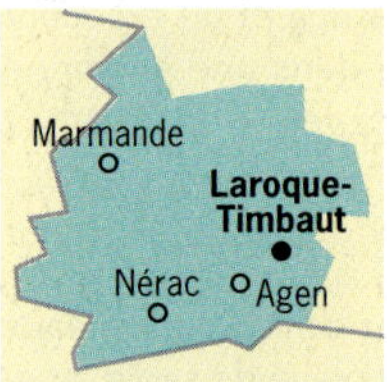

Le pays de Serres, territoire de pechs, ou "monts", et de vallées encaissées, s'étend de la confluence du Lot et de la Garonne aux portes de Cahors et de Montaigu-du-Quercy, à cheval entre le Lot-et-Garonne et le Tarn-et-Garonne. L'alternance de plateaux et de vallons due à l'érosion a façonné un relief singulier – coteaux moutonnant dessinant des paysages jamais monotones, sillonnés de sentiers de randonnée. Avec son millier d'habitants, Laroque-Timbaut coule des jours paisibles à l'ombre de sa halle séculaire. Il offre un bon point de départ pour explorer la campagne alentour où sont dispersés villages et bastides tout à la fois témoins et enjeux de la guerre de Cent Ans, puis des guerres de Religion. Dans les environs, vous pourrez découvrir de merveilleuses grottes naturelles parées de concrétions, parcourir les sentiers de randonnée qui serpentent sur les coteaux de Beauville, vous reposer au bord d'un lac et terminer par une pause gourmande à Frespech.

MODE D'EMPLOI

accès

EN VOITURE
Laroque-Timbaut est située 21km au nord-est d'Agen par la D656, 17km au sud de Villeneuve-sur-Lot par la N21.

EN TRAIN
Gare la plus proche : Penne-d'Agenais, à 16km ; ligne Agen-Périgueux.

orientation

Au croisement de plusieurs départementales, à mi-chemin entre Villeneuve-sur-Lot et Agen, le bourg est un bon point de départ pour un itinéraire en voiture à travers le pays de Serres en passant par Frespech, Beauville, Saint-Maurin et Puymirol.

marchés

Marché alimentaire de Laroque-Timbaut *Ouvert jeu. matin 8h-13h*

informations touristiques

Syndicat d'initiative *Pl. de la Mairie Tél. 05 53 95 71 44 Jours et horaires d'ouverture variables*
Très bonne documentation sur la région et les circuits de randonnée.
***Beauville** www.ot-beauville.com*

DÉCOUVRIR

Laroque-Timbaut et ses environs

☆**Les essentiels** Les village de Laroque-Timbaut, de Puymirol et de Frespech **Découvrir autrement** Explorez les grottes naturelles de Castella, faites du ski nautique sur le plan d'eau des Avirmes à Frespech, randonnez dans le pays de Serres

☆**Vieux village de Laroque-Timbaut** Il faut visiter le paisible village de Laroque-Timbaut de préférence un jeudi matin, jour de marché. Les étals proposent alors mille et un produits locaux, fruits gorgés de soleil, légumes de saison et spécialités. Mais Laroque-Timbaut mérite aussi une halte pour sa magnifique **halle** du XIIe siècle qu'entourent des maisons anciennes. Un peu plus loin, vous apercevrez la tour de l'Horloge, du XIIIe siècle, qui ouvre la rue Lô. Cette ruelle tortueuse conduit à la source miraculeuse Saint-Germain qui sourd au fond d'un vallon. Selon la légende, l'armée de Roland en route vers Roncevaux aurait été guérie de la peste par ses eaux. Charlemagne y fit élever une chapelle. L'endroit, ombragé, est vraiment très plaisant.

Hautefage-la-Tour À quelques encablures de Laroque-Timbaut s'élève, telle une flèche vers le ciel, la tour de Hautefage que l'on voit de loin. À ses pieds, le village semble bien minuscule. L'élégante construction Renaissance a été commandée au XVIe siècle par deux évêques agenais qui souhaitaient s'établir dans le bourg mais le reste de la résidence ne vit jamais le jour. L'église paroissiale, de la fin du XVe siècle, est aussi classée pour son impressionnante charpente. *5,5km au nord de Laroque-Timbaut par la D103*

☆ **Puymirol** Son nom, "le mont d'où l'on voit loin" – de *puy* (le mont) et *mirol*, du verbe voir – résume parfaitement sa situation géographique. La plus ancienne des bastides (plus certainement un castelnau) de l'Agenais est effectivement perchée sur un promontoire rocheux. Ses bâtisseurs – elle fut fondée par le comte de Toulouse Raymond VII en 1246 – l'ont forgée selon la configuration du terrain, un plateau allongé de forme arrondie. La place centrale, carrée, a conservé ses cornières et une halle aux grains. Ses remparts, qui venaient renforcer de solides défenses naturelles, furent démantelés sur ordre de Louis XIII – qui n'avait sans doute pas oublié que Puymirol fut un bastion des protestants jusqu'à l'avènement d'Henri IV – puis le château fut détruit. Pour embrasser le paysage sauvage de la verte vallée de la Séoune qui serpente en contrebas, empruntez l'ancien chemin de ronde. *15km au sud de Laroque-Timbaut par la D110*

● **Explorer des grottes naturelles** Dans les plateaux calcaires du pays de Serres, l'eau a creusé des grottes naturelles il y a plus de 25 millions d'années. Le ruissellement y a façonné d'étranges figures. Le spectacle féerique des concrétions balayées par de savants éclairages émerveillera petits et grands. À Lastournelle, une enfilade de sept salles offre des stalactites, stalagmites et draperies dans un beau dégradé de couleurs. Le guide vous expliquera tout sur ce phénomène naturel au cours d'une visite de 40min. Pensez à prendre une petite laine, il fait frais à l'intérieur des grottes.
Grottes de Fontirou *Castella (10km au nord-ouest de Laroque-Timbaut sur la N21, direction Villeneuve-sur-Lot) Tél. 05 53 40 15 29 www.grottes-fontirou.com Ouvert début avr.-mi-juin : dim. 14h-17h30 ; mi-juin-fin juin : tlj. 14h-17h30 ; juil.-août : 10h-12h30 et 14h-18h ; début sept.-mi-sept. : 14h-17h30 Tarif 7,50€, réduit 6€*
Grottes de Lastournelle *Sainte-Colombe-de-Villeneuve (13km au nord-ouest de Laroque-Timbaut) Tél. 05 53 40 08 09 Ouvert avr. : dim. 14h30-17h30 ; mai-juin : tlj. 14h30-17h30 ; juil.-août : tlj. 10h-18h ; sept. : tlj. 14h30-17h30 ; oct.-déc. Sur rendez-vous uniquement Tarif 6€, réduit 4€*

☆ Frespech

Vieux village Vous ne manquerez pas de tomber sous le charme du minuscule village médiéval de Frespech, blotti à l'intérieur d'une enceinte fortifiée ovale du XIe siècle. Cette place forte bâtie sur un plateau était la possession d'une puissante famille de l'Agenais, les Durfort. Pendant la guerre de Cent Ans, elle fut l'objet d'âpres et récurrents combats, comme l'atteste l'épaisseur de ses murailles. Du haut des remparts, la vue porte loin sur la campagne ondoyante et sauvage. L'église du XIe siècle, aux lignes romanes, est des plus émouvantes. On ne peut hélas admirer l'abside, massive et couverte de lauzes, que de l'extérieur, car l'édifice est fermé à la visite. Le château enserré dans l'enceinte est progressivement restauré par un passionné des vieilles pierres. Si la partie la plus ancienne ne ressemble plus qu'à un

L'Agenais des randonnées pédestres

Randonner dans le pays de Serres ____ 463
Prayssas et ses environs ____ 466
Pech-de-Berre ____ 485
Marcher le long du canal de la Garonne (Lagruère) ____ 499

champ de ruines, en revanche la façade du XVIe siècle a été relevée. Bref, vous serez séduit par cet endroit enchanteur, d'autant qu'aucune voiture ne vient troubler sa quiétude. *9,5km à l'est de Laroque-Timbaut par la D656*

● En savoir plus sur le foie gras

Ferme de Souleilles Isolée dans la campagne, la ferme de Souleilles multiplie les initiatives pour se faire connaître. Ses propriétaires y élèvent en quantité des canards gras, qui se dandinent dans les prés alentour. Ils ont aussi ouvert un **musée du foie gras**, entièrement réaménagé en 2011. Installé dans une ancienne grange, ce dernier retrace l'histoire de ce mets déjà connu des Égyptiens dans une mise en scène très vivante. Une partie est consacrée à la place de l'élevage des canards gras dans l'économie locale au début du XXe siècle, avec une reconstitution des activités paysannes d'autrefois. On ne s'ennuie pas une minute. Les plus pressés, ou les plus gourmands, iront directement à la boutique. En été, des marchés sont organisés à la ferme le vendredi matin ; les agriculteurs des environs y vendent leur production. Par ailleurs, les Boissière ont restauré à grands frais à Frespech une bâtisse de 4 étages qui abrite un restaurant - cf. Taulejada (p.465) - et une seconde boutique. *Yves et Geneviève Boissière* ***Frespech*** *(à 9,5km de Laroque-Timbaut par la D656) Tél. 05 53 41 23 24 www.souleilles-foiegras.com Ouvert juil.-août : tlj. 10h-19h ; sept.-juin : tlj. 10h-19h, dim. 15h-19h ; jan. : lun.-sam. 10h-19h Tarif musée 5€*

AGENAIS

● Faire du ski nautique

Lac de Frespech Si l'envie d'un bain de fraîcheur vous saisit, allez faire un tour au plan d'eau des Avirmes et chaussez vos skis ! Par ses dimensions modestes, le lac convient parfaitement aux débutants. Vous n'aurez pas tous les jours la possibilité de faire du ski nautique dans la région ! *Les Avirmes* ***Frespech*** *(à 9,5km de Laroque-Timbaut par la D656) Tél. 05 53 95 79 70 Ouvert avr.-oct.*

☺ Beauville

Vieux village Le village de Beauville monte la garde à l'extrémité d'un plateau, dans un environnement boisé et vallonné. À l'entrée de la grand-place, le foirail servait de marché aux bestiaux. Au cœur du bourg, la place à cornières ne manque pas de panache avec ses vieilles maisons à colombages et en pierre. À un bout, se dresse le clocher de l'église Saint-Jacques, des XIVe et XVIe siècles, qui servait de tour de guet. Une porte Renaissance surmontée d'une coquille de saint Jacques de Compostelle signale l'entrée de l'édifice. Fief d'une importante baronnie de l'Agenais, Beauville possède un château dont les premières pierres ont été posées au XIIe siècle. Bien que très endommagé, il veille telle une sentinelle sur la vallée de la Petite Séoune, posté sur la pointe ouest du promontoire rocheux. Faites un tour sur le chemin de ronde qui longe les fortifications (elles datent de la guerre de Cent Ans), il livre un panorama sur le relief doucement escarpé du pays de Serres. *13km à l'est de Laroque-Timbaut par la D656 et la D122*

● ☺ Randonner dans le pays de Serres

L'office de tourisme de Beauville vous délivrera de petits guides fort bien faits sur les randonnées dans le canton. Les sentiers disparaissent au fond d'un val et remontent à flanc de coteaux. Au détour d'une crête, on découvre un ravissant point de vue, l'envol d'un rapace, un pigeonnier, une église romane dorée par le soleil... Parmi nos préférés, citons le circuit de l'abbaye de Saint-Maurin (4h30), une boucle de 18km qui passe devant des vestiges du patrimoine rural, et celui de Dondas (4h), de 16km, qui traverse un ruisseau et grimpe sur une hauteur. **Office de tourisme** *Pl. Archambault-de-Vençay* **Beauville** *Tél. 05 53 47 63 06 www.ot-beauville.com Ouvert juil.-août : mar.-sam. 9h30-12h30 et 14h-18h, dim. 9h-12h ; sept.-juin : mar.-ven. 9h30-12h et 13h-17h, sam. 9h-12h*

Saint-Maurin

Vieux bourg Ce village tapi au fond d'une vallée porte le nom d'un martyr agenais du VIIe siècle. On raconte qu'après avoir été décapité sur ordre du gouverneur de Lectoure (Gers), saint Maurin aurait porté sa tête entre ses mains jusqu'à ce lieu où il fut enterré. Des miracles se produisirent sur sa tombe, qui devint un lieu de pèlerinage. Au XIe siècle, les bénédictins décidèrent d'y élever une abbaye : ses ruines peuplent aujourd'hui les abords du village. Mise à mal par la guerre de Cent Ans et les guerres de Religion, puis par la Révolution qui lui apporta le coup de grâce, elle servit de carrière de pierres, et la vaste nef qui occupait une partie de la place actuelle du village fut détruite. Le **palais abbatial**, encore debout et plusieurs fois remanié, abrite un petit musée sur la vie rurale d'autrefois. Il évoque de manière attachante ces métiers disparus et la vie des paysans de Saint-Maurin autour de 1900. À côté, la chapelle Saint-Benoît expose une maquette du vaste complexe religieux avant son démantèlement. De l'église ne subsistent que deux travées du chœur, ornées de chapiteaux dont deux racontent le supplice de saint Maurin. Le palais donne sur une agréable place encadrée de maisons à colombages, au centre de laquelle trônent une belle halle du XVIIe siècle et un vieux puits. À la sortie du village, ne manquez pas **le moulin à eau fortifié** de Ferrussac (XIVe s.), assez curieux. Il veille à l'entrée d'une importante exploitation d'arbres fruitiers qui vend pruneaux et pommes – cf. Où cueillir des pommes ? (ci-dessous). *21km au sud de Laroque-Timbaut par la D110 et la D16* **Palais abbatial** *Tél. 05 53 95 31 25 Ouvert juil.-août : mer.-lun. 15h-19h Tarif 2€*

● Où cueillir des pommes ?

Domaine de Ferrussac Fin septembre-début octobre, pourquoi ne pas participer à la cueillette des pommes ? Vous serez accueilli à bras ouverts. Dans cette exploitation, on cultive pas moins de dix variétés différentes. Toute l'année, on peut s'y approvisionner en grannys, fujis, floridas... entre autres. La famille Lapierre et Vianney produit aussi des pruneaux, nature ou à l'armagnac, et des tomates séchées. La boutique occupe une magnifique propriété flanquée d'un moulin à eau. ***Saint-Maurin*** *À la sortie du bourg, direction Tayrac Tél. 05 53 66 86 16*

CARNET D'ADRESSES

Restauration

prix moyens

Taulejada Dans le magnifique hameau fortifié de Frespech, les propriétaires de la ferme de Souleilles (p.463) ont ouvert un restaurant. Au menu, sans surprise, foie gras et magrets sont servis dans une belle maison en pierre restaurée, pourvue d'une vaste terrasse donnant sur l'église. Le cadre est idyllique et les produits proviennent de l'élevage familial. Formules à de 15-30€. On peut aussi s'approvisionner à la boutique. ***Frespech*** *Tél. 05 53 48 18 18 www.souleilles-foiegras.com Ouvert juil.-août : mar.-dim. Fermé dim. soir*

Le Roquentin Dans ce restaurant de village, on se rend en famille pour savourer une cuisine traditionnelle : selon la saison, fricassée de Saint-Jacques, tournedos, magret, croustadine de foie gras aux raisins... Une formule déjeuner à 12€ en semaine, menus 20-35€ le soir. C'est vraiment copieux. *Rue du 8-Mai-1945* ***Laroque-Timbaut*** *Tél. 05 53 95 78 78 Ouvert mar.-dim. Fermé lun., mar., mer., vend. soir et dim. soir*

Hébergement

camping

Les Deux Lacs Un cadre de verdure très plaisant. Comptez autour de 17€ pour dormir à deux dans une tente au bord de l'eau. Également location de bungalows. Le camping est très bien tenu et fréquenté par une clientèle familiale. Vous pourrez piquer une tête dans l'un des deux lacs à toute heure et trouverez le ravitaillement nécessaire au village de Beauville. ***Beauville*** *(13km à l'est de Laroque-Timbaut) Tél. 05 53 95 45 41 www.les2lacs.info Ouvert début avr.-fin oct.*

prix moyens

Chambres d'hôtes Le Jardin de la Paresse La vue de la terrasse, point d'observation privilégié, embrasse tout un vallon. La bâtisse en pierre enfouie dans la verdure dispose de quatre chambres, dont les deux en rez-de-jardin (indépendantes), joliment décorées, ont notre préférence. Les autres, tout aussi douillettes, sont situées dans l'habitation principale. Double de 58 à 65€ en haute saison, petit déjeuner compris. *M. et Mme Commandre Le Roc* ***Auradou*** *(Entre Laroque-Timbaut et Penne) Tél. 05 53 49 16 87 ou 06 88 27 97 93 www.francoiseetremi.free.fr*

Chambres d'hôtes Le Rhodier Une très belle maison de maître tapissée de vigne vierge donne sur un parc ombragé qui invite au repos. À moins que vous préfériez prendre le soleil autour de la grande piscine. Les trois chambres (70€ avec petit déjeuner),

GAMME DE PRIX	RESTAURATION	HÉBERGEMENT
Très petits prix	moins de 15€	moins de 30€
Petits prix	de 15 à 25€	de 30 à 50€
Prix moyens	de 25 à 35€	de 50 à 80€
Prix élevés	de 35 à 50€	de 80 à 125€
Prix très élevés	plus de 50€	plus de 125€

spacieuses et confortables, sont situées à l'étage, chacune décorée dans une couleur différente. Les hôtes ont librement accès à la cuisine d'été. Un havre de tranquillité dans la campagne, à deux pas de Beauville. *M. et Mme Aillet "Le Rhodier" Engayrac* **Beauville** *(13km à l'est de Laroque-Timbaut) Tél. 05 53 95 40 48 www.lerhodier.com*

PRAYSSAS

47360

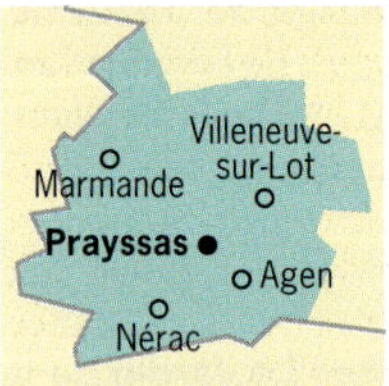

La capitale occidentale du pays de Serres, posée sur une modeste hauteur, est cernée par des vignes produisant un excellent chasselas et par de beaux vergers. La culture fruitière donne lieu à une grande foire aux fruits en août. Une foule d'estivants déambule alors dans les ruelles bordées de maisons anciennes protégées par des remparts séculaires.

MODE D'EMPLOI

accès

EN VOITURE
18km à l'ouest d'Agen par la D107, 23km au sud de Villeneuve-sur-Lot par la D118.

orientation

Le village, desservi par la D118 qui relie Port-Sainte-Marie et Villeneuve-sur-Lot, est situé aux confins du pays de Serres, non loin de la confluence du Lot et de la Garonne.

informations touristiques

Office de tourisme du canton de Prayssas *1, bd de la Paix Tél. 05 65 22 40 57 www.prayssas.com Ouvert lun. et sam. 9h-12h, mar. et ven. 9h-12h et 14h-17h30, mer. 9h-12h, jeu. 9h-12h et 14h-16h30*

fêtes et manifestations

Foire aux fruits *Un w.-e. fin août (une semaine avant le Pruneau Show d'Agen)*

DÉCOUVRIR

Prayssas et ses environs

☆ **Les essentiels** Le château de Madaillan **Découvrir autrement** Participez à la foire aux fruits en août, profitez d'un superbe panorama à Clermont-Dessus, d'où l'on embrasse la plaine de la Garonne, survolez la région en ULM

Vieux village Castelnau du XIIIe siècle, Prayssas invite à une agréable flânerie à l'intérieur de son enceinte, de forme arrondie, dont on admirera les portes fortifiées. L'église romane, remaniée en style gothique, renferme dans son abside des fresques du haut Moyen Âge qui représentent le Christ. La vie de la bourgade est rythmée par des marchés aux fruits riches en couleurs et en saveurs qui célèbrent son terroir généreux. L'été, les vacanciers en quête de fraîcheur fréquentent les bords du lac de Néguenou, où est proposée une palette d'activités de plein air.

☆☺ **Château de Madaillan** On ne sait plus si c'est le site ou le guide qui a le plus marqué notre esprit tant le propriétaire se montre intarissable sur l'histoire de son château, dont il connaît chaque pierre. Il faut avouer que l'édifice offre un véritable condensé de l'architecture médiévale ; son donjon en étrave, tout à fait caractéristique, rappelle celui du château de Bonaguil (p.369). Son édification, commencée au milieu du XIIIe siècle, s'achève au cours du XVe siècle. De vocation exclusivement défensive à l'origine, il se transforme en résidence quand l'époque n'est plus aux guerres. Montluc, le chef des armées catholiques, en fait le siège en 1575 pour déloger les huguenots, sans succès : la forteresse était imprenable. En pénétrant dans la cour, on est saisi d'emblée par la puissance du donjon, découpé en arête pour esquiver les tirs. De la terrasse se déploie une vue prodigieuse sur la vallée et… sur le golf en pente de notre châtelain. *10km au sud-est de Prayssas Tél. 05 53 87 56 23 ou 06 12 72 97 51 Ouvert nov.-avr. : dim. et j. fér. Visite guidée 15h30 ; mai-oct. : tlj. Visites guidées à 15h30, 16h30 et 17h30 ; août : tlj. Visites guidées à 15h30, 16h30, 17h30 Tarif 5€, réduit 2€*

AGENAIS

● Piquer une tête dans un lac

Lac de Néguenou Tout près du village de Prayssas le lac de Néguenou, enfoui dans la verdure, a été aménagé en base de loisirs. Il offre un environnement propice à la détente. De nombreuses activités nautiques et de plein air (canoë, vtt, tennis, pêche) sont proposées pour un divertissement familial. Camping en bordure du lac également (p.468). *Route de Lusignan-Petit D107 (à 3km de Prayssas) Tél. 05 53 95 00 67*

● Profiter d'un superbe panorama sur la Garonne

La route grimpe à l'assaut de la colline pour rejoindre le minuscule village de Clermont-Dessus, haut perché et ceint de remparts. L'église trapue du XIe siècle semble suspendue au-dessus de la plaine de la Garonne, couverte de vergers et de céréales. De l'autre côté, les collines boisées du pays de Serres ondulent. Sa situation en surplomb de Clermont-Dessous permettait de surveiller le trafic sur la Garonne. ***Clermont-Dessous** (12km à l'ouest de Prayssas)*

● Explorer le pays de Serres à vélo, à pied

Plusieurs circuits de cyclotourisme et 250km de sentiers de VTT ont été aménagés autour de Prayssas. Si le relief escarpé exige de bons mollets, que la nature est belle ! À pied, suivez les sentiers de randonnée qui s'enfoncent sous les frondaisons et traversent des ruisseaux chantants - cf. Randonner dans le pays de Serres (p.463). *Rens. à l'office de tourisme*

● Survoler la région en ULM

☺ **Base ULM Saint-Exupéry** Amateurs de sensations fortes, n'hésitez pas à vous envoler à bord d'un ULM pour découvrir d'en haut le pays de Serres.

Pour un baptême de l'air inoubliable (35€), ou un vrai circuit touristique (75€/30 min) dans les airs : vous longerez le Lot jusqu'à sa confluence. Au passage, vous survolerez des bastides dont on peut encore admirer le tracé orthogonal. ***Montpezat*** *Tél. 05 53 95 08 81 www.ulmstex.com*

CARNET D'ADRESSES

Restauration, hébergement

camping

Camping de Néguenou De nombreux emplacements sont réservés aux campeurs dans un environnement très agréable et arboré au bord du lac. Comptez de 15 à 18€/2 pers. Possibilité de louer également des mobil-homes (autour de 250 à 580€/sem.). Piscine et tennis sur le site. Ambiance familiale et nombreux loisirs en saison. ***Prayssas*** *Tél. 05 53 95 00 67*

petits prix

La Bastide Saint-Louis Sur les remparts de la bastide, sous une belle voûte en pierre du XIIIe siècle, cette crêperie-restaurant sans prétention concocte quelques plats du jour et, pour les appétits légers, des salades fraîcheur et des crêpes. Comptez 12-16€ à la carte. L'ambiance sympathique se prête parfaitement à une pause déjeuner. ***Prayssas*** *Tél. 05 53 95 05 47 Ouvert jeu.-mar. Fermé mer.*

prix élevés

☺ **Chambres d'hôtes Domaine de Dantounet** L'endroit est tout simplement magnifique ! Les quatre chambres mêlent couleurs chaudes et pierres apparentes dans un agencement raffiné. Leur style "rustique chic" se marie à merveille avec cette demeure en pierre posée à flanc de coteau au-dessus de la vallée. Pas une habitation alentour ne vient troubler la quiétude de l'ensemble, environné de vergers et de bosquets. Vos hôtes vous recevront avec beaucoup d'amabilité et mettront leur piscine à votre disposition. Double 80€, petit déjeuner compris. *MM. Marchais et Palhoriès Domaine de Dantounet* ***Lusignan-Petit*** *Tél. 05 53 66 63 98 ou 06 89 09 48 65 http://domainededantounet.monsite-orange.fr*

☺ PENNE-D'AGENAIS

47140

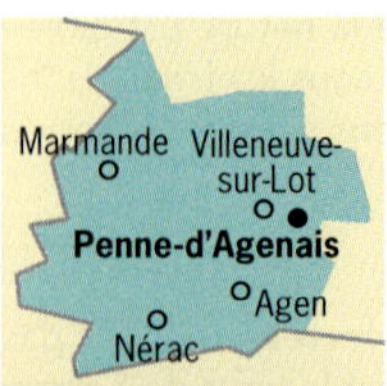

En abordant l'Agenais, le Lot dessert l'étau de ses falaises pour serpenter en rubans dans une plaine fertile. Village perché, Penne marque la frontière de l'Agenais avec le Quercy. Des ruelles escarpées, bordées de maisons anciennes aux façades en brique, en pierre et à colombages conduisent au sommet de ce village couronné par le dôme argenté de la basilique Notre-Dame

de Peyragude. Perché à 210m, le sanctuaire embrasse une vue magnifique sur le Lot en contrebas et les mamelons du pays de Serres moutonnant à l'horizon. Dans la cité fortifiée qui s'étage à flanc de coteau, il fait bon flâner dans les échoppes d'artisans, sur la place principale occupée par les terrasses des cafés ou autour des vestiges du château bâti par Richard Cœur de Lion. Attention, beaucoup de monde en saison.

UNE PLACE FORTE REBELLE Albigeois, Anglais, Huguenots... La colline de Penne a été de tous les combats qui ont enflammé la région. C'est à Richard Cœur de Lion que l'on attribue sa puissante forteresse. Elle ne tombera que deux fois : sous les assauts de Simon de Montfort venu déloger les Albigeois en 1212 et plus tard, en 1562, quand Blaise de Montluc s'empare du château où sont réfugiés les combattants protestants après un long siège. Toute la garnison sera passée au fil de l'épée. Anglaise pendant la guerre de Cent Ans, la ville joue un rôle clef à la frontière avec le Quercy français. Une fois les armes définitivement tues, Penne perd son intérêt stratégique et ses défenses sont démantelées.

MODE D'EMPLOI

accès

EN VOITURE
Penne d'Agenais est située 30km au nord d'Agen et 8km au nord-ouest de Villeneuve-sur-Lot.

EN TRAIN
SNCF *TER Agen-Périgueux. Tél. 36 35 www.voyages-sncf.com*

orientation

À la frontière entre le pays de Serres et la vallée du Lot, Penne est juchée sur une belle hauteur. À ses pieds, le village de Port-de-Penne rassemble les activités nautiques au bord du Lot.

fêtes et manifestations

Foire à la tourtière Ce délicieux gâteau requiert un savoir-faire particulier qui n'est plus possédé que par quelques personnes. Pour que la pâte soit aussi fine que possible, elle est étendue sur 2m de longueur. Nombreuses animations et dégustation. *2e dim. de juillet*

location de bateaux de plaisance

Babou Marine *Port de Penne Tél. 05 65 30 08 99 www.babou.marine@orange.fr*

informations touristiques

Office de tourisme *Rue du 14-Juillet Tél. 05 53 41 37 80 www.penne-tourisme.com Ouvert lun.-sam. 9h-12h30 et 14h-18h, dim. et j. fér. 14h-18h*

DÉCOUVRIR

☆ **Les essentiels** Le centre historique de Penne, Tournon-d'Agenais
Découvrir autrement Goûtez à la confiture de potimarron de la ferme du Lacaÿ, pique-niquez devant le moulin de Lustrac, faites une promenade en gabarre sur le Lot

Penne-d'Agenais

☆ **Vieille ville** On pénètre dans l'**enceinte fortifiée** par la porte de la Ville, en forme d'arc surbaissé (XVIIIe s.), qui gardait aussi l'entrée de l'ancienne prison consulaire. À gauche, la maison de Jean Ferrand (XIVe s.) a conservé ses baies gothiques trilobées au dernier étage. Sur tout le pourtour de l'enceinte, des maisons sont intégrées dans les remparts. En gravissant la rue du 14-Juillet, vous passerez devant la tour d'Alaric (au n°6 de la rue Notre-Dame) qui servait de cage d'escalier à une riche demeure médiévale. Un oiseau, blason de la famille, est gravé sur le linteau. Revenez sur vos pas et poursuivez la montée jusqu'à la **place du Mercadiel** (le marché), où des échoppes s'alignaient autrefois sous les couverts. Les arcades furent murées par la suite. L'ancien marché est dorénavant bordé de restaurants dont les terrasses avenantes surplombent l'église (fin XIXe s.). Passez devant l'hôtel de ville avant de vous engager dans la rue de Ferracap, qui débouche sur une seconde porte fortifiée, la porte de Ferracap, qui tient son nom du voisinage du gibet. Là commence la véritable ascension jusqu'à **Notre-Dame de Peyragude**. L'actuelle basilique, construite entre 1897 et 1947 dans un style néobyzantin grandiloquent qui la fait ressembler à la basilique du Sacré-Cœur à Montmartre, est surmontée d'une vaste coupole que l'on aperçoit de loin sur la route de Villeneuve-sur-Lot. Encore quelques marches et vous atteignez le sommet de l'éperon rocheux en forme de plateau où gisent les **ruines du château** de Richard Cœur de Lion. L'esplanade offre une vue plongeante sur le Lot, les toits étagés et les jardins. En redescendant, musardez dans les ruelles pour découvrir quelques belles façades à colombages.

● Où trouver des produits du terroir ?

☺ **Ferme du Lacaÿ** La recette d'apéritif au pruneau de la grand-mère, des confitures à l'ancienne aux fruits et aux légumes comme la délicieuse confiture de potimarron, des pruneaux au naturel, un chutney de pruneau pour accompagner un foie gras… autant de bonnes choses que les propriétaires de la ferme seront ravis de vous faire goûter. *Lacaÿ (à 3km du centre de Penne) Par la D253, en bordure du Lot Tél. 05 53 41 24 23 www.fermedulacay.com*

Le Pays d'Aliénor Vous saurez tout sur la prune d'ente ramenée de Syrie par les croisés et la fabrication des pruneaux en vous rendant chez ce pruniculteur, qui vous fera visiter ses vergers. Pour une dégustation, filez dans la boutique. Parmi les spécialités de la maison, les favoris d'Aliénor, de délicieux chocolats fourrés… aux pruneaux, évidemment ! *À la sortie de Penne-d'Agenais, en direction de Nouillac Tél. 05 53 41 21 26 Visite des vergers sur rendez-vous*

● Glisser au fil de l'eau

Dans le port de Penne, vous pourrez louer en saison des gabarots pour naviguer sur le Lot. Emportez un pique-nique à bord et descendez la rivière jusqu'au moulin de Lustrac, une halte rêvée pour un déjeuner sur l'herbe dans un paysage enchanteur. Gabarot env. 80€ la demi-journée. *Port de Penne Tél. 05 53 36 74 69 (Capitainerie) ou 06 43 42 39 69*

Les environs de Penne

☺ **Moulin de Lustrac** À l'époque médiévale, le Lot connaissait un important trafic fluvial. Les seigneurs établissaient des barrages pour réguler son cours et des maisons fortes pour contrôler la circulation. À Lustrac, un moulin fortifié, très bien conservé, surveille toujours le cours d'eau, formant avec le château et le barrage un ensemble harmonieux. Sa découverte est d'autant plus précieuse qu'elle s'avère relativement ardue. L'endroit est idéal pour une pause pique-nique au bord de l'eau. *11km au nord-est de Penne-d'Agenais Sur la rive droite du Lot après Trentels Suivre la direction du stade Actuellement en cours de restauration*

☆ **Tournon-d'Agenais** Spectaculaire ! Les maisons formant l'enceinte des remparts créent un effet de verticalité impressionnant. Ce castelnau, dit "de hauteur", semble taillé dans le roc. La route contourne ce mur de pierre avant d'atteindre la porte fortifiée. Aux mains des Anglais pendant la guerre de Cent Ans, Tournon-d'Agenais était un avant-poste stratégique à la frontière avec le Quercy français. Au cœur du petit village, reconstruit au XIIIe siècle après les guerres de Religion, s'élève un beffroi (1637) au surprenant cadran lunaire. Dans la rue principale, une imposante demeure percée de baies géminées signale l'Abescat, l'ancienne résidence des évêques d'Agen. Des maisons en pierre blanche ou à colombages s'alignent le long des ruelles, tandis que le chemin de ronde déroule un beau point de vue sur la campagne verdoyante de la vallée du Boudouyssou. Seule ombre à ce tableau, le château d'eau disgracieux transformé en clocher de l'église qui culmine à 250m de hauteur. *18km à l'est de Penne-d'Agenais par la D661*

Monsempron-Libos Aux confins du Haut-Agenais se dresse l'imposante silhouette du prieuré bénédictin Saint-Géraud de Monsempron fondé par des moines d'Aurillac, l'un des joyaux de l'art roman en Agenais. L'église (XIe-XIIe s.), dotée d'harmonieuses chapelles rayonnantes, est surmontée d'un puissant clocher carré qui domine un vaste territoire. D'émouvantes sculptures romanes en ornent les piliers et le portail. Le prieuré connaît son apogée au XIIIe siècle. Un château prieural est alors construit. Remanié et endommagé, il fera par la suite l'objet d'une restauration soignée et accueille désormais un espace d'expositions. Le minuscule village aux maisons médiévales qui l'entoure ajoute au charme de l'ensemble. *19km au nord-est de Penne-d'Agenais*

Fumel On ne s'attardera pas dans cette ville industrielle qui doit faire face à une reconversion difficile après la fermeture d'un important complexe métallurgique. Son château en surplomb offre une vue plongeante sur les jardins du Lot. Au pied de ce belvédère, est amarrée une gabarre qui reprend du service à la belle saison. *20km au nord-est de Penne-d'Agenais par la D911*

● **Où acheter du vin de pays ?** À la cave coopérative Vin du tsar, vous pourrez déguster des vins de pays à l'arôme de cuir et de jasmin, fruit d'un mariage réussi entre merlot et malbec. L'anecdote veut que, au début du siècle dernier, lors d'une réception officielle, le président Fallières fît goûter à Nicolas II les vins du cru. Le tsar les apprécia vivement et en commanda. Fort de ce passé prestigieux, des viticulteurs décidèrent dans les années 1990 de relancer ce vin et le baptisèrent du nom du tsar. Si vous souhaitez rendre visite à un vigneron indépendant, faites un tour au domaine de Lions. M. Montel vous fera goûter ses différentes cuvées, dont certaines, affinées en fûts de chêne, se chargent d'arômes épicés.
Coopérative Vin du tsar *Plaisance* ***Thézac*** *(22km à l'est de Penne-d'Agenais) Tél. 05 53 40 72 76 Ouvert lun. 14h-18h, mar.-sam. 9h15-12h et 14h-18h, dim. 15h-18h Uniquement les dim. de juil. et août*
Domaine de Lions ***Thézac*** *(22km à l'est de Penne-d'Agenais) Tél. 05 53 40 70 58*

● **Faire une promenade en gabarre**
Gabarre fuméloise À Fumel, une gabarre embarque les estivants pour une promenade sur le Lot à travers les paysages boisés de la Lémance. Le capitaine vous contera en chemin l'histoire de la navigation sur la rivière tout au long d'un parcours de 1h30. ***Fumel*** *Tél. 05 53 71 13 70 Ouvert juil.-août : tlj. Départs à 15h et 17h ; mai-juin : sam.-dim. Départ à 15h (sur réservation) ; sept. : sam.-dim. Départ à 15h (sur réservation)*

CARNET D'ADRESSES

Restauration

petits prix

Le Bombe Cul Ne résistez pas au plaisir de déjeuner en terrasse sur la ravissante place de la mairie. Formule du jour, cuisine du terroir, les plats sont sans prétention et l'endroit se révèle fort agréable. Grandes salades. Menus 15-30€. Que des produits frais. En saison, vous ne serez pas seul ! *10, pl. Paul-Froment* ***Penne-d'Agenais*** *Tél. 05 53 71 11 76 Ouvert juil.-août : mar.-dim. fermé dim. soir et lun. ; sept.-juin du ven. soir au dim. midi et tous les jours des vacances scolaires*

prix moyens

La Maison sur la Place Les habitués raffolent de sa terrasse dressée

GAMME DE PRIX	RESTAURATION	HÉBERGEMENT
Très petits prix	moins de 15€	moins de 30€
Petits prix	de 15 à 25€	de 30 à 50€
Prix moyens	de 25 à 35€	de 50 à 80€
Prix élevés	de 35 à 50€	de 80 à 125€
Prix très élevés	plus de 50€	plus de 125€

dans une cour bordée de maisons de caractère. Dans un cadre à la décoration raffinée, la cuisine, à la présentation soignée, cultive une certaine inventivité comme l'atteste cette salade de Saint-Jacques aux cèpes ou les escalopes de foie frais au sirop d'érable. Carte variée et premier menu à 32€. *10, pl. Gambetta* ***Penne-d'Agenais*** *Tél. 05 53 01 29 18 www.lamaisonsurlaplace.com Ouvert tlj. Fermé dim. soir et lun. en haute saison ; le reste de l'année, ouvert du jeu. au dim. midi*

Dans les environs

prix moyens

Ferme Auberge de la Grèze Le cadre est celui d'une véritable exploitation agricole. Les machines sont stationnées dans la cour et les propriétaires ont aménagé une salle de réception que les riverains louent pour un événement familial. Vous l'aurez compris, ce n'est pas le décor mais la cuisine qui attire ici, généreuse. Délicieux foie gras et magret cuit à point dans un menu à 28€. Assiettes de dégustation entre 12 et 20€. On pourra s'approvisionner à la ferme en bons produits du terroir. *La Grèze* ***Saint-Georges*** *(12km au nord-est de Penne-d'Agenais) Tél. 05 53 40 80 18 Ouvert juil.-août : tlj. Réservation indispensable*

Hébergement

prix moyens

Hôtel Le Compostelle-d'Agenais Dans cette grande maison récente posée à flanc de coteau sur la route qui grimpe en lacet vers le village, les 26 chambres, très confortables, manquent un peu d'âme avec leurs meubles standard. Mais elles donnent sur une esplanade qui domine la vallée... Agréable terrasse sur la pelouse pour prendre le petit déjeuner, piscine exposée plein sud. Chambre double 56€, familiale (5 pers.) 70€, petit déjeuner 7,90€. *18, rue Jean-Moulin* ***Penne-d'Agenais*** *Tél. 05 53 40 16 03 www.hotel-lecompostelle-agenais.com*

VILLENEUVE-SUR-LOT

47300

Bien qu'il ait perdu ses trois tours de défense, le vieux pont de la bastide a conservé de belles arches qui enjambent les eaux vertes et sombres du Lot. Il offre une jolie vue sur les quais bordés par une enfilade de maisons hautes qui se mirent dans l'onde. Les portes de Paris et de Pujols, tours en brique orangée, montent la garde au nord et au sud de cette cité très vivante. Les nombreux commerces et le marché attirent beaucoup de monde autour de sa place centrale soulignée de rangées d'arcades.

MODE D'EMPLOI

accès

EN VOITURE
À 30km au nord d'Agen par la N21, 18km au sud de Monflanquin par la D676, 13km à l'ouest de Penne-d'Agenais, 55km à l'est de Marmande par la D911.

EN CAR
Pas de train de voyageurs, mais devant la gare partent les cars pour Agen.
Gare SNCF *Av. Lazare-Carnot Rive Gauche Tél. 36 35 www.sncf.com*

orientation

Au carrefour des routes Cahors-Marmande et Agen-Bergerac, Villeneuve-sur-Lot s'étire de part et d'autre du Lot. Le cœur historique de la bastide occupe un étroit périmètre balisé par les portes de Paris au nord et de Pujols au sud. Autour s'est développée une importante zone d'activités.

informations touristiques

Office de tourisme du Grand Villeneuvois *Allée Federico-Garcia-Lorca* ***Villeneuve-sur-Lot*** *Tél. 05 53 36 17 30 www.tourisme-villeneuvois.fr Ouvert juil.-août : lun.-sam. 9h30-19h ; sept.-juin : lun.-sam. 9h-12h et 14h-18h*

marchés, fêtes et manifestations

Marché Mar. et sam. matin. *Place Lafayette*
Festival du rire Concours national d'humoristes où sont invités des artistes reconnus. *Tél. 05 53 40 04 53 www.rire-a-villeneuve.com Début juil.*
Les Nuits de Monclar Ce festival de théâtre est organisé par la compagnie des Baladins en Agenais de Roger Louret. *Tél. 05 53 01 05 58 Dernière sem. de juil.*

DÉCOUVRIR

☆**Les essentiels** La vieille ville de Villeneuve, Pujols **Découvrir autrement** Rapportez de vieux armagnacs millésimés de la Boutique des pruneaux, allez admirer les étalons du haras national, arpentez les fairways du golf de Castelnaud-de-Gratecambe

Villeneuve-sur-Lot

☆**Vieille ville** La **porte de Paris**, coiffée d'un beffroi en brique, garde l'entrée nord de la bastide, d'où une rue piétonne rectiligne conduit à la place Lafayette. Un marché coloré s'y tient le mardi et le samedi matin, cafés et commerces s'alignent sous ses arcades. Au centre, une belle fontaine fait entendre son murmure. Sur la gauche, vous apercevrez les tours de l'église Sainte-Catherine, parée de briques d'un beau rouge vif, construite au XIXe siècle dans un style romano-byzantin. Traversez la place et continuez en direction du Lot. Sur la droite, appuyée contre le **Pont-Vieux** du XIIIe siècle, la chapelle du Bout-du-Pont a été élevée par les bateliers afin d'implorer la clémence du fleuve. Tout autour, des maisons aux façades disparates et lézardées brossent un tableau très méditerranéen de l'endroit. Sur l'autre rive, la **tour de Pujols** signale l'entrée sud de la ville. En revenant sur vos pas, prenez la rue Lakanal. Derrière le bureau de poste, le **musée de Gajac** attend les visiteurs en bordure du Lot. Dans cet ancien moulin, vous découvrirez une importante collection de tableaux et de sculptures léguées par de généreux mécènes, ainsi que des objets mis au jour sur le site gallo-romain d'Eysses. Des expositions temporaires de qualité y sont régulièrement organisées. **Musée de Gajac** *2, rue des Jardins Tél. 05 53 40 48 00 Ouvert lun.-ven. 10h-12h et 14h-18h ouvert jusqu'à 21h le mar., sam.-dim. 14h-18h Tarif 3€, réduit 1€*

Musée d'Eysses Au carrefour de deux axes de communication, les Romains établirent la ville d'Eysses au Ier siècle ap. J.-C. Une abbaye bénédictine s'installera par la suite sur le site. Un musée a été ouvert sur les ruines de la cité romaine, située 2km au nord de Villeneuve. *Pl. Saint-Sernin-d'Eysses (prendre la direction de Monflanquin) Tél. 05 53 70 65 19 ou 06 10 15 48 43 Ouvert juil.-août : 14h30-18h30 Visites guidées Tarif 2,50€, réduit 1,50€*

AGENAIS

● Où acheter des pruneaux ?

La Boutique des pruneaux De vieux armagnacs millésimés, une gamme de pruneaux présentés dans d'élégants ballotins, tout est tentant dans cette confiserie à l'ancienne proche de la Porte de Paris. À coup sûr, vous n'en ressortirez pas les mains vides. *11, pl. de la Libération Tél. 05 53 70 02 75 http://laboutiquedespruneaux.fr Fermé dim. après-midi*

● Visiter un haras national

Haras national Sur la rive du Lot, en plein cœur de la ville, l'ancien couvent des Cordeliers abrite un haras depuis 1804. Ayant eu pour vocation première la remonte des armées impériales, il s'est orienté au fil du temps vers l'élevage de chevaux de course et la protection des races. Dans les écuries piétinent de

L'Agenais en amoureux

Hôtels et chambres d'hôtes

Château de Lassalle (Laplume) 448
Chambres d'hôtes Le Rhodier (Beauville) 465
Chambres d'hôtes Château de la Seignal (Monclar) 480
Chambres d'hôtes Le Caussinat (Clairac) 483
Chambres d'hôtes Château de Grenier (Saint-Léger) 485
Hôtel-restaurant des Remparts (Castillonnès) 495
Chambres d'hôtes Cantet (Samazan) 501

Sites de balades

Nérac 451
Penne-d'Agenais 470
Tournon-d'Agenais 471
Pujols 476
Casseneuil 477
Jardin des nénuphars (Le Temple-sur-Lot) 479
Monflanquin 486

Restaurant

Restaurant Mariottat (Agen) 444
Cochon, canard et compagnie (Astaffort) 447

fougueux étalons à la robe lustrée. Peut-être aurez-vous la chance d'assister à une séance d'entraînement dans le manège. *Place des Droits-de-l'Homme Tél. 05 53 70 56 84 Ouvert lun.-ven. 9h-12h et 14h-17h*

● Descendre le Lot en canoë-kayak

Base nautique de Villeneuve En pédalo ou en bateau électrique, vous descendrez le Lot jusqu'à Casseneuil, un village médiéval posté en aval. Le parcours longe les berges du cours d'eau, qui s'encaisse brusquement. Le personnel de la base de loisirs vous attend à votre arrivée et vous ramène en voiture. Les plus sportifs pourront s'essayer à l'aviron ou au canoë-kayak. *Quai d'Alsace (à côté du Pont-Vieux) Tél. 05 53 49 18 27 ou 06 07 62 19 12*

Les environs de Villeneuve

☆ **Pujols** Retranché derrière ses fortifications, Pujols observe la vallée du Lot du haut de son promontoire, à 180m d'altitude. Sa vue imprenable, ses belles maisons à colombages, son classement au rang des "plus beaux villages de France" et ses boutiques d'artisans y attirent de nombreux touristes en saison. Une table d'orientation permet de repérer les villes et villages à 30km à la ronde. Quel panorama ! Juste en face, on reconnaît Villeneuve-sur-Lot, la "bastide" fondée par Alphonse de Poitiers dans laquelle les habitants de Pujols trouvèrent refuge après que le village fut rasé pour son soutien à la cause albigeoise. Franchissez la porte fortifiée surmontée par le clocher de l'**église Saint-Nicolas**. Ce sanctuaire en pierre blonde était aux XIVe et XVe siècles l'église seigneuriale de la forteresse (aujourd'hui détruite). La halle abrite un marché en été et précède la rue principale, bordée de maisons fleuries un peu trop léchées. Sur l'autre versant, la vue embrasse la campagne ondulante de la vallée du Mail. Près du belvédère, l'**église Sainte-Foye**, de style gothique flamboyant (XVe s.), renferme des fresques classées. *3km au sud de Villeneuve-sur-Lot*

Le royaume de la prune d'ente

Le pruneau d'Agen est en fait produit dans la vallée du Lot, et plus précisément dans le Villeneuvois. Le nom de la capitale du Lot-et-Garonne s'est imposé car toute la production transitait par le port d'Agen, d'où elle était expédiée par bateau vers Bordeaux. Selon la tradition, le fruit aurait été rapporté de Syrie par les croisés au XIIe siècle, et les moines de l'abbaye de Clairac (p.481) auraient été les premiers à introduire sa culture dans la région. La prune d'ente, à la robe violette, est ramassée fin août-début septembre, quand elle a atteint son plein degré de maturité. Séchée ensuite dans des fours ou des tunnels de séchage à 75°C pendant 20 heures, elles se fripe et brunit, donnant ce fameux pruneau à la robe luisante. Sur les 50 000t produites par an en France, 70% proviennent du département du Lot-et-Garonne.

En aval du Lot

☺ **Casseneuil** À la confluence de trois rivières – la Lède et la Sône, qui se jettent dans le Lot –, le village a connu une véritable prospérité aux XVIIe et XVIIIe siècles grâce à son port. La batellerie, les moulins à eau, les tanneries ont profité de l'abondance de l'eau. Aujourd'hui, pelotonné sur sa presqu'île, Casseneuil ressemble à une Belle au bois dormant. Pour redonner au patrimoine architectural son éclat d'antan, une restauration en profondeur serait nécessaire. De hautes maisons des XVe et XVIe siècles et un château sont posés dans un virage de la Lède. Le cœur du bourg, émaillé de maisons à colombages et à encorbellement, recèle une église romano-gothique qui compte d'admirables fresques du XIIIe siècle. Flânez dans les ruelles médiévales, vous déboucherez immanquablement sur le port, en bordure du Lot, qui s'anime en saison d'activités nautiques. Dans les alentours, les vergers de pruniers s'étendent à perte de vue. *10km au nord-ouest de Villeneuve-sur-Lot par la D242*

Sainte-Livrade Posté sur la rive droite du Lot, ce bourg agricole semble s'être assoupi autour de son église, édifiée du XIIe au XIVe siècle. Les chapiteaux extérieurs du sanctuaire racontent le martyre de Liberata (Livrade), tandis que son chœur renferme le gisant d'un prélat en marbre blanc du XIVe siècle. Du château qui gardait la bastide ne subsiste qu'une grosse tour carrée en brique qui s'élève sur trois niveaux – elle abrite des expositions. *10km à l'ouest de Villeneuve-sur-Lot*

Monclar Au terme d'une route en lacet qui traverse un pays de collines désert, vous atteindrez cette bastide haut perchée à 187m qui jouit d'un panorama superbe sur les vallées du Lot et d'un de ses affluents, le Tolzac. En dépit des apparences, une intense vie culturelle anime ce bourg isolé : la compagnie des Baladins en Agenais, créée par l'enfant du pays Roger Louret, y a accueilli Christophe Malavoy, Pierre Palmade, Muriel Robin, Élie Semoun, entre autres, et régale les spectateurs dans son théâtre de poche. L'église du XVIe siècle, de style gothique tardif, mérite aussi un coup d'œil. Renseignements à l'office de tourisme du Grand Villeneuvois (p. 474). *9km au nord-ouest de Sainte-Livrade Tél. 05 53 41 87 44*

Castelmoron-sur-Lot Non, il ne s'agit pas d'un mirage, c'est bien un château en pierre blanche étincelante, flanqué d'une tour et d'une façade incrustée de moucharabiehs, qui se dresse en bordure du Lot. On doit cette réalisation néomauresque, unique en son genre dans le Lot-et-Garonne, à Félix Solar, qui fit aménager en 1840 cette demeure d'agrément à l'emplacement du château seigneurial. Les fonctionnaires municipaux y ont élu domicile depuis. La cité, blottie sur la rive droite du Lot, n'a conservé qu'une poignée de maisons à colombages, mais sa **plage** aménagée sur le Lot attire de nombreux estivants en saison. À une boucle du Lot de Castelmoron, en amont, l'église de **Fongrave** mérite une halte. Son retable baroque, tout en torsades et volutes, fait la fierté du village. Juste derrière la chapelle, vue reposante sur la rivière du ponton. *20km à l'ouest de Villeneuve-sur-Lot par la D911*

● Où faire le plein de fruits et légumes ?

La ferme des Tuileries La fertile vallée du Lot, avec son ensoleillement constant, offre un véritable paradis aux arboriculteurs, dont les vergers se déploient ici à perte de vue. Comme la famille Chauvel, ils sont nombreux à vendre des fruits et légumes aux visiteurs de passage. Au fil des saisons se succèdent groseilles, melons, pêches, brugnons, courgettes, aubergines, sans oublier les sacro-saints pruneaux ! Une bonne occasion de faire son marché en produits frais, mais aussi de goûter les savoureuses confitures de la maîtresse de maison et sa fameuse tourtière, travaillée à la main. *Tuilerie* ***Fongrave*** *(entre Castelmoron et Sainte-Livrade) Tél. 05 53 01 33 91 ou 05 33 00 50 18 www.ferme-tuileries.com Ouvert avr.-sept. : lun.-sam. 9h-12h et 14h-19h, dim. 9h-12h*

● ☺ Naviguer sur le Lot Au fil de la majestueuse rivière se succèdent villes et villages de caractère, Penne-d'Agenais accroché à sa colline ou la très commerçante Villeneuve-sur-Lot et son écluse spectaculaire de 13m. En aval, les paysages de vergers défilent autour de Sainte-Livrade, Castelmoron-sur-Lot et la séduisante Clairac. Ultime halte : Aiguillon, avant que les eaux du Lot se fondent dans celles de la Garonne. Un chenal permet de rejoindre la Baïse et de poursuivre votre périple jusqu'en terre gasconne, à moins que vous ne préfériez emprunter les eaux calmes du canal latéral via l'écluse de Buzet.
Base nautique Location d'hydroplanes et de barques. Itinéraire indicatif : Penne-d'Agenais-Aiguillon, 120km, aller-retour, 10 écluses, 3 jours. *Port de Penne* ***Castelmoron-sur-Lot*** *Tél. 06 75 28 92 69 www.nautilius.fr*

L'Agenais des rivières

Sites sur l'eau
Pont-canal (Agen) — 442
Nérac — 449
Domaine de Ferrussac (Saint-Maurin) — 464
Penne-d'Agenais — 468
Moulin de Lustrac — 471
Casseneuil — 477
Clairac — 481
Couthures-sur-Garonne — 497
Tonneins — 500

Baignade
Castelmoron — 478
Clairac — 481
Aiguillon — 484

Bases de loisirs
Base de loisirs (Clarens) — 454
Base de loisirs de Lislebonne (Réaup-Lisse) — 459
Lac de Néguenou — 467
Plan d'eau de Lougratte (Lougratte) — 494

En bateau
Les croisières du Prince-Henry (Nérac) — 452
Aquitaine Navigation — 454
Fumel — 471

En canoë-kayak
Base nautique de Villeneuve — 476
Casseneuil — 477
Tonneins — 500

Restauration
Au bord de la Source (Sainte-Livrade-sur-Lot) — 480

Hébergement
Hôtel Les Rives de l'Avance (Sainte-Marthe) — 501

Base nautique de Casseneuil Location de canoës-kayaks, barques et pédalos, descente en kayak jusqu'à Castelmoron et retour en navette. Randonnées nautiques sur réservation. ***Casseneuil*** *Tél. 05 53 41 07 92 Ouvert juil.-août : lun.-sam. 13h30-19h, dim. 14h-19h*

● Parfaire son swing

Golf & Country Club Ce parcours de 18 trous s'étire dans un paysage délicieusement vallonné, ponctué de bosquets. Le domaine dispose aussi d'un practice couvert et de deux greens d'entraînement. *Green fee* (haute saison) 52€. D'élégants Anglais s'attablent au restaurant (ouvert à tous), qui déploie une agréable terrasse dans le parc. Possibilité d'hébergement. ***Castelnaud-de-Gratecambe*** *(12km au nord de Villeneuve par la N21) Tél. 05 53 01 60 19 www.vslgolf.com*

Le Temple-sur-Lot

Sur la rive gauche, Temple-sur-Lot s'enorgueillit d'une ancienne commanderie de l'ordre des Templiers aux proportions impressionnantes. Bâti au XIIe siècle, l'édifice a bénéficié d'une restauration drastique et trône, flambant neuf dans son parement en briques rouges, sur la place du village. Une armée de serveurs a remplacé les templiers, car c'est désormais un restaurant qui l'occupe. Le jardin des nénuphars de Latour-Marliac vous attend juste derrière. *16km à l'ouest de Villeneuve par la D911*

Jardin des nénuphars Latour-Marliac (1830-1911), horticulteur passionné, fut le premier botaniste à créer des hybrides de nénuphars. Il accéda à la notoriété grâce au peintre Claude Monet, qui immortalisa ses nymphéas dans une série de tableaux célèbres. Dans les différents bassins de la pépinière historique, les magnifiques plantes aquatiques composent des tableaux colorés, à découvrir bercé par le son des grenouilles. L'été marque la période de floraison la plus remarquable. Service de restauration sur place. *Latour-Marliac* ***Le Temple-sur-Lot*** *Tél. 05 53 01 08 05 www.latour-marliac.com Ouvert avr.-oct. : mar.-dim. 10h-18h Tarif 7€, réduit 3,50€, gratuit moins de 6 ans*

CARNET D'ADRESSES

Restauration

petits prix

L'Oustal La salle, un peu sombre, est décorée d'un joyeux bric-à-brac aux couleurs du Pays basque. Ici, la cuisine respire les parfums du golfe de Gascogne. Assiettes de charcuterie basque, poissons de l'Atlantique, chipirons au piment d'Espelette et quelques confits (quand même !) sont servis avec le sourire pour une addition modérée. Formule déjeuner 14-18€, menus 22-45€. Si vous lancez le patron sur son sujet de prédilection, le ballon ovale, il ne s'arrêtera plus ! *4, pl. La Fayette* ***Villeneuve-sur-Lot*** *Tél. 05 53 41 49 44 Ouvert juillet-août : tlj. ; sept.-juin : jeu.-sam., lun. et mer. midi*

prix moyens

☺ **L'Entracte** Son enseigne discrète n'attire pas le regard, c'est pourtant l'une des meilleures tables de la ville.

Le chef veille à la qualité des produits et aime la diversité. Dans des menus se mêlent plats du terroir et poissons. Formule du midi à 13,90€. Menu "suggestion" 19€, menu "entre terre et mer" 23,50€, menu "traditionnel" 27,50€ et menu "étape gourmande" à 39,50€. Rien n'est laissé au hasard, jusqu'à la présentation, soignée et colorée, dans de grandes assiettes. Ce restaurant a vraiment tout pour plaire. Il est préférable de réserver, les tables sont peu nombreuses. *30, bd de la Marine* ***Villeneuve-sur-Lot*** *(face au cinéma) Tél. 05 53 49 25 50 www.lentracte47.fr Ouvert tlj. Fermé mer. et jeu. soir*

Au bord de la Source Les restaurants postés en bordure du Lot ne sont pas légion. Celui-ci offre une vue sans partage sur une boucle de la rivière. Menu du marché 17€ (entrée-plat) ou 22€ (entrée-plat-dessert). trois autres menus au choix : création (35€), tradition (38 €) et menu de la source (46€). Une cuisine entre tradition et création. ***Sainte-Livrade-sur-Lot*** *(à la sortie de Sainte-Livrade en dir. de Temple-sur-Lot) Tél. 05 53 01 36 84 www.auborddelasource.com Ouvert mer.-dim. (le dim. soir sur réservation)*

Hébergement

petits prix

Hôtel La Résidence Derrière sa pimpante façade rose vif, cet hôtel bien tenu s'est attaché une clientèle fidèle. Les chambres sont rassemblées dans un bâtiment à l'arrière qui donne sur un jardin tranquille. Chacune possède sa petite note propre. Le confort est simple, on s'y sent un peu chez soi et les tarifs défient toute concurrence. Double de 45 à 58€, petit déjeuner 7,50€. *17, av. Lazare-Carnot* ***Villeneuve-sur-Lot*** *(près de l'ancienne gare) Tél. 05 53 40 17 03 www.hotellaresidence47.com*

prix moyens

☺ **Chambres d'hôtes Château de Saint-Sulpice** Dans la verte vallée de la Lède, le château de Saint-Sulpice vous réserve une belle surprise. Ses deux chambres (80-90€), ses trois suites familiales (100€) et ses salons immenses sont décorés de tapisseries anciennes, de frises et de meubles patinés qui vous plongeront dans une autre époque. Les propriétaires, passionnés de vieilles pierres, ont mis toute leur énergie à restaurer cette noble demeure en lui conservant son caractère singulier. Le résultat est une vraie réussite. Dans le parc, une piscine vous attend. Également location de gîtes. *June et Frédéric Filliette* ***La Sauvetat-sur-Lède*** *(8,5km au nord de Villeneuve-sur-Lot par la D676) Tél. 06 84 79 03 89 ou 05 53 01 46 44 www.chateausaintsulpice.com*

☺ **Chambres d'hôtes Château de la Seignal** Une grande sérénité se dégage de cette propriété entourée d'arbres vénérables, nichée dans un

GAMME DE PRIX	RESTAURATION	HÉBERGEMENT
Très petits prix	moins de 15€	moins de 30€
Petits prix	de 15 à 25€	de 30 à 50€
Prix moyens	de 25 à 35€	de 50 à 80€
Prix élevés	de 35 à 50€	de 80 à 125€
Prix très élevés	plus de 50€	plus de 125€

vallon en contrebas de la bastide de Monclar. Cinq chambres spacieuses (58€, petit déjeuner 6€), accueil bienveillant, piscine dans le parc : vous ne serez pas déçu de votre séjour, aussi court soit-il, car le dépaysement est réel. Confitures excellentes au petit déjeuner. Belles promenades en perspective, le chemin de Saint-Jacques de Compostelle passe à un jet de pierre de la maison. *Christian Decourty* ***Monclar*** *(18km au nord-ouest de Villeneuve-sur-Lot) Tél. 05 53 41 81 30*

prix élevés

Hôtel des Chênes Du haut de sa colline face au village de Pujols, l'hôtel domine un vallon où il n'est pas rare d'apercevoir des chevreuils. Les quatre chambres avec terrasse privative, les plus prisées, offrent une vue sur la campagne vallonnée. La n°14 nous a particulièrement plu pour son ambiance douillette et son espace. Comptez de 84 à 99€ la double avec bain et terrasse, le petit déjeuner est à 11€. Dans le salon de lecture, un bon feu de cheminée vous réchauffera dès les premiers frimas. L'ensemble possède beaucoup de caractère. Piscine. *Bel Air* ***Pujols*** *(5km au sud de Villeneuve-sur-Lot) Tél. 05 53 49 04 55 www.hoteldeschenes.com*

☺ CLAIRAC

Berceau de la prune d'ente et de la culture du tabac, Clairac plonge ses racines dans un passé déjà lointain quand une abbaye y est fondée au VIIIe siècle par Pépin le Bref, sur la rive droite du Lot. Elle donnera naissance à un village qui surplombe agréablement le cours de la rivière. En été sa petite plage lui confère un air de station balnéaire. Une halte fluviale, des galeries d'art sont autant de témoignages de sa vitalité. Dans les alentours, un doux parfum de pruneau s'échappe des exploitations enfouies dans les vergers, fin août, à la période du séchage. Au printemps, les pruniers en fleur tapissent de flocons blancs les berges du Lot.

D'ILLUSTRES VISITEURS ET DES INVENTEURS DE GÉNIE Le futur pape Clément V, évêque d'Agen, réside à Clairac avant de s'installer à Avignon. Les moines de l'abbaye ont été les premiers à faire pousser la prune d'ente ramenée de Syrie par les croisés et à mettre au point le procédé de séchage qui transforme celle-ci en pruneau. Plus tard, ils lanceront la culture du tabac. Marié à une Clairacaise, Montesquieu écrit ici une partie des *Lettres persanes*, et le physicien Jacques de Romas y expérimente les premiers paratonnerres. C'est encore à Clairac que naît le mot "parpaillot" (papillon en occitan), pour désigner les protestants : les soldats de la Réforme, qui avaient fait de Clairac l'un de leurs bastions, portaient tous en effet des habits blancs.

MODE D'EMPLOI

accès

EN VOITURE
À 7km de Tonneins par la D911, 30km à l'ouest de Villeneuve-sur-Lot, 34km au nord d'Agen.

informations touristiques

Syndicat d'initiative *18, rue Gambetta Tél. 05 53 88 71 59 www.clairac.com Jours et horaires d'ouverture variables*

marchés, fêtes et manifestations

Marché *Jeu.-ven. matin*
Semaine musicale de Clairac Dans l'église paroissiale, concerts symphoniques et chœurs. *Tél. 05 53 79 17 74 ou 06 81 51 86 64 www.semainemusicaledeclairac.fr Début août*
Salon international de peinture *Fin oct.-début nov.*

DÉCOUVRIR

Clairac et ses environs

☆**Les essentiels** Le village de Clairac **Découvrir autrement** Des remparts de Laparade, admirez le fabuleux panorama sur Tournon-d'Agenais et ses environs, visitez la ferme prunicole Bérino-Martinet et son musée du Pruneau

☆**Vieux village** À Clairac, vos pas vous mèneront naturellement sur les **berges du Lot**, majestueux à cet endroit. Sur les quais aménagés pour une halte fluviale sont proposées en saison différentes activités nautiques. Non loin, une crique ravissante a été transformée en plage de sable fin. En remontant dans la ville "haute", vous passerez devant quelques belles maisons à colombages, notamment autour de la place Théophile-de-Viau (1590-1626), enfant du pays et auteur de poèmes licencieux. Jouxtant l'église paroissiale, une demeure cossue du XVIIe siècle héberge une galerie de peinture. L'entrée du **musée de l'abbaye** se trouve sur le parvis de l'église.

● Admirer un beau point de vue

Laparade Des remparts de la bastide de Laparade, perchée à 190m et fortifiée, un fabuleux panorama se déploie de la bastide de **Tournon-d'Agenais** (p.471) aux coteaux striés par les vignes du Buzet. Par temps clair se dessine la ligne heurtée des Pyrénées. Au printemps, les pruniers en fleur tapissent la vallée du Lot qui se déroule en contrebas. En un mot, c'est magnifique. Profitez de votre halte pour flâner dans les ruelles à la découverte d'une halle ancienne, de vieux puits et de quelques maisons en pans de bois. *5km au nord-est de Clairac*

● En savoir plus sur le pruneau

Ferme Bérino-Martinet La ferme prunicole Bérino-Martinet a ouvert un musée qui vous apprendra tout sur la fabrication du pruneau, son histoire et sa culture. Au fil des salles, vous découvrirez des fours à bois pour le séchage, des scènes de travail animées par des personnages en costumes d'époque. "La seule ville au monde où l'on travaille pour des prunes ! "... Vieilles boîtes et affiches publicitaires font revivre une autre époque. Après la visite de ce musée très bien documenté, vous pourrez parcourir les installations de la ferme avant de rejoindre la boutique. En été, les enfants partent à la recherche du pruneau perdu dans le "dédal'prune", un labyrinthe conçu dans un vaste champ de maïs... *Granges-sur-Lot* ***Lafitte-sur-Lot*** *(5km à l'est de Clairac) Fléchage de Clairac sur la D911 Tél. 05 53 84 00 69 www.musee-du-pruneau.com Ouvert mi-mars-mi-oct. : lun.-sam. 9h-12h et 14h-19h, dim. et j. fér. 15h-19h ; mi-oct.-mi-mars : lun.-sam. 9h-12h et 14h-18h30 Fermé 15-31 jan. Tarif 3,80€*

● Jouer aux apprentis fermiers

Le Chaudron magique Les enfants caressent la toison soyeuse d'un cheptel de chèvres angora, participent à la traite, donnent le biberon et découvrent une trentaine d'animaux. Lors de la visite de la ferme pédagogique du Chaudron magique (label agriculture bio depuis 2009) vous seront présentées les différentes activités de la journée, de l'alimentation du bétail en passant par la fabrication de fromage, la cuisson du pain, le tissage de la laine mohair... Place ensuite aux travaux pratiques : à vous de jouer ! Délicieux cabécous à rapporter. En haute saison, casse-croûte paysan à toute heure. ***Brugnac*** *(16km au sud de Clairac) Tél. 05 53 88 80 77 www.chaudronmagique.fr Ouvert juil.-août : tlj. 10h-18h30 dernière visite à 17h30 ; sept.-juin : mar.-dim. 15h-18h Fermeture annuelle en dec. et jan. Tarif 7,60€-13,20€ selon les activités*

CARNET D'ADRESSES

Restauration, hébergement

petits prix

☺ **L'Écuelle d'or** On peut aussi bien y déjeuner avec la formule du jour à 15€ ou 17€ que choisir parmi des menus plus gastronomiques compris entre 26 et 30€. Le foie gras maison est excellent et la carte, aux accents du Sud-Ouest, s'autorise une escapade autour de la Méditerranée avec, de temps à autre, des tajines (sur réservation). Cette cuisine savoureuse est servie dans un élégant intérieur en pierre apparente, sur des tables joliment dressées. *22, rue Porte-Pinte* ***Clairac*** *Tél. 05 53 88 19 78 Ouvert mar.-dim. Fermé sam. midi, dim. soir et lun.*

prix moyens

Chambres d'hôtes Le Caussinat Dans une belle propriété toute proche de Clairac, 5 chambres lumineuses vous attendent au bout d'une allée. Si leur décoration est un peu désuète, elles se révèlent très correctes et les propriétaires sauront vous rassasier en bons produits issus de leur ferme. Piscine agréable dans le parc à flanc de coteau. Accueil chaleureux. Possibilité de louer un gîte. Double 54-96€, petit déjeuner compris. *Aimé et Gisèle Massias* ***Clairac*** *(sur la D911) Tél. 05 53 84 22 11 ou 06 16 28 08 86 Ouvert mi-avr.-mi-sept.*

AIGUILLON

47190

Chassé de la cour de Louis XVI, le duc d'Aiguillon se consola en faisant bâtir un château digne de Versailles - aujourd'hui un lycée - dont les terrasses dominent la Garonne. Au nord du village, le Lot dessine une ultime boucle dans laquelle se love une plage de sable blanc où les enfants aiment barboter. Le nom d'Aiguillon résume à merveille la position géographique de ce site à la jonction des deux rivières, lieu stratégique au temps des guerres franco-anglaises. Profitant de sa situation, le village est devenu ces dernières années une très agréable station verte, plutôt calme.

MODE D'EMPLOI

accès

EN VOITURE
Aiguillon est situé 30km à l'ouest d'Agen par la D813, 34km au sud-ouest de Villeneuve-sur-Lot par la D911.

EN TRAIN
Liaisons en TER Agen-Marmande-Bordeaux, nombreux départs chaque jour. **SNCF** *Tél. 36 35*

orientation

Le cœur historique d'Aiguillon est perché sur une modeste hauteur, cerné au nord par la dernière boucle du Lot et, sur son flanc ouest, par la Garonne.

informations touristiques

Office de tourisme *Pl. du 14-Juillet Tél. 05 53 64 65 31 Ouvert mi-juin-mi-sept. : lun.-sam. ; mi-sept.-mi-juin : mar., mer. mat., jeu. mat. et ven.*

DÉCOUVRIR

Aiguillon et ses environs

☆ **Les essentiels** Le village d'Aiguillon **Découvrir autrement** Admirez un superbe panorama sur le Lot et la Garonne du Pech-de-Berre, longez le Lot à vélo en empruntant la véloroute

☆ **Vieux village** Emmanuel Armand de Vignerot du Plessis de Richelieu (1720-1788), retiré dans son duché d'Aiguillon, fait édifier un splendide palais entre 1775 et 1781. Rien n'est trop beau pour l'ancien ministre de Louis XV. Le **château** abrite un théâtre, des salles de concerts et de bals. En 1792, la propriété et ses biens sont confisqués ; une partie des collections alimenteront le musée des Beaux-Arts d'Agen (p.439). Quant au château, il accueille désormais le lycée Stendhal (ne se visite pas). À proximité, le modeste quartier médiéval consiste en une poignée de ruelles bordées de maisons en pans de bois et à encorbellement serrées autour de la place Lunac, du nom du château.

● Faire une balade panoramique

☺ **Pech-de-Berre** À 170m de hauteur, le Pech-de-Berre offre le meilleur point de vue qui soit sur la confluence du Lot et de la Garonne, dont la rencontre se dérobe à la vue in extremis, cachée par une épaisse rangée d'arbres. Un calvaire démesuré a été planté en 1897 sur ce plateau balayé par les vents. Il signale le point de départ d'un sentier de randonnée qui longe un chemin de crête, embrassant plusieurs panoramas sur les deux cours d'eau dans une boucle de 15km environ. La perspective sur la vaste plaine agricole striée de vergers et de champs de céréales est impressionnante. Au sud, s'épanouissent les coteaux verdoyants de l'Albret. *6km au nord d'Aiguillon*

● Longer le Lot à vélo

Véloroute de la vallée du Lot Aiguillon et Fumel sont reliés par les 80km de cet itinéraire cyclable. De faible dénivelé, celle-ci emprunte des itinéraires peu fréquentés et traverse les villes en bordure de rivière, passant sans cesse d'une rive à l'autre. Le circuit des coteaux à vélo requiert davantage d'entraînement, les routes étant parfois très escarpées. La véloroute est indiquée par un panneau vert, celle des coteaux par un panneau rouge. Cartes disponibles dans les offices de tourisme. *Renseignements à l'office de tourisme*

CARNET D'ADRESSES

Hébergement

prix élevés

☺ **Chambres d'hôtes Château de Grenier** Si vous voulez goûter à la vie de château, voilà l'endroit tout indiqué. Dans cette aristocratique demeure du XVIIIe siècle à deux pas d'Aiguillon, les cinq chambres (100€) - dont une suite familiale (160€) - ont été décorées avec beaucoup de goût et de raffinement. Chacune possède un esprit propre, et toutes s'ouvrent sur un parc ombragé. Une authentique étape de charme ! *Chantal Breton le Grelle* ***Saint-Léger*** *(à 3km d'Aiguillon, dir. Damazan) Tél. 05 53 79 59 06 ou 06 14 08 15 13 www.chateaudegrenier.fr Ouvert tte l'année*

GAMME DE PRIX	RESTAURATION	HÉBERGEMENT
Très petits prix	moins de 15€	moins de 30€
Petits prix	de 15 à 25€	de 30 à 50€
Prix moyens	de 25 à 35€	de 50 à 80€
Prix élevés	de 35 à 50€	de 80 à 125€
Prix très élevés	plus de 50€	plus de 125€

★ MONFLANQUIN

47150

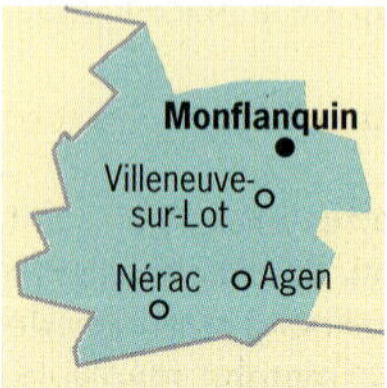

Que l'on arrive par le sud ou par le nord, l'effet est saisissant. Entre de doux mamelons surgit le pech de Monflanquin, sur lequel s'agrippe la bastide formant une tache brune qui se détache du paysage champêtre. On s'imaginerait presque… en Toscane. Fondée vers 1250 par le comte de Toulouse Alphonse de Poitiers, Monflanquin reflète fidèlement l'organisation d'une ville neuve du Moyen Âge avec son quadrillage de rues encadrant une place centrale à couverts parfaitement conservée. De plus, cette bastide perchée dévoile une vue remarquable sur la campagne harmonieuse du Haut-Agenais.

D'UNE GUERRE À L'AUTRE Quand, en vertu du traité d'Amiens, le roi de France Philippe III le Hardi attribue en 1279 l'Agenais à Edouard Ier d'Angleterre, le changement de couronne se négocie sans heurts au sein de la bastide. Le nouveau sénéchal ordonne simplement l'édification de remparts. Sans nul doute, la guerre de Cent Ans n'épargne pas la petite cité. Après une accalmie au XVe siècle, la guerre fait rage de nouveau, opposant cette fois-ci catholiques et protestants. Les Huguenots s'emparent de Monflanquin en 1569 et détériorent l'église. Comme Clairac, Tournon-d'Agenais ou Puymirol, la cité devient une place de sûreté protestante. Pour restaurer l'autorité de l'État, Louis XIII ordonne le démantèlement des remparts. À partir du XIXe siècle, Monflanquin décline, l'exode rural s'accélère, avant que le tourisme redonne vie à ce beau village.

MODE D'EMPLOI

accès

EN VOITURE
Monflanquin est située 18km au nord de Villeneuve-sur-Lot, 56km à l'est de Duras, 23km au sud-est de Castillonnès.

EN TRAIN
Gares les plus proches : Agen (49km), Monsempron-Libos (19km), Bergerac (47km).

EN CAR
Liaisons avec Villeneuve-sur-Lot assurées par les cars Beyris ; départ à l'ancienne gare de Villeneuve. *Tél. 05 53 41 74 85*

orientation

Proche du Lot et de la Dordogne, Monflanquin est située au croisement des routes de Duras, Marmande, Villeréal et Fumel. La jolie bastide perchée constitue donc un bon point de départ pour rayonner dans le Haut-Agenais.

informations touristiques

Office de tourisme de Monflanquin Balade dans la cité en compagnie de Janouille la Fripouille, bâtard d'Henri IV, qui revisite l'histoire avec moult anecdotes. Il est vivement conseillé de réserver : Janouille connaît un vrai succès. *Pl. des Arcades*

Tél. 05 53 36 40 19 www.monflanquin-tourisme.com Ouvert juil.-août : dim.-ven. 10h-19h, sam. 10h-13h et 14h-19h ; sept. : lun.-sam. 10h-12h et 14h-18h, dim. 10h-13h ; mai-juin : lun.-sam. 10h-12h et 14h-18h, dim. 10h-13h ; jan.-avr. : lun.-ven. 10h-12h et 14h-17h ; oct.-déc. : lun.-ven. 10h-12h et 14h-17h

Office de tourisme de Villeréal *Place de la Halle Tél. 05 53 36 09 65 www.villereal-tourisme.com*

marchés

Marché de Monflanquin *Ouvert juil.-août : jeu. 18h-22h Marchés nocturnes*

Marché de pays *Ouvert jeu. matin 8h-13h*

Marché de Villeréal *Ouvert sam. matin 8h-13h*

fêtes et manifestations

Grande foire à la brocante *Les 13 et 14 juillet*

Journées médiévales Banquet médiéval costumé, spectacles de rue avec cavaliers, jongleurs, cracheurs de feu... et un grand marché médiéval. Pour les enfants, une initiation aux jeux anciens et des ateliers pour tout savoir sur les métiers de tailleur de pierre, calligraphe, parcheminier. Tout le monde est invité à se déguiser pour cette grande fête. *Mi-août*

DÉCOUVRIR

☆ **Les essentiels** La vieille ville de Monflanquin, la bastide de Villeréal
Découvrir autrement Grimpez en haut du donjon du château de Gavaudun, partez en randonnée dans la vallée de la Lède, amusez-vous en famille au Parc-en-ciel, à Lacapelle-Biron

Monflanquin

☆ **Vieille ville** Garez votre voiture sur le parking en haut de la bastide pour admirer le magnifique panorama qui s'étend à perte de vue des anciens remparts. Une table d'orientation permet de mettre un nom sur les clochers qui mouchètent l'horizon et les différents pechs qui modèlent un relief doucement vallonné. Par beau temps, on aperçoit la masse sombre du château de Biron au-delà des bois de la vallée de la Lède. Vous pénétrerez ensuite dans la bastide en passant devant l'**église Saint-André**, de style gothique. Remarquez l'élégant portail classé, et le mur-clocher (fin du XIIIe s.). Une rue en pente mène à la **place centrale**, bordée de cornières sur chaque côté. Elle a conservé intacte son unité, bien que la halle ait disparu. Jouxtant l'office de tourisme, la **maison dite du Prince noir** est l'une des plus opulentes demeures de la cité médiévale. Poursuivez votre flânerie dans les carrérots (venelles) pour débusquer les façades à encorbellement. Le temple pro-

LE PRINCE NOIR
C'est à cet arrière-petit-fils d'Edouard Ier qu'échoit l'Aquitaine pendant la guerre de Cent Ans. Excellent chef de guerre, mais homme cruel et cupide, Edouard de Woodstock (1330-1376) terrorise la population et pille les terres sous sa domination. Devenu très impopulaire auprès de ses vassaux, il doit se réfugier en Angleterre, où il passe les dernières années de sa vie.

testant rappelle l'importance de la Réforme à Monflanquin pendant les guerres de Religion.

Musée des Bastides Aménagé dans l'office de tourisme, ce musée relate l'aventure de ces "villes neuves" construites au cours du XIIIe siècle. On y présente la singularité de leur architecture, notamment le plan orthogonal et la place centrale, les règles qui régissent alors le droit de propriété et leur rôle important dans la société médiévale. Le tout est fort bien documenté et illustré par des maquettes. Un effort a été fait à destination du jeune public pour proposer des activités interactives. *Pl. des Arcades Tél. 05 53 36 40 19 http://monflanquin-muséedesbastides.jimdo.com Ouvert jan.-avr. : lun.-ven. 10h-12h et 14h-17h ; oct.-déc. : lun.-ven. 10h-12h et 14h-17h ; mai-juin : lun.-sam. 10h-12h et 14h-17h, dim. 10h-13h ; juil.-août : dim.-ven. 10h-19h, sam. 10h-13h et 14h-19h ; sept. : dim.-ven. 10h-12h et 14h-17h, sam. 10h-13h Tarif 4€, réduit 1,50€*

L'Agenais en famille

Loisirs et découvertes

Parc Walibi Aquitaine (Roquefort) ... 443
Les croisières du Prince-Henry (Nérac) ... 452
Grottes de Fontirou (Castella) ... 462
Base nautique de Villeneuve (Villeneuve-sur-Lot) ... 476
Ferme Bérino-Martinet (Lafitte-sur-Lot) ... 482
Le Chaudron magique (Brugnac) ... 483
Office de tourisme de Monflanquin ... 486
Parc-en-ciel (Lacapelle-Biron) ... 490

Hébergement

Monform (Monflanquin) ... 490
Moulin du Périé (Sauveterre-la-Lémance) ... 491
Domaine de Gavaudun (Gavaudun) ... 491
Chambres d'hôtes Le Chintre (Lalandusse) ... 495

● Où manger une galette sur le pouce ?

La Bastide Cette crêperie propose des plats de saison, ainsi qu'un choix de galettes et de salades. C'est très simple et tout indiqué pour un déjeuner sur le pouce. À l'ombre des arcades de la place principale, l'établissement offre un cadre plaisant. *29, pl. des Arcades **Monflanquin** Tél. 05 53 36 77 05 Fermé dim. soir et lun. hors saison*

Les environs de Monflanquin

☆ **Bastide de Villeréal** Créée sur décision d'Alphonse de Poitiers en 1269, Villeréal n'est pas une bastide de plus parmi les 300 recensées en Aquitaine. Si son plan est identique à celui de ses homologues, sa halle, fait rarissime, est surmontée d'un étage en torchis, où se réunissaient les notables et consuls. Elle repose sur de puissants piliers de chêne et ses dimensions sont impressionnantes – un carré de 30m de côté. De belles demeures, dont certaines ont conservé leurs encorbellements, entourent ce superbe bâtiment. L'église fortifiée du XIIIe siècle, légèrement en retrait de la place centrale, attire le regard par sa silhouette austère. Elle est flanquée de deux hautes tours reliées par un chemin de ronde crénelé. *12km au nord de Monflanquin*

AGENAIS

Vallée de la Lède

Si la forêt landaise grignote les marges méridionales du Lot-et-Garonne, le reste du département est déboisé depuis longtemps, à une exception près, la marge nord-est. Les vallées de la Lède et de la Lémance sont recouvertes d'un épais manteau forestier qui s'avance jusqu'au Périgord voisin. Dans les sous-bois de châtaigniers et de chênes se faufilent des rivières aux eaux claires.

☺ **Gavaudun** Au terme d'une série de virages dans l'étroite vallée de la Lède, la masse écrasante d'un énorme rocher se dresse soudain au-dessus des arbres. À ses pieds, s'abrite un minuscule village. Mais là ne s'arrête pas la surprise : sur le piton vertical, on distingue encore les ruines d'une forteresse dont les pierres se confondent avec la roche, ainsi qu'un fier donjon planté à 70m de hauteur. Ce château fort, érigé au XIIIe siècle, surveillait l'entrée de la vallée de la Lède, un axe de circulation majeur entre le Périgord et l'Agenais. Après une ascension au travers de la falaise, courte mais ardue, on atteint enfin l'esplanade du **château**. Du donjon, on admirera un paysage sauvage et encaissé, assez extraordinaire. Ce bourg isolé abrite aussi une association très dynamique qui organise des randonnées dans la vallée (classée site naturel) et des sorties en canoë-kayak sur la Lède. *12km à l'est de Monflanquin* **Château** *Tél. 05 53 40 04 16 Ouvert avr. : mer. et dim. 14h-18h ; mai-juin : lun., mer., ven. et dim. 10h-12h et 13h-18h ; sept. : lun., mer., ven. et dim. 10h-12h et 13h-18h ; juil.-août : tlj. 10h-19h ; oct.-mars : 2e dim. du mois 14h-17h Tarif 4€* **Centre de découverte de la nature et du patrimoine** *Tél. 05 53 40 04 16*

Lacapelle-Biron

À un jet de pierre de Saint-Avit, alors que l'on s'approche de la frontière avec le Périgord, les châtaigniers font leur apparition dans les bois et les cèpes couvent sous les futaies. C'est sur cette terre forestière baignée par la Lède que fut bâti Lacapelle-Biron, un village paisible où les promeneurs font halte pour une pause déjeuner dans l'unique restaurant, près du monument aux morts. Celui-ci rappelle le lourd tribut que la division SS Das Reich fit payer aux habitants en mai 1944. *15km au nord-est de Monflanquin*

Saint-Avit Céramiste, savant, naturaliste, écrivain… Bernard Palissy (1510-1590), véritable honnête homme de la Renaissance, vit peut-être le jour dans ce village du Haut-Agenais. Un **musée** installé dans une demeure du XVIe siècle lui rend hommage. Seul un exemplaire de ses faïences est conservé dans le département – cf. Musée des Beaux-Arts (p.439). Ici, sont évoquées la vie tumultueuse de celui qui mourut à la Bastille pour avoir refusé d'abjurer sa foi protestante, ainsi que ses expériences sur la faïence. Des œuvres d'artistes contemporains sont exposées à l'étage. Saint-Avit mérite aussi une visite pour son cadre charmant, ses maisons paysannes en belle pierre ocre enserrant une église surmontée d'une tour-clocher. Alentour, la forêt est traversée par des sentiers de randonnée. **Musée Bernard-Palissy** *Saint-Avit* ***Lacapelle-Biron*** *(12km au nord-est de Monflanquin) Tél. 05 53 40 98 22 www.museepalissy.net Ouvert mai-juin : dim. et j. fér. 14h30-17h30 ; juil.-août : mer.-lun. et j. fér. 14h-18h30 ; sept. : lun. et mer.-ven. 14h-17h30 Tarif 3,20€, réduit 1,60€, ateliers enfants 5€*

Se défouler dans les arbres

Parc-en-ciel Parc-en-ciel : dans la forêt, des câbles de funambule, des passerelles himalayennes, des tyroliennes reliées aux arbres dessinent des parcours acrobatiques. Selon l'âge et la taille des enfants, les niveaux de difficulté varient. Jeunes et moins jeunes se prennent au jeu et, très vite, se retrouvent suspendus dans les airs, en équilibre sur un filin, assis sur une branche. On se découvre alors une âme d'aventurier... Une baignade naturelle est à la disposition des visiteurs. Le parc connaît un tel succès qu'il devient impératif de réserver en saison. *Moulin de Courrance* ***Lacapelle-Biron*** *Tél. 05 53 71 84 58 www.parc-en-ciel.com Ouvert avr.-sept. : tlj.*

Vallée de la Lémance

Saint-Front-sur-Lémance Ce village mérite un arrêt pour sa superbe église paroissiale fortifiée. À l'intérieur, un reliquaire en cristal et cuivre doré du XIIIe siècle et un retable en pierre du XVIe siècle. *23km à l'est de Monflanquin*

Sauveterre-la-Lémance Les derniers chasseurs-pêcheurs-cueilleurs du mésolithique ont laissé de nombreuses traces de leur présence dans la vallée de la Lémance. Ils appartiennent à la culture préhistorique du sauveterrien, en référence à la commune de Sauveterre, lieu de leur découverte. Un musée, entièrement modernisé en 2011, présente le résultat des fouilles et des outils du mésolithique (autour de 8 500 av. J.-C.) façonnés par des hommes qui n'étaient pas encore éleveurs et agriculteurs. De son nid d'aigle, une forteresse royale d'Édouard Ier (ne se visite pas) construite au XIIIe siècle veille sur le village. *27km à l'est de Monflanquin* **SauveTerre Musée de Préhistoire** *L. Coulonges* ***Sauveterre-la-Lémance*** *Tél. 05 53 40 73 03 Ouvert juil.-août : tlj. 10h-12h30 et 14h-18h ; début sept.-mi-oct. : tlj. 13h30-17h30 ; mi-oct.-fin déc. : mer. 10h-12h30 et 14h-17h ; début jan.-début avr. : mar.-sam. 10h-12h30 et 14h-17h ; début avr.-fin juin : dim.-ven. 13h30-17h30 Tarif 6€, réduit 4€*

CARNET D'ADRESSES

Restauration, hébergement

prix moyens

Le Bistrot du Prince Noir La colonie anglaise qui s'est installée dans les environs a ses habitudes dans cet élégant restaurant ouvert sous les cornières de la place centrale. Magret cuit à point nappé d'un délicat jus de pêche, assiettes présentées avec recherche : une cuisine du Sud-Ouest raffinée, à l'image du millefeuille de foie gras frais et des lasagnes d'aubergines aux pleurottes, et une excellente carte des vins pour les amateurs. Bref, ce bistrot a beaucoup d'atouts. Comptez 28€ le menu et autour de 30-35€ à la carte. *45, pl. des Arcades* ***Monflanquin*** *Tél. 05 53 36 63 00 Ouvert mai-sept. Fermé mar. et mer. en mai-juin et sept.*

Monform Proche d'une résidence de vacances, cet établissement situé au pied de Monflanquin dans une zone de lotissements est constitué de petits pavillons – une formule qui plaît beaucoup aux familles. Les enfants jouent sur la pelouse dans le jardin pendant que les parents prennent l'air sur la terrasse. Le caractère fonctionnel des chambres, l'indépendance des bungalows, l'absence de voitures et le centre de remise en forme avec piscine et salle de sport ont de quoi séduire. On vous y réservera le meilleur accueil. Double de 56 à 61€, petit déjeuner 6€. *Route de Cancon* ***Monflanquin*** *Tél. 05 53 49 85 85 www.hotel-monform.com Hôtel fermé le w.-e. en basse saison Restaurant fermé sam. midi en juillet-août et sam. hors saison*

Dans les environs

campings

Moulin du Périé Un havre de tranquillité en pleine nature ! Mobil-homes, chalets et tentes s'y partagent un vaste terrain boisé. Sur place, un petit plan d'eau avec sa plage de sable, deux piscines, un terrain de sport, des jeux pour les enfants, et un snack-bar dans une maison ancienne au cadre rustique. Comptez de 12 à 26€ pour deux personnes avec une tente. Le camping est très prisé : pensez à réserver suffisamment à l'avance. ***Sauveterre-la-Lémance*** *Tél. 05 53 40 67 26 www.camping-moulin-perie.com Ouvert mi-mai-mi-sept.*

Les Ormes À deux pas de la Dordogne, un camping haut de gamme où l'on peut aussi louer de grandes tentes du désert et des chalets. Le domaine est vaste et les distractions ne manquent pas : piquer une tête dans la piscine, flâner sur les rives du lac et sa petite plage, se promener dans le bois, jouer au tennis... Comptez env. 26€ pour deux personnes avec une tente ; la location à la semaine d'une tente du désert revient entre 860 et 980€ en haute saison. *Route de Dévillac* ***Saint-Etienne-de-Villereal*** *Tél. 05 53 36 60 26 www.campinglesormes.com*

prix moyens

Chambres d'hôtes Moulin de Saint-Avit Au bord d'un ruisseau, ce moulin restauré avec goût abrite 5 chambres au décor rustique (pierres apparentes). Double 60€, petit déjeuner compris, 70€ pour les chambres avec terrasse. On s'endort bercé par le doux murmure de l'eau. Un refuge bucolique permettra aux citadins de se ressourcer à l'air pur, à deux pas du pittoresque village de Saint-Avit. *M. et Mme Meert-Prévot Moulin de Saint-Avit* ***Gavaudun*** *Tél. 05 53 49 38 81*

Domaine de Gavaudun Dans un cadre champêtre, des maisonnettes enfouies sous la verdure accueillent des familles. Quelques chambres rustiques sont aménagées dans une bâtisse en pierre, des bungalows et des gîtes attendent ceux qui préfèrent rester indépendants. À chacun de choisir l'hébergement qui lui correspond. Piscine, tennis et belles promenades à faire dans les bois. Un village de vacances bien au vert. Double de 65 à 115€. Le restaurant, très animé en saison, propose une honnête cuisine du terroir et des soirées barbecue. *Vezou* ***Gavaudun*** *Tél. 05 53 36 21 90 www.domaine-de-gavaudun.com Ouvert juin-sept.*

☺ **La Sauvagine** Frangée de murets en pierre sèche, la route se hisse à flanc de la colline vers un balcon panoramique. Entre bois et prairies, trois fermettes composent là un tableau idéal, hors du temps, à 3km du château de Bonaguil (p.369). Deux d'entre elles se louent en gîtes de charme dont on appréciera la déco soignée, imaginative et chinée, les volumes joliment archi-

AGENAIS

tecturés et les terrasses privatives. Pour un plongeon, la piscine, creusée en lisière de forêt, se fait champêtre. Estelle anime ce lieu séduisant et amical, proposant une documentation régionale et un savoureux service traiteur (petits déjeuners bio, paniers pique-nique, tartes sucrées et salées, etc). Un gîte 6 pers. de 500 à 990€/sem. (selon saison) et un gîte 4 pers. de 300 à 690€. *Lastreilles* ***Saint-Front-sur-Lémance*** *(27km à l'est de Montflanquin) Tél. 05 53 36 87 06 www.gite-lasauvagine.com*

prix élevés

☺ **Chambres d'hôtes Domaine du moulin de Labique** Dans cette magnifique propriété sise dans les prairies vallonnées de la Guyenne, chacune des 5 chambres possède un caractère propre et la décoration a été pensée dans les moindres détails. Tapisseries à l'ancienne, meubles peints, sols pavés de tomettes, tapis et lits douillets. Également un duplex pour une famille. Le charme se prolonge avec le petit déjeuner que l'on prend sous une tonnelle. Piscine dans le parc. La cuisine de la maîtresse de maison est également réputée. Double 90-115€, duplex 160€, petit déjeuner 10€, table d'hôtes 31€. *Christine et Patrick Hendricx* ***Saint-Eutrope-de-Born*** *(9,5km au nord de Monflanquin) Tél. 05 53 01 63 90 www.moulin-de-labique.fr*

CASTILLONNÈS

47330

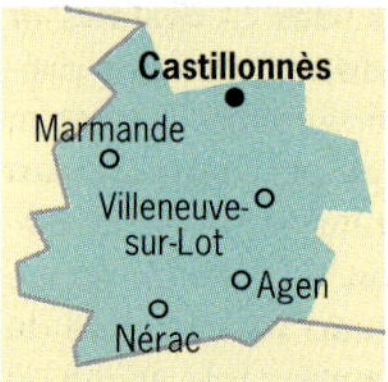

À l'orée du Périgord, cette charmante bastide posée sur un pech domine une riante campagne arrosée par le Dropt. Ses vieilles demeures dorées par le soleil enserrent la place centrale qui a conservé tout son caractère avec ses rangées d'arcades et l'antique maison du Gouverneur. Le long des anciens remparts, la promenade de la Mouthe embrasse une mosaïque de parcelles cultivées, où alternent vergers et champs de céréales. Depuis le Moyen Âge, chaque mardi matin, se tient un marché réputé où spécialités régionales, fruits et légumes frais se disputent la vedette.

MODE D'EMPLOI

accès

EN VOITURE
À 23km au nord de Monflanquin, 40km à l'est de Duras.

EN TRAIN
Gare SNCF la plus proche : Bergerac, 26km au nord (Dordogne).

orientation

À moins de 10km du département de la Dordogne, le bourg, niché sur une modeste hauteur, est desservi par la route nationale qui relie Bergerac à Villeneuve-sur-Lot. La commune est baignée par le Dropt, tout comme Villeréal, Eymet en Dordogne et Duras.

informations touristiques

Office de tourisme *Pl. des Cornières Tél. 05 53 36 87 44 www.castillonnes tourisme.com Ouvert avr.-oct. : lun.-sam. 9h-12h et 14h-18h ; nov.-mars : lun.-sam. 9h-13h et 14h-17h*

marchés

Marché de pays de Castillonnès *Ouvert mar. matin 8h-13h*

DÉCOUVRIR

☆ **Les essentiels** La vieille ville de Castillonnès **Découvrir autrement** Intéressez-vous aux frasques du maréchal de Lauzun, au château du même nom, rapportez un authentique foie gras artisanal de la ferme La Canelle

Castillonnès

☆ **Vieille ville** La place des Cornières constitue le cœur de la bastide. Les façades qui l'entourent s'ouvrent sur des arcs en plein cintre, brisés ou en anse de panier, une architecture hétérogène due aux diverses reconstructions qui se sont succédé au fil des siècles. Fermée à l'origine sur les quatre côtés, la place sera percée de rues à ses angles au XIXe siècle pour les besoins de la circulation. La **mairie** occupe une imposante maison en pierre construite au XIIIe siècle par l'abbaye de Cadouin voisine (p.206). La partie gauche, ornée de fenêtres géminées, abritait une chapelle, l'autre était occupée par la grange aux dîmes, où les paysans venaient payer leurs redevances en céréales aux moines. Plus tard, y résidera le gouverneur militaire d'Henri IV. La cour d'honneur possède d'élégantes fenêtres à meneaux de style Renaissance. À côté, l'**église** du XIIIe siècle a été endommagée par les guerres. Dans la pénombre de sa nef se détache un retable baroque en bois du XVIIe siècle provenant de l'ancienne cathédrale Saint-Étienne d'Agen. À la sortie de l'église, rejoignez le boulevard qui court sur les anciens remparts. Un château se dressait autrefois à l'extrémité du pech, sur une motte (la Mouthe) qui accueille aujourd'hui un jardin public. La promenade de la Mouthe offre une vue charmante sur la riante vallée du Dropt. Admirez les nobles demeures des XVIIIe et XIXe siècles qui bordent la rue du Petit-Paris.

● Jouer aux courses

Hippodrome de Sarlande Castillonnès possède un hippodrome - et non des moindres. Des trotteurs de première catégorie s'y affrontent sous les encouragements des parieurs entre Pâques et fin août. Renseignez-vous à l'office de tourisme sur le calendrier des courses. *15, route d'Issigeac Tél. 05 53 36 88 41 ou 05 53 36 80 85*

Les environs de Castillonnès

Lauzun Lauzun fut un temps un nom connu de toute la cour à Versailles : ce village était en effet le fief du maréchal de Lauzun (1633-1723), cadet de Gascone qui défraya la chronique par ses frasques. Rejeton d'une illustre baronnie,

Lauzun, de son vrai nom Antonin Nompar de Caumont, se montre un infatigable courtisan du Roi-Soleil, qui le récompense souvent et le châtie parfois : le souverain met ainsi un veto à son mariage avec la Grande Mademoiselle, cousine germaine de Sa Majesté, et le fait embastiller pour mauvaise conduite. Après un retour en grâce, il regagne les geôles de la forteresse de Pignerol, où il côtoie Fouquet. À sa libération, il épouse secrètement la Grande Mademoiselle. À la mort de celle-ci, devenu duc par décision royale, Lauzun se remarie à 62 ans avec une toute jeune fille. Il vivra jusqu'à 90 ans. La Bruyère résume ainsi sa vie : "Personne n'a tiré d'une destinée plus qu'il n'a fait." Ce personnage hors norme est le digne héritier d'un lignage qui, au XIIe siècle, détenait déjà la seigneurie de Lauzun. Le **château** mêle plusieurs styles d'architecture : l'aile gothique, au sud-ouest, construite au XVe siècle, l'aile nord, de style Renaissance, dotée de magnifiques cheminées, et un corps central remanié au XVIIIe siècle. Les fouilles ont mis au jour le donjon médiéval. En contrebas du château, l'**église Saint-Étienne** abrite en son chœur un autel, un retable et une chaire classés. L'admirable mobilier sculpté par Tournié de Gourdon au XVIIe siècle, confisqué à la Révolution, provient du couvent des Récollets. Face à l'église, une surprenante maison décorée de cariatides. *12km à l'ouest de Castillonnès*
Château *Tél. 05 53 20 10 07 Ouvert mi-juil.-mi-août : 12h-18h*

AGENAIS

Où acheter du foie gras ?

☺ **Ferme La Canelle** Les canards gras sont élevés, gavés et occis sur place. C'est donc un authentique foie gras artisanal qu'élabore la famille Martinet. Il en a l'apparence – une belle robe – et le goût, onctueux. L'équilibre est parfait et le produit 100% naturel. À la fin de vos vacances, faites à nouveau un crochet par la ferme pour rapporter des magrets sous vide à cuisiner chez vous. Ils sont délicieux ! *M. et Mme Martinet Saint-Dizier (à 3km environ de Castillonnès) Prendre la route d'Issigeac sur la droite en direction de l'hippodrome Tél. 05 53 36 84 37 ou 06 14 49 65 14*

Piquer une tête dans un plan d'eau

Plan d'eau de Lougratte En été, le plan d'eau de Lougratte est une destination des plus agréables. Les estivants sont nombreux à parfaire leur bronzage sur sa plage aménagée. Pour un pique-nique tranquille, préférez-lui l'ombre des pins. La baignade est surveillée sur un petit périmètre. *9km au sud de Castillonnès Ouvert mi-juin-fin août : tlj.*

CARNET D'ADRESSES

Restauration, hébergement

petits prix

Les Arcades Ce bistrot sans prétention est posté sur la place centrale, près de l'office de tourisme. Sa terrasse permet de profiter du cadre médiéval de la bastide. À la carte, une restauration légère et un menu déjeuner à 12€ avec un choix de 3 entrées, 3 plats, 3 desserts. Le week-end, menus à 16 et 23€. *11, pl. des Cornières* ***Castillonnès*** *Tél. 05 53 36 82 04 Ouvert tlj. à midi (et mer. soir, dim. soir en saison)*

prix moyens

Hôtel-restaurant des Remparts Dans une grande bâtisse du XVIIIe siècle pleine de charme sise sur les remparts de la bastide, des chambres très spacieuses, décorées avec sobriété, donnent sur un jardin qui embaume aux beaux jours, et où l'on peut dîner en saison (menus 24,90 à 36€). Double 70-95€, petit déjeuner 10€. *26-28, rue de la Paix* ***Castillonnès*** *Tél. 05 53 49 55 85 www.hotelrestaurant-lesremparts.com Restaurant fermé en saison : lun. midi et jeu. midi ; hors saison : lun. et jeu.*

Dans les environs

camping

Camping municipal Au pied du village de Lougratte, au bord d'un vaste plan d'eau, ce camping s'inscrit dans un cadre naturel très plaisant de 25ha. En tout, 90 emplacements, avec de l'eau chaude à volonté. Comptez autour de 12€/2 pers. Location de bungalows et de mobil-homes. ***Lougratte*** *(9km au sud de Castillonnès) Tél. 05 53 01 64 95 ou 06 69 17 86 35 Ouvert mi-juin-mi-sept. : tlj.*

prix moyens

Ferme-auberge de Selles Il n'est pas rare qu'une des deux salles du restaurant soit réservée pour un rassemblement familial tant l'endroit est spacieux et sa cuisine réputée. La ferme-auberge, nichée dans un site vallonné, fonctionne à plein régime pendant l'été. Le tournedos de magret à la sauce au foie gras et la daube de canard aux pruneaux font partie des spécialités de la maison à déguster en terrasse à la belle saison. Ne repartez pas sans faire un tour à la boutique, de bons plats cuisinés vous y attendent, comme la tatin de foie gras. Menus 19-25€. ***Lougratte*** *(9km au sud de Castillonnès) De Lougratte prendre la direction Villeréal sur la gauche Tél. 05 53 01 66 06 www.fermedeselles.com Ouvert mars-sept. : mar.-dim.*

Chambres d'hôtes Le Chintre À n'en pas douter, il s'agit d'une vraie ferme avec moutons, volailles, chèvres et même quelques cochons. Rachetée et restaurée à grands frais par un couple de Wallons tombé amoureux de la région, l'exploitation tourne à nouveau et abrite cinq chambres, dont une suite familiale, très confortables. Double 60€, petit déjeuner compris. L'accueil est simple, chaleureux, et les familles sont les bienvenues. En été, elles constituent l'essentiel de la clientèle. La piscine (chauffée) fera le bonheur des enfants. Il est vivement conseillé de goûter la cuisine de la maîtresse de maison, élaborée avec les produits de la ferme certifiés bio (table d'hôtes 28€). *M. et Mme Francis-André Le Chintre* ***Lalandusse*** *(7km à l'ouest de Castillonnès) Dir. Lauzun Tél. 05 53 36 64 28 www.lechintre.com En haute saison, table d'hôtes fermée le ven. soir*

GAMME DE PRIX	RESTAURATION	HÉBERGEMENT
Très petits prix	moins de 15€	moins de 30€
Petits prix	de 15 à 25€	de 30 à 50€
Prix moyens	de 25 à 35€	de 50 à 80€
Prix élevés	de 35 à 50€	de 80 à 125€
Prix très élevés	plus de 50€	plus de 125€

MARMANDE

47200

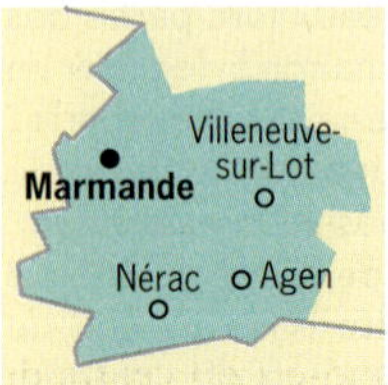

Le long de dame Garonne, entre Gascogne et Guyenne, se déploie un pays fécondé par l'eau où les paysages portent l'empreinte d'une mosaïque de cultures agricoles. Depuis près de 900 ans, Marmande se pelotonne dans un coude du fleuve, à bonne distance de ses caprices. De sa longue histoire – Richard Cœur de Lion a présidé à sa fondation en 1182 –, elle n'a pas hérité un patrimoine particulièrement remarquable. En revanche, elle tire une vraie richesse des terres fertiles qui l'entourent. Dans la plaine croissent les cultures fruitières et maraîchères, dont la célèbre tomate de Marmande et la fraise gariguette. Sur les coteaux qui encadrent les deux rives de la Garonne prospère le vignoble des côtes-du-marmandais. Éleveurs de canards gras, maraîchers, viticulteurs, arboriculteurs... on ne compte plus les bonnes raisons de rendre visite aux producteurs.

MODE D'EMPLOI

accès

EN VOITURE
Marmande est située 68km à l'ouest d'Agen par l'A62 ou la D813, 18km à l'ouest de Tonneins, 54km de Villeneuve-sur-Lot et 53km au nord de Nérac.

EN TRAIN
Arrêt du TGV Bordeaux-Toulouse, nombreuses liaisons en TER avec Agen, qui dessert aussi les gares de Tonneins et d'Aiguillon.
SNCF *Tél. 36 35 www.voyages-sncf.com*

EN CAR
Liaisons avec Mont-de-Marsan ; les cars s'arrêtent à Casteljaloux. *Rens. gare SNCF*

orientation

La ville s'étend entre la voie ferrée au nord et le Trec au sud, un affluent de la Garonne. Elle est ceinturée par un boulevard circulaire et la D813 (Agen-Bordeaux) en traverse le centre d'est en ouest.

informations touristiques

Office de tourisme *11, rue Toupinerie Tél. 05 53 64 44 44 Ouvert juil.-août : lun.-sam. 9h-12h30 et 14h-19h ; sept.-juin : lun.-sam. 9h30-12h30 et 14h-18h*

fêtes et manifestations

Garorock Plus de 50 000 visiteurs se bousculent pour assister aux concerts du plus important festival de rock du Sud-Ouest, créé en 1997. Musique rock, électro, hip-hop, métal, rap... *www.garorock.com Trois jours en juin*
Festival lyrique en Marmandais Opérettes, opéras, concerts de musique classique donnés à Marmande et dans les alentours. Cette effervescence musicale se clôt fin août par un prestigieux concours international de chant. *Tél. 05 53 89 68 75 www.festilyrique.fr Seconde quinzaine d'août*

DÉCOUVRIR
Marmande et ses environs

☆**Les essentiels** Le Mas-d'Agenais **Découvrir autrement** Profitez du magnifique belvédère de Meilhan-sur-Garonne, goûtez l'eau-de-vie de prune de la distillerie Labeau, flânez au Mas-d'Agenais sur le chemin de halage du canal latéral

Vieille ville Garez-vous sur la place Henri-Birac, au sud-est du centre de Marmande, et empruntez la rue Fauconnet jusqu'à la rue Labat, parée de plusieurs habitations médiévales à colombages, dont la **maison des Métiers d'art** (fin XVe s.). Sur la gauche, reprenez le chemin de ronde du Caillou qui longe les anciens remparts et le ruisseau du Trec. Après la rue de la Filhole, une volée de marches vous conduira à l'église gothique **Notre-Dame** (XIIIe-XIVe s.), dont la nef unique baignée de lumière par une série de fenêtres hautes, les arcades et le triforium soulignent l'élégance. Dans le chœur, remarquez l'admirable rosace du XIVe siècle. Le sanctuaire est surtout réputé pour son orgue classé du facteur Aristide Cavaillé-Coll (1858), et le retable de Saint-Benoît du XVIIe siècle (chapelle droite) inspiré par la Renaissance italienne. Le cloître, orienté plein sud, a été transformé en un agréable jardin public entouré par une rangée d'arcades. Prenez la rue de la République sur la gauche et remontez-la jusqu'à la **chapelle Saint-Benoît** (à gauche), qui faisait partie d'un ancien couvent bénédictin du XVIIe siècle. Elle possède un magnifique plafond peint ; malheureusement, elle n'est ouverte au public que dans le cadre de visites guidées ou sur rendez-vous (tél. 05 53 64 44 44). Revenez sur vos pas et empruntez la rue Léopold-Faye, sur la gauche, puis la rue Abel-Boyé, sur la droite, où le **musée Albert-Marzelles** abrite une petite collection de peintures et des expositions temporaires. **Musée** *15, rue Abel-Boyé Tél. 05 53 64 42 04 Ouvert mer.-ven. 15h-15h, sam. 10h-12h et 15h-18h Fermé les jours fériés Entrée libre*

Couthures-sur-Garonne Ce port fluvial, aménagé sur la rive gauche de la Garonne, accueillait autrefois sur sa cale une importante flotte de bateaux. Si le port est déserté aujourd'hui et le village réduit à quelques maisons, Couthures-sur-Garonne reste tourné vers le fleuve, dont les débordements font partie du quotidien. Les murs de l'église, pourtant haut perchée, portent les marques des principales crues, dont celle de 1873, la plus spectaculaire. En contemplant la placidité du cours d'eau qui lèche les berges et miroite au soleil, on oublierait presque ses désordres récurrents. Des anciens quais, la vue sur la boucle du fleuve est tout à fait remarquable. Par le passé, la pêche était la grande affaire des villageois. Au printemps, la toute dernière entreprise locale plonge ses filets dans l'eau, capturant les très prisées lamproies (l'alose bénéficie d'une mesure de protection depuis 2008, sa pêche est suspendue jusqu'à nouvel ordre). L'**espace Gens de Garonne** sauvegarde la longue histoire qui lie Couthures au fleuve. Un spectacle multimédia retrace la vie quotidienne des anciens et les crues dévastatrices du fleuve, tandis qu'une petite guinguette dresse ses tables sur les bords de la Garonne. *10km à l'ouest de Marmande* **Gens de Garonne** *Tél. 05 53*

20 67 76 www.gensdegaronne.com Ouvert juil.-août : mer.-dim. 10h30-18h ; sept. : tlj. 13h30-18h ; oct.-nov. : mer. et sam.-dim. 13h30-18h ; mai-juin : mar.-dim. 10h30-18h Tarif 10€, réduit 6€, moins de 6 ans gratuit

Musée archéologique Plus de 2 000 ans d'histoire dans le Marmandais vous sont contés dans ce musée qui rassemble des objets de la préhistoire au Moyen Âge. Des mosaïques polychromes du IVe siècle retrouvées sur la commune sont le sujet d'une vidéo qui relate avec force détails leur découverte. *Musée archéologique André-Larroderie Route des Landes, pl. René-Sanson* ***Sainte-Bazeille*** *(6,5km au nord-ouest de Marmande) Tél. 06 85 23 60 52 ou 05 53 94 40 28 Ouvert juil.-août : mer.-lun. 14h30-18h ; sept.-juin : dim. 14h30-18h Tarif 2€*

☺ **Meilhan-sur-Garonne** Posté sur un tertre, le village offre un magnifique belvédère sur la vallée de la Garonne submergée par la mer verte des champs de maïs d'où émergent Marmande et Tonneins. En contrebas, le canal latéral, séparé de la Garonne par une étroite bande de terre, est sillonné par des bateaux de plaisance. Pour accéder à ce panorama exceptionnel, empruntez l'escalier dit "de la brèche des Anglais" (en souvenir de la prise de Meilhan en 1345 par les troupes anglaises) jusqu'à l'esplanade. Quelques vieilles demeures lézardent au soleil autour de l'ancienne halle au grain. À leur pied, la petite halte nautique sur le canal latéral et le chemin de halage bordé d'arbres se prêtent à une agréable pause dans l'ombre serpentine. *13km à l'ouest de Marmande*

Cocumont La commune possède le vignoble le plus étendu de tout le département. Pour le mettre en valeur, elle a ouvert un sentier touristique qui se faufile à flanc de coteau entre les pieds de vigne autour du Mont-du-Coucou. Le panorama sur la vallée de la Garonne et les vignobles qui se découpent en terrasses est de toute beauté. Les panneaux thématiques qui balisent le parcours expliquent les cépages, le travail de la vigne et détaillent les paysages. Départ devant la cave coopérative (itinéraire fléché de 2h). *16km au sud-ouest de Marmande*

Où acheter des produits du terroir ?

Conserverie Regaud Cet artisan-conserveur, qui collectionne les récompenses, est bien connu dans la région. Au printemps, ses lamproies à la bordelaise s'arrachent comme des petits pains. Les gastronomes peuvent aussi lui rendre visite pour s'approvisionner en confits, manchons et autres spécialités locales et profiter de cette étape pour faire un tour dans le petit musée de la Conserve, fort bien conçu. ***Mauvezin-sur-Gupie*** *(7,5km au nord de Marmande) Tél. 05 53 94 20 48*

Ferme Mathieu Dans cette ferme isolée où s'ébat en plein air un troupeau de canards gras, la famille Mathieu élabore un foie gras onctueux et parfumé qu'elle vend aussi sur les marchés. Vous pourrez également y faire le plein de rillettes, pâtés, confits et plats cuisinés. *Peyre-en-Haut* ***Mauvezin-sur-Gupie*** *(7,5km au nord de Marmande) Tél. 05 53 94 25 31 Appeler pour les visites*

Où dénicher de bonnes bouteilles ?

☺ **Château de Beaulieu** N'écoutant que son courage, un couple de viticulteurs est parvenu, après un long travail sur les vignes et les cépages, à produire des vins de garde d'une grande élégance qui raflent toutes les distinctions. Leur vignoble de 30ha, indépendant de la cave coopérative et situé sur une croupe de graves profonde et argilo-calcaire, n'a rien à envier à ses voisins du Médoc ! ***Saint-Sauveur-de-Meilhan*** *(4km au nord de Cocumont) Tél. 05 53 94 30 40 www.chateaudebeaulieu.net Accueil sur rendez-vous*

Cave du Marmandais L'appellation côtes-du-marmandais s'étend sur deux coteaux séparés par la vallée de la Garonne. Rive gauche, les vignerons sont regroupés autour de Cocumont, rive droite, autour de Beaupuy. En fusionnant, les deux caves coopératives ont donné naissance à une appellation commune : "Origine Marmandais". Si vous envisagez d'y faire un tour, rendez-vous plutôt à Cocumont, car la route est de toute beauté. Elle s'enfonce dans le vignoble planté sur des terrasses ensoleillées qui dominent la Garonne. Ces vins rustiques se boivent généralement jeunes. *La Cure* ***Cocumont*** *Tél. 05 53 94 50 21 www.origine-marmandais.fr Ouvert lun.-sam. Fermé dim.*

Distillerie Labeau Installée sur une terrasse qui domine la rive gauche de la Garonne, cette exploitation produit depuis 1972 une excellente eau-de-vie de poire William et une non moins fine eau-de-vie de prune. Vous pourrez aussi vous charger de quelques bonnes bouteilles de château Mellet, un côtes-du-marmandais généreux, issu des 25ha de la propriété. *Fourcade* ***Meilhan-sur-Garonne*** *(3,5km environ au sud-est de Meilhan) Tél. 06 80 15 17 76 ou 05 53 94 36 18 Se renseigner pour les visites*

Autour du Mas-d'Agenais

☆☺ **Le Mas-d'Agenais** Son nom résonne jusque dans les murs du musée des Beaux-Arts d'Agen, où est exposée une délicate statue romaine, dite la *Vénus du Mas*, mise au jour dans la commune. Vous découvrirez un autre vestige témoignant de l'occupation romaine, un cippe votif transformé en bénitier, dans l'**église Saint-Vincent**. Ce sanctuaire, élevé entre 1085 et 1125 sur le modèle de celui de Moirax, se déploie autour d'une nef unique. Il s'ouvre sur un transept et une abside en hémicycle. Outre son remarquable mobilier et sa statuaire, le vrai trésor de l'église est accroché à un mur. Il s'agit d'un Rembrandt, un vrai ! Au cœur du village, ne manquez pas la superbe halle au blé du XVIIe siècle, dont la charpente puissante provient des poutres de l'ancien château, aujourd'hui démoli. De son esplanade, transformée en jardin public, qui domine le bourg, la vue embrasse loin la Garonne et le canal latéral, où a été aménagée une halte nautique. *15km au sud-est de Marmande*

TOILE DE MAÎTRE
Conservé dans l'église Saint-Vincent du Mas-d'Agenais, *Le Christ en croix* (1631), de Rembrandt, a été acheté dans une vente en 1804 par une famille originaire du Mas qui en fit don à l'église paroissiale. Vous débusquerez facilement la toile, accrochée à un mur.

Marcher le long du canal de la Garonne

☺ **Halte nautique de Lagruère** La halte nautique de Lagruère est assurément l'un des endroits les plus bucoliques du canal latéral à la Garonne. Les couleurs changeantes, les jeux d'ombre et de lumière, les frondaisons des platanes et la tranquillité du lieu y contribuent grandement. Empruntez le chemin de halage qui longe la rive droite du canal jusqu'au pied du Mas-d'Agenais. Traversez le pont métallique et grimpez à l'assaut de la colline jusqu'à l'église paroissiale qui renferme le célébrissime Rembrandt. L'endroit est tout à fait charmant ; pensez à prendre un pique-nique. ***Distance*** *Environ 4,5km* ***Durée*** *2h30 aller-retour*

● ☺ **Naviguer sur le canal** Bordé de platanes centenaires qui ombragent ses rives, le canal longe la Garonne, dans le département, de Meilhan-sur-Garonne à Saint-Romain-le-Noble.

Crown Blue Line Avec votre bateau de location, le meilleur moment de la croisière réside dans le passage du pont-canal d'Agen, qui enjambe littéralement la Garonne – vraiment spectaculaire ! On peut aussi continuer vers Bordeaux ou rejoindre le canal du Midi à Toulouse. Si vous souhaitez explorer les affluents de la Garonne, rien de plus facile : à l'écluse de Buzet, un passage permet de gagner la Baïse ou de récupérer le chenal de la Garonne pour rejoindre le Lot à Nicole. Location de bateaux : Le Mas-d'Agenais, Agen, Damazan, Fourques-sur-Garonne. Itinéraire indicatif : Fourques-Moissac (Tarn-et-Garonne), 110km aller, 20 écluses, 1 semaine. *44 l'Écluse* ***Le Mas-d'Agenais*** *Tél. 05 53 89 50 80 www.crownblueline.fr*

Émeraude navigation Au départ de Pont-des-Sables, un bateau vous emmène en promenade sur le canal de la Garonne. À vous de choisir votre programme. Vous pourrez à loisir profiter d'une visite guidée de la collégiale Saint-Vincent du Mas-d'Agenais qui abrite le fameux Rembrandt, faire une croisière le temps d'un déjeuner ou d'un dîner, écouter au fil de l'eau le commentaire d'un guide pas comme les autres... *Pont des Sables* ***Fourques-sur-Garonne*** *(8km au nord-ouest du Mas-d'Agenais) Tél. 05 53 89 16 85 ou 05 53 89 16 85 www.emeraude-navigation.com Ouvert tlj. sf sam. juil.-août, départ à 16h*

Autour de Tonneins

Tonneins L'attrait principal de ce gros bourg commerçant réside dans la belle promenade qu'offrent ses **quais** ensoleillés en bordure de Garonne. Là, sur deux kilomètres, se dévoile un fleuve majestueux, habituellement masqué derrière un rideau de feuillage. Ne manquez pas de vous rendre **place Jean-Jaurès**, une vaste esplanade qui déroule un point de vue grandiose sur le fleuve. Empruntez l'escalier qui conduit aux quais, bordés par une enfilade de maisons orientées plein sud. En amont du cours d'eau, quai du Bac, vous découvrirez un vieux lavoir. *18km au sud-est de Marmande*
Office de tourisme *3, bd Charles-de-Gaulle Tél. 05 53 79 22 79 Ouvert juil.-août : lun.-sam. 9h-12h et 14h-18h ; sept.-juin : lun. 14h-18h, mar.-ven. 9h-12h et 14h-18h, sam. 9h-12h*

Gontaud-de-Nogaret C'est dans ce village proche de Tonneins qu'est née la grande lignée des ducs de Biron, dont le château (p.150) se situe dans le Périgord voisin, près de Monpazier. Le centre-ville conserve une belle halle du XVIIIe siècle tout en bois, surmontée d'une tour à horloge du XIXe siècle. À côté, l'église Notre-Dame arbore une façade du XIIIe siècle et des chapiteaux romans sur son chevet. Le château de Gontaud, du XVIe siècle, se dresse à proximité de la place centrale (ne se visite pas). *8,5km au nord de Tonneins*

● Faire du canoë-kayak sur la Garonne

UST canoë-kayak À Tonneins, l'association UST accueille les sportifs du dimanche pour une promenade paisible au fil de la Garonne. Les plus aguerris franchiront les remous du passage dit des Roches, une enfilade de petits rapides. Émotions garanties ! *22, quai de la Barre* ***Tonneins*** *(au pied du pont, en direction de Casteljaloux) Tél. 05 53 84 52 22 Ouvert juil.-août*

CARNET D'ADRESSES

Restauration, hébergement

petits prix

☺ **Hôtel Les Rives de l'Avance** Une heureuse surprise, à deux pas de l'autoroute. Enfouie sous la verdure au bord de la rivière l'Avance, cette jolie bâtisse tout en longueur propose 16 chambres très simples, parfaitement au calme. Double 45-55€, petit déjeuner 6€. La famille qui tient l'hôtel habite le moulin juste à côté. Elle pratique une politique de tarifs très raisonnable qui fidélise la clientèle. Les habitués préfèrent garder pour eux cette aubaine. *Les Rives de l'Avance* ***Sainte-Marthe*** *(à 6km de Marmande, sortie autoroute A62) Tél. 05 53 20 60 22 www.hotel-lesrivesdelavance.fr*

prix moyens

Auberge de l'Escale Avec sa terrasse qui donne sur le canal latéral, ce restaurant assez chic occupe un cadre bien agréable en bordure de la halte nautique de Pont-des-Sables. Il est très fréquenté au printemps quand la lamproie, grande spécialité du chef, fait son apparition sur la carte. Le reste de l'année, spécialités du terroir, foie gras en tête, dans les menus du déjeuner (à partir de 25€). *Pont-des-Sables* ***Fourques-sur-Garonne*** *(7km au sud de Marmande) Tél. 05 53 93 60 11 Ouvert mar.-dim. Fermé dim. soir hors saison*

☺ **Chambres d'hôtes Cantet** À l'ombre d'arbres centenaires, cette superbe maison de maître est idéale pour se mettre au vert. Ses chambres, aux accents fleuris et champêtres, dont une suite familiale séduisante, donnent sur le parc et la piscine. Elles offrent le confort (lits en 1,60m) et la tranquillité propres aux vieilles demeures. Double 70 et 90€, suite (4 pers.) 120€. Les voyageurs seront accueillis avec le sourire par la volubile maîtresse de maison, qui fait table d'hôtes (sur réservation uniquement). *M. et Mme de La Raitrie* ***Samazan*** *(10km au sud de Marmande) Tél. 05 53 20 60 60 ou 06 18 76 88 86*

prix élevés

Hôtel Le Capricorne-restaurant Le Trianon Les voyageurs qui font

AGENAIS

GAMME DE PRIX	RESTAURATION	HÉBERGEMENT
Très petits prix	moins de 15€	moins de 30€
Petits prix	de 15 à 25€	de 30 à 50€
Prix moyens	de 25 à 35€	de 50 à 80€
Prix élevés	de 35 à 50€	de 80 à 125€
Prix très élevés	plus de 50€	plus de 125€

étape à Marmande vont le plus souvent dormir dans cet établissement situé à l'entrée de la ville en venant d'Agen. Rien d'extraordinaire dans cette grosse bâtisse aux portes de la zone commerciale. Et pourtant, les 34 chambres climatisées, insonorisées et spacieuses, remplissent parfaitement le cahier des charges assigné à un hôtel, à savoir bien dormir. On peut aussi profiter de la piscine. Double 72€-109€, petit déjeuner 9€. Le restaurant propose une cuisine régionale sans surprise qui donnera pleinement satisfaction à la clientèle de passage. Menus 20-30€. *Av. Hubert-Ruffé* ***Marmande*** *(route d'Agen) Tél. 05 53 64 16 14 www.lecapricorne-hotel.com*

DURAS

47120

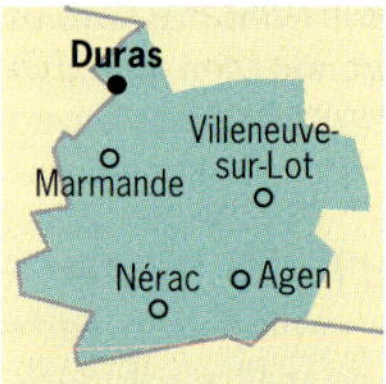

À la frontière septentrionale du Lot-et-Garonne, le paysage ondule en collines où s'accrochent vergers, vignes, champs de céréales et un bout de forêt échappé du Périgord voisin. Surplombant la vallée du Dropt, le château de Duras, dressé sur un piton rocheux, veille sur les vignobles alentour. "Si je n'avais Versailles, je voudrais Duras !" se serait exclamé Louis XIV. Un avis que partageait certainement Marguerite Donnadieu qui, en souvenir de moments de son enfance passés dans le pays, prit Duras comme nom de plume. Lors de la construction du château, en 1308, le vicomte de Bézaume contraint les habitants à s'installer devant le "castel naou" pour protéger des attaques son versant vulnérable. Transformé plus tard en demeure de plaisance, il est devenu à juste titre la grande fierté des habitants. La petite cité s'enorgueillit également d'un vignoble réputé dont on pourra déguster quelques crus dans les caves des vignerons de l'arrière-pays.

UN PAYS BÉNI PAR BACCHUS Le côtes-de-duras s'étend sur 2 500ha à la limite de la Gironde et de la Dordogne, sur la rive droite du Dropt. Bien que le Bergeracois soit proche, son terroir s'en distingue nettement. Parmi la panoplie des vins produits (blanc, moelleux, rosé, rouge), accordons une mention particulière aux blancs, excellents vins secs et fruités issus du sauvignon. Les vins rouges sont produits avec des cépages bordelais classiques, cabernet sauvignon, merlot, cabernet franc. Ils se dégustent généralement jeunes, à l'exception de quelques vins de garde.

MODE D'EMPLOI

accès

EN VOITURE

À 23km au nord de Marmande, 38km au sud-ouest de Bergerac, 56km à l'ouest de Monflanquin.

EN TRAIN

Gares les plus proches : Sainte-Foye-la-Grande (Gironde), à 22km, ou Marmande, à 23km.

orientation

Aux confins du Lot-et-Garonne, à la lisière de la Gironde et du Bergeracois, Duras se blottit à l'entrée de son château. Une rue principale traverse ce village qui conserve quelques belles maisons anciennes.

marchés, fêtes et manifestations

Marchés *Lun. et sam. En saison, marché fermier le jeudi*
Bastid'Art Ce festival des arts de la rue investit la bastide le temps d'un week-end avec des spectacles haut en couleur, de la musique et des acrobaties... ***Miramont-de-Guyenne*** *Tél. 09 53 82 83 46 ou 06 21 59 95 83 www.bastidart.org Début août*
Fête du vin et Montgolfiades L'occasion de s'initier aux différents crus issus de ce terroir secret. Nombreuses animations. *Mi-août*

informations touristiques

Office de tourisme du pays de Duras *14, bd Jean-Brisseau Tél. 05 53 93 71 18 www.paysdeduras.com Ouvert juil.-août : lun.-sam. 9h-12h30 et 14h-17h30, dim. et j. fér. 10h-13h ; sept.-juin : lun.-ven. 9h-12h30 et 14h-17h30*

DÉCOUVRIR

☆ **Les essentiels** Le château de Duras **Découvrir autrement** Empruntez la route des vins et découvrez un large choix d'appellations, rendez-vous à Pardaillan, sur les traces de Marguerite Duras

Duras

☆ **Château** L'actuel château a été édifié en 1308 par Bertrand de Goth, neveu du pape Clément V. Tenue par les Anglais pendant la guerre de Cent Ans, endommagée par de nombreux assauts, la forteresse est transformée à l'aube du siècle des Lumières en une plaisante résidence inspirée de la Renaissance par les ducs de Duras. Restaurées à grands frais, les 35 pièces du château témoignent de l'évolution de l'architecture au fil des siècles. Du donjon et des bastions médiévaux à l'élégant péristyle à l'italienne de 1680, de l'immense cuisine à la charpente magnifique, on déambule librement d'une salle à l'autre. Ne manquez pas de grimper dans la tour pour admirer un panorama à 360° sur la vallée du Dropt, et visitez la salle aux secrets, à l'acoustique étonnante : une personne placée à un angle ne peut être entendue que par une autre postée à l'angle opposé. Au sous-sol, petit musée des Arts et Traditions populaires. *Tél. 05 53 83 77 32 www.chateau-de-duras.com Ouvert juil.-août : tlj. 10h-19h ; avr.-juin : tlj. 10h30-13h et 14h-18h ; sept.-oct. : tlj. 10h30-13h et 14h-18h ; fév.-mars : tlj. 14h-18h ; nov.-déc. : tlj. 14h-18h Tarif 7€, réduit 4€*

● **Où déguster du côtes-de-duras ?** Avec 160 références, la Maison du vin est un lieu privilégié pour découvrir l'appellation. Vous trouverez là un large choix de vins du cru, que vous pourrez déguster sur place, avec la modération qui s'impose... Vous pourrez aussi vous procurer le dépliant de la **route des vins**, qui recense tous les domaines, et partir ainsi à la rencontre de leurs propriétaires. Parmi les vignerons indépendants qui se distinguent, le domaine de Laulan, 33ha sur la commune de Duras, a été plusieurs fois récompensé pour son côtes-de-duras blanc très fruité. Autre vigneronne remarquée, Catherine Le Bihan élabore dans son domaine de 27ha un excellent vin blanc biologique et un vin rouge d'une rare maîtrise.

Maison du vin des côtes-de-duras *Fonratière (au rond-point à l'entrée de Duras) Tél. 05 53 94 13 48 www.cotesdeduras.com Ouvert juil.-août : lun.-sam. 10h-13h et 14h-19h ; sept. : 10h-13h et 14h-18h30 ; oct.-mars : lun.-ven. 9h-12h30 et 14h-18h ; avr.-juin : lun.-sam. 10h-13h et 14h-18h30*

Domaine de Laulan *Petit-Sainte-Foy Tél. 05 53 83 73 69 www.domainelaulan.com Ouvert lun.-ven. 8h-12h et 14h-18h30 Visites le sam. sur rdv*

Domaine Mouthes Le Bihan *Saint-Jean-de-Duras Tél. 05 53 83 06 98 www.mouthes-le-bihan.com Horaires variables*

Cave coopérative Berticot *Route de Sainte-Foye-la-Grande Tél. 05 53 83 75 47 www.berticot.com Ouvert juil.-août : lun.-ven. 8h30-12h30 et 14h-18h30, sam. 9h-12h30 et 14h-18h30 ; sept.-juin : lun.-sam. 8h30-12h30 et 14h-18h*

Explorer le pays du Dropt

Les coteaux du pays du Dropt sont émaillés de villages tranquilles cernés par les vignes. L'église romane, avec son porche orné de chapiteaux sculptés, fait la fierté de **Sainte-Colombe-de-Duras**, hameau niché dans un vallon, 6km à l'ouest de Duras. **Esclottes**, à la lisière de la Gironde, abrite la plus ancienne église romane du pays de Duras – son existence est déjà mentionnée dans un document de 1076 ! Cet émouvant sanctuaire entouré d'un cimetière a conservé un beau portail sculpté de voussures. Traversez ensuite le bourg fleuri de **Saint-Sernin**. Les pieds de vigne se font maintenant plus denses. Autour de **Villeneuve-de-Duras, Saint-Jean-de-Duras** et **Soumensac** sont installés de nombreux viticulteurs de côtes-de-duras. Les inconditionnels de Marguerite Duras (1914-1996) feront un crochet par **Pardaillan**, où elle séjourna enfant. Dans son roman *Les Impudents* (1943), l'écrivain évoque les paysages de la région. Le joli village d'**Allemans-du-Dropt** mérite une plus longue halte pour son église décorée de fresques du XVe siècle, mises au jour en 1935 et classées en 1960. Elles illustrent les thèmes de la Passion et du Jugement dernier. L'épisode de saint Michel terrassant le dragon à côté du diable est particulièrement éloquent. Après cet arrêt édifiant, faites un tour sur les berges verdoyantes et bucoliques du Dropt. Remarquez le pigeonnier posté à la sortie du village, en direction de Monteton. Bâti sur un mamelon qui lui donna son nom, le bourg fortifié garde des vestiges d'un château et de remparts. Belle vue sur les collines alentour.

Où acheter du foie gras ?

Ferme de M. et Mme Ros Chaque lundi au marché, vous trouverez les Ros, couple d'éleveurs de canards gras, installés sous les arcades de Duras. Si vous manquez ce rendez-vous, rassurez-vous : ils vendent aussi leur production en direct. Leur ferme coiffe un coteau planté de vignes. Ils élaborent eux-mêmes leur foie gras avec des canards qu'ils élèvent et gavent. Leurs conserves sont délicieuses. *Les Renards* ***Saint-Sernin*** *(7km au nord-est de Duras) Tél. 05 53 94 75 89*

CARNET D'ADRESSES

Restauration, hébergement

prix moyens

☺ **Hostellerie des Ducs** Quelle satisfaction d'être si bien reçu ! Vous serez conduit à votre chambre, où vos hôtes vérifieront que rien ne manque. Les chambres, de caractère, sont mansardées à l'étage, celles de la façade s'ouvrent sur les tours de l'élégant château de Duras. Elles offrent toutes un confort douillet qui vous met dans d'excellentes dispositions. Double de 70 à 145€, petit déjeuner 9,50€. Le restaurant, sans nul doute l'un des meilleurs de la région, a également tout pour plaire. Inventivité, produits de qualité, carte originale... Les gourmets n'y trouveront rien à redire, tout est très bon... Formule déjeuner 15€ (en semaine), menus 28-50€. *Bd Jean-Brisseau* ***Duras*** *Tél. 05 53 83 74 58 www.hostellerieducs-duras.com Restaurant fermé en saison : sam. midi et lun. midi ; hors saison : sam. midi, dim. soir et lun.*

L'Étape gasconne Postée au centre d'Allemans, cette solide bâtisse en pierre de taille accueille les voyageurs de passage dans un cadre un peu vieillot. Mais les chambres avec balcon de l'arrière donnent sur une piscine agréable. On y prend le frais durant les longues soirées d'été. Double de 45 à 60€, petit déjeuner 7€. Côté gastronomie, une cuisine du Sud-Ouest bien rodée, dans la plus pure tradition. Salade de gésiers, ris de veau sauce financière, pavé de bœuf sauce bordelaise... Menu du terroir 18€, menu gastronomique 30€. ***Allemans-du-Dropt*** *(12km au sud-est de Duras) Tél. 05 53 20 23 55 www.letapegasconne-hotel.com Ouvert tlj. Fermé ven. soir et dim. soir hors saison*

AGENAIS

GAMME DE PRIX	RESTAURATION	HÉBERGEMENT
Très petits prix	moins de 15€	moins de 30€
Petits prix	de 15 à 25€	de 30 à 50€
Prix moyens	de 25 à 35€	de 50 à 80€
Prix élevés	de 35 à 50€	de 80 à 125€
Prix très élevés	plus de 50€	plus de 125€

Puy-L'Évêque (p.366), dans la vallée du Lot.

Une truffe de belle taille, au marché de Lalbenque (p.385).

GEODOCS

EN SAVOIR PLUS

BIBLIOGRAPHIE

histoire et société

Art préhistorique dans le monde (L'), R. White, Éd. de La Martinière, Paris, 2003
Préhistoire expliquée à mes petits-enfants (La), J. Clottes, Éd. du Seuil, Paris, 2012
Chemins de table en Périgord, S. Boireau-Tartarat, Éd. La Lauze, Périgueux, 2002
Connaître la préhistoire en Périgord, B. et G. Delluc, A. Roussot, J. Roussot-Laroque, Éd. Sud-Ouest, Bordeaux, 2001
Parler du Lot (Le), É. Roques, Éd. Lacour, Nîmes, 1995
Préhistoire de l'art occidental, A. Leroi-Gourhan, Éd. Mazenod, 1995
Promenades en Périgord roman, J. Secret, Éd. Zodiaque, Paris, 2002
Province préhistorique des Eyzies (La), J.-J. Cleyet-Merle, Éd. CNRS, Paris, 2001
Goût du Périgord (Le), Éd. Mercure de France, Paris, 2005
Truffe et trufficulture, J.-M. Olivier, J.-C. Savignac, P. Sourzat, Éd. Fanlac, 2012

monographies

Église romane de Saint-Amand-de-Coly (L'), A. Delmas, Asso. des amis de Saint-Amand-de-Coly, 1996
Lunegarde, A. Delmas, Asso. pour la sauvegarde du patrimoine de Lunegarde, 2002
Pièges à fossiles, Éd. BT, Paris, 2000
Sergeac en Périgord, A. Roulland, Éd. Compte d'auteur, 1996

romans

Armand, Édouard *Le Meunier de Ganil*, Association française pour la lecture, 2011
Auel, Jean M. *Les Enfants de la Terre*, Éd. Presses de la Cité, Paris, 1980-2002
Benoit, Pierre *Le Déjeuner de Sousceyrac*, Éd. Albin Michel, Paris, 1931
Crichton, Michael *Les Prisonniers du temps*, Éd. Pocket, Paris, 2002
Kerangal, Maylis de *Je marche sous un ciel de traîne*, Éd. Verticales, Paris, 2000
Le Roy, Eugène *Jacquou le Croquant*, Éd. Calmann-Lévy, Paris, 1899
Merle, Robert *Fortune de France*, Éd. Livre de Poche, Paris 1994-2009 ; *Malevil*, coll. Folio, Éd. Gallimard, Paris, 1983
Michelet, Claude *Des Grives aux loups*, Éd. Pocket, Paris, 2006

essais

À la recherche de l'homme, P. Picq et L. Lemire, Éd. Nil, Paris, 2002
Cahors, le roman du vin noir entre histoire et légendes, J.-C. Chapuzet, Éd. Féret, 2013
From here you can't see Paris, M. S. Sanders, Éd. Harper Collins, New York, 2002
Le rendez-vous de Moissac, C. Daudin, Éd. Actes Sud, 2011
Pourquoi l'art préhistorique ?, J. Clottes, coll. Folio, Éd. Gallimard, 2011

sites et patrimoine bâti

Art pariétal, grottes ornées du Quercy, M. Lorblanchet, Éd. du Rouergue, 2010
Cahors médiéval, ville et architecture civile au Moyen Âge, Cahiers du Patrimoine, 1999
Combarelles (Les), M. et C. Archambeau, Éd. Fanlac, Périgueux, 1997
Figeac, Collectif, Éd. du Patrimoine, 2011

Grotte de Font-de-Gaume (La), Éd. Fanlac, Périgueux, 1994
Lot : châteaux, manoirs et logis (Le), C. Didon, Éd. Patrimoines et médias, Prahecq, 1996
Lot - jardin du Ségala, C. Jaillet, Éd. du Laquet, Martel, 1994
Moissac, la ville-confluences, V. Sucère, Éd. Cairn, 2012

bandes dessinées

Légende de Commarque et autres récits (La), S. Laumonier, Éd. La Lauze, Périgueux, 2002
Roque Saint-Christophe (La), T. Félix et P. Bigotto, Éd. Dolmen, Sarlat, 2002
Secret des bois de Lascaux (Le), T. Félix et P. Bigotto, Éd. Dolmen, Sarlat, Paris, 1990

guides de voyage

Midi-Pyrénées, Éd. Gallimard, Paris, 2014
Vallée du Lot, Éd. Gallimard, Paris, 2009

topo-guides

Dordogne à pied (La), Éd. FFRP, Paris, 2012
Lot à pied : 40 promenades et randonnées (Le), Éd. FFRP, Paris, 2012
Lot, promenades et randonnées (Le), Éd. Lot tourisme, 2003
Lot-et-Garonne à pied (Le), Éd. FFRP, Paris, 2012
Promenades et randonnées, M. Durand, Éd. Lot tourisme, 1996-99
Promenades et randonnées en Périgord noir, J. et D. Krasa, Office de tourisme de Sarlat, 2002
Sentier de Saint-Jacques-de-Compostelle : Figeac-Moissac, Éd. FFRP, Paris, 2012
Traversée du Périgord, Éd. FFRP, Paris, 2014
Vallée du lot et du vignoble : guide de la randonnée, Office de tourisme de Puy-l'Évêque, 2002

FILMOGRAPHIE

Annaud, Jean-Jacques *La Victoire en chantant*, 1976, à Monpazier
Besson, Luc *Jeanne d'Arc*, 1998, à Beynac et Sarlat
Borderie, Bernard *Le Chevalier de Pardaillan*, 1962, à Hautefort, Monpazier et Biron ; *Gaston Phœbus*, 1977, à Sarlat et Beynac
Boutonnat, Laurent *Jacquou le Croquant*, 2007, à Sarlat et Beynac, à L'Herm et Hautefort
Bunio, Maurice *Le Vieil Ours et l'enfant*, 2000, à Montignac et Fanlac
Chabrol, Claude *Le Boucher*, 1970, à Trémolat ; *L'Inspecteur Lavardin*, 1987, à Brantôme
Companeez, Nina *Colinot trousse-chemise*, 1974, à Sarlat
Dayan, Josée *La Rivière Espérance (TV)*, 1993, à Carennac et dans la vallée de la Dordogne
Denis, Jean-Pierre *Champ d'honneur*, 1986, à Périgueux, Saint-Astier et Saint-Aulaye
Deray, Jacques *Les Bois noirs*, 1989, à Clermont-de-Beauregard, Saint-Martin-des-Combes, Périgueux et au château de la Gaubertie
Ducastel, Olivier, et Martineau, Jacques *Nés en 68*, 2008, à Figeac
Gans, Christophe *Le Pacte des loups*, 2000, à Biron
Hubert, Jean-Loup *Le Grand Chemin*, 1988, à Issigeac
Hunebelle, André *Le Capitan*, 1960, à Biron, Hautefort et Monpazier
Hossein, Robert *Les Misérables*, 1982, à Monpazier, Sarlat, Saint-Cyprien et Sireuil

Hyams, Peter *D'Artagnan*, 2000, à Sarlat
Krawczyk, Gérard *Fanfan la Tulipe*, 2003, à Monpazier
La Patellière (de), Denys *Le Tatoué*, 1968, à Domme, Sarlat, au château de Saint-Vincent-le-Paluel
Larrieu, Arnaud et Jean-Marie *Les Derniers jours du monde*, 2009, à Saint-Jean-Lespinasse
Lorenzi, Stellio *Jacquou le Croquant*, 1969, à Fanlac, Sarlat, Périgueux, Hautefort, L'Herm, Sireuil et Montignac
Malle, Louis *Lacombe Lucien*, 1974, à Figeac, Sénaillac-Lauzès
Maline, André *Jean Galmot aventurier*, 1991, à Clermont-de-Beauregard, Saint-Martin-des-Combes, Périgueux et au château de la Gaubertie
Marbœuf, Jean *Corentin ou les infortunes conjugales*, 1987, à Regagnac et Biron
Poiré, Jean-Marie *Les Visiteurs 2*, 1996, à Beynac
Ribowski, Nicolas *Périgord noir*, 1989, à Meyrals, Saint-Cyprien, Castels et Sarlat
Schepisi, Fred *Plenty*, 1985, à Hautefort et Montignac
Scott, Ridley *Duellistes*, 1977, à Sarlat, Sireuil, Vitrac, Tursac et Commarque
Sibra, Michel *La Soule*, 1987, à Issigeac, Faux, Beaumont et Bannes
Tavernier, Bertrand *La Fille de d'Artagnan*, 1993, à Sarlat, Commarque et Biron
Téchiné, André *Le Lieu du crime*, 1986, à Castella ; *Les Roseaux sauvages*, 1994, à Villeneuve-sur-Lot

GEOPLUS

Glossaire

Art pariétal (ou **art rupestre**) Art exécuté sur des parois rocheuses, le plus souvent dans des grottes
Bolet Perron couvert permettant d'accéder à l'étage de la maison
Caselle Cabane en pierres sèches typique du causse quercynois
Cingle Méandre très prononcé formé par un cours d'eau
Château des Anglais (ou **roca**, ou **roque**) Fortification de falaise qui permettait de surveiller l'accès des vallées encaissées du Lot, de la Dordogne ou du Célé
Combe Vallée sèche entaillant les plateaux calcaires, souvent occupée par des prairies humides
Couvert Dans une bastide, galerie formée par les arcades de la place principale, au niveau du rez-de-chaussée des maisons
Doline (ou cloup) Petit bassin (ou petite cuvette) fermé, creusé dans les causses
Dolmen Grand monument de pierres brutes, composé d'une dalle reposant sur des pierres dressées
Draperie Concrétion (calcaire cristallisé) fine qui se développe sur des parois inclinées
Enchaud Rôti de porc confit
Entremi Venelle de quelques dizaines de centimètres entre deux maisons voisines, où sont recueillies les eaux de pluie
Gariotte Petite construction en pierre sèche enclavée dans un muret ou un pierrier du causse quercynois
Géminée (fenêtre) Baie divisée en deux parties par une colonnette
Karst Relief que l'on retrouve dans les causses, résultant de l'érosion de terrains calcaires
Lauze Pierre plate utilisée comme élément de couverture
Puy (ou pech, du latin podium) Colline ou petite montagne isolée
Remplage Pierre ajourée ou réseau de pierres fermant l'arc d'une fenêtre
Résurgence Rejaillissement d'une rivière souterraine
Solelho (ou ***soleilho***) Comble ouvert dans une maison, pouvant servir de séchoir
Troglodytique (habitat) Habitat souvent d'origine préhistorique, aménagé dans des grottes ou dans la paroi des falaises

INDEX

A

Abbayes
- Beaulieu-en-Rouergue 399
- Boschaud 107
- Brantôme 91
- Cadouin 206
- Chancelade 73
- Francour 427
- Marcilhac 302
- Moissac 422
- Nouvelle 308
- Tourtoirac 269

Abri
- Cap Blanc 223
- Castel-Merle 254
- Cro-Magnon 221
- Pataud 221
- Poisson 224
- Roque Saint-Christophe 225

Agen 436
- Cathédrale Saint-Caprais 439
- Église Notre-Dame des Jacobins 439
- Église Notre-Dame-du-Bourg 439
- Le Gravier 442
- Musée des Beaux-Arts 439
- Place du Docteur-Esquirol 438
- Pont-canal 442
- Stade Armandie 443
- Vieille ville 438

Aiguillon 484
Albas 369
Albret 449
Allemans-du-Dropt 504
Aquarium du Périgord noir (Le Bugue) 211
Archignac 263
Assier 283
Astaffort 446
Aubeterre 86
Aubiac 447
Aujols 392
Autoire 340
Aynac 339

B

Balades sur l'eau
- Baïse (Nérac) 452
- Canal de la Garonne (Fourques-sur-Garonne) 500
- Canal de la Garonne (Le Mas-d'Agenais) 500
- Dordogne (Bergerac) 125
- Dordogne (Beynac-et-Cazenac) 182
- Dordogne (La Roque-Gageac) 175
- Lot (Castelmoron) 479
- Lot Croisières (Bouziès) 297
- Lot (Fumel) 472
- Lot (Penne-d'Agenais) 471
- Navilot (Luzech) 357

Barbaste 453
Barrage de Tuilières 127
Bastide de Domme 187
Bastide de Monpazier 148
Bastide de Villefranche 201
Bastide d'Eymet 127
Bastideum (Monpazier) 149
Beaumont-du-Périgord 140
Beauregard 391
Beauville 463
Bélaye 373
Belvès 208

Bergerac 119
- cloître des Récollets 121
- Église Saint-Jacques 122
- Maison Peyrarède 122
- Musée Costi 124
- Musée de la Ville, du Vin et de la Batellerie 122
- Musée du Tabac 122
- Vieux port 121

Besse 202
Beynac-et-Cazenac 180
Bioule 408
Bourg-du-Bost 88
Bouriane 308, 312
Bouziès 304
Brantôme 90
Bretenoux 338
Bruniquel 400

C

Cabanes du Breuil 165
Cabrerets 303

Cahors 346
- Cathédrale Saint-Étienne 349
- Jardins secrets 352
- Mont Saint-Cyr 349
- Musée de la Résistance 354
- Musée Henri-Martin 353
- Pont Valentré 354
- Vieille ville 348

Caillac 355
Cajarc 290
Calviac 339
Cambayrac 376
Campement préhistorique de Bruniquel 401
Caniac-du-Causse 318
Capdenac 282
Carennac 338
Carsac-Aillac 165
Casseneuil 477
Casteljaloux 454
Castelmoron-sur-Lot 477
Castelnau-Bretenoux 340
Castelnau-Montratier 379
Castelsagrat 427
Castillonnès 492
Catus 312
Caussade 404
Causse de Gramat 283, 317
Causse de Gréalou 292
Causse de Martel 332
Caylus 397
Cazals 311
Cère, gorges 339

Châteaux
- Assier 284
- Belcastel 333

- Beynac 181
- Biron 150
- Bonaguil 369
- Bourdeilles 92
- Brassac 426
- Bridoire 125
- Bruniquel 400
- Castelnaud 182
- Cavagnac 333
- Cénevières 292
- Cieurac 384
- Commarque 225
- Duras 503
- Estillac 447
- Fénelon 165
- Fratteau 81
- Gavaudun 489
- Hautefort 267
- Jumilhac 113
- Lacapelle-Marival 283
- La Coste 368
- Lacypierre 263
- La Grézette 355
- La Hierce 92
- Lanquais 138
- Larroque-Toirac 293
- La Treyne 333
- Lauzun 493
- Les Bories 73
- L'Herm 258
- Losse 257
- Madaillan 467
- Mareuil 93
- Mercuès 355
- Milandes 183
- Monbazillac 125
- Montaigne 132
- Montal 339
- Montcléra 312
- Montfort 176
- Montréal 82
- Nérac 451
- Neuvic 81
- Poudenas 459
- Puyferrat 80
- Puyguilhem 107
- Puymartin 164
- Richemont 93
- Rocamadour 322
- Sauvebœuf 256
- Varaignes 101

Cherval 88
Cingle de Montfort 176
Cingle de Trémolat 214
Clairac 481
Clermont-Dessus 467
Comiac 339
Copeyre, belvédère 333
Couthures-sur-Gar. 497
Creysse 333

D-E

Daglan 195
Domme 187
Double, forêt 80
Douelle 355
Dropt, pays 504
Duras 502
Duravel 368
Esclottes 504
Espace Fer et Forges (Etouars) 101
Espagnac-Sainte-Eulalie 302
Espédaillac 317
Estillac 447

F

Fanlac 257
Ferme Bérino-Martinet (Lafitte-sur-Lot) 482
Ferme de Souleilles (Frespech) 463
Ferme du Parcot (Echourgnac) 83
Ferme pédagogique de Saint-Martin (Labarthe) 381
Ferme pédagogique du Chaudron magique (Brugnac) 483
Figeac 276
- Musée Champollion 280
- Notre-Dame du Puy 278
- Place Carnot 279
- Place Champollion 279
- Quartier Ortabadial 278
- Quartier ouest et remparts 280

Flaugnac 381
Forêt Barade 257
Forêt de la Braunhie 318
Forêt de la Double 79
Forge de Savignac-Lédrier 113
Frayssinet-le-Gélat 312
Frespech 462
Fumel 471

G

Gavaudun 489
Gluges 333
Golfech 429
Gontaud-de-Nogaret 500
Gorges de la Cère 339
Gouffre de Padirac 340
Goujounac 312
Gourdon 306
Gramat 315
Grand-Brassac 88
Groléjac 190
Grottes
- Bara-Bahau 211
- Bernifal 223
- Campagnac-lès-Quercy 203
- Combarelles 222
- Cougnac 309
- Domme 189
- Foissac 293
- Font-de-Gaume 222
- Fontirou 462
- Grand Roc 224
- Lacave 333
- Lascaux 254
- Lastournelle 462
- Laugerie-Basse 224
- Le Bosc 397
- Maxange 207
- Merveilles 323
- Padirac 340
- Pech-Merle 303
- Presque 340
- Proumeyssac 213
- Rouffignac 225
- Saint-Cirq 212
- Tourtoirac 270
- Villars 107

H-I-J

Haras de Villeneuve-sur-Lot 475
Hautefage-la-Tour 461
Hautefort 267
Ichnospace (Luzech) 356
Igue de Planagrèze 317
Insectorama (Groléjac) 190
Issigeac 136
Jardins
- Arts (Nontron) 101
- Cadiot 264
- Eyrignac 263
- Imaginaire (Terrasson-Lavilledieu) 255
- Marqueyssac 176
- Nature et Préhistoire (Villars) 107
- Nénuphars (Le Temple-sur-Lot) 479
- Panoramiques (Limeuil) 213
- Pèlerin (Lauzerte) 415
- Sardy (Vélines) 134
- Secrets de Cahors 352
- Senteurs du Quercy (Escamps) 385
- Tranquilles (Brantôme) 92

Javerlhac-et-La-Chapelle-Saint-Robert 101
Junies 312

L

Labastide-du-Haut-Mont 282
Labastide-Marnhac 380
Laburgade 392
Lacapelle-Biron 489
Lacapelle-Marival 282
Lac de Frespech 463
Lac de Gurson 134
Lac de Neufont 83
Lafrançaise 428
Lalbenque 382
Lamativie 339
Lamontjoie 452
Laparade 482
Laplume 448
Laramière 391
La Roque-Gageac 172
Laroque-Timbaut 460
Lascaux 254
Lasvaux 332
Lauzerte 412
Lauzun 493
Layrac 445
Le Bournat 212
Le Bugue 210
Lédrier 312
Le Mas-d'Agenais 499
Les Arques 313
Les Eyzies-de-Tayac
- Abri de Cro-Magnon 221
- Abri du Poisson 224
- Abri Pataud 221
- Château de Commarque 225
- Combarelles 222
- Font-de-Gaume 222
- Grotte de Bernifal 223
- La Ferrassie 225
- La Micoque 224
- Laugerie-Haute 224
- Moustier 225
- Musée national de Préhistoire 220
- Pôle international de la Préhistoire (PIP) 221

Le Temple-sur-Lot 479
Leyme 339
Lherm 312
Lhospitalet 380
Limargue 339
Limeuil 213
Limogne-en-Quercy 389
Livernon 283
Loubressac 341
Lunan 283
Lunegarde 317
Luzech 356
Luziers 312

M

Marcilhac-sur-Célé 301
Marmande 496
Marsalès 150
Martel 330
Martignac 369
Meilhan-sur-Garonne 498
Meyronne 333
Mézin 457
Moirax 447
Moissac 419
Molières 410
Monclar 477
Moncrabeau 452
Monflanquin 486
Monpazier 147
Monsempron-Libos 471
Montaigu-de-Quercy 416
Montcabrier 369
Montcaret 133
Montcuq 375
Montferrand-du-Périgord 141
Montignac 252
Montjoi 427
Montpezat-de-Quercy 410
Montricoux 400
Montvalent 333
Moulin de Cougnaguet 324
Moulin de la Rouzique 141
Moulin de Lustrac 471
Musées
- Albert-Marzelles (Marmande) 497
- André-Voulgre (Mussidan) 81
- Archéologique (Sainte-Bazeille) 498
- Armand-Viré (Luzech) 356
- Art et Archéologie du Périgord (Périgueux) 70
- Automate (Souillac) 329
- Bastides (Monflanquin) 488
- Bastideum (Monpazier) 149
- Beaux-Arts (Agen) 439
- Bernard-Palissy (Lacapelle-Biron) 489
- Champollion-les Écritures du monde (Figeac) 280

- Corbillard et Attelage (Cazes-Mondenard) 417
- Costi (Bergerac) 124
- Écomusée de la Noix du Périgord (Castelnaud-la-Chapelle) 183
- Écomusée de la Truffe (Sorges) 74
- Eysses (Villeneuve-sur-Lot) 475
- Faïences (Thiviers) 108
- Ferme Bérino-Martinet (Lafitte-sur-Lot) 482
- Gajac (Villeneuve-sur-Lot) 475
- Gallo-romain Vesunna (Périgueux) 68
- Henri-Martin (Cahors) 353
- Histoire des sciences médicales (Hautefort) 268
- Insectorama (Groléjac) 190
- Jean-Lurçat (Saint-Laurent-les-Tours) 340
- Le Bournat 212
- Liège et Bouchon (Mézin) 458
- Maison de la châtaigne (Villefranche-du-Périgord) 201
- Maison des arts Georges-Pompidou (Cajarc) 291
- Maison du foie gras (Thiviers) 108
- Marcel-Lenoir (Montricoux) 401
- Marguerite-Vidal (Moissac) 424
- National de Préhistoire (Les Eyzies-de-Tayac-Sireuil) 220
- Oustal du Périgord (Domme) 189
- Parc archéologique de Beynac 182
- Plein Air du Quercy 303
- Pôle international de la Préhistoire (PIP) (Les Eyzies-de-Tayac-Sireuil) 221
- Préhistoire (Aubas) 256
- Préhistoparc de Tursac 226
- René-Castanet 255
- Résistance (Cahors) 354
- Rignault (Saint-Cirq-Lapopie) 297
- Rois d'Araucanie et de Patagonie (Tourtoirac) 269
- SauveTerre Musée de Préhistoire (Sauveterre-la-Lémance) 490
- Tabac (Bergerac) 122
- Traditions périgourdines (Villefranche-du-Périgord) 201
- Ville, Vin et Batellerie (Bergerac) 122
- Zadkine (Les Arques) 313

N

Nègrepelisse 408
Nérac 449
Nontron 99
Notre-Dame-de-l'Assomption 308
Notre-Dame-de-Livron 398

P

Papeterie de Vaux (Payzac) 113
Parc animalier (Gramat) 317
Parc archéologique de Beynac 182
Parc des Causses du Quercy 318
Parc du Thot (Thonac) 255
Parc Périgord-Limousin 115
Parc Walibi Aquitaine 443
Pardaillan 504
Paunat 213
Pays du Dropt 504
Pech-de-Berre 485
Penne-d'Agenais 468
Périgueux 65
- amphithéâtre 68
- Cathédrale Saint-Front 68
- Musée gallo-romain Vesunna 68
- musée Vesunna 68
- Place Saint-Louis 70
- Quartier de la Cité 68
- Quartier du Puy-Saint-Front 70
- tour Mataguerre 70

Phosphatières du Cloup d'Aural 386
Piégut 102
Planète des Moulins (Luzech) 356
Plans d'eau
- Des Chênes (Montaigu-de-Quercy) 417
- La Cayre (Cazals) 312
- Lougratte 494
- Marcilhac 303
- Rouffiac 115
- Saint-Cirq 297

Plazac 258
Prats-du-Périgord 202
Prayssas 466
Préhistoparc de Tursac 226
Prieuré de Merlande 73
Prieuré d'Espagnac-Sainte-Eulalie 302
Pujols 476
Puy de Cazillac 332
Puy des âges 115
Puy des Âges 115
Puy d'Issolud 333

Puylaroque 398
Puy-l'Évêque 366
Puymirol 462

Q-R

Quercy Terre d'arôme (Crégols) 392
Randonnées
- Autoire 341
- Autour de Bergerac 125
- Autour de Catus 314
- Autour de Montignac 259
- Balade médiévale de Castelnaud 184
- Bords de l'Isle (Jumilhac-le-Grand) 114
- Bouriane 309
- Boussieyral, résidence des Évêques (Saint-André-d'Allas) 166
- Château de Commarque (Marquay) 166
- Chemin de halage de Ganil (Saint-Cirq-Lapopie) 299
- Cingle de Montfort 176
- Circuit de Prajoux (Cajarc) 292
- Circuit des Cazelles longues (Saint-Pierre-Toirac) 293
- Circuit des Césarines (Saint-Céré) 341
- Circuit n°3 (Caillac) 357
- Circuit n°37 (Saint-Sozy) 334
- Coteaux calcaires d'Orliaguet 265
- Couasne de Floirac 333
- En Quercy blanc 377
- Espagnac-Sainte-Eulalie 304
- Falaise de La Roque-Gageac 176
- Forêt de Campagne 215
- Gouffre des Cloches (Sabadel-Latronquière) 284
- GR®6-GR®65 (Figeac) 284
- GR®6 (Montignac) 166
- GR®36 (Luzech) 357, 373
- GR®65 (Cajarc) 291
- GR®651 (Sauliac-sur-Célé) 304
- GR®652 (Montvalent) 334, 341
- Halte nautique de Lagruère 499
- Le Pervendoux (Génis) 115
- Moulin du Saut (Gramat) 319
- Pays de Céré 341
- Pays de Montaigne 135
- Planagrèze 319
- Plateau de Saint-Mesmin 115
- Saint-Amand-de-Coly 258
- Saut du Chalard (Champs-Romain) 102
- Sentier d'interprétation du Frau (Salviac) 314
- Sentier du plateau d'Argentine (La Rochebeaucourt-et-Argentine) 94
- Taillefer (Saint-Céré) 341
- Terrasses d'Eyrignac (Sainte-Nathalène) 166
- Vallée de la Masse (Les Arques) 313
- Vallée de l'Énéa (Saint-Vincent-le-Paluel) 166
- Vallée du Céou (Castelnaud-la-Chapelle) 195
- Vallées de l'Ouysse et de l'Alzou 324
- Voie verte (Saint-Pardoux-et-Vielvic) 103

Réalville 408
Ribérac 85
Rocamadour 320
- Château 322
- Forêt des Singes 322
- Grotte des Merveilles 323
- L'Hospitalet 322
- Parvis des sanctuaires 321
- Rocher des Aigles 323

Roc de Cazelle 223
Roquecor 416
Rouffignac 257
Rouillac 376
Rouzet 427
Rudelle 283
Russac 380

S

Saint-Amand-de-Coly 256
Saint-Antonin-Noble-Val 395
Saint-Astier 79
Saint-Avit 489
Saint-Avit-Sénieur 141
Saint-Caprais 312
Saint-Céré 336
Saint-Cirq-Lapopie 295
Saint-Cyprien 204
Sainte-Colombe-de-Duras 504
Sainte-Livrade 477
Saint-Front-sur-Lémance 490
Saint-Geniès 263
Saint-Jean-de-Côle 106
Saint-Jean-de-Duras 504
Saint-Léon-sur-Vézère 257
Saint-Marcory 150
Saint-Martial-Viveyrols 88
Saint-Martin-le-Redon 369
Saint-Maurin 464
Saint-Perdoux 282, 283
Saint-Pierre-Toirac 293
Saint-Privat-des-Prés 88
Saint-Sernin 504
Salignac-Eyvigues 262

Sangliers de Mortemart 214
Sarlat-la-Canéda 156
- Cathédrale Saint-Sacerdos 159
- Hôtel de Vienne 160
- Lanterne des morts 160
- Maison de La Boétie 159
- Manoir de Gisson 163
- Passage des Enfeus 160
- Place de la Liberté 162
- Place du Marché-aux-Oies 163
- Présidial 162
- Rue de la République 163
- Rue de la Salamandre 162
- Rue des Consuls 163

Sauliac-sur-Célé 304
Saut de la Mounine 292
Sauveterre-la-Lémance 490
Ségala 282, 339
Septfonds 407
Siorac-de-Ribérac 88
Souillac 327
Soumensac 504

T

Tauriac 339
Terrasson-la-Villedieu 255
Thiviers 107
Tonneins 500
Tourbières de Vendoire 87
Tournon-d'Agenais 471
Tourtoirac 269
Trémolat 214
Turenne 333

U-V

Urval 208
Usine à chaux CESA 83
Valence-d'Agen 429
Vallée de la Dordogne quercynoise 333
Vallée de l'Ouysse 324
Vallée du Célé 304
Vianne 453
Vignobles
- Bergerac 43, 126, 212
- Brulhois 446
- Buzet 44, 453
- Cahors 43, 370
- Côtes-de-duras 44, 504
- Marmandais 498

Villefranche-du-Périgord 199
Villeneuve-de-Duras 504
Villeneuve-sur-Lot 473
Villeréal 488

INDEX

AUTEURS
GEOPANORAMA Aurélia Bollé, Frédéric Denhez.
GEOPLUS L'habitat préhistorique Alain Turq **Naissance des bastides** Gilles Séraphin.
GEOPRATIQUE Frédéric Denhez.
GEORÉGION Périgord Aurélia Bollé, Béatrice Peyret-Vignals, Pierre Guitton, Hélène Le Tac.
GEOPLUS Le Périgord noir en trois jours Béatrice Peyret-Vignals.
GEORÉGION Haut-Quercy Frédéric Denhez, Béatrice Peyret-Vignals.
GEORÉGION Bas-Quercy Frédéric Denhez, Béatrice Peyret-Vignals.
GEOPLUS Escapade gourmande en quatre jours Béatrice Peyret-Vignals.
GEOPLUS Au fil du vignoble Béatrice Peyret-Vignals.
GEORÉGION Agenais Aurélia Bollé.
CRÉDITS PHOTOGRAPHIQUES Couverture et 3 © Visions of our land/Gettyimages. **4** © Jimjag/Fotolia.fr. **6** © Jimjag/Fotolia.fr. **8** © Jimjag/Fotolia.fr. **230-231** © Martin Molcan/Fotolia.fr. **232-233** © Pat on Stock/Fotolia.fr. **234-235** © Yvann K/Fotolia.fr. **236** © Eugenessergeev/Fotolia.fr. **237** © Christophe Boisvieux/Hoa-Qui. **238-239** © Jimjag/Fotolia.fr. **240-241** © Hervé Hugues/hemis.fr. **242-243** © Nicolas Thibault/Photononstop. **244-245** Packshot/Fotolia.fr. **246** © Chabanne/Francedias. **247** ©Mathieu Colin/hemis.fr **248-249** ©Philippe Graille/Fotolia.fr. **250-251** © C. Valentin/Hoa-Qui. **272 haut** © Jean-Louis Nespoulous. **bas** © Luc Bessol/C. Nature. **432 haut** © Jimjag/Fotolia.fr. **bas** © D. Reperant/Hoa-Qui. **506** © Jimjag/Fotolia.fr. **bas** © Snapitude/Fotolia.fr.
CARTOGRAPHIE INFOGRAPHIQUE Édigraphie.
MISE À JOUR 2014 Charlotte Davreu, Éditions du Quercy blanc.
REMERCIEMENTS Gilles Séraphin (conseiller scientifique), Annie Bersars, Martine Bouchet, Georgette et Jean-Claude Cambe, René Castanet, Fabrice Clary, Jacques Krasa, Didier Buffarot du parc naturel régional des Causses du Quercy.
PUBLICITÉ Régie publicitaire LM la Pub 112 bis, rue Cardinet 75017 Paris.
Responsable de clientèle Laurence Ountzian Tél. 01 44 29 04 66.
GALLIMARD LOISIRS 5, rue Gaston-Gallimard 75328 Paris Cedex 07. Tél. 01 49 54 42 00
contact@geo-guide.fr www.geo-guide.fr

Premier dépôt légal Février 2004. **Dépôt légal** Janvier 2014. **Numéro d'édition** 252571. **ISBN** 978-2-74-243497-8.
Photogravure ARG (Gentilly). **Impression** LEGO (Italie).

LÉGENDES DES CARTES ET DES PLANS

Cartes

- Aaa Ville ou site étape
- Autoroute et 2x2 voies
- Route principale
- Route secondaire
- Autre route
- Zone urbaine
- Limite administrative
- Parc naturel
- Site remarquable

Altitude (en mètres)

- De 0 à 100
- De 100 à 200
- De 200 à 500
- Plus de 500

Plans

- Axe urbain
- Zone urbaine
- Espace vert
- Cimetière
- Voie ferrée
- Office de tourisme
- Aéroport
- Gare ferroviaire
- Panorama

Dordogne Périgord, Lot Quercy, Agenais

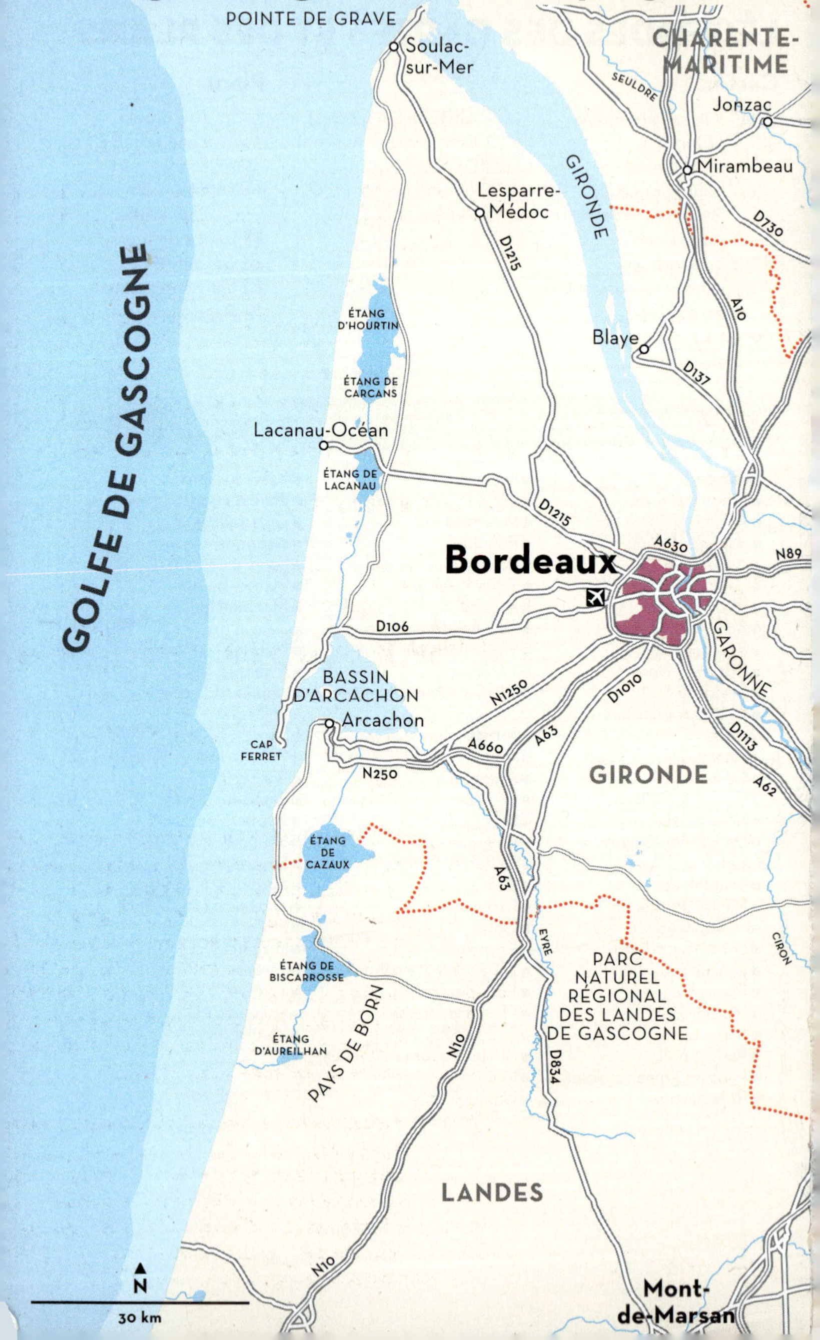